Gotteslob
Katholisches Gebet- und Gesangbuch
für das Bistum Aachen

Gotteslob

Katholisches Gebet- und Gesangbuch
für das Bistum Aachen

Herausgegeben
von den Bischöfen Deutschlands und Österreichs
und der Bistümer Bozen-Brixen, Lüttich
und Luxemburg

einhard verlag, Aachen

ISBN 3-930701-55-3 Plastikausgabe schwarz
ISBN 3-930701-56-1 Plastikausgabe rot
ISBN 3-930701-59-6 Lederausgabe schwarz
ISBN 3-930701-60-X Lederausgabe rot
ISBN 3-930701-61-8 Skivertexausgabe weiß
ISBN 3-930701-62-6 Großdruckausgabe schwarz
(Stammteil ISBN 3-920609-13-1)

Alle Rechte sind den Herausgebern vorbehalten.
Nachdrucke und Vervielfältigungen von Einzelstücken sind
nur mit Genehmigung der Rechtsinhaber gestattet.

Stammteil: © 1975 Katholische Bibelanstalt GmbH, Stuttgart
Notengrafik: Ingeborg Vaas, Ulm
Satz: Süddeutsche Verlagsgesellschaft, Ulm

Anhang für das Bistum Aachen: © 1975 Bistum Aachen
Ergänzungen: © 1985 Bistum Aachen
Kleine Veränderungen: © 1995 Bistum Aachen

Verlag: einhard verlag gmbh, Aachen

Herstellung: B. Kühlen, Druck und Kommunikation,
Mönchengladbach

Liebe Schwestern und Brüder im Bistum Aachen!

„Singt Gott in euren Herzen Psalmen, Hymnen und Lieder, wie der Geist sie eingibt, denn ihr seid in Gottes Gnade. Alles, was ihr in Worten und Werken tut, geschehe im Namen Jesu, des Herrn; durch ihn dankt Gott, dem Vater." (Kol 3, 16f.) Der Apostel Paulus ruft die Christen in den Gemeinden zu Gebet und christlichem Leben. Das Lob Gottes soll aus dankbarem und frohem Herzen kommen; denn bei Gott sind wir geborgen. Dazu will das „Gotteslob" uns helfen. Es enthält Gebete und Gesänge, Psalmen und Andachten für das Singen und Beten in der Gemeinde, in der Familie und in Gruppen. Es enthält Anregungen auch für das persönliche Gebet des einzelnen Christen. Im Gebet bringen wir Freude und Trauer, Klage und Bitte, Dank, Lob und Anbetung vor den lebendigen Gott. Unser Leben in Familie und Beruf, in Gesellschaft und Gruppen, in Gemeinde und Kirche kommt darin vor. Junge und alte, gesunde und kranke, bedrängte und bedrückte, einsame und gesellige Menschen können in diesen Gebeten Heimat, Trost und Hoffnung finden. Das „Gotteslob" möchte zum Obdach für unsere Seelen werden.

Unser Beten und Singen wendet sich an Gott, den Vater. Und er schenkt uns seine Liebe und sein Heil. Deshalb hat, wie das Zweite Vatikanische Konzil sagt, „die Kirche niemals aufgehört, sich zur Feier des Pascha-Mysteriums zu versammeln, dabei zu lesen, was in allen Schriften von Christus geschrieben steht (Lk 24, 27), die Eucharistie zu feiern, in der ‚Sieg und Triumph seines Todes dargestellt werden', und zugleich ‚Gott für die unsagbar große Gabe Dank zu sagen' (2 Kor 9, 15) in Christus Jesus ‚zum Lob seiner Herrlichkeit' (Eph 1, 12). All das aber geschieht in der Kraft des Heiligen Geistes.

Um dieses große Werk voll zu verwirklichen, ist Christus in seiner Kirche immer gegenwärtig, besonders in den liturgischen Handlungen" (Sacrum Concilium 6 und 7). Christus ist gegenwärtig in der heiligen Eucharistie, sowohl in der Person dessen, der den priesterlichen Dienst vollzieht, als auch vor allem in den eucharistischen Gaben. Christus ist gegenwärtig in den Sakramenten. Christus ist gegenwärtig in seinem Wort, da er selbst spricht, wenn die heiligen Schriften in der Kirche gelesen werden. Christus ist gegenwärtig, wenn die Kirche betet und singt, er, der versprochen hat: „Wo zwei oder drei in meinem Namen versammelt sind, da bin ich mitten unter ihnen" (Mt 18, 20).

Christus stärkt uns zu einem Leben im Geist der Bergpredigt. Er will, daß wir seine Worte weiter sagen und seine Taten weiter tun in unserem jeweiligen Lebensbereich. Er erfüllt uns mit seinem Geist. Das „Gotteslob" will uns helfen, in rechter Weise zu beten, nach dem Beispiel Jesu, der seine Jünger zu beten gelehrt hat. Ich wünsche, daß dieses Gebet- und Gesangbuch uns alle in unserem Beten und Singen begleite: Gott zur Ehre, damit die Freude und der Friede des auferstandenen Herrn unser Leben erfülle und sein Geist unser alltägliches Wirken durchdringe.

Aachen, Ostern 1995

† Heinrich Mussinghoff
Bischof von Aachen

Inhaltsübersicht

I. Persönliche Gebete

	Nummer
Unser Beten	1
Grundgebete	2
Vor Gottes Angesicht	
Anbetung, Lob und Dank	3
Glaube, Hoffnung, Liebe	4
Hingabe	5
Gebete zu Jesus Christus	6
Umkehr und Buße	7
Bitte und Vertrauen	8
In Not und Dunkel	9
In Krankheit	10
Im Alter	11
Im Angesicht des Todes	12
Meine Zeit in Gottes Händen	
Segensbitten	13
Morgengebete	14
Tischgebete	16
Abendgebete	18
Zur Schriftlesung	19
Ehe und Familie	
Das Gebet in der Familie	20
Beten mit dem jüngeren Kind	21
Gebete mit Kindern	22
Gebete junger Menschen	23
Gebete der Liebenden	24
Gebete für die Kinder	25
Für verstorbene Angehörige	26
Kirche und Gemeinde	27
Mitten in der Welt	
Gebete um sozial-caritative Gesinnung	29
In Arbeit und Freizeit	30
Verantwortung für die Welt	31
Grundgebete zu Maria, zu den Engeln und Heiligen	32
Gebete für Verstorbene	35

II. Christliches Leben aus den Sakramenten 41

Grundlegung des christlichen Lebens in
Taufe, Firmung und Eucharistie 42
    Die Taufe 43
    Die Feier der Kindertaufe 45
    Die Nottaufe 49
    Erneuerung des Taufversprechens 50
    Die Firmung 51
    Die Spendung der Firmung 52
    Die Eucharistie 53
Buße und Beichte
    Sünde und Vergebung – Umkehr 54
    Bußgottesdienst 55
        Erster Bußgottesdienst 56
        Zweiter Bußgottesdienst 57
    Das Sakrament der Buße 58
    Beichte – Die Feier der Versöhnung 60
    Die Zehn Gebote 61
    Allgemeiner Gewissensspiegel 62
    Gewissensspiegel: Glaube, Hoffnung, Liebe 63
    Gewissensspiegel: Leben für andere 64
    Beichte der Kinder 65
    Schülerbeichte 66
    Weisungen der Kirche 67
Dienst des Christen in Kirche und Welt 68
    Dienste in der Kirche 69
    Der Ordensstand 70
    Die Priesterweihe – das Weihesakrament 71
    Das Sakrament der Ehe 72
    Die Feier der Trauung 73
Der Christ in der Krankheit 75
    Die Krankensalbung 76
Vom Sterben des Christen 77
    Die Wegzehrung 78
    Sterbegebete 79
    Totenwache 80
    Die Begräbnisfeier 81

III. Das Leben der Gemeinde im Kirchenjahr 101

Der Advent 102
   Lieder und Gesänge 103
   Gemeindeverse 117
   Vesper 121
Die weihnachtliche Festzeit 128
   Lieder und Gesänge 129
   Gemeindeverse 148
   Vesper 150
   Lieder zum Jahresschluß 157
Die Fastenzeit 159
   Umkehr, Buße, Taufe
      Lieder und Gesänge 160
      Gemeindeverse 171
   Passion
      Gesänge 174
      Gemeindeverse 176
      Lieder 178
   Vesper 189
Die Feier der Karwoche 195
   Palmsonntag 196
   Gründonnerstag 201
   Karfreitag 202
   Die Osternacht 207
Die Osterzeit 212
   Lieder und Gesänge 213
   Gemeindeverse 231
   Vesper 234
Pfingsten – Heiliger Geist 239
   Lieder und Gesänge 240
   Vesper 252
Lob und Dank 257
   Lieder und Gesänge 257
   Gemeindeverse 286
Vertrauen und Bitte 288
   Lieder und Gesänge 289

DIE FEIER DER HEILIGEN MESSE	351
Der Aufbau der Meßfeier	352
Die Feier der Gemeindemesse	353
mit dem zweiten Hochgebet und Melodien	
für die Gemeinde	
Erstes Hochgebet	367
Drittes Hochgebet	368
Viertes Hochgebet	369
Kommunionfeier	370
Krankenkommunion	371
Texte zu Gebet und Meditation	372
Lateinische Akklamationen – Pater noster	376
MESSGESÄNGE	
Lateinische Meßgesänge	401
Deutsche Meßgesänge	425
Erste Reihe	462
Zweite Reihe	474
Dritte Reihe	485
Vierte Reihe	495
Fünfte Reihe	499
Sechste Reihe	504
Allgemeine Eröffnungsgesänge	515
Gemeindeverse zum Antwortpsalm	527
Halleluja-Rufe	530
Zur Gabenbereitung	533
Kommuniongesänge	535
Fronleichnam	541
Jesus Christus	
Lieder und Gesänge	548
Gemeindeverse	561
Litaneigesänge	563
Lieder von der Wiederkunft	565

IV. Gemeinschaft der Heiligen

Maria	569
Lieder und Gesänge	570
Gemeindeverse	597
Vesper	599
Engel und Heilige – Leben aus dem Glauben	604
Lieder und Gesänge	605
Gemeindeverse	625
Vesper	628
Kirche	
Lieder und Gesänge	634
Gemeindeverse	645
Vesper an Kirchweih	648
Tod und Vollendung	
Lieder und Gesänge	652
Gemeindeverse	664

V. Wortgottesdienst, Stundengebet, Andacht   665

Morgenlieder	666
Das Stundengebet	672
Laudes	673
Sonntagsvesper	682
Komplet	695
Abendlieder	701
Te Deum	706
Psalmen	707
Litaneien	762
Andachten	771
Andacht im Advent	772
Andacht zur Weihnachtszeit	773
Andacht für die Fastenzeit	774
Der Kreuzweg	775
Die sieben Worte Jesu am Kreuz	776
Andacht für die Osterzeit	777

Andacht zum Heiligen Geist	778
Eucharistische Andacht	779
Andacht zum heiligsten Herzen Jesu	780
Andacht zu Jesus Christus	781
Andacht über das Gebet des Herrn	782
Marien-Andacht	783
Andacht von den Engeln und Heiligen	784
Andacht von der Kirche	786
Dankandacht	788
Bittandacht	789
Andacht zum Totengedenken	791

Diözesananhang

Weihe des Bistums Aachen an die Himmelskönigin	801,1
Gebet zu den heimatlichen Heiligen	801,2
Gloria	802,1
Credo	802,2
Gesänge im Kirchenjahr	827
Gesänge im Kirchenjahr (Ergänzung)	001
Gemeindegottesdienste ohne Priester	051

Die im Anhang aufgenommenen Lieder siehe im alphabetischen Liederverzeichnis am Ende des Buches. Sie sind durch einen • kenntlich gemacht.

Verzeichnis der neutestamentlichen Gesänge

- 87 Gesät wird in Schwachheit – nach 1 Kor 15,43-56
- 89 Lobgesang des Zacharias (Benedictus) – Lk 1,68-75,78-79
- 90 Lobgesang des Simeon (Nunc dimíttis) – Lk 2,29-32
- 127 Lobgesang Mariens (Magnificat) – Lk 1,46-55
- 154 Dankt dem Vater mit Freude – Kol 1,12-20
- 174 Jesus Christus ist der Herr – Phil 2,6-11
- 192 Durch seine Wunden sind wir geheilt – 1 Petr 2,21-24
- 548 Die einen fordern Wunder – nach 1 Kor 1,22-30
- 631 Die acht Seligkeiten – Mt 5,3-10
- 681 Lobgesang des Zacharias (Benedictus) – Lk 1,68-79
- 686 Amen, Halleluja – Offb 19,1,2,5-7
- 689 Lobgesang Mariens (Magnificat) – Lk 1,46-55
- 690 Magnificat (lateinisch)
- 694 Jesus Christus ist der Herr – Phil 2,6-11
- 700 Lobgesang des Simeon (Nunc dimíttis) – Lk 2,29-32

Litaneien und litaneiartige Gesänge

- 170 Lehre uns, Herr, deinen Willen zu tun
- 210 Litanei in der Osternacht
- 280 Preiset den Herrn, denn er ist gut
- 281 Lobgesang der drei Jünglinge
- 284 Lobpreis vom Heilswirken Gottes
- 563 Christus gestern, Christus heute
- 564 Christus Sieger, Christus König
- 677 Lobgesang aus Daniel
- 762 Allerheiligen-Litanei
- 763 Namen-Gottes-Litanei
- 764 Litanei von der Gegenwart Gottes
- 765 Jesus-Litanei
- 766 Litanei vom Leiden Jesu
- 767 Litanei vom heiligsten Sakrament
- 768 Herz-Jesu-Litanei
- 769 Lauretanische Litanei
- 770 Litanei für die Verstorbenen

Verzeichnis der Psalmen

708 Psalm 1	730 Psalm 57	685 Psalm 111
709 Psalm 2	601 Psalm 57	630 Psalm 112
697 Psalm 4	676 Psalm 63	693 Psalm 113
710 Psalm 8	731 Psalm 65	745 Psalm 115
629 Psalm 8	732 Psalm 67	746 Psalm 116 A
711 Psalm 12	733 Psalm 71	747 Psalm 116 B
712 Psalm 18	152 Psalm 72 A	748 Psalm 117
713 Psalm 19 A	153 Psalm 72 B	749 Psalm 117 lat
714 Psalm 19 B	734 Psalm 77	235 Psalm 118 AB
715 Psalm 22 A	735 Psalm 80	236 Psalm 118 C
716 Psalm 22 B	649 Psalm 84	750 Psalm 119 A
717 Psalm 22 C	123 Psalm 85	751 Psalm 119 B
718 Psalm 23	600 Psalm 85	752 Psalm 121
122 Psalm 24	736 Psalm 90	692 Psalm 122
719 Psalm 27	698 Psalm 91	753 Psalm 126
720 Psalm 28	737 Psalm 92	82 Psalm 130
721 Psalm 32	738 Psalm 93	191 Psalm 130
722 Psalm 33	739 Psalm 94	697 Psalm 134
723 Psalm 34	740 Psalm 96	754 Psalm 137
724 Psalm 36	151 Psalm 96	755 Psalm 139
725 Psalm 40	484 Psalm 98	756 Psalm 142
726 Psalm 42/43	741 Psalm 100	757 Psalm 145 A
650 Psalm 46	742 Psalm 103	758 Psalm 145 B
727 Psalm 47	83 Psalm 103	759 Psalm 146
728 Psalm 49	743 Psalm 104 A	760 Psalm 147
729 Psalm 50	744 Psalm 104 B	254 Psalm 147
190 Psalm 51	253 Psalm 104 C	761 Psalm 148
85 Psalm 51 (B)	684 Psalm 110	678 Psalm 150

Abkürzungen und Zeichen

A   =   Alle, Gemeinde
L   =   Lektor, Lektorin
M   =   Melodie
ö (ö) =   ganz oder teilweise ökomenische Fassung
P   =   Priester
Q   =   Quellennachweis Nr. ...
r, l   =   rechte Seite, linke Seite
T   =   Text
V   =   Vorsänger, Vorsängerin; Schola;
             Vorbeter, Vorbeterin
Z   =   Zelebrant bzw. Célebrans, d. i. wer kraft eines
             Amtes oder einer Beauftragung die jeweilige
             Feier leitet (Priester, Diakon oder Laie)
I, II =   Gruppe I, Gruppe II

Ia, IVh, IIIb usw. unter dem Kehrvers: Die römische Zahl gib dem Psalmton an, in dem zu dem Kehrvers gesungen werden kann, der Buchstabe weist auf den Rezitationston hin.

Es gibt zweierlei Noten: 1. Zeitlich gemessene Noten: ♩ ♩ ♪ Sie bezeichnen eine bestimmte Tondauer. Am Beginn der Stücke, die in dieser Notenart notiert sind, ist jeweils über dem Liniensystem der „Grundschlag" angegeben, eine kleine Note, die uns sagt, welcher Wert (♩ ♩. ♩ ♩/♩.) für das geordnete Singen maßgebend ist. Die Schrägstrichlein auf der oberen Linie ≣ geben die Gliederung der Melodie dort an, wo sie nicht durch Pausen deutlich wird. Dieses Gliederungszeichen ist also k e i n Pausezeichen. Es erlaubt ein kurzes Atemholen auf Kosten der vorhergehenden Note. – 2. Halslose Noten: • Sie bezeichnen keine bestimmte Länge und richten sich etwa nach der Dauer der gesprochenen Silbe. Werden mehr als zwei Silben auf einem Ton gesungen, ist in der Regel diese Note ∞ anzutreffen. Dehnungen an den Satzenden und vor den Pausen, die sich von selbst ergeben, werden nicht eigens bezeichnet. Im übrigen sind sie mit ●

oder •• angegeben. Die Gliederung der Melodie ist bei dieser Notation mit senkrechten Strichen angegeben, die je nach ihrer Größe eine kurze 𝄇 oder eine längere 𝄇 Pause erlauben. Bei der jeweiligen Notenzeile für die Gemeindepsalmodie gibt eine römische Ziffer einen der neun Psalmtöne an (I-IX). In der Regel hat die Psalmodie Anfangstöne (Initium). Sind diese vom Rezitationston durch ┆ abgetrennt, werden sie nur beim ersten Vers nach dem Kehrvers gesungen. Bei den Lobgesängen aus dem Neuen Testament singt man sie bei jedem Vers. Betonte Noten sind mit einem Akzentzeichen versehen: ♪́ . Kann der Akzent auf die folgende Note verlagert werden, wird dies durch einen Pfeil verdeutlicht: ♪́→. Wiederholbare Noten haben Begrenzungslinien ⊨, Noten, die ausfallen können, sind eingeklammert (⊨). Ist ein Psalmvers dreizeilig, wird der Rezitationston im ersten Psalmodieteil durch eine Beugung (Flexa) unterbrochen. Dies wird durch eine eingeklammerte Note angezeigt. Unter der Psalmodiezeile befinden sich die gleichen Zeichen, die sich auch im Text finden: / = Beugung (Flexa), * (Asteriscus) = Mittelkadenz, unterstrichene Silbe mit = Beginn der Mittel- bzw. Schlußkadenz, eckige Klammer unter mehreren Silben mit dir = diese Silben werden auf dem gleichen Ton gesungen. Die eckige Klammer wird auch bei anderen Gesängen angewendet, wenn auf einen Notenwert gelegentlich zwei Silben treffen. Trifft dagegen auf zwei Noten nur eine Silbe, dann wird dies durch einen Bogen angezeigt: Herrlichkeit.

In den Psalmen bezeichnet ein längerer Gedankenstrich — die Stropheneinteilung. In den Andachten bezeichnet der gleiche Strich die Möglichkeit einer kurzen Meditationspause. Bei dem Wort STILLE sollte man eine solche Pause immer halten.

Lateinische Texte sind in der Regel mit Akzenten versehen, damit sie richtig betont werden können.

I. Persönliche Gebete

Unser Beten

Es gibt heute viele Menschen, die meinen, keine Zeit zum Beten zu haben oder nicht beten zu können. Andere wollen nur beten, wenn sie das Bedürfnis danach verspüren.
Mancher würde gerne beten, findet sich aber nicht in den herkömmlichen Formen des Betens zurecht. Hält er sich daran, muß er vielfach feststellen, daß er in dieser Gebetssprache sein Leben nicht mehr unterbringt. Setzt er sich hin und will still sein, dann bricht in diese Stille alles ein, was ihn bewegt, was er arbeitet, woran er leidet. Oft findet er auch nicht die Ruhe, täglich zu beten.
Die Frage ist, ob Beten immer heißen muß: sich an Formeln halten, ein bestimmtes Pensum erledigen. In der Bibel gehört das Beten ganz selbstverständlich zum Leben, so selbstverständlich, daß es ursprünglich kein eigenes Wort dafür gegeben hat. Beten ist ein Rufen, Jubeln, Klagen, Bitten, Flehen, je nach der Situation des Menschen.
Vielleicht sind manche Menschen dieser biblischen Art des Betens sehr nahe, ohne es zu wissen. Wenn sie in eine mißliche Lage kommen, fangen sie an, sich gegen Gott aufzulehnen; wenn sie eine Zeitung lesen, fragen sie, wie Gott all das Leidvolle und Böse zulassen kann; und wenn sie glücklich sind, dann läuft ihnen das Herz über.
Wir Beter des Neuen Bundes dürfen als Kinder Gottes und als Brüder Christi zum Vater kommen, wie wir sind – in unserer inneren Hetze, in unserm Unvermögen, uns zu sammeln und die rechten Worte zu finden, mit unseren Schwierigkeiten und mit unserer Schuld. Aber nicht nur dieses Vertrauen kann unser Gebet tragen. Wenn wir beten, betet Christus im Heiligen Geist mit uns. Der Getaufte betet, wie wir es so oft sagen, „durch Christus, unsern Herrn".
Der volle Grund zum Beten ist für uns immer Gott selbst und sein Heilshandeln. Gott ist so, daß er verehrt werden muß; wir sind so, daß wir Gott verehren, anbeten müssen.
Wem das Beten dennoch schwer wird, der sollte erst einmal versuchen, ohne Worte vor Gott zu verweilen. Er sollte lernen, ihm willig und vertrauend sein Inneres zu öffnen. Persönlich beten heißt ja, sein Leben zur Sprache bringen vor Gott: Ich weiß, daß

ich mein Leben ausbreiten kann vor Gott — er stellt mich nicht bloß. Ich weiß, daß ich zu ihm sprechen kann, wie mir gerade ums Herz ist — er versteht mich. Ich weiß, daß ich mich vor ihm nicht verstellen kann — er kennt mich. Ich weiß, daß ich zu ihm kommen kann, wann ich will — er ist mir immer nahe. Ich weiß, daß er mich zum Beten anregt und mein Gebet mit seiner Kraft trägt.

Gott braucht mein Gebet nicht, aber mein Leben braucht das Gebet. Gott weiß, was ich nötig habe. Im Gebet versuche ich, Gottes Willen zu erfahren und mein Leben daraufhin zu ändern. Wichtig ist nur, daß ich zu ihm gehe und daß ich glaube, in ihm zur Ruhe zu kommen und geheilt zu werden. Wenn ich das tue, erfahre ich immer wieder eine Korrektur in meinem Leben, finde wieder die Richtung und darf Hoffnung haben, daß mein Leben seinen Sinn und sein Ziel nicht verfehlt.

Mein Leben braucht das Gebet, das bedeutet auch, daß ich es nicht darauf ankommen lassen darf, wann mir nach Beten zumute ist. Es ist gut für uns, regelmäßig zu beten; und es kann eine große Hilfe sein, wenn wir für unser Gebet Formeln zur Verfügung haben; auch die Wiederholung gleicher Texte im Gebet des einzelnen und im Gottesdienst hat ihren besonderen Sinn. All dies ist auch Brauch der Kirche.

Der Christ hat nicht nur den Auftrag, für sich selbst zu beten; betend wird er zur Stimme der Kirche in der ganzen Welt. Es ist gut, wenn wir uns im großen Chor der Beter wissen.

Gebet hat nicht die Absicht, die Welt aktiv zu verändern. Aber seine verwandelnde Kraft verändert den Menschen. Und solche Menschen werden bereit sein, die Welt nach dem Auftrag des Evangeliums zu verändern, bis sie in Gott vollendet wird.

Es gibt viele Formen des Betens: das Lob- und Dankgebet, in dem sich die tiefe Freude des Menschen über die Herrlichkeit Gottes und die Schönheit seiner Schöpfung ausdrückt — das Bittgebet, in dem wir erbitten, was wir brauchen, für uns und andere — das Buß- und Sühnegebet, in dem wir für uns und andere Gottes Erbarmen erflehen — das horchende Beten, in dem uns Gott zeigen kann, was wir von uns aus nicht sehen können — das betrachtende Gebet, in dem wir die göttlichen Geheimnisse aufnehmen und in uns wirken lassen — und das Gebet in der Gemeinschaft, das uns in brüderlicher Liebe miteinander verbindet.

Zum persönlichen Gebet eignen sich nicht nur die Texte des folgenden Teils, sondern auch Gebete aus den Andachten, die Psalmen, Lieder und Litaneien.

Keiner kann sagen: Jesus ist der Herr, außer im Heiligen **2**
Geist. 1 Kor 12,3

Herr, lehre uns beten

Jesus Christus, einst sind deine Jünger zu dir gekommen **1**
und haben verlangt: „Herr, lehre uns beten." So sprechen
denn auch wir: „Herr, lehre uns beten." Lehre mich einsehen, daß ohne Gebet mein Inneres verkümmert und mein
Leben Halt und Kraft verliert. Nimm das Gerede von
Erlebnis und Bedürfnis weg, hinter welchem sich Trägheit
und Auflehnung verbirgt. Gib mir Ernst und festen Entschluß, und hilf mir, durch Überwindung zu lernen, was
zum Heil nottut. Führe mich aber auch in deine heilige
Gegenwart. Lehre mich zu dir sprechen im Ernst der Wahrheit und in der Innigkeit der Liebe. Bei dir steht es, mir
die innere Fülle des Gebetes zu gewähren, und ich bitte
dich, gib sie mir zur rechten Zeit. Zuerst aber ist das Gebet
Gehorsam und Dienst: erleuchte mich, daß ich den Dienst
in Treue tue. Romano Guardini

Grundgebete

zum Kreuzzeichen

Im Namen des Vaters und des Sohnes und des Heiligen **2**
Geistes. Amen.

Ehre sei dem Vater

Ehre sei dem Vater und dem Sohn und dem Heiligen Geist, **3**
wie im Anfang, so auch jetzt und alle Zeit und in Ewigkeit.
Amen.

(2) Das Gebet des Herrn

4 Vater unser im Himmel,
Geheiligt werde dein Name.
Dein Reich komme.
Dein Wille geschehe, wie im Himmel so auf Erden.
Unser tägliches Brot gib uns heute.
Und vergib uns unsere Schuld,
wie auch wir vergeben unsern Schuldigern.
Und führe uns nicht in Versuchung,
sondern erlöse uns von dem Bösen.

Denn dein ist das Reich und die Kraft und die Herrlichkeit in Ewigkeit. Amen.

Das Apostolische Glaubensbekenntnis

5 Ich glaube an Gott, / den Vater, den Allmächtigen, / den Schöpfer des Himmels und der Erde, /
und an Jesus Christus, / seinen eingeborenen Sohn, unsern Herrn, / empfangen durch den Heiligen Geist, / geboren von der Jungfrau Maria, / gelitten unter Pontius Pilatus, / gekreuzigt, gestorben und begraben, / hinabgestiegen in das Reich des Todes, / am dritten Tage auferstanden von den Toten, / aufgefahren in den Himmel; / er sitzt zur Rechten Gottes, des allmächtigen Vaters; / von dort wird er kommen, zu richten die Lebenden und die Toten. /
Ich glaube an den Heiligen Geist, / die heilige katholische Kirche, / Gemeinschaft der Heiligen, / Vergebung der Sünden, / Auferstehung der Toten / und das ewige Leben. / Amen.

Ave Maria

6 Gegrüßet seist du, Maria, voll der Gnade, der Herr ist mit dir. Du bist gebenedeit unter den Frauen, und gebenedeit ist die Frucht deines Leibes, Jesus.
Heilige Maria, Mutter Gottes, bitte für uns Sünder jetzt und in der Stunde unseres Todes. Amen.

Angelus (2)

Der Engel des Herrn brachte Maria die Botschaft, und sie 7
empfing vom Heiligen Geist.
Gegrüßet seist du, Maria ...
Maria sprach: Siehe, ich bin die Magd des Herrn; mir geschehe nach deinem Wort.
Gegrüßet seist du, Maria ...
Und das Wort ist Fleisch geworden und hat unter uns gewohnt.
Gegrüßet seist du, Maria ...

V Bitte für uns, heilige Gottesmutter,
A daß wir würdig werden der Verheißung Christi.

V Lasset uns beten. – Allmächtiger Gott, gieße deine Gnade in unsere Herzen ein. Durch die Botschaft des Engels haben wir die Menschwerdung Christi, deines Sohnes, erkannt. Laß uns durch sein Leiden und Kreuz zur Herrlichkeit der Auferstehung gelangen. Darum bitten wir durch Christus, unsern Herrn. A Amen.

Regina caeli

Freu dich, du Himmelskönigin, Halleluja! Den du zu tragen 8
würdig warst, Halleluja, er ist auferstanden, wie er gesagt hat, Halleluja. Bitt Gott für uns, Halleluja.

V Freu dich und frohlocke, Jungfrau Maria, Halleluja,
A denn der Herr ist wahrhaft auferstanden, Halleluja.

V Lasset uns beten. – Allmächtiger Gott, durch die Auferstehung deines Sohnes, unseres Herrn Jesus Christus, hast du die Welt mit Jubel erfüllt. Laß uns durch seine jungfräuliche Mutter Maria zur unvergänglichen Osterfreude gelangen. Darum bitten wir durch Christus, unsern Herrn. A Amen.

Zu den Grundgebeten zählen auch Gloria, Nr. 354,1; Credo, Nr. 356; Sanctus, Nr. 360,2–3; Te Deum, Nr. 706; Magnificat, Nr. 689.

Vor Gottes Angesicht

Außer den folgenden Texten eignen sich auch die Grundgebete, die Psalmen und viele Lieder zum Gebet vor Gottes Angesicht.

3 Anbetung, Lob und Dank

Alles, was atmet, lobe den Herrn.

Jubelt dem Herrn, alle Lande.

Herr, laß mich dein Lob verkünden.

Preiset den Herrn zu aller Zeit, denn er ist gut.

Dein ist das Reich und die Kraft und die Herrlichkeit.

Vom Erbarmen des Herrn will ich in Ewigkeit singen.

Durch die Gnade Gottes bin ich, was ich bin.

Ehre sei dem Vater durch den Sohn im Heiligen Geist.

Durch Christus und mit ihm und in ihm ist dir, Gott, allmächtiger Vater, in der Einheit des Heiligen Geistes alle Herrlichkeit und Ehre jetzt und in Ewigkeit. Amen.

Dem König der Zeiten, dem unvergänglichen, unsichtbaren, einen Gott, sei Ehre und Lobpreis in alle Ewigkeiten. Amen.

1 O Gott, ich bete dich an:
du Weisheit, die mich erdacht, du Wille, der mich gewollt,
du Macht, die mich geschaffen, du Gnade, die mich erhoben,
du Stimme, die mich ruft, du Wort, das zu mir spricht,
du Güte, die mich beschenkt, du Vorsehung, die mich leitet,
du Barmherzigkeit, die mir vergibt, du Liebe, die mich umfängt,
du Geist, der mich belebt, du Ruhe, die mich erfüllt,
du Heiligkeit, die mich wandelt,
daß ich nimmer ruhe, bis ich dich schaue:
O Gott, ich bete dich an.

2 Gott, unerschöpflich ist deine Weisheit, unergründlich ist dein Urteil, unerforschlich sind deine Wege. Kein Mensch kann dich begreifen. Von dir nimmt alles seinen Ausgang, durch dich hat alles sein Leben, in dir hat alles sein Ziel. Dich will ich loben und preisen jetzt und in Ewigkeit.

nach Röm 11

3 Herr, du bist groß und hoch zu loben; groß ist deine Macht, deine Weisheit ohne Ende. Und dich zu loben wagt der Mensch, ein winziger Teil deiner Schöpfung, der Mensch, der dem Tod verfallen ist, der weiß um seine Sünde und weiß, daß du dem Hoffärtigen widerstehst; und dennoch, du selbst willst es so: wir sollen dich loben aus fröhlichem Herzen; denn du hast uns auf dich hin geschaffen, und unser Herz ist unruhig, bis es Ruhe findet in dir.

aus: „Bekenntnisse" des hl. Augustinus

4 Du bist heilig, Herr, unser Gott. Du bist der alleinige Gott, der Eine, der Wundertaten vollbringt.
Du bist der Starke, du bist der Große, du bist der Höchste,
du bist allmächtig, du bist heilig,
der Vater und König des Himmels und der Erde.
Du bist der Dreifaltige und der Eine, Gott der Herr.
Du bist der Gute, das höchste Gut,
der lebendige und wahre Gott.
Du bist die Güte, die Liebe, du bist die Weisheit,
du bist die Demut, du bist die Geduld.
Du bist die Geborgenheit, die Ruhe,
die Fröhlichkeit und die Freude.
Du bist die Gerechtigkeit und das Maß.
Du bist aller Reichtum.
Du bist die Milde, du bist unsere Zuflucht und Stärke,
du unser Glaube, unsere Hoffnung und unsere Liebe,
unsere große Glückseligkeit.
Du bist die unendliche Güte, großer und wunderbarer Herr,
Gott, allmächtig, liebreich, erbarmend und heilbringend.

hl. Franz von Assisi

5 Vater, wir danken dir für die Gnade, die du uns in Christus Jesus gegeben hast. Durch ihn sind wir in allem reich geworden. Du wirst uns auch Kraft geben bis zum Ende, daß wir am Tage unsres Herrn Jesus Christus ohne Schuld vor dir stehen. Gott, du bist treu. Du hast uns berufen zur Gemeinschaft mit deinem Sohn, unserm Herrn Jesus Christus.

4 Glaube, Hoffnung, Liebe

Herr, ich glaube.

Mein Herr und mein Gott!

Herr, schenke uns mehr Glauben.

Ich glaube, Herr, hilf meinem Unglauben.

Du bist Christus, der Sohn des lebendigen Gottes.

Herr, zeige uns den Vater.

Was bist du betrübt, meine Seele? Hoffe auf Gott.

Mein Gott, ich vertraue auf dich.

Mein Gott, ich hoffe auf dich. In deinen Händen ruht mein Leben.

Der Herr ist mein Licht und mein Heil, wen sollte ich fürchten?

Du, Herr, bist getreu. Du wirst uns stark machen und vor dem Bösen in Schutz nehmen.

Du Gott der Hoffnung, erfülle uns mit aller Freude und mit Frieden im Glauben, damit wir reich werden an Hoffnung in der Kraft des Heiligen Geistes.

Herr, du weißt, daß ich dich liebe.

Komm, Heiliger Geist, entzünde in mir das Feuer deiner Liebe.

Nichts kann uns trennen von der Liebe Gottes.

Ich liebe dich, Herr; du bist meine rettende Kraft und mein Schutz.

Herr, ich will dir folgen, wohin immer du gehst.
Du hast Worte des ewigen Lebens.

1 O mein Gott, ich glaube an dich; laß mich fester glauben. Ich hoffe auf dich; laß mich sicherer hoffen. Ich liebe dich; laß mich inniger lieben.

um Glauben

2 Gott, du bist es, an den ich glaube; du bist es, dem ich glaube. Du hast zu uns gesprochen durch deinen Sohn. Seine frohe Botschaft will ich annehmen. Die Kirche verbürgt sie mir auch in unserer Zeit. Du sprichst zu mir auch durch Menschen, die mir begegnen, und durch Ereignisse, die mir widerfahren. Hilf mir, dich in allem zu finden und immer mehr aus dem Glauben zu leben.

um Hoffnung

3 Gott, du bist es, auf den ich meine Hoffnung setze. Du hast durch Leben, Tod und Auferstehung deines Sohnes die Welt erneuert und wirst sie einmal vollenden. Von daher bekommt mein Leben Sinn und Richtung. So erwarte ich für mich und alle Menschen Vergebung, Heil und künftige Herrlichkeit; denn du bist getreu. Hilf mir, in dieser Hoffnung zu leben.

um Liebe

4 Gott, du bist die Liebe. So sehr hast du die Welt geliebt, daß du deinen Sohn für sie hingegeben hast. In ihm liebst du mich und nimmst mich an. Du willst, daß ich dich liebe, dich und den Nächsten und alles, was du geschaffen hast. Sende mir deinen Heiligen Geist und hilf mir, aus dieser Liebe zu leben.

5 Erbarme dich unser, erbarme dich unseres Strebens, daß wir dir in Liebe und Glauben, Gerechtigkeit und Demut folgen, in Selbstzucht und Treue und Mut, und in Stille dir begegnen. Gib uns reinen Geist, damit wir dich sehen, demütigen Geist, damit wir dich hören, liebenden Geist, damit wir dir dienen, gläubigen Geist, damit wir dich lieben.

Dag Hammarskjöld

6 Atme in mir, du Heiliger Geist, daß ich Heiliges denke.
Treibe mich, du Heiliger Geist, daß ich Heiliges tue.
Locke mich, du Heiliger Geist, daß ich Heiliges liebe.
Stärke mich, du Heiliger Geist, daß ich Heiliges hüte.
Hüte mich, du Heiliger Geist, daß ich das Heilige nimmer verliere.

dem hl. Augustinus zugeschrieben

5 Hingabe

1 Mein Herr und mein Gott, nimm alles von mir, was mich hindert zu dir. Mein Herr und mein Gott, gib alles mir, was mich fördert zu dir. Mein Herr und mein Gott, nimm mich mir und gib mich ganz zu eigen dir.

hl. Niklaus von Flüe

2 Nichts soll dich ängstigen, nichts dich erschrecken. Alles geht vorüber. Gott allein bleibt derselbe. Alles erreicht der Geduldige, und wer Gott hat, der hat alles. Gott allein genügt.

hl. Theresia von Avila

3 Ewiges Wort, eingeborener Sohn Gottes, lehre mich die wahre Großmut. Lehre mich dir dienen, wie du es verdienst, geben, ohne zu zählen, kämpfen, ohne meiner Wunden zu achten, arbeiten, ohne Ruhe zu suchen, mich einsetzen, ohne einen andern Lohn zu erwarten als das Bewußtsein, deinen heiligen Willen erfüllt zu haben.

dem hl. Ignatius von Loyola zugeschrieben

4 O Herr, ich gebe mich ganz in deine Hände. Mache mit mir, was du willst. Du hast mich für dich geschaffen. Ich will nicht mehr an mich selber denken. Ich will dir folgen. Was willst du, daß ich tun soll? Geh deinen eigenen Weg mit mir. Was du auch forderst, ich will es tun. Ich opfere dir die Wünsche, die Vergnügungen, die Schwächen, die Pläne, die Meinungen, die mich von dir fernhalten und mich auf mich selbst zurückwerfen. Mache mit mir, was du willst. Ich feilsche um nichts. Ich suche nicht im voraus zu erkunden, was du mit mir vorhast. Ich will das sein, wozu du mich haben willst; ich will all das, wozu du mich machen willst. Ich sage nicht: ich will dir folgen, wohin du gehst; denn ich bin schwach. Aber ich gebe mich dir, daß du mich führst, gleich, wohin. Ich will dir im Dunkel folgen und bitte nur um Kraft für meinen Tag.

O Gott, du bist so wundervoll bei mir gewesen alle Tage meines Lebens. Du wirst mich auch ferner nicht verlassen. Ich weiß es, obschon ich keine Rechte vor dir habe. Laß mich meinen Weg nicht gehen, ohne an dich zu denken. Laß mich alles vor dein Angesicht tragen, um dein Ja zu erfragen bei jedem Wollen und deinen Segen für jedes Tun. Wie die Sonnenuhr von der Sonne, so will ich allein bestimmt sein von dir. So sei es, mein Herr Jesus Christus. Ich gebe mich dir ganz.

John Henry Newman

5 Mein Vater, ich überlasse mich dir; mach mit mir, was dir gefällt. Was du auch mit mir tun magst, ich danke dir. Zu allem bin ich bereit, alles nehme ich an. Wenn nur dein Wille sich an mir erfüllt und an allen deinen Geschöpfen, so ersehne ich weiter nichts, mein Gott. In deine Hände lege ich meine Seele. Ich gebe sie dir, mein Gott, mit der ganzen Liebe meines Herzens, weil ich dich liebe und weil diese Liebe mich treibt, mich dir hinzugeben, mich in deine Hände zu legen, ohne Maß, mit einem grenzenlosen Vertrauen. Denn du bist mein Vater.

Charles de Foucauld

6 Nimm hin, o Herr, meine ganze Freiheit. Nimm an mein Gedächtnis, meinen Verstand, meinen ganzen Willen. Was ich habe und besitze, hast du mir geschenkt. Ich gebe es dir wieder ganz und gar zurück und überlasse alles dir, daß du es lenkst nach deinem Willen. Nur deine Liebe schenke mir mit deiner Gnade. Dann bin ich reich genug und suche nichts weiter.
hl. Ignatius von Loyola

6 Gebete zu Jesus Christus

Das immerwährende Jesusgebet

1 Herr Jesus Christus, erbarme dich meiner.
Herr Jesus Christus, Sohn Gottes, erbarme dich unser.

Die Anfänge dieser Gebetsform gehen zurück bis in die Zeit der Kirchenväter. Das Jesusgebet verbreitete sich vor allem in der Ostkirche, ist aber heute auch in weiten Kreisen des Westens bekannt.
Dieses Gebet ist eine Meditation, an der auch der Körper beteiligt ist. Der ganze Mensch soll frei sein von Unrast. Man muß sich zur Ruhe kommen lassen. Die Muskulatur soll völlig entspannt sein. Man wiederholt im Einklang mit dem Herzschlag oder mit dem Atem unablässig: „Herr Jesus Christus, erbarme dich meiner", oder: „Herr Jesus Christus, Sohn Gottes, erbarme dich unser". So versenkt man sich in die Gegenwart Jesu.
Nicht nur die Versenkung in Gott wird durch diese ständige Anrufung des Namens Jesus gefördert, sondern auch die Empfindung von Frieden und Versöhnlichkeit gegenüber allen Menschen, das Zurücktreten der eigenen Interessen und die Gelassenheit. Das Jesusgebet wird von jenen, die es üben, als ein Weg zur inneren Freiheit bezeichnet.

Andere Jesusgebete:

Jesus, Jesus.

Jesus, dir leb ich; Jesus, dir sterb ich; Jesus, dein bin ich tot und lebendig.

Christusgebete

2 Christus, du Sohn des lebendigen Gottes, erbarme dich unser.
(Du sitzest zur Rechten des Vaters,)
erbarme dich unser.
Singt das Lob des Vaters und des Sohnes und des Heiligen Geistes.
Christus, du Sohn des lebendigen Gottes, erbarme dich unser.

In der westlichen Kirche hat sich ein Christusgebet entwickelt, das in Gemeinschaft gesungen wird. Es hat die Form des Antwortgesangs (Responsorium breve; vgl. Laudes Nr. 679). Es eignet sich auch für das persönliche Gebet. Ähnlich wie beim Rosenkranz nennt man im Lauf des Gebetes (dritte Zeile) Heilsereignisse oder Bitten. Sie lassen sich auch frei formulieren, etwa auf folgende Weise:
Du hast uns die frohe Botschaft gebracht – Du hast uns in dein Reich berufen – Du wirst wiederkommen in Herrlichkeit – Du wirst alles vollenden.
Schenk uns den Heiligen Geist – Erneuere unsere Gemeinde – Erbarme dich meiner kranken Mutter.

3 Sei gepriesen, Herr Jesus Christus, Sohn des lebendigen Gottes. Du bist der Erlöser der Welt, unser Herr und Heiland, (der zur Rechten des Vaters thront). Komm, Herr Jesus, und steh uns bei, daß wir alle Zeit mit dir leben und in das Reich deines Vaters gelangen. Amen.

Dieses Christusgebet eignet sich für vielerlei Gelegenheiten. Weil es wesentliche biblische Worte und Gedanken enthält, ist es leicht wiederholbar. Es besteht aus einer Lobpreisung und einer doppelten Bitte. Wird es als Wiederholungsgebet benützt, fügt man wie im Gebet davor wechselnde Sätze ein, etwa: der uns die frohe Botschaft gebracht hat – der gehorsam war bis zum Tod – der in Herrlichkeit wiederkommen wird; oder: der uns den Heiligen Geist schenkt – der unsre Gemeinde erneuert – der sich der Kranken erbarmt.

4 Herr Jesus Christus, du hast mich berufen, daß ich mit dir zum Vater gehe. Mit dir will ich allzeit auf dem Wege bleiben. Sei das Wort, auf das ich höre und dem ich folge. Sei das Licht, das mich erleuchtet. Sei die Kraft, die mich erfüllt. Sei der Beistand, der mich nicht verläßt. Mach mich vollkommen eins mit dir, und laß mich zur ewigen Vollendung gelangen.

5 Jesus, Sohn Davids, erbarme dich meiner. Erleuchte du meine Augen, daß ich den Weg zu dir finde. Mach du meine Schritte fest, daß ich vom Weg nicht abirre. Öffne du meinen Mund, daß ich von dir spreche. Du willst, daß ich meine Mitmenschen liebe. Laß mich ihnen so dienen, daß sie ihr Heil finden und in deine Herrlichkeit gelangen.

Alkuin

6 Wachse, Jesus, wachse in mir. In meinem Geist, in meinem Herzen, in meiner Vorstellung, in meinen Sinnen. Wachse in mir in deiner Milde, in deiner Reinheit, in deiner Demut, deinem Eifer, deiner Liebe. Wachse in mir mit deiner Gnade, deinem Licht und deinem Frieden. Wachse in mir zur Verherrlichung deines Vaters, zur größeren Ehre Gottes.

Pierre Olivaint

7 Seele Christi, heilige mich.
Leib Christi, rette mich.
Blut Christi, tränke mich.
Wasser der Seite Christi, wasche mich.
Leiden Christi, stärke mich.
O guter Jesus, erhöre mich.
Birg in deinen Wunden mich.
Von dir laß nimmer scheiden mich.
Vor dem bösen Feind beschütze mich.
In meiner Todesstunde rufe mich,
zu dir zu kommen heiße mich,
mit deinen Heiligen zu loben dich
in deinem Reiche ewiglich. Amen.

Umkehr und Buße 7

1 Herr, Gott, im Lichte Jesu, deines Sohnes, sehen wir die Sünde dieser Welt; seit er gekommen ist, um für uns deine Barmherzigkeit zu sein, ermessen wir, wie hart und gnadenlos wir miteinander leben. Wir bitten dich, erneuere uns nach seinem Beispiel auf ihn hin, daß wir nicht länger Böses mit Bösem vergelten, sondern Frieden stiften und die Wahrheit tun heute und alle Tage, die wir noch leben dürfen.

2 Bitten wir Gott, den Herrn, um Vergebung für das Leid, das wir einander antun; daß wir einander vernachlässigen und vergessen; daß wir einander nicht verstehen und nicht ertragen; daß wir Böses reden und oft von Groll und Bitterkeit erfüllt sind; daß wir nicht vergessen können. Lasset uns beten um Verzeihung für alle Sünden, die die Menschen in ihrer Ohnmacht gegeneinander begehen.

3 Ich komme nicht darüber hinweg, daß dies geschehen; andauernd hab ich es vor Augen, kann mich nicht damit abfinden, merke aber auch genau, wie lieblos ich werde mir gegenüber, anderen gegenüber; ich weiß, daß deine Liebe alles überwindet, daß sie allein gültig für uns ist und unser Aufbegehren in Frage stellt. Mehr als dies feststellen kann ich noch nicht; hilf mir weiter.

4 Herr, unser Gott, wer auch mit dir gebrochen hat, er kann zu dir zurück, denn nichts ist unheilbar vor dir; unwiderruflich allein ist deine Liebe. Wir bitten dich, erinnere uns an deinen Namen, damit wir uns zu dir bekehren, und sei unser Vater. Immer von neuem schenk uns das Leben, wie ein unverdientes Glück von Tag zu Tag und für alle Zeiten.

(7) Ich bekenne:

5 Herr, du kennst mich. Ich bin weder ganz gut noch ganz schlecht, weder gottlos noch gerecht. Bei mir folgt auf das Vergehen die Buße und auf die Vergebung wieder die Sünde. Das ist nicht gut. Herr, ich hoffe auf dein Heil, obwohl ich dir nicht treu gedient habe. An einem einzigen Tag ändere ich mich tausendmal, wie ein Rad drehe ich mich unzählige Male. Mit meinem Weizen ist Unkraut vermischt, und der gute Samen wächst unter den Dornen auf dem Acker deines Knechtes. Sei barmherzig, Herr, mit meinem Wankelmut. Geh nicht ins Gericht mit meiner Unbeständigkeit. Du, der ewig Beständige, der sich nicht wandelt, du bist mir Anfang, Ende und Mitte.

6 Allmächtiger Gott, gewähre mir die Gnade, glühend zu ersehen, was wohlgefällig ist vor dir, es mit Weisheit zu erforschen, in Wahrheit zu erkennen und vollkommen zu erfüllen. Ordne meinen Lebensweg zu Lob und Ehre deines Namens.
Laß mich deinen Willen erkennen und erfüllen, so wie es sich gebührt und meiner Seele Segen bringt.
Laß mich in Glück und Unglück treu zu dir stehen, im Glück demütig, im Unglück stark und ungebeugt. Nur was zu dir mich führt, soll meine Freude sein; nur was von dir mich trennt, soll mich betrüben.
Gib, daß ich niemand zu gefallen suche und keinem zu mißfallen fürchte als dir allein.
Was vergänglich ist, o Herr, das sei gering in meinen Augen; doch kostbar sei mir alles, was dein ist, um deinetwillen; und über alles andere sollst du selbst mir kostbar sein, o Herr, mein Gott. Jede Freude ohne dich sei mir zuwider; laß mich nichts suchen als dich allein. Für dich zu arbeiten, sei meine Freude, und eine Ruhe ohne dich sei eine Last.
Gib, daß ich oft mein Herz zu dir erhebe und mit Reue und erneutem Vorsatz Sühne leiste, wenn ich gefehlt. Laß mich gehorsam sein ohne Widerspruch, arm im Geiste ohne Niedrigkeit der Gesinnung, rein ohne Flecken, geduldig

ohne Klage, demütig ohne Verstellung, froh ohne Maßlosigkeit, traurig ohne Kleinmut, ernst ohne Anmaßung, rührig ohne Oberflächlichkeit, wahrhaft ohne Trug. Laß mich Gutes tun ohne Überheblichkeit. (7)
Laß mich den Nächsten ermahnen ohne Hochmut und ihn erbauen in Wort und Beispiel ohne Falschheit.
Gib mir, o Herr, ein wachsames Herz, das kein leichtfertiger Gedanke von dir ablenkt, ein edles Herz, das keine unwürdige Leidenschaft erniedrigt, ein gerades und aufrechtes Herz, das kein gemeines Streben auf Abwege führen kann, ein starkes Herz, das keine Trübsal beugt, ein freies Herz, das sich von keiner bösen Macht beherrschen läßt.
Schenk mir, o Gott, Verstand, der dich erkennt, Eifer, der dich sucht, Weisheit, die dich findet, einen Wandel, der dir gefällt, Beharrlichkeit, die gläubig dich erwartet, Vertrauen, das am Ende dich umfängt.
Laß mich, o Herr, deine Strafen hienieden tragen im Geist der Buße und deine Wohltaten recht gebrauchen durch deine Gnade.
Laß mich deine Freude einst im Vaterland genießen durch deine Herrlichkeit, o Gott, von Ewigkeit zu Ewigkeit. **Amen.**

hl. Thomas von Aquin

Allmächtiger und barmherziger Gott, du weißt, wie sehr wir gefährdet sind, und daß wir als schwache Menschen nicht standhalten können. So mache uns gesund an Leib und Seele, und was wir für unsere Sünden leiden, laß uns mit deiner Hilfe besiegen. 7

8 Bitte und Vertrauen

Herr, dein Wille geschehe.

Vater, in deine Hände befehle ich mich.

In deiner Hand bin ich geborgen.

Lehre mich, deinen Willen zu tun; denn du bist mein Gott.

Mein Herz ist bereit, o Gott, mein Herz ist bereit.

Herr, auf dein Wort hin will ich die Netze auswerfen.

Wir mögen leben oder sterben, wir gehören dem Herrn.

Jesus, sanft und demütig von Herzen, bilde unser Herz nach deinem Herzen.

Jesus, Sohn Davids, erbarme dich meiner.

Herr, was soll ich tun?

Herr, bleibe bei uns.

1 O mein Gott, ich glaube an dich; laß mich fester glauben. Ich hoffe auf dich; laß mich sicherer hoffen. Ich liebe dich; laß mich inniger lieben. Ich bereue meine Sünden; laß mich tiefer bereuen. Du bist mein Schöpfer; ich bete dich an. Du bist mein Ziel; ich verlange nach dir. Du bist mein Wohltäter; ich danke dir. Du bist mein Beschützer; ich rufe dich an.
O Gott, lenke mich durch deine Weisheit. Zügle mich durch deine Gerechtigkeit. Tröste mich durch deine Barmherzigkeit. Schütze mich durch deine Macht.
Herr, dir weihe ich meine Gedanken und Wünsche, meine Worte und Werke, meine Mühen und Leiden. Laß mich denken an dich, verlangen nach dir, sprechen von dir, handeln in dir, arbeiten und leiden für dich.
Gib mir, du guter Gott, Liebe zum Nächsten und Härte gegen mich selbst. Die Genußsucht hilf mir überwinden durch Zucht, die Eitelkeit durch Demut, den Geiz durch Freigebigkeit, den Zorn durch Sanftmut, die Lauheit durch Eifer.

Laß mich erkennen, wie vergänglich das Irdische ist, wie entscheidend das Himmlische, wie kurz die Zeit, wie lang die Ewigkeit. Gib, daß ich meinen Tod vor Augen halte, mit Ernst an dein Gericht denke, der Verwerfung entgehe und den Himmel erlange. Papst Clemens XI.

Herr, 2
laß das Böse geringer werden
und das Gute um so kräftiger sein.
Laß die Traurigkeit schwinden
und Freude um sich greifen.
Laß uns annehmen und geben können
und einander behilflich sein.
Laß die Mißverständnisse aufhören
und die Enttäuschten Mut gewinnen.
Laß die Kranken Trost finden
und die Sterbenden deine Erbarmung.
Laß uns wohnen können auf Erden
und die Ernten gerecht verteilen.
Laß Frieden unter den Menschen sein,
Frieden im Herzen – rund um die Erde.

um Humor

Schenke mir eine gute Verdauung, Herr, und auch etwas 3
zum Verdauen. Schenke mir Gesundheit des Leibes, mit
dem nötigen Sinn dafür, ihn möglichst gut zu erhalten.
Schenke mir eine heilige Seele, Herr, die das im Auge behält,
was gut ist und rein, damit sie im Anblick der Sünde nicht
erschrecke, sondern das Mittel finde, die Dinge wieder in
Ordnung zu bringen.
Schenke mir eine Seele, der die Langeweile fremd ist, die
kein Murren kennt und kein Seufzen und Klagen, und laß
nicht zu, daß ich mir allzuviel Sorgen mache um dieses sich
breit machende Etwas, das sich „Ich" nennt.
Herr, schenke mir Sinn für Humor, gib mir die Gnade,
einen Scherz zu verstehen, damit ich ein wenig Glück kenne
im Leben und anderen davon mitteile. Thomas H. B. Webb

9 In Not und Dunkel

Jesus, Meister, erbarme dich meiner.

Herr, hab Erbarmen.

Meister, Meister, wir gehen zugrunde.

Herr, rette mich.

Herr, gedenke meiner, wenn du in dein Reich kommst.

Komm, Herr Jesus.

Mein Gott, mein Gott, warum hast du mich verlassen?

Abba, lieber Vater, alles ist dir möglich. Nimm diesen Kelch von mir; aber nicht wie ich will, sondern wie du willst.

Ich suche dich, aber ich finde dich nicht; ich rufe nach dir, aber ich vernehme keine Antwort.

Mein Herr und mein Gott, stärke mich in dieser Stunde.

Erbarme dich meiner, Herr; denn ich bin schwach.

Herr, du wirst nicht zulassen, daß ich über meine Kraft versucht werde.

Herr, ich kann alles, wenn du mich stärkst.

Meine Kräfte haben abgenommen; steh du für mich, Herr.

Herr, sei uns gnädig; wir hoffen auf dich.

Der Herr hat es gegeben, der Herr hat es genommen; wie es dem Herrn gefallen hat, so ist es geschehen. Der Name des Herrn sei gepriesen.

Soll ich den Kelch, den der Vater mir gibt, nicht trinken?

1 Ich habe keinen anderen Helfer als dich, keinen anderen Erlöser, keinen anderen Halt. Zu dir bete ich. Nur du kannst mir helfen. Die Not ist zu groß, in der ich jetzt stehe. Die Verzweiflung packt mich an, und ich weiß nicht mehr ein noch aus. Ich bin ganz unten, und ich komme allein nicht mehr hoch, nicht heraus. Wenn es dein Wille ist, dann

befreie mich aus dieser Not. Laß mich wissen, daß du stärker bist als alle Not und alle meine Feinde.
O Herr, wenn ich durchkomme, dann laß doch diese Erfahrung zu meinem und dem Heil meiner Brüder beitragen. Du verläßt mich nicht. Ich weiß das. aus Afrika

2 Herr, Gott, großes Elend ist über mich gekommen. Meine Sorgen wollen mich erdrücken. Ich weiß nicht ein noch aus. Gott, sei mir gnädig und hilf! Gib Kraft zu tragen, was du mir schickst. Laß die Furcht nicht über mich herrschen; sorge du väterlich für die Meinen.
Barmherziger Gott, vergib mir alles, was ich an dir und den Menschen gesündigt habe. Ich traue deiner Gnade und gebe mein Leben ganz in deine Hand. Mach du mit mir, wie es dir gefällt und wie es gut für mich ist. Ob ich lebe oder sterbe, ich bin bei dir, und du bist bei mir, mein Gott. Herr, ich warte auf dein Heil und auf dein Reich. Dietrich Bonhoeffer

im Alleinsein

3 Mein Herr und Gott, es hat sich für mich so ergeben, daß ich allein lebe. Manchmal freue ich mich zwar über meine Freiheit, aber oft bedrückt mich das Alleinsein, und ich frage mich, was mein Leben soll. Dann laß mich spüren, daß du mich an einen Platz gestellt, an dem du mich haben willst, so wie ich bin, mit meinen Gaben und Fähigkeiten, mit meiner Schwachheit und Unzulänglichkeit, in meiner Einmaligkeit, die du so und nicht anders gewollt hast.
Zeig mir, daß mein Alleinsein nicht Einsamkeit sein muß. Weil ich frei bin, kann ich vieles tun. Weil ich allein bin, kann ich vielen etwas bedeuten. Weil meine Liebe nicht gebunden ist, kann sie sich vielen zuwenden. So kann auch mein Leben erfüllt sein, wenn ich es nur selbst annehme und bejahe. Dazu hilf mir.

10 In Krankheit

Jesus, Meister, erbarme dich meiner.

Herr, ich habe keinen Menschen.

Herr, ich bin nicht würdig, daß du eingehst unter mein Dach. Aber sprich nur ein Wort, so wird dein Knecht gesund.

1 Vater, es fällt mir schwer, zu sagen: „Dein Wille geschehe." Ich bin niedergeschlagen und habe keinen Mut mehr. Die Schmerzen sind unerträglich.
Alles, was mein Leben ausgemacht hat, scheint mir weit weg: die Menschen, die zu mir gehören, meine Arbeit, meine Freuden, mein ganz alltägliches Tun.
Auch wenn ich mutlos bin, Herr, ich will versuchen, ja zu sagen zu dem, was ist: zu meinen Schmerzen, zu meiner Schwäche, zu meiner Hilflosigkeit. Ich will alles ertragen, so gut es geht.
Laß mein Leiden nicht umsonst sein. Vielleicht nützt es denen, die für dich arbeiten und kämpfen. Dein Wille geschehe. Dein Sohn hat am Kreuz gezeigt, daß Leiden nicht umsonst ist. Ich danke dir, daß ich das weiß. Segne mich, Vater. Segne alle Menschen, die mir Gutes tun und mir helfen. Segne alle, die wie ich leiden müssen. Und wenn du willst, laß mich und die anderen gesund werden.

2 „Herr, wenn du willst, kannst du mich gesund machen." So rufe ich in meiner Krankheit zu dir. Du hast die Kranken geheilt, du hast unsere Krankheiten auf dich genommen und unsere Schmerzen getragen. Durch deine Wunden sind wir geheilt. Ich bitte nicht: laß mich sogleich geheilt werden. Ich bitte nur: gib mir die Kraft, mein Kreuz mit dir zu tragen. Laß mich dein Gebet am Ölberg mitsprechen: „Vater, nicht mein, sondern dein Wille geschehe." Gib mir Anteil an deiner Geduld. Wecke in mir die Hoffnung auf deine Güte und Macht. Im Vertrauen auf deine Liebe laß mich

mit dir gehen durch Kreuz und Leid zur österlichen Freude und zur Herrlichkeit der Auferstehung.

3 Vater im Himmel, es will mir noch nicht gelingen, diese Krankheit anzunehmen. Ungeduldig warte ich darauf, wieder gesund zu werden. Hilf mir, daß ich zur Ruhe komme und erkenne, daß du es so willst. Vielleicht ist diese Zeit ganz heilsam für mich. Ich kann mich wieder auf dich besinnen und fragen, was du mit mir vorhast. Zeig mir, was ich in meinem Leben ändern, was ich geduldiger und liebevoller tragen soll. Zeig mir auch den Unfrieden meines eigenen Herzens und hilf mir, ihn zu überwinden. Gib mir deinen Frieden. Laß mich wieder Hoffnung haben und durch meine Hoffnung anderen Mut machen.

Im Alter

11 Unsere Tage zu zählen, lehre uns, Herr, daß wir zur Weisheit des Herzens gelangen.

Herr, bleibe bei uns; denn es will Abend werden, und der Tag hat sich geneigt.

Ja, ich komme bald. – Amen, komm, Herr Jesus!

Es kommt der Tag, dem keine Nacht mehr folgt, da Gott die Tränen in den Augen trocknet, der Tod nicht wieder kommt, noch Trauer, Klage, Schmerz, weil das Vergängliche vergangen ist.

Vor einem jähen und unversehenen Tod bewahre uns, o Herr.

1 Herr, ich bin alt, schwach und krank, ich kann nichts mehr tun; aber du läßt mich leben. So will ich da sein für dich. Hilf mir, daß ich all die Dienste, die ich von anderen brauche, willig und dankbar annehme. Gib du deinen Segen allen, die mir Gutes tun.

2 Himmlischer Vater, ich fühle, daß mein Leben zur Neige geht, und manchmal habe ich Angst, daß es nicht so war, wie es hätte sein sollen. Ich kann nicht mehr viel dazu tun. Trotz allem danke ich dir dafür. Laß mich nun zur Ruhe kommen.
Laß diese kurzen Jahre, die du mir noch schenken willst, zu einem guten Abschluß meines Lebens werden. Laß mich offen sein für alle Menschen, die meine Liebe brauchen. Laß mich Verständnis haben für junge Menschen, mich freuen auch an dem, was ich selber nicht mehr tun kann. Laß mich durch mein Beten teilhaben an allem, was nach deinem Willen in der Welt geschieht.
Komm du in meine Einsamkeit. Erfülle sie mit deiner Liebe. Laß den Weg sichtbar werden, den wir Menschen alle gehen, den Weg zur Ewigkeit.

3 O Herr, bitter ist das Brot des Alters und hart. Wie erschien ich mir früher reich — wie arm bin ich nun, einsam und hilflos. Wozu tauge ich noch auf Erden? Schmerzen plagen mich Tag und Nacht, träge rinnen die Stunden meiner schlaflosen Nächte dahin; ich bin nur noch ein Schatten dessen, der ich einmal war. Ich falle den andern zur Last.
Herr, laß genug sein. Wann wird die Nacht enden und der lichte Tag aufgehn? Hilf mir, geduldig zu sein. Zeig mir dein Antlitz, je mehr mir alles andere entschwindet. Laß mich den Atem der Ewigkeit verspüren, nun, da mir aufhört die Zeit. Auf dich, Herr, habe ich gehofft; laß mich nicht zugrunde gehen in Ewigkeit. *Michelangelo*

4 Herr und Heiland, schau auf mich. Reich mir deine Hand. Trag mit mir die Last der Jahre. Gib Gesundheit und Heil, Trost und Geduld, Geduld mit den Menschen, Geduld mit den Dingen, Geduld mit mir selber. Sei du mit mir in der Einsamkeit. Öffne meinen Mund zu deinem Lob. Laß mich fruchtbar sein an Werken der Güte. Laß mein Herz nicht von Undankbarkeit verschlossen werden. Deine Liebe be-

wahre mich vor der Starre des eigenen Sinnes, vor Selbstsucht und Verbitterung. Sie heile mich, wenn Versuchung mich überfällt. Laß dein heiliges Opfer und Mahl die Kraft meiner Tage sein.
Wenn du rufst, laß mich deine Stimme erkennen, ihr freudig folgen und mit Simeon beten: „Nun läßt du, Herr, deinen Knecht, wie du gesagt hast, in Frieden scheiden. Denn meine Augen haben das Heil gesehen, das du vor allen Völkern bereitet hast, ein Licht, das die Heiden erleuchtet, und Herrlichkeit für dein Volk Israel."

Im Angesicht des Todes 12

In meiner Todesstunde rufe mich, zu dir zu kommen heiße mich.

Vater, in deine Hände lege ich voll Vertrauen meinen Geist.

Herr Jesus, nimm mich zu dir.

Herr, gedenke meiner in deinem Reich.

1 Herr, ich weiß, daß du mich liebst, daß mein Sterben genauso in deinen Händen liegt wie mein Leben. Ich will glauben, daß alles, so wie es kommt, in deine Liebe eingeschlossen ist. So wie du es fügst, wird es gut sein für mich.
Hilf mir, deinen Willen zu verstehen und anzunehmen. Hilf mir, täglich bereit zu sein, wenn du mich rufst. Laß mich versöhnt mit dir sterben, in der Hoffnung, daß du mir alles zum Guten wendest. – Herr, dein Wille geschehe.

2 Allmächtiger Gott, unergründlich sind deine Geheimnisse und unerforschlich deine Wege. Du hast mich erschaffen und willst mich nun wieder zu dir nehmen. Alles, was ich bin und habe, lege ich in deine Hände zurück. Schenk mir deine vergebende Liebe. Hilf mir, daß ich allen vergeben kann. Nimm hin mein Leben und verwandle es. Laß mich auferstehn und ewig leben in deiner Herrlichkeit.

3 Herr Jesus Christus, du willst mich jetzt ganz zu dir nehmen. Im Tod werde ich mein Leben nicht verlieren, nein, du wirst es mir neu und für immer schenken. Du hast die Macht, mir mein Leben neu zu geben. Du hast ja selbst den Tod überwunden und bist auferstanden. In diesem neuen Leben werde ich keine Trauer, keinen Schmerz und keine Krankheit mehr kennen. Jesus Christus, auf dich hoffe ich.

13 Meine Zeit in Gottes Händen

Segensbitten

1 Es segne mich Gott der Vater, der Sohn und der Heilige Geist. Amen.

2 Der Herr segne und behüte uns. Er lasse sein Angesicht über uns leuchten und sei uns gnädig. Er schaue auf uns und schenke uns seinen Frieden. Aarons Segen

3 Es segne mich der Vater, der mich erschaffen hat; es behüte mich der Sohn, der für mich am Kreuz gelitten hat; es erleuchte mich der Heilige Geist, der in mir lebt und wirkt.

4 Der Herr des Friedens gebe uns den Frieden zu aller Zeit und auf jede Weise.

5 Die Gnade unsres Herrn Jesus Christus sei mit uns allen.

Reisesegen

6 Den Weg des Friedens führe uns der allmächtige und barmherzige Herr. Sein Engel geleite uns auf dem Weg, daß wir wohlbehalten heimkehren in Frieden und Freude.

Morgengebete

Im Namen des Vaters und des Sohnes und des Heiligen Geistes. In Gottes Namen.

Vater, ich komme, heute deinen Willen zu tun.

O Herr, du bist unser Weg, die Wahrheit und das Leben. Segne uns.

Der Herr segne uns und bewahre uns vor allem Übel und führe uns zum ewigen Leben.

Im Namen meines gekreuzigten Heilandes stehe ich auf. Er hat mich durch sein kostbares Blut erlöst. Er segne und leite mich und führe mich zum ewigen Leben.

Herr, allmächtiger Gott, am Beginn dieses neuen Tages bitten wir dich: schütze uns heute durch deine Kraft. Bewahre uns vor Verwirrung und Sünde. Laß uns denken, reden und tun, was recht ist vor dir. Durch Christus, unsern Herrn. Amen.

Herr, schau herab auf uns und leite uns. Laß leuchten über uns dein Antlitz. Laß unserer Hände Werk gelingen; ja, laß gelingen unserer Hände Werk.

Herr, unser Vater, du Gott des Friedens, heilige uns ganz und in allem. Bewahre unsern Geist, unsre Seele und unsern Leib, daß wir untadelig seien bei der Ankunft unsres Herrn Jesus Christus. O Gott, du bist getreu. Du hast uns berufen. Führe uns zur Vollendung. – Die Gnade unseres Herrn Jesus Christus sei mit uns.

Gott, unser Vater, du liebst uns und schenkst uns in deiner Gnade Trost und Zuversicht. Richte unsre Herzen auf und stärke uns in jedem guten Werk und Wort.

15

1 Herr, unser Gott, laß uns nicht im Finstern sein, daß dein Tag uns nicht wie ein Dieb überfällt. Laß uns Kinder des Lichtes sein, Kinder des Tages; nicht der Nacht laß uns gehören und nicht dem Dunkel. Steh uns bei, daß wir die Zeit nicht verschlafen, sondern wachsam und nüchtern sind.

2 Beim aufgehenden Morgenlicht preisen wir dich, o Herr; denn du bist der Erlöser der ganzen Schöpfung. Schenk uns in deiner Barmherzigkeit einen Tag, erfüllt mit deinem Frieden. Vergib uns unsre Schuld.
Laß unsre Hoffnung nicht scheitern. Verbirg dich nicht vor uns. In deiner sorgenden Liebe trägst du uns; laß nicht ab von uns. Du allein kennst unsre Schwäche. O Gott, verlaß uns nicht.
Ostsyrische Christen

3 Vater im Himmel,
Lob und Dank sei dir für die Ruhe der Nacht;
Lob und Dank sei dir für den neuen Tag;
Lob und Dank sei dir für alle deine Liebe und Güte und Treue in meinem Leben.
Du hast mir viel Gutes erwiesen; laß mich auch das Schwere aus deiner Hand annehmen. Du wirst mir aber nicht mehr auferlegen, als ich tragen kann. Du läßt deinen Kindern alle Dinge zum Besten dienen.
Dietrich Bonhoeffer

4 Wir sind erwacht. Der Schlaf ist noch in unseren Augen, aber auf unseren Lippen soll sofort dein Lob sein. Wir loben und wir preisen dich und beten dich an. Wir, das ist die Erde, das Wasser und der Himmel. Das sind die Gräser und Sträucher und Bäume. Das sind die Vögel und all das andere Getier. Das sind die Menschen hier auf der Erde. Alles, was du erschaffen hast, freut sich an deiner Sonne und an deiner Gnade und wärmt sich daran. Darum sind wir so froh in dieser Morgenstunde, o Herr. Mach, daß die Stunden und Minuten nicht in unseren Händen zerrinnen, sondern in deine Fülle münden.
aus Afrika

5 Herr Jesus, laß uns wachsen und reich werden in der Liebe zu dir und zu allen Menschen. Mach unsre Herzen stark, daß wir ohne Schuld dastehen vor Gott, unserm Vater, wenn du kommst mit all deinen Heiligen.

6 Herr, du schenkst mir jeden neuen Tag, und jeder Tag ist gleich wichtig vor dir. Ich danke dir für diesen Tag. Gib, daß ich ihn ernst nehme: die Aufgaben, die mich heute fordern, die Menschen, denen ich begegne, die Erfahrungen, die er bringt, das Bittere, das mir widerfährt. Laß mich auch dann frei bleiben, wenn mich tausend Dinge in Beschlag nehmen. Laß mich ruhig und gelassen bleiben, wenn ich vor Arbeit nicht mehr ein noch aus weiß. Laß mich dankbar sein für alles, auch wenn dieser Tag mir Mühe bringt.
Herr, an diesem Morgen bedenke ich vor dir den Tag, der jetzt für mich beginnt. Auch wenn ich heute nicht alles in deinem Sinn tun kann, hilf mir, deinen Willen etwas besser zu tun als gestern. Auch wenn deine Gegenwart mich nicht ganz durchdringt, hilf, daß sie mir nicht verlorengeht. Auch wenn ich nicht alle Menschen selbstlos lieben kann, hilf, daß ich keinen entmutige, der mir begegnet. Auch wenn mein Herz deine Ewigkeit nicht umfängt, gib mir Zuversicht für den nächsten Schritt. Jeder neue Tag ist ein neues Angebot von dir, Herr. Hilf mir, daß ich es nutzen kann.

7 Heilige Jungfrau und Gottesmutter Maria, mein heiliger Engel und ihr lieben Heiligen des himmlischen Reiches, legt Fürsprache für mich ein, damit ich Gottes Huld an mir erfahre. Helft mir gut sein. *hl. Franz von Sales*

8 Engel Gottes, mein Beschützer, Gott hat dich gesandt, mich zu begleiten. Erleuchte, beschütze und führe mich.

16 Tischgebete

VOR DEM ESSEN

1 Aller Augen warten auf dich, o Herr; du gibst uns Speise zur rechten Zeit. Du öffnest deine Hand und erfüllst alles, was lebt, mit Segen.

2 Herr, segne uns und diese Gaben, die wir von deiner Güte nun empfangen, durch Christus, unsern Herrn. Amen.

3 Zum Gastmahl des ewigen Lebens führe uns der König der Herrlichkeit.

4 Alles Gute kommt von dir, o Herr. Segne diese Speisen. Wir wollen sie in Dankbarkeit genießen.

5 Segne, Vater, unser Essen.
Laß uns Neid und Haß vergessen,
schenke uns ein fröhlich Herz.
Leite du so Herz wie Hände,
führe du zum guten Ende
unsre Freude, unsern Schmerz.

6 Gelobt sei der himmlische Vater, der uns das Brot der Erde geschenkt;
gelobt sein heiliger Sohn, der uns das Wort des Lebens gebracht;
gelobt der Heilige Geist, der uns zum Mahl der Liebe vereint.

7 Vater, wir leben von deinen Gaben.
Segne das Haus, segne das Brot.
Gib uns die Kraft, von dem, was wir haben,
denen zu geben in Hunger und Not.

8 O Gott, von dem wir alles haben,
wir danken dir für diese Gaben.
Du speisest uns, weil du uns liebst.
O segne auch, was du uns gibst. Amen.

Segne, Vater, diese Gaben.
Dankt dem Herrn für seine Gaben.
Amen, Amen.
Amen, Amen.

NACH DEM ESSEN

1 Wir danken dir, allmächtiger Gott, für alle deine Wohltaten, der du lebst und herrschest in Ewigkeit. Amen.

2 Im täglichen Mahl, o Herr, erkennen wir deine Güte. Wir danken dir und loben dich in Ewigkeit.

3 Wir danken dir, Herr, Gott, himmlischer Vater, daß du uns Speise und Trank gegeben hast. Laß uns teilhaben am ewigen Gastmahl.

4 Dir sei, o Gott, für Speis und Trank,
für alles Gute Lob und Dank.
Du gabst, du willst auch künftig geben.
Dich preise unser ganzes Leben. Amen.

5 Herr, vergilt in Güte allen, die uns um deines Namens willen Gutes tun, und schenk ihnen das ewige Leben.

6 Herr und Vater, wir danken dir für dieses Mahl. Du hast uns heute neu gestärkt. Hilf uns in deiner Kraft, dir und unseren Mitmenschen zu dienen.

7 Wir wollen danken für unser Brot.
Wir wollen helfen in aller Not.
Wir wollen schaffen; die Kraft gibst du.
Wir wollen lieben; Herr, hilf dazu.

18 Abendgebete

Herr, in deine Hände lege ich voll Vertrauen meinen Geist.

Es segne und behüte uns der allmächtige und barmherzige Gott, der Vater, der Sohn und der Heilige Geist.

1 Deinen Frieden, Herr, gib uns vom Himmel, und dein Friede bleibe in unsern Herzen. Laß uns schlafen in Frieden und wachen in dir, auf daß wir vor keinem Grauen der Nacht uns fürchten.
Alkuin

2 Herr Jesus Christus, sei denen nahe, die in dieser Nacht wach sind und weinen, und gebiete deinen Engeln, zu wachen über die, welche schlafen. Bring die Müden zur Ruhe. Nimm die Kranken in deine Hut, o Herr Christus. Segne die Sterbenden. Schenke Linderung den Leidenden. Erbarme dich der Angefochtenen. Schirme die Fröhlichen und uns alle um deiner Liebe willen.

3 Herr, mein Gott, ich danke dir, daß du diesen Tag zu Ende gebracht hast. Ich danke dir, daß du Leib und Seele zur Ruhe kommen ließest. Deine Hand war über mir und hat mich behütet und bewahrt. Vergib allen Kleinglauben und alles Unrecht dieses Tages und hilf, daß ich allen vergebe, die mir Unrecht getan haben. Laß mich in Frieden unter deinem Schutz schlafen und bewahre mich vor den Anfechtungen der Finsternis. Ich befehle dir meinen Leib und meine Seele. Gott, dein heiliger Name sei gelobt.
Dietrich Bonhoeffer

4 Herr, der Tag geht zu Ende. Ich blicke zurück auf Straßen, Zimmer, Tische. Aber besonders auf die Menschen in den Straßen, auf die Menschen in den Zimmern, auf die Menschen an den Tischen. Ich habe mit ihnen gesprochen, habe gelächelt. Ich habe mit ihnen gearbeitet und gegessen. Ich

bin ihnen begegnet und wohl auch auf die Nerven gegangen. Ich habe sie gereizt, getröstet, geliebt. Das alles, Herr, habe ich Menschen getan; das alles, Herr, habe ich dir getan. Vergib mir, tröste mich, bleibe bei mir.

5 Vater, ich danke dir für diesen Tag. Ich danke dir für das tägliche Brot, für alles, womit du mein Leben erhalten hast, für deine Sorge um mich. Ein Tag des Lebens ist wieder vorüber. Ich weiß nicht, wie du ihn haben wolltest, sicher aber besser, als ich ihn gelebt habe.
Ich habe wenig nach deinem Willen gefragt...
(Kurze Besinnung)
Ich bin an Menschen vorübergegangen, die vielleicht auf mich gewartet haben...
Ich habe zu wenig bedacht, was du heute durch mich in dieser Welt schaffen wolltest...
Ich bitte dich um Verzeihung für alles Unrecht, für alle Nachlässigkeit und alles, was ich versäumt habe...
Doch für das, was gut war, Herr, danke ich dir. Führe du es weiter und vollende es...
Ich bitte dich nun für alle Menschen, mit denen ich arbeite und lebe, aber auch für alle andern, die meine Fürbitte brauchen. Laß uns lernen, einander zu dienen und miteinander auszukommen.
Herr, schenke mir eine ruhige Nacht und einen guten Schlaf. Gib mir morgen neue Kraft für alles, was du mir auftragen wirst.

6 Wir beten für unsere Eltern, Vater und Mutter, für unsere Kinder, eins ums andere, für unsere Brüder und Schwestern, zusammen und einzeln, für Verwandte und Freunde, für alle Freunde der Familie, für Lehrer und Lernende, Untergebene und Vorgesetzte, Kameraden, Berufsgenossen und Nachbarn, für alle, die uns Gutes tun, und alle, die uns Böses wünschen, für Feinde und Neider, Verleumder und Verfolger, für die Lebenden und die Verstorbenen.

John Henry Newman

7 Bleibe bei uns, Herr; denn es will Abend werden, und der Tag hat sich geneigt. – Bleibe bei uns und bei deiner ganzen Kirche. – Bleibe bei uns am Abend des Tages, am Abend des Lebens, am Abend der Welt. – Bleibe bei uns mit deiner Gnade und Güte, mit deinem heiligen Wort und Sakrament, mit deinem Trost und Segen. – Bleibe bei uns, wenn über uns kommt die Nacht der Trübsal und Angst, die Nacht des Zweifels und der Anfechtung, die Nacht des bittern Todes. – Bleibe bei uns und bei allen deinen Gläubigen in Zeit und Ewigkeit.

8

Herr, bleibe bei uns; denn es will Abend werden, und der Tag hat sich ge-nei-get.

M: Albert Thate 1935

19 Zur Schriftlesung

1 Rede, Herr; ich höre. Du hast Worte des ewigen Lebens. Herr, laß nicht zu, daß ich dein Wort nur höre, aber nicht aufnehme; glaube, aber nicht bewahre; kenne, aber nicht tue. Herr, laß mich aus deinem Wort leben und dich durch mein Leben verherrlichen.

2 Herr, gib mir immer wieder Freude und Trost in deinen Schriften. Hilf, daß ich sie richtig verstehe – nach deiner Wahrheit, nicht in meinem Sinn. Laß mich das Wort in ihnen finden, das mir hilft, so zu leben, wie du es von mir verlangst.

3 Herr, mein Gott, du Licht der Blinden, du Kraft der Schwachen, verschließ uns nicht das Geheimnis deines Gesetzes, wenn wir anklopfen. Offenbare uns deine Geheimnisse.

hl. Augustinus

4 Heiliger Geist, erleuchte und führe mich, bewege und stärke mich, verwandle und heilige mich.

vor der Schriftlesung

5 Herr und Gott, vieles wird geredet, und vieles wird geschrieben. Dein Wort aber ist anders als alle Worte der Welt. Es ist das Wort in unser Leben, ein Wort, das ermutigt, ein Wort, das trifft. Es ist wahr und bleibt für immer. Es ist lebendig und drängt zum Tun. Herr, laß mich hören, was du sagst.

nach der Schriftlesung

6 Herr und Gott, ich danke dir für dein Wort. Es ist mir mehr als eine Lehre, mehr als ein Gesetz, mehr als ein Rezept. Es geht mein Leben an; es richtet mein Tun, stellt mich in Frage, fordert Änderung und Bekehrung von mir. Herr, laß mich tun, was du sagst.

Ehe und Familie

20 Das Gebet in der Familie

Wenn die Familie betet, erfüllt sich die Verheißung des Herrn: „Wo zwei oder drei in meinem Namen beisammen sind, da bin ich mitten unter ihnen." Wie eine Familie zusammen lebt, miteinander ißt und trinkt, Freude und Leid teilt, so soll sie auch gemeinsam vor Gott stehen, als eine Kirche im kleinen, als Kirche daheim.

Das Gebet der Familie beginnt mit dem Gebet der Eheleute, die einzeln wie gemeinsam beten sollen. In dieses gemeinschaftliche Beten wachsen die Kinder hinein. Vom ersten Augenblick ihres Daseins an werden sie von ihm umfangen und getragen, bis sie zu einem selbständigen Beten kommen. Wie die Eltern die ersten Glaubensboten ihrer Kinder sind, so wird die Familie auch die erste Schule ihres Betens sein.

Das Gebet in der Familie soll von Anfang an seinen Ort, seine Form und seine Zeiten haben. Diese äußeren Umstände werden in jeder Familie anders sein; aber jede Familie muß sich um Möglichkeiten für ihr gemeinsames Beten mühen. Man muß sich Zeit nehmen zum Gebet; denn Gott gebührt der erste Platz im Leben. Das gemeinsame Beten hält die Familie zusammen und fördert ihre Einheit.

Dazu ein paar Hinweise:

☐ Stille und Sammlung:
Kein Gebet kann in Hast, Unordnung und Lärm gedeihen. Man muß zuerst ruhig werden, sich entspannen, sich auf Gott einstellen. Stille im Raum, die äußere Haltung, hinweisende Worte können dabei helfen.

☐ Wechsel und Wachstum:
Wir haben eine Fülle von Gebetsmöglichkeiten: freies persönliches Beten, formulierte Gebete, Gebete aus der Liturgie, Lieder, Schriftlesung und Meditation, betrachtendes Beten, Fürbitten.
Aus diesen Möglichkeiten sollen wir auswählen, je nach der Situation der Familie und den Festzeiten des Kirchenjahres. Die Fähigkeit zu beten muß geweckt werden in persönlichen Gesprächen mit Gott, im Hinhören auf sein Wort. Wir müssen hinfinden zu den großen Haltungen des Gebetes: Lob und Anbetung, Dank, Bitte, Buße. Dabei gilt es, sich einen Grundstock von Gebeten auswendig anzueignen.

Mit der wachsenden und sich wandelnden Familie wird auch ihr Gebet wachsen und sich wandeln vom Kindergebet zum Beten des mündigen Christen, zum Beten in enger Verbindung mit der betenden Kirche. Dann wird es auch noch den Heranwachsenden und Erwachsenen möglich sein, in der Familie gemeinsam zu beten. Mitunter gilt es auch, jene falsche Scheu zu überwinden, die Familienglieder hindert, vor- und miteinander zu beten.

☐ Ausweitung:
Das Gebet in der Familie muß über ihre eigene Welt hinauswachsen, nicht nur in Lob und Verherrlichung Gottes, auch in den Bitten. Zu den eigenen, persönlichen Anliegen müssen schon früh die der Mitmenschen, der ganzen Welt und Kirche kommen. Im liebenden und fürbittenden Gedenken für nahestehende Verstorbene und für Menschen, mit deren Tod wir in Berührung gekommen sind (Unfälle, Attentate, Kriegsopfer), schwingt unser Beten über Zeit und Raum hinaus und wird zum Bekenntnis unseres Glaubens an die Überwindung des Todes durch Jesu Tod und Auferstehung, zum Bekenntnis der ewigen Liebe des lebendigen Gottes.

Beten mit dem jüngeren Kind 21

Erstes Beten erlebt das kleine Kind, indem es einfach dabei ist, wenn die Eltern beten, geborgen in seinem Bett, an dem die Eltern stehen, auf dem Schoß der Mutter zu Hause oder auf dem Arm des Vaters in der Kirche. Bald wird das Kind dabei mittun, nicht nur im äußeren Nachahmen, sondern auch in einem inneren Beteiligtsein. Darum ist es wichtig, was wir mit dem Kind beten. Es muß spüren können, daß der unsichtbare Gott, zu dem die Eltern mit dem Kind sprechen, der Grund unseres Vertrauens und unserer Geborgenheit ist.

Mit dem Zweijährigen können wir den Satz sprechen:

Großer Gott, du hast (Theresa) lieb.

Die Aussage des Liebhabens ist für das Kind erlebbar in der Nähe und Zuneigung der Eltern. Ein solcher Satz kann lange Zeit das Grundgebet des Kindes bleiben. Manchmal fügt die Mutter den einen oder anderen Gedanken an:

Du hast uns (den Felix) geschenkt; ich danke dir.

(21) Oder sie erweitert den Satz:

Guter Gott, du hast Papa und Mama, das Schwesterchen (die Kinder im Sandkasten, die kranken Kinder) sehr lieb.

Damit findet sich das Kind nicht allein vor Gott; sein Blick wird über die Nahestehenden auf alle Menschen gelenkt.
Die erste Vorstellung des Kindes von Gott sollte sein: Gott ist groß und gut. Er ist uns nah und hat uns lieb. Darum können wir ihm alle unsere Erlebnisse erzählen:

Dank für den lieben Besuch, den schönen Ausflug; Kummer über die Wunde am Knie, das verdorbene Spiel; Bitte für den Bub, den das Auto angefahren hat, für das kleine Kind, das wir erwarten.

Auch das Kind braucht eine Einstimmung, um sich vor Gott zu sammeln:

Wir wollen ganz still werden — unsere Füße und unsere Hände, unser Kopf; auch in unserem Herzen soll es still sein. Gott ist bei uns — er sieht uns an — er kennt uns — er hat uns lieb. Was wollen wir ihm sagen?

Das Kind soll in Freude vor Gott sein können. Darum darf es in seiner Art mit ihm sprechen. Es kann mit Singen und Spielen, mit Klatschen und Lachen Gott loben, wie es seiner augenblicklichen Situation entspricht. Kindgemäß ist es auch, mit Bewegungen zu beten. Durch Gesten kann es den Inhalt eines Wortes leichter verstehen:

Großer Gott, wir verneigen uns vor dir.
(Dabei neigen wir tief unsern Kopf.)

Zu dir erhebe ich mein Herz.
(Wir öffnen unsere Hände wie eine Schale und heben sie empor.)

Vater unser, du bist bei uns.
(Wir beten mit ausgebreiteten Armen.)

Auch das selbständiger werdende Kind und das Schulkind brauchen Anregung, ihr persönliches Leben ins Beten mit einzubeziehen.

Am Abend wird eine freundliche Frage zur Besinnung verhelfen, **(21)**
den Tag voll Vertrauen vor Gott zu bedenken:

Was hat uns heute der Tag gebracht? Wer war sehr lieb zu mir? Wer hat mich freundlich angesprochen, mich gegrüßt, mich angelacht? Was habe ich Neues gelernt, in der Schule, auf dem Spielplatz? Warum hatte ich Ärger mit dem Lehrer? Warum gab es Streit mit den Geschwistern? Wem habe ich heute Freude gemacht? Zu wem war ich böse? Was beschäftigt mich sehr? Wovor habe ich Angst?

Nur der eine oder der andere Gedanke wird im Mittelpunkt der Besinnung stehen. Nichts darf dabei bedrohend werden. Es geht um den Frieden des Abends, das Geborgensein in der Liebe. Nach einer Frage braucht man Zeit zum Nachdenken. Vielleicht kommt es zum Gespräch. Eine Unstimmigkeit kann aufgearbeitet oder erklärt werden.

Das Kind macht dabei die Erfahrung, daß nichts, was es beschäftigt oder bedrückt, zu gering ist für das Gebet. Zu den persönlichen Anliegen kommt das Aufmerksamwerden auf unsere Umwelt, das wir betend Gott mitteilen: Verständnis für die andern in der Familie, Einvernehmen unter den Hausbewohnern, Frieden zwischen den Völkern, Hilfe für Arme, Ausgestoßene und Kranke. Solche „Fürbitte" zeigt unsern Kindern, daß die Welt uns etwas angeht, daß wir mit andern verbunden sind.

Unser Beten mit den Kindern kann zu einem guten Gespräch miteinander werden. Es kann aber auch ganz kurz sein. Ein einziger Vers, etwa aus den „Grundgebeten" (vgl. Nr. 2), aus anderen Gebeten, die uns vertraut sind, oder ein Psalmvers, den das Kind versteht, könnte zu einem Aufschwung des Herzens führen, zum Eintauchen in den sicheren Grund unseres Lebens. Wichtig dabei ist, daß diesem kurzen Wort ein paar Atemzüge der Stille folgen, vielleicht auch eine Geste der Zuneigung, eine freundliche Bitte, wenn man sich aus der gemeinsamen Gebetssituation wieder löst.

Was ausführlich über das Abendgebet dargelegt wurde, läßt sich sinngemäß übertragen auf ein Morgenlob, auf das Bitten und Danken beim Essen, auch auf eine spontane Hinwendung zu Gott in Augenblicken großer Freude oder tiefen Kummers. Alles gemeinsame Beten zu bestimmten Tageszeiten oder Anlässen wird erst wirklich zu einer Glaubens- und Lebenshilfe für unsere Kinder, wenn sie spüren: Beten ist nicht ein Sonderbereich unseres

(21) Lebens, sondern ein ausdrückliches Zeichen dafür, daß wir jeden Augenblick mit Gott und vor Gott leben. Auch feste Gebetsformen und Reimgebete können eine Hilfe sein, wenn sie nicht gedankenlos heruntergesagt werden.
Schon durch das Kirchenjahr, durch Ostern und Weihnachten, wie wir sie in der Familie feiern, und durch unser Erzählen wird das Kind mit dem Leben Jesu vertraut. Gute Kinderbibeln helfen uns, einem Kind nahezubringen, was es vom Leben Jesu, seinem Sterben und Auferstehen fassen kann. So wird auch unser Beten Jesus einbeziehen, den das Kind mehr und mehr kennenlernt.

Jesus Christus, du hast uns gezeigt, wie lieb Gott uns hat ... Du bist als Freund zu den Menschen gegangen, die ganz verlassen und verachtet waren ... Du hast Menschen ihre Bosheit verziehen, so daß sie wieder aufatmen und leben konnten ...

Wenn wir im Beten auf Jesus Christus schauen, haben wir ihn zum Freund und zum Verbündeten:

Mit Jesus, deinem Sohn, bitten wir dich ... Durch Jesus Christus, der bei dir in der Herrlichkeit ist, wenden wir uns an dich, unsern Vater ...

Mit Kindern beten bedeutet für Eltern und Erzieher, den eigenen Glauben immer neu und ernsthaft zu durchdenken. Es ist für den Erwachsenen eine Möglichkeit und ein Angebot, das eigene Beten zu vertiefen.
Die Eltern segnen ihre Kinder, indem sie ihnen das Kreuz auf die Stirn zeichnen. Dabei können sie Weihwasser verwenden.

Segensworte:

Es segne dich der allmächtige Gott, der Vater und der Sohn und der Heilige Geist.

Geh in Gottes Namen.

Gott segne dich, N.

Nachstehende Gebete wollen nur als Modelle verstanden sein, die der jeweiligen Situation anzupassen sind.

Gebete mit Kindern 22

am Morgen

1. Großer Gott, ich danke dir für diese Nacht. Wir haben ohne Sorgen geschlafen und sind fröhlich miteinander aufgewacht. Behüte uns an diesem Tag. Bleibe bei uns.

während des Tages

2. Lieber Vater im Himmel, ich habe Vater und Mutter. Wir haben eine Wohnung, einen Tisch und ein Bett. Wir danken dir. Wir haben gegessen und getrunken. Wir danken dir. Wir können laufen und springen. Wir danken dir. Wir können sehen und hören. Wir danken dir. Wir können spielen und lustig sein. Wir danken dir. Wir sind gesund und lebendig. Wir danken dir. Segne uns. Amen.

am Abend

3. Großer guter Gott. Vielen Dank für diesen Tag. Wir haben gespielt, wir haben gelacht. Wir haben geweint, wir haben gezankt, wir haben uns liebgehabt. Wenn wir uns liebhaben, verzeihst du uns. Segne uns alle und gib uns eine gute Nacht.

Kummergebete

4. Vater im Himmel, ich bin krank. Mein Kopf tut so weh. Ich habe Fieber und Durst. Bitte, laß mich heute nacht gut schlafen, damit es morgen besser ist.

5. Lieber Gott, wir hatten heute Streit. Mutter war böse mit mir. (Vater und Mutter waren böse miteinander.) Schimpfen und Zanken tut uns allen weh, aber wir fangen immer wieder damit an. Vergib uns unsere Schuld, wie auch wir vergeben unsern Schuldigern.
Gib uns den Willen, schnell wieder gut zu sein. Laß auch die andern wieder freundlich sein. Wir brauchen den Frieden. Hilf uns dabei.

6 Gott im Himmel, ich habe heute ein Bild gesehen mit einem Kind, das immer Hunger hat. Es hatte ganz dünne Beine. Ich und meine Eltern, wir wollen helfen. Hilf du uns, daß wir etwas von dem hergeben können, was uns gehört.

Ein Schulkind betet

7 In meiner Schule sind viele Kinder.
Alle müssen lernen wie ich.
Manchmal ist es einfach, manchmal ist es schwer.
Unsere Lehrer haben viel Mühe, uns alles gut zu erklären.
Schenke du ihnen Geduld mit uns.
Gib uns Freude am Lernen.
Laß uns Streit schnell vergessen
und uns gegenseitig gern helfen.
Sei bei uns, Herr, auch in der Schule.

8 Gott, Vater im Himmel,
ein neuer Tag hat angefangen; du schenkst ihn mir. Ich freue mich und danke dir, daß ich ihn leben darf. Vor allem aber danke ich dir, daß du überall und immer bei mir bist und mich allezeit liebst; das macht mich froh. Zeige mir heute, was recht und was unrecht ist. Hilf mir, gut zu sein.

9 Ich bin müde.
Ich habe ein warmes Bett. Darin kann ich gut schlafen.
Du bist bei mir, lieber Gott, und ich habe keine Angst.
Du bist da – und Vater und Mutter.
Segne uns alle und schenke uns allen eine gute Nacht.

23 Gebete junger Menschen

1 Herr, ich möchte frei und selbständig sein. Du willst es so. Wie sollte ich sonst Verantwortung übernehmen können. Es kann sein, daß es dadurch manchmal zu Konflikten in

unserer Familie kommen wird. Dabei will ich nie vergessen, daß ich meinen Eltern viel verdanke, mein Leben, mein Zuhause und Hilfe in vielen Schwierigkeiten. Ich brauche meine Eltern. Laß mich ihre Sorgen und Nöte verstehen. Ich will das Gespräch mit ihnen suchen und hinhören auf ihre Ratschläge. Ihren Argumenten will ich mich nicht verschließen und ihre Autorität als Eltern achten.

Herr, unser Gott, hab Dank, daß du uns siehst. Jeden Schritt, den wir tun, begleitest du; jedes Wort, das wir denken, weißt du, ehe wir es aussprechen.
Wir danken dir, daß du unseren Weg bestimmt hast, nicht der Zufall, nicht die Sterne, die manche Leute befragen. Auch bestimmt uns nicht die fremde Macht, die wir Schicksal nennen. Du allein bist es, der uns führt.
Wir danken dir für jeden Tag, den wir erleben; denn er kommt aus deiner guten Hand. **2**

Solange ich lebe, muß ich mich entscheiden, muß Stellung nehmen, muß ja oder nein sagen.
So hast du es gewollt, Schöpfer des Menschen, daß ich mich entscheide für einen Beruf, für einen Lebensgefährten, für eine Partei, für dich.
Aber nicht nur an den breiten Kreuzungen des Lebens muß ich wählen, auch an den schmalen, wo es „nur" um einen Film, eine Zeitung, einen Witz geht.
Hab Dank, Schöpfer des Lebens, daß ich entscheiden, daß ich die Lebensweichen mitstellen darf, daß ich mehr bin als ein willenloses Zahnrad im Räderwerk der Zeit.
Herr, oft habe ich Angst vor Entscheidungen, schiebe sie anderen zu, versuche mich vorbeizudrücken, gehe weder links noch rechts, weder vor noch zurück.
Herr, ich will mich für dich entscheiden – in allen Fragen des Lebens, jeden Tag – ein ganzes Leben lang. Komm mir zu Hilfe, daß ich das Rechte erkenne. Gib mir Mut, es zu wählen. **3**

Ehe und Familie   60

24 Gebete der Liebenden

1 Herr, ich wünsche mir so sehr einen Menschen, der mich versteht und dem ich alles sagen kann. Ich wünsche mir einen Menschen, der mich aufrichtig liebt.
Laß mich jemand finden, der nicht nur mit der Liebe spielt. Laß mich jemand finden, der mein Herz sucht und nicht nur mein Geschlecht. Laß mich jemand finden, der mein Leben für lange Zeit reicher macht, der mich nicht eines Tages arm und zerstört zurückläßt.
Hilf mir, auch seinem Leben mehr Freude und Glanz zu geben. Hilf mir, Liebe zu finden, in der Kraft und Treue ist wie in der Liebe, mit der du uns liebst.

2 Vater, ich danke dir, daß du uns füreinander geschaffen hast, daß wir uns begegnet sind und einander lieben. Laß die Liebe in uns wachsen, damit wir uns immer besser verstehen und uns gegenseitig glücklich machen. Alle wahre Liebe stammt von dir und führt zu dir. Du hast unserm Leben durch diese Liebe einen neuen Inhalt und ein neues Ziel gegeben. Zeig uns den richtigen Weg zu diesem Ziel und hilf uns ihn gehen.

3 Wir haben zueinander Ja gesagt für immer, Herr, Ja für Glück und Unglück, Ja für Gesundheit und Krankheit, Ja für Erfolg und Mißerfolg. Mein Mann — meine Frau — wird bei mir sein, wenn ich krank sein werde. Mein Mann — meine Frau — wird immer zu mir stehen, wenn mich Unglück trifft. Die Liebe kennt keine Furcht; sie kann Ja für immer sagen. Danke, Herr, für diese Liebe, die bei uns angefangen hat. Danke, daß du durch das Sakrament der Ehe bei uns bist.

in schweren Stunden der Ehe

4 Vater im Himmel, ich hätte nie gedacht, daß wir einander so wehtun können.

Ich erkenne immer mehr, wie schwer es ist zu lieben, und wie schwach wir sind.
Hilf uns, daß wir einander verzeihen können. Laß uns erkennen, was wir falsch gemacht haben. Laß uns immer wieder einen Weg finden, der uns zueinander führt.
Laß unsre Liebe nicht untergehen, sondern reifer werden.
Hilf uns, Herr!

zerstörte Liebe

Ich muß dir sagen, was in mir vorgeht. Meine Liebe ist zerstört. Alle Hoffnungen und die wiederholten Versöhnungen waren eitel. Ich muß schreien und anklagen, da ein solches Leben mir zugemutet wird. Auch gegen mich selbst Vorwürfe über Vorwürfe. Wie leichtfertig wurde mein Vertrauen mißbraucht. Ich denke an die Kinder, die am meisten betroffen sind. O daß die Liebe uns so zerquält. Verschuldet oder unverschuldet, wie gerne möchte ich rechten. Soll ich nicht alles in mich hineinschweigen? Die leibliche Nähe ist mir eine Last.
Oft erscheint mir die Scheidung als alleiniger Ausweg, daß wir uns nicht noch mehr zerstören. Und wenn ich jetzt nicht sprechen kann und schweige und nur das Notwendige verrichte, daß das Leben weitergeht, dann laß mein Inneres nicht verdorren oder verhärten. Daß ich nicht gefühllos werde für Stunden, die das Schlimmste wenden können, daß ich nicht kraftlos werde, wenn Verzeihen geboten ist, daß ich nicht die Erinnerung an alles Gute und gemeinsame Schöne auslösche — davor bewahre mich. Wir haben uns einander versprochen und nicht geahnt, wie das Leben uns niederschlagen könnte. Ich bete um Kraft. Ich bete um Einsicht. Ich bete um die Bewahrung meiner Ehe. Ich bete um ein wenig Liebe, ohne die ich nicht leben kann.

Was befleckt ist, wasche rein; Dürrem gieße Leben ein; heile du, wo Krankheit quält.
Wärme du, was kalt und hart; löse, was in sich erstarrt; lenke, was den Weg verfehlt.

25 Gebete für die Kinder

vor der Geburt

1 Herr und Gott, wir erwarten unser Kind. Wir möchten so gern, daß es ein gesundes und fröhliches Kind wird. Aber wir wollen es annehmen, wie du es uns gibst.
Nun bitten wir dich: schenke ihm deine Liebe. Wir wollen es schützen, so gut wir können, schon jetzt, da wir es erwarten. Hilf in der Stunde der Geburt.
Wir wollen unser Kind aufnehmen in deinem Namen und ihm den Weg zeigen, auf dem es dich finden kann. Schenke ihm ein erfülltes und glückliches Leben, und laß es zum Segen werden für alle, die ihm begegnen.
Nimm es allzeit in deinen Schutz.

Dank und Bitte

2 Vater im Himmel, du hast uns unsere Kinder anvertraut. Wir freuen uns, daß wir sie haben. Wir freuen uns über alle guten Anlagen, die wir an ihnen entdecken.
Wir freuen uns, wenn sie gesund sind und heranwachsen. Wir freuen uns, wenn wir miterleben dürfen, wie sie sich entfalten.
Herr, wir danken dir für unsere Kinder. Wir wollen ihnen helfen, so zu werden, wie du sie haben willst. Wir wollen Geduld haben, wenn sie uns Sorgen machen. Darum bitten wir dich, Herr, segne unsre Kinder. Laß sie von Tag zu Tag mehr lernen, ihr Leben selbst in die Hand zu nehmen.
Gib ihnen einen Glauben, der ihr Denken und Tun durchdringt. Führe sie einmal zu dem Beruf, der ihnen Freude macht. Schenke ihnen Freunde, die sie verstehen und ihnen helfen. Und wenn sie auf die falschen Wege geraten, dann führe sie wieder zurück. Bleib in unserer Familie; wir alle brauchen dich.

vor der Erstkommunion

3 Vater, du hast uns Jesus Christus, deinen Sohn, zum Bruder gegeben. Unser Kind hat angefangen, ihn zu lieben. Darum haben wir den Mut, es teilhaben zu lassen an der Tischgemeinschaft mit ihm. Hilf uns, Herr, mit unserm Kind das Geheimnis seiner Gegenwart dankbar zu glauben. Schenk uns durch diese heilige Kommunion eine immer tiefere Freude an der Gemeinschaft mit dir und mit allen, die dich lieben.

für das Schulkind

4 Herr, unser Kind ist fröhlich aus dem Haus gegangen. Behüte es auf dem verkehrsreichen Schulweg. Schütze es vor Gefahren an Leib und Seele, an die wir kaum zu denken wagen. Du weißt, daß wir unserm Kind helfen möchten, in der Schule erfolgreich zu sein. Hilf uns, die Kräfte und Gaben unseres Kindes richtig zu beurteilen. Gib uns die Kraft, ihm Sicherheit zu geben, ihm immer wieder Mut zu machen. Segne seine Lehrer, Herr, und schenke ihnen Einsicht, Geduld, Weisheit, Gerechtigkeit und Güte. Laß unser Kind gesund und zuversichtlich nach Hause kommen.
Laß unser Zuhause seine Zuversicht sein.

für die Freunde der Kinder

5 Für die Freunde meiner Kinder danke ich dir, Herr. Gute Freunde sind die Zusicherung deiner lebendigen Liebe. Ich kenne nicht alle Freunde meiner Kinder. Halte deine Hand über sie. Gib ihnen Gelegenheit, aufrichtig, fröhlich und mutig zu sein. Ich mag nicht alle, die meine Kinder ihre Freunde nennen. Für sie bitte ich besonders um deine Sorge und den Beistand deines Geistes. Vielleicht habe ich sie entmutigt und verletzt. Meine Kinder und ihre Freunde wollen eine neue, eine bessere, eine friedlichere Welt. Laß sie ihnen gelingen, Herr, unser aller Freund.

ein Kind kann nicht mehr beten

6 Herr, mein Sohn (meine Tochter) hat mir gesagt, daß er (sie) nicht mehr beten kann. Ich hatte mir schon lange ein paar gute Ratschläge ausgedacht für solche Fälle. Aber als es darauf ankam, war alles ganz anders. Mein Mund wurde trocken und mein Kopf leer.
Herr, ich bitte dich, offenbare dich selbst meinem Kind in irgendeinem Satz, einem Lächeln, einem fruchtbaren Wort. Bewahre mein Kind vor allzu langer Verlassenheit, damit sein Ohr im Lärm dieser Welt nicht taub wird für deine leise Stimme.

26 Für verstorbene Angehörige und Freunde

Dank für einen Verstorbenen

1 Wir danken dir, Herr Gott, für diesen Menschen, der so nahe und kostbar war und der uns plötzlich entrissen ist aus unsrer Welt. Wir danken dir für alle Freundschaft, die von ihm ausgegangen, für allen Frieden, den er gebracht hat; wir danken dir, daß er durch sein Leiden Gehorsam gelernt hat, und daß er bei aller Unvollkommenheit ein liebenswerter Mensch geworden ist.
Wir bitten dich, Herr, daß wir alle, die mit ihm verbunden sind, jetzt auch, gerade wegen seines Todes, tiefer miteinander verbunden seien. Und auf Erden mögen wir gemeinsam in Frieden und Freundschaft deine Verheißung erkennen: Auch im Tod bist du treu.

für den verstorbenen Ehepartner

2 Vater, du hast meinen Mann (meine Frau) zu dir genommen. Wir sind ein Stück unsres Lebens miteinander gegangen. Wir haben vieles miteinander geteilt, Freud und Leid, frohe und schwere Stunden. Es war schön, wenn es auch nicht immer leicht war. Dafür danke ich dir. Nun hat mein

Mann (meine Frau) zuerst das Ziel erreicht. Ich bleibe allein zurück. Lohne ihm (ihr) alle Liebe und Treue mit ewiger Freude; mir aber gib Kraft zu sagen: dein Wille geschehe, auch wenn dein Weg unbegreiflich ist. Und laß uns im Himmel mit dir vereint sein. Maria, Trösterin der Betrübten, bitte für uns.

beim Tod eines nahestehenden Menschen

Herr, (.......) ist tot. Ich muß es ganz begreifen, was **3** das ist, Herr. Sein Blick wird mich nie mehr treffen; seine Hand meine Hand nie mehr halten; er ist tot; er ist nicht mehr hier.
Du bist die Auferstehung und das Leben. Wer an dich glaubt, wird leben, auch wenn er gestorben ist.
Laß ihn aufwachen bei dir, Herr. Gib ihm das nie verrinnende Leben, nach dem wir uns sehnen, Herr. Kann unsere Sehnsucht uns täuschen?
Herr, du hast es versprochen. Für ihn, der tot ist, erinnere ich dich an dein Wort: „Wer an mich glaubt, wird leben."

Kirche und Gemeinde 27

Kirche auf dem Weg

Barmherziger Vater, wir bitten dich in Demut für deine **1** ganze heilige Kirche. Erfülle sie mit Wahrheit und mit Frieden. Reinige sie, wo sie verdorben ist. Bewahre sie vor Irrtum. Richte sie auf, wo Kleinglauben sie niederdrückt. Beschenke sie, wo sie Mangel leidet. Stärke aber und kräftige sie, wo sie auf deinem Weg ist. Gib ihr, was ihr fehlt, und heile den Riß, wo immer sie zerteilt und zerstreut ist, du heiliger Herr deiner Gemeinde. Um Jesu Christi, unsres Herrn und Heilands willen.

(27) für den Papst

2 Herr, wir glauben und bekennen voll Zuversicht, daß du deiner Kirche Dauer verheißen hast, solange die Welt besteht. Darum haben wir keine Sorge und Angst um den Bestand und die Wohlfahrt deiner Kirche. Wir wissen nicht, was ihr zum Heile ist. Wir legen die Zukunft ganz in deine Hände und fürchten nichts, so drohend bisweilen die Dinge auch scheinen mögen. Nur um das eine bitten wir dich innig: Gib deinem Diener und Stellvertreter, dem Heiligen Vater, wahre Weisheit, Mut und Kraft. Gib ihm den Trost deiner Gnade in diesem Leben und im künftigen die Krone der Unsterblichkeit.
John Henry Newman

für den Bischof

3 Herr Jesus Christus, du Hirt und Haupt deiner Kirche, steh unserm Bischof bei mit der Kraft deines Segens, daß er uns entflammt durch seinen Eifer, uns Vorbild ist durch seinen Wandel, uns trägt durch seine Liebe, uns stärkt durch seine Geduld, uns erhält in der Freude des Heiligen Geistes, uns segnet durch seine Gebete, uns gute Weisung gibt durch seine Lehre und uns einigt zu deinem heiligen Volk und zum lauteren Gottesdienst im Geist und in der Wahrheit.
Johann Michael Sailer

für unsere Seelsorger

4 Wir bitten dich, Herr, für die Priester: Lehre sie, deine Botschaft so auszurichten, daß unser Hunger nach Wahrheit und Leben gestillt wird. Gib ihnen den Mut, niemand nach dem Mund zu reden, auch wenn viele das Evangelium vom Kreuz für Unsinn halten. Laß sie deine geheimnisvolle Nähe erfahren, damit sie den Glauben ihrer Brüder zu stärken vermögen. Mache sie fähig, jedem Antwort zu geben, der nach dem Grund unserer Hoffnung fragt.
Dulde nicht, daß sie ihr Vertrauen auf irgendeine Macht der Erde setzen statt auf die Kraft deines Geistes. Erinnere sie, daß jeder Mitarbeiter am Neuen Bund hundertfach

wiederfinden wird, was er deinetwegen zurückgelassen hat. Laß durch ihr Leben sichtbar werden, daß der Kern deiner Botschaft die Liebe ist, die uns zu freien Menschen macht. Bestärke sie in der Dankbarkeit dafür, daß du sie mit Gott versöhnt und ihnen den Dienst der Versöhnung übergeben hast. Sei mit ihnen, damit durch ihr Wort das Geheimnis deines Todes Gegenwart wird in der Eucharistie, dem Zeichen der Einheit.

Herr Jesus Christus, wir danken dir, daß du uns berufen hast, dein Volk zu sein. Laß es deiner Kirche nicht an Menschen fehlen, die für den Aufbau und Zusammenhalt deiner Gemeinden Sorge tragen, bis du wiederkommst.

um geistliche Berufe

Jesus, göttlicher Hirt, du hast die Apostel berufen und zu Menschenfischern gemacht. Rufe auch heute junge Menschen in deine Nachfolge und deinen Dienst. Du lebst ja, um immer für uns dazusein. Dein Opfer wird auf unseren Altären Gegenwart, weil alle Menschen an der Erlösung teilhaben sollen. Laß alle, die du berufen hast, diesen deinen Willen erkennen und sich zu eigen machen. Öffne ihnen den Blick für die ganze Welt, für die stumme Bitte so vieler um das Licht der Wahrheit und die Wärme echter Liebe. Laß sie getreu ihrer Berufung am Aufbau deines geheimnisvollen Leibes mitarbeiten und so deine Sendung fortsetzen. Mach sie zum Salz der Erde und zum Licht der Welt.

Gib, Herr, daß auch viele Frauen und Mädchen ebenso entschlossen dem Ruf deiner Liebe folgen. Wecke in ihren Herzen das Verlangen, vollkommen nach dem Geist des Evangeliums zu leben und sich selbstlos hinzugeben im Dienst an der Kirche. Laß sie bereit sein für alle Menschen, die ihrer helfenden Hand und ihrer barmherzigen Liebe bedürfen.

Paul VI.

28 für die Ordensleute

1 Herr, unser Gott, du berufst Männer und Frauen, alles zu verlassen, um Christus nachzufolgen. Für sie bitten wir: gib, daß sie sich mühen um den Geist der Armut und der Demut, um dir und den Brüdern und Schwestern zu dienen.

um Bewahrung der Priesterberufe

2 Herr, unser Gott, du selbst leitest dein Volk durch den Dienst der Priester. Gib ihnen allen die Gnade, daß sie deinem Willen treu und gehorsam bleiben und durch ihr Leben wie durch ihr Amt dich in Christus verherrlichen.

Einheit der Kirche

3 Herr Jesus Christus, du hast gebetet: Laß alle eins sein, wie du, Vater, in mir bist, und ich in dir. Wir bitten dich um die Einheit deiner Kirche. Zerbrich die Mauern, die uns trennen. Stärke, was uns eint, und überwinde, was uns trennt. Gib uns, daß wir die Wege zueinander suchen. Führe den Tag herauf, an dem wir dich loben und preisen können in der Gemeinschaft aller Gläubigen.

für die verfolgte Kirche

4 Gott, nach dem geheimnisvollen Ratschluß deiner Liebe läßt du die Kirche teilhaben am Leiden deines Sohnes. Stärke unsere Brüder und Schwestern, die wegen ihres Glaubens verfolgt werden. Gib ihnen Kraft und Geduld, damit sie in ihrer Bedrängnis auf dich vertrauen und sich als deine Zeugen bewähren. Schenke ihnen Freude darüber, daß sie sich mit Christus im Opfer vereinen, und gib ihnen die Zuversicht, daß ihre Namen im Buch des Lebens eingeschrieben sind. Gib ihnen die Kraft, in der Nachfolge Christi das Kreuz zu tragen und auch in der Drangsal ihren christlichen Glauben zu bewahren.

für die Weltmission

5 Herr, du hast uns befohlen, unter allen Völkern deine Zeugen zu sein. Wir bitten dich: erwecke unter uns Männer und Frauen, die bereit sind zum Dienst, wo immer du sie einsetzen willst.
Sende Boten in alle Erdteile und rufe einheimische Missionare auch aus Asien, Afrika und aller Welt, damit in der ganzen Kirche neues Leben erwacht und der Reichtum deines Evangeliums offenbar wird.
Wir bitten dich für die vielen Millionen im Westen und Osten, im Norden und Süden, die dich nicht kennen. Laß deine Kirche nicht ruhen, bis die Völker in allen Ländern deine Heilsbotschaft hören können.

für die Pfarrgemeinde

6 Herr Jesus Christus, du bist das Haupt der Kirche, du bist das Haupt unsrer Gemeinde. Gib uns füreinander den Blick der Liebe, das rechte Wort, die helfende Tat. Behüte die Schwachen, erleuchte die Zweifelnden, stärke die Verzagten, halte die Schwankenden, wecke die Schlafenden, führe die Suchenden, erwärme die Kalten und Lauen. Hilf uns, einander zu geben, wessen wir bedürfen, daß einer des anderen Last trage.

bei Zusammenkünften

7 Komm, Heiliger Geist, komm in unsre Mitte; sei du bei uns. Lehre uns, was wir tun sollen; weise uns, wohin wir gehen sollen; zeige uns, was wir wirken müssen, damit wir durch deine Hilfe Gott in allem wohlgefallen.

8 Gedenke deiner Kirche. Erlöse sie von allem Übel. Mach sie vollkommen in deiner Liebe und führe sie zusammen aus allen Enden der Welt in dein Reich, das du ihr bereitet hast. Dein ist die Macht und die Ehre in Ewigkeit.

Zwölfapostellehre

Mitten in der Welt

29 Gebete um sozial-caritative Gesinnung

1 Hilf uns, Herr, daß wir Liebe haben zu allen Menschen. Laß uns eines Sinnes sein untereinander, mit den Fröhlichen uns freuen, mit den Weinenden weinen. Gib, daß wir uns nicht über andere erheben, niemandem Böses mit Bösem vergelten, sondern einander helfen, die Last des Lebens zu tragen. Laß uns auf das Gute bedacht sein und, soviel an uns liegt, Frieden halten mit allen Menschen. Hilf uns, das Böse zu überwinden durch das Gute.

2 Herr Jesus Christus, in dir sind Himmel und Erde zusammengefaßt; auf dich hin sind wir geschaffen. Du willst nicht, daß jeder nur für sich lebt, sondern daß alle in gegenseitiger Liebe dir dienen und als Glieder einer Gemeinschaft die Güter der Erde gebrauchen und teilen. Wir sollen das Leid in der Welt heilen oder gemeinsam tragen und miteinander die Fülle des Lebens empfangen.
Immer mehr Menschen bewohnen die Erde und suchen Lebensraum, Arbeit und Brot; immer enger rücken wir zusammen; immer mehr werden alle voneinander abhängig. Mach mein Herz weit für die Anliegen der Menschen, daß ich fähig werde, an einer Gesellschaft mitzubauen, deren Mitte du selbst bist.

3 Herr, öffne meine Augen, daß ich die Not der anderen sehe; öffne meine Ohren, daß ich ihren Schrei höre; öffne mein Herz, daß sie nicht ohne Beistand bleiben. Gib, daß ich mich nicht weigere, die Schwachen und Armen zu verteidigen, weil ich den Zorn der Starken und der Reichen fürchte. Zeige mir, wo man Liebe, Glauben und Hoffnung nötig hat, und laß mich deren Überbringer sein. Öffne mir Augen und Ohren, damit ich für deinen Frieden wirken kann.

Jesus Christus, unser Bruder, ich weiß, daß es unzählige 4
Menschen gibt, die in großer Not sind. In der ganzen Welt
werden viele gequält und verfolgt. Viele hungern oder haben
große Schmerzen. Viele sind einsam und verlassen,
sind gescheitert und werden von niemandem mehr aufgenommen.
Herr, wecke uns auf, wenn wir die Not unserer
Brüder nicht erkennen. Mach uns bereit zu helfen.
Wir bitten dich aber auch für alle Menschen, Brüder und
Schwestern, die Hilfe brauchen und sie nicht finden. Verwandle
ihre Dunkelheit in Licht, ihre Trauer in Freude, und
laß sie in aller Bedrängnis die Hoffnung nicht aufgeben.

Mein Gott, laß mir im Leben des andern dein Antlitz leuchten. 5
Das unwiderstehliche Licht deiner Augen, das auf dem
Grund der Dinge strahlt, hat mich schon zu jedem Werk
begleitet, das ich vollbringen, und zu jedem Schmerz, den
ich ertragen mußte. Gib, daß ich dich auch und vor allem
im Innersten der Seele meiner Brüder erkenne.

Teilhard de Chardin

Herr, mach mich zu einem Werkzeug deines Friedens, 6
daß ich liebe, wo man haßt;
daß ich verzeihe, wo man beleidigt;
daß ich verbinde, wo Streit ist;
daß ich die Wahrheit sage, wo Irrtum ist;
daß ich Glauben bringe, wo Zweifel droht;
daß ich Hoffnung wecke, wo Verzweiflung quält;
daß ich Licht entzünde, wo Finsternis regiert;
daß ich Freude bringe, wo der Kummer wohnt.
Herr, laß mich trachten,
nicht, daß ich getröstet werde, sondern daß ich tröste;
nicht, daß ich verstanden werde, sondern daß ich verstehe;
nicht, daß ich geliebt werde, sondern daß ich liebe.
Denn wer sich hingibt, der empfängt;
wer sich selbst vergißt, der findet;
wer verzeiht, dem wird verziehen;
und wer stirbt, der erwacht zum ewigen Leben.

Frankreich 1913

30 In Arbeit und Freizeit

1 Herr und Gott, guter Vater im Himmel. Du hast mich gerufen, deine große Welt mit allem, was zu ihr gehört, mitzugestalten durch meine Arbeit. Ich danke dir für deinen Auftrag, für die Möglichkeiten und Fähigkeiten, die du mir gegeben hast.
Hilf mir an jedem Tag, dir in allem zu dienen durch eine gute Arbeit, durch meine Hilfsbereitschaft, durch mein Verstehen, durch ein gutes Wort. Durch gute Laune und heiteren Blick, durch mein Beispiel will ich helfen, Gegensätze auszugleichen, Mißtrauen abzubauen, den sozialen Frieden zu wahren. So darf ich beitragen zum Wohl meines Nächsten und für eine bessere Welt. Mein Leben soll dich preisen und alles in dir seine Vollendung finden.

2 Herr, gib uns allen, die wir miteinander arbeiten, Verständnis für die Art und Aufgabe der anderen. Hilf, daß wir Kollegen nicht nur beurteilen nach ihrem Nutzen für uns oder für den Betrieb, sondern laß uns fragen nach ihrem Schicksal, ihren Konflikten, ihren Hoffnungen.
Hilf uns verstehen, daß jemand neben uns versagt, weil er seine häuslichen Sorgen nicht vergessen kann oder weil seine Kräfte verbraucht sind. Laß uns nicht ungerecht werden gegen die Älteren und Schwachen, weil sie weniger leisten als wir, sondern hilf uns, gegen jedermann menschlich zu sein. Begegne du in uns allen Menschen, denen wir begegnen.

um Freude

3 Herr, du hast uns zur Freude berufen. Die Arbeit allein kann uns nicht ausfüllen. Darum gib du uns Sinn für die Freude, für Fest und Feier, für Spiel und Erholung, für Bildung und Kunst, für das Zusammensein mit Menschen, die wir lieben, die uns erwarten, die unsre Nähe brauchen. Herr, du hast uns zur Freude berufen; vollende unsre Freude in dir.

Sport und Spiel

Gott, ich danke dir für die Freude an Sport und Spiel. Ich 4
danke dir für die Kameradschaft und Freundschaft, die ich
dabei erlebe. Hilf mir, auch im Gegner beim Wettkampf
den Freund zu sehen. Laß mich im Sieg nicht überheblich
werden und in der Niederlage nicht verzagen.
Alles, was du geschaffen hast, verherrlicht dich, auch der
Leib des Menschen, den du so wunderbar aus dem Staub
der Erde gemacht hast. Hilf mir, dich in allem zu verherrlichen, und gib mir am Ende den Siegespreis, den du verheißen hast.

Verantwortung für die Welt   31

Herr, unsere Erde ist nur ein kleines Gestirn im großen 1
Weltall. An uns liegt es, daraus einen Planeten zu machen,
dessen Geschöpfe nicht von Kriegen gepeinigt werden, nicht
von Hunger und Furcht gequält, nicht zerrissen in sinnlose
Trennung nach Rasse, Hautfarbe oder Weltanschauung.
Gib uns den Mut und die Voraussicht, schon heute mit
diesem Werk zu beginnen, damit unsere Kinder und Kindeskinder einst mit Stolz den Namen Mensch tragen.
Gebet der Vereinten Nationen

Herr aller Herren, du willst, daß die Menschen miteinander 2
in Frieden leben. Wir bitten dich, zeige den Politikern, wie
sie Spannungen lösen und neue Kriege verhindern können.
Laß die Verhandlungen unter den Nationen der Verständigung dienen und führe die Bemühung um Abrüstung
zum Erfolg.
Wir bitten dich um gerechte Lösung der Konflikte, die Ost
und West, Nord und Süd, Farbige und Weiße, arme und
reiche Völker voneinander trennen.
Laß nicht zu, daß wir mitmachen, wenn Haß und Feindschaft Menschen gegeneinander treiben. Hilf uns Frieden
halten, weil du mit uns Frieden gemacht hast.

3 Herr der Welt, gib uns einen Blick für die Zeichen der Zeit und ein klares Urteil gegenüber den politischen Ereignissen und allem Neuen in unserer Welt. Bewahre uns vor trügerischer Hoffnung und hilfloser Angst. Gib uns Mut und Bereitschaft zu politischem Einsatz. Zeige uns, wie wir in unserem Staat verantwortlich leben und ihn mitgestalten können.

4 Herr, zeig uns die Welt, wie sie wirklich ist. Zeig uns die Aufgaben, die auf uns warten. Laß uns erkennen, wo du uns brauchst: im Einsatz für deine Ordnung, im Eintreten für das Recht, im Kampf gegen den Hunger, in den Rassenkonflikten, in brüderlicher Hilfe für Verfemte, Außenseiter und Kriminelle.
Wie Jesus sich der Armen, der Ausgestoßenen und Verachteten annahm, so soll auch durch uns deine Liebe in der Welt sichtbar werden.

32 Grundgebete zu Maria, zu den Engeln und Heiligen

Salve Regina

1 Sei gegrüßt, o Königin, Mutter der Barmherzigkeit; unser Leben, unsre Wonne und unsre Hoffnung, sei gegrüßt! Zu dir rufen wir, verbannte Kinder Evas; zu dir seufzen wir trauernd und weinend in diesem Tal der Tränen. Wohlan denn, unsre Fürsprecherin, wende deine barmherzigen Augen uns zu, und nach diesem Elend zeige uns Jesus, die gebenedeite Frucht deines Leibes. O gütige, o milde, o süße Jungfrau Maria.
(Elend bedeutet Leben in der Fremde.)

2 Gesegnet bist du, o Tochter, von Gott dem Allerhöchsten, mehr als alle Frauen auf der Erde. Gepriesen sei der Herr, unser Gott, der Himmel und Erde erschaffen hat; er hat

dich gesegnet mit seiner Kraft. Die Erinnerung an dein Vertrauen wird in Ewigkeit nicht aus den Herzen der Menschen entschwinden, die der Macht Gottes gedenken. Denn in der Not unseres Volkes hast du dein Leben nicht geschont; nein, du hast entschlossen unseren Untergang abgewehrt, du bist auf geradem Weg gegangen vor unserm Gott.

Jdt 13,18-20

Unter deinen Schutz und Schirm fliehen wir, heilige Gottesmutter. Verschmähe nicht unser Gebet in unseren Nöten, sondern errette uns jederzeit aus allen Gefahren, o du glorwürdige und gebenedeite Jungfrau, unsere Frau, unsere Mittlerin, unsere Fürsprecherin. Führe uns zu deinem Sohne, empfiehl uns deinem Sohne, stelle uns vor deinem Sohne.

Der Rosenkranz

Das Rosenkranzgebet bringt uns in enge Verbindung mit dem Leben, dem Leiden und der Herrlichkeit Jesu, und es zeigt uns die Stellung, die Maria im Heilswerk hat. Indem der Rosenkranz uns anhält, dies zu betrachten, deutet er unser Leben und hebt es in das Licht des Glaubens. Durch die Wiederholung schafft der Rosenkranz einen Zustand des Betens. Daher ist er eine wichtige Form für die Gemeinschaft und für den einzelnen. Jedes Gesätz beginnt mit dem Vaterunser. Es folgt zehnmal das Ave Maria; nach dem Namen „Jesus" wird jedesmal das entsprechende Geheimnis eingefügt. Das Gesätz schließt mit dem Ehre sei dem Vater.

Eröffnung

Im Namen des Vaters... Ich glaube an Gott... Ehre sei dem Vater... Vater unser... Gegrüßet seist du, Maria...

Jesus, der in uns den Glauben vermehre
Jesus, der in uns die Hoffnung stärke
Jesus, der in uns die Liebe entzünde

Ehre sei dem Vater...

3 die freudenreichen Geheimnisse

Jesus, den du, o Jungfrau, vom Heiligen Geist empfangen hast
Jesus, den du, o Jungfrau, zu Elisabet getragen hast
Jesus, den du, o Jungfrau, (in Betlehem) geboren hast
Jesus, den du, o Jungfrau, im Tempel aufgeopfert hast
Jesus, den du, o Jungfrau, im Tempel wiedergefunden hast

4 die schmerzhaften Geheimnisse

Jesus, der für uns Blut geschwitzt hat
Jesus, der für uns gegeißelt worden ist
Jesus, der für uns mit Dornen gekrönt worden ist
Jesus, der für uns das schwere Kreuz getragen hat
Jesus, der für uns gekreuzigt worden ist

5 die glorreichen Geheimnisse

Jesus, der von den Toten auferstanden ist
Jesus, der in den Himmel aufgefahren ist
Jesus, der uns den Heiligen Geist gesandt hat
Jesus, der dich, o Jungfrau, in den Himmel aufgenommen hat
Jesus, der dich, o Jungfrau, im Himmel gekrönt hat

Zur Abwechslung und Auflockerung können wir den Rosenkranz auch so beten, daß wir, ähnlich wie beim Christusgebet Nr. 6,2–3 und 679 andere Geheimnisse über Glaubenswahrheiten oder biblische Geschehnisse einfügen, etwa:

6 die trostreichen Geheimnisse

Jesus, der als König herrscht
Jesus, der in seiner Kirche lebt und wirkt
Jesus, der wiederkommen wird in Herrlichkeit
Jesus, der richten wird die Lebenden und die Toten
Jesus, der alles vollenden wird

zum Schutzengel 34

Heiliger Schutzengel, Gottes liebende Sorge hat dich mir 1
zum Begleiter gegeben. Du bist sein Anruf an mein Gewissen: verhilf mir zu klarer Entscheidung. Du bist seine führende Hand: bleibe bei mir Tag und Nacht. Du bist sein machtvoller Arm: kämpfe mit mir für sein Reich.

zum Namenspatron

Heilige(r) ....., seit der Taufe trage ich deinen Namen. Bitte 2
für mich bei Gott um die Kraft deines Glaubens, die Größe deiner Hoffnung, die Fülle deiner Liebe. Steh mir bei, daß ich wie du den guten Kampf kämpfe und einst die Krone des Lebens empfange.

Gebete für Verstorbene 35

Herr, gib ihm (ihr) die Erfüllung seiner (ihrer) Sehnsucht 1
und vollende sein (ihr) Leben in dir. Laß ihn (sie) dein Angesicht schauen. Amen.

in der Gemeinschaft der Heiligen

Gott, du hast deine Heiligen der Macht des Todes entrissen 2
und mit neuem Leben beschenkt. Vereint mit den Engeln loben und preisen sie deine Herrlichkeit. Wir bitten dich: schenk unsern Verstorbenen dieses neue Leben. Nimm sie auf in die Gemeinschaft der Heiligen und gib ihnen das Glück, dich zu schauen und zu loben.

stärker als der Tod

Herr, unser Gott, du bist allen nahe, die zu dir rufen. Auch 3
wir rufen zu dir aus Not und Leid. Laß uns nicht versinken in Mutlosigkeit und Verzweiflung, sondern tröste uns durch deine Gegenwart. Gib uns die Kraft deiner Liebe, die stärker ist als der Tod. Mit unsern Verstorbenen führe auch uns zum neuen und ewigen Leben.

für die Verstorbenen der Pfarrgemeinde

4 Herr Jesus Christus, wir bitten dich für die Brüder und Schwestern aus unserer Gemeinde, die du zu dir gerufen hast. Schenke ihnen Heimat bei dir, wo jeder Schmerz in Freude verwandelt ist. Laß sie deine Stimme hören: „Kommt, ihr Gesegneten meines Vaters, und nehmt das Reich in Besitz". Denn du bist gut und ein Freund der Menschen.

für die Opfer von Unfällen und Katastrophen

5 Gott des Lebens, viele Menschen ereilt der Tod plötzlich und gewaltsam. Ihre letzten Augenblicke sind oft erfüllt von lähmender Angst und unsäglichen Schmerzen. Wir bitten dich für die Toten der Kriege, für alle Opfer der Gewalt, für die Opfer der Naturkatastrophen und der Unfälle: steh du ihnen bei und führe sie in das Land des Lichtes und des Friedens. Ergänze in deiner Liebe, was ihnen fehlt, damit sie dich schauen können von Angesicht zu Angesicht. Denn du bist ein Gott der Lebenden, nicht der Toten.

nichts trennt von Gottes Liebe

6 Allmächtiger Gott, hilflos stehen wir dem Sterben unserer Lieben gegenüber. Es fällt uns schwer, deine Pläne zu begreifen und zu bejahen. Der Tod ist unabänderlich. Du aber hast uns deinen Sohn gesandt und ihn für uns alle dahingegeben. Darum können uns weder Trübsal noch Bedrängnis, ja nicht einmal der Tod von deiner Liebe trennen. Erhalte in uns diesen Glauben und führe unsere Toten zu neuem Leben.

7 Herr, gib ihnen die ewige Ruhe, und das ewige Licht leuchte ihnen. Laß sie ruhen in Frieden. Amen.

Es sind also nicht belanglose Äußerlichkeiten, wenn wir Wert legen auf eine angemessene Körperhaltung beim Gebet und im Gottesdienst. Die Kniebeuge vor dem Tabernakel, die Art, wie man geht, steht, kniet und sitzt im Gottesdienst, all das sind Weisen der Verleiblichung der Frömmigkeit, die nicht ohne Rückwirkung auf unseren inneren Mitvollzug bleiben.

Manches wird uns innerlich gar nicht ganz zu eigen, wenn wir es nicht auch äußern.

Gesang, Musik und Festlichkeit im Gottesdienst, Kreuzzeichen und Weihwasser, Kerzen und Kirchenschmuck, liturgische Farben und Zeiten des Kirchenjahres sind von Bedeutung. In der Pflege all dieser Formen verwirklichen wir die Mahnung des heiligen Paulus: „Verherrlicht Gott in euerm Leibe" (1 Kor 6,20).

Die Kirche kennt sieben Sakramente: Taufe, Firmung, Eucharistie, Buße, Krankensalbung, Priesterweihe und Ehe.

Das christliche Leben wird grundgelegt durch den Empfang der ersten drei Sakramente.

42 Grundlegung des christlichen Lebens in Taufe, Firmung und Eucharistie

1 In unsre Welt, in der viel Dunkel und Schuld sind, ist Christus gekommen und hat Licht, Liebe und Erlösung gebracht. Er sagt selber: „Der Geist Gottes, des Herrn, ruht auf mir; denn der Herr hat mich gesalbt. Er hat mich gesandt, um den Armen die Heilsbotschaft zu bringen, um den Gefangenen die Befreiung und den Blinden das Augenlicht zu verkünden" (Lk 4,18).

In seinem Tod und seiner Auferstehung hat Christus die alte Welt der Sünde und des Hasses überwunden. Er macht die neue Welt sichtbar im Kreis der Jünger, die er um sich sammelt. Er schenkt den Jüngern seinen Geist, damit sie diese Botschaft zu den Menschen bringen und ihnen Gottes Nähe bezeugen. Wer sich bekehrt und dem Evangelium glaubt, empfängt den Heiligen Geist. Die von diesem erfüllten Menschen bilden ein heiliges Volk, das Gott gehört; sie werden zur Kirche. Sie bilden einen Leib, den geheimnisvollen Leib Christi, der sich mit Christus opfernd hingibt für das Heil der Welt.

II. Christliches Leben aus den Sakramenten

Der Mensch ist eine Einheit von Leib und Seele. Wirklich menschliches Verhalten ist deshalb erst da gegeben, wo geistige Gehalte leibhaft ausgedrückt und leibliche Vorgänge beseelt und durchgeistigt werden, wo also der Mensch als ganzer beteiligt ist. Die Äußerung des Inneren ist daher für den Menschen keine Veräußerlichung.
Diese Grundstruktur des Menschen wird durch die Offenbarung bestätigt und verdeutlicht. In der leibhaften Gestalt des menschgewordenen Gottessohnes ist uns „die Güte und Menschenliebe Gottes, unseres Retters, erschienen" (Tit 3,4). In leibhafter Berührung hat Jesus Kranke geheilt. Er hat uns erlöst, indem er seinen Leib und darin sich selbst am Kreuz dahingab. Im eucharistischen Mahl werden sein Leib und sein Blut uns zu Speise und Trank des ewigen Lebens. Darum ist auch die Auferstehung des Fleisches die Vollendung der Erlösung. Dieser durch die Menschwerdung Gottes grundgelegten Gestalt des Heiles entspricht auch die Heilsvermittlung durch die Kirche. In ihrer sichtbaren Gestalt, in den Sakramenten, im Wort der Verkündigung, in den liturgischen Formen und Zeichen wird uns das Heil sinnfällig, sichtbar und hörbar geschenkt.

41
1

Dieser „sakramentalen" Weise, in der Gott uns anspricht, muß auch unsere Antwort entsprechen. Eine nur innerliche Frömmigkeit ist deshalb keine christliche Frömmigkeit; vielmehr muß der ganze Mensch beteiligt sein, wenn wir uns Gott zuwenden.
Eine Fülle von Zeichen, Symbolen, Haltungen und Bräuchen hat sich in der Kirche entwickelt. Viele von ihnen sind uns fremd geworden, viele haben wir vernachlässigt und vergessen. Gewiß müssen wir unsere Ausdrucksformen darauf prüfen, ob sie ausdrücken, was uns bewegt. Der Verlust leibhaften Ausdrucks oder der Verzicht darauf sind jedoch nicht Verinnerlichung, sondern Gefährdung der Frömmigkeit.

2

Die Eingliederung in Christus und seinen Leib, die Kirche, geschieht in einem „Drei-Schritt", in den drei grundlegenden Sakramenten der Taufe, der Firmung und der Eucharistie, die darum die Sakramente der Eingliederung (Initiation) heißen. Wer sie empfängt, erhält Anteil am Tode Christi; er wird aus der Herrschaft des Bösen befreit, mit Christus begraben und auferweckt. Er wird mit dem Geist der Kindschaft beschenkt und Christus immer mehr einverleibt, wenn er mit dem ganzen Volk Gottes das Gedächtnis des Todes und der Auferstehung des Herrn feiert, um als Christ in der Welt zu leben.

Heranwachsende und erwachsene Taufbewerber empfangen die drei grundlegenden Sakramente in e i n e m Gottesdienst.

LOBPREIS 2

Gepriesen sei Gott,
der Vater unseres Herrn Jesus Christus,
durch den er uns vom Himmel her
mit allem Segen seines Geistes gesegnet hat.
In Christus hat er uns erwählt vor Erschaffung der Welt,
damit wir heilig und untadelig vor Gott leben.
Er hat uns aus Liebe im voraus dazu bestimmt,
durch Jesus Christus seine Söhne zu werden
und nach seinem gnädigen Willen ihm zu gehören
zum Lob seiner göttlichen Gnade.
Er hat sie uns geschenkt in seinem geliebten Sohn;
durch sein Blut haben wir die Erlösung,
die Vergebung der Sünden nach dem Reichtum seiner
Gnade.
Durch sie hat er uns mit aller Weisheit und Einsicht
reich beschenkt.
Er hat uns das Geheimnis seiner Entscheidung kundgetan,
die er in Christus im voraus getroffen hatte,
um sie in der Fülle der Zeiten zu verwirklichen:
in Christus alles zusammenzufassen,
was im Himmel und auf Erden ist. (Eph 1,3–10)

43 Die Taufe

1 Christus hat seiner Kirche den Auftrag hinterlassen: „Macht alle Menschen zu meinen Jüngern, indem ihr sie tauft auf den Namen des Vaters und des Sohnes und des Heiligen Geistes" (Mt 28,19). Es genügt nicht, im Herzen zu glauben; wir müssen getauft werden. In der Taufe werden wir von Christus in die Jüngergemeinde, in die Kirche aufgenommen.

Taufe, Eingliederung in Christus

In der Taufe stirbt der Mensch mit Christus. Er wird mit ihm begraben und mit ihm auferweckt. Eingegliedert in Christus, ist er nicht mehr im Machtbereich der Erbsünde und des Todes, sondern in der Liebe Gottes. Er erhält in der Taufe Vergebung aller Schuld, er empfängt das neue Leben, der Heilige Geist nimmt Wohnung in ihm. Neugeschaffen aus dem Wasser und dem Heiligen Geist, wird er zum Kind Gottes, das voll Vertrauen zu Gott sagen darf: „Abba, lieber Vater". Dieser neue Anfang soll das ganze Leben des Menschen prägen.

Taufe, Eingliederung in die Kirche Christi

Die Kinder Gottes sind als Brüder und Schwestern durch den einen Geist zu lebendiger Gemeinschaft verbunden. Sie bilden zusammen das Volk Gottes, das im brüderlichen Leben der christlichen Gemeinde in Erscheinung tritt. Zusammen mit Christus, dem Haupt, sind sie der eine Leib Christi, in dem alle Trennung überwunden ist und Himmel und Erde verbunden sind. In dieses eine Volk Gottes, in diesen allumfassenden Leib des Herrn, werden wir durch die Taufe eingegliedert. Die Taufe ordnet uns auf die übrigen Sakramente hin, die in ihrer Weise der „Auferbauung des Leibes Christi" dienen.

Die Tauffeier

2 Der Inhalt des Taufsakramentes wird am stärksten ausgedrückt, wenn es in der Osternacht gespendet wird, inmitten der Gemeinde, die zur Feier von Tod und Auferstehung des Herrn versammelt ist. Darum ist auch jeder Sonntag ein geeigneter Tauftermin.
Die Taufe ist Feier der Gemeinde. Sie wird nach Möglichkeit mehreren Bewerbern zusammen gespendet; dann kann sich leichter eine kleine Gemeinde versammeln. Denn die Spendung

des Sakramentes inmitten der Gemeinde ist ein Zeichen, daß die Taufe nicht Privatsache ist, sondern immer Eingliederung in die Gesamtkirche.

Die Kindertaufe 44

Von den ersten Jahrhunderten an hat die Kirche nicht nur Erwachsene getauft, die sich aus eigenem Entschluß für den Glauben an Gott und für den Weg Jesu Christi entschieden haben, sondern auch die Kinder solcher Eltern.

Kinder können sich noch nicht selber für den Glauben entscheiden; aber sie können (wie in den anderen Lebensbereichen) zusammen mit den Eltern im Glauben an Gott leben und Christus dem Herrn lebendig begegnen. Eltern fällen ja auch sonst Entscheidungen für ihre Kinder; sie sind selbst ihnen vorgegebenes Schicksal. Christliche Eltern haben darum das Wort des Evangeliums „Wenn jemand nicht aus Wasser und Geist geboren wird, kann er nicht in das Reich Gottes kommen" (Joh 3,5) immer so ernst genommen, daß sie auch ihre Kinder zur Taufe gebracht haben; sie haben, wie die Eltern im Evangelium, ihre Kinder zu Jesus getragen, damit er sie mit der Hand berührt (Mk 10,13). In dieser Taufe unmündiger Kinder kommt stärker als bei der Taufe Erwachsener zum Ausdruck, daß sie nicht das Werk des Menschen ist, sondern immer zuerst Geschenk Gottes.

Aufgaben der Eltern und der Gemeinde

Wenn Gott in der Taufe Kinder in seine Kirche aufnimmt, übernimmt die Pfarrgemeinde mit den Eltern die schwere Pflicht, dem Kind durch Unterricht und durch Vorleben des Glaubens die spätere persönliche Glaubensentscheidung möglich zu machen.

Die Eltern erklären ihre Bereitschaft zu den Aufgaben, die aus der Taufe ihrer Kinder auf sie zukommen, im Rahmen der Taufeier:
— sie erbitten zu Anfang öffentlich die Taufe für ihre Kinder;
— sie zeichnen den Kindern das Kreuz auf die Stirn;
— sie widersagen dem Bösen und bekennen ihren Glauben an Gott;
— sie (im allgemeinen die Mutter) tragen das Kind zum Taufbrunnen;
— sie (meist der Vater) entzünden die Taufkerze;
— sie empfangen einen besonderen Segen.

Wichtig ist, daß die Eltern sich auf die Tauffeier vorbereiten, damit sie wirklich aus persönlicher Überzeugung ihren Glauben bekennen können. Die Eltern sind darum mit den Paten vor der Taufe zu einem Taufgespräch mit dem Seelsorger eingeladen. Nach diesem Taufgespräch sollen sie die Taufe ihrer Kinder erbitten aus einem vertieften Verständnis dessen heraus, was in dem Sakrament geschieht, und in Kenntnis der Aufgabe, die sie damit übernehmen.

Die Paten

3 Das Patenamt ist bei der Taufvorbereitung Erwachsener entstanden: ein Glied der Kirche bürgt für den Taufbewerber und hilft ihm, in der Gemeinde heimisch zu werden. Bei der Kindertaufe sollen die Paten in ähnlicher Weise die Bereitschaft der ganzen Gemeinde ausdrücken, dem Kind Heimat zu geben. Die Paten sollen die Familie vor einer falschen Isolierung bewahren und die Eltern in ihrer Aufgabe unterstützen, den Glauben lebendig zu bezeugen und weiterzugeben.

Damit einer das Patenamt ausüben kann, sind folgende Eigenschaften gefordert:
— er muß die nötige Reife des Glaubens und des Lebens haben und in einem Alter stehen, das ihm nach menschlichem Ermessen ermöglicht, das Patenamt eine längere Zeit hindurch auszuüben;
— er muß die Sakramente der Taufe, der Firmung und der Eucharistie bereits empfangen haben;
— er muß der katholischen Kirche angehören und darf durch kein Rechtshindernis vom Patenamt ausgeschlossen sein.

Ein Getaufter, der aus einer getrennten Kirche oder kirchlichen Gemeinschaft stammt und gläubiger Christ ist, kann zusammen mit einem katholischen Paten als christlicher Zeuge der Taufe zugelassen werden, wenn die Eltern es wünschen.

Der Namenspatron

4 Der Getaufte steht in der Gemeinschaft der Heiligen und erhält deswegen mit dem Taufnamen einen Heiligen als seinen Patron, als sein Vorbild und seinen Fürsprecher.
Am jährlichen Gedenktag seines Namenspatrons feiert der Getaufte seinen Namenstag. Dabei denkt er dankbar auch an seine Taufe.

Die Feier der Kindertaufe (Taufe mehrerer Kinder) 45

Zu Beginn oder nach der Eröffnung, während die Taufgemeinde sich an ihre Plätze begibt, empfiehlt sich ein Eröffnungsgesang.

46

(V) 1. Ein kleines Kind, du großer Gott, kommt in dein Haus. 1.-3. Herr, nimm es auf bei dir. (A) Herr, nimm es auf bei dir.

2. Es braucht die Kraft, du großer Gott, / um weit zu gehn.
3. Es braucht das Licht, du großer Gott, / um dich zu finden.
4. Wir alle hier, du großer Gott, / wir brauchen dich. / Herr, nimm uns auf bei dir, / Herr, nimm uns auf bei dir.

T: Rosemarie Harbert 1971 M: Gerhard Blank 1971

Es eignen sich auch Nr. 636; 258; 248; 209,2

Nach der Begrüßung bittet der Zelebrant die Eltern, öffentlich auszusprechen, welchen Namen sie ihrem Kind gegeben haben und was sie für ihr Kind erbitten.

47
1

Zel.: Welchen Namen haben Sie Ihrem Kind gegeben?
Eltern: N.
Zel.: Was erbitten Sie von der Kirche Gottes für N.?
Eltern: Die Taufe.

Die Eltern können auch andere passende Antworten geben, z. B.: Daß es ein Kind Gottes wird; Die Aufnahme in die Kirche.

Zel.: Liebe Eltern! Sie haben für Ihr Kind die Taufe erbeten. Damit erklären Sie sich bereit, es im Glauben zu erziehen. Es soll Gott und den Nächsten lieben lernen, wie Christus es uns vorgelebt hat. Sind Sie sich dieser Aufgabe bewußt?
Eltern: Ja.

(47) Zel.: Liebe Paten! Die Eltern dieser Kinder haben Sie gebeten, das Patenamt zu übernehmen. Auf Ihre Weise sollen Sie mithelfen, daß aus diesen Kindern gute Christen werden. Sind Sie dazu bereit?
Paten: Ja.

Die Eröffnung kann mit einem Gebet beschlossen werden.

WORTGOTTESDIENST

2 Vor der Taufspendung soll der Glaube der Eltern, der Paten und der Gemeinde gestärkt werden durch die Verkündigung und Auslegung des Wortes Gottes, durch seine gläubige Annahme im Hören, im Antwortgesang und durch das gemeinsame Gebet.
Gemeindevers zum Antwortpsalm:
„Der Herr ist mein Licht und mein Heil", Nr. 487
Weitere geeignete Verse: Nr. 477; 535,6; 209,2

Auf die Ansprache kann ein Gesang folgen. Es eignen sich Nr. 213; 249; 173,2; 646,2 u. 3

3 Danach bezeichnen der Spender und die Eltern (und Paten) das Kind auf der Stirn mit dem Kreuzzeichen.

Fürbitten

4 Weil durch die Taufe der Eintritt in die Gemeinschaft der Heiligen geschieht, beginnen die Fürbitten für die Täuflinge und die Familien mit der Anrufung der Heiligen:

V Heilige Maria, Mutter Gottes, A bitte für sie.
V Heiliger Josef, A bitte für sie.

Die einzelnen Gebetsanliegen werden in der gewohnten Weise aufgegriffen: durch eine Gebetsstille, durch den Ruf: Wir bitten dich, erhöre uns; oder durch einen Wechselruf: Christus, höre uns – Christus, erhöre uns; oder: Herr, erbarme dich – Christus, erbarme dich.

5 Der Zelebrant streckt die Hände über die Kinder aus und spricht ein *Exorzismusgebet.* Anschließend kann die Salbung mit Katechumenenöl vorgenommen werden.

SPENDUNG DER TAUFE (47)

Die Taufgemeinde begibt sich zum Platz der Taufspendung, gewöhnlich zum Taufbrunnen. Auf dem Weg dorthin kann gesungen werden.
Es eignen sich Nr. 209,2 u. 3; 535,6; 213; 249

Taufwasserweihe

Die Gemeinde lobt Gott, den Spender des Lebens, und ruft seinen Segen auf das Wasser herab. Das kann in verschiedenen Formen geschehen. Dabei sind folgende Akklamationen möglich:

V Wir loben dich.   V Erhöre uns, o Herr.
A Wir preisen dich.   A Erhöre uns, o Herr.

Die Eltern und die Paten bekennen ihren Glauben durch Absage und Glaubensbekenntnis. Der Zelebrant fragt, Eltern und Paten antworten.

Absage

I Widersagen Sie dem Bösen, um in der Freiheit der Kinder Gottes leben zu können? — Ich widersage.
Widersagen Sie den Verlockungen des Bösen, damit es nicht Macht über Sie gewinnt? — Ich widersage.
Widersagen Sie dem Satan, dem Urheber des Bösen? — Ich widersage.
oder:
II Widersagen Sie dem Satan? — Ich widersage.
Und all seiner Bosheit? — Ich widersage.
Und all seinen Verlockungen? — Ich widersage.
oder:
III Widersagen Sie dem Satan und allen Verlockungen des Bösen? — Ich widersage.

Glaubensbekenntnis

Glauben Sie an Gott den Vater, den Allmächtigen, den Schöpfer des Himmels und der Erde? — Ich glaube.
Glauben Sie an Jesus Christus, seinen eingeborenen Sohn, unseren Herrn, der geboren ist von der Jungfrau Maria, der gelitten hat und begraben wurde, von den Toten auferstand und zur Rechten des Vaters sitzt? — Ich glaube.

Glauben Sie an den Heiligen Geist, die heilige katholische Kirche, die Gemeinschaft der Heiligen, die Vergebung der Sünden, die Auferstehung der Toten und das ewige Leben? — Ich glaube.

Dem Glaubensbekenntnis der Eltern und Paten stimmt die ganze Gemeinde zu durch ein entsprechendes Lied oder durch das gemeinsame Sprechen oder Singen des Apostolischen Glaubensbekenntnisses.
Zum Singen eignen sich Nr. 479; 447; 448; 467; 489

48 TAUFE

1 Der Zelebrant gießt Wasser über den Kopf des Täuflings und sagt dabei:

N., ICH TAUFE DICH IM NAMEN DES VATERS UND DES SOHNES UND DES HEILIGEN GEISTES.

Nach der Taufe kann die Gemeinde eine Akklamation singen.
Es eignen sich auch Nr. 211; 156

2
Hal-le-lu-ja, Hal-le-lu-ja,— Hal-le-lu-ja.
VIa. Q 43

Salbung mit Chrisam

3 Nach der Taufe salbt der Zelebrant die Neugetauften mit Chrisam; denn wer getauft ist, gehört zu Christus und ist wie er „gesalbt" („gesalbt" ist die Wortbedeutung von „Christus") zum Amt des Priesters, des Königs und des Propheten.

Überreichung des weißen Kleides

4 Den Neugetauften wird das weiße Kleid überreicht. Wenn die Familie ein eigenes Taufkleid besitzt, soll es dem Kind nicht schon zu Hause angelegt, sondern erst hier nach der Taufe überreicht werden.

Übergabe der brennenden Kerze

5 Der Vater (oder der Pate) entzündet die Taufkerze an der Osterkerze und hält die brennende Kerze in der Hand.

Effata-Ritus

Der Zelebrant kann mit dem Ruf: Effata (Öffne dich) den Neugetauften Ohren und Mund öffnen, damit diese das Wort Gottes vernehmen und den Glauben bekennen. **6**

ABSCHLUSS DER TAUFFEIER

Die Taufgemeinde zieht singend zum Altar, an dem die Neugetauften in der Kraft der Taufe am heiligen Opfer und Herrenmahl teilnehmen werden. Dort beten oder singen die Versammelten das Gebet des Herrn. Nr. 691; 362; 363 **7**
Dann folgt der Segen und nach Möglichkeit ein Schlußlied. Für den Gang zum Altar und als Schlußgesang eignen sich Nr. 637; 635; 634; 267; 688–689
Der Brauch, die Kinder nach der Taufe vor ein Marienbild zu bringen, wird empfohlen.

Die Nottaufe 49

Bei Lebensgefahr, besonders wenn es sich um akute Lebensgefahr handelt, kann jeder Gläubige, ja jeder Mensch, der die rechte Absicht hat, die Taufe spenden. Er spricht — soweit möglich — das Glaubensbekenntnis, gießt Wasser (Weihwasser oder gewöhnliches Wasser) über den Kopf des Täuflings und spricht dabei:

ICH TAUFE DICH IM NAMEN DES VATERS UND DES SOHNES UND DES HEILIGEN GEISTES.

Es empfiehlt sich, daß dabei ein oder zwei Zeugen anwesend sind. Wenn ein Kind in Lebensgefahr getauft wird und nach menschlichem Ermessen genügend Zeit bleibt, soll man sorgen, daß eine kleine Taufgemeinde zusammenkommt. Ist einer der Teilnehmer imstande, einen kurzen Gottesdienst zu leiten, kann das auf folgende Weise geschehen:
Es wird Wasser bereitgestellt, das nicht gesegnet zu sein braucht. Die Eltern, Paten und — wenn möglich — einige Verwandte und Freunde versammeln sich bei dem kranken Kind. Der Taufspender, d. h. einer der Gläubigen, beginnt mit folgenden Fürbitten:

(Liebe Brüder und Schwestern!)
Lasset uns Gottes Erbarmen herabrufen auf dieses Kind, das die Taufe empfangen soll, auf seine Eltern und Paten (auf seine Geschwister) und auf uns alle, die wir schon getauft sind.
Wir beten für dieses Kind, daß es gesund werde und seinen Eltern Freude mache, — daß es sich auf seinem ganzen Lebensweg zu Christus bekenne.
Wir beten für die Eltern und Paten, daß sie diesem Kind ein Vorbild christlichen Lebens sind.
Wir beten für alle Brüder und Schwestern in der Welt, die sich auf die Taufe vorbereiten.

Die Fürbitten schließen mit folgendem Gebet:

Gott, Vater unseres Herrn Jesus Christus, du Quell des Lebens und der Liebe. Du bist allen Eltern nahe, die in Sorge sind; du schaust hernieder auf die Kinder, deren Leben in Gefahr ist, und zeigst ihnen deine Liebe. Im Sakrament der Wiedergeburt schenkst du ihnen ein Leben, das kein Ende hat.
Höre unser Gebet. Befreie dieses Kind von der Herrschaft des Bösen; nimm es auf in die Gemeinschaft deiner Kirche. Wir geben ihm den Namen N. und bitten dich: Laß es in der Kraft des Heiligen Geistes durch das Sakrament der Taufe Anteil erhalten an Tod und Auferstehung Christi. Nimm es an als dein Kind; mache es zum Miterben Christi, der mit dir lebt und herrscht in Ewigkeit. A Amen.

Der Taufspender lädt die Anwesenden mit folgenden Worten zum Glaubensbekenntnis ein:

Im Gedenken an unsere Taufe wollen wir den Glauben an Christus bekennen, den Glauben der Kirche.
Glauben Sie an Gott, den Vater, den Allmächtigen, den Schöpfer des Himmels und der Erde?
Eltern und Paten: Ich glaube.
Glauben Sie an Jesus Christus, seinen eingeborenen Sohn, unseren Herrn, der geboren ist von der Jungfrau Maria, der gelitten hat und begraben wurde, von den Toten auferstand und zur Rechten des Vaters sitzt?

Eltern und Paten: Ich glaube.
Glauben Sie an den Heiligen Geist, die heilige katholische Kirche, die Gemeinschaft der Heiligen, die Vergebung der Sünden, die Auferstehung der Toten und das ewige Leben?
Eltern und Paten: Ich glaube.

Anstelle der Glaubensfragen kann auch das Apostolische Glaubensbekenntnis gesprochen werden. Nr. 2,5

Dann tauft der Spender des Sakramentes das Kind mit den Worten:

N., ICH TAUFE DICH IM NAMEN DES VATERS
(erstes Übergießen)
UND DES SOHNES
(zweites Übergießen)
UND DES HEILIGEN GEISTES.
(drittes Übergießen)

Alle übrigen Riten kann der Taufspender weglassen und jetzt sofort das weiße Kleid überreichen mit den Worten:

N., dieses weiße Kleid soll dir ein Zeichen dafür sein, daß du in der Taufe neugeschaffen worden bist und — wie die Schrift sagt — Christus angezogen hast. Bewahre diese Würde für das ewige Leben.

Die Feier schließt mit dem Gebet des Herrn.

Erneuerung des Taufversprechens 50

Die Verbindung mit Christus, die in der Taufe grundgelegt wurde, will sich in unserem Leben auswirken; wir sollen Christus immer ähnlicher werden. 1

In der österlichen Bußzeit will die Kirche darum alle Jahre ihre Glieder von neuem zur Taufentscheidung führen, die in der Osternacht in feierlicher Weise bekräftigt wird (Nr. 207).

Ähnliches geschieht bei der Firmung und bei der Erstkommunionfeier. Auch im sonntäglichen Gottesdienst kann der Bußakt die Form einer Tauferneuerung annehmen, damit wir, wiedergeboren aus Wasser und Heiligem Geist, durch den gemeinsamen Empfang des Herrenleibes immer mehr eins werden in Christus.

Auch der einzelne Christ wird sich dankbar immer wieder seiner Taufe erinnern. Besonders wird ihn der Jahrestag seiner Taufe

und der Gedenktag seines Namenspatrons zu einer bewußten Tauferneuerung führen. Man kann im Familienkreis dazu die Taufkerze anzünden. Auch werden die Eltern gern (z. B. am Abend, beim Abschied) ihren Kindern das Kreuz auf die Stirne zeichnen, wie sie das bei der Taufe getan haben. Jedesmal wenn einer sich selber bekreuzigt und das Weihwasser nimmt, ist dies eine Aufforderung zu einem erneuten Taufbekenntnis.
Wer aufmerksam das Gebet des Herrn oder das Glaubensbekenntnis spricht, bekennt, daß er in der Taufe ein Kind Gottes geworden ist und zur Gemeinschaft der Christgläubigen, zur Kirche gehört.

Dank für die Taufe

2   Ich danke dir, Vater im Himmel, daß ich aus Wasser und Geist neu geboren wurde in der Taufe. Ich darf mich dein Kind nennen, denn du hast mich aus Schuld und Tod gerufen und mir Anteil an deinem Leben geschenkt.
Ich danke dir, Jesus Christus, Sohn des Vaters, für deinen Tod und deine Auferstehung. Wie die Rebe mit dem Weinstock, so bin ich mit dir verbunden; ich bin Glied an deinem Leib, aufgenommen in das heilige Volk zum Lob der Herrlichkeit des Vaters.
Ich danke dir, Heiliger Geist, daß deine Liebe ausgegossen ist in unsere Herzen. Du lebst in mir und willst mich führen zu einem Leben, das Gott bezeugt und den Brüdern dient. So kann ich einst mit allen Heiligen das Erbe empfangen, das denen bereitet ist, die Gott lieben.

51 Die Firmung

1   Wenn der Heilige Geist schon in der Taufe geschenkt wird, was soll dann noch die Firmung?
Die Taufe ist das erste und grundlegende Sakrament, in dem das Leben im Heiligen Geist geschenkt wird. Die Firmung ist die „Vollendung der Taufe". In einem Bild wird sie auch „Siegel" genannt: Die Firmung ist das Siegel und die Urkunde von der Gotteskindschaft und der Indienstnahme für Christus.

Das zweite Vatikanische Konzil sagt: „Durch das Sakrament der Firmung werden die Getauften vollkommener (als durch die Taufe) mit der Kirche verbunden; sie werden reich ausgestattet durch eine besondere Kraft des Heiligen Geistes, und sie werden strenger verpflichtet, den Glauben als wahre Zeugen Christi in Wort und Tat zu verbreiten und zu verteidigen."

Was in der Firmung geschieht, ist nicht Menschenwerk, sondern Gottes Gabe. Der Heilige Geist selber, der in der Firmung geschenkt wird, ist DIE GABE GOTTES, die den Getauften ganz durchdringt und ihn von innen her aufschließt für das, was Christus von diesem Menschen will.

Der Heilige Geist fordert vom Gefirmten, in der Gemeinschaft der Brüder und Schwestern für Christus offen Zeugnis abzulegen und zu handeln wie Christus. Der Heilige Geist gibt auch die Kraft, es zu vollbringen.

Bei der Firmung streckt der Bischof zunächst die Hände über alle Firmlinge aus und ruft den Heiligen Geist auf sie herab. Dann legt er jedem einzeln die Hand auf und zeichnet ihm mit Chrisam das Zeichen Christi, das Kreuz, auf die Stirn. Dabei spricht er: „N., sei besiegelt durch die Gabe Gottes, den Heiligen Geist." 2

Die Salbung der Stirn mit Chrisam stellt die „Salbung" des Firmlings durch den Heiligen Geist dar, von dem Christus gesagt hat: „Der Geist Gottes, des Herrn, ruht auf mir, denn der Herr hat mich gesalbt; er hat mich gesandt, um den Armen die Heilsbotschaft zu bringen" (Lk 4,18).

Im Auftrag des Bischofs kann ein Priester die Firmung spenden.

Der Firmpate

Der Firmling wird dem Spender durch einen Paten vorgestellt, der selber gefirmt sein muß. Wenn Taufe und Firmung in e i n e m Gottesdienst empfangen werden, ist der Taufpate immer zugleich der Firmpate. Wird die Firmung erst später empfangen, ist es sinnvoll, daß der Taufpate wiederum das Amt des Firmpaten übernimmt. Es kann aber auch ein anderer katholischer Christ das Firmpatenamt übernehmen, ausgenommen die eigenen Eltern. 3

52 Die Spendung der Firmung

1 Im Rahmen der Meßfeier geschieht die Firmspendung nach dem Evangelium. Der Bischof nimmt nach der Ansprache das Taufbekenntnis der Firmlinge entgegen.

Bischof: Widersagt ihr dem Satan und all seiner Verführung?
Firmlinge: Ich widersage.
Bischof: Glaubt ihr an Gott, den Vater, den Allmächtigen, den Schöpfer des Himmels und der Erde?
Firmlinge: Ich glaube.
Bischof: Glaubt ihr an Jesus Christus, seinen eingeborenen Sohn, unsern Herrn, der geboren ist von der Jungfrau Maria, der gelitten hat und begraben wurde, von den Toten auferstand und zur Rechten des Vaters sitzt?
Firmlinge: Ich glaube.
Bischof: Glaubt ihr an den Heiligen Geist, die heilige katholische Kirche, die Gemeinschaft der Heiligen, die Vergebung der Sünden, die Auferstehung der Toten und das ewige Leben?
Firmlinge: Ich glaube.

Die letzte Frage kann auch erweitert werden:

Bischof: Glaubt ihr an den Heiligen Geist, der Herr ist und lebendig macht, der wie einst den Aposteln am Pfingstfest, so heute euch durch das Sakrament der Firmung in einzigartiger Weise geschenkt wird?
Firmlinge: Ich glaube.
Bischof: Glaubt ihr an die heilige katholische Kirche, die Gemeinschaft der Heiligen, die Vergebung der Sünden, die Auferstehung der Toten und das ewige Leben?
Firmlinge: Ich glaube.

Die Gemeinde kann in einem Glaubenslied dem Taufbekenntnis der Firmlinge zustimmen.

2 Der Bischof lädt die Gemeinde zum Gebet ein. Alle knien nieder und beten in der Stille. Dann breitet der Bischof die Hände über die Firmlinge aus und spricht folgendes Gebet:

Allmächtiger Gott, Vater unseres Herrn Jesus Christus, du hast diese (jungen) Christen (unsere Brüder und Schwestern) in der Taufe von der Schuld Adams befreit, du hast ihnen aus dem Wasser und dem Heiligen Geist neues Leben geschenkt. Wir bitten dich, Herr, sende ihnen den Heiligen Geist, den Beistand. Gib ihnen den Geist der Weisheit und der Einsicht, des Rates, der Erkenntnis und der Stärke, den Geist der Frömmigkeit und der Gottesfurcht. Durch Christus, unsern Herrn. A Amen.

3 Die Firmlinge werden einzeln von ihrem Paten oder den Eltern zum Bischof geführt. Der Firmling nennt seinen Vornamen. Der Bischof zeichnet ihm mit Chrisam das Kreuz auf die Stirn und spricht:

N., SEI BESIEGELT DURCH DIE GABE GOTTES,
DEN HEILIGEN GEIST.
Der Gefirmte antwortet: Amen.
Der Bischof: Der Friede sei mit dir.

4 Die Gefirmten beteiligen sich anschließend an den Fürbitten und am Opfergang (z.B. für die Diaspora), mit dem die Messe fortgesetzt wird.

Mit der Firmung kann die Erneuerung des Firmversprechens für die Gemeinde oder für einzelne erfolgen. Dies kann entsprechend vorbereitet werden. Nach der Firmspendung kann ein Mitglied der Gemeinde die Neugefirmten als Vollbürger des Volkes Gottes begrüßen.

Gebet zur Firmerneuerung

5 Herr unser Gott, du hast mir im Sakrament der Firmung die Kraft des Geistes Christi geschenkt, der auf geheimnisvolle Weise die Kirche heiligt und eint. Ich soll vor der Welt Zeugnis geben von der Botschaft Christi und von seiner Liebe, von seinem Tod und seiner Auferstehung.

Hilf mir, ein lebendiges Glied der Kirche zu sein, damit ich in ihr dich verherrliche durch Christus im Heiligen Geist. Hilf mir, unter der Führung des Geistes allen Menschen zu dienen, so wie Christus es getan hat, der mit dir lebt und herrscht in der Einheit des Heiligen Geistes in Ewigkeit. Amen.

53 Die Eucharistie

Die Eucharistie ist der dritte und letzte Schritt der Eingliederung in Christus und seinen Leib, die Kirche. Die Eucharistie vollendet die Eingliederung, wie das Konzil sagt: „Die schon getauften und gefirmten Christen werden durch den Empfang der Eucharistie voll dem Leib Christi eingegliedert." Die Kirche spricht auch von „Einverleibung" und erinnert damit an das Wort Christi: „Wer mein Fleisch ißt und mein Blut trinkt, der bleibt in mir und ich bleibe in ihm" (Joh 6,56).

Nur wer die drei Sakramente der Eingliederung empfangen hat, der ist „Vollbürger" im Reiche Christi, der ist voll und ganz eingegliedert. Die Eucharistie ist die sammelnde Mitte der Kirche, Quelle und Gipfel all ihres Tuns.

Wer ganz und gar in Christus eingefügt ist, der darf mit den anderen Eingegliederten immer wieder beim eucharistischen Mahl dabei sein, „um das ewige Leben zu erlangen und die Einheit des Volkes Gottes sichtbar werden zu lassen" (Taufritus). Er wird mit eingefügt in das allumfassende Opfer Christi, „in dem die ganze erlöste Gemeinde durch den ewigen Hohenpriester Gott dargebracht wird" (Augustinus).

Nach dem Brauch der alten Kirche reichen noch heute die Ostkirchen die Kommunion sofort nach jeder Taufe, selbst nach der Taufe unmündiger Kinder. In unsern Ländern warten wir, bis die Kinder in der gläubigen Familie Christus kennen und lieben gelernt haben und den Leib des Herrn von gewöhnlicher Speise unterscheiden können.

Dann aber sollten die Eltern ihre Kinder im Einvernehmen mit dem Pfarrer rechtzeitig zur heiligen Kommunion führen. Die beste Vorbereitung auf diese erste Kommunion ist das Beispiel der Eltern, mit dem sie in ihren Kindern die Liebe zu Christus wecken.

Die Gemeinde bereitet jährlich eine Erstkommunionfeier vor, zu der möglichst alle Kinder einer Altersstufe eingeladen werden. An dieser Gemeinschaftsfeier nehmen auch die Kinder teil, die bereits von ihren Eltern zur Kommunion geführt wurden.

Durch die Erneuerung des Taufversprechens und weitere Bräuche (z. B. Kommunionkerze) wird dabei der Zusammenhang mit der Taufe deutlich gemacht.

— Gebet vor der Erstkommunion Nr. 25,3

Buße und Beichte

Sünde und Vergebung

54

Unsere Welt ist gezeichnet von Schuld und Sünde. Die Menschheit würde daran zugrunde gehen, wenn sie sich selbst überlassen bliebe. Aber in Christus ist uns Vergebung zugesagt.

Sünde

Wir leben nicht allein und für uns selbst. Wir sind geschaffen für die Gemeinschaft mit Gott und für die Gemeinschaft mit den Menschen. Gott hat uns zu seinen Söhnen und Töchtern berufen, und er will, daß wir untereinander Brüder und Schwestern sind. Die Gemeinschaft mit Gott und den Menschen wird aufgebaut durch das Gute; sie wird zerstört durch die Sünde.

Das Böse bedrängt uns täglich von außen und von innen. Auch nach der Taufe, durch die wir der Sünde gestorben und mit Christus zu einem neuen Leben auferstanden sind, bleiben wir der Versuchung ausgesetzt.

Sünde ist eine freie Tat. Der Mensch ist für sie verantwortlich. Wer sündigt, wird schuldig vor Gott. Je bewußter die Entscheidung und je gewichtiger die Sache, umso schwerer die Sünde. „Denn es gibt Sünde, die zum Tod führt. Jedes Unrecht ist Sünde; aber es gibt Sünde, die nicht zum Tod führt" (1 Joh 5, 16f).

Sünde ist Ungehorsam gegen Gottes Willen. Dieser begegnet uns in der Schöpfungsordnung und in den Geboten Gottes. Die Gebote sind Ausdruck der Sorge Gottes um uns. Sie weisen uns den Weg zu einem wahrhaft menschlichen Leben. Jesus hat das Doppelgebot der Liebe als die Zusammenfassung aller Gebote und Weisungen Gottes bestätigt: Wir sollen Gott über alles lieben und den Nächsten wie uns selbst. Menschliche Gesetze verdeutlichen und ergänzen dieses Kerngebot des Neuen Bundes, so z. B. die Kirchengebote (Sonn- und Feiertagsgebot, kirchliche Bußordnung, jährlicher Sakramentenempfang) und in ihrer Weise auch die staatlichen Gesetze, die dem Zusammenleben der Menschen dienen sollen. Sie verpflichten unser Gewissen, soweit sie dem Willen Gottes entsprechen.

Sünde ist Treubruch. Gott hat mit den Menschen einen Bund geschlossen. Er hat ihnen allezeit Treue erwiesen und um ihre

1

(54) Treue geworben. Durch die Menschwerdung seines Sohnes, durch den Tod und die Auferstehung Jesu wurde Gottes Treue zu uns ein für allemal besiegelt und der Neue Bund gestiftet. Wer sündigt, mißachtet oder zerstört diesen Bund. Er weist die Liebe Gottes zurück, der uns zuerst geliebt hat und auf unsere Liebe wartet. „Ich stehe an der Tür und klopfe" (Offb 3,20).
Sünde ist auch ein Verstoß gegen die Gemeinschaft. Wer sündigt, gibt dem Bösen Raum in der Welt. Die Sünde belastet das Zusammenleben und schafft Leid. Sie schwächt den Willen zum Guten. Der Sünder handelt gegen seine Berufung, als Glied der Kirche das Reich Gottes aufzubauen. Er schwächt die Zeugniskraft der Kirche und macht sie unglaubwürdig.

Vergebung

2 Gott ist heilig; er richtet das Böse, aber er führt den Sünder zur Einsicht und zur Reue und verzeiht die Schuld. Wir können die Vergebung Gottes nur erbitten und als Geschenk annehmen im Vertrauen auf das Leiden, Sterben und Auferstehen unseres Herrn Jesus Christus.
Wenn wir von Gott Vergebung erlangen wollen, müssen wir einander unsere Schuld vergeben. Der Herr spricht zum unbarmherzigen Knecht: „Hättest nicht auch du mit deinem Mitknecht Erbarmen haben müssen, so wie ich mit dir Erbarmen hatte?" (Mt 18,33); im Vaterunser hat er uns zu beten gelehrt: „Vergib uns unsre Schuld, wie auch wir vergeben unsern Schuldigern."

Christus hat den Aposteln Vollmacht gegeben, in seinem Namen Sünden nachzulassen: „Empfangt den Heiligen Geist. Allen, denen ihr die Sünden erlaßt, sind sie erlassen; allen, denen ihr sie nicht erlaßt, sind sie nicht erlassen" (Joh 20,22f). Die Kirche übt in der Kraft des Geistes, der sie erfüllt, durch ihre Priester diese Vollmacht im Bußsakrament aus. Die Vergebung unserer Schuld vor Gott erfordert jedoch unsere Umkehr zu Gott, unsere Reue.

Umkehr

3 Gott ruft uns zur Buße und Umkehr. Jesus sagt: „Die Zeit ist erfüllt, und das Reich Gottes ist nahe. Bekehrt euch und glaubt an das Evangelium" (Mk 1,15). Gott weckt in uns den Willen, alles daranzusetzen, daß wir die kostbare Perle, das Reich Gottes, gewinnen.

Buße ist eine Grundhaltung des Christen. Sie besteht in der **(54)** von Gott gewirkten Bereitschaft, das Böse zu bekämpfen, sich von der Sünde weg und Gott zuzuwenden. Sie kommt sowohl in der inneren Bußgesinnung, vor allem in Reue und Vorsatz, als auch in tätiger Buße zum Ausdruck.

Wir können umkehren und ein neues Leben beginnen, weil Christus uns aus der Macht des Bösen befreit hat. „Wenn euch also der Sohn frei macht, dann seid ihr in Wahrheit frei" (Joh 8,36). Das Grundsakrament der Umkehr und des Neubeginns ist die Taufe. Für den Christen, der nach der Taufe schuldig geworden ist, vollendet sich die Abkehr von der Sünde und die erneute Hinwendung zu Gott im Bußsakrament. Hier bekennt er vor Gott und der Kirche seine Schuld und erlangt nicht nur Vergebung, sondern auch Kraft zu einem neuen Beginn. Auch die übrigen Sakramente schließen den Willen der Umkehr zu Gott ein.

Reue

Gottes Geist wirkt in uns die Reue: das Nein zur eigenen Sünde. **4** Ohne Reue ist Vergebung nicht möglich. Gott verzeiht jede Sünde, die wir aus Liebe zu ihm bereuen. Wenn jemand nur aus Furcht vor Gottes gerechter Strafe seine Sünden bereut, ist seine Reue noch unvollkommen. Sie genügt aber zum Empfang des Bußsakramentes. Die Angst vor dem Urteil der Menschen oder anderen Folgen der Sünde ist noch keine Reue. Ebensowenig der Ärger oder die Bitterkeit, die jemand empfindet, weil er etwas verkehrt gemacht hat. Denn zur Reue gehört, daß man zugibt: Ich habe Böses getan v o r G o t t.

Manchmal fällt es uns schwer, unsere Sünden zu bereuen. Das kann verschiedene Gründe haben.

Es kann sein, daß uns nicht bewußt ist, wie sehr Gott uns liebt, wie undankbar und lieblos wir daher sind, wenn wir sündigen; daß es nicht nur um die einzelne Sünde geht, sondern um die verkehrte Grundhaltung, aus der sie entsteht.

Manchmal unterscheiden wir nicht genügend zwischen dem Ziel und dem Weg dorthin. Was uns schuldig werden läßt, ist nicht immer das angestrebte Ziel, das in sich gut sein kann. Es ist oft der verkehrte Weg, den wir wählen, weil wir nicht auf den Willen Gottes und auf unsere Mitmenschen Rücksicht nehmen.

Es kann schließlich auch sein, daß wir kein Reue g e f ü h l empfinden und deshalb meinen, keine Reue zu haben. Das Wesentliche ist jedoch nicht der fühlbare Schmerz, sondern das Bewußtsein

(54) der Schuld und die Entschiedenheit, mit der wir uns von dem abwenden, was wir als böse erkannt haben.

Vorsatz

5 Der Vorsatz, das Gute zu tun und die Sünde zu meiden, ist untrennbar mit der Reue verbunden; denn wir können uns nur wirksam vom Bösen abwenden, indem wir uns dem Guten zuwenden. Im Unterschied von der Reue ist der Vorsatz in die Zukunft gerichtet: Wir nehmen die Chance zu einem neuen Anfang wahr, die Gott uns bietet. Wir ziehen die Folgerungen aus unserem Versagen und planen unser Leben voraus. Wir fällen in der Gegenwart eine klare Entscheidung, die unsere Zukunft bestimmt.

Unser Vorsatz soll sich nicht nur allgemein gegen die Sünde, sondern gegen unsere tatsächlichen Sünden und Fehlhaltungen richten. Wir müssen unsere Kräfte nüchtern einschätzen und uns deshalb auf die Überwindung konkreter Fehler, besonders der schwerwiegenden, konzentrieren. Fehlhaltungen werden selten grundsätzlich und auf einmal überwunden; sie werden meist dadurch abgebaut, daß man das Handeln aus der sündigen Haltung unterläßt und das entgegengesetzte Gute tut. Wenn nicht alles gleich gelingt, was wir uns vornehmen, brauchen wir nicht zu verzagen: Gott schaut nicht nur auf unsere Leistungen, sondern auch auf unsern guten Willen.

Buße, Bekenntnis

6 Durch Taten der Buße und besonders durch das Bekenntnis der Sünden bringen wir unsere Bußgesinnung zum Ausdruck. Umgekehrt vertieft das äußere Bußetun die innere Haltung der Buße.

Das Bußetun muß dort ansetzen, wo unsere Sünde Unordnung und Schaden angerichtet hat. Eine Wiedergutmachung gegenüber Gott ist uns jedoch nicht möglich. Selbst das Unrecht, das wir unseren Mitmenschen zufügen, können wir oft nicht wiedergutmachen. Wir bleiben daher immer auf die Barmherzigkeit Gottes und auf das Verzeihen unserer Mitmenschen angewiesen.

Die Formen tätiger Buße sind so vielfältig wie das Leben selbst. Jede Sünde entfernt uns von Gott. Daher kann das Gebet als erneute Hinwendung zu Gott, als Schuldbekenntnis, als Bitte um Vergebung und Hilfe, als Fürbitte für Menschen oder Gemeinschaften, denen wir geschadet haben, ein echtes Zeichen der Buße sein.

Hinwendung zu Gott ist auch das Hören auf sein Wort und das (54)
Lesen der Schrift. „Meine Brüder sind die, die das Wort Gottes
hören und befolgen" (Lk 8,21). Die Weisungen Gottes, das Leben und die Lehre Jesu und seiner Jünger verändern unser Leben
zum Guten, wenn wir sie ernst nehmen.
Auch das geduldige Ertragen von Sorge, Leid und Krankheit kann
Buße sein. Leid, das wir selber verschuldet haben, sollen wir in
Geduld und Bußgesinnung hinnehmen und die Auswirkungen
der Schuld anderer ertragen lernen. Im Blick auf das Beispiel
Jesu können wir auch Leid für andere auf uns nehmen.
In sehr vielen Fällen verletzt die Sünde andere Menschen und
stört das Zusammenleben. Daher ist alles, was den Frieden und
die gestörte Ordnung wiederherstellt, Ausdruck wahrer Bußgesinnung: Einsatz und Opfer für die Mitmenschen, Werke der
Nächstenliebe, jede Bitte um Verzeihung und jedes Zeichen der
Vergebung.
Oft erkennen wir, daß Selbstsucht und Mangel an Selbstbeherrschung Grund unserer Sünde ist. Deshalb ist es sinnvoll, durch
Verzicht und Selbstzucht sich um größere Freiheit von ungeordneten Neigungen und Begierden zu bemühen.
Wirksame Buße soll man nicht nur durch selbstgewählte Werke,
sondern auch dadurch tun, daß man den Alltag mit seinen
Pflichten und Mühen bereitwillig auf sich nimmt und ohne
Klagen erträgt.

Bußetun ist nicht nur Aufgabe des einzelnen, sondern auch der 7
Gemeinschaft. Die Kirche hilft dem einzelnen in seiner Buße,
indem sie ihm für bestimmte Werke und Gebete einen „Ablaß"
gewährt. Darin zeigt sich, daß alle Glieder am Leib Christi zusammengehören und füreinander Buße tun (z. B. Portiunkulaablaß; vgl. ferner Nr. 76 und Nr. 77,3). Die ganze Kirche bereitet sich durch Zeiten der Buße auf die Hochfeste vor; vor allem in der Fastenzeit lädt sie uns ein zum Empfang der Eucharistie,
zur sakramentalen Beichte, zur Teilnahme an Bußfeiern, zum
Einhalten der Fast- und Abstinenztage (besonders Aschermittwoch
und Karfreitag), zu Spendenaktionen, um die Not in der Welt
zu lindern, und zu anderen Werken der Caritas und der Buße.
Auf besondere Feste in den Gemeinden und Familien wie Taufe,
Erstkommunion- und Firmfeiern, Primizen oder Trauungen sollen
wir uns in ähnlicher Weise vorbereiten.
Bußtage sind alle Freitage des Jahres, weil Jesus an einem Freitag durch sein Leiden und Sterben die Schuld der Welt gesühnt

hat. Wir bemühen uns an diesem Tag um eine Vertiefung unserer Gemeinschaft mit Christus. Das kann durch Gebet, Gottesdienst, geistliche Lesung, Werke der Nächstenliebe, aber auch durch einen spürbaren Verzicht (z.B. auf Fleischspeisen) geschehen. Solche Opfer sollen Zeichen der Verbundenheit mit allen Gliedern der Kirche und allen Menschen sein. Daher sollen sie soweit wie möglich notleidenden Menschen zugute kommen.

Christliche Familien, Gruppen und Gemeinschaften sollen sich um einen Lebensstil bemühen, in dem Jesu Ruf zu Umkehr und Nachfolge verwirklicht wird. In gemeinsamer Überlegung sollen sie Ausdrucksformen tätiger Buße finden, die sich in ihrem Kreis verwirklichen lassen und zum Zeugnis christlicher Liebe werden.

55 Bußgottesdienst

Die Sünde ist Ungehorsam gegen Gott. Sie trifft aber auch die Kirche und mindert ihre Zeugniskraft. Der Sünder muß daher nicht nur vor Gott, sondern auch vor der Kirche um Vergebung bitten.

Gott vergibt dem Sünder, der seine Schuld bereut und um Verzeihung bittet. Das geschieht in erster Linie durch den Empfang der Sakramente: Taufe, Bußsakrament, Krankensalbung. Aber auch außerhalb der Sakramente kann Vergebung erbeten und erlangt werden. Im Bußgottesdienst unterstützt die Gemeinde die Bitte um Vergebung durch ihre Fürsprache. Ihre Glieder bitten sich gegenseitig um Verzeihung und vergeben einander. So wird beim Bußgottesdienst in einem breiter entfalteten Ritus, als es etwa beim Bußakt der Messe oder bei der Beichte des einzelnen möglich ist, sichtbar, daß die Kirche Zeichen und Ort der Versöhnung ist.

Der Bußgottesdienst macht außerdem deutlich, daß die Umkehr und die Hinwendung zu Gott nicht nur für den einzelnen, sondern auch für die Gemeinschaft notwendig ist, weil auch sie immer wieder hinter dem Auftrag Christi zurückbleibt. Der Bußgottesdienst ist auch ein Zeichen der gemeinsamen Verantwortung, die uns alle miteinander verbindet und einen des anderen Last tragen heißt. Sie bietet der Gemeinde als ganzer Gelegenheit zur Gewissenserforschung, zum Schuldbekenntnis und zur Bitte um Vergebung. Denn die ganze Gemeinde ist z.B. verpflichtet zur Sorge für die Kinder, die in ihr aufwachsen, für Kranke, Fremde, sozial Schwache, die in ihr leben. Wenn sie dieser oder anderen Verpflichtungen nicht genügend entspricht, muß sie ihre Schuld eingestehen und Gott um Verzeihung bitten. Außerdem sollen wir nicht nur für unsere eigene Schuld um Vergebung bitten, sondern stellvertretend auch für die der ganzen Kirche, ja der gesamten Menschheit.

Durch den Bußgottesdienst soll auch die persönliche Gewissensbildung vertieft und der fruchtbare Empfang des Bußsakramentes gefördert werden. Die Verkündigung und Auslegung der Schrift läßt uns Christus begegnen und die Liebe Gottes erkennen. So kommen wir zur Einsicht in unsere Schuld und zur Reue: Gottes Liebe trifft uns als Sünder, für die Christus sein Leben hingegeben hat. „Gott aber hat seine Liebe zu uns darin erwiesen, daß Christus für uns gestorben ist, als wir noch Sünder waren" (Röm 5,8). Im Licht des Evangeliums sehen wir auch wieder deutlicher die Aufgaben, die unser Christsein uns stellt: „Ihr seid das Salz der Erde. Ihr seid das Licht der Welt" (Mt 5,13f).

Wer sich der Kirche entfremdet hat, dem kann die Teilnahme an einem Bußgottesdienst ein erster Schritt sein, zum vollen Leben der Kirche zurückzufinden. Auch die sakramentale Beichte gewinnt an Tiefe und Hochschätzung, wenn die Gläubigen durch Bußgottesdienste zu einem persönlichen Vollzug von Reue, Bekenntnis und Buße angeleitet und in geeigneter Weise darauf hingewiesen werden, daß sich die verschiedenen Formen der Buße im Empfang des Bußsakramentes vollenden. Daher soll man bei Bußgottesdiensten die Bedeutung dieses Sakramentes für alle Christen unterstreichen und zu seinem Empfang einladen.

Wie andere Formen der Buße führt auch die rechte Teilnahme an einem Bußgottesdienst zur Vergebung der alltäglichen Fehler; denn Gott erhört die mit Reue und ernstem Vorsatz verbundene Bitte um Vergebung, die von der kirchlichen Gemeinschaft aufgenommen und unterstützt wird. Die Vergebung von Todsünden, die der Sünder — in einem solchen Gottesdienst oder auch außerhalb — aufgrund seiner Reue aus Liebe zu Gott (vollkommene Reue) erlangt, findet ihre notwendige Vollendung im sichtbaren Zeichen der sakramentalen Lossprechung. Nach den Weisungen der Kirche sind daher Todsünden vor dem nächsten Empfang der Eucharistie in der Einzelbeichte zu bekennen. Denn Todsünden schließen von der Kommuniongemeinschaft aus. Diese

Trennung muß durch die sakramentale Lossprechung aufgehoben werden, ehe der Sünder am Gemeinschaftsmahl der Eucharistie teilnehmen darf.
Als Zeiten für den Bußgottesdienst eignen sich vor allem die Quatemberwochen im Advent und in der Fastenzeit.

56 ERSTER BUSSGOTTESDIENST

Thema: Das große Gebot

Eröffnung

V Herr Jesus, du rufst die Menschen zur Umkehr:
Du sagst uns die frohe Botschaft:

A Kyrie eleison.

V Herr Christus, du wendest dich den Sündern zu:
Du bringst uns die Vergebung des Vaters:

A Christe eleison.

V Herr Jesus, du schenkst uns neues Leben:
Du läßt uns mit dir auferstehn:

A Kyrie eleison.

Begrüßung

P Der Friede des Herrn sei allezeit mit euch.   2
A Und mit deinem Geiste.
P Wenn wir wünschen, daß der Friede des Herrn mit uns sei, dann wünschen wir auch die Versöhnung mit ihm; denn Friede und Versöhnung gehören zusammen. In diesem Gottesdienst wollen wir zum Vater gehen und unsere Schuld bekennen. Er wird uns aufnehmen und uns vergeben. Seine Versöhnungsbereitschaft kennt keine Grenzen.

Lesung: Mt 22,34–40: Das große Gebot

Antwortgesang

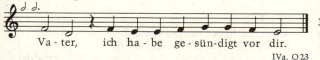
Va - ter, ich ha - be ge - sün - digt vor dir.

IVa. Q 23

oder Psalm 130, Nr. 82

Besinnung

P Die Pharisäer wollten Jesus ausforschen. Er gab ihnen   4
eine Antwort, die sie zum Schweigen brachte. Er gab ihnen eine Antwort, die sie selbst ausforschte. Das einzige Wort, das hier noch gesagt werden kann, ist ein Bekenntnis und lautet: Herr, ich habe zu wenig geliebt.

V Wir wollen uns vom Wort Gottes fragen lassen:
Wen lieben wir?
Lieben wir andere wirklich?
Oder denken wir im Grund nur an uns selbst?
Lieben wir nur die, die uns auch lieben?
Gehen wir an der Not, die wir sehen, achtlos vorbei?
Wir denken über den vergangenen Tag, über die letzten Wochen oder Monate unseres Lebens nach im Licht der Forderung, daß wir unseren Nächsten lieben sollen wie uns selbst.

Was ist Gott für uns?
Eine Art Weltregierung oder Weltpolizei, deren Gesetze man einhalten muß?
Oder der Vater unseres Herrn Jesus Christus?
Der Gott, der uns so sehr liebt, daß er seinen Sohn für uns hingegeben hat?
Berührt uns diese Liebe Gottes?
Wissen wir, daß er nicht unsere Leistung will, sondern uns selbst?
Wir denken darüber nach, was Gott uns bedeutet.
Lieben wir ihn?

Reuegebet: Psalm 51, Nr. 190 oder 85,2–3

Bekenntnis

5 V Vater, wir haben gesündigt vor dir.
A Vater, wir haben gesündigt vor dir.
V Wir sind schuldig geworden an unseren Mitmenschen.
A Vater, wir haben gesündigt vor dir.
V Wir sind schuldig geworden an denen, die uns besonders nahestehen.
A Vater, wir haben gesündigt vor dir.
V Wir sind schuldig geworden an der Gemeinde deines Sohnes, an der Kirche.
A Vater, wir haben gesündigt vor dir.
V Wir sind schuldig geworden an dir.
A Vater, wir haben gesündigt vor dir.
V Vater, vergib uns.
A Vater, vergib uns.
V Wir bekennen voreinander unsere Schuld.
A Vater, vergib uns.
V Wir bekennen vor der Kirche unsere Schuld.
A Vater, vergib uns.
V Wir bekennen vor dir unsere Schuld.
A Vater, vergib uns.

P Wir beten, wie der Herr uns gelehrt hat:
A Vater unser ...

P Gott, unser Vater, du hast uns im voraus zu deinen Kindern bestimmt, damit wir heilig seien vor deinem Angesicht und ewige Freude erlangen in deinem Haus. Nimm uns auf und bewahre uns in deiner Liebe, damit wir froh und einander zugetan in deiner Kirche leben. Darum bitten wir durch Christus, unsern Herrn. A Amen.

Dankgesang, Nr. 166,2

Entlassung

P Der Herr segne euch und behüte euch; der Herr lasse sein Angesicht über euch leuchten und sei euch gnädig; er wende euch sein Antlitz zu und schenke euch seinen Frieden! Das gewähre euch der dreieinige Gott, der Vater und der Sohn und der Heilige Geist. A Amen.

ZWEITER BUSSGOTTESDIENST

Thema: Gemeinschaftsbezug von Sünde und Schuld

Eröffnung: Sonne der Gerechtigkeit, Nr. 644

Begrüßung

P Der Friede Christi und das Erbarmen des Vaters sei mit euch.
A Und mit deinem Geiste.
P Die Welt ist verstrickt in einem Netz von Sünde und Schuld. Wir alle knüpfen mit an diesem Netz, das uns gefangenhält. Denn alles, was wir tun, wirkt unmittelbar auf andere. Jede Sünde schadet anderen. Jede Sünde ist ein Stein in der Mauer, die wir zwischen uns und Gott aufrichten.

Lesung: Jes 59,1—10.12

Antwortgesang

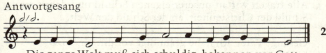
Die ganze Welt muß sich schuldig bekennen vor Gott.
IVa. Q 23

(57) Homilie STILLE

Besinnung

3 1.V Auf der Erde gibt es Feindschaft, Haß, Lüge, Unrecht, Gewalttat und Krieg.
Es sind Menschen wie du und ich, die hassen, statt zu lieben,
die mißachten, statt anzuerkennen,
die streiten, statt Frieden zu stiften.
Jeder von uns trägt mit an der Schuld, welche die Menschheit täglich auf sich lädt.

2.V Wir sind nicht nur Glieder der Menschheit, sondern auch des Volkes Gottes, der Kirche. Auch in der Kirche gibt es Egoismus und Härte, Unverständnis, Lieblosigkeit, Mißgunst und Neid.
Es sind Christen wie du und ich, die sich nicht beunruhigen um das Schicksal der Welt,
die sich nicht sorgen um das Glück aller Menschen,
die sich auserwählt fühlen und andere geringschätzen,
die herrschen wollen, statt zu dienen.
Jeder von uns trägt mit Schuld, daß ein Zerrbild von Christus und seiner Kirche entsteht.

3.V Der Unfriede fängt damit an, daß wir selber friedlos sind.
Wir selbst sind es, die den anderen nicht gelten lassen,
die es nicht ertragen, wenn er erfolgreicher ist als wir,
die ihn herabsetzen, weil es unser Selbstbewußtsein stärkt,
die nicht genügend Geduld für den Nächsten aufbringen,
die es mit der Wahrheit nicht allzu genau nehmen, wenn es dem eigenen Vorteil dient.
Bemühen wir uns um Gerechtigkeit, Liebe und Frieden, oder erwarten wir das nur von anderen? Von der Kirche? Von der Menschheit?
Alle tragen wir an unserer eigenen Schuld und damit an der Schuld der Christenheit, an der Schuld der Welt.

Gesang: Vater, ich habe gesündigt vor dir. Nr. 56,3

Bekenntnis (57)

V Herr, wir tragen die Schuld der ganzen Welt vor dich hin. 4
Wir wollen es oft nicht wahrhaben, doch heute bekennen
wir vor dir, daß wir an der trostlosen Lage der Menschheit
mitschuldig sind. Wir haben nicht alle Möglichkeiten erschöpft,
um fremde Schuld zu verhindern. Auch diese fremde
Schuld tragen wir vor dich hin. Denn wir haben kein Recht,
uns von der Schuld unserer Mitmenschen zu distanzieren.
Herr, wir bekennen unsere Schuld.
A Herr, wir bekennen unsere Schuld.

V Herr, wir haben oft so gelebt, als ob es dich und das
Gebot der Nächstenliebe nicht gäbe. Wir sind oft auf halbem
Wege stehengeblieben, anstatt die letzte Konsequenz aus
unserem Christsein zu ziehen.
Wir haben uns zu schnell mit eigener und fremder Schuld
abgefunden, anstatt mit der Liebe von vorn anzufangen.
Herr, wir bekennen unsere Schuld.
A Herr, wir bekennen unsere Schuld.

V Herr, wir lassen uns zu wenig erschüttern durch die
Schuld. Wir leiden nicht genug darunter, besonders, wenn
wir sie nicht selbst auf uns geladen haben. Wir lassen den
Mitmenschen mit seiner Schuld allein und meinen, wir
könnten auf diese Weise aus dem Teufelskreis des Bösen
ausbrechen.
Herr, wir bekennen unsere Schuld.
A Herr, wir bekennen unsere Schuld. STILLE

Gegenseitige Vergebung

V Wer nicht fähig und bereit ist zu vergeben, bleibt starr. 5
Er verschließt sich und findet keinen Weg zu den anderen.
Wir alle sind auf Gemeinschaft angewiesen. Erst in ihr wird
menschliches Leben vollziehbar, bekommt es Wert.
Sünde und Schuld erfahren wir als dauernde Bedrohung
des Zusammenlebens. Wer Schuld ständig gegen Schuld
setzt, der verbaut den Weg zu einem neuen Anfang. Er errichtet
eine Wand zwischen sich und den anderen.

Dies ist die Situation auf unserer Erde: Weil Völker, Regierungen, Machthaber hartnäckig den eigenen Standpunkt durchsetzen wollen, wird Friede nicht möglich. Was aber für Ost und West, für Rassen, Nationen und Parteien gilt, das gilt auch zwischen alt und jung, Mann und Frau, zwischen Eltern und Kindern, unter Nachbarn und unter Kollegen – bei uns selbst.

Gesang

6

Ver - gib uns uns - re Schuld, wie auch wir ver - ge - ben un - sern Schul - di - gern.

IIIb, IVg. Q 23

Bitte

7 P Gottes Auftrag heißt: Ihr aber seid Brüder. Darum wollen wir bereit sein, einander zu vergeben. Wir wollen versuchen, die Kettenreaktion der Sünde zu unterbrechen, und helfen, daß Versöhnung sich ausbreitet.
V Herr, gib uns die Kraft zur Vergebung.
A Herr, gib uns die Kraft zur Vergebung.
V Wenn wir miteinander in Streit geraten sind,
A Herr, gib uns die Kraft zur Vergebung.
V Wenn andere uns unrecht tun,
A Herr, gib uns die Kraft zur Vergebung.
V Wenn wir einander verleumden und verdächtigen,
A Herr, gib uns die Kraft zur Vergebung.
V Im Streit der Rassen und der verschiedenen Gruppen,
A Herr, gib uns die Kraft zur Vergebung.
V Siebenmal, siebzigmal am Tag sollen wir vergeben.
A Herr, gib uns die Kraft zur Vergebung.

Als Zeichen der Vergebungsbereitschaft kann der Friedenswunsch ausgetauscht werden.

Zwischenspiel oder Gesang

V Durch die Sünde entfernen wir uns nicht nur aus der Gemeinschaft mit Gott, sondern auch aus der Gemeinschaft der Menschen und der Kirche. Die Vergebung Gottes und der Mitmenschen führt uns zurück und läßt uns neu beginnen. **8**

P Lasset uns beten. — Gott, unser Vater, du vergibst die Sünden und schenkst uns deinen Frieden. Gib, daß wir stets einander unsere Schuld verzeihen und miteinander Frieden schaffen in der Welt. Darum bitten wir durch Christus, unsern Herrn. A Amen.
V Gehet hin in Frieden.
A Dank sei Gott dem Herrn.

Das Sakrament der Buße

58

Jesus Christus hat uns die Liebe Gottes kundgetan und uns mit dem Vater versöhnt. Im Sakrament der Buße gibt er dem Sünder Anteil an seinem Leben. Wer dieses Sakrament empfängt, stellt sich unter das Gericht über die Sünde, das Gott im Kreuzestod seines Sohnes gehalten hat, um uns vor dem ewigen Tod zu retten.

Das natürliche Verlangen des Menschen, die Schuld, die ihn bedrückt, zu bekennen und von ihr befreit zu werden, wird nicht enttäuscht. Christus hat uns Vergebung zugesagt, wenn wir vor der Kirche unsere Schuld eingestehen: „Alles, was ihr auf Erden binden werdet, das wird auch im Himmel gebunden sein; und alles, was ihr auf Erden lösen werdet, das wird auch im Himmel gelöst sein" (Mt 18,18). Diese frohe Botschaft darf der Christ im Bußsakrament durch die Lossprechung des Priesters vernehmen.

In der Kirche ist Christus, der uns mit dem Vater versöhnt hat, gegenwärtig. In seinem Namen gewährt sie dem Sünder Vergebung. Denn die Apostel haben vom Herrn die Vollmacht erhalten, in der Kraft seines Geistes Sünden nachzulassen: „Empfanget den Heiligen Geist. Allen, denen ihr die Sünden erlaßt, sind sie erlassen; allen, denen ihr sie nicht erlaßt, sind sie nicht erlassen" (Joh 20,22f].

Wo die Kirche durch die Priester von dieser Vollmacht Gebrauch macht und einen Sünder, der seine Schuld bereut, sie aufrichtig bekennt und zur Wiedergutmachung bereit ist, losspricht, besiegelt Gott die Versöhnung mit dem Sünder. Christus selbst ist es, der in diesem Sakrament wirkt: er führt den Sünder zur Umkehr, damit er seine Schuld bereut und eingesteht. Er wirkt im Priester, der in seinem Auftrag das wirksame Wort der Lossprechung sagt. So wird die Begegnung des Sünders mit dem Vertreter der Kirche zum Zeichen der siegreichen Gnade Gottes, die das Böse überwindet. Dieses Zeichen nennen wir Bußsakrament.

Die Sünden des einzelnen, auch die bloßen Gedankensünden, hemmen das Wirken des Heiligen Geistes nicht nur im einzelnen, sondern auch in der Gemeinschaft der Glieder der Kirche. Deshalb muß der Sünder auch vor der Kirche und durch sie Buße tun. Die Beichte ist auch ein Gericht der Kirche.

Man darf dieses Sakrament nicht von den übrigen Bußformen trennen. Die vielfältigen Arten der Buße im Alltag, das Schuldbekenntnis in der Eucharistiefeier und die Bußgottesdienste wecken, erhalten und vertiefen den Willen zur ständigen Erneuerung des Lebens der Gemeinde und der einzelnen Christen aus dem Geist des Evangeliums. Sie sind Vorstufen auf dem Weg zur sakramentalen Beichte und Lossprechung, die ohne sie verkümmern würde. Umgekehrt ist das Bußsakrament der Ziel- und Gipfelpunkt aller übrigen Bußformen, in dem diese sich vollenden. Darum ist die Hochschätzung dieses Sakramentes und sein regelmäßiger Empfang für alle Christen — und nicht etwa nur für jene, die schwer gesündigt haben — von so großer Bedeutung. Alle, die sich einer schweren Schuld bewußt sind, sind zum Empfang des Bußsakramentes verpflichtet. Darüber hinaus sind alle Gläubigen zur häufigen Beichte eingeladen. Denn sie empfangen durch das Bußsakrament reiche Gnade, wachsen im Geist der Buße, erkennen und überwinden besser ihre Fehler und Schwächen und werden fähiger zu einem freien, persönlichen Bekenntnis.

Ein wichtiger Vorzug der sakramentalen Einzelbeichte liegt in der Möglichkeit zum Beichtgespräch. Es kann die persönliche Situation des einzelnen berücksichtigen, die Hintergründe seiner Fehler und Verirrungen klären und zu vertiefter Selbsterkenntnis führen. Die Beichte gewinnt heute an Bedeutung, weil sie die Möglichkeit individueller Führung und Gewissensbildung bietet. Sie dient so nicht nur dem Bekenntnis und der Vergebung der Sünden; sie soll auch zur Bildung des Gewissens aller Christen und zur Vertiefung ihres Glaubens beitragen.

Die regelmäßige Beichte ist daher eine wichtige Hilfe auf dem Weg zu einem verantwortungsbewußten christlichen Leben, besonders dann, wenn der Beichtvater den Beichtenden und dessen persönliche Situation kennt. Beicht- oder Sprechzimmer können die offene Aussprache fördern. Viele werden aber auch weiterhin aus verschiedenen Gründen die Anonymität wünschen und daher den Beichtstuhl vorziehen.

GEBETE ZUR VORBEREITUNG

59

1 Gott, du bist der Herr, hoch über allem und doch jedem nahe. Du hast mir mein Leben gegeben mit allen Fähigkeiten, Begabungen und Kräften. Dein Diener bin ich, Verwalter all dessen, was du mir anvertraut hast. Dir muß ich Rechenschaft geben.

Ich weiß, daß es in meinem Leben Versagen und Sünde gibt. Ich hätte ein besserer Verwalter deiner Gaben sein sollen. Laß mich erkennen, wo ich deinem Willen nicht entsprochen habe, wofür ich deiner Vergebung bedarf.

Sende mir deinen Heiligen Geist, daß ich mich löse von allem, was falsch ist, daß ich es bereue und daß ich mich von neuem für dich entscheide.

2 Gott, du bist mein Vater. Nach deinem Bild hast du mich geschaffen. In der Taufe hast du mich zum Bruder (zur Schwester) deines Sohnes, unseres Herrn Jesus Christus gemacht. Er hat stets deine Ehre gesucht und deinen Willen getan. Laß mich erkennen, wie sehr ich Jesus unähnlich geworden bin, daß ich wie der verlorene Sohn von dir fort und in die Fremde gegangen bin. Vater, laß mich umkehren und heimfinden zu dir.

(59) Herr, ich kenne mich oft bei mir selber nicht aus. Du aber
3 kennst mich. Ich möchte mich sehen, wie du mich siehst –
auch wenn es schmerzt und mich beschämt.
Ich weiß ja, Herr, daß du mich liebst, daß du Ja zu mir
sagst, daß ich mich dir anvertrauen darf, so wie ich bin.
Hilf mir, Herr, meinen Stolz zu überwinden, damit ich mich
heilen lasse durch das Wort der Vergebung, das der Priester
in deinem Namen mir zuspricht.

Es eignen sich auch die Gebete Nr. 7,4 und 7,6; die Psalmen 19B, Nr. 714; 32, Nr. 721; 42/43, Nr. 726 und 139, Nr. 755; die Kyrie-Litanei Nr. 56,1 und die Lieder Nr. 163, 244 und 293.

BESINNUNG AUF MEIN LEBEN (GEWISSENSERFORSCHUNG)

4 Bei der Prüfung des Gewissens steht uns nicht ein Gesetzbuch gegenüber, sondern der lebendige Gott. Vor ihm stehen wir wie der Zöllner im Evangelium. Die Erforschung des Gewissens ist daher ein ganz persönliches Tun, in dem wir uns und unser Leben vor Gott hinstellen, um zu fragen, was unser Verhältnis zu ihm belastet, gefährdet oder gar zerstört hat. Dies führt uns zur Erkenntnis des Bösen, das wir getan haben. Es führt uns aber auch zur Erkenntnis des Guten, das wir tun können und sollen; denn wir haben nicht nur Böses getan, sondern auch Gutes unterlassen. So wird die Gewissenserforschung zur Reue führen, aber auch zum Trost und zu gutem Vorsatz.

Nach dieser persönlichen Überlegung kann man einen Gewissensspiegel zu Hilfe nehmen. Aber kein Gewissensspiegel wird das konkrete Leben des einzelnen restlos erfassen. Er soll auch das eigene Nachdenken nicht ersetzen, sondern nur fördern. Er will lediglich helfen, vor Gott Fragen und Lebensbereiche zu bedenken, die man sonst vielleicht übersehen würde.

Die Gewissensspiegel findet man auf Seite 118 bis 141:

Nr. 61 Die zehn Gebote – kurze Darstellung des Inhalts der Gebote, die bei öfterer Beichte dienlich sein kann und für Gespräche, die der Gewissensbildung dienen.

Nr. 62 Allgemeiner Gewissensspiegel — ausführliche Anleitung **(59)**
zur Selbstprüfung, die denen zu empfehlen ist, die seltener
beichten.

Die weiteren Gewissensspiegel konzentrieren die Überlegungen
auf bestimmte Gesichtspunkte:

Nr. 63 Glaube, Hoffnung, Liebe — Besinnung anhand der drei
Göttlichen Tugenden.

Nr. 64 Leben für andere — im Vordergrund die Frage nach
dem Verhältnis zum Nächsten.

Man kann die Gewissenserforschung mit einem Gebet abschließen, das Reue und Vorsatz zum Ausdruck bringt.

5 Gott, himmlischer Vater, ich habe gesündigt; ich kann meine Sünde nicht ungeschehen machen. Du allein kannst Sünden vergeben. Du hast deinen Sohn Jesus Christus gesandt, daß er die Schuld der Welt auf sich nehme und die Sünder zu dir zurückführe.
Herr Jesus Christus, führe auch mich von meinen Irrwegen zurück auf den Weg der Wahrheit und des Lebens. Ich bekenne meine Sünde und bereue sie, weil sie mich von dir fernhält.
Herr, verzeih mir und schenk mir deinen Geist, damit ich deine Liebe erkenne und sie dankbar erwidere.

6 Herr, du liebst mich von Ewigkeit, hast mich gewollt und gerufen, wartest auf mich. Ich vergesse dich, stelle mich taub und laufe davon.
Es ist nicht gut, daß ich so bin; daß ich dich verletze und die Menschen, mit denen ich zusammenlebe.
Ich will neu beginnen im Vertrauen auf dich. Ich will versuchen, deinen Willen zu tun und gut zu sein zu den Menschen, die mich brauchen.

7 Gütiger Gott. Ich habe gesündigt, aber ich will mir wieder Mühe geben, das Gute zu tun. Ich kenne meine Schwäche, aber ich vertraue auf deine Hilfe. Du sollst das Ziel sein, das ich immer vor Augen habe. Laß mich dich nicht vergessen, laß mich dich suchen und finden.

8 Dich liebt, o Gott, mein ganzes Herz; und dies ist mir der größte Schmerz, daß ich erzürnt dich, höchstes Gut. Ach, wasch mich rein in Jesu Blut.
Daß ich gesündigt, ist mir leid; zu bessern mich bin ich bereit. Mein Gott und Herr, mir doch verzeih; nie mehr zu fallen, Gnad verleih.

Die vorstehenden Gebete sprechen nur allgemein vom Vorsatz. Selbstverständlich muß jeder entsprechend seinen persönlichen Lebensverhältnissen überlegen, was er sich im einzelnen vornehmen kann.

Es eignen sich auch die Gebete Nr. 7,1; 7,2 und 7,5; die Psalmen 51, Nr. 190; 119 A, Nr. 750; 119 B, Nr. 751; 130, Nr. 191 und die Lieder Nr. 164—169.

Wenn man länger warten muß, kann man eines der folgenden Stücke beten: Litanei vom Leiden Jesu, Nr. 766; Allerheiligen-Litanei, 2. und 3. Teil, Nr. 762,5—6; Jesus-Litanei, Nr. 765; Herz-Jesu-Litanei, Nr. 768; Kreuzweg, Nr. 775; Andacht von den sieben Worten Jesu, Nr. 776; Fastenandacht, Nr. 774,2,3 und 6; Herz-Jesu-Andacht, Nr. 780,4; Christus-Andacht, Nr. 781,7; Andacht vom Gebet des Herrn, Nr. 782,5; Marien-Andacht, Nr. 783,2; Schmerzhafter Rosenkranz, oder eigene Gesätze, etwa: Jesus, der uns die Sünden vergibt.

60 Beichte
Die Feier der Versöhnung für einzelne

1 BEGRÜSSUNG

Wenn der Beichtende den Beichtstuhl oder das Beichtzimmer betritt, begrüßt ihn der Priester. Dann macht der Beichtende das Kreuzzeichen und spricht:

Im Namen des Vaters und des Sohnes und des Heiligen Geistes. Amen.
P Gott, der unser Herz erleuchtet, schenke dir wahre Erkenntnis deiner Sünden und seiner Barmherzigkeit.
Antwort: Amen.

Der Priester kann nun, wenn es Zeit und Umstände erlauben, ein Schriftwort lesen oder sprechen.

BEKENNTNIS UND GENUGTUUNG 2

Es folgt das Bekenntnis der Sünden und das Beichtgespräch, bei dem der Beichtende ein angemessenes Bußwerk zur Genugtuung für seine Sünden übernimmt.

REUEGEBET UND LOSSPRECHUNG 3

Nach seinem Bekenntnis soll der Beichtende ein kurzes Reuegebet sprechen. Er kann z. B. sagen:

Ich bereue, daß ich Böses getan und Gutes unterlassen habe. Erbarme dich meiner, o Herr.

Der Priester erteilt die Lossprechung mit folgenden Worten:

Gott, der barmherzige Vater, hat durch den Tod und die Auferstehung seines Sohnes die Welt mit sich versöhnt und den Heiligen Geist gesandt zur Vergebung der Sünden. Durch den Dienst der Kirche schenke er dir Verzeihung und Frieden.
SO SPRECHE ICH DICH LOS VON DEINEN SÜNDEN + IM NAMEN DES VATERS UND DES SOHNES UND DES HEILIGEN GEISTES.
Antwort: Amen.

DANK UND ENTLASSUNG 4

P Dankt dem Herrn, denn er ist gütig.
Antwort: Sein Erbarmen währt ewig.

Dann entläßt der Priester den Gläubigen, der Vergebung seiner Sünden empfangen hat, mit den Worten:

Der Herr hat dir die Sünden vergeben. Geh hin in Frieden.

Nach der Entlassung durch den Priester soll der Gläubige noch eine Danksagung halten. Dazu kann er folgendes Gebet verwenden:

Gebet zur Danksagung

Ich danke dir, Herr, für die Vergebung, die ich erfahren habe, 5
und für den Mut zu einem neuen Beginn.
Ich danke auch für die Versöhnung mit der Kirche, der ich mit meiner Schuld Schaden zugefügt habe.

Ich will mir Mühe geben, nicht nur mit Worten dankbar zu sein. Auch ich will vergeben, wenn andere mir schaden oder mir wehe tun.

Ich weiß, Herr, es wird nicht alles ganz anders werden in meinem Leben. Aber ich vertraue darauf, daß du mich nicht verwirfst und daß die Kirche mir immer wieder deinen Frieden schenkt, auch wenn nicht alles gelingt, was ich mir vornehme.

Ich danke dir, Herr, daß ich solches Vertrauen haben darf, weil du unsere Schuld getragen hast, und weil dein Erbarmen fortlebt in deiner Kirche.

Es eignen sich auch die Gebete Nr. 3; 4,2–6; 6,5–6; und 8,1; die Psalmen 18, Nr. 712; 23, Nr. 718; 34, Nr. 723; 85, Nr. 123; 94, Nr. 739; 103, Nr. 742; 145A, Nr. 757 und 146, Nr. 759; das Magnificat, Nr. 689; das Benedictus, Nr. 681; das Te Deum, Nr. 706 und die Lieder Nr. 257–285.

Wenn der Priester eine Gebetsbuße aufgetragen hat, kann sie jetzt verrichtet werden.

61 Erster Gewissensspiegel: Die Zehn Gebote

Als Grundlage zur Gewissenserforschung dienen herkömmlich die Zehn Gebote aus dem Alten Bund:

Ich bin der Herr, dein Gott.

1. Du sollst keine anderen Götter neben mir haben!
Das ist für den Christen die Forderung, den Glauben an den einen Gott, der Vater, Sohn und Geist ist, zu bekennen. Ihn sollen wir über alles lieben und anbeten, denn er hat uns zuerst geliebt, hat uns erlöst und geheiligt. Auf ihn sollen wir unsere Hoffnung setzen, denn er ist Ursprung und Ziel unseres Lebens.

2. Du sollst den Namen Gottes nicht verunehren!
Das ist eine Forderung der Ehrfurcht vor dem unergründlichen Geheimnis Gottes. Wir können nicht groß genug von seiner Macht und Herrlichkeit denken. Das muß unser Reden von Gott, unseren Umgang mit ihm und mit allem bestimmen, was zu Gott gehört.

3. Gedenke, daß du den Sabbat heiligst!
Das ist für den Christen die Forderung, an der schöpferischen Ruhe Gottes teilzunehmen und im Gottesdienst dem Herrn für die Gaben der Schöpfung und die Gnade des Erlösungswerkes zu danken, wie es die Kirche vor allem in der sonntäglichen Feier der Eucharistie tut.

4. Du sollst Vater und Mutter ehren!
Das ist die Forderung, in der Familie, in Staat und Gesellschaft, in der Kirche jedem Glied der Gemeinschaft mit Achtung zu begegnen und zu ihm zu stehen. Diese Forderung schließt die Pflicht ein, vor allem jenen bei der Erfüllung ihrer Aufgaben zu helfen, die besondere Verantwortung tragen.

5. Du sollst nicht töten!
Das ist die Forderung, das eigene und fremde Leben zu achten. Geistiges und leibliches Leben sind Gaben, die uns Gott zur Pflege und Entfaltung anvertraut. Das schließt den Auftrag ein, für gesunde Lebensbedingungen zu sorgen und ein Klima der gegenseitigen Fürsorge zu schaffen, in dem jeder nicht nur sein Recht erhält, sondern auch jene Liebe und Anerkennung erfährt, ohne die er verkümmern müßte.

6. Du sollst nicht ehebrechen!
9. Du sollst nicht begehren deines Nächsten Frau!
Das ist die Forderung, die Gabe der eigenen Geschlechtlichkeit und die geschlechtliche Liebe von Eigensucht freizuhalten und so die eheliche Liebe zu entfalten und vor Zerstörung zu bewahren. Vernünftige Schamhaftigkeit und zuchtvolle Keuschheit schützen den einzelnen vor Selbstsucht

und ungeordnetem Begehren. Eine verantwortungsbewußte Haltung gegenüber der Geschlechtlichkeit schafft die Voraussetzung für eine menschenwürdige Begegnung der Geschlechter.

7. Du sollst nicht stehlen!
10. Du sollst nicht begehren deines Nächsten Hab und Gut!
Das ist die Forderung, das Eigentum des Nächsten zu respektieren und verantwortlich mit eigenem und fremdem Gut umzugehen. Denn geordnete und sichere Besitzverhältnisse sind die Grundlage für die Entfaltung geistiger und kultureller Werte im Leben des einzelnen und der Gemeinschaft. Das verpflichtet zu gewissenhafter Arbeit und verantwortungsbewußter Nutzung der Sachgüter, die Gottes Schöpfung für den Menschen bereithält.

8. Du sollst kein falsches Zeugnis geben wider deinen Nächsten!
Das ist die Forderung nach Wahrheit und Wahrhaftigkeit im Reden und Handeln. Kein Mensch kann sich entfalten und keine Gemeinschaft Bestand haben, wenn falscher Schein, Täuschung und Lüge, Verleumdung, Treulosigkeit und Unzuverlässigkeit das Vertrauen und die Sicherheit untergraben und zerstören. Wir leben von der Treue und Wahrhaftigkeit Gottes. Wir können mit uns selber und mit den anderen nur dann im Frieden leben, wenn wir unser Leben nicht auf Heuchelei und Lüge, sondern auf Wahrhaftigkeit und Wahrheit aufbauen.

Allgemeiner Gewissensspiegel

Der allgemeine Gewissensspiegel berücksichtigt alle wesentlichen Lebensgebiete. Wer längere Zeit nicht gebeichtet hat oder sich über einen längeren Lebensabschnitt prüfen möchte, sollte ihn zu Hilfe nehmen.

Als Christ soll ich nicht nur das Böse meiden, sondern vor allem Gutes tun. Mein ganzes Leben muß mehr und mehr Ausdruck meiner Liebe zu Gott und dem Nächsten werden. Daher darf ich nicht nur nach dem Bösen fragen, das ich getan, sondern muß auch an das Gute denken, das ich unterlassen habe.

MEIN VERHÄLTNIS ZU GOTT

Gottes Liebe verdanke ich alles: daß ich lebe – daß ich die von ihm geschaffenen Dinge gebrauchen darf – daß er auf den Wegen irdischen Glücks oder Unglücks mich zum Heile führen will – daß sein Sohn mich erlöst und in seine Kirche gerufen hat. Meine Antwort darauf kann nur dankbare Liebe sein, zu ihm selbst und zu allem, was er liebt.
Gott ist größer und herrlicher, als wir ihn uns vorstellen können. Wir lernen ihn aber um so besser kennen, je mehr wir auf ihn hören, je mehr wir die Botschaft Jesu im Glauben annehmen.

Bin ich dankbar dafür, daß ich glauben und zur Kirche gehören darf?
Bemühe ich mich um die Vertiefung meines Glaubens?
Lese ich in der Heiligen Schrift oder in Büchern, die mich zu einem tieferen Verständnis Gottes führen können?
Oder habe ich mir ein Gottesbild nach eigenen Wünschen aufgebaut?
Empfinde ich den Glauben als Einengung meines Lebens?
Habe ich mich gewehrt gegen Gottes Anruf?
Gefährde ich meinen Glauben durch unkritische Lektüre glaubensfeindlicher Schriften?
Habe ich mich bemüht, für den Glauben Zeugnis abzulegen und ihn auch anderen nahezubringen?

(62) Oder habe ich mich des Glaubens geschämt? Habe ich den Glauben verleugnet?

Suche ich Gottes Nähe? Bemühe ich mich, Christus nachzufolgen? Oder weiche ich ihm aus? Habe ich ihn aus bestimmten Bereichen meines Lebens ausgeschlossen?

Wende ich mich im Gebet — am Morgen, am Abend, bei Tisch, im Gottesdienst, vor allem bei der sonntäglichen Eucharistiefeier — immer wieder Gott zu? Danke ich Gott für alles Gute, das ich von ihm empfangen habe (Leben, Gesundheit, Nahrung usw.)? Bitte ich vertrauensvoll um seine Gaben?

Oder bete ich gedankenlos, nur selten, gar nicht?

Ist Gott die Mitte meines Lebens? Will ich tun, was Gott will?

Oder ist mir anderes wichtiger als er: Menschen, Besitz, Erwerb, beruflicher Aufstieg?

Habe ich Ehrfurcht vor Gott?

Oder gebrauche ich seinen Namen gedankenlos, als Kraftausdruck?

Vertraue ich auf Gott — auch in der Not?

Oder suche ich Rat und Hilfe in Aberglauben, Wahrsagerei, Astrologie, Spiritismus?

2 LEBEN IN GEMEINSCHAFT, IN STAAT UND GESELLSCHAFT

Ich lebe nicht für mich allein, sondern immer auch als Glied der Gemeinschaft: der Familie, der Gesellschaft, des Staates, der Kirche, der Menschheit. In jeder Gemeinschaft habe ich Rechte, aber auch Pflichten; denn jeder dieser Gemeinschaften verdanke ich sehr viel.

Setze ich mich für die Aufgaben ein, die mir von der Gemeinschaft gestellt werden? Bin ich bereit, im Rahmen meiner Möglichkeiten mitzuarbeiten, zum Beispiel im sozialen Bereich? Bemühe ich mich um die Verwirklichung christlicher Grundsätze und Haltungen in Staat und Gemeinde? Habe ich von meinem Wahlrecht verantwortlich Gebrauch gemacht? Bin ich zur Hilfe in Not- und Katastrophenfällen **(62)** bereit? Oder stehe ich unbeteiligt abseits und will nur meine Ruhe haben? Entziehe ich mich der Steuerpflicht? Lehne ich jede Mitarbeit an öffentlichen Aufgaben ab? Stelle ich nur Forderungen an die anderen? Sehe ich nur meine Rechte und übersehe ich meine Pflichten? Will ich mit meiner Kritik aufbauen oder niederreißen? Will ich mich damit nur interessant machen? Verletze ich mit meiner Kritik die Nächstenliebe? Neige ich zu übler Nachrede und beleidigenden Äußerungen? Bin ich bereit, Kritik anzunehmen?

Leben in der Familie

Wie erfülle ich die Pflichten, die ich als Vater, Mutter, Gatte, Sohn oder Bruder, Tochter oder Schwester habe? Versuche ich, die Kinder so zu erziehen, daß sie zu menschlicher und religiöser Reife kommen?
Oder überlasse ich sie sich selber? Lasse ich ihnen genügend Raum zur Entfaltung ihres Lebens, oder setze ich ihnen unnötige Schranken? Habe ich sie ungerecht oder unbeherrscht gestraft? Liebe ich sie – jedes von ihnen?
Zeige ich meinen Eltern gegenüber Dankbarkeit und Liebe? Nehme ich Rücksicht auf sie: als Kind durch Mitarbeit und Gehorsam, als Erwachsener durch Höflichkeit und Achtung? Helfe ich ihnen bei Krankheit, im Alter oder in der Not, soweit es mir möglich ist?

LEBEN IN DER KIRCHE 3

Die Kirche ist das Volk, das Gott durch Christi Erlösungswerk zusammengeführt hat und zu dem er die Menschen aller Völker beruft. Sie wird auf ihrem Weg gestärkt durch vielfältige Gaben: durch Gottes Wort empfängt sie Weisung, durch die Sakramente Kraft für ein Leben aus dem Glauben, durch den Geist Christi Licht und Mut zum Zeugnis und zum Liebesdienst vor der Welt.

Sehe ich die Kirche als Werk Gottes, das aus dem Geist Christi lebt? Oder messe ich sie nur mit den Maßstäben menschlicher Gemeinschaften?

(62) Bin ich mir bewußt, daß das Bild der Kirche durch das Versagen der Christen verdunkelt wird, auch durch meine Sünde?
Oder mache ich Gott verantwortlich für die Unvollkommenheiten der Kirche?
Wirke ich nach meinen Möglichkeiten an den Aufgaben der Kirche mit, durch die sie Gott verherrlichen und der Menschheit das Heil bringen will? Wie beteilige ich mich an ihrem Gottesdienst? Bewußt und aktiv? Oder uninteressiert? Unregelmäßig? Gar nicht? Habe ich Ehrfurcht beim Gottesdienst? Habe ich mich über die Gebote der Kirche ohne hinreichenden Grund hinweggesetzt? Habe ich schuldhaft am Sonntag oder gebotenen Feiertag die Meßfeier versäumt, längere Zeit die Sakramente nicht mehr empfangen, das Freitagsopfer und die Fasttage nicht beachtet?
Übernehme ich Aufgaben, zu denen ich befähigt bin, zum Beispiel als Vorbeter, Lektor, Sänger, Kommunionhelfer?
Trage ich durch persönlichen Einsatz in der Pfarrgemeinde, in der Caritas- und Gruppenarbeit und durch materielle Mittel (Kirchensteuer, Kollekte, Spenden) nach Möglichkeit dazu bei, daß die Kirche ihre Aufgaben erfüllen kann?
Oder habe ich mich innerlich von der Kirche getrennt?
Habe ich den Austritt erwogen oder erklärt?

4 MEIN VERHÄLTNIS ZU DEN MITMENSCHEN

Gottes Liebe gilt allen Menschen. Was Gott liebt, müssen auch wir lieben; Gottesliebe und Menschenliebe gehören untrennbar zusammen. Diese Liebe ist kein bloßes Gefühl, sondern der ernste Wille, den anderen zu achten und für ihn zu sorgen.

Ist meine Haltung gegenüber den Mitmenschen bestimmt von Achtung und Sorge?
Oder bin ich egoistisch, bestehe ich nur auf meinen Rechten und auf den Pflichten der andern?
Bin ich bereit zu jeder notwendigen und möglichen Hilfe, zu gutem Rat, zu persönlichem Einsatz?

Oder berührt mich die Not des Nächsten nicht? **(62)**
Mißachte ich sein Eigentum? Habe ich es beschädigt?
Habe ich gestohlen? Gestohlenes oder Geliehenes nicht zurückgegeben? Habe ich Fundsachen von Wert unterschlagen?
Habe ich den anderen wegen seiner Stellung oder seines Eigentums beneidet?
Achte ich die persönliche Eigenart des anderen; lasse ich ihn gelten? Sehe ich meine Verantwortung für den anderen? Bemühe ich mich in meiner Umgebung um Frieden und Versöhnung?
Oder habe ich das Heil des anderen gefährdet, indem ich ihn in meine Sünde verstrickte, zum Beispiel durch Verführung zu Unglaube, Diebstahl, Ehebruch, Unkeuschheit, Meineid? Schließe ich Menschen, gegen die ich Abneigung empfinde, von meiner Nächstenliebe aus? Habe ich Haß in mir aufkommen lassen?

MEIN VERHÄLTNIS ZU BERUF, ARBEIT UND BESITZ 5

Der Christ sieht in der Entfaltung seiner Fähigkeiten und in der Arbeit nicht nur ein Mittel, sich Besitz zu erwerben. Er weiß, daß er in seinem Beruf und mit seiner Arbeit auch einen Auftrag Gottes erfüllt: den Mitmenschen zu dienen und die Welt zu vervollkommnen.

Bin ich bereit, Gott zu gehorchen, wenn ich erkenne, daß er mich zu bestimmten Aufgaben ruft? Nehme ich meinen Beruf ernst? Sehe ich in der Arbeit den Auftrag Gottes und den Dienst für die Mitmenschen? Achte ich die Person, die Leistung, die Meinung und Anregungen meiner Mitarbeiter? Oder suche ich nur den Gelderwerb? Lasse ich unangenehme Arbeiten liegen? Wälze ich meine Arbeit auf andere ab?
Kann ich den Gebrauch meines Eigentums vor Gott und den Mitmenschen verantworten? Bin ich fleißig, freigebig, sparsam?
Oder bin ich faul, verschwenderisch, geizig? Übersteigt mein finanzieller Aufwand für Genußmittel, Vergnügungen usw. das vor meiner Familie — angesichts der Not in der Welt — verantwortbare Maß?

(62) MEIN VERHÄLTNIS ZUM LEBEN

6 *Gott ist Herr über Leben und Tod. Er hat mir Leben, Gesundheit, Kraft, Begabung, Fähigkeiten anvertraut.*

Kann ich meine Lebensführung vor Gott und den Mitmenschen verantworten? Setze ich meine geistigen und leiblichen Kräfte richtig ein? Sorge ich für meine Gesundheit durch eine vernünftige Lebensweise? Versuche ich, Krankheit und körperliche Gebrechen geduldig zu ertragen? Sehe ich auch im Leid einen Weg der Nachfolge Christi und zu menschlicher Reife?

Oder habe ich mein Leben und meine Gesundheit in Gefahr gebracht: durch Unmäßigkeit – durch Alkohol, Nikotin und andere Genußmittel, durch Rauschgift und Drogen –, durch leichtsinniges Verhalten bei der Arbeit oder in der Freizeit, durch übertriebenen Sport? Habe ich mich der Resignation, der Verzweiflung, vielleicht sogar dem Gedanken überlassen, mit meinem Leben Schluß zu machen? Habe ich die Gelegenheit zur Sünde gesucht?

Fühle ich mich für Leben und Gesundheit meiner Mitmenschen – auch für das ungeborene Leben – verantwortlich?

Oder habe ich das Leben anderer gefährdet oder zerstört – durch Fahrlässigkeit bei der Arbeit und im Straßenverkehr, durch Bedrohung oder Gewalttat, durch Abtreibung – Beihilfe, Anraten, schuldhaftes Schweigen? Neige ich zu Roheit und Härte? Habe ich diese Neigung durch Lektüre, durch das Ansehen harter Filme usw. gesteigert? Habe ich andere zur Sünde verführt?

7 MEIN VERHÄLTNIS ZUR GESCHLECHTLICHKEIT

Gott hat den Menschen als Mann und Frau geschaffen. Sie ergänzen sich geistig und leiblich. Sie sind Gefährten auf dem Weg des Lebens, dessen Mitte und Ziel Gott ist. Die Geschlechtlichkeit prägt ihre ganze Person und macht sie zu Partnern. Gleichwertig und gleichberechtigt sollen sie im öffentlichen und privaten Leben zusammenwirken: als Kollegen, Kameraden, Freunde, Eheleute. Jeder – Mann und

Frau, verheiratet oder nicht – hat die Aufgabe, seine Ge- **(62)**
schlechtlichkeit in der rechten Ordnung zu leben. Das verlangt Ehrfurcht, Zucht, Rücksichtnahme und Anstand. Die Geschlechtsgemeinschaft ist den Eheleuten als intimstes Zeichen ihrer tiefen und ausschließlichen Bindung vorbehalten, die sich durch das Kind zur Familie erweitert.

Stehe ich den Menschen des anderen Geschlechts unbefangen und beherrscht gegenüber? Widerstehe ich der Selbstsucht, die jede Liebe zerstört? Bemühe ich mich um Lauterkeit meiner Gedanken, Vorstellungen und Wünsche? Wahre ich den Anstand bei der Wahl meiner Lektüre, der Filme und Lokale, die ich besuche, in meiner Kleidung, beim Reden und in meinem Benehmen? Oder lasse ich mich treiben und von der sexuellen Begierde beherrschen?
Suche ich die Person des anderen, meines Ehepartners? Oder sehe ich in ihm nur ein Mittel zur eigenen Befriedigung?
Habe ich die Selbstbefriedigung gesucht? Habe ich die voreheliche Keuschheit verletzt? Habe ich ein unerlaubtes Verhältnis unterhalten? Bejahe ich die Unauflöslichkeit der Ehe? Habe ich als Verheirateter den Willen zum Kind? Habe ich den Schöpferwillen Gottes beachtet? Habe ich die Ehe gebrochen? Respektiere ich die gottgewollte Ordnung auch gegenüber den Menschen des gleichen Geschlechts?

MEIN VERHÄLTNIS ZUR WAHRHEIT 8

Gott ist die Wahrheit. Er ist frei von Irrtum und Lüge. Wenn ich ihn liebe, muß ich auch mein Leben aufbauen auf Wahrhaftigkeit und Ehrlichkeit, auf Treue und Zuverlässigkeit. Heuchelei und Betrug zerstören die Grundlagen des menschlichen Zusammenlebens.

Bemühe ich mich, die Wahrheit zu erkennen, den Irrtum zu vermeiden und mich und andere vor irrigen Wegen zu bewahren oder zur Wahrheit zurückzuführen?
Oder mache ich mir selbst etwas vor? Will ich mehr scheinen als ich bin?

Kann man sich auf mich verlassen, auf mein Wort, auf meinen Rat? Oder habe ich gelogen und andere in die Irre geführt? Versuche ich, mich mit Winkelzügen, durch Verdrehen der Tatsachen oder durch Leugnung früherer Äußerungen und Taten der Verantwortung zu entziehen? Habe ich dadurch anderen vielleicht schweren Schaden zugefügt? Weigere ich mich, diesen Schaden wiedergutzumachen?
Achte ich die Ehre des andern?
Oder habe ich ihm geschadet durch unwahre oder unnötige Beschuldigungen, vielleicht sogar vor Gericht, durch Meineid? Habe ich den Schaden am Ruf und der Ehre anderer nach Möglichkeit wieder gutgemacht?

Vorbemerkung zum dritten und vierten Gewissensspiegel

Die folgenden Gewissensspiegel gehen nur auf einige zentrale Bereiche des christlichen Lebens ein. Sie sind eher für Gläubige geeignet, die häufiger das Bußsakrament empfangen, und wollen helfen, eine freiere und zugleich tiefer greifende Art der Selbstprüfung und des Bekenntnisses einzuüben. Da sie nicht alle Lebensbereiche berücksichtigen, kann man zur Ergänzung die entsprechenden Abschnitte des allgemeinen Gewissensspiegels (Nr. 62) oder die Zehn Gebote (Nr. 61) heranziehen. Das soll man jedenfalls tun, wenn man in einem Bereich schwere Schuld auf sich geladen hat, den die beiden folgenden Gewissensspiegel nicht berücksichtigen.

63 Dritter Gewissensspiegel
Glaube — Hoffnung — Liebe

„Also bleiben Glaube, Hoffnung, Liebe, diese drei;
am größten unter ihnen ist die Liebe" (1 Kor 13,13).

1 GLAUBE

Gott hat sich uns geoffenbart und ruft uns zum Glauben. Wer glaubt, hört auf Gott und vertraut sich ihm an. Er verankert sich in ihm. Nichtglauben kann bedeuten: noch nicht glauben, sich noch nicht in Gott befestigt haben, oder: nicht mehr glauben, Gott loslassen und ihm das Vertrauen entziehen. Davon ist zu unterscheiden die Kleingläubigkeit: der Glaube ist schwach, ohne Kraft und Einsatz.

Meditationsworte:
Von Abraham heißt es, daß er „dem geglaubt hat, der die Toten lebendig macht und das, was nicht ist, ins Dasein ruft", daß er „nicht im Unglauben zweifelte an der Verheißung Gottes, sondern stark wurde im Glauben und Gott lobte, fest überzeugt, daß Gott die Macht hat, zu tun, was er verheißen hat" (Röm 4,17.20f).
Der Hebräerbrief umschreibt Glauben als das „Feststehen in dem, was man erhofft" (Hebr 11,1); der Prophet Jesaja betont, daß nur der Glaubende Boden unter den Füßen hat: „Glaubt ihr nicht, so bleibt ihr nicht" (Jes 7,9); und Jesus sagt: „Wer diese meine Worte hört und danach handelt, ist wie ein kluger Mann, der sein Haus auf einen Felsen baute" (Mt 7,24).

Glaube ich an Gott?

Ich frage mich: Habe ich mein Herz festgemacht in Gott? Wer ist Gott für mich? Der eine Gott, dem ich ganz gehöre? Setze ich etwas anderes an seine Stelle? Vergöttere ich etwas, was nicht Gott ist? Einen Menschen? Eine Ideologie? Macht und Besitz?
Bin ich bereit für Gottes Ruf? Bemühe ich mich regelmäßig um innere Sammlung?
Oder will ich nicht hören und fliehe die Stille?
Überantworte ich mein Leben ganz dem Gott, der so treu ist, daß er mich und die Meinen niemals fallenlassen wird? Stehe ich zu dem Gott, der sich in Jesus Christus auf unsere Seite gestellt hat? Glaube ich auch dann an Gott als den Vater, wenn mir vieles unverständlich und rätselhaft ist?
Jesus hat noch am Kreuz Gott „Vater" genannt.
Ist Gott für mich nur ein unverbindliches „höchstes Wesen"? Eine Art Kontrollbehörde, vor der ich Angst habe, daß sie mir alles kleinlich nachrechnet?

(63) Oder ist er für mich nur der gutmütige „liebe Gott", der für mich dazusein hat?
Ob ich Gott zugleich „fürchte und liebe", wie es sich ihm gegenüber geziemt, erkenne ich am besten an meinem Beten.
Weiche ich Gott bewußt aus? Will ich wirklich mit ihm reden? Oder sage ich nur gedankenlos Gebete auf? Ist mein Beten Hingabe an Gott? Oder fordere ich nur?
Durchdringt mein Verhältnis zu Gott mein ganzes Leben? Den Tag mit seiner Sorge, seiner Berufsarbeit, seinen Höhe- und Tiefpunkten, mit seinen Stunden der Geselligkeit und des Zusammenseins mit Freunden?

Ich will mich und mein Leben in Gott verankern. Ich will Gott und Christus in der Verkündigung der Kirche, in den Worten der Heiligen Schrift suchen und finden. Gott soll über mich vollkommen Herr sein. Er möge mir Vater und erbarmender Richter sein.

Lebe ich aus dem Glauben?

Gott ist treu. Er gibt den Menschen nicht auf, auch wenn dieser ihn enttäuscht.

Überlasse ich mich der Führung Gottes, selbst wenn ich sie nicht verstehe? Glaube ich auch dann, wenn ich mit diesem Glauben allein stehe? Weiß ich, daß Gott sich überall, in jedem Menschen, im öffentlichen Leben, auch in der modernen Welt durchsetzen kann? Bezeuge ich meinen Glauben durch die regelmäßige Mitfeier des Sonntagsgottesdienstes, durch den Empfang der Sakramente, durch die Teilnahme am Leben der ganzen Kirche und meiner Gemeinde? Steht mein Leben im Einklang mit dem Glauben der Kirche? Höre ich auf ihre Weisungen und bin ich bereit, ihnen zu folgen?

Ich will ein Mensch sein, der seinen Glauben in dieser Welt verwirklicht, der sich Gott völlig überläßt, der sich aber auch verpflichtet weiß, im Licht des Glaubens sachlich zu urteilen und verantwortliche Entscheidungen in den Fragen dieses Lebens zu treffen.

Bekenne ich mich zu Gott? (63)

Äußere ich in Glaubensgesprächen nur Ansichten und Meinungen, die zu nichts verpflichten, oder bekenne ich mich wirklich zu Gott? Scheue ich mich, den Namen Jesu Christi auszusprechen? Habe ich Angst davor, für ungebildet oder unmodern zu gelten, wenn ich zeige, daß ich mich vom Geist Jesu führen lassen will? Was tue ich und wieviel Zeit verwende ich darauf, um den Glauben, der mir vielleicht seit meiner Kindheit mitgegeben ist, zu überdenken und im Gespräch mit anderen zu vertiefen?

Ich will freimütig für meinen Glauben einstehen und Zugang suchen zum Reichtum Gottes, „im Aufblick zu dem Urheber und Vollender des Glaubens, Jesus" (Hebr 12,2).

HOFFNUNG 2

Wer hofft, weiß, daß er auf dem Weg zu Gott ist, seinem Ziel. Der Hoffende hat Mut und Ausdauer; für ihn ist Jesus Christus Fundament der Hoffnung und zugleich Anfang und Ende des Weges. Im Glauben an den Kreuzestod und die Verherrlichung seines Herrn und ausblickend nach seinem Kommen, geht der Hoffende einer neuen Zeit und einer neuen Schöpfung entgegen. Wer kleinmütig wird und resigniert und nicht mehr auf das Ziel zugehen will, der sündigt gegen die Hoffnung.

Meditationsworte:
„Ich hoffe auf den Herrn. Meine Seele wartet auf den Herrn mehr als die Wächter auf den Morgen" (Ps 130,5f).
Jesus spricht: „Ich bin der Weg" (Joh 14,6).

Ich stelle mir die Grundfrage:
Will ich ein Mensch sein, der immer unterwegs ist und sein Leben von Gottes Verheißungen bestimmen läßt?

Auf welches Ziel blicke ich?

Will ich Christus nachfolgen, auch wenn ich im einzelnen nicht weiß, wohin es geht?

(63) Oder suche ich nur meine Ruhe und ein möglichst abgesichertes Leben?

Wem überlasse ich die Führung auf dem Weg?

Der Meinung der jeweiligen Gesellschaft?
Dem, was gerade modern ist?
Irgendeiner Modeströmung?

Was fürchte ich unterwegs?

Habe ich Angst vor den Aufgaben, die Familie und Beruf mir stellen? Vor politischen Entwicklungen oder Weltkatastrophen? Bange ich um meinen Besitz? Fürchte ich mich vor dem Abnehmen der Kraft und Schönheit der Jugend, vor dem Ausscheiden aus dem Beruf, vor dem Alter und der Einsamkeit, vor Schmerz und Tod?
Weiß ich, daß ich nicht allein, sondern in der Gemeinschaft der Kirche unterwegs bin? Verstehe ich, daß sich die Kirche auf dem Weg durch die Geschichte immer wieder erneuern muß, weil sie als Kirche der Sünder der Anfechtung ausgesetzt bleibt? Nehme ich dankbar von ihr entgegen, was sie mir als Hilfe auf meinem Weg gibt: die Nähe Gottes in seinem Wort und in den Sakramenten? Mache ich denen, die mit mir unterwegs sind, Hoffnung und führe sie Christus entgegen?
Ich will auf Christus blicken und in der Gemeinschaft derer, die mit mir unterwegs sind, vertrauen, daß „die auf den Herrn hoffen, laufen und nicht matt werden, gehen und nicht müde werden" (Jes 40,31).

3 LIEBE

Wer liebt, sagt Ja zu Gott und seinen Brüdern. Er sieht auf den anderen. Er nimmt ihn an, wie er ist. Er spürt, was er heute nötig hat. Er freut sich am Reichtum Gottes, der sich in der Vielfalt der Menschen und der ganzen Schöpfung widerspiegelt.
Gott ist die Liebe. Er neigt sich zum Menschen und wendet sich ihm zu. Was wäre ich, wenn er sich nicht meiner an-

nehmen würde, wenn Christus uns nicht erlöst und zu seinen Brüdern gemacht hätte? Ich könnte weder Gott lieben noch meine Mitmenschen. (63)

Meditationsworte:
„Du sollst den Herrn, deinen Gott, lieben von ganzem Herzen und ganzer Seele, mit all deiner Kraft und deinem ganzen Denken, und: Deinen Nächsten sollst du lieben wie dich selbst" (Lk 10,27).
„Wer nicht liebt, hat Gott nicht erkannt; denn Gott ist Liebe" (1 Joh 4,8).
„Die Liebe bläht sich nicht auf, sie sucht nicht ihren Vorteil. Sie läßt sich nicht herausfordern. Die Liebe hört niemals auf" (1 Kor 13,4ff).

Ich frage mich: Kann ich mit der Forderung, Gott und meinen Nächsten zu lieben, etwas anfangen?

Liebe ich Gott?

Weiche ich Gott aus? Lebe ich so, als ob es ihn nicht gäbe, als ob ich nicht getauft und gefirmt und dazu berufen wäre, mein Leben in Gott zu vollenden?
Suche ich die Nähe Gottes im regelmäßigen Gebet, in der Teilnahme am Gottesdienst und im Empfang der Sakramente? Nehme ich die Anregungen zum Guten auf und widerstehe der Versuchung zum Bösen – auch wenn es mich Opfer kostet?
Liebe ich Christus? Oder sage ich auch nur „Herr, Herr" zu ihm, ohne den Willen seines Vaters zu tun?
Liebe ich die Kirche, in der Christus weiterlebt, die mir sein Wort verkündet und mir den Weg zu Gott zeigt?

Liebe ich den Nächsten?

Sehe ich in der Ehe, in der Begegnung mit anderen Menschen, in der Freundschaft und in anderen Gemeinschaften nur auf mich? Betrachte ich die andern als Mittel zur Erfüllung meiner Wünsche? Gehe ich auf die anderen zu? Oder verlasse ich mich darauf, daß sie auf mich zukommen? Bin ich für irgend jemanden wirklich da? Liebe ich meinen

Ehepartner? Oder kaufe ich mich mit leeren Worten oder mit Geld von den Verpflichtungen los, die ich anderen Menschen gegenüber habe? Weise ich sie ab? Lasse ich sie stehen? Mache ich mich vor anderen wichtig – mich groß und sie klein? Kann ich zuhören? Wieviel Zeit verwende ich für andere? Für meine Frau, meinen Mann, meine Kinder? Für meine Freunde und Verwandten? Für Kranke und Arme in meiner Umgebung? Verschließe ich mich und mein Haus, meine Wohnung den Hilfesuchenden, Alleinstehenden, Ratlosen, Fremden, Ausländern? Wie ist meine grundsätzliche Einstellung zu den Menschen? Wohlwollend oder ablehnend, mißtrauisch, kühl, berechnend?

Lasse ich mich durch Enttäuschung verbittern? Gibt es Menschen, denen ich nicht verzeihe? Fälle ich Pauschalurteile: die Jugend von heute, die Etablierten, die Kapitalisten, die Umstürzler ...? Setze ich mich für die Ehre und den guten Ruf der anderen ein? Können sie sich auf mich verlassen?

Ich will mich nicht fürchten, auf die Menschen zuzugehen; denn Gott ist in Jesus zuerst auf mich zugekommen. Ich will versuchen, Elende und Arme zu sehen, Entrechtete zu verteidigen. Ich will bitten um die Kraft, zu verzeihen. Ich will durch mein Verhalten Zeugnis dafür ablegen, daß Gott die Welt und jeden Menschen liebt. „Wenn wir einander lieben, bleibt Gott in uns, und seine Liebe ist in uns vollendet" (1 Joh 4,12).

Vierter Gewissensspiegel
Leben für andere

Vorbemerkung

Als Christ weiß ich, daß Gott mich dazu berufen hat, nicht als einzelner und für mich allein, sondern zusammen mit anderen und für sie zu leben. Ich bin hineingeboren in eine Familie, in ein Volk, in die Menschheitsfamilie einer bestimmten Zeit. Ich lebe in frei von mir gewählten Bedingungen, die meine Treue fordern: in einer Ehe, in einem Freundeskreis, in einer Ordensgemeinschaft. Aber auch sonst, in der Schule, im Beruf und in der Freizeit lebe ich für kürzere oder längere Zeit mit anderen Menschen zusammen. Als Christ bin ich durch die Taufe aufgenommen in die Kirche, die durch die „Berufung zur Gemeinschaft Jesu Christi" entsteht. Gerade als Glied der Kirche weiß ich mich zum Leben mit andern gerufen. Um die Verpflichtung zum Ausdruck zu bringen, die daraus entsteht, fordert Paulus in seinen Briefen von den Christen immer wieder, „auf das Gute bedacht zu sein", das heißt, sich um des Guten willen, das Gott uns getan hat, für die Mitmenschen zu öffnen und ihnen Gutes zu erweisen. Das Böse hingegen, das wir einander zufügen, steht im Widerspruch zu Gott, der gut ist und das Gute will. Wer gut ist, der trägt dazu bei, das Gute auch in den anderen zu entfalten, und baut mit an einer besseren Welt. Wer böse ist, der zerstört.

GRUNDFRAGEN

Ich überprüfe mein Verhalten zu den anderen an einigen Grundfragen, die das Zusammenleben in jeder Gemeinschaft betreffen.

Sehe ich mich als einen Menschen, der sich in der Gemeinschaft bewähren muß? Erkenne ich, daß meine Kräfte und Fähigkeiten durch das Zusammenleben mit andern erprobt und entfaltet werden? Denke, bete, rede ich nur im „Ich" oder auch im „Wir"? Kann ich mich mit andern freuen, mit ihnen leiden und hoffen? Habe ich den Willen zur Zusammenarbeit?

Gebe ich anderen in meiner Gegenwart Raum, sich zu entfalten? Sehe ich sie und nehme sie an? Lasse ich sie ausreden? Oder dränge ich ihnen meine Ansichten, meine Art,

(64) die Dinge zu sehen und das Leben zu gestalten, auf? Gehe ich auf die Wünsche und Vorstellungen anderer ein? Oder bin ich unzufrieden, wenn sie sich nicht nach mir richten? Baue ich Brücken zwischen den Menschen oder entzweie ich sie? Weiche ich aus, wenn andere auf mich zugehen oder mich um etwas bitten? Helfe ich Menschen in Not? Trage und gestalte ich das Leben der Gemeinschaft mit? Wende ich Zeit, Kraft, Geld dafür auf? Oder versuche ich, mich den Ansprüchen der anderen möglichst zu entziehen, um meine Ruhe zu haben? Warum suche ich die Gesellschaft andrer Menschen? Nur meinetwegen oder auch ihretwegen? Nur, weil es mir Vorteile bringt oder Ehre einträgt? Nur, weil ich sonst auffallen würde?

Habe ich den Mut, mich auf die Seite der weniger Geachteten und der Bedrängten zu stellen, Angegriffene zu verteidigen, für Wahrheit, Recht und Liebe einzutreten? Oder fürchte ich mich, gegen die Mehrheit mein Wort zu erheben und, wenn nötig, auch zu handeln? Laufe ich blind einfach mit? Bemühe ich mich um eigene Meinung? Halte ich auch dann an ihr fest, wenn es mir vielleicht Nachteile bringt? Bin ich bereit, auf Gegengründe einzugehen und meine Meinung zu ändern, wenn sie sich als falsch erweist?

Einzelfragen

3 *Es gibt viele Einzelfragen, die das Leben in der Gemeinschaft und für die anderen betreffen. Sie können hier nicht alle angeführt werden. Jeder muß die oben genannten Grundfragen selbst auf sein persönliches Leben und auf seine Beziehungen zu anderen Menschen anwenden: in der Familie, in seinem Bekannten- und Freundeskreis, in der Nachbarschaft und im Betrieb. Im folgenden greifen wir beispielhaft einige Einzelfragen heraus.*

4 GEMEINSCHAFT IM WORT

Jesus fordert „Liebe in Wahrheit". Liebe ohne Wahrheit ist keine Liebe, und Gutsein heißt nicht: gutmütig die Lüge und den Irrtum dulden. Weil Jesus Christus „die Wahrheit"

ist, wird vom Christen der Mut verlangt, wahr und wahr- **(64)**
haftig zu sein. Paulus betont, daß dieser Mut schon deshalb
von uns gefordert wird, weil bei Gott selbst nicht „Ja und
Nein" vermischt werden.
Eine wichtige Brücke zum Mitmenschen ist das Wort. In
meinem Sprechen wird offenbar, wie es um mein Gutsein
bestellt ist. Das Wort baut Gemeinschaft auf oder zerstört
sie. Es hilft oder schadet den anderen.
Ich überprüfe mein Reden auf Wahrheit und Wahrhaftigkeit.

Bemühe ich mich um die sachliche Darstellung von Vorgängen, Erkenntnissen und Einsichten? Verbreite ich Gerüchte? Habe ich Freude an Klatsch? Gebe ich meine Meinung über andere weiter, ohne sie zu prüfen? Verallgemeinere oder übertreibe ich? Verleumde ich andere; setze ich ihre Ehre herab? Neige ich dazu, aus Bosheit oder Bequemlichkeit zu lügen? Sehe ich den Splitter im Auge meines Bruders und übersehe ich den Balken in meinem Auge?

Hinter unseren Worten stehen wir selbst. Deshalb muß dem
Wort die Tat und die Lebensführung entsprechen.

Bin ich glaubhaft und verläßlich? Versuche ich, mir und anderen etwas vorzuspiegeln, was ich in Wahrheit nicht bin? Stehe ich zu meinem Wort, oder bin ich wankelmütig?
Es gibt eine absolute Wahrheit, die in Jesus Christus offenbar geworden ist. Pilatus nahm den, der die Wahrheit selber ist, nicht an. Er versuchte, neutral zu bleiben, und verfiel so der Lüge.

Habe ich den Mut, Jesus Christus als die absolute Wahrheit zu bekennen? Stehe ich zur Lehre der Kirche und trete für ihre Weisungen ein? Oder spiele auch ich vor den anderen in Sachen des Glaubens und der Religion den Neutralen? Verleugne ich den Glauben oder meine Zugehörigkeit zur Kirche?

Jesus ist die Offenbarung der Liebe Gottes. Diese offenbarte er am meisten, als er am Kreuz sein Leben hingab. Er hat geboten: „Liebt einander, wie ich euch geliebt." Habe ich Sehnsucht, alle Menschen so lieben zu können? Bin ich

(64) bereit zu helfen? Kann ich verzichten? Bin ich bereit, mein ganzes Leben für andere dazusein? In einem kirchlichen Beruf?

Das Gutsein muß in der jeweiligen Gemeinschaft verwirklicht werden, in der ich lebe. Darum müssen wir von Zeit zu Zeit prüfen, wie wir in den Gemeinschaften stehen, denen wir angehören. Wir greifen zwei wichtige Beispiele heraus: Ehe und Kirche. Fragen über das Verhältnis zum Staat und zur Gesellschaft findet man an anderen Stellen dieses Buches (Nr. 62).

5 EHELICHE GEMEINSCHAFT

In der Ehe ist besonderer Takt und besondere Ehrfurcht vor den Möglichkeiten und Grenzen des anderen gefordert. Das freie Ja zum Partner meiner Liebe und meines Lebens und dessen Ja zu mir verpflichtet mich zu der stets erneuten Frage, ob ich mich ihm immer weiter öffne.

Das heißt im einzelnen: Nehme ich Rücksicht auf das Gewissen, das Gemüt und die persönliche Eigenart meines Ehegatten? Lebe ich die eheliche Geschlechtsgemeinschaft in Ehrfurcht gegenüber Gottes Willen, in echter Liebe und Verantwortung? Weiß ich, daß eine gute Ehe führen bedeutet, in der selbstlosen Liebe Jesu dem andern zu gehören? Bejahe ich die Ehe als Sakrament, das heißt, als Lebensgemeinschaft, in der die unverbrüchliche Treue und Liebe Christi zu uns Menschen erfahren und dargestellt wird? Stehe ich zur Unauflöslichkeit der Ehe? Weiß ich, daß zum Gutsein in der Ehe auch die Sorge um den Glauben des Partners und die Ehrfurcht vor seinem persönlichen Gottesverhältnis gehört?

Ich habe mich aus freiem Entschluß mit meinem Ehepartner verbunden, ohne bis ins letzte zu wissen, wohin wir beide uns entwickeln werden. Ich muß mir bewußt sein, daß diese Entwicklung durch den Einfluß mitbestimmt wird, den wir aufeinander ausüben.

Sorge ich für das innere Wachstum und für das äußere (64)
Wohlergehen des andern? Lasse ich ihm genügend Anerkennung zuteil werden, oder entmutige ich ihn? Habe ich Schuld an Fehlentwicklungen des andern? Beanspruche ich ihn einseitig für mich und für meine Wünsche? Dient er mir andern gegenüber als Gegenstand meines Stolzes — die Schönheit der Frau, der Berufsstand des Mannes — oder schätze und liebe ich ihn um seiner selbst willen? Mache ich ihn mit mir und mit meinem Leben vertraut? Teile ich meine Gedanken, Hoffnungen und Sorgen mit ihm? Verschweige ich ihm meine Grenzen? Bete ich mit ihm und für ihn?

Helfen wir gemeinsam anderen? Bemühen wir uns gemeinsam um ein religiöses Leben? Führen wir unsere Kinder zum Glauben an Gott und zum Leben mit der Kirche? Öffnen wir ihnen den Sinn für die Schönheit und Größe der Schöpfung, aber auch für die Not in der Welt — ausländische Arbeitnehmer, Rassenfrage, Entwicklungsländer, Hunger und Krieg — und für die Möglichkeiten, ihr abzuhelfen?

Erziehen wir sie zum Dienst an den Mitmenschen, an den ärmeren und weniger begabten Kameraden, an den Alten und Bedrängten in der eigenen Familie und in der Nachbarschaft?

GEMEINSCHAFT DER KIRCHE 6

Wir alle sind Kirche. Wir alle bilden das Volk Gottes und sind Glieder am Leibe Christi. Der Heilige Geist verbindet uns zu einer großen Gemeinschaft. Das gibt uns Geborgenheit, legt uns aber auch Pflichten auf. Nach dem Zeugnis der Apostel bedeutet mit der Kirche leben: Gott anbeten im Geist und in der Wahrheit, einstimmen in Lob und Dank für das Heilswerk Gottes in Jesus Christus, Gottes Gutsein mit der Welt durch das eigene Gutsein in der Welt darstellen. In der Verkündigung und in den Sakramenten der Kirche erfahren wir, wer Gott für uns ist: der Erbarmer, der die Unbarmherzigkeit richtet. Wir erfahren auch, wie wir

(64) *selber sind: schwach und sündig — und doch von Gott geliebt; sterblich und bedroht — und doch mit göttlichem Leben beschenkt; Glieder der großen Menschheitsfamilie — und doch jeder einzelne in seiner Besonderheit von Gott gewollt; als Brüder und Schwestern Jesu zu seiner Nachfolge gerufen und in die Welt gesandt, um den Menschen zu dienen.*

Welches Bild habe ich von der Kirche?

Bedeutet mir die Kirche etwas als der Leib Christi, der vom Leben des Heiligen Geistes erfüllt ist, als Volk Gottes, zu dem ich gehören darf? Bin ich dankbar, zur Kirche zu gehören? Höre ich auf ihre Stimme? Oder erscheint mir das Getauftsein und die Zugehörigkeit zur Kirche als Last und Hindernis? Fürchte ich, dadurch in meinem Leben gehemmt, vor anderen abgestempelt zu sein oder von ihnen als unmodern verschrien zu werden?

Sehe ich die Kirche nur von außen, in ihrer menschlichen Unzulänglichkeit? Achte ich nur auf das, was mir nicht gefällt oder mich stört: auf die Unvollkommenheit der Amtsträger, der Bischöfe und Priester, auf das schlechte Beispiel vieler Christen, auf Mängel in der Verkündigung und im Gottesdienst?

Bilde ich mir ein sachliches Urteil über das, was in der Kirche und durch sie geschieht — über ihre Möglichkeiten und Grenzen? Bringe ich es fertig, Enttäuschungen aufzuarbeiten und mein Urteil zu ändern, wenn ich im Unrecht war? Helfe ich durch meinen Rat, meine aufbauende Kritik mit, Fehler und Mängel im Leben der Kirche zu beseitigen, oder stehe ich grollend abseits?

Wann nehme ich am Leben der Kirche Anteil? Nur bei Familienfeiern und besonderen Anlässen? Beschränkt sich meine Teilnahme am kirchlichen Leben auf den Gottesdienstbesuch, oder bleibe ich auch dem Gottesdienst fern? Bin ich zur Mitarbeit in meiner Gemeinde und darüber hinaus bereit? Entziehe ich mich den Aufgaben, die ich in der Kirche erfüllen könnte? Versuche ich, mein Christentum auch im Alltag zu verwirklichen, oder ziehe ich eine Trennungslinie zwischen meiner Zugehörigkeit zur Kirche und meinem Leben in der Familie, im Beruf und in der Gesellschaft? **(64)**

Ich überlege, wie ich aktiver am Leben der Kirche und an ihrer Sendung teilnehmen könnte, zu der ich in Taufe und Firmung berufen worden bin.

Wo vermag ich mit meinen Kräften, Fähigkeiten und Mitteln mitzuhelfen in der Bildungsarbeit und bei den caritativen Aufgaben der Kirche — als Arbeiter, Bauer, Handwerker, als Akademiker, Beamter, Geschäftsmann, als Hausfrau und Mutter?

Pflege ich den Kontakt mit dem Pfarrer meiner Gemeinde und mit seinen Mitarbeitern? Habe ich die Möglichkeit, Aufgaben in der Gemeinde und bei der Gestaltung der Gottesdienste zu übernehmen? Leiste ich Hilfe, wo es mir möglich ist, und setze ich mich dafür ein, daß auch andere nach Kräften helfen?

Ein überzeugendes Leben in und mit der Kirche ist nicht möglich ohne die Bewährung im engeren Lebenskreis und ohne die Kraft, welche wir aus Gebet und Besinnung schöpfen. Daher frage ich mich:

Bin ich zu betriebsam in kirchlichen Diensten und Organisationen? Komme ich in Gefahr, deshalb die Pflichten zu vernachlässigen, die ich gegenüber meiner Familie, gegenüber meinen Freunden und in meinem Beruf zu erfüllen habe?

Ist mein Zusammenleben mit meinen Hausgenossen und Nachbarn ein Zeugnis christlicher Mitmenschlichkeit?

Weiß ich, daß mit der Kirche leben auch heißt: still werden vor Gott? Wie bete ich? Finde ich noch Zeit, das Wort Gottes zu bedenken, bei mir selbst Einkehr zu halten, in der Schrift zu lesen oder ein gutes Buch in die Hand zu nehmen und über das Gelesene nachzusinnen?

65 Beichte der Kinder
(etwa bis zum 9. Lebensjahr)

1 BEGINNE MIT EINEM GEBET

Gott,
ich komme zu dir.
Denn ich weiß:
Du schaust mit Liebe auf mich.
Du siehst, was gut ist in meinem Leben.
Du siehst auch, was ich falsch mache.
Du kennst mich genau.
Vor dir kann ich ehrlich sein.
Dir kann ich alles sagen.
Du vergibst mir.
Deshalb komme ich zu dir.

2 JETZT ÜBERLEGE

Du stehst vor dem heiligen Gott

Gott freut sich, daß du gekommen bist.
Er hat auf dich gewartet.
Er liebt dich.
Er will dir verzeihen.
Deswegen hat er Jesus zu uns Menschen gesandt.

Gott liebt dich.
Denkst du auch daran?
Dankst du ihm?
Wann betest du?

Gott ruft uns am Sonntag zur Kirche.
Kommst du immer, wenn du kannst?
Hilfst du mit,
daß die Messe gut und schön gefeiert werden kann?
Oder störst du?

Du lebst nicht allein

Um dich sind viele Menschen —
die Eltern und Geschwister,

die Spielkameraden und Mitschüler,
die Lehrer und viele andere Erwachsene.

Wir wollen gut miteinander auskommen.
Hast du auf deine Eltern gehört? Warst du ungehorsam?
Hast du geholfen, wenn du gebraucht wurdest?
Hast du gemerkt, wenn andere traurig waren?
Hast du andern eine Freude gemacht?
Hast du mit andern geteilt?
Hast du um Verzeihung gebeten, wenn du etwas falsch gemacht hast?
Hast du andern vergeben, die dich gekränkt haben?

Wir wollen einander nicht schaden.
Bist du oft trotzig? zornig?
Hast du jemand etwas nicht gegönnt? etwas weggenommen?
oder absichtlich kaputtgemacht?
Hast du andere belogen und betrogen?
Warst du ein Spielverderber?
Hast du in der Schule gestört?

BITTE GOTT UM VERZEIHUNG 3

Guter Gott!
Ich möchte gut sein. Ich möchte tun, was du willst.
Ich möchte den anderen helfen.
Ich habe es nicht immer fertiggebracht.
Verzeih mir!

Guter Gott!
Du hast mir so viel Schönes geschenkt.
Ich möchte dankbar sein.
Leider habe ich viel zu viel an mich selbst gedacht.
Verzeih mir!

Guter Gott!
Ich habe Böses angestellt und kann nicht alles gutmachen.
Jesus hat das Böse besiegt.
Er ist am Kreuz für mich gestorben
und hat sein Blut vergossen zur Vergebung der Sünden.
Verzeih mir!

Guter Gott!
Ich darf dir helfen,
den anderen Menschen deine Liebe zu zeigen.
Ich nehme mir vor: ... (Fasse hier deinen eigenen Vorsatz)
Hilf mir dabei!
Amen.

Du kannst auch beten: Nr. 59,6 oder Nr. 66,8

4 GOTT VERZEIHT DIR

Jetzt geh zum Priester und sage:
„Meine letzte Beichte war vor .... Ich bekenne meine Sünden."

Dann sag, was du dir überlegt hast. Wenn dir etwas nicht klar ist, frag den Priester.

Dann spricht der Priester mit dir. In diesem „Beichtgespräch" will er dir helfen, dich besser kennenzulernen. Du sollst merken, was Gott von dir will.

Er legt dir eine „Buße" auf, ein Gebet oder eine gute Tat. Dadurch kannst du zeigen, daß du Gott liebst und dich ändern willst.

Jetzt betet der Priester für dich, daß Gott dir die Sünden verzeiht. Dann gibt er dir im Auftrag Christi die Lossprechung.

5 SPRICH EIN DANKGEBET

Verrichte, wenn es möglich ist, zuerst das Bußgebet.
Danke Gott mit eigenen Worten.
Du kannst auch das folgende Dankgebet sprechen:

Gott, mein Vater, du bist gut!
Du hast mir durch den Priester die Sünden vergeben.
Ich bin so froh darüber.
Ich danke dir!

Jesus, du hast die Kinder zu dir gerufen
und sie gesegnet.
Ich danke dir,
daß du mich wieder zum Vater geführt hast.
Du bist dem Vater gehorsam gewesen
bis zum Tod am Kreuz.
Gib mir den Heiligen Geist,
damit ich mutig und treu bin und meinen Vorsatz ....
nicht vergesse.
Ich will in deiner Liebe bleiben.
Amen.

Weitere Gebete: Nr. 66,12 oder Nr. 50,2

Schülerbeichte 66

VORBEREITUNG

1 Wenn wir unsere Schuld einsehen, wenn wir sie bereuen und uns bemühen, es besser zu machen, verzeiht uns Gott. Er liebt uns immer. Wir brauchen ihn. Als Christen gehören wir zur Kirche. In der Kirche gibt es das Bußsakrament, die Beichte. Im Bußsakrament erfahren wir, daß Gott für uns da ist wie ein barmherziger Vater. Seine Liebe ist größer als unsere Schwachheit und Schuld. Wir brauchen diese Liebe, damit wir aus unserer Schuld herauskommen und frei und glücklich werden.
Wie der verlorene Sohn zum Vater kommt und zu ihm sagt: „Vater, ich habe gesündigt vor dir", so bekennen wir in der Beichte dem Priester unsere Sünden und werden von Gott wieder angenommen.

Schriftlesung

2 Jesus kam nach Jericho und ging durch die Stadt. Dort wohnte ein Mann, der Zachäus hieß. Er war Zollaufseher und hatte viel Geld. Er wollte Jesus gerne sehen, doch die Menschenmenge versperrte ihm die Sicht; denn er war klein.

(66) Darum lief er voraus und stieg auf einen Feigenbaum, um Jesus zu sehen, wenn er vorbeikäme. Als Jesus dorthin kam, schaute er hinauf und sagte zu ihm: „Zachäus, komm schnell herunter! Denn ich muß heute bei dir einkehren." Da stieg er schnell herunter und nahm Jesus freudig bei sich auf. Als die Leute das sahen, wurden sie unwillig und sagten: „Bei einem Sünder ist er zu Gast." Zachäus aber wandte sich an den Herrn und sagte: „Herr, sieh doch, die Hälfte meines Vermögens gebe ich den Armen, und wenn ich von jemand zu viel gefordert habe, erstatte ich es vierfach zurück."
Da sagte Jesus zu ihm: „Heute ist in dieses Haus das Heil gekommen; auch dieser Mann ist ein Sohn Abrahams. Denn der Menschensohn ist gekommen, um das Verlorene zu suchen und zu retten!" (Lk 19,1–10)

Betrachtung

Zachäus hat es nicht leicht: überall wird er zurückgesetzt, er ist klein, er nimmt den Leuten das Geld ab, keiner mag ihn. Er müßte einen anderen Beruf haben, er müßte groß und stark sein.
Jesus sieht in das Herz des Zachäus. Er mag ihn, so wie er ist — trotz seiner Fehler, trotz seiner Sünden. „Ich muß heute bei dir bleiben."
Und da passiert es: weil Zachäus merkt, daß Jesus ihn annimmt, ändert er sich von innen her. Jetzt erkennt er, was er verkehrt gemacht hat, und er gibt seinem Leben eine neue Richtung.
Wenn ein Mensch erlebt, daß er angenommen wird, wie er ist, obwohl er gesündigt hat, dann verändert er sich von innen her, dann bekehrt er sich.

Gebet

O Gott, ich weiß, daß du mich liebst trotz meiner Sünden und Fehler. Du bist der gute Vater. Ich komme in Reue über meine Schuld und meine Sünden zu dir. Ich will mich ändern. Ich sehne mich nach Vergebung und Frieden. Schenk mir im Bußsakrament Verzeihung durch Jesus Chri-

stus. Führ mich heraus aus Schuld und Sünde. Laß mich **(66)**
erkennen, wo ich vor dir gesündigt habe, wo ich Gutes
unterlassen und Böses getan habe. Gib mir Kraft, daß ich
es besser mache, daß ich dir dienen und andern helfen kann.

GEWISSENSERFORSCHUNG 3

Gott will, daß wir Gemeinschaft haben mit ihm und untereinander. Darin liegt das Glück der Menschen. Gegen seinen Willen machen wir Menschen uns selbst und andern das Leben schwer.

Die Menschen sündigen
— weil sie so leben, als ob es Gott nicht gäbe,
— weil sie nur an den eigenen Vorteil denken und andere ausnützen,
— weil sie keine Verantwortung tragen wollen,
— weil sie sich gehen lassen.

Daher kommt es, daß in der Welt viele schwere Sünden geschehen. Die Weichen in diese verkehrten Richtungen werden aber oft schon durch kleine Fehler gestellt. Versuche mit Hilfe folgender Überlegungen deine Schuld vor Gott zu erkennen.
Überlege, wo du am schwersten gefehlt hast, wo du am häufigsten das Gute versäumt hast.

1. Die Menschen sündigen, weil sie so leben, als ob es Gott 4
nicht gäbe.

Viele wollen Gott gar nicht kennenlernen; sie beschäftigen sich nicht mit der Bibel und lesen keine religiösen Bücher. Schüler kümmern sich nicht um den Religionsunterricht; Erwachsene nehmen an Vorträgen über religiöse Fragen nicht teil. So erfahren sie nichts über Gott; darum können sie nicht glauben.
Wenn Menschen nicht mehr beten und nicht mehr zur Sonntagsmesse kommen, ist das oft ein Zeichen, daß ihnen Gott, Jesus und die Kirche nichts mehr bedeuten.

(66) *Überlege:*
Bedeutet dir Gott etwas?
Kannst du sagen, warum dich Gott nur wenig interessiert?
Warum hast du nur wenig Interesse an der Kirche?
Möchtest du Gott besser kennenlernen? Liebst du ihn?

Prüfe dich:
Bin ich selbst schuld, wenn mir Gott nicht viel bedeutet?
Bin ich selbst schuld, wenn ich an der Kirche keine Freude habe?
Habe ich den Religionsunterricht besucht?
Habe ich die Sonntagsmesse mitgefeiert?
Versuche den Grund zu nennen, wenn du nicht mehr betest oder wenn du nicht mehr zum Gottesdienst kommst.

2. *Die Menschen sündigen, weil sie nur an den eigenen Vorteil denken und andere ausnützen.*

Jesus sagt: „Alles, was ihr von den andern erwartet, das tut auch für sie."
Viele Menschen meinen, durch Einbruch, Mord, Raubmord, Betrug, Erpressung kommen sie zu einem Vorteil. So etwas erkennen wir sofort als Verbrechen.
Aber auch durch kleinere Vergehen können Menschen geschädigt, verbittert, unglücklich werden:
— wenn jemand dem andern absichtlich etwas antut, weil er weiß, daß sich der andere dann ärgern muß;
— wenn jemand harte, böse, gemeine, lieblose Worte gebraucht, um dem andern weh zu tun.
Durch Verstellung und Lüge suchen sich manche Menschen kleine und große Vorteile ungerechterweise zu verschaffen:
— sie legen rücksichtslos andere herein durch Worte, Blicke, Handlungen,
— sie lügen, stehlen, schwindeln und täuschen,
— manche schauen zu, wie ein anderer hereinfällt und warnen ihn nicht: sie haben Schadenfreude.

Überlege: (66)
Denkst du nur an dich selbst? Denkst du auch an das Leben und das Glück der Mitmenschen? Wie versteht ihr euch gegenseitig in der Familie?
Übst du dich in Opferbereitschaft, im Einfühlen in andere, im Verstehen-Können, in Großherzigkeit, in Freigebigkeit, in Geduld?

Prüfe dich:
Habe ich manchmal (oder oft) meinen Vorteil gesucht auf Kosten anderer?
Was habe ich dabei gedacht? Was habe ich dabei getan?
Habe ich andern „nur so" aus Leichtsinn und Unachtsamkeit wehgetan?
Habe ich ihnen wehgetan, weil ich nicht nachgeben kann?
Habe ich Dinge entwendet (zum Beispiel im Selbstbedienungsladen)?
Habe ich andern durch Lügen geschadet?
Habe ich andere verklagt, damit ich selber gut dastehe?
Habe ich über andere geschimpft, damit es so aussieht, als ob ich selber besser wäre?

3. *Die Menschen sündigen, weil sie keine Verantwortung tragen wollen.* 6

Jesus sagt: „Was ihr dem geringsten meiner Brüder getan habt, das habt ihr mir getan." Das gilt im Guten wie im Bösen. Die Menschen aber meinen, wenn sie nichts Böses tun, stimmt schon alles. Kain sagte zu Gott: „Bin ich denn der Hüter meines Bruders?" Und genau das will Gott von uns, daß wir „Hüter" unserer Mitmenschen sind, verantwortlich für unsere Geschwister, Freunde, Bekannten, Eltern, für die Notleidenden, für alle.
Wir leben mit andern Menschen zusammen in der Familie, in der Schulklasse, bei Sport und Spiel und in andern Gruppen. Diese Gemeinschaften leiden darunter, wenn die einzelnen keine Verantwortung übernehmen wollen. Wer eine

(66) Aufgabe sieht und sich davor drückt, handelt verantwortungslos.
Wir sind nicht nur für die Menschen verantwortlich, sondern auch für die Tiere, Pflanzen und Dinge. Die ganze Schöpfung kann nur dann dem Menschen helfen und ihm Freude machen, wenn er richtig damit umgeht, wenn er Naturkräfte, Maschinen und Werkzeuge nicht zum Vernichten, sondern zum Aufbau verwendet, wenn er für eine gerechte Verteilung der Güter dieser Welt sorgt.

Überlege:
Denkst du an die Aufgaben, die du in der Familie hast? In der Schulklasse? In deiner Gruppe?
Übst du Rücksicht, Vorsicht, Umsicht, Einsicht, Nachsicht, damit ihr gut miteinander leben könnt?
Wann und wo hättest du helfen können, daß sich andere freuen? Bist du bereit, zu verzeihen und um Vergebung zu bitten, wenn du einen Fehler gemacht hast?
Weißt du, daß du deine Mitmenschen verändern kannst, wenn du zu ihnen gut bist?
Hörst du grundsätzlich nicht auf das, was Eltern und Lehrer sagen?
Gehörst du zu den Menschen, die glauben, daß sie durch Ausreden ihre Verantwortung abwälzen können?
Macht es dir Spaß, Sachen, wertvolle Gegenstände zu zerstören?
Wie behandelst du Pflanzen? Wie gehst du mit Tieren um?

Prüfe dich:
Kann ich mich erinnern, daß durch mich jemand (Eltern, Geschwister, Lehrer, Freunde) böse und ärgerlich geworden ist? Was habe ich getan, damit wir wieder gut miteinander sind?
Habe ich einen andern verleitet, Böses zu tun?
Ist durch mich jemand geschädigt worden? Wer? Wodurch?
Habe ich den angerichteten Schaden wieder gutgemacht?
War ich ein Spielverderber?
Wie bin ich mit meinem Taschengeld umgegangen? Tue

ich Gutes damit (Arme, Hungernde, Diaspora, Mission)? **(66)**
Habe ich Einrichtungen, die andere auch benützen, beschädigt?
Habe ich auf der Straße und im Verkehr mich und andere gefährdet?
Habe ich Tiere vernachlässigt oder gequält?

4. Die Menschen sündigen, weil sie sich gehen lassen. **7**

Der Mensch ist ein „Wunder der Schöpfung". Gott hat ihm viele Kräfte und Fähigkeiten geschenkt. Mit seinem Verstand kann er Dinge und Zusammenhänge erkennen, durch Wissenschaft und Geschicklichkeit lernt er die Erde beherrschen; er kann Freundschaft und Treue halten. Die Menschen sind als Mann und Frau geschaffen, um füreinander dazusein und in Verantwortung neues Leben zu zeugen. Diese Kräfte hat Gott uns anvertraut.

Viele Menschen lassen sich gehen. Aber nur wer sich selbst am Zügel hat, wird gut und glücklich leben. Wir müssen uns etwas abfordern, nicht damit wir uns wehtun, sondern damit wir das tun können, was uns und andern Freude macht. Wir müssen durch Spiel, Sport, Hobbys, Musik, Geselligkeit auch selber für Freude sorgen und Fantasie entwickeln.

Wir können auch andern etwas bieten, und das freut uns. Ohne Fleiß kein Preis! Durch Beherrschung des Körpers und des Geistes können wir mehr Erfolge erleben.

Übertriebener Ehrgeiz kann aber auch verkehrt sein. Man muß Mißerfolge und Niederlagen einstecken können, ohne böse zu werden.

Jeder muß an sich selbst arbeiten. Dazu gehört auch Körperpflege, Gesundheitspflege, daß man auf sich schaut in Kleidung und Benehmen.

Verwahrloste und unhöfliche Menschen sind eine Zumutung für die andern.

Manche Menschen lassen ihre Bedürfnisse und Triebe verkommen und werden dadurch unglücklich. Sie sind unbe-

(66) herrscht in ihren Trieben, im Essen, Trinken, Rauchen, im sexuellen Bereich.
Wer sich nicht mehr selbst beherrschen kann, wird von den Trieben beherrscht. Er verliert seine Freiheit, oft durch eigene Schuld, oft durch Verführung, und wird süchtig. (Trunksucht, Rauschgiftsucht, sexuelle Süchte — Triebverbrechen). Die Genußfreude wird durch die Genußsucht zerstört.

Überlege:
Worin mußt du dich besonders zusammennehmen?
Was liest du? Welche Filme siehst du dir an? Siehst du wahllos Fernsehsendungen an, oder wählst du aus?
Imponieren dir Schamlosigkeit und Gewalttätigkeit?
Hast du Ehrfurcht vor deinem Leib und dem Leib der anderen?
Hältst du deinen Körper gesund und sauber?
Freut dich dein Leben oder kommt es dir langweilig vor?
Was kannst du tun, daß es froher wird?
Welchen Sinn siehst du in deinem Leben?

Prüfe dich:
Habe ich mich vom Zorn hinreißen lassen?
Habe ich mich in kleinen Dingen gehen lassen — aus Bequemlichkeit?
Habe ich mich verführen lassen?
Habe ich meinen Trieben verantwortungslos nachgegeben?
War ich unkeusch? mit anderen?
Bin ich süchtig?

Du kannst die Gewissenserforschung mit einem Gebet abschließen, das Reue und Vorsatz zum Ausdruck bringt.

8 Herr, ich möchte gut sein. Ich habe es versucht; es ist mir nicht gelungen; darum bin ich hierhergekommen.

Wir wollten fröhlich sein — und waren traurig.
Wir wollten miteinander sprechen — und haben geschwiegen.
Ich wollte den andern begegnen — und fand nur mich.

Wir wollten einander glücklich machen – und haben gestritten. (66)
Ich wollte an dich denken – und habe es vergessen.
Ich wollte deinen Willen tun – aber ich habe versagt.
Das tut mir leid. Verzeih mir!

Nun bin ich hier, und du bist hier, hier bei uns.
Du bist immer bei mir gewesen, du hast mich immer gesehn.
Du willst, daß wir gut und ohne Sünde sind.
Du willst, daß wir auf dein Wort hören, daß wir dich loben und ehren.
Du willst, daß wir miteinander reden und zueinander finden.
Du willst, daß wir einander glücklich machen.
Herr, ich glaube, daß es wieder geht.
Wenn du bei mir bleibst, geht es ganz bestimmt.
Herr, es ist schön, ich darf es wieder versuchen.

oder:

Vater, ich habe gesündigt vor dir; ich bin nicht wert, dein **9** Kind zu heißen. Du hast mich nach deinem Bild erschaffen und mich zu Großem berufen, und ich habe gesündigt, habe so klein gedacht, geredet und gehandelt durch meine Schuld. – Ich blicke aber auf zu dir und deinem Sohn Jesus Christus. Er ist mein Herr. Auch für mich hat er am Kreuz sein Blut vergossen. Vergib mir meine Schuld, meine Sünden, meine Fehler. Du bist die ewige Liebe, nimm mich wieder an dein Herz und halte mich fest in deiner Gnade. Ich will dein sein und dein bleiben. Mach mich frei und führ mich zur herrlichen Freiheit der Kinder Gottes. – Heilige Maria, Mutter Gottes, bitte für uns Sünder jetzt und in der Stunde unseres Todes. Amen.

Andere Reuegebete findest du Nr. 59,5–7 und 7,1–2

BEICHTE **10**

Texte zur Beichte: Nr. 60,1–4
Wenn du an der Reihe bist, betritt den Beichtstuhl oder das Beichtzimmer und bekenne deine Sünden.

Du kannst etwa so beginnen:

„Ich will beichten und meine Sünden bekennen.
Meine letzte Beichte war vor ...
Meine Hauptschuld sehe ich darin, daß ich ....
Als weitere Fehler möchte ich bekennen ..."

Wenn es dir schwerfällt, dich auszudrücken, kannst du sagen: „Ich komme nicht allein zurecht; bitte helfen Sie mir."
Am Schluß kannst du sagen: „Ich habe mir vorgenommen, daß ich ..."

Nach der Lossprechung verläßt du den Beichtstuhl oder das Beichtzimmer.

11 NACH DER BEICHTE

Durch das Gespräch mit dem Priester ist dir vielleicht noch klarer geworden, wo du dich ändern mußt. Nimm dir nicht zuviel vor, sonst tust du gar nichts.
Mach einen genauen Vorsatz, etwa:
Ab sofort will ich mich nicht mehr so lange betteln lassen zu den kleinen Diensten im Haushalt und in der Familie.
oder: Ich will bei nächster Gelegenheit untertags in die Kirche kommen und beten.
Denk jeden Abend darüber nach, wie du deinen Vorsatz gehalten hast. Mach dir später selbst immer wieder solche Vorsätze, nicht nur dann, wenn du zum Beichten gehst oder zum Bußgottesdienst kommst.
Der Priester hat dir eine „Buße" aufgelegt. Du sollst etwas tun oder ein Gebet verrichten. Schiebe diese Buße nicht auf. Sie soll ein Zeichen deiner Bereitschaft sein.

Dankgebet

12 Gott, ich danke dir, daß du mich liebst und mir die Sünden vergeben hast. Du hilfst mir, gut zu sein. Laß mich durch deine Liebe besser werden. Laß mich gut sein zu den Menschen. Gib mir die Kraft, in Gemeinschaft mir dir zu leben, anderen zu helfen und ihnen Freude zu machen. Dazu gib mir deinen Segen. Amen.

Andere Dankgebete findest du Nr. 60,5; 3,3 und 29,6

Weisungen der Kirche

Gott schenkt uns seine Gnade vor allem durch die Sakramente. Wir tragen diesen Schatz in zerbrechlichen Gefäßen (2 Kor 4,7). Die Kirche will uns mit ihren Weisungen helfen, in der Gnade zu verharren, das heißt, in der Gemeinschaft und der Nachfolge des gekreuzigten und auferstandenen Herrn zu leben.

1 Feiere den Sonntag als „Tag des Herrn"!

Der Sonntag ist der Tag des Herrn, an dem wir des Todes und der Auferstehung unseres Herrn feiernd gedenken. Es muß ein festlicher Tag sein, ein Tag der Gemeinschaft und der Liebe, an dem die Familie beisammen ist und die Arbeit ruht.

2 An Sonn- und Feiertagen nimm regelmäßig an der Eucharistiefeier teil!

An allen Sonn- und Feiertagen versammeln wir uns, um das Wort Gottes zu hören, in der Eucharistiefeier des Todes und der Auferstehung des Herrn zu gedenken, Gott dankzusagen und in der Fürbitte für alle Welt einzutreten. Je tiefer wir das Geheimnis der heiligen Messe verstehen, umso freudiger werden wir allsonntäglich daran teilnehmen. Die Sonntagsmesse wird dann zu einer Quelle, aus der wir Kraft für unser Leben in Familie und Beruf schöpfen.

Das Versäumen der sonntäglichen Eucharistiefeier ohne schwerwiegenden Grund ist eine ernsthafte Verfehlung vor Gott und der Gemeinde. Wer sich ohne Grund immer wieder der sonntäglichen Eucharistiefeier entzieht, steht im schweren Widerspruch zu dem, was er seiner Gemeinde als getauftes und gefirmtes Mitglied schuldig ist, und er weist damit zugleich undankbar das Angebot Gottes zurück.

Wenn die Teilnahme an der Sonntagsmesse aus einem wichtigen Grund nicht möglich ist, sollen wir an der sonntäglichen Kommunionfeier teilnehmen oder durch das Mitlesen und Mitbeten der Meßtexte oder in einer anderen Weise (geistliche Kommunion) uns der Feier der Gemeindemesse anschließen.

3   Am Freitag bring ein Opfer!

Am Karfreitag hat der Herr seinen Leib für uns dahingegeben und sein Blut für uns vergossen. Seine Liebe zu uns kostete ihn das Leben. Verzicht auf Fleischspeisen und Genußmittel (Abstinenz), Fasten, Werke der Buße, der Sühne und der Liebe, die im persönlichen Leben spürbar sind, werden zu Zeichen der Verbundenheit mit dem leidenden Herrn und den leidenden Mitmenschen. Sie sind ein Weg zur Freiheit und zur Freude.

4   Empfange regelmäßig, wenigstens aber in der österlichen Zeit, die Sakramente der Buße und des Altares!

An Ostern feiert die ganze Kirche und jede Gemeinde in der Freude des neuen Lebens gemeinsam das große Fest der Erlösung: Tod und Auferstehung des Herrn. Darum soll jeder Christ wenigstens in der Osterzeit in voller Weise an der Eucharistiefeier teilnehmen, indem er auch zum Tisch des Herrn geht.
Nach einer guten Vorbereitung in der Fastenzeit soll jeder Christ, möglichst in der österlichen Zeit, die Vergebung der Schuld im Bußsakrament erbitten und sein Verhältnis zu Gott und den Menschen neu ordnen.
Da wir aus der Begegnung mit dem Herrn in den Sakramenten Hilfe und Heil erlangen, empfiehlt uns die Kirche die r e g e l m ä ß i g e Beichte und die ö f t e r e heilige Kommunion.

5   Hilf der Kirche und deiner Gemeinde!

Durch Taufe und Firmung sind wir der Kirche eingegliedert. In jeder Eucharistiefeier erfahren wir uns neu als Brüder und Schwestern. Wir sind mitverantwortlich für die Weitergabe des Glaubens, für den Gottesdienst der Gemeinde, für seelsorgerische und caritative Dienste. Die Formen unseres Einsatzes sind mannigfaltig: Mitarbeit, Beratung, Übernahme von Diensten und Ämtern, Gebet und Opfer, finanzielle Beiträge. Wir alle sollen einen Teil unserer Freizeit für die Kirche zur Verfügung stellen und sollen, jeder in seiner Weise, zum gemeinsamen Werk einmütig zusammenarbeiten.

Dienst des Christen in Kirche und Welt 68

Die Welt braucht Christus. Sie braucht seine verwandelnde Kraft, die das Dunkel des Lebens erhellt und selbst dem Sterben einen Sinn zu geben vermag. Aus dem Tod und der Auferstehung des Herrn strömt diese erlösende Kraft in die Welt. Der Christ wird in Taufe, Firmung und Eucharistie mit dem Geist Christi erfüllt und seinem Leib eingegliedert. Er kann und soll diese Christusbegegnung den andern vermitteln. So ist der Christ herausgerufen und zum Dienst an der Welt berufen. Die meisten Christen leisten diesen Dienst in der Familie und erhalten dazu die Kraft durch ein eigenes Sakrament, das Sakrament der Ehe. (s. Nr. 72) Viele müssen aus mancherlei Gründen auf die Ehe verzichten, andere versagen sich freiwillig die Gründung einer Familie. Wie Marta dienen sie dem Herrn, wenn sie sich um die Bedürfnisse der andern sorgen und in Kirche und Welt manche Dienste übernehmen, zu denen die Verheirateten wegen ihrer Aufgaben in der Familie weniger Zeit und Kraft haben. Einige hat der Herr auserwählt, daß sie im Priester- und Ordensstand ehelos leben, um Gott und den Menschen ungeteilt zu dienen. (s. Nr. 70)
Diese alle führt Christus zu einer Gemeinschaft zusammen, die wir Kirche nennen (vom griechischen „kyriake" = die dem Herrn gehören, neutestamentlich „ekklesia" = die herausgerufen sind).

Nach den Worten des ersten Petrusbriefes ist diese Gemeinschaft das auserwählte Geschlecht und die königliche Priesterschaft, die sich Gott dem Vater durch Jesus Christus als Opfer im Heiligen Geist darbringt und so mitwirkt am Heil der Welt. Sie ist das Volk, das Gott aus der Finsternis in sein helles Licht berufen hat, damit es seine großen Taten verkündet.

Sichtbar wird diese Gemeinschaft und ihre Aufgabe vor allem dann, wenn die Getauften sich zum Gottesdienst versammeln, für die Welt beten und in brüderlicher Liebe das Opfer des Herrn feiern.

Praktisch bewähren muß sich diese Berufung im Mitwirken am Frieden der Welt, im Dienst am notleidenden Bruder, der Hunger und Durst hat, der Wohnung und Kleidung braucht, der Freiheit und Geborgenheit sucht. Dann wird durch den Christen für die Welt der Geist Christi spürbar, von dem er selber sagt: „Er hat mich gesandt, um den Armen die Heilsbotschaft zu bringen, um den Gefangenen die Befreiung und den Blinden das Augenlicht zu verkünden, um die Zerschlagenen in Freiheit zu setzen und ein Gnadenjahr des Herrn auszurufen" (Lk 4,18—19).

Gesänge und weitere Anregungen zu diesem Thema in den Abschnitten „Leben aus dem Glauben", Nr. 614—633 und „Kirche", Nr. 634—651 und Andachten.

69 Dienste in der Kirche

Damit die Gemeinde ihren erlösenden Dienst tun kann, gibt der Heilige Geist den verschiedenen Gliedern verschiedene Gaben und Befähigungen. Diese führen zu einer großen Vielfalt von Diensten in der Kirche.

Vor allem hat Christus in der Kirche das Priesteramt gestiftet. Durch den Dienst der Priester beim eucharistischen Opfer und bei der Spendung der Sakramente, im Dienst der Nächstenliebe und in der Leitung der Gemeinde wird die Kirche erbaut und das Gottesvolk zusammengeführt (s. Nr. 71).

Die Gemeinde braucht Helfer für den Unterricht, für den Gottesdienst, für die Betreuung der Armen, Kranken und Alten, Helfer in der Sorge für die Kinder und die Jugendlichen und in der Sorge um den Zusammenhalt der Gemeinde.
Im Lauf der Zeit haben sich aus diesen Dienstleistungen dauernde Beauftragungen herausgebildet, so der Katechet, die Gemeindeassistentin, der Mesner (Küster, Sakristan), der Kantor (Sänger, Organist, Chorleiter). Nach alter Überlieferung werden die Beauftragungen zum Lektor (Vorleser) und zum Akolythen (Kommunionhelfer) nach entsprechender Bewährung durch den Bischof ausgesprochen.
In einer besonderen Weise wird die Berufung des Christen im Ordensstand gelebt.

Der Ordensstand

70

Wenn du vollkommen sein willst, geh, verkauf deinen Besitz und gib das Geld den Armen; so wirst du einen Schatz im Himmel haben; dann komm und folge mir nach (Mt 19,21).
Christen, die von Gott dazu berufen sind, schließen sich in Gemeinschaften zusammen, um der Kirche in besonderer Weise zu dienen. Sie wollen Christus sichtbar machen, wie er auf dem Berg im Gebet verweilt, wie er dem Volk das Reich Gottes verkündet, wie er die Kranken und Schwachen heilt und die Sünder zum Guten bekehrt, wie er die Kinder segnet und allen Wohltaten erweist und wie er in allem dem Vater gehorsam ist. Durch ein öffentliches Versprechen (Gelübde) weihen sie ihr Leben Gott, um nach dem Beispiel Christi (Evangelische Räte) ein Leben in Armut, Jungfräulichkeit und Gehorsam zu führen. Die Ordensleute geben so durch ihren Stand ein deutliches und hervorragendes Zeugnis dafür, daß die Welt nicht ohne den Geist der Seligpreisungen der Bergpredigt verwandelt und Gott dargebracht werden kann.
Sie bezeugen in der Kirche, daß wir alle unterwegs sind auf die Zukunft hin, in der „Gott alles in allem" sein wird. Sie tragen dazu bei, den Sinn für die „Letzten Dinge" im Volk Gottes lebendig zu halten.
Das Ordensleben hat unter Führung des Heiligen Geistes entsprechend den jeweiligen Erfordernissen der Zeit vielerlei Formen angenommen und ist auch heute ein Segen für Kirche und Welt.

71 Die Priesterweihe – das Weihesakrament

1 Aus dem Kreis der Jünger hat Jesus zwölf ausgewählt und ihnen besondere Aufgaben übertragen. Die Apostel haben an vielen Orten die Botschaft vom Reich Gottes verkündet und die Menschen zur Umkehr gerufen, sie getauft und ihnen die Sünden nachgelassen.
So haben sie Gemeinden gegründet und geleitet und die priesterliche Sendung Jesu fortgeführt, der sein Leben geopfert hat für alle. Die Apostel haben diesen Auftrag ihres Meisters weitergegeben, indem sie anderen die Hände auflegten und sie zu priesterlichen Leitern und Dienern der Gemeinden bestellten. Durch das apostolische Amt wirkt Christus weiter als Haupt in der Kirche überall dort, wo das Evangelium verkündigt wird, Gemeinden gesammelt und geleitet werden, Vergebung der Sünden geschenkt und vor allem die Eucharistie gefeiert wird.
Dieses von Christus gestiftete apostolische Amt hat sich in mehrere Stufen entfaltet:
zum Dienst der Bischöfe, welche die Fülle des apostolischen Auftrags und Priesterdienstes innehaben,
zum Dienst der Priester, den verantwortlichen Mitarbeitern des Bischofs,
zum Dienst der Diakone, der Helfer im Aufbau der brüderlichen Gemeinde.
Zu diesem Dienst als Bischof, Priester und Diakon werden getaufte Männer bestellt und ermächtigt im Sakrament der Weihe (Ordination). Dieses Sakrament wird während der heiligen Messe gespendet. Sein Kern ist die Handauflegung und ein Weihegebet des Bischofs. Dazu kommen eine öffentliche Befragung nach der Bereitschaft zum Dienst, das gemeinsame Beten der Litanei und ausdeutende Zeichen.

Aus dem Weihegebet für Priester

2 Allmächtiger Vater, wir bitten dich, gib diesen deinen Dienern die Würde des Priestertums. Erneuere in ihnen den Geist der Heiligkeit. Das Amt, das sie aus deiner Hand, o Gott, empfangen, die Teilhabe am Priesterdienst, sei ihr Anteil für immer. So sei ihr Leben für alle Vorbild und Richtschnur.

Gebete für Papst, Bischöfe und Priester: Nr. 27 und 787,6–8

Sorge um geistliche Berufe

3 Unsere Zeit ruft nach glaubensstarken, opferbereiten und zeitnahen Priestern, Diakonen und Ordensleuten. Die erste Antwort des Gottesvolkes auf diesen Ruf ist das Gebet gemäß der Weisung Christi: „Bittet den Herrn der Ernte, daß er Arbeiter in seine Ernte sende" (Lk 10,2). Denn nur dort, wo Menschen beten und sich um ein christliches Leben bemühen, wird das Wesen und die wahre Bedeutung solcher Berufe erkannt.

Aufgabe der gesamten christlichen Gemeinde ist es, geistliche Berufe zu fördern. Sie tut das vor allem in einem wirklich christlichen Familienleben, durch erzieherische Hilfen in Schulen, Heimen und Jugendgemeinschaften, durch das Beispiel froher und eifriger Priester und Ordensleute.

Dem Gebet und der Information über geistliche Berufe dienen vor allem der Welttag der geistlichen Berufe (4. Sonntag der Osterzeit), die Quatemberwochen und vielerorts der erste Donnerstag bzw. Samstag im Monat („Priestersamstag").

Das Sakrament der Ehe

72

Christus liebt seine Kirche. Er gibt sich für sie hin und ist ihr in bleibender Liebe verbunden. Der Bund zwischen Christus und Kirche ist unlösbar.

Die Ehe ist Abbild dieses Bundes zwischen Christus und der Kirche. Mann und Frau geben sich einander hin. Durch ihr Jawort und ihre Liebe treten sie in die unauflösbare Gemeinschaft. Ihren Bund heiligt und stärkt der Herr durch seine Gnade. Wir nennen den Bund christlicher Eheleute das Sakrament der Ehe. Die Kirche verherrlicht Gott und sucht Wachstum und Vollendung ihrer Gemeinschaft durch Christus. Auch die Eheleute sollen in der Gnade Christi Gott loben und preisen, einander partnerschaftlich dienen und sich ergänzen. Durch die Kinder, die Gott schenkt und welche die Eheleute wünschen, wird die Ehe zur Familie, in der Glaube, Hoffnung und Liebe zur Vollendung gelangen sollen. Christliches Leben in der Familie zeigt sich im täglichen Gebet (vgl. Nr. 20), im gemeinsamen Gottesdienstbesuch und im helfenden Dienen; es bewährt sich in der Treue zu Gottes Gebot und im gläubigen Ertragen der Nöte und Sorgen des Alltags.

Das Ja zueinander sprechen christliche Eheleute darum in der Gemeinschaft des lebendigen Christus, in der Kirche. Für gewöhnlich wird die Trauung in der Messe gehalten, in der Feier des Bundes, den Christus am Kreuz mit uns geschlossen hat. Der gemeinsame Empfang der Kommunion stärkt in den Brautleuten und in der ganzen Gemeinde die Liebe und Gemeinschaft mit Christus und untereinander.

73 Die Feier der Trauung

Die Trauung wird gewöhnlich in Verbindung mit der Messe gefeiert, außerhalb der Messe in Verbindung mit einem Wortgottesdienst. Die Trauung findet im Anschluß an die Homilie statt.

1 BEFRAGUNG NACH DER BEREITSCHAFT ZUR CHRISTLICHEN EHE

Die folgenden Fragen richtet der Zelebrant zunächst an den Bräutigam, dann richtet er die gleichen Fragen an die Braut.

Z N., ich frage Sie: Sind Sie hierhergekommen, um nach reiflicher Überlegung und aus freiem Entschluß mit Ihrer Braut N./Ihrem Bräutigam N. den Bund der Ehe zu schließen?
Antwort: Ja.

Z Wollen Sie Ihre Frau/Ihren Mann lieben und achten und ihr/ihm die Treue halten alle Tage Ihres Lebens?
Antwort: Ja.

Dann richtet der Zelebrant an beide gemeinsam die Fragen:

Z Sind Sie beide bereit, die Kinder anzunehmen, die Gott Ihnen schenken will, und sie im Geist Christi und seiner Kirche zu erziehen?
Beide antworten: Ja.

Sind Sie beide bereit, als christliche Eheleute Mitverantwortung in der Kirche und in der Welt zu übernehmen?
Beide antworten: Ja.

SEGNUNG DER RINGE

Z Treuer Gott, du hast mit uns einen unauflöslichen Bund geschlossen. Wir danken dir, daß du uns beistehst. Segne + diese Ringe und verbinde die beiden, die sie tragen, in Liebe und Treue. Darum bitten wir durch Jesus Christus, unseren Herrn.
A Amen.

VERMÄHLUNG

Die Brautleute können für die Erklärung des Ehewillens zwischen zwei Formen wählen, (a) dem Vermählungsspruch und (b) der Vermählung durch das Ja-Wort.
Beide Formen sind mit dem gegenseitigen Anstecken der Eheringe verbunden.

a) Vermählungsspruch

Z So schließen Sie jetzt vor Gott und vor der Kirche den Bund der Ehe, indem Sie das Vermählungswort sprechen. Dann stecken Sie einander den Ring der Treue an.

Der Vermählungsspruch kann entweder vom Priester vorgesprochen und von den Brautleuten wiederholt oder von diesen auswendig gesprochen (oder abgelesen) werden.
Der Bräutigam/die Braut nimmt den Ring des Partners und spricht:

N., vor Gottes Angesicht nehme ich dich an als meine Frau/meinen Mann. Ich verspreche dir die Treue in guten und bösen Tagen, in Gesundheit und Krankheit, bis der Tod uns scheidet. Ich will dich lieben, achten und ehren alle Tage meines Lebens.

Er/sie steckt ihr/ihm den Ring an und spricht:

Trag diesen Ring als Zeichen unserer Liebe und Treue:
Im Namen des Vaters und des Sohnes und des Heiligen Geistes.

b) Vermählung durch das Ja-Wort

Z So schließen Sie jetzt vor Gott und der Kirche den Bund der Ehe, indem Sie das Ja-Wort sprechen. Dann stecken Sie einander den Ring der Treue an.

Die folgenden Texte werden zunächst von Zelebrant und Bräutigam und anschließend von Zelebrant und Braut gesprochen:

Z N., ich frage Sie vor Gottes Angesicht:
Nehmen Sie Ihre Braut N. an als Ihre Frau/Ihren Bräutigam N. an als Ihren Mann und versprechen Sie, ihr/ihm die Treue zu halten in guten und bösen Tagen, in Gesundheit und Krankheit, und sie/ihn zu lieben, zu achten und zu ehren, bis der Tod Sie scheidet? (– Dann sprechen Sie: Ja. –)
Antwort: Ja.

Z Nehmen Sie den Ring, das Zeichen Ihrer Liebe und Treue, stecken Sie ihn an die Hand Ihrer Braut/Ihres Bräutigams und sprechen Sie: „Im Namen des Vaters und des Sohnes und des Heiligen Geistes."

Beim Anstecken des Ringes spricht der Bräutigam/die Braut:
Im Namen des Vaters und des Sohnes und des Heiligen Geistes.

5 BESTÄTIGUNG DER VERMÄHLUNG

Z Reichen Sie nun einander die rechte Hand.

Gott, der Herr, hat Sie als Mann und Frau verbunden. Er ist treu. Er wird zu Ihnen stehen und das Gute, das er begonnen hat, vollenden.

Der Zelebrant legt die Stola um die ineinandergelegten Hände der Brautleute, legt seine rechte Hand darauf und spricht das Bestätigungswort, das mit den folgenden Worten abgeschlossen wird:

Sie aber (N. und N. (die Trauzeugen)) und alle, die zugegen sind, nehme ich zu Zeugen dieses heiligen Bundes. „Was Gott verbunden hat, das darf der Mensch nicht trennen." (Mt 19,6)

6 FEIERLICHER TRAUUNGSSEGEN

Die Brautleute können dazu niederknien. Der Zelebrant spricht über sie den Feierlichen Trauungssegen. Es folgen die Fürbitten, bei denen sich Eltern, Verwandte und Freunde der Brautleute beteiligen können.

Die Feier der Trauung

Die Gemeinde singt vor oder nach der Segnung oder nach den Fürbitten einen geeigneten Gesang.

1. Gott, der nach seinem Bilde aus Staub den Menschen macht,
hat uns seit je zur Freude einander zugedacht.
Er fügt euch nun zusammen, läßt Mann und Frau euch sein,
einander Wort und Treue, einander Brot und Wein.

2. Und wie der Mensch die Antwort / von Anfang an entbehrt, / solange er nicht Liebe / des anderen erfährt, / so sollt auch ihr von nun an / in nichts mehr ganz allein, / vereint an Leib und Herzen, / einander Antwort sein.

3. Und wie zu zwei und zweien / der Mensch den Weg durchmißt, / wenn er zum Ende wandert / und Gott ihm nahe ist, / so wird er bei euch bleiben / im Leben und im Tod; / denn groß ist das Geheimnis, / und er ist Wein und Brot.

T: Huub Oosterhuis,
Übertragung Nikolaus Greitemann und Peter Pawlowsky 1967
M: Erhard Quack 1971
Das Lied kann auch auf die Melodie „O Gott, nimm an die Gaben",
Nr. 468 gesungen werden.

75 Der Christ in der Krankheit

Auch wenn keine unmittelbare Todeskrankheit besteht, fühlt sich der länger Kranke ausgeschlossen aus der Gemeinschaft. Er lebt am Rande. Es ist eine wichtige Aufgabe der Gemeinde, sich um die Kranken zu kümmern und sie zu besuchen. Sie sollen frei sein von wirtschaftlichen Sorgen, sollen teilnehmen können am Leben der Gemeinde, soweit möglich auch an der Eucharistie. (Vergl. Nr. 371)
Der Kranke wird von den Fragen der menschlichen Existenz stärker angerührt als der Gesunde. Er kann daher bewußter leben und glauben. Er kann aber auch leichter scheitern. Daher sind für den Kranken das Wort der Schrift und das Gebet besonders wichtig.
Für den Getauften ist Krankheit nicht sinnlos. Sie wird zur Teilnahme am erlösenden Leiden Christi. Der Kranke ist berufen, auf diese Weise dem Heil der Welt zu dienen.
Vielerlei Not kommt auf den Menschen zu. Für die besondere Not der Krankheit hat Christus ein eigenes Sakrament vorgesehen. In der Krankensalbung zeigt er sich als der Heiland, der die Kranken liebt und der dem Menschen gerade in der Gefährdung des Lebens nahe ist.

76 Die Krankensalbung

Zur Krankensalbung richtet man das Zimmer her und bereitet einen Tisch mit Kreuz, Kerzen und Weihwasser vor.
Der Priester begrüßt den Kranken und die Anwesenden. Es folgt das allgemeine Schuldbekenntnis oder die Beichte. In unmittelbarer Todesgefahr kann anschließend dem Kranken der vollkommene Ablaß gewährt werden.
Danach wird von einem Anwesenden ein Wort aus der Heiligen Schrift gelesen (z.B. Jak 5, 13–16; Röm 8, 18–27; Röm 8, 31b–39).
Nach den Fürbitten legt der Priester dem Kranken die Hände auf. Dann spricht er über das Öl ein Dankgebet:

P Sei gepriesen, Gott, allmächtiger Vater: Für uns und zu unserm Heil hast du deinen Sohn in diese Welt gesandt.
Wir loben dich.   A Wir preisen dich.

P Sei gepriesen, Gott, eingeborener Sohn: Du bist in die Niedrigkeit unseres Menschenlebens gekommen, um unsere Krankheiten zu heilen.
Wir loben dich. A Wir preisen dich.
P Sei gepriesen, Gott, Heiliger Geist, du unser Beistand: Du gibst uns Kraft und stärkst uns in den Gebrechlichkeiten unseres Leibes mit nie erlahmender Kraft.
Wir loben dich. A Wir preisen dich.
P Herr, schenke deinem Diener/deiner Dienerin, der/die mit diesem heiligen Öl in der Kraft des Glaubens gesalbt wird, Linderung seiner/ihrer Schmerzen und stärke ihn/sie in seiner/ihrer Schwäche. Durch Christus, unsern Herrn.
A Amen.

Nun salbt der Priester den Kranken/die Kranke auf der Stirn und auf den Händen. Dabei spricht er:
P DURCH DIESE HEILIGE SALBUNG HELFE DIR DER HERR IN SEINEM REICHEN ERBARMEN, ER STEHE DIR BEI MIT DER KRAFT DES HEILIGEN GEISTES. A AMEN.
DER HERR, DER DICH VON SÜNDEN BEFREIT, RETTE DICH, IN SEINER GNADE RICHTE ER DICH AUF. A AMEN.

Nach einem Gebet des Priesters sprechen alle das Vaterunser. Danach können der/die Kranke und die Anwesenden, wenn sie es wünschen, die heilige Kommunion empfangen. Die Feier schließt mit dem Segen des Priesters.

Vom Sterben des Christen

77

Das Sterben des Christen:
mit Christus durch den Tod zum Leben

1

Das Leben des Menschen ist überschattet von der Gewißheit des Todes. Christus aber hat in seinem Sterben den Tod besiegt und in seiner Auferstehung uns den Zugang zum ewigen Leben geöffnet. In der Taufe wird der Mensch mit Christus verbunden und erhält Anteil an seinem Leben.
In der Kommunion empfängt der Christ den Leib des Herrn als Kraft für seinen Weg durch das Leben; für den Gläubigen wird die Kommunion auch zur Wegzehrung auf dem letzten Weg

durch den Tod in das ewige Leben. Im christlichen Sterben vollenden sich die Taufe und das christliche Leben.

„Keiner von uns lebt sich selber, und keiner stirbt sich selber: Leben wir, so leben wir dem Herrn, sterben wir, so sterben wir dem Herrn. Ob wir leben oder ob wir sterben, wir gehören dem Herrn" (Röm 14, 7—8).

Wer daher lebt und stirbt im Glauben an diese Verbindung mit dem Herrn, in der Hoffnung auf die Vollendung im Tod und in der Liebe zu Gott und den Menschen, für den ist das Sterben Übergang ins neue Leben.

Beim Begräbnis ehren wir den Leib, in dem dieses menschliche und göttliche Leben sich ausgeprägt hatte, und geben ihn der Erde zurück als Samenkorn für die Auferstehung.

2 Das Sterben des Christen in der Gemeinschaft der Kirche

Alle Glieder des Leibes Christi, die Getauften auf Erden, die Armen Seelen in der Läuterung und die Vollendeten im Himmel, sind miteinander verbunden. Darum bittet die Kirche auf Erden, der Verstorbene möge von seinen Sünden gereinigt und mit den Heiligen zum Festmahl im Reich Gottes zugelassen werden. Insbesondere feiert sie für die Verstorbenen die Eucharistie; sie verkündet darin Tod und Auferstehung des Herrn und dankt für die Erlösung; sie bekennt ihren Glauben an das ewige Leben und erhält jetzt schon daran Anteil am Tisch des Herrn. Die Lebenden sind nirgends enger verbunden mit den Verstorbenen als in Christus; diese Gemeinschaft wird verwirklicht in der Eucharistie.

Vom Sterben eines Christen ist die ganze Gemeinde betroffen. Ihre Aufgabe ist es, für den Verstorbenen zu beten, in Gebet und Gesang den Glauben an die Auferstehung zu bekräftigen, die Angehörigen dadurch in ihrem Schmerz zu trösten und durch Werke der Nächstenliebe die Verbundenheit der Glieder mit Christus und untereinander zu stärken.

3 Am 2. November, dem Tag Allerseelen, betet die Kirche in besonderer Weise um das Heil ihrer verstorbenen Glieder. In der Feier der Eucharistie und im gläubigen Empfang der Sakramente, in Gebet und Ablaß und durch den Besuch der Friedhöfe zeigen die Gläubigen ihre Verbundenheit mit denen, die ihnen im Glauben vorausgegangen sind. Sie vertrauen auf Gottes Barmherzigkeit und bekennen die Auferstehung des Fleisches und die Gemeinschaft der Heiligen (1. November).

Einen Ablaß für die Verstorbenen gewinnt, wer am Allerseelentag eine Kirche oder einen Friedhof besucht und dabei das Gebet des Herrn und das Glaubensbekenntnis verrichtet; Voraussetzung sind Beichte, Kommunionempfang und Gebet in der Meinung des Heiligen Vaters.

Die Wegzehrung 78

Der Christ, der in unmittelbarer Todesgefahr schwebt, soll durch das Sakrament der Wegzehrung mit dem Leib und dem Blut Christi gestärkt werden. Dies kann mit Zustimmung des Bischofs auch innerhalb einer häuslichen Meßfeier geschehen.
Im Unterschied zur Form der einfachen Krankenkommunion (vgl. Nr. 371) erneuert der Kranke beim Empfang der Wegzehrung das Bekenntnis des Glaubens, das er bei der Taufe abgelegt hat:
Glaubst du . . . ? – Ich glaube.
Nach dem Kommunionempfang:

Christus bewahre dich und führe dich zum ewigen Leben.
Der/die Kranke antwortet: Amen.

Schlußgebet

Gott, dein Sohn ist für uns der Weg, die Wahrheit und das Leben. Schaue gnädig her auf deinen Diener/deine Dienerin N. Er/Sie vertraut deinem Wort und ist gestärkt durch den Leib (durch das Blut) deines Sohnes. Laß seine/ihre Hoffnung nicht zuschanden werden. Gib ihm/ihr die sichere Zuversicht, in dein Reich zu gelangen, wo alles Licht und Leben ist. Durch Christus, unseren Herrn. A Amen.

Sterbegebete 79

Das Gebet in der Sterbestunde verbindet den Menschen mit seinem Gott. Die Umstehenden helfen dem Sterbenden, die Zuversicht zu stärken und die Angst vor dem Tod im Glauben zu bewältigen.

Rufe

Zu dir, Herr, erhebe ich meine Seele. **1**

Der Herr ist mein Licht und mein Heil.

Ich bin gewiß, zu schauen die Güte des Herrn im Lande der Lebenden.

Meine Seele dürstet nach dem lebendigen Gott.

Herr, in deine Hände leg ich voll Vertrauen meinen Geist.

Herr Jesus, nimm meinen Geist auf.

Jesus, Maria, Josef, steht mir bei im letzten Kampf.

Jesus, dir leb ich, Jesus, dir sterb ich, Jesus, dein bin ich tot und lebendig.

2 Lesungen
Die Leidensgeschichte des Herrn aus einem der vier Evangelien oder Mt 25,1–13; Offb 21,1–7; Offb 22.

3 Psalmen
22, Nr. 715–717; 23, Nr. 718; 24, Nr. 122; 90, Nr. 736; 91, Nr. 698; 113, Nr. 693; 122, Nr. 692

Litaneien
Allerheiligenlitanei Nr. 762, Litanei vom Leiden Jesu Nr. 766

4 Gebete
Fünf Wunden, Sieben Worte Jesu am Kreuz Nr. 776, (einzelne Stücke), Kreuzwegstationen Nr. 775, Gesätze des schmerzhaften und glorreichen Rosenkranzes, „Sei gegrüßt, o Königin", Passionslieder.

Wenn der Augenblick des Verscheidens unmittelbar bevorzustehen scheint, kann einer der Anwesenden sprechen:

5 Mache dich auf den Weg, Bruder (Schwester) in Christus, im Namen Gottes, des allmächtigen Vaters, der dich erschaffen hat; im Namen Jesu Christi, des Sohnes des lebendigen Gottes, der für dich gelitten hat; im Namen des Heiligen Geistes, der über dich ausgegossen worden ist. Heute noch sei dir im Frieden eine Stätte bereitet, deine Wohnung bei Gott im heiligen Zion, mit der seligen Jungfrau und Gottesmutter Maria, mit dem heiligen Josef, mit ... (Namenspatron) und mit allen Engeln und Heiligen Gottes.

Gebet unmittelbar nach dem Verscheiden

A Kommt herzu, ihr Heiligen Gottes, / eilt ihm (ihr) entgegen, ihr Engel des Herrn. / Nehmt auf seine (ihre) Seele / und führt sie hin vor das Antlitz des Allerhöchsten.
V Christus nehme dich auf, der dich berufen hat, und in das Himmelreich sollen Engel dich geleiten.
A Nehmt auf seine (ihre) Seele / und führt sie hin vor das Antlitz des Allerhöchsten.
V Herr, gib ihm (ihr) die ewige Ruhe, und das ewige Licht leuchte ihm (ihr).
A Nehmt auf seine (ihre) Seele / und führt sie hin vor das Antlitz des Allerhöchsten.
V Lasset uns beten: Herr, unser Gott, wir empfehlen dir unsern Bruder (Schwester) N. In den Augen der Welt ist er (sie) tot. Laß ihn (sie) leben bei dir. Und was er (sie) aus menschlicher Schwäche gefehlt hat, das tilge du in deinem Erbarmen. Durch Christus, unsern Herrn. A Amen.

Die Totenwache

In den Tagen zwischen Tod und Begräbnis hält die Gemeinde Totenwache. Nicht nur die Verwandten und Freunde des Verstorbenen nehmen daran teil. Man versammelt sich dazu im Trauerhaus oder in der Kirche.
Nach altem Brauch wird das Abend- und Morgenlob (Totenvesper und Totenlaudes) gebetet. (Beide sind in EGB 12 — „Gesänge zum Begräbnis" zu finden, man kann sie auch aus „Gotteslob" zusammenstellen.) Bei der Totenwache betrachtet man das Sterben des Christen im Licht von Tod und Auferstehung des Herrn. Es eignen sich: der schmerzhafte Rosenkranz zusammen mit dem ersten Geheimnis des glorreichen Rosenkranzes, die Litanei vom Leiden Jesu, Nr. 766; die Litanei für die Verstorbenen, Nr. 770; die Andacht zum Totengedenken, Nr. 791; der Kreuzweg, Nr. 775; die Andacht von den sieben Worten Jesu am Kreuz, Nr. 776; viele Psalmen, Lieder aus den Abschnitten „Tod und Vollendung", Nr. 652–664 und „Passion" Nr. 174–194.

81 Die Begräbnisfeier

Die Gestaltung der Begräbnisfeier hängt davon ab, wo der Leichnam aufgebahrt werden kann. Auf jeden Fall gehört zur Begräbnisfeier der Eröffnungsritus, der Wortgottesdienst und der Beisetzungsritus. Den Höhepunkt bildet die Eucharistie, die aber nicht immer unmittelbar mit der Begräbnisfeier verbunden werden kann.

Im folgenden wird die Begräbnisfeier in ihrer häufigsten Form wiedergegeben. Aber auch für die anderen Formen, wie sie „Die kirchliche Begräbnisfeier in den katholischen Bistümern des deutschen Sprachgebietes" vorsieht, eignen sich die gleichen Gesänge.

ERÖFFNUNG

Wenn die Gemeinde versammelt ist, kann man mit Gesang oder Musik beginnen.

Z begrüßt die Versammelten. Danach wird gesungen oder gesprochen:

82
1
Beim Herrn ist Barm-her-zig-keit und rei-che Er-lö-sung.

VIIa. Q50

Psalm 130: Aus tiefer Not

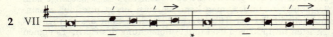

2 VII

1. Aus der Tiefe rufe ich, Herr, zu dir: *
Herr, höre meine Stimme!
   2. Wende dein Ohr mir zu,*
   achte auf mein lautes Flehen!
3. Würdest du, Herr, unsere Sünden beachten, *
Herr, wer könnte bestehen?

4. Doch bei dir ist Vergebung, *
damit man in Ehrfurcht dir dient. —
5. Ich hoffe auf den Herrn, es hofft meine Seele, *
ich warte voll Vertrauen auf sein Wort.
6. Meine Seele wartet auf den Herrn *
mehr als die Wächter auf den Morgen.
7. Mehr als die Wächter auf den Morgen *
soll Israel harren auf den Herrn! —
8. Denn beim Herrn ist die Huld, *
bei ihm ist Erlösung in Fülle.
9. Ja, er wird Israel erlösen *
von all seinen Sünden. —
10. Ehre sei dem Vater und dem Sohn *
und dem Heiligen Geist,
11. wie im Anfang, so auch jetzt und alle Zeit *
und in Ewigkeit. Amen.
Kehrvers

oder Psalm 103, Nr. 83

Z beschließt die Eröffnung mit einem Gebet, dem Kyrierufe vorausgehen können, etwa:

V Herr Jesus Christus, du hast uns den Weg zum Vater gezeigt: Herr, erbarme dich.   A Herr, erbarme dich.
V Du hast durch deinen Tod der Welt das Leben geschenkt: Christus, erbarme dich.   A Christus, erbarme dich.
V Du hast uns im Hause deines Vaters eine Wohnung bereitet: Herr, erbarme dich.   A Herr, erbarme dich.

3

WORTGOTTESDIENST

Wenn unmittelbar vor oder nach dem Begräbnis die Eucharistie gefeiert wird, bleibt der Wortgottesdienst in gewohnter Weise damit verbunden. Sonst wird er für gewöhnlich in der Friedhofskapelle oder auch am Grab gehalten.

Nach der Schriftlesung und der Homilie folgt ein „Stilles Gedenken", das mit einem Gesang abgeschlossen wird, etwa mit dem folgenden Psalm.

83

Der Herr vergibt die Schuld und rettet unser Leben.

IVa. Q50

Psalm 103: Der gütige und verzeihende Gott

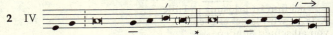

1. Der Herr ist barmherzig und gnädig, *
langmütig und reich an Güte.
   2. Denn so hoch der Himmel über der Erde ist, *
   so hoch ist seine Huld über denen, die ihn fürchten.
3. So weit der Aufgang entfernt ist vom Untergang, *
so weit entfernt er die Schuld von uns.
   4. Wie ein Vater sich seiner Kinder erbarmt, *
   so erbarmt sich der Herr über alle, die ihn fürchten. —
5. Denn er weiß, was wir für Gebilde sind; *
er denkt daran: Wir sind nur Staub.
   6. Des Menschen Tage sind wie Gras, *
   er blüht wie die Blume des Feldes.
7. Fährt der Wind darüber, ist sie dahin, *
der Ort, wo sie stand, weiß von ihr nichts mehr.
   8. Doch die Huld des Herrn währt immer und ewig *
   für alle, die ihn fürchten und ehren. —
9. Ehre sei dem Vater und dem Sohn *
und dem Heiligen Geist,
   10. wie im Anfang, so auch jetzt und alle Zeit *
   und in Ewigkeit. Amen.

Verse 8.11—17

Kehrvers

Der Wortgottesdienst schließt mit einem Gebet ab. Es kann mit Anrufungen eingeleitet werden:

P Zu unserm Herrn Jesus Christus beten wir voll Vertrauen **3**
für unsern Bruder (unsere Schwester) N:

Erlöse ihn (sie), o Herr!   **A** Erlöse ihn (sie), o Herr!
Von aller Schuld   **A** Erlöse ihn (sie), o Herr!

Durch deine Menschwerdung
Durch dein Kreuz und Leiden
Durch deinen Tod und deine Auferstehung
Durch deine Wiederkunft in Herrlichkeit

Der Weg zum Grab

84

Zum Paradies mögen Engel dich geleiten, die heiligen Märtyrer dich begrüßen und dich führen in die heilige Stadt Jerusalem. Die Chöre der Engel mögen dich empfangen, und durch Christus, der für dich gestorben, soll ewiges Leben dich erfreuen.

VIIa. Q50

Werden Zwischentexte gesungen oder gesprochen, wiederholt man abwechselnd die erste und die zweite Hälfte des Gesangs.

Man kann auch den folgenden Psalm 51 singen.

85

1. Ewiges Leben schenke ihnen, o Herr; es leuchte ihnen das ewige Licht.

VIa. Q50

oder:

2. Gott, tilge mein Vergehn, denn du bist reich an Erbarmen.

VIa. Q33

Psalm 51: Bitte um Vergebung und Neuschöpfung

3

1. Erbarme dich <u>meiner</u>, o Gott, *
nach <u>deiner</u> großen Güte!
    2. Wasche mich <u>rein</u> von der Schuld, *
    nimm <u>meine</u> Sünden von mir!
3. Mir steht meine <u>Schuld</u> vor Augen; *
ich bekenne, daß <u>ich</u> Böses getan.
    4. Ich habe gegen <u>dich</u> gesündigt *
    und <u>dein</u> Wort verachtet.

5. Dir gefällt ein wahrhaftiges Herz; *
wasche mich, und ich bin weißer als Schnee!
    6. Von meiner Schuld wende ab dein Antlitz, *
    tilge all meine Sünden!
7. Erschaffe ein reines Herz in mir *
und einen beständigen Geist!
    8. O Gott, verwirf mich nicht, *
    nimm nicht von mir deinen heiligen Geist!
9. Dein Heil erfülle mein Herz mit Freude, *
daß ich gerne dein Wort befolge!
    10. Herr, tu auf meine Lippen, *
    damit mein Mund dein Lob verkünde!
11. Dann zeige ich deine Wege, *
daß Sünder sich zu dir bekehren.
    12. Ein zerknirschtes Herz verschmähst du nicht, *
    du nimmst es an als Opfer. —
13. Ehre sei dem Vater und dem Sohn *
und dem Heiligen Geist,
    14. wie im Anfang, so auch jetzt und alle Zeit *
    und in Ewigkeit. Amen.

Kehrvers   (freie Übertragung)

Als Gesang auf dem Weg zum Grab eignet sich auch die Litanei für Verstorbene, Nr. 770, oder die Litanei vom Leiden Jesu, Nr. 766. Man kann auch ein Gesätz des Rosenkranzes beten.

DIE BEISETZUNG

Z leitet die Beisetzung mit einem Gebet oder einem persönlichen Wort ein. Zum Einsenken des Sarges wird ein Schriftwort gesungen oder gesprochen.

86 Ich bin die Auf-er-ste-hung und das Le-ben. Wer an mich glaubt, wird le-ben, auch wenn er stirbt, und je-der, der lebt und an mich glaubt, wird in E-wig-keit nicht ster-ben.

VIIa. Q50

87 1. I Ge-sät wird in Schwach-heit, auf-er-weckt in Kraft. Dank sei Jesus Christus, der den Tod be-siegt. II Ge-sät wird Ver-gäng-lich-keit, auf-er-weckt in Herr-lich-keit. Dank sei Je-sus

Die Begräbnisfeier

Chri-stus, der den Tod be-siegt. A Al - le, die in Chri-stus sind, ste-hen auf zum Licht.

2. I Tod, wo ist dein Sta - chel? Tod, wo ist dein Sieg? Dank sei Je - sus Chri - stus, der den Tod be-siegt. II Was im Tod ver - lo - ren scheint, hat er neu er - wor - ben. Dank sei Je - sus Chri-stus, der den Tod be-siegt. A Je - sus ging den Weg vor - an, der zum Le - ben führt.

T und M: Walter Röder 1972, nach 1 Kor 15,43–56

Z: Wir übergeben den Leib der Erde. Christus, der von den Toten auferstanden ist, wird auch unseren Bruder (unsere Schwester) N. zum Leben erwecken.

Z sprengt Weihwasser auf den Sarg:

Im Wasser und im Heiligen Geist wurdest du getauft. Der Herr vollende an dir, was er in der Taufe begonnen hat.

(Z beräuchert den Sarg:

Dein Leib war Gottes Tempel. Der Herr schenke dir ewige Freude.)

Z wirft Erde auf den Sarg:

Von der Erde bist du genommen, und zur Erde kehrst du zurück. Der Herr wird dich auferwecken.

Z steckt das Kreuz in die Erde oder macht ein Kreuzzeichen über das Grab:

Das Zeichen unserer Hoffnung, das Kreuz unseres Herrn Jesus Christus, sei aufgerichtet über deinem Grab.

Oder:
Im Kreuz unseres Herrn Jesus Christus ist Auferstehung und Heil. Der Friede sei mit dir!

Es folgt ein Gesang.

LOBGESANG DES ZACHARIAS

89
1

Der Herr schenkt sei-nem Volk den Frie-den.

Benedictus, Lk 1,68–75.78–79   VIIIa, IIa, IIIa. Q50

2 II

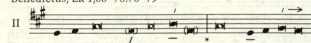

1. Gepriesen sei der Herr, der Gott Is<u>ra</u>els! *
Denn er hat sein Volk besucht und ihm Erlö<u>sung</u> geschaffen;
   2. er hat uns einen starken Retter er<u>weckt</u> *
   im Hause seines <u>Knech</u>tes David.
3. So hat er verheißen von <u>alters</u> her *
durch den Mund seiner heili<u>gen</u> Propheten.
   4. Er hat uns errettet vor unsern <u>Fein</u>den *
   und aus der Hand aller, <u>die</u> uns hassen;
5. er hat das Erbarmen mit den Vätern an uns vollendet /
und an seinen heiligen <u>Bund</u> gedacht, *
an den Eid, den er unserm Vater Ab<u>ra</u>ham geschworen <u>hat</u>;

6. er hat uns geschenkt, daß wir, aus Feindeshand befreit, /
ihm furchtlos dienen in Heiligkeit und Gerechtigkeit *
vor seinem Angesicht all unsre Tage. —
7. Durch die barmherzige Liebe unseres Gottes *
wird uns besuchen das aufstrahlende Licht aus der Höhe,
8. um allen zu leuchten, die in Finsternis sitzen
und im Schatten des Todes, *
und unsre Schritte zu lenken auf den Weg des Friedens.
9. Ehre sei dem Vater und dem Sohn *
und dem Heiligen Geist,
10. wie im Anfang, so auch jetzt und alle Zeit *
und in Ewigkeit. Amen.
Kehrvers

LOBGESANG DES SIMEON

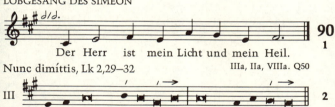

90

Der Herr ist mein Licht und mein Heil.

Nunc dimíttis, Lk 2,29–32   IIIa, IIa, VIIIa. Q50

1. Nun läßt du, Herr, deinen Knecht, *
wie du gesagt hast, in Frieden scheiden.
2. Denn meine Augen haben das Heil gesehen, *
das du vor allen Völkern bereitet hast,
3. ein Licht, das die Heiden erleuchtet, *
und Herrlichkeit für dein Volk Israel. —
4. Ehre sei dem Vater und dem Sohn *
und dem Heiligen Geist,
5. wie im Anfang, so auch jetzt und alle Zeit *
und in Ewigkeit. Amen.
Kehrvers

Vielerorts wird ein Auferstehungslied oder ein Credolied gesungen. Es eignet sich auch das Magnificat Nr. 689, mit Kehrvers Nr. 194.

91 Abschließendes Gebet

Zum Schluß wird für Verstorbene und Lebende gebetet. Die Antwort auf die einzelnen Bitten lautet wie gewohnt:
Wir bitten dich, erhöre uns.
oder: Christus, höre uns. Christus, erhöre uns.

Es folgt das Gebet des Herrn und die Schlußoration. Wo es üblich ist, wird ein Mariengebet oder Marienlied angefügt.
Zum Abschluß wird gebetet:

Z Herr, gib ihm (ihr) und allen Verstorbenen die ewige Ruhe.
A Und das ewige Licht leuchte ihnen.
Z Laß sie ruhen in Frieden.
A Amen.

III. Das Leben der Gemeinde im Kirchenjahr

101 Die gottesdienstlichen Feiern im Kreislauf des Jahres bilden zusammen das liturgische Jahr, meist Kirchenjahr genannt. Fundament und Kern dieses Jahres ist die regelmäßige Feier des Sonntags.

Der Sonntag – Tag des Herrn und seiner Kirche

Weil Christus nach dem Bericht der Evangelien an einem Sonntag auferstanden und zu den Seinen gekommen ist, versammelt sich an diesem Tag die Gemeinde, um das Wort Gottes zu hören, an der Eucharistie teilzunehmen, des Leidens und der Auferstehung und der Herrlichkeit des Herrn zu gedenken und Gott Dank zu sagen, der „uns in seinem großen Erbarmen neu gezeugt hat, damit wir durch die Auferstehung Jesu Christi von den Toten eine lebendige Hoffnung haben" (1 Petr 1,3). Die Gläubigen werden dadurch immer wieder in die Hingabe Christi an den Vater und in seine Auferweckung hineingenommen; ihre Jüngerschaft wird lebendig, Kirche wird spürbar.
Die regelmäßige Feier des Sonntags ist die Mitte alles Lebens in der Kirche, das feste Gerüst des Kirchenjahrs. Der Sonntag ist seit apostolischen Zeiten der Ur-Feiertag, der die Gemeinde immer wieder zusammenführt.

Die beiden Festkreise

Unter den Sonntagen des Jahres wird seit ältester Zeit einer besonders hervorgehoben, der Ostersonntag als der höchste Festtag des Jahres. In einem Triduum, das vom Abend des Gründonnerstags bis zum Ostersonntag reicht, feiert die Kirche das beseligende Leiden und Sterben, die Grabesruhe und die Auferstehung des Herrn (s. Nr. 195). Die Osterfreude entfaltet sich in der fünfzigtägigen Osterzeit, die mit Pfingsten schließt (s. Nr. 212). Zur Osterfeier hin führt eine vierzigtägige Vorbereitungszeit, die österliche Bußzeit oder Fastenzeit (s. Nr. 159).
Diesem Osterfestkreis ist eine weitere Kirchenjahrszeit nachgebildet, die dem Geheimnis der Menschwerdung geweiht ist. Ihre beiden Hochfeste sind Weihnachten am 25. Dezember und Erscheinung des Herrn (Epiphanie) am 6. Januar (s. Nr. 128). Der Vorbereitung auf die weihnachtlichen Feste dient der Advent (s. Nr. 102).

Die Sonntage im Jahreskreis

Durch die beiden Festkreise ist eine Reihe von Sonntagen in ihrem Inhalt näher festgelegt. Außerhalb der Festzeiten bleiben 33 oder 34 Sonntage. Es sind die Sonntage zwischen Epiphanie und Fastenzeit und zwischen Pfingsten und Advent; ihr äußeres Kennzeichen ist die grüne Farbe der Paramente.

Am Sonntag nach Pfingsten feiert die Kirche das Fest der Heiligsten Dreifaltigkeit. Gott hat sich in Jesus Christus geoffenbart als der dreifaltige Gott, der Vater, der Sohn und der Heilige Geist. Die Kirche nimmt schon in der Zeit ihrer Pilgerschaft am geheimnisvollen Leben des dreieinigen Gottes teil. In der Liebe des Heiligen Geistes bringt sie durch Jesus Christus dem Vater alle Herrlichkeit und Ehre dar.

Der letzte Sonntag im Jahreskreis feiert Christus, den König der Welt.

Der Advent

102 Der Weihnachtsfestkreis beginnt mit dem Advent. Er umfaßt drei bis vier Wochen, beginnend mit dem Sonntag nach dem 26. November. In diesen Wochen soll sich die Gemeinde vorbereiten auf die beiden weihnachtlichen Hochfeste, an denen das erste Kommen des Gottessohnes zu uns Menschen gefeiert wird. Dadurch wird unsere Erwartung auch hingelenkt auf die zweite Ankunft (lateinisch: adventus) Christi am Ende der Tage.

Unter beiden Gesichtspunkten ist der Advent geprägt von hingebender und freudiger Erwartung. Die Gemeinde versammelt sich zu werktäglichen Gottesdiensten, meist „Rorate" genannt. Die Familie sammelt sich um den Adventskranz, dessen Kreisform den Zusammenhalt und dessen wachsendes Licht die zuversichtliche Erwartung der Gläubigen im Advent ausdrückt. In manchen Gegenden gibt es den Brauch des „Frauentragens". Ein Bild der Gottesmutter wird jeden Tag zu einer anderen Familie gebracht.

Die Adventssonntage

Der erste Sonntag im Advent ist in seinen Texten geprägt von der Wiederkunft Christi am Letzten Tag.

Am zweiten und dritten Sonntag steht die Gestalt Johannes des Täufers vor uns, der die Wege für das Kommen des Herrn bereiten will.

Der letzte Sonntag stellt uns Maria vor Augen, die Mutter und Jungfrau, die uns Christus geboren hat.

Die erste Lesung ist in den Adventmessen regelmäßig aus den Büchern der Propheten genommen, vor allem aus Jesaja.

Quatember und Vorbereitungswoche vor Weihnachten

Die erste Woche im Advent soll als Quatemberwoche die Gemeinde durch besondere Gottesdienste in den Advent einführen.
Die letzten acht Tage vor Weihnachten, beginnend mit dem 17. Dezember, wollen in besonderer Weise auf das Geburtsfest des Herrn vorbereiten. Die Tage sind ausgezeichnet durch eigene Meßtexte und vor allem durch die O-Antiphonen (s. Nr. 112 und 772).

103

V Tau aus Himmelshöhn, A Heil, um das wir flehn: Herr, erbarme dich.

V Licht, das die Nacht erhellt, A Trost der verlornen Welt: Christus, erbarme dich.

V Komm vom Himmelsthron; A Jesus, Menschensohn: Herr, erbarme dich.

T: Maria Luise Thurmair 1952
M: Heinrich Rohr 1952

Advent

104

2. Wolken, regnet ihn herab, / regnet den Ersehnten. / Öffne, Erde, deinen Schoß, / sproß hervor den Heiland.

3. Komm, du Trost der ganzen Welt, / rette uns vom Tode. / Komm aus deiner Herrlichkeit, / komm, uns zu erlösen.

4. Komm, du Sonne voller Glanz, / komm in unser Dunkel, / und erhelle unsre Nacht, / Herr, in deinem Lichte.

5. Komm, Herr Jesu, komme bald, / such uns heim in Frieden. / Mach die ganze Schöpfung neu. / Komm, o komm, Herr Jesu.

T: Johannes Schlick 1970
M: bei Johannes Spangenberg, Erfurt 1544

105
ö

2. O Gott, ein' Tau vom Himmel gieß, / im Tau herab, o Heiland, fließ. / Ihr Wolken, brecht und regnet aus / den König über Jakobs Haus.

3. O Erd, schlag aus, schlag aus, o Erd, / daß Berg und Tal grün alles werd. / O Erd, herfür dies Blümlein bring, / o Heiland, aus der Erden spring.

4. Wo bleibst du, Trost der ganzen Welt, / darauf sie all ihr Hoffnung stellt? / O komm, ach komm vom höchsten Saal, / komm, tröst uns hier im Jammertal.

5. O klare Sonn, du schöner Stern, / dich wollten wir anschauen gern; / o Sonn, geh auf; ohn deinen Schein / in Finsternis wir alle sein.

6. Hier leiden wir die größte Not, / vor Augen steht der ewig Tod. / Ach komm, führ uns mit starker Hand, / vom Elend zu dem Vaterland.

T: Friedrich Spee 1622
M: Rheinfelsisches Gesangbuch, Augsburg 1666

106

V 1. Kündet allen in der Not:
Fasset Mut und habt Vertrauen.

Bald wird kommen unser Gott;
herrlich werdet ihr ihn schauen.

A 1.–5. Allen Menschen wird zuteil Gottes Heil.

2. Gott naht sich mit neuer Huld, / daß wir uns zu ihm bekehren; / er will lösen unsre Schuld, / ewig soll der Friede währen.

3. Aus Gestein und Wüstensand / werden frische Wasser fließen; / Quellen tränken dürres Land, / überreich die Saaten sprießen.

4. Blinde schaun zum Licht empor, / Stumme werden Hymnen singen, / Tauben öffnet sich das Ohr, / wie ein Hirsch die Lahmen springen.

5. Gott wird wenden Not und Leid. / Er wird die Getreuen trösten, / und zum Mahl der Seligkeit / ziehen die vom Herrn Erlösten.

T: Friedrich Dörr 1972
M: „Morgenglanz der Ewigkeit" Nr. 668

Advent

107
ö

1. Macht hoch die Tür, die Tor macht weit, es kommt der Herr der Herr-lich-keit, ein Kö-nig al-ler Kö-nig-reich, ein Hei-land al-ler Welt zugleich, der Heil und Le-ben mit sich bringt; der-hal-ben jauchzt, mit Freu-den singt. Ge-lo-bet sei mein Gott,— mein Schöpfer reich an Rat.

2. Er ist gerecht, ein Helfer wert. / Sanftmütigkeit ist sein Gefährt, / sein Königskron ist Heiligkeit, / sein Zepter ist Barmherzigkeit; / all unsre Not zum End er bringt; / derhalben jauchzt, mit Freuden singt. / Gelobet sei mein Gott, / mein Heiland groß von Tat.

3. O wohl dem Land, o wohl der Stadt, / so diesen König bei sich hat. / Wohl allen Herzen insgemein, / da dieser König ziehet ein. / Er ist die rechte Freudensonn, / bringt mit sich lauter Freud und Wonn. / Gelobet sei mein Gott, / mein Tröster früh und spat.

4. Macht hoch die Tür, die Tor macht weit, / eur Herz zum Tempel zubereit'. / Die Zweiglein der Gottseligkeit / steckt auf mit Andacht, Lust und Freud; / so kommt der König auch zu euch, / ja Heil und Leben mit zugleich. / Gelobet sei mein Gott, / voll Rat, voll Tat, voll Gnad.

5. Komm, o mein Heiland Jesu Christ, / meins Herzens Tür dir offen ist. / Ach zieh mit deiner Gnade ein, / dein Freundlichkeit auch uns erschein. / Dein Heilger Geist uns führ und

leit / den Weg zur ewgen Seligkeit. / Dem Namen dein, o Herr, / sei ewig Preis und Ehr.

T: Georg Weißel vor 1623
M: Halle 1704
Mit Psalm 24, 7-10 wird die Gemeinde aufgerufen, sich auf den Empfang des Herrn vorzubereiten. Die zweite Strophe bezieht sich auf das Sacharja-Wort (9,9), das Mattäus im Bericht über den Einzug Jesu in Jerusalem (21,5) anführt: „Siehe, dein König kommt zu dir, ein Gerechter und ein Helfer, sanftmütig und reitet auf einem Esel ...". — Mit den „Zweiglein der Gottseligkeit" (Str. 4) deutet der Dichter die Palmzweige, die das Volk für Jesus auf den Weg streut (Mattäus 21,8), und vielleicht auch die Tannenzweige, mit denen man in der Adventszeit das Haus schmückt, als Zeichen der frommen Hingabe („Gottseligkeit").

1. Komm, du Heiland aller Welt; Sohn der Jungfrau, mach dich kund. Darob staune, was da lebt: Also will Gott werden Mensch.

108 ö

2. Nicht nach eines Menschen Sinn, / sondern durch des Geistes Hauch / kommt das Wort in unser Fleisch / und erblüht aus Mutterschoß.
3. Wie die Sonne sich erhebt / und den Weg als Held durcheilt, / so erschien er in der Welt, / wesenhaft ganz Gott und Mensch.
4. Glanz strahlt von der Krippe auf, / neues Licht entströmt der Nacht. / Nun obsiegt kein Dunkel mehr, / und der Glaube trägt das Licht.
5. Gott dem Vater Ehr und Preis / und dem Sohne Jesus Christ; / Lob sei Gott dem Heilgen Geist / jetzt und ewig. Amen.

T: Ambrosius von Mailand 4. Jh. „Veni redemptor gentium",
Übertragung Markus Jenny 1971
M: Einsiedeln 12. Jh. / Erfurt 1524

2. Gott Vater das mit Huld vernahm, / der Sohn verlangt' zur Erden; / der Heilig Geist herniederkam, / das Wort sollt' Fleisch uns werden. / Maria, die erkoren war, / hat Gottes Sohn empfangen. / Durch ihn ist uns das Heil gebracht. / Zu Ende ist das Bangen, / erfüllt der Welt Verlangen.

T: um 1525 / „Kirchenlied" 1938
M: nach Michael Vehes Gesangbuch, Leipzig 1537

110
ö

1. „Wachet auf", ruft uns die Stimme
der Wächter sehr hoch auf der Zinne,
„wach auf, du Stadt Jerusalem."
Wohlauf, der Bräutgam kommt; steht auf, die
Lampen nehmt. Halleluja. Macht euch bereit
zu der Hochzeit, ihr müsset ihm entgegengehn."

Mitternacht heißt diese Stunde;
sie rufen uns mit hellem Munde:
„Wo seid ihr klugen Jungfrauen?

2. Zion hört die Wächter singen; / das Herz tut ihr vor Freude springen, / sie wachet und steht eilend auf. / Ihr Freund kommt vom Himmel prächtig, / von Gnaden stark, von Wahrheit mächtig; / ihr Licht wird hell, ihr Stern geht auf. / „Nun komm, du werte Kron, / Herr Jesu, Gottes Sohn. / Hosianna. / Wir folgen all zum Freudensaal / und halten mit das Abendmahl."

3. Gloria sei dir gesungen / mit Menschen- und mit Engelzungen, / mit Harfen und mit Zimbeln schön. / Von zwölf Perlen sind die Tore / an deiner Stadt; wir stehn im Chore / der Engel hoch um deinen Thron. / Kein Aug hat je gespürt, / kein Ohr hat mehr gehört / solche Freude. / Des jauchzen wir und singen dir / das Halleluja für und für.

T und M: Philipp Nicolai 1599

Advent

111
ö

1. Die Nacht ist vorgedrungen, / der Tag ist nicht mehr fern. / Auch wer zur Nacht geweinet, / der stimme froh mit ein. / Der Morgenstern bescheinet / auch deine Angst und Pein. / So sei nun Lob gesungen / dem hellen Morgenstern.

2. Dem alle Engel dienen, / wird nun ein Kind und Knecht. / Gott selber ist erschienen / zur Sühne für sein Recht. / Wer schuldig ist auf Erden, / verhüll nicht mehr sein Haupt. / Er soll errettet werden, / wenn er dem Kinde glaubt.

3. Die Nacht ist schon im Schwinden, / macht euch zum Stalle auf. / Ihr sollt das Heil dort finden, / das aller Zeiten Lauf / von Anfang an verkündet, / seit eure Schuld geschah. / Nun hat sich euch verbündet, / den Gott selbst ausersah.

4. Noch manche Nacht wird fallen / auf Menschenleid und -schuld. / Doch wandert nun mit allen / der Stern der Gotteshuld. / Beglänzt von seinem Lichte, / hält euch kein Dunkel mehr; / von Gottes Angesichte / kam euch die Rettung her.

5. Gott will im Dunkel wohnen / und hat es doch erhellt. / Als wollte er belohnen, / so richtet er die Welt. / Der sich den Erdkreis baute, / der läßt den Sünder nicht. / Wer hier dem Sohn vertraute, / kommt dort aus dem Gericht.

T: Jochen Klepper 1938   M: Johannes Petzold 1939

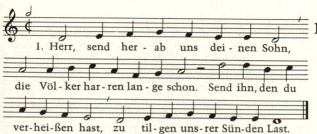

112

1. Herr, send herab uns deinen Sohn, die Völker harren lange schon. Send ihn, den du verheißen hast, zu tilgen unsrer Sünden Last.

2. I O Weisheit aus des Höchsten Mund, / die du umspannst des Weltalls Rund / und alles lenkst mit Kraft und Rat: / komm, weise uns der Klugheit Pfad.

3. II O Adonai, du starker Gott, / du gabst dem Mose dein Gebot / auf Sinai im Flammenschein: / streck aus den Arm, uns zu befrein.

4. III O Wurzel Jesse, Jesu Christ, / ein Zeichen aller Welt du bist, / das allen Völkern Heil verspricht: / eil uns zu Hilfe, säume nicht.

5. IV O Schlüssel Davids, dessen Kraft / uns kann entziehn der ewgen Haft: / komm, führ uns aus des Todes Nacht, / wohin die Sünde uns gebracht.

6. V O Aufgang, Glanz der Ewigkeit, / du Sonne der Gerechtigkeit: / erleuchte doch mit deiner Pracht / die Finsternis und Todesnacht.

7. VI O König, Sehnsucht aller Welt, / du Eckstein, der sie eint und hält: / o komm zu uns, o Herrscher mild, / und rette uns, dein Ebenbild.

8. VII O „Gott mit uns", Immanuel, / du Fürst des Hauses Israel, / o Hoffnung aller Völker du: / komm, führ uns deinem Frieden zu.

9. Herr, wir vertrauen auf dein Wort; / es wirkt durch alle Zeiten fort. / Erlöse uns, du bist getreu. / Komm, schaffe Erd und Himmel neu.

T: nach Heinrich Bone 1847
M: Andernacher Gesangbuch, Köln 1608
Jede O-Antiphon-Strophe (I-VII) kann von Str. 1 eingeleitet und mit Str. 9 abgeschlossen werden.

Advent

113

1. Mit Ernst, o Menschenkinder, das Herz in euch bestellt, bald wird das Heil der Sünder, der wunderstarke Held, den Gott aus Gnad allein der Welt zum Licht und Leben versprochen hat zu geben, bei allen kehren ein.

2. Bereitet doch beizeiten / den Weg dem großen Gast / und rüstet euch mit Freuden, / laßt alles, was er haßt. / Macht eben jeden Pfad, / die Täler all erhöhet, / macht niedrig, was hoch stehet, / was krumm ist, macht gerad.

3. Ach mache du mich Armen / zu dieser heilgen Zeit / aus Güte und Erbarmen, / Herr Jesu, selbst bereit. / Zieh in mein Herz hinein / vom Stall und von der Krippen, / so werden Herz und Lippen / dir allzeit dankbar sein.

T: Valentin Thilo 1642, Str. 3 Hannoversches Gesangbuch, Lüneburg 1657
M: Lyon 1557 / geistlich Erfurt 1563

114

1. Es kommt ein Schiff, geladen bis an sein' höchsten Bord, trägt Gottes Sohn voll Gnaden, des Vaters ewigs Wort.

2. Das Schiff geht still im Triebe, / es trägt ein teure Last; / das Segel ist die Liebe, / der Heilig Geist der Mast.
3. Der Anker haft' auf Erden, / da ist das Schiff am Land. / Das Wort will Fleisch uns werden, / der Sohn ist uns gesandt.
4. Zu Betlehem geboren / im Stall ein Kindelein, / gibt sich für uns verloren: / Gelobet muß es sein.
5. Und wer dies Kind mit Freuden / umfangen, küssen will, / muß vorher mit ihm leiden / groß Pein und Marter viel,
6. danach mit ihm auch sterben / und geistlich auferstehn, / das ewig Leben erben, / wie an ihm ist geschehn.
7. Maria, Gottes Mutter, / gelobet mußt du sein. / Jesus ist unser Bruder, / das liebe Kindelein.

T: Elsaß 15. Jh., bearbeitet von Daniel Sudermann um 1626
M: Andernacher Gesangbuch, Köln 1608

V 1. Wir sagen euch an den lieben Advent. Sehet, die erste Kerze brennt. A 1.–4. Freut euch, ihr Christen, freuet euch sehr! Schon ist nahe der Herr.

Wir sagen euch an eine heilige Zeit. Machet dem Herrn die Wege bereit.

2. Wir sagen euch an den lieben Advent. Sehet, die zweite Kerze brennt. So nehmet euch eins um das andere an, wie auch der Herr an uns getan.
3. Wir sagen euch an den lieben Advent. Sehet, die dritte Kerze brennt. Nun tragt eurer Güte hellen Schein weit in die dunkle Welt hinein.
4. Wir sagen euch an den lieben Advent. Sehet, die vierte Kerze brennt. Gott selber wird kommen, er zögert nicht. Auf, auf, ihr Herzen, und werdet licht.

T: Maria Ferschl 1954   M: Heinrich Rohr 1954

116 ö

1. Gott, heil-ger Schöp-fer al-ler Stern, er-leucht uns, die wir sind so fern, daß wir er-ken-nen Je-sus Christ, der für uns Mensch ge-wor-den ist. A-men.

2. Denn es ging dir zu Herzen sehr, / da wir gefangen waren schwer / und sollten gar des Todes sein; / drum nahm er auf sich Schuld und Pein:

3. Da sich die Welt zum Abend wandt, / der Bräutgam Christus ward gesandt. / Aus seiner Mutter Kämmerlein / ging er hervor als klarer Schein.

4. Gezeigt hat er sein groß Gewalt, / daß es in aller Welt erschallt, / sich beugen müssen alle Knie / im Himmel und auf Erden hie.

5. Wir bitten dich, o heilger Christ, / der du zukünftig Richter bist, / lehr uns zuvor dein' Willen tun / und an dem Glauben nehmen zu.

6. Lob, Preis sei, Vater, deiner Kraft / und deinem Sohn, der all Ding schafft, / dem heilgen Tröster auch zugleich / so hier wie dort im Himmelreich. / Amen.

T: „Conditor alme siderum" 10. Jh., Übertragung Thomas Müntzer 1523/AÖL 1982 M: Kempten um 1000

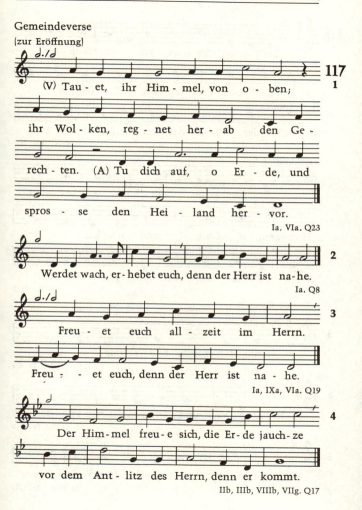

121 Vesper in der Adventszeit

Eröffnung

V O Gott, komm mir zu Hilfe. A Herr, eile, mir zu helfen.
Ehre sei dem Vater und dem Sohn und dem Heiligen Geist.
Wie im Anfang, so auch jetzt und alle Zeit und in Ewigkeit.
Amen. Halleluja. (Nr. 683)

Hymnus: Gott, heilger Schöpfer aller Stern Nr. 116

ERSTER PSALM

122

Hebt euch, ihr To - re; un - ser Kö - nig kommt.

Psalm 24: Einzug des Herrn in sein Heiligtum   VIIIa. Q20

1. Dem Herrn gehört die Erde und was sie er__füllt__, *
der Erdkreis und sei_ne_ Bewohner.

    2. Denn er hat ihn auf Meere ge__grün__det, *
    ihn über Strö_men_ befestigt. —

3. Wer darf hinaufziehn zum Berg des __Herrn__, *
wer darf stehn an seiner hei_ligen_ Stätte?

    4. Der reine Hände hat und ein lauteres __Herz__, *
    der nicht betrügt und __kei__nen Mein_eid_ schwört.

5. Er wird Segen empfangen vom __Herrn__ *
und Heil von Gott, _sei_nem Helfer.

    6. Das sind die Menschen, die nach ihm __fra__gen, *
    die dein Antlitz su_chen_, Gott Jakobs. —

7. Ihr Tore, hebt euch nach oben, /
hebt euch, ihr uralten __Pfor__ten; *
denn es kommt der König der Herr_lich_keit.

    8. Wer ist der König der Herr__lich__keit? /
    Der Herr, stark und ge_wal_tig, *
    der Herr, __mäch__tig im Kampf.

9. Ihr Tore, hebt euch nach oben, /
hebt euch, ihr uralten __Pfor__ten; *
denn es kommt der König der Herr_lich_keit.

    10. Wer ist der König der Herr__lich__keit? /
    Der Herr der Heer_scha_ren, *
    er ist der __Kö__nig der Herr_lich_keit. —

11. Ehre sei dem Vater und dem __Sohn__ *
und dem __Hei__ligen Geist,

    12. wie im Anfang, so auch jetzt und __al__le _Zeit_ *
    und in E_wig_keit. Amen.

Kehrvers

ZWEITER PSALM

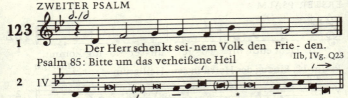

123
1. Der Herr schenkt seinem Volk den Frieden.

Psalm 85: Bitte um das verheißene Heil   IIb, IVg. Q23

2. IV

1. Einst hast du, Herr, dein <u>Land</u> begnadet *
und Jakobs <u>Un</u>glück gewendet,
    2. hast deinem Volk die <u>Schuld</u> vergeben, *
    all sei<u>ne</u> Sünden zuged<u>e</u>ckt,
3. hast zurückgezogen deinen <u>gan</u>zen Grimm *
und deinen glühenden <u>Zorn</u> gedämpft.
    4. Gott, unser Retter, richte uns <u>wie</u>der auf, *
    laß von deinem <u>Un</u>mut gegen uns ab!
5. Willst du uns <u>e</u>wig zürnen, *
soll dein Zorn dauern von <u>Ge</u>schlecht zu Geschlecht?
    6. Willst du uns nicht wie<u>der</u> beleben, *
    so daß dein Volk <u>sich</u> an dir freu<u>en</u> kann?
7. Erweise uns, Herr, <u>deine</u> Huld, *
und g<u>e</u>währe uns dein Heil!
    8. Ich will hören, was Gott redet: / Frieden verkündet
    der Herr seinem Volk und <u>sei</u>nen Frommen, *
    den Menschen mit <u>red</u>lichem Herzen.
9. Sein Heil ist denen nahe, <u>die</u> ihn fürchten. *
Seine Herrlichkeit <u>woh</u>ne in <u>un</u>serm Land!
    10. Es begegnen einander <u>Huld</u> und Treue; *
    Gerechtigkeit <u>und</u> Friede küss<u>en</u> sich.
11. Treue sproßt aus der Erde hervor; *
Gerechtigkeit blickt vom <u>Him</u>mel hernieder.
    12. Auch spendet der <u>Herr</u> dann Segen, *
    und unser Land <u>gibt</u> seinen Ertrag.
13. Gerechtigkeit geht <u>vor</u> ihm her, *
und Heil folgt der <u>Spur</u> seiner Schritte. —
    14. Ehre sei dem Vater <u>und</u> dem Sohn *
    und <u>dem</u> Heiligen Geist,
15. wie im Anfang, so auch <u>jetzt</u> und alle Zeit *
und in <u>E</u>wigkeit. Amen.   *Kehrvers*

GESANG

aus dem Neuen Testament: Amen, Halleluja. Nr. 686
oder:
aus dem Buch Jesaja (Kap. 35)

Sie - he, kom - men wird der Herr. Er wird sein
Volk er - lö - sen; macht-voll schallt sein Ruf.

124
1

Das Volk schaut die Herrlichkeit Gottes

Ia. Q19

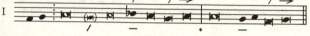

2

1. Wüste und Öde sollen sich freuen, *
die Steppe soll jubeln und blühen.
    2. Bedeckt mit Blumen soll sie üppig blühen *
    und jubeln, ja jubeln und jauchzen. —
3. Mein Volk wird schauen die Herrlichkeit des Herrn *
und die Schönheit unsres Gottes. —
    4. Stärkt die schlaffen Hände, *
    festigt die wankenden Knie!
5. Sprecht zu den Verzagten: *
Seid stark, fürchtet euch nicht.
    6. Seht da, euer Gott! *
    Er selbst wird kommen und euch retten. —
7. Dann werden die Augen der Blinden aufgetan, *
die Ohren der Tauben öffnen sich.
    8. Dann springt der Lahme wie ein Hirsch, *
    die Zunge des Stummen jubelt. —
9. Die vom Herrn Befreiten kehren heim. /
Sie kommen nach Zion mit Jubel; *
auf ihrem Gesicht ewige Freude.
    10. Wonne und Freude kehren ein,
    Kummer und Seufzer entfliehn.
Kehrvers

LESUNG
Antwortgesang

125 V/A Chri-stus, du Sohn des leben-di-gen Got-tes, er-bar-me dich un-ser. V Du kommst in die Welt. A Erbarme dich unser. V Singt das Lob des Vaters und des Sohnes und des Heiligen Geistes. A Christus, du Sohn ...

Homilie
LOBGESANG MARIENS

126 Rich-tet euch auf und er-hebt eu-er Haupt, denn es na-het eu - re Er-lö-sung.

IIIa, IIa. Q19

Magnificat (Lk 1,46–55)

127 III

1. Meine Seele preist die Größe des Herrn, *
und mein Geist jubelt über Gott, meinen Retter.
  2. Denn auf die Niedrigkeit seiner Magd hat er geschaut. *
Siehe, von nun an preisen mich selig alle Geschlechter!
3. Denn der Mächtige hat Großes an mir getan, *
und sein Name ist heilig.
  4. Er erbarmt sich von Geschlecht zu Geschlecht *
über alle, die ihn fürchten.
5. Er vollbringt mit seinem Arm machtvolle Taten; *
er zerstreut, die im Herzen voll Hochmut sind;

    6. er stürzt die Mächtigen vom Thron *
und erhöht die Niedrigen.
7. Die Hungernden beschenkt er mit seinen Gaben *
und läßt die Reichen leer ausgehn.
    8. Er nimmt sich seines Knechtes Israel an *
und denkt an sein Erbarmen,
9. das er unsern Vätern verheißen hat, *
Abraham und seinen Nachkommen auf ewig.
    10. Ehre sei dem Vater und dem Sohn *
und dem Heiligen Geist,
11. wie im Anfang, so auch jetzt und alle Zeit *
und in Ewigkeit. Amen.
Kehrvers

Schlußgebete Nr. 691

Die weihnachtliche Festzeit 128

Im vierten Jahrhundert wollte und mußte die Kirche die Gottheit Christi gegen alle Leugner festlich bekennen; so sind die beiden großen Feste der Weihnachtszeit entstanden.
Die römische Kirche hat den 25. Dezember gewählt, den heidnischen Festtag des unbesiegbaren Sonnengottes. Sie feiert damit Christus als die wahre Sonne, der in seiner Geburt der Welt aufgegangen ist, der im Tod nicht untergehen konnte und der wiederkommt in Herrlichkeit.
Die Kirchen des Ostens haben den 6. Januar bevorzugt. Mit ihnen feiern wir an diesem Tag die Erscheinung (Epiphanie) des Herrn, das Kommen Christi als König in die Welt. Wahrnehmbar wird diese Epiphanie in der Huldigung der Weisen vor dem neugeborenen Kind, in der Stimme des Vaters bei der Taufe Jesu im Jordan und in den ersten Wunderzeichen des Herrn.
Das weihnachtliche Grundgeheimnis wird weiter entfaltet am Fest der Heiligen Familie (Sonntag nach Weihnachten), am achten Tag nach Weihnachten (Neujahr), an dem in besonderer Weise der Namengebung Jesu und der Gottesmutter gedacht wird, und am Sonntag nach Epiphanie mit dem Evangelium von der Taufe Jesu. Am vierzigsten Tag nach Weihnachten (2. Februar) wird schließlich die Darstellung des Herrn im Tempel gefeiert durch einen festlichen Einzug ins Gotteshaus mit brennenden Lichtern (Lichtmeß).

Weihnachtliche Festzeit

Die Familie feiert Weihnachten am Heiligen Abend, vor oder nach dem Weihnachtsgottesdienst (Christmette). Sie versammelt sich vor der Krippe, die das Geschehen der Heiligen Nacht darstellt, und um den Christbaum, der uns an den Baum des Lebens und an Christus als Licht der Welt erinnert. Der Vater liest das Evangelium von der Geburt des Herrn; Weihnachtslieder und Gebet, vor allem der „Engel des Herrn" (Nr. 2,7) lassen uns spüren, was der Grund des Feierns und der Geschenke ist: Gott hat uns seinen eigenen Sohn geschenkt.

An Epiphanie (Dreikönig) zieht man nach altem Brauch betend durch die Wohnung, sprengt geweihtes Wasser in die Räume und läßt Weihrauch duften. An die Türen werden mit Kreide die Jahreszahl und Kreuze sowie die Buchstaben C M B geschrieben (Christus Mansionem Benedicat = Christus segne die Wohnung; oft als Caspar, Melchior und Balthasar gedeutet). Die Sternsinger ziehen vielerorts durch die Straßen und besuchen die Häuser. Sie bitten um eine Gabe für die Weltmission.

129

V Licht, das uns erschien, A Kind, vor dem wir knien: Herr, erbarme dich.

V Dem sich der Himmel neigt, A dem sich die Erde beugt: Christus, erbarme dich.

V Glanz der Herrlichkeit, A König aller Zeit: Herr, erbarme dich.

T: Maria Luise Thurmair 1952   M: Heinrich Rohr 1952

130
ö

1. Gelobet seist du, Jesu Christ, daß du Mensch geboren bist von einer Jungfrau, das ist wahr; des freuet sich der Engel Schar. Kyrieleis.

2. Des ewgen Vaters einig Kind / jetzt man in der Krippe findt; / in unser armes Fleisch und Blut / verkleidet sich das ewig Gut. / Kyrieleis

3. Den aller Welt Kreis nie beschloß, / der liegt in Marien Schoß; / er ist ein Kindlein worden klein, / der alle Ding erhält allein. / Kyrieleis.

4. Das ewig Licht geht da herein, / gibt der Welt ein' neuen Schein; / es leucht' wohl mitten in der Nacht / und uns zu Lichtes Kindern macht. / Kyrieleis.

5. Der Sohn des Vaters, Gott von Art, / ein Gast in der Welt hie ward / und führt uns aus dem Jammertal, / macht uns zu Erben in sein'm Saal. / Kyrieleis.

6. Er ist auf Erden kommen arm, / daß er unser sich erbarm / und in dem Himmel mache reich / und seinen lieben Engeln gleich. / Kyrieleis.

7. Das hat er alles uns getan, / sein groß Lieb zu zeigen an. / Des freu sich alle Christenheit / und dank ihm des in Ewigkeit. / Kyrieleis.

T: Medingen bei Lüneburg um 1380; Str. 2–7 Martin Luther 1524
M: Medingen um 1460 / Wittenberg 1524
Mit dem Wort „verkleiden" (Strophe 2) ist das Wunder der Menschwerdung Gottes umschrieben: Gott (das ewige Gut) hat in der Geburt Jesu die Gestalt eines Menschen wie ein Kleid angezogen, sich aber damit nicht nur (als mit etwas Fremdem) bekleidet, sondern sich darein verkleidet, sich damit völlig verbunden und sich zugleich darin verborgen, also menschliches Wesen angenommen.

131

1. Sei uns willkommen, Herre Christ,
der du unser aller Herre bist.
2. Gott ist geboren, unser Trost,
der hat durch sein Kreuz die Welt erlöst.

1.–2. Sei willkommen, lieber Herre,
hier auf der Erde recht mit Ehren. Kyrieleis.

T und M: Aachen 13./14. Jh.; Str. 2 1970

132

1. Es ist ein Ros entsprungen aus einer Wurzel zart,
wie uns die Alten sungen, von Jesse kam die Art,
und hat ein Blümlein bracht mitten im kalten Winter wohl zu der halben Nacht.

2. Das Röslein, das ich meine, / davon Jesaja sagt, / ist Maria, die Reine, / die uns das Blümlein bracht. / Aus Gottes ewgem Rat / hat sie ein Kind geboren / und blieb doch reine Magd.

3. Das Blümelein so kleine, / das duftet uns so süß; / mit seinem hellen Scheine / vertreibt's die Finsternis, / wahr' Mensch und wahrer Gott, / hilft uns aus allem Leide, / rettet von Sünd und Tod.

T: Mainz um 1587/88; Str. 3 bei Friedrich Layritz 1844
M: Speyerer Gesangbuch, Köln 1599

Das Lied beginnt wie ein Rätsellied von einem „Ros" (= Rosenstock) zu sprechen, der ein Blümlein hervorbrachte. In der zweiten Strophe folgt die Lösung: Der Rosenstock (jetzt „das Röslein" genannt) ist Maria. Auf die Jungfrau (virgo) Maria bezog man schon im Mittelalter die Jesaja-Weissagung (11,1) vom Sproß (virga), der aus der „zarten" (= edlen) Wurzel Isais (lateinisch: Jesse), d. h. aus dem Geschlechte von Davids Vater, hervorgehen sollte.

Ökumenische Fassung:

1. und 3. Strophe wie Nr. 132

133 ö

2. Das Röslein, das ich meine / davon Jesaja sagt, / ist Maria, die Reine, / die uns das Blümlein bracht. / Aus Gottes ewgem Rat / hat sie ein Kind geboren, / welches uns selig macht.

134 ö

1. Lobt Gott, ihr Christen alle gleich, in seinem höchsten Thron, der heut schließt auf sein Himmelreich und schenkt uns seinen Sohn, und schenkt uns seinen Sohn.

2. Er kommt aus seines Vaters Schoß / und wird ein Kindlein klein; / er liegt dort elend, nackt und bloß / in einem Krippelein, / in einem Krippelein,

3. entäußert sich all seiner Gewalt, / wird niedrig und gering / und nimmt an eines Knechts Gestalt, / der Schöpfer aller Ding, / der Schöpfer aller Ding.

4. Heut schließt er wieder auf die Tür / zum schönen Paradeis; / der Kerub steht nicht mehr dafür. / Gott sei Lob, Ehr und Preis, / Gott sei Lob, Ehr und Preis.

T und M: Nikolaus Herman 1560/1554

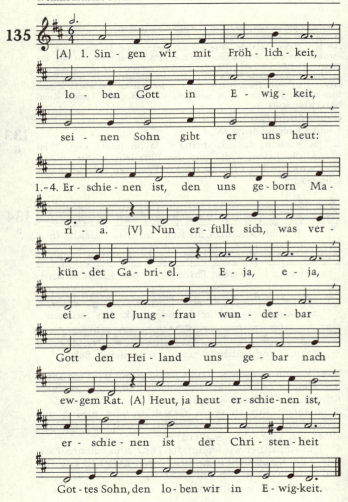

2. Freue dich, Jerusalem, / Licht strahlt auf in Betlehem, / wie verheißen ehedem:
3. Zion, preis den Herren dein, / der uns macht von Sünden rein / und der Menschen Heil will sein:
4. Der im Himmelreich regiert, / kam zu uns als guter Hirt, / heimzuführn, was sich verirrt:

T: nach „Kirchenlied" 1938; Str. 2–4 1973 nach „Resonet in laudibus" 14. Jh.
M: Seckau 1345 / Moosburg um 1365

136

1. Ein Kind ist uns geboren heut, das alle Welt erfreut, das alle Welt erfreut, wendet unser Leid, wendet unser Leid.
2. Heut tut sich auf des Himmels Tor, es bricht ein Glanz hervor, es bricht ein Glanz hervor; Gott wird offenbar, Gott wird offenbar.
3. Schaut auf, ein König kommt zu euch: der Sohn, dem Vater gleich, der Sohn, dem Vater gleich; er macht alle reich, er macht alle reich.
4. Die Engel singen. Gott ist da. Ohn Ende fern und nah, ohn Ende fern und nah klingt es: Gloria, klingt es: Gloria.

T: EGB 1971 nach „Natus est nobis hodie" 15. Jh.
M: bei Michael Weiße 1531

137

1. Tag an Glanz und Freuden groß allen, die verloren! ward ein Mensch, ein Kindlein schön, zart und lieblich anzusehn unter Menschenkindern. Gott unfaßbar, Gott im Licht neigt zur Welt sein Angesicht, ihre Not zu lindern.
Seht, aus einer Jungfrau Schoß ist uns Gott geboren,

2. Staunen die Natur befällt, / denn vom Geist empfangen / ist Gott Sohn in diese Welt / leibhaft eingegangen. / Eine Jungfrau den gebar, / der ihr eigner Schöpfer war, / Gott vor allen Zeiten. / Und das Kindlein, das sie stillt, / hat mit seinem Glanz erfüllt / alle Ewigkeiten.

3. Wie die Sonne Glas durchdringt, / ohne es zu trüben, / so ist, die den Herrn uns bringt, / allzeit Jungfrau blieben. / O Maria, rein und groß, / selig bist du, deren Schoß / Gottes Sohn getragen. / Selig, Mutter Gottes wert, / die den Herrn der Welt genährt / in den Erdentagen.

T: nach „Dies est laetitiae" um 1320, Übertragung Maria Luise Thurmair 1969 M: Medingen bei Lüneburg um 1320 / Hohenfurt 1410

1. Es kam ein Engel hell und klar
von Gott aufs Feld zur Hirtenschar;
der war gar sehr von Herzen froh
und sprach zu ihnen fröhlich so:

2. „Vom Himmel hoch da komm ich her, / ich bring euch gute neue Mär; / der guten Mär bring ich so viel, / davon ich singn und sagen will.

3. Euch ist ein Kindlein heut geborn / von einer Jungfrau auserkorn, / ein Kindelein so zart und fein; / das soll eur Freud und Wonne sein.

4. Es ist der Herr Christ, unser Gott, / der will euch führn aus aller Not; / er will eur Heiland selber sein, / von allen Sünden machen rein.

5. Er bringt euch alle Seligkeit, / die Gott der Vater hat bereit', / daß ihr mit uns im Himmelreich / sollt leben nun und ewiglich.

6. So merket nun das Zeichen recht: / die Krippe, Windelein so schlecht; / da findet ihr das Kind gelegt, / das alle Welt erhält und trägt."

7. Des laßt uns alle fröhlich sein / und mit den Hirten gehn hinein, / zu sehn, was Gott uns hat beschert, / mit seinem lieben Sohn verehrt.

8. Lob, Ehr sei Gott im höchsten Thron, / der uns schenkt seinen eingen Sohn. / Des freuet sich der Engel Schar / und singet uns solch neues Jahr.

T: Martin Luther 1535; Str. 1 Valentin Triller 1555
M: Leipzig 1539

139

1. Hört, es singt und klingt mit Schalle: Fürcht' euch nicht, ihr Hirten alle! Macht euch auf, geht hin zum Stalle: Gott ward Mensch, des freut euch sehr.

2. Seht, ein Stern ist aufgegangen / denen, die in Nacht gefangen. / Zu dem Kinde voll Verlangen / ziehn von fern die Könige her.

3. Mit den Hohen und Geringen / wolln auch wir ihm Gaben bringen, / Gloria voll Freude singen / mit der Engel großem Heer.

4. Denn er ist zur Welt gekommen / für die Sünder und die Frommen, / hat uns alle angenommen, / uns zum Heil und Gott zur Ehr.

T: Markus Jenny 1971 nach „Quem pastores laudavere" 15. Jh.
M: Hohenfurt um 1450 / Prag 1541

140

1. Zu Bethlehem geboren ist uns ein Kindelein. Das hab ich auserkoren, sein eigen will ich sein. Eja, eja, sein eigen will ich sein.

2. In seine Lieb versenken / will ich mich ganz hinab; / mein Herz will ich ihm schenken / und alles, was ich hab. / Eja, eja, und alles, was ich hab.

3. O Kindelein, von Herzen / dich will ich lieben sehr / in Freuden und in Schmerzen, / je länger mehr und mehr. / Eja, eja, je länger mehr und mehr.

4. Dich wahren Gott ich finde / in meinem Fleisch und Blut; / darum ich fest mich binde / an dich, mein höchstes Gut. / Eja, eja, an dich, mein höchstes Gut.

5. Dazu dein Gnad mir gebe, / bitt ich aus Herzensgrund, / daß dir allein ich lebe / jetzt und zu aller Stund. / Eja, eja, jetzt und zu aller Stund.

T: Friedrich Spee 1637
M: Paris 1599 / geistlich Köln 1638

1. Ich steh an deiner Krippe hier, o Jesu, du mein Leben. Ich komme, bring und schenke dir, was du mir hast gegeben. Nimm hin, es ist mein Geist und Sinn, Herz, Seel und Mut, nimm alles hin und laß dir's wohl gefallen.

2. Da ich noch nicht geboren war, / da bist du mir geboren / und hast mich dir zu eigen gar, / eh ich dich kannt, erkoren. / Eh ich durch deine Hand gemacht, / da hast du schon bei dir bedacht, / wie du mein wolltest werden.

3. Ich lag in tiefster Todesnacht, / du warest meine Sonne, / die Sonne, die mir zugebracht / Licht, Leben, Freud und Wonne. / O Sonne, die das werte Licht / des Glaubens in mir zugericht', / wie schön sind deine Strahlen.

4. Ich sehe dich mit Freuden an / und kann mich nicht satt sehen; / und weil ich nun nichts weiter kann, / bleib ich anbetend stehen. / O daß mein Sinn ein Abgrund wär / und meine Seel ein weites Meer, / daß ich dich möchte fassen.

T: Paul Gerhardt 1653
M: Wittenberg 1529

Weihnachtliche Festzeit

142
ö

1. In dulci jubilo — nun singet und seid froh: — Unsers Herzens Wonne liegt in praesepio — und leuchtet wie die Sonne matris in gremio. — Alpha es et O, — Alpha es et O. —

2. O Jesu parvule, / nach dir ist mir so weh. / Tröst mir mein Gemüte, / o puer optime, / durch alle deine Güte, / o princeps gloriae. / Trahe me post te, / trahe me post te.

3. Ubi sunt gaudia? / ⸘ Nirgends mehr denn da, / wo die Engel singen / ⸘ nova cantica / ⸘ und die Zimbeln klingen / in regis curia. / Eja qualia, / eja qualia!

Übersetzung der lateinischen Worte:
1. mit wohlklingendem Jubel – in der Krippe – auf dem Schoß der Mutter – du bist das Alpha und das Omega (Alpha ist der erste und Omega der letzte Buchstabe im griechischen Alphabet).
2. o Kindlein Jesus – o bester Knabe – o Fürst der Herrlichkeit – zieh mich dir nach.
3. wo sind die Freuden – neue Lieder – am Hof des Königs – ei, was für (Freuden und Lieder).

T und M: 14 Jh.

143

1. Nun freut euch, ihr Christen, singet Jubellieder und kommet, o kommet nach Bethlehem. Christus der Heiland stieg zu uns hernieder.

1.–4. Kommt, lasset uns anbeten, kommt, lasset uns anbeten, kommt, lasset uns anbeten den König, den Herrn.

2. O sehet, die Hirten / eilen von den Herden / und suchen das Kind nach des Engels Wort; / gehn wir mit ihnen, Friede soll uns werden.

3. Der Abglanz des Vaters, / Herr der Herren alle, / ist heute erschienen in unserm Fleisch: / Gott ist geboren als ein Kind im Stalle.

4. Kommt, singet dem Herren, / singt, ihr Engelchöre. / Frohlocket, frohlocket, ihr Seligen. / Himmel und Erde bringen Gott die Ehre.

T: EGB 1971 nach „Adeste fideles" des Abbé Borderies um 1790
M: John Reading 17. Jh.

144 ö

1. Jauchzet, ihr Himmel, frohlocket, ihr Engel, in Chören;
singet dem Herren, dem Heiland der Menschen, zu Ehren.
Sehet doch da: Gott will so freundlich und nah
zu den Verlornen sich kehren.

2. Jauchzet, ihr Himmel, frohlocket, ihr Enden der Erden. / Gott und der Sünder, die sollen zu Freunden nun werden. / Friede und Freud / wird uns verkündiget heut. / Freuet euch, Hirten und Herden.

3. Sehet dies Wunder, wie tief sich der Höchste hier beuget. / Sehet die Liebe, die endlich als Liebe sich zeiget. / Gott wird ein Kind, / träget und hebet die Sünd. / Alles anbetet und schweiget.

4. Gott ist im Fleische. Wer kann dies Geheimnis verstehen? / Hier ist die Pforte des Lebens nun offen zu sehen. / Gehet hinein, / eins mit dem Kinde zu sein, / die ihr zum Vater wollt gehen.

5. Treuer Immanuel, werd auch in mir nun geboren. / Komm doch, mein Heiland, denn ohne dich bin ich verloren. / Wohne in mir, / mache mich eins nun mit dir, / der mich zum Leben erkoren.

T: Gerhard Tersteegen 1731
M: „Lobe den Herren" Nr. 258

Lieder

1. Stille Nacht, heilige Nacht! Alles schläft, einsam wacht **145**
nur das traute, heilige Paar. Holder Knab im lockigen Haar:
Schlafe in himmlischer Ruh! Schlafe in himmlischer Ruh!
2. Stille Nacht, heilige Nacht! Gottes Sohn, o wie lacht Lieb
aus deinem göttlichen Mund, da uns schlägt die rettende
Stund: Jesus, in deiner Geburt! Jesus, in deiner Geburt!
3. Stille Nacht, heilige Nacht! Hirten erst kundgemacht;
durch der Engel Halleluja tönt es laut bei ferne und nah:
Jesus der Retter ist da! Jesus der Retter ist da!

T: Josef Mohr 1818 (Urfassung)
M: Franz Xaver Gruber 1818

Erscheinung des Herrn

146
ö

2. Hier liegt es in dem Krippelein, — Krippelein; / ohn Ende
ist die Herrschaft sein. / Halleluja, Halleluja.
3. Die König' aus Saba kamen her, — kamen her; / Gold,
Weihrauch, Myrrhe brachten sie dar. / Halleluja, Halleluja.
4. Sie gingen in das Haus hinein, — Haus hinein / und grüßten das Kind und die Mutter sein. / Halleluja, Halleluja.
5. Sie fielen nieder auf ihre Knie, — ihre Knie / und sprachen:
„Gott und Mensch ist hie." / Halleluja, Halleluja.
6. Für solche gnadenreiche Zeit, — reiche Zeit / sei Gott gelobt in Ewigkeit. / Halleluja, Halleluja.

T: 15. Jh. nach „Puer natus in Betlehem" 14. Jh. / nach Babst 1545 und
Leisentrit 1567
M: bei Lucas Lossius 1553

147

1. Sieh, dein Licht will kommen, stehe auf, du Stadt des Herrn; über dir erstrahlt der Stern, ist der Tag erglommen. Werde licht, Jerusalem, Christus ist erschienen.

2. Christus ist gekommen, / er, der Herrscher, er, der Herr, / der das Reich, die Macht und Ehr / in die Hand genommen. / Freue dich, Jerusalem, / Christus ist erschienen.

3. Christus ist erschienen. / Seht, die Zeit des Heils begann; / alle Völker beten an, / alles wird ihm dienen. / Bete an, Jerusalem, / Christus ist erschienen.

T: Maria Luise Thurmair 1971 M: Markus Jenny 1971

Gemeindeverse
(zur Eröffnung)

148
1 Ein Kind ist uns geboren, ein Sohn ist uns geschenkt; auf seinen Schultern ruht das Reich.
VIIa. Q19

2 Der Herr tut Wunder vor den Augen der Völker.
IIc, IVa. Q20

150 Vesper in der Weihnachtszeit

Eröffnung Nr. 683
Hymnus: Gelobet seist du, Jesu Christ Nr. 130

ERSTER PSALM

151
1 (1) Der Himmel freue sich, und es jauchze die Erde, denn der Herr ist uns geboren. Halleluja.
2 (2) Der Himmel freue sich, und es jauchze die Erde, denn der Herr ist uns erschienen. Halleluja.

IIa. Q48

Psalm 96: Der König und Richter aller Welt

3 II

1. Singet dem Herrn ein neues Lied, *
singt dem Herrn, alle Länder der Erde!
    2. Singt dem Herrn und preist seinen Namen, *
    verkündet sein Heil von Tag zu Tag!
3. Erzählt bei den Völkern von seiner Herrlichkeit, *
bei allen Nationen von seinen Wundern!
    4. Denn groß ist der Herr und hoch zu preisen, *
    mehr zu fürchten als alle Götter.
5. Alle Götter der Heiden sind nichtig, *
der Herr aber hat den Himmel geschaffen.
    6. Hoheit und Pracht sind vor seinem Angesicht, *
    Macht und Glanz in seinem Heiligtum. —
7. Bringt dar dem Herrn, ihr Stämme der Völker, *
bringt dar dem Herrn Lob und Ehre!
    8. Bringt dar dem Herrn die Ehre seines Namens, *
    spendet Opfergaben, und tretet ein in sein Heiligtum!

9. In heiligem Schmuck werft euch nieder vor dem H<u>err</u>n, *
erbebt vor ihm, alle Län<u>der</u> der Erde! —
    10. Verkündet bei den V<u>ö</u>lkern: *
    Der H<u>err</u> ist König.
11. Den Erdkreis hat er gegründet, so daß er nicht w<u>ank</u>t. *
Er richtet die Nationen so, w<u>ie</u> es recht ist. —
    12. Der Himmel freue sich, die Erde frohl<u>oc</u>ke, *
    es brause das Meer und alles, w<u>as</u> es erfüllt!
13. Es jauchze die Flur und was auf ihr w<u>äch</u>st! *
Jubeln sollen alle Bä<u>u</u>me des Waldes
    14. vor dem Herrn, wenn er k<u>omm</u>t, *
    wenn er kommt, um die Er<u>de</u> zu richten.
15. Er richtet den Erdkreis ger<u>ech</u>t *
und die Nationen nach s<u>ein</u>er Treue. —
    16. Ehre sei dem Vater und dem S<u>ohn</u> *
    und dem H<u>ei</u>ligen Geist,
17. wie im Anfang, so auch jetzt und <u>alle</u> Z<u>ei</u>t *
und in Ew<u>ig</u>keit. Amen.   *Kehrvers*

ZWEITER PSALM
(an Weihnachten)

Psalm 72 A: Der Friedenskönig und sein Reich

1. Verleih dein Richteramt, o Gott, <u>dem</u> König, *
dem Königssohn gib dein gerechtes Walten.
    2. Er regiere dein Volk in G<u>erech</u>tigkeit *
    und deine Armen d<u>urch</u> rechtes Urteil.
3. Dann tragen die Berge Frieden für <u>das</u> Volk *
und die H<u>öh</u>en Gerechtig<u>keit</u>. —

Weihnachtliche Festzeit 224

   4. Er wird Recht verschaffen den Gebeugten im Volk, /
  Hilfe bringen den Kindern der Armen, *
  er wird die Unterdrücker zermalmen.
5. Er soll leben, solange die Sonne bleibt und der Mond, *
bis zu den fernsten Geschlechtern.
  6. Er ströme wie Regen herab auf die Felder, *
  wie Regenschauer, die die Erde benetzen.
7. Die Gerechtigkeit blühe auf in seinen Tagen *
und großer Friede, bis der Mond nicht mehr da ist. —
  8. Er herrsche von Meer zu Meer, *
  vom Strom bis an die Enden der Erde. —
9. Ehre sei dem Vater und dem Sohn *
und dem Heiligen Geist,
  10. wie im Anfang, so auch jetzt und alle Zeit *
  und in Ewigkeit. Amen.   Verse 1–8

Kehrvers

153
1

Werde licht, Jerusalem, Halleluja,
dein Licht ist uns erschienen, Halleluja.
VIa. Q29

Psalm 72 B: Der Friedenskönig und sein Reich

2 VI

1. Die Könige von Tarschisch und von den Inseln bringen
Geschenke, *
die Könige von Saba und Seba kommen mit Gaben.
  2. Alle Könige müssen ihm huldigen, *
  alle Völker ihm dienen. —
3. Denn er rettet den Gebeugten, der um Hilfe schreit, *
den Armen und den, der keinen Helfer hat.

4. Er erbarmt sich des Gebeugten und Schwachen, *
er rettet das Leben der Armen.
5. Von Unterdrückung und Gewalttat befreit er sie, *
ihr Blut ist in seinen Augen kostbar. —
6. Er lebe, und Gold von Saba soll man ihm geben! /
Man soll für ihn allezeit beten, *
stets für ihn Segen erflehen.
7. Im Land gebe es Korn in Fülle. *
Es rausche auf dem Gipfel der Berge.
8. Seine Frucht wird sein wie die Bäume des Libanon. *
Menschen blühn in der Stadt wie das Gras der Erde.
9. Sein Name soll ewig bestehen;*
solange die Sonne bleibt, sprosse sein Name.
10. Glücklich preisen sollen ihn alle Völker *
und in ihm sich segnen. —
11. Gepriesen sei der Herr, der Gott Israels! *
Er allein tut Wunder.
12. Gepriesen sei sein herrlicher Name in Ewigkeit! *
Seine Herrlichkeit erfülle die ganze Erde.
Amen, ja Amen. —
13. Ehre sei dem Vater und dem Sohn *
und dem Heiligen Geist,
14. wie im Anfang, so auch jetzt und alle Zeit *
und in Ewigkeit. Amen.

Verse 10–19

Kehrvers

GESANG
aus dem Neuen Testament – Kolosser 1,12–20

154

VIIIb, IIIb, IIb

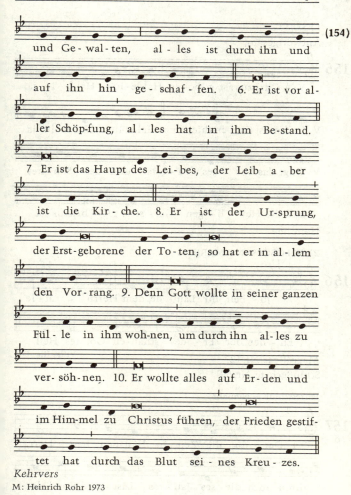

Kehrvers

M: Heinrich Rohr 1973

Weihnachtliche Festzeit 228

LESUNG
Antwortgesang

155

V/A Christus ist ge-bo-ren, Hal-le-lu-ja, Hal-le-lu-ja.

V In ihm ist Gott erschienen. A Hal-le-lu-ja, Hal-le-lu-ja.

V Singt das Lob des Va-ters und des Soh-nes

und des Hei-li-gen Gei-stes. A Christus ist ...

Homilie

ZUM LOBGESANG MARIENS

156

Ju-belt, ihr Lan-de, dem Herrn; al-le
En-den der Er-de schau-en Got-tes Heil.

VIIIa, IIIa. Q19

Magnificat Nr. 127
Schlußgebete Nr. 691

Jahresschluß – Neujahr

157
ö

1. Der du die Zeit in Hän-den hast, Herr,
nimm auch die-ses Jah-res Last und wand-le

Jahresschluß — Neujahr

sie in Segen. Nun von dir selbst in Jesus Christ die Mitte fest gewiesen ist, führ uns dem Ziel entgegen.

2. Da alles, was der Mensch beginnt, / vor seinen Augen noch zerrinnt, / sei du selbst der Vollender. / Die Jahre, die du uns geschenkt, / wenn deine Güte uns nicht lenkt, / veralten wie Gewänder.

3. Wer ist hier, der vor dir besteht? / Der Mensch, sein Tag, sein Werk vergeht: / nur du allein wirst bleiben. / Nur Gottes Jahr währt für und für, / drum kehre jeden Tag zu dir, / weil wir im Winde treiben.

4. Der Mensch ahnt nichts von seiner Frist. / Du aber bleibest, der du bist, / in Jahren ohne Ende. / Wir fahren hin durch deinen Zorn, / und doch strömt deiner Gnade Born / in unsre leeren Hände.

5. Und diese Gaben, Herr, allein / laß Wert und Maß der Tage sein, / die wir in Schuld verbringen. / Nach ihnen sei die Zeit gezählt; / was wir versäumt, was wir verfehlt, / darf nicht mehr vor dich dringen.

6. Der du allein der Ewge heißt / und Anfang, Ziel und Mitte weißt / im Fluge unsrer Zeiten: / bleib du uns gnädig zugewandt / und führe uns an deiner Hand, / damit wir sicher schreiten.

T: Jochen Klepper 1938
M: Siegfried Reda 1960
Das Lied kann auch auf die Melodie „O Herz des Königs aller Welt" Nr. 549 gesungen werden.

158

1. Lob-prei-set all zu dieser Zeit,
die Sonne der Gerechtigkeit,
wo Sonn und Jahr sich wendet,
die alle Nacht geendet.

1.-3. Dem Herrn, der Tag und Jahr geschenkt,
der unser Leben trägt und lenkt,
sei Dank und Lob gesungen.

2. Christus hat unser Jahr erneut / und hellen Tag gegeben, / da er aus seiner Herrlichkeit / eintrat ins Erdenleben.

3. Er ist der Weg, auf dem wir gehn, / die Wahrheit, der wir trauen. / Er will als Bruder bei uns stehn, / bis wir im Glanz ihn schauen.

T: nach Heinrich Bone 1852; Str. 3 EGB 1969
M: „Ich steh an deiner Krippe hier" Nr. 141

Die Österliche Bußzeit (Fastenzeit)

159 Mit dem Aschermittwoch beginnt die vierzigtägige Bußzeit zur Vorbereitung auf die Osterfeier.
Vierzig Jahre ist das Volk des Alten Bundes durch die Wüste gezogen, um das Land der Verheißung geläutert betreten zu können.
Vierzig Tage verbrachte Mose auf dem Berg, um Gottes Gebote entgegenzunehmen.
Vierzig Tage wanderte Elia fastend und betend durch die Wüste, bis er am Horeb Gott in geheimnisvoller Weise erfahren durfte.

Vierzig Tage fastete Jesus in der Wüste, widerstand dem Versucher und verkündete dann die Botschaft vom Reich Gottes.
So bereiten auch wir uns alljährlich vierzig Tage lang vor auf die große Osterfeier der Kirche, um Tod und Auferstehung des Herrn würdig zu feiern.

Taufe und Buße

In besonderer Weise werden in der österlichen Bußzeit die Taufbewerber auf ihre Taufe in der Osternacht vorbereitet. Mit ihnen zusammen besinnt sich die Gemeinde der schon Getauften auf die eigene Taufentscheidung und erneuert sie. Alle hören eifriger als sonst das Wort Gottes; sie vernehmen darin den Ruf zur Umkehr und die Aufforderung zu tätiger Liebe. Im Sakrament der Buße werden sie mit der Kirche und mit Gott versöhnt. Täglich sammelt sich die Gemeinde zur Eucharistie, damit sie wie Elia in der Kraft der Gottesspeise dem österlichen Ziel zuwandern kann. So gehen alle mit Christus den Weg nach Jerusalem, den Weg des Kreuzes zur Auferstehung.

Aschermittwoch und die Fastensonntage

Der gemeinsame Aufbruch zur österlichen Bußzeit erfolgt am Aschermittwoch. Nach altem Brauch verzichtet man an diesem Tag auf Fleischspeisen und begnügt sich mit einmaliger Sättigung. Seinen Namen hat der Tag von der Übung, daß sich alle in einem eigenen Gottesdienst Asche aufs Haupt streuen lassen zum Ausdruck ihrer Bereitschaft zu Buße und Umkehr. Die Woche nach dem ersten Sonntag dient als Quatemberwoche der Einführung der Gemeinde in die Fastenzeit.
Der erste Sonntag ist geprägt durch das Evangelium von der Versuchung des Herrn, der zweite Sonntag läßt im Evangelium von der Verklärung schon das österliche Ziel aufleuchten. Die Themen der weiteren Sonntage wechseln mit den verschiedenen Lesejahren. Im ersten Jahr deuten sie die Taufe in den drei großen Bildern des Johannesevangeliums: vom Wasser des Lebens (Samariterin am Jakobsbrunnen), vom Licht der Welt (Heilung des Blindgeborenen) und vom Sieg des Lebens über den Tod (Auferweckung des Lazarus).
Die alttestamentlichen Lesungen der Fastensonntage geben alle Jahre einen Durchblick durch die Heilsgeschichte: die Schöpfung, die Erwählung und Führung des Gottesvolkes und die Ankündigung des Heils durch die Propheten.

Das Leiden des Herrn

In den Gottesdiensten der Fastenzeit, noch mehr aber im persönlichen Gebet und in gemeinsamen Andachten (Kreuzweg, Ölbergandacht, schmerzhafter Rosenkranz) betrachten wir das bittere Leiden und Sterben Christi. Wir lernen dadurch unseren eigenen Lebensweg verstehen als ein gemeinsames Schicksal mit dem Herrn, der sein Kreuz getragen und dadurch die Welt erlöst hat.

Die Bereitschaft, mit dem Herrn für die Rettung der Welt zu leiden, muß sich in tatkräftigem Einsatz gegen Not und Ungerechtigkeit bewähren. Darum gehören die Caritas und die verschiedenen Hilfswerke der Kirche gegen Hunger und Not in der Welt eng zur Fastenzeit.

Umkehr, Buße, Taufe

160

V/A Be-keh-re uns, ver-gib die Sün-de, schen-ke, Herr, uns neu dein Er-bar-men.

V 1. Der Sohn des Höch-sten kam auf uns-re Er-de, uns zu er-ret-ten aus der Macht des Bö-sen. Er ruft die Men-schen in das Reich des Va-ters. Kv

2. Bekehrt euch alle, denn das Reich ist nahe; / in rechter Buße wandelt eure Herzen. / Seid neue Menschen, die dem Herrn gefallen. Kv

3. Hört seine Stimme, ändert euer Leben; / suchet das Gute und laßt ab vom Bösen; / als Gottes Kinder wirket seinen Frieden. Kv

4. Ihr seid gefunden wie verlorne Schafe, / und in der Taufe seid ihr neu geboren. / Die Kraft des Geistes macht euch stark im Glauben. Kv

5. Als Jesu Jünger seid ihr nun gesendet. / Geht hin zu allen, kündet seine Botschaft; / bringt neue Hoffnung auf die ganze Erde. Kv

6. Tut Gutes allen, helft den Unterdrückten / und stiftet Frieden: liebet euren Nächsten. / Dies ist ein Fasten in den Augen Gottes. Kv

7. Ihr wart einst Knechte, er macht euch zu Kindern; / ihr wart einst Sklaven, er macht euch zu Freien. / Kehrt heim zum Vater, kommt zum Mahl der Freude. Kv

T: Walter Röder 1972/1992
M: „Attende, Domine", Frankreich, 17. Jh.

161

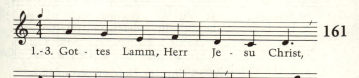

1.-3. Got - tes Lamm, Herr Je - su Christ,

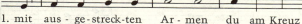

1. mit aus-ge-streck-ten Ar - men du am Kreuz
2. du süh-nest uns-re Sün - den. Wer mit Schuld
3. du gibst dich uns hie - nie - den in dem Brot,

1. ge - stor-ben bist: schenk uns dein Er - bar - men.
2. be - la - den ist, wird Er - bar-men fin - den.
3. das Le - ben ist: schenk uns dei - nen Frie - den.

T und M: Erhard Quack 1945
Als Lied zum Agnus Dei geeignet

T: „Singende Gemeinde" 1961
M: Heinrich Rohr 1961

1. Aus tiefer Not schrei ich zu dir, Herr Gott, erhör mein Rufen; dein gnädig Ohr neig her zu mir und meiner Bitt es öffne. Denn so du willst das sehen an, was Sünd und Unrecht ist getan, wer kann, Herr, vor dir bleiben?

2. Es steht bei deiner Macht allein, / die Sünde zu vergeben, / auf daß dich fürchte groß und klein, / du einzig Heil und Leben. / Darum auf Gott will hoffen ich, / auf ihn will ich verlassen mich / und seinem Wort vertrauen.

3. Und ob es währt bis in die Nacht / und wieder an den Morgen, / doch soll mein Herz an Gottes Macht / verzweifeln nicht noch sorgen. / Er ist allein der gute Hirt, / der Israel erlösen wird / aus seinen Sünden allen.

T: Str. 1 ö Martin Luther 1524; Str. 2 und 3 EGB 1972 nach Martin Luther 1524 zu Psalm 130   M: Martin Luther 1524

164 ö

1. Erbarme dich, erbarm dich mein, Herr, durch die große Güte dein. Mach rein mich bis zum Herzensgrund; im Innersten mach mich gesund. Denn meine Sünde brennt in mir; ja, schuldig ist mein Herz vor dir.

2. Arm ward ich in die Welt geschickt, / von Anbeginn in Schuld verstrickt. / Ein fremdes mächtiges Gesetz / trieb mich dem Bösen in das Netz. / Du weißt, was mich zuinnerst quält. / Vor dir allein hab ich gefehlt.

3. Herr, schau auf meine Sünde nicht; / wend ab von ihr dein Angesicht. / Ein reines Herz erschaff in mir; / so weiß wie Schnee sei es vor dir. / Berühre mich mit deiner Hand, / die alle Macht des Bösen bannt.

4. Herr, nimm von mir nicht deinen Geist, / der mich den Weg des Lebens weist, / ihn, der mich treibt zum Guten hin, / zu Großmut und beständgem Sinn. / Befreie mich von Schuld und Not, / daß ich dich rühme, Herr, mein Gott.

5. Ja, öffne mir den stummen Mund; / dann tu ich allen Menschen kund, / was Großes du an mir getan, / wie du mich nahmst in Gnaden an, / daß, wer dir fern ist, sich bekehrt / und so in dir auch Heil erfährt.

6. Nimm an, was ich zum Opfer bring: / das Herz, zerschlagen und gering, / den Geist, der seine Ohnmacht kennt / und dich den Herrn, den Höchsten nennt. / Dann will ich deiner Güt und Ehr / in Ewigkeit lobsingen, Herr.

T: Maria Luise Thurmair 1971 nach Psalm 51
M: Caspar Ulenberg 1582

165

V 1. Sag ja zu mir, wenn al-les nein sagt, / weil ich so vieles falsch ge-macht. / Wenn Men-schen nicht ver-zei-hen kön-nen, / nimm du mich an trotz al-ler Schuld.

A 1.-6. Tu mei-nen Mund auf, dich zu lo-ben, / und gib mir dei-nen neu-en Geist.

2. Uns ist das Heil durch dich gegeben; / denn du warst ganz für andre da. / An dir muß ich mein Leben messen; / doch oft setz ich allein das Maß.

3. Gib mir den Mut, mich selbst zu kennen, / mach mich bereit zu neuem Tun. / Und reiß mich aus den alten Gleisen; / ich glaube, Herr, dann wird es gut.

4. Denn wenn du ja sagst, kann ich leben; / stehst du zu mir, dann kann ich gehn, / dann kann ich neue Lieder singen / und selbst ein Lied für andre sein.

5. Zu viele sehen nur das Böse / und nicht das Gute, das geschieht. / Auch das Geringste, das wir geben, / es zählt bei dir, du machst es groß.

6. Drum ist mein Leben nicht vergeblich, / es kann für andre Hilfe sein. / Ich darf mich meines Lebens freuen / und andren Grund zur Freude sein..

T: Diethard Zils 1971
M: Ignace de Sutter 1959

2. So laßt uns nun ihm dankbar sein, / daß er für uns litt solche Pein, / nach seinem Willen leben. / Auch laßt uns sein der Sünde feind, / weil Gottes Wort so helle scheint, / Tag und Nacht danach streben, / die Lieb erzeigen jedermann, / die Christus hat an uns getan / mit seinem bittern Sterben. / O Menschenkind, betracht das recht, / wie Gottes Zorn die Sünde schlägt, / daß du nicht mögst verderben.

T: nach Sebald Heyden um 1530
M: Matthäus Greiter 1525

167

V 1. O höre, Herr, erhöre mich, aus meiner Not errette mich!

A 1.-7. Mein Herr und Gott, erbarme dich!

2. Erbarm dich, Herr, und zeig Geduld,
laß mich vertrauen deiner Huld.
3. Vor deinem heilgen Angesicht
verwirf mich armen Schuldner nicht.
4. Nimm deinen Geist nicht aus mir fort,
schick mir den Beistand durch dein Wort.
5. Ein reines Herz erschaff in mir,
daß würdig sei mein Dienst vor dir.
6. Laß deinen Willen mich verstehn,
den rechten Weg mit Freude gehn.
7. Hilf meiner Schwachheit, hilf mir auf;
führ du zum Ziel des Lebens Lauf.

T: Georg Thurmair 1963
M: Graz 1602

168

1. O Herr, nimm unsre Schuld, mit der wir uns belasten, und führe selbst die Hand, mit der wir nach dir tasten.

2. Wir trauen deiner Macht / und sind doch oft in Sorgen. / Wir glauben deinem Wort und fürchten doch das Morgen.

3. Wir kennen dein Gebot, / einander beizustehen, / und können oft nur uns und unsre Nöte sehen.

4. O Herr, nimm unsre Schuld, / die Dinge, die uns binden, / und hilf, daß wir durch dich den Weg zum andern finden.

T und M: Hans-Georg Lotz 1964/1988

169

1. O Herr, aus tiefer Klage erheb ich mein Gesicht, und was ich bin, das trage ich hin vor dein Gericht.

2. Mein Wesen ist am Ende / und trauert wie im Grab; / es fielen Herz und Hände / von deiner Liebe ab.

3. Nun ist vor allen Sünden / die Finsternis mein Lohn. / O laß mich heimwärts finden / wie den verlornen Sohn.

4. Gib mir die Liebe wieder, / laß blühn der Gnade Keim / und führe zu den Brüdern / mich aus dem Elend heim.

T: Georg Thurmair 1935   M: Adolf Lohmann 1935

V/A Lehre uns, Herr, deinen Willen zu tun. **170**

IIb, IIIb, Q23

V 1. Du öffnest den Blinden die Augen.
V 2. Du läßt unsre Schritte nicht straucheln.
V 3. Du lehrst uns, in Freiheit zu leben.
V 4. Deine Weisung macht weit unsre Herzen.

A 1.–8. Dein Wort, Herr, zeigt uns den Weg.

V Lehre uns, Herr, deinen Willen zu tun.
A Lehre uns, Herr, deinen Willen zu tun.

V 5. Wir hören die Botschaft der Freude.
V 6. Du lehrst uns Erkenntnis und Urteil.
V 7. Dein Gebot wird zum Lied auf unsern Lippen.
V 8. Dir zu folgen ist unsere Freude.

V Lehre uns, Herr, deinen Willen zu tun.
A Lehre uns, Herr, deinen Willen zu tun.

Gemeindeverse
(zur Eröffnung)

Ich ruf dich an, Herr Gott, erhöre mich. **171**

VIIIa, IIa, IIIa. Q24

Erbarme dich meiner, o Gott, erbarme dich meiner.

IVa. Q22

Ruf vor dem Evangelium

173 Lob sei dir, Herr, König der ewigen Herrlichkeit.

IVa, IIc. Q19

(Tauferneuerung)

2 Wer nicht von neuem geboren wird, kann Gottes Reich nicht schauen.

VIa, Ia. Q29

Passion

174 V/A Jesus Christus ist der Herr zur Ehre Gottes des Vaters.

1. Er war wie Gott, hielt aber nicht daran fest, Gott gleich zu sein, sondern entäußerte sich, wurde wie ein Sklave und den Menschen gleich.

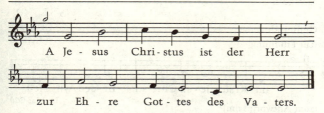

A Jesus Christus ist der Herr zur Ehre Gottes des Vaters.

T: Phil 2,6–11 (ökumenischer Text)
M: Walter Röder 1970

175

V Christus, Gotteslamm, A Opfer am Kreuzesstamm: Herr, erbarme dich.

V Der unsre Wunden trug, A den unsre Sünde schlug: Christus, erbarme dich.

V Der am Holze starb A und uns Heil erwarb: Herr, erbarme dich.

T: Maria Luise Thurmair 1964
M: Heinrich Rohr 1952

Passionslieder

177

So sehr hat Gott die Welt geliebt, daß er seinen Sohn für uns hingab. Wer an ihn glaubt, hat teil an seinem Leben.

IXa. Q26

178 ö

1. Wir danken dir, Herr Jesu Christ, daß du für uns gestorben bist und hast uns durch dein teures Blut gemacht vor Gott gerecht und gut.

2. Wir bitten, wahrer Mensch und Gott: / Durch deine Wunden, Schmach und Spott / erlös uns von dem ewgen Tod / und tröst uns in der letzten Not.
3. Behüt uns auch vor Sünd und Schand / und reich uns dein allmächtig Hand, / daß wir im Kreuz geduldig sein, / getröstet durch dein schwere Pein,
4. und schöpfen draus die Zuversicht, / daß du uns wirst verlassen nicht, / sondern ganz treulich bei uns stehn, / daß wir durchs Kreuz ins Leben gehn.

T: Christoph Fischer vor 1568
M: Nikolaus Herman 1551

179
ö

1. O Haupt voll Blut und Wunden, voll Schmerz und voller Hohn, o Haupt, zum Spott gebunden mit einer Dornenkron, o Haupt, sonst schön gekrönet mit höchster Ehr und Zier, jetzt aber frech verhöhnet: gegrüßet seist du mir.

2. Du edles Angesichte, / vor dem sonst alle Welt / erzittert im Gerichte, / wie bist du so entstellt. / Wie bist du so erbleichet, / wer hat dein Augenlicht, / dem sonst ein Licht nicht gleichet, / so schändlich zugericht't?

3. Die Farbe deiner Wangen, / der roten Lippen Pracht / ist hin und ganz vergangen; / des blassen Todes Macht / hat alles hingenommen, / hat alles hingerafft, / und so bist du gekommen / von deines Leibes Kraft.

4. Was du, Herr, hast erduldet, / ist alles meine Last; / ich, ich hab es verschuldet, / was du getragen hast. / Schau her, hier steh ich Armer, / der Zorn verdienet hat; / gib mir, o mein Erbarmer, / den Anblick deiner Gnad.

5. Ich danke dir von Herzen, / o Jesu, liebster Freund, / für deines Todes Schmerzen, / da du's so gut gemeint. / Ach gib, daß ich mich halte / zu dir und deiner Treu / und, wenn ich einst erkalte, / in dir mein Ende sei.

6. Wenn ich einmal soll scheiden, / so scheide nicht von mir. / Wenn ich den Tod soll leiden, / so tritt du dann herfür. / Wenn mir am allerbängsten / wird um das Herze sein, / so reiß mich aus den Ängsten / kraft deiner Angst und Pein.

7. Erscheine mir zum Schilde, / zum Trost in meinem Tod, / und laß mich sehn dein Bilde / in deiner Kreuzesnot. / Da will ich nach dir blicken, / da will ich glaubensvoll / dich fest an mein Herz drücken. / Wer so stirbt, der stirbt wohl.

T: Paul Gerhardt 1656
nach „Salve caput cruentatum" des Arnulf von Löwen vor 1250
M: Hans Leo Haßler 1601 / geistlich Brieg nach 1601

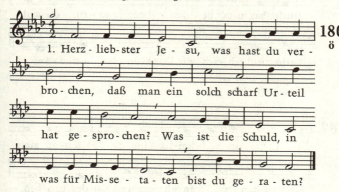

180
ö

1. Herz-liebster Jesu, was hast du verbrochen, daß man ein solch scharf Urteil hat gesprochen? Was ist die Schuld, in was für Missetaten bist du geraten?

2. Du wirst gegeißelt und mit Dorn gekrönet, / ins Angesicht geschlagen und verhöhnet, / du wirst mit Essig und mit Gall getränket, / ans Kreuz gehenket.

3. Was ist doch wohl die Ursach solcher Plagen? / Ach, meine Sünden haben dich geschlagen. / Ich, mein Herr Jesu, habe dies verschuldet, / was du erduldet.

4. Wie wunderbarlich ist doch diese Strafe. / Der gute Hirte leidet für die Schafe; / die Schuld bezahlt der Herre, der Gerechte, / für seine Knechte.

T: Johann Heermann 1630
M: Johann Crüger 1640, nach Psalm 23, Genf 1543

Fastenzeit

181
ö

O hilf, Christe, Gottes Sohn, durch dein bitter Leiden, daß wir, dir stets untertan, Sünd und Unrecht meiden, deinen Tod und sein Ursach fruchtbar nun bedenken, dafür, obwohl arm und schwach, dir Dankopfer schenken.

T: Michael Weiße 1531
M: Leipzig um 1500

182

1. O du hochheilig Kreuze, daran mein Herr gehangen in Schmerz und Todesbangen.

2. Allda mit Speer und Nägeln / die Glieder sind durchbrochen, / Händ, Füß und Seit durchstochen.
3. Wer kann genug dich loben, / da du all Gut umschlossen, / das je uns zugeflossen.
4. Du bist die sichre Leiter, / darauf man steigt zum Leben, / das Gott will ewig geben.
5. Du bist die starke Brücke, / darüber alle Frommen / wohl durch die Fluten kommen.
6. Du bist das Siegeszeichen, / davor der Feind erschricket, / wenn er es nur anblicket.

7. Du bist der Stab der Pilger, / daran wir sicher wallen, / nicht wanken und nicht fallen.
8. Du bist des Himmels Schlüssel, / du schließest auf das Leben, / das uns durch dich gegeben.
9. Zeig deine Kraft und Stärke, / beschütz uns all zusammen / durch deinen heilgen Namen,
10. damit wir, Gottes Kinder, / in Frieden mögen sterben / als seines Reiches Erben.

T: nach Konstanz 1600
M: Straubing 1607

183

V/A 1. Wer leben will wie Gott auf dieser Erde,
V muß sterben wie ein Weizenkorn,
V/A muß sterben, um zu leben.

2. |: Er geht den Weg, den alle Dinge gehen; :|
er trägt das Los, er geht den Weg,
|: er geht ihn bis zum Ende. :|
3. |: Der Sonne und dem Regen preisgegeben, :|
das kleinste Korn in Sturm und Wind
|: muß sterben, um zu leben. :|
4. |: Die Menschen müssen füreinander sterben. :|
Das kleinste Korn, es wird zum Brot,
|: und einer nährt den andern. :|
5. |: Den gleichen Weg ist unser Gott gegangen; :|
und so ist er für dich und mich
|: das Leben selbst geworden. :|

T: Huub Oosterhuis 1965 „Wie als een god wil leven", Übertragung Johannes Bergsma 1969
M: bei Ch. E. H. Coussemaker 1856

Fastenzeit

184

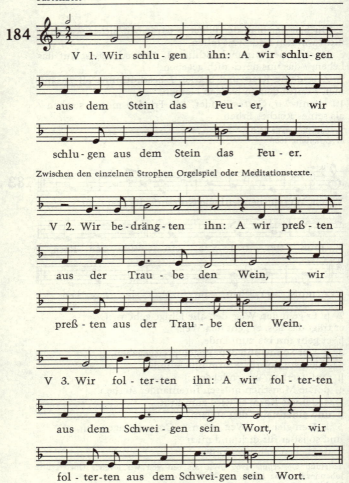

V 1. Wir schlu-gen ihn: A wir schlu-gen aus dem Stein das Feu-er, wir schlu-gen aus dem Stein das Feu-er.

Zwischen den einzelnen Strophen Orgelspiel oder Meditationstexte.

V 2. Wir be-dräng-ten ihn: A wir preß-ten aus der Trau-be den Wein, wir preß-ten aus der Trau-be den Wein.

V 3. Wir fol-ter-ten ihn: A wir fol-ter-ten aus dem Schwei-gen sein Wort, wir fol-ter-ten aus dem Schwei-gen sein Wort.

V 4. Wir banden ihn: A wir lernten vom Sklaven die Freiheit, wir lernten vom Sklaven die Freiheit.

V 5. Wir durchbohrten ihn: A wir bohrten den Quell in der Wüste, wir bohrten den Quell in der Wüste.

V 6. Wir begruben ihn: A wir säten auf der Erde den Himmel, wir säten auf der Erde den Himmel.

T: Wilhelm Willms 1972
M: Winfried Offele 1972

Zu den Kreuzweg-Stationen

185

1. Du schweigst, Herr, da der Richter feige das ungerechte Urteil fällt; wenn du einst richten wirst, dann zeige dich voll Erbarmen dieser Welt.

2. Du hast das Kreuz auf dich genommen, / die schwere Schuld der ganzen Welt; / wenn Not und Ängste auf uns kommen, / sei es dein Kreuz, Herr, das uns hält.

3. O Herr, du wankst und sinkst zur Erde, / die Last der Sünden wirft dich hin; / gib, daß dein Fall mir Stärkung werde, / sooft ich schwach und elend bin.

4. O Mutter, die den Sohn gesehen / am Weg der Schmach und bittern Pein, / erfleh uns Kraft, mit ihm zu gehen / und seinem Kreuze nah zu sein.

5. Es half dir einer, den sie zwangen, / und beugt sich unters Holz der Schmach; / gib, daß wir unser Kreuz umfangen / und dir in Liebe folgen nach.

6. Herr, präge uns dein Angesichte / für immer tief ins Herz hinein, / und wenn es aufstrahlt im Gerichte, / so laß es uns zum Heile sein.

7. Die Kraft verläßt dich, du fällst nieder / zum zweiten Mal; das Kreuz ist schwer. / Ich falle und ich falle wieder; / in meiner Schwachheit hilf mir, Herr.

8. Du redest mahnend mit den Frauen: / „Weint über euch, nicht über mich." / Wenn wir dich einst als Richter schauen, / Herr Jesus, dann erbarme dich.

9. Da liegst du, wie vom Kreuz erschlagen, / erschlagen von der Schuld der Welt. / Hilf mir, im Abgrund nicht verzagen / und hoffen, daß dein Kreuz mich hält.

10. Herr, unsre Schuld hat dich verraten; / sie ist's, die dich in Schande stößt. / Bedecke uns mit deinen Gnaden, / da wir so schmählich dich entblößt.

11. Du wirst, o Herr, ans Kreuz geschlagen, / wirst hingeopfert wie ein Lamm; / du hast die Schuld der Welt getragen / bis an des Kreuzes harten Stamm.

12. Dein Kreuz, o Herr, will ich erheben / und benedeien deinen Tod. / Von diesem Holz kam uns das Leben / und kam uns Freude in die Not.

13. O seht die Mutter voller Schmerzen, / wie sie den Sohn in Armen hält. / Sie fühlt das Schwert in ihrem Herzen, / trägt mit am Leid der ganzen Welt.

14. Er wird der Erde übergeben, / wie man den Weizen bettet ein; / doch wird er auferstehn und leben / und über alles herrlich sein.

T: Maria Luise Thurmair 1959/1972   M: Bertold Hummel 1965

186

V/A 1. Es sungen drei Engel ein' süßen Gesang,
V/A der in dem hohen Himmel klang.

2. Sie sungen, sie sungen alle so wohl,
den lieben Gott wir loben solln.

3. Wir heben an, wir loben Gott,
wir rufen ihn an, es tut uns not.

4. Er speis uns mit dem Himmelsbrot,
das Jesus seinen zwölf Jüngern bot

5. wohl über den Tisch, da Jesus saß,
da er mit ihnen das Abendmahl aß.

6. Judas, der stund wohl nah dabei,
er wollt des Herren Verräter sein,

7. verriet den Herren bis in den Tod,
dadurch der Herr das Leben verlor
8. wohl an dem Kreuze, da er stund,
da er vergoß sein rosenfarbs Blut.
9. Herr Jesu Christ, wir suchen dich;
am heiligen Kreuz, da finden wir dich.
10. Maria, Gotts Mutter, reine Magd,
all unser Not sei dir geklagt.
11. Gott bhüt uns vor der Höllen Pein,
daß wir armen Sünder nicht kommen darein.

T und M: Mainz 1605

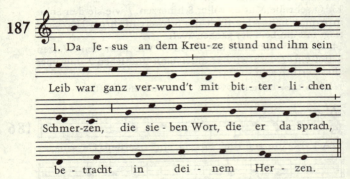

187
1. Da Jesus an dem Kreuze stund und ihm sein Leib war ganz verwund't mit bitterlichen Schmerzen, die sieben Wort, die er da sprach, betracht in deinem Herzen.

2. Zuerst sprach er gar liebereich / zum Vater in dem Himmelreich / mit Kräften und mit Sinnen: / „Vergib, o Gott; sie wissen nicht, / was sie an mir beginnen."
3. Danach denk der Barmherzigkeit, / die Gott dem Schächer noch verleiht, / da er sprach mild und süße: / „Fürwahr, noch heute wirst du sein / bei mir im Paradiese."
4. Der Herr auch seiner Mutter dacht, / da er das dritte Wort ihr sagt: / „Sieh deinen Sohn hieneben. / Johannes, nimm der Mutter wahr; / dir sei sie nun gegeben."
5. Zum vierten schrie er in der Pein: / „Ach Gott, ach Gott, ach Vater mein, / wie hast du mich verlassen!" / Das Elend, das er leiden mußt, / war über alle Maßen.

6. Nun merket auf das fünfte Wort, / das Jesus rief vom Kreuze dort / herab mit weher Stimme: / „Mich dürstet sehr", so klagt der Herr / in seiner Schmerzen Grimme.

7. Das sechste war ein kräftig Wort, / das schloß uns auf die Himmelspfort / und tröstet manchen Sünder: / „Es ist vollbracht, mein Leiden groß, / für alle Menschenkinder."

8. Zuletzt rief er vor seinem End: / „O Vater mein, in deine Händ / ich meinen Geist befehle." / Und neigt' sein Haupt und starb für uns./ Herr, rette unsre Seele!

9. Wer Jesus ehret immerfort / und oft gedenkt der sieben Wort, / der wird auch Gott gedenken / und ihm durch seines Sohnes Tod / das ewig Leben schenken.

T: Wien um 1495 / nach Michael Vehe 1537
M: Wien um 1495 / bei Johannes Leisentrit 1567

188

1. O Trau-rig-keit, o Her-ze-leid! Ist das denn nicht zu kla-gen: Gott des Va-ters ei-nigs Kind wird zum Grab ge-tra-gen.

2. O höchstes Gut, unschuldigs Blut! / Wer hätt dies mögen denken, / daß der Mensch sein' Schöpfer sollt / an das Kreuz aufhenken.

3. O heiße Zähr, fließ immer mehr! / Wen sollt dies nicht bewegen, / weil sich über Christi Tod / auch die Felsen regen.

4. Wie große Pein, Maria rein, / mußt leiden ohne Maßen; / denn du bist von jedermann / ganz und gar verlassen.

5. Wie schwer ist doch der Sünden Joch, / weil es tut unterdrücken / Gottes Sohn, als er das Kreuz / trug auf seinem Rücken.

6. O großer Schmerz! O steinern Herz, / steh ab von deinen Sünden, / wenn du willst nach deinem Tod / Gottes Gnad empfinden.

T: Friedrich Spee 1628   M: Würzburg 1628

189 Vesper in der Fastenzeit

Eröffnung Nr. 683
Hymnus: Herr Jesus Christ, dich zu uns wend. Nr. 516

ERSTER PSALM

190
1

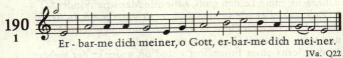

Er - bar-me dich meiner, o Gott, er-bar-me dich mei-ner.

IVa. Q22

Psalm 51: Bitte um Vergebung und Neuschaffung

2

1. Gott sei mir gnädig nach deiner Huld, *
tilge meine Frevel nach deinem reichen Erbarmen!

   2. Wasch meine Schuld von mir ab, *
   und mach mich rein von meiner Sünde!

3. Denn ich erkenne meine bösen Taten, *
meine Sünde steht mir immer vor Augen.

   4. Gegen dich allein habe ich gesündigt, *
   ich habe getan, was dir mißfällt.

5. So behältst du recht mit deinem Urteil, *
rein stehst du da als Richter.

   6. Denn ich bin in Schuld geboren; *
   in Sünde hat mich meine Mutter empfangen. —

7. Verbirg dein Gesicht vor meinen Sünden; *
tilge all meine Frevel!

   8. Erschaffe mir, Gott, ein reines Herz, *
   und gib mir einen neuen, beständigen Geist!

9. Verwirf mich nicht vor deinem Angesicht, *
und nimm deinen heiligen Geist nicht von mir!

   10. Mach mich wieder froh mit deinem Heil; *
   mit einem willigen Geist rüste mich aus! —

11. Herr, öffne mir die Lippen, *
und mein Mund wird deinen Ruhm verkünden.

   12. Schlachtopfer willst du nicht, ich würde sie dir geben; *
   an Brandopfern hast du kein Gefallen.

13. Das Opfer, das Gott gefällt, ist ein zerknirschter Geist, *
ein zerbrochenes und zerschlagenes Herz wirst du, Gott,
nicht verschmähen. —
    14. Ehre sei dem Vater und dem Sohn *
    und dem Heiligen Geist,
15. wie im Anfang, so auch jetzt und alle Zeit *
und in Ewigkeit. Amen.   *Kehrvers*   Verse 3—7. 11—14. 17—19

ZWEITER PSALM

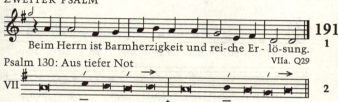

191

Beim Herrn ist Barmherzigkeit und rei-che Er - lö-sung.

Psalm 130: Aus tiefer Not   VIIa. Q29

1. Aus der Tiefe rufe ich, Herr, zu dir: *
Herr, höre meine Stimme!
    2. Wende dein Ohr mir zu, *
    achte auf mein lautes Flehen!
3. Würdest du, Herr, unsere Sünden beachten, *
Herr, wer könnte bestehen?
    4. Doch bei dir ist Vergebung, *
    damit man in Ehrfurcht dir dient. —
5. Ich hoffe auf den Herrn, es hofft meine Seele, *
ich warte voll Vertrauen auf sein Wort.
    6. Meine Seele wartet auf den Herrn *
    mehr als die Wächter auf den Morgen.
7. Mehr als die Wächter auf den Morgen *
soll Israel harren auf den Herrn! —
    8. Denn beim Herrn ist die Huld, *
    bei ihm ist Erlösung in Fülle.
9. Ja, er wird Israel erlösen *
von all seinen Sünden. —
    10. Ehre sei dem Vater und dem Sohn *
    und dem Heiligen Geist,
11. wie im Anfang, so auch jetzt und alle Zeit *
und in Ewigkeit. Amen.   *Kehrvers*

Fastenzeit

Anstelle der vorausgehenden Psalmen kann man den 103. Psalm singen.
Kehrvers: Der Herr vergibt die Schuld. Nr. 742,1, Psalm 103, Nr. 742,3

GESANG
aus dem Neuen Testament: 1 Petr 2,21–24

192

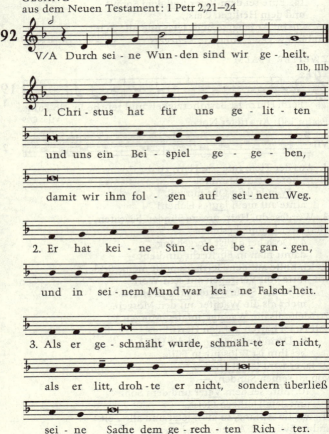

V/A Durch sei-ne Wun-den sind wir ge-heilt.

IIb, IIIb

1. Chri-stus hat für uns ge-lit-ten
und uns ein Bei-spiel ge-ge-ben,
damit wir ihm fol-gen auf sei-nem Weg.

2. Er hat kei-ne Sün-de be-gan-gen,
und in sei-nem Mund war kei-ne Falsch-heit.

3. Als er ge-schmäht wurde, schmäh-te er nicht,
als er litt, droh-te er nicht, sondern überließ
sei-ne Sache dem ge-rech-ten Rich-ter.

4. Er hat unsre Sünden mit seinem eigenen Leib am Holz des Kreuzes getragen, damit wir tot sind für die Sünden und leben für die Gerechtigkeit.

A Durch seine Wunden sind wir geheilt.

M: Walter Röder 1972

LESUNG
Antwortgesang

193

V/A Herr, unser Gott, bekehre uns; dein Wort ist Licht und Leben.

V Wer die Wahrheit tut, kommt ans Licht.

A Dein Wort ist Licht und Leben.

V Singt das Lob des Vaters und des Sohnes und des Heiligen Geistes.

A Herr, unser Gott, bekehre uns; dein Wort ist Licht und Leben.

Homilie

ZUM LOBGESANG MARIENS

194 So sehr hat Gott die Welt geliebt, daß er seinen Sohn für uns hingab. Wer an ihn glaubt, hat teil an seinem Leben.

IXa, Ia, VIa, Q26

Magnificat Nr. 689
Schlußgebete Nr. 691

Die Feier der Karwoche

195
1

Acht Tage vor dem Osterfest ist Jesus feierlich in Jerusalem eingezogen, um dort nach dem Willen des Vaters für die Menschen zu sterben und auferweckt zu werden. Darum beginnt mit dem Palmsonntag die „Heilige Woche". Im Deutschen wird sie meist „Karwoche" (= Trauerwoche) genannt. Sie ist jedoch mehr: sie feiert den großen Sieg Christi über Sünde und Tod, wie der Palmsonntag mit dem königlichen Einzug des Herrn zeigt.
Mit der Abendmesse am Donnerstag beginnt das österliche Triduum. Es umfaßt den Karfreitag, den Karsamstag und den Ostersonntag und feiert das Leiden und Sterben, die Grabesruhe und die Auferstehung Christi.

Palmsonntag

Der Palmsonntag hat seinen Namen von den Palmzweigen, mit denen die Kinder von Jerusalem Christus bei seinem Einzug begrüßt haben. Die Gemeinde zieht an diesem Tag in festlicher Prozession zum Gotteshaus, um dort in der Eucharistie das Sterben und den österlichen Sieg des Herrn zu feiern als Ausblick auf das Oster-Triduum. Bei der Prozession tragen alle gesegneten Zweige; nach altem Brauch werden die bei der Prozession gebrauchten Zweige nach Hause mitgenommen und aufgesteckt, damit sie uns an das von Christus erworbene neue Leben erinnern.

2

Eröffnungsruf

Ho - san - na dem Soh - ne Da - vids!

Q19

196

Der Priester begrüßt die versammelte Gemeinde und spricht ein Gebet über die Zweige. Dann wird der Bericht vom Einzug des Herrn nach einem der vier Evangelisten verkündet. Der anschließenden Prozession geht das reich geschmückte Kreuz voraus, begleitet von brennenden Kerzen und Weihrauch. In festlichen Gesängen bekennt sich die Gemeinde zu Christus als ihrem König.

Karwoche

zur Prozession und zum Einzug

197

V/A Ruhm und Preis und Eh-re sei dir, Er-lö-ser und Kö-nig! Ju-belnd rief einst das Volk sein Ho-si-an-na dir zu.

V 1. Du bist Is-ra-els Kö-nig, Da-vids Ge-schlech-te ent-spros-sen, der im Na-men des Herrn als der Ge-seg-ne-te kommt. Kv

2. Dir lobsingen im Himmel / ewig die seligen Chöre; / so auch preist dich der Mensch, / so alle Schöpfung zugleich. Kv

3. Einst mit Zweigen in Händen / eilte das Volk dir entgegen; / so mit Lied und Gebet / ziehen wir heute mit dir. Kv

4. Dort erklang dir der Jubel, / als du dahingingst zu leiden; / dir, dem König der Welt, / bringen wir hier unser Lob. Kv

5. Hat ihr Lob dir gefallen, / nimm auch das unsre entgegen, / großer König und Herr, / du, dem das Gute gefällt. Kv

T: Theodulf von Orleans um 815 „Gloria, laus et honor", Übertragung EGB 1971
M: EGB 1971 nach dem Prozessionshymnus 9. Jh.

Wo keine Prozession im Freien gehalten werden kann, versammelt man sich zur Feier des Einzugs Christi am Kirchenportal und zieht durch das Gotteshaus zum Altar.

200 Die Drei Österlichen Tage vom Leiden, vom Tod und von der Auferstehung des Herrn

Die Feier des Todes und der Auferstehung des Herrn dauert drei volle Tage, vom Donnerstagabend bis zum Sonntagabend. Dieses österliche Triduum bildet den Höhepunkt des Kirchenjahres. Am Donnerstag wird während des Tages keine Messe gefeiert, mit Ausnahme der „Messe zur Ölweihe", in der der Bischof die Öle weiht für Taufe, Firmung, Priesterweihe, Krankensalbung und Altarweihe.

201 Gründonnerstagabend

Am Abend des Gründonnerstags versammelt sich die Gemeinde mit allen ihren Priestern und Diakonen und feiert zum Gedächtnis des Letzten Abendmahles festlich die Eucharistie.
Das Evangelium von der Fußwaschung (Jo 13,1–15) erinnert uns an den Dienst, den der Herr an uns tut und den auch wir einander leisten sollen. Deshalb bringen die Gläubigen zur Gabenbereitung ihre Spende für die Armen. Zur Vertiefung der Verkündigung kann der Priester an Vertretern der Gemeinde die Fußwaschung vornehmen.
Nach der Meßfeier wird der Leib des Herrn in einer schlichten Prozession an den Ort übertragen, wo er für die Kommunionspendung am Karfreitag aufbewahrt wird. Die Gläubigen halten vor dem heute festlich geschmückten Tabernakel stille Anbetung.

202 Karfreitag

Am Karfreitag und am Karsamstag kennt die Kirche keine Eucharistiefeier. Am Nachmittag des Karfreitags versammelt sich die Gemeinde – wenn möglich in der Todesstunde des Herrn – zu einem eigenen Gottesdienst, in dem sie dankbar des Leidens Jesu gedenkt.
Der Karfreitagsgottesdienst besteht aus drei Teilen: Wortgottesdienst, Kreuzverehrung, Kommunionfeier.

WORTGOTTESDIENST
Nach einer stillen Eröffnung setzt sich die Gemeinde. Mit den Worten des Propheten, des Apostels und des Evangelisten wird das Sterben des Herrn als sein Erlösungssieg gedeutet.

Karfreitag

nach der ersten Lesung

Va - ter, in dei - ne Hän - de emp - feh - le ich mei - nen Geist.

IVa. Q13

nach der zweiten Lesung

Chri - stus war für uns ge - hor - sam bis zum Tod, bis zum Tod am Kreuz.

IIb, IVg. Q23

In den abschließenden großen Fürbitten betet die Kirche, daß das Leiden des Herrn fruchtbar werde für die ganze Welt.

KREUZVEREHRUNG

Das Kreuz wird herbeigebracht und mit dem Ruf: „Ecce lignum crucis" (Seht das Holz des Kreuzes) dreimal feierlich erhoben. Jeweils nach der Antwort: „Venite adoremus" (Kommt, lasset uns anbeten) knien alle nieder und verehren das Kreuz in der Stille.

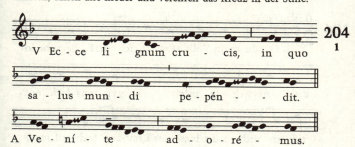

V Ec - ce li - gnum cru - cis, in quo sa - lus mun - di pe - pén - dit.

A Ve - ní - te ad - o - ré - mus.

Karwoche

2 V Seht das Kreuz, an dem der Herr ge-han-gen, das Heil der Welt. A Kommt, las-set uns an-be-ten!

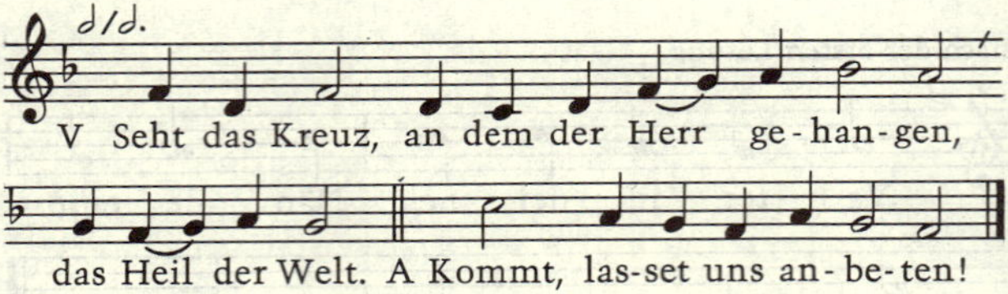

Q13

Priester und Gemeinde treten vor das Kreuz und verehren es durch eine Kniebeuge. Sie wollen dadurch dem leidenden Herrn als ihrem König und Sieger huldigen, der durch den Tod am Kreuz den Tod besiegt und der Welt das Leben gebracht hat. Dies sprechen die Gesänge zur Kreuzverehrung deutlich aus, vor allem das „Trishágion". (Nr. 206)

205
1 Im Kreuz ist Heil, im Kreuz ist Le-ben, im Kreuz ist Hoff-nung.

Q29

2 Sei uns ge-grüßt, du hei-li-ges Kreuz!

Q24

206 V 1. O du mein Volk, was tat ich dir? Betrübt ich dich? Ant-wor-te mir! Ä-gyp-tens Joch ent-riß ich dich, du legst des Kreu-zes Joch auf mich.

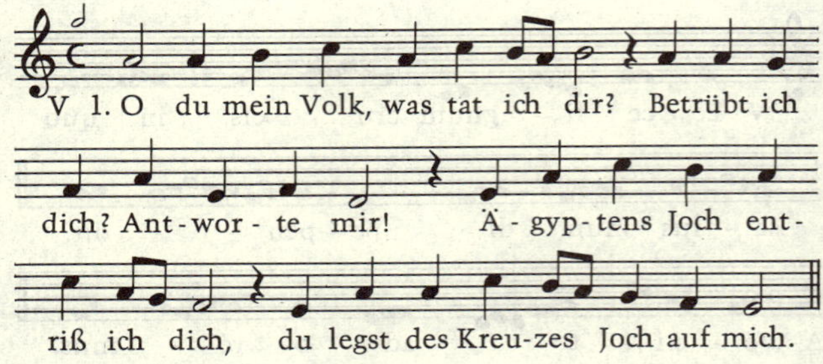

A 1.-7. Hei - li-ger Gott! Hei - li - ger star - ker Gott!
Hei - li - ger, Un-sterb - li-cher, er-barm dich un - ser!

2. Ich führte dich durch vierzig Jahr / und reichte dir das Manna dar; / das Land des Segens gab ich dir, / und du gibst mir das Kreuz dafür.
3. Was hab ich nicht für dich getan? / Pflanzt dich als meinen Weinberg an, / und du gibst bittern Essig mir, / durchbohrst des Retters Herz dafür.
4. Ich führte dich durchs Rote Meer, / und du durchbohrst mich mit dem Speer. / Der Heiden Macht entriß ich dich, / du übergabst den Heiden mich.
5. Ich nährte in der Wüste dich, / und du, du läßt verschmachten mich; / gab dir den Lebensquell zum Trank, / und du gibst Galle mir zum Dank.
6. Ich schlug den Feind, gab dir sein Land; / und grausam schlägt mich deine Hand. / Das Königszepter gab ich dir, / du gibst die Dornenkrone mir.
7. Ich gab dir Gnaden ohne Zahl; / du schlägst mich an des Kreuzes Pfahl. / O du mein Volk, was tat ich dir? / Betrübt ich dich? Antworte mir!

T: Markus Fidelis Jäck 1817 nach „Popule meus"
M: nach Köln 1844

KOMMUNIONFEIER

Der Altar wird gedeckt und das eucharistische Brot herbeigebracht. Die Gemeinde betet das Vaterunser und empfängt den Leib des Herrn, damit sie auch am Todestag Christi teilhat an der lebenspendenden Frucht seines Sterbens.

Mit einem Gebet und dem Entlassungssegen schließt die Feier. Das Kreuz wird während des Tages zur Verehrung in der Kirche aufgestellt. Mancherorts wird auch das Allerheiligste in einer besonderen Kapelle verehrt.

Karsamstag

Am Karsamstag bleibt der Altar leer. Die Kirche weilt betrachtend am Grab Christi. Sie sinnt nach über das Geheimnis seines Leidens und Sterbens.

207 Die Osternacht

In der Osternacht wurden Israels Erstgeborene durch das Blut des Lammes vor dem Würgengel bewahrt.
In der Osternacht zog das Volk Israel auf dem Weg ins versprochene Land mitten durch das Rote Meer und wurde aus der Macht seiner Feinde errettet.
In der Osternacht durchschritt Christus das Meer des Leidens und gelangte in der Auferstehung mit den Seinen in das Reich des Lebens.
Im Wasser der Taufe hat der Christ denselben Weg begonnen. Darum versammelt sich in der Osternacht die Gemeinde, um neue Zuversicht zu gewinnen, daß sie mit Christus an das Ziel der Pilgerschaft gelangen wird. So erfährt sie in dieser heiligsten Nacht das Ostergeheimnis in seiner ganzen Fülle:

Durch Dunkel zum Licht
Durch Leid zur Freude
Aus der Gefangenschaft in die Freiheit
Vom Tod zum Leben
Durch das Kreuz zur Auferstehung

Die Feier der Osternacht ist als Nachtwache gestaltet. Wie die Knechte im Gleichnis (Lk 12,35ff) warten wir, das brennende Licht in der Hand, bis der Herr kommt und uns an seinen Tisch lädt.
Die Feier wird eröffnet mit dem festlichen Anzünden des Lichtes. Den Kern der Nachtwache bildet ein langer Wortgottesdienst.
Beim Nahen des Ostertags kommt Christus, der Auferstandene, zu seiner wartenden Gemeinde; er vereint im Geheimnis der Taufe neue und alte Glieder seines Leibes und lädt alle an den Tisch, daß sie mit ihm das österliche Siegesmahl feiern.

ERÖFFNUNG

Die Gemeinde versammelt sich schweigend im Dunkel der Nacht. Das Osterfeuer wird entfacht und die Osterkerze daran entzündet.

Lichtruf

oder: V Lumen Christi. A Deo gratias.

V Christus, das Licht. A Dank sei Gott.

Hinter der brennenden Kerze ziehen alle ins Gotteshaus und entzünden auch ihre Kerzen. Im Glanz der Lichter singt der Diakon das Exsúltet, den Lobgesang auf die Osternacht.

Lied zum Exsúltet

208

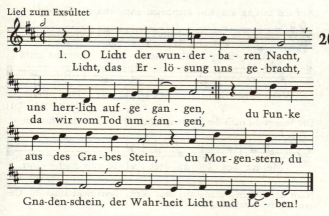

1. O Licht der wunderbaren Nacht,
Licht, das Erlösung uns gebracht,
uns herrlich aufgegangen,
da wir vom Tod umfangen,
du Funke aus des Grabes Stein,
du Morgenstern, du Gnadenschein,
der Wahrheit Licht und Leben!

2. O Licht der lichten Ewigkeit, / das unsre Welt getroffen, / in dem der Menschen Schuld und Leid / darf Auferstehung hoffen. / O Nacht, da Christus unser Licht! / O Schuld, die Gottes Angesicht / uns leuchten läßt in Gnaden!

3. O Licht, viel heller als der Tag, / den Sonnen je entzündet, / das allem, was im Grabe lag, / den Sieg des Lebens kündet. / Du Glanz des Herrn der Herrlichkeit, / du Heil der Welt in Ewigkeit, / voll Freuden und voll Frieden!

T: Georg Thurmair 1963 M: „Nun freue dich, du Christenheit" Nr. 222

Karwoche

WORTGOTTESDIENST

Aus dem Alten Testament sind sieben Lesungen vorgesehen. Auf jeden Fall wird der Durchzug durch das Rote Meer verkündet mit dem Lobpreis des geretteten Volkes:

209

1

Dem Herrn will ich sin - gen, macht - voll hat er sich kund - ge - tan.
VIIIb, IIb, IIIb. Q19

Auf die Lesung aus dem Propheten antwortet die Gemeinde:

2

All ihr Dür - sten - den, kommt zum Was - ser, kommt und trinkt mit Freu - den!
VIIa, VIIIg. Q23

Die Sehnsucht nach der Taufe spricht sich aus in dem Kehrvers:

3

Mei - ne See - le dür - stet al - le - zeit nach Gott.
Ih, VIIa. Q20

Nach der letzten Lesung aus dem Alten Testament singt die Gemeinde den Lobgesang des Gloria.

Nach der Epistel stimmt der Priester feierlich das Halleluja an.

4

Hal - le - - - lu - - ja. _____
Q43

5
Hal - le - lu - ja, Hal - le - lu - ja, Hal - le - lu - ja.
Q44

TAUFFEIER

Die Täuflinge treten heran. Die Gemeinde betet in der Litanei für sie (Melodie Nr. 762)

Litanei in der Osternacht

210

V/A Kyrie eleison.	oder:	V/A Herr, erbarme dich.
V/A Christe eleison.		V/A Christus, erbarme dich.
V/A Kyrie eleison.		V/A Herr, erbarme dich.

V Heilige Maria, Mutter Gottes,   A bitte für uns.
V Heiliger Michael,   A bitte für uns.
V Ihr heiligen Engel Gottes,   A bittet für uns.
V Heiliger Johannes der Täufer
V Heiliger Josef
V Heilige Apostel Petrus und Paulus
V Heiliger Andreas
V Heiliger Johannes
V Heilige Maria Magdalena
V Heiliger Stephanus
V Heiliger Ignatius von Antiochien
V Heiliger Laurentius
V Heilige Perpetua und Felizitas
V Heilige Agnes
V Heiliger Gregor
V Heiliger Augustinus
V Heiliger Athanasius
V Heiliger Basilius
V Heiliger Martin
V Heiliger Benedikt
V Heiliger Franziskus
V Heiliger Dominikus
V Heiliger Franz Xaver
V Heiliger Pfarrer von Ars
V Heilige Katharina von Siena
V Heilige Theresia von Avila
V Alle Heiligen Gottes

V Jesus, sei uns gnädig,   A Herr, befreie uns.
V Von allem Bösen
V Von aller Sünde
V Von der ewigen Verdammnis
V Durch deine Menschwerdung und dein heiliges Leben
V Durch dein Sterben und dein Auferstehn
V Durch die Sendung des Heiligen Geistes

V Wir armen Sünder,   A wir bitten dich, erhöre uns.

Wenn Täuflinge anwesend sind:

V Schenke diesen Erwählten im Wasser der Taufe das neue Leben

Wenn keine Täuflinge anwesend sind:

V Heilige in deiner Gnade dieses Wasser für die Taufe deiner Kinder
V Jesus, Sohn des lebendigen Gottes
V Christus, höre uns.   A Christus, erhöre uns.

In der Litanei können Namen von Heiligen eingefügt werden, besonders die Patrone der Kirche oder des Ortes, sowie die Patrone der Täuflinge.

Dann wird das Taufwasser gesegnet.

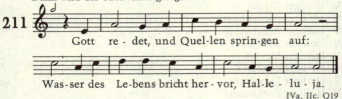

211 Gott redet, und Quellen springen auf: Wasser des Lebens bricht hervor, Halleluja.

IVa, IIc. Q19

Die Täuflinge (bei Kleinkindern deren Eltern und Paten) legen das Taufversprechen ab. Dann wird die Taufe gespendet.
Danach wendet sich der Priester an die Gemeinde und bittet sie, auch ihrerseits das Taufversprechen zu erneuern. Die Gläubigen halten dabei ihre brennenden Kerzen in der Hand. Sie antworten:

Ich widersage.
Ich glaube.

Der Priester besprengt die Gemeinde mit dem eben gesegneten Taufwasser; dazu wird ein Tauflied gesungen.

EUCHARISTIE

In heiliger Freude tritt die Gemeinde nun mit den Neugetauften an den Altar und feiert in der österlichen Eucharistie bewußter als sonst den Tod und die Auferstehung des Herrn.

Die Gläubigen nehmen das Osterlicht mit nach Hause. Im Schein des Osterlichts feiern sie am häuslichen Tisch Ostermahl mit den Speisen, die in der Kirche gesegnet wurden. Vielfach bringen sie das Osterlicht auch auf die Gräber.

Osterzeit

Die österliche Freude dauert nicht nur wenige Tage, sie wird sieben Wochen lang gefeiert und am fünfzigsten Tag („Pfingsten") abgeschlossen. Die Freude äußert sich in dem besonderen Lied dieser Zeit, dem Halleluja (hebräisch = lobt Gott). Bei allen Gottesdiensten in der österlichen Festzeit brennt die Osterkerze und macht die Gegenwart des Auferstandenen in seiner Gemeinde bewußt.

In dieser Zeit der Erfüllung liest die Kirche nur aus Büchern des Neuen Testaments (vor allem Apostelgeschichte und Offenbarung, dazu Kolosserbrief und erster Petrusbrief). Ihren besonderen Charakter erhalten die einzelnen Sonntage durch das Evangelium: das Bekenntnis des Tomas zu Christus, die Erscheinungen des Auferstandenen, der gute Hirt, der wahre Weinstock, die Verheißung des Heiligen Geistes.

Am vierzigsten Tag feiert die Kirche das Fest Christi Himmelfahrt entsprechend dem Bericht der Apostelgeschichte, daß Jesus als unser Anwalt zur Rechten des Vaters erhöht ist. Durch seinen Geist, den uns Christus am Pfingsttag gesandt hat, um seine Kirche vor aller Welt zu offenbaren, bleibt und wirkt er in ihrer Mitte bis ans Ende der Zeit. Er ruft sie Sonntag für Sonntag zusammen, damit sie, von seinem Geist erfüllt, seinen Dienst an der Welt weiterführt zur Ehre des Vaters.

1. Christ ist erstanden von der Marter alle. Des solln wir alle froh sein; Christ will unser Trost sein. Kyrieleis.

2. Wär er nicht erstanden, so wär die Welt vergangen. Seit daß er erstanden ist, so freut sich alles, was da ist. Kyrieleis.

3. Halleluja, Halleluja, Halleluja. Des solln wir alle froh sein; Christ will unser Trost sein. Kyrieleis.

T: Bayern/Österreich 12. – 15. Jh.
M: Salzburg 1160/1433, Tegernsee 15. Jh., Wittenberg 1529

214

1. Christus, Sieger über Schuld und Sünde: A Herr, dich rufen wir.
2. Christus, Sieger über Not und Leiden: Herr, dich rufen wir.
3. Christus, Sieger über Tod und Hölle: Herr, dich rufen wir.

4. Osterlamm, für unsre Sünden geopfert: A Dir sei Preis und Ruhm.
5. Osterlamm, verklärt im Lichte des Himmels: Dir sei Preis und Ruhm.
6. Osterlamm, erhöht zur Rechten des Vaters: Dir sei Preis und Ruhm.

7. Offenbare uns den Sieg des Kreuzes: A Herr, erbarme dich.
8. Offenbare uns die Macht der Liebe: Herr, erbarme dich.
9. Offenbare uns das neue Leben, gib uns teil an deiner Herrlichkeit: A Christus, erbarme dich.

T: aus „Singende Gemeinde" 1962
M: Heinrich Rohr 1962

Nach Strophe 2 und 3 und am Schluß kann je eine Strophe von „Christ ist erstanden" Nr. 213 gesungen werden.

T: Wipo von Burgund vor 1050
M: 11. Jh.

216

V 3. Maria Magdalena, sag uns, was du gesehen. Das Grab des Herrn sah ich offen und Christus von Gottes Glanz umflossen, er geht euch voran nach Galiläa.

A sah Engel in dem Grabe, die Binden und das Linnen. Er lebt, der Herr, meine Hoffnung,

V 4. Laßt uns glauben, was Maria den Jüngern verkündet. Sie sah den Herren, den Auferstandnen.

A Ja, der Herr ist auferstanden, ist wahrhaft erstanden. Du Sieger, König, Herr, hab Erbarmen.

A-men. Halleluja.

T: Wipo von Burgund vor 1050 „Victimae paschali laudes", Übertragung EGB 1972
M: 11. Jh.

217

1. Weihet dem Osterlamm, Christen, Gesänge des Lobes! Das Lamm erlöste die Schafe; Christus, der ohne Schuld, versöhnte die schuldige Welt mit dem Vater.

2. Tod und Leben stritten im Kampf, wie nie einer war; der Fürst des Lebens erlag dem Tod; zum Leben erstanden,— triumphiert er als König.

3. Maria, sage uns an: Was hast du auf dem Wege gesehn? Ich sah das Grab, und Christus sah ich, der lebt. In seiner Klarheit sah ich den erstandenen Herrn.

4. Ich sah das Tuch und die Linnen und sah die Engel, die sagten mir sichere Kunde. Ja, auferstanden ist Christus, er, meine Hoffnung. Nach Galiläa geht er den Seinen voran.

5. Wir wissen: erstanden ist Christus, wahrhaft erstanden vom Tod. Du Sieger, du unser König, erbarme dich unserer Not. A - men. Hal-le-lu - ja.

Kehrvers

Singt, ihr Christen, singt dem Herrn: Hal-le-lu-ja, Hal-le-lu-ja, Hal-le-lu-ja!

M: Heinrich Rohr 1972

Der Kehrvers kann zu Beginn und am Schluß oder auch nach den einzelnen Strophen gesungen werden.

Osterzeit

218
ö

1. Ge-lobt sei Gott im höch-sten Thron samt sei-nem ein-ge-bor-nen Sohn, der für uns hat ge-nug-ge-tan. Hal-le-lu-ja, ⎯ Hal-le-lu-ja, ⎯ Hal-le-lu-ja.

2. Des Morgens früh am dritten Tag, / da noch der Stein am Grabe lag, / erstand er frei ohn alle Klag. / Halleluja, Halleluja, Halleluja.

3. Der Engel sprach: „Nun fürcht' euch nicht, / denn ich weiß wohl, was euch gebricht: / ihr sucht Jesus; den findt ihr nicht. / Halleluja, Halleluja, Halleluja.

4. Er ist erstanden von dem Tod, / hat überwunden alle Not. / Kommt, seht, wo er gelegen hat." / Halleluja, Halleluja, Halleluja.

5. Nun bitten wir dich, Jesu Christ, / weil du vom Tod erstanden bist: / Verleihe, was uns selig ist. / Halleluja, Halleluja, Halleluja.

6. O mache unser Herz bereit, / damit von Sünden wir befreit / dir mögen singen allezeit. / Halleluja, Halleluja, Halleluja.

T: Michael Weiße 1531   M: Melchior Vulpius 1609

219
ö

1. Die gan-ze Welt, Herr Je-su Christ, Hal-le-lu-ja, Hal-le-lu-ja, in dei-ner Ur-ständ fröh-lich ist. Hal-le-lu-ja, Hal-le-lu-ja.

2. Des Himmels Heer im Himmel singt, —
die Christenheit auf Erden klingt. —
3. Jetzt grünet, was nur grünen kann, —
die Bäum zu blühen fangen an. —
4. Es singen jetzt die Vögel all, —
jetzt singt und klingt die Nachtigall. —
5. Der Sonnenschein jetzt kommt herein, —
und gibt der Welt ein' neuen Schein. —
6. Die ganze Welt, Herr Jesu Christ, —
in deiner Urständ fröhlich ist. —

Die erste Strophe kann als Kehrstrophe der Gemeinde nach jeder Vorsängerstrophe (2—6) gesungen werden.
T: Friedrich Spee 1623   M: Köln 1623

220

1. Das ist der Tag, den Gott gemacht, der Freud in alle Welt gebracht. Es freu sich, was sich freuen kann, denn Wunder hat der Herr getan.

2. Verklärt ist alles Leid der Welt, / des Todes Dunkel ist erhellt. / Der Herr erstand in Gottes Macht, / hat neues Leben uns gebracht.

3. Wir sind getauft auf Christi Tod / und auferweckt mit ihm zu Gott. / Uns ist geschenkt sein Heilger Geist, / ein Leben, das kein Tod entreißt.

4. Wir schauen auf zu Jesus Christ, / zu ihm, der unsre Hoffnung ist. / Wir sind die Glieder, er das Haupt; / erlöst ist, wer an Christus glaubt.

5. Nun singt dem Herrn das neue Lied, / in aller Welt ist Freud und Fried. / Es freu sich, was sich freuen kann, / denn Wunder hat der Herr getan.

T: nach Heinrich Bone 1851; Strophe 3 und 4 Friedrich Dörr 1972
M: nach Johannes Leisentrit 1567

221

V/A Halleluja, Halleluja, Halleluja.

V 1. Ihr Christen, singet hocherfreut; der Herr der ewgen Herrlichkeit ist von dem Tod erstanden heut. Halleluja. Kv

2. Die Frauen kamen zu dem Ort, / sie wollten Jesus salben dort: / wer wälzt den Stein vom Grabe fort? / Halleluja. Kv

3. Die Jünger früh am dritten Tag / sehn ängstlich an der Stätte nach, / wo Jesus Christ begraben lag. / Halleluja. Kv

4. Der liebste Jünger Sankt Johann, / er eilt dem Petrus schnell voran, / kam früher bei dem Grabe an. / Halleluja. Kv

5. Ein Engel strahlt im Lichtgewand, / den frommen Frauen macht bekannt, / daß Jesus Christus auferstand. / Halleluja. Kv

6. „Bleibt nicht beim leeren Grabe stehn, / ihr sollt nach Galiläa gehn, / dort werdet ihr den Meister sehn." / Halleluja. Kv

7. Den Jüngern war das Herz so schwer. / In ihre Mitte trat der Herr: / „Der Friede sei mit euch!" sagt er. / Halleluja. Kv

8. Sie sahn den Herrn von Angesicht. / Doch voller Zweifel Tomas spricht: / „Wenn ich nicht sehe, glaub ich nicht." / Halleluja. Kv

9. „Sieh, Tomas, sieh die Seite an, / sieh Händ und Füß, die Male dran, / und glaube doch, was Gott getan." / Halleluja. Kv

10. Am achten Tag er vor ihm stand, / an Jesu Leib die Male fand, / „Mein Herr und Gott", er da bekannt'. / Halleluja. Kv

11. Glückselig alle, die nicht sehn / und dennoch fest im Glauben stehn; / sie werden mit ihm auferstehn. / Halleluja. Kv

12. An diesem Tag, den Gott gemacht, / sei Lob und Ehr und Preis und Macht / dem Allerhöchsten dargebracht. / Halleluja. Kv

T: „O fílii et fíliae" von Jean Tisserand († 1494), Übertragung Christoph Moufang 1865, Neufassung EGB 1972   M: Frankreich 15. Jh.

222

1. Nun freue dich, du Christenheit, der Tag, der ist gekommen, an dem der Herr nach Kreuz und Leid die Schuld von uns genommen. Befreit sind wir von Angst und Not, das Leben hat besiegt den Tod: Der Herr ist auferstanden.

2. An diesem österlichen Tag / laßt uns den Vater loben; / denn er, der alle Ding vermag, / hat seinen Sohn erhoben. / Das ist der Tag, den Gott gemacht; / das Leben ward uns neu gebracht: / Der Herr ist auferstanden.

3. Du lieber Herre Jesu Christ, / da du erstanden heute, / so lobt dich alles, was da ist, / in übergroßer Freude. / Mit dir sind wir von Herzen froh, / wir rufen laut und singen so: / Der Herr ist auferstanden.

T: EGB 1971 nach „Freut euch, alle Christenheit", Mainz um 1410
M: Mainz 1410/1947

Osterzeit

223
ö

V 1. Wir wollen alle fröhlich sein
A Halleluja, Halleluja,
in dieser österlichen Zeit,
Halleluja, Halleluja.
denn unser Heil hat Gott bereit'.
Gelobt sei Christus, Marien Sohn.

2. Es ist erstanden Jesus Christ, / der an dem Kreuz gestorben ist; / ihm sei Lob, Ehr zu aller Frist.
3. Er hat zerstört der Höllen Pfort, / die Seinen all herausgeführt / und uns erlöst vom ewgen Tod.
4. Es singt der ganze Erdenkreis / dem Gottessohne Lob und Preis, / der uns erkauft das Paradeis.
5. Des freu sich alle Christenheit / und lobe die Dreifaltigkeit / von nun an bis in Ewigkeit. / Halleluja, Halleluja, / Halleluja, Halleluja. / Gelobt sei Christus, Marien Sohn.

Das Halleluja kann nach jeder Strophe gesungen werden.
T: Medingen bei Lüneburg um 1380; Strophe 2–5 Eisleben 1568
M: Hohenfurt 1410 / Wittenberg 1573

224

1. Vom Tode heut erstanden ist der heilge Herre Jesus Christ, der aller Welt ein Tröster ist. Halleluja.

2. Die ganze Erde staunt und bebt, / weil Gottes Herrlichkeit anhebt; / der Tod ist tot, das Leben lebt. / Halleluja.
3. Des Herren Sieg bricht in uns ein, / da sprengt er Riegel, Schloß und Stein; / in uns will Christus Sieger sein. / Halleluja.
4. Nun jauchzt und jubelt überall. / Die Welt steht auf von ihrem Fall. / Gott herrscht in uns, er herrscht im All. / Halleluja.

T: nach „Surrexit Christus hodie" Engelberg 1372; Strophe 2–4 Silja Walter 1968 M: Böhmen 15. Jh. / bei Michael Weiße 1531

225 ö

1. Erschienen ist der herrlich Tag, dran niemand gnug sich freuen mag. Christ, unser Herr, heut triumphiert; sein' Feind' er all gefangen-führt. Halleluja.

2. Die alte Schlange, Sünd und Tod, / die Höll, all Jammer, Angst und Not / hat überwunden Jesus Christ, / der heut vom Tod erstanden ist. / Halleluja.
3. Sein' Raub der Tod mußt geben her; / das Leben siegt' und ward ihm Herr. / Zerstöret ist nun all sein Macht; / Christ hat das Leben wiederbracht. / Halleluja.
4. Die Sonn, die Erd, all Kreatur / alls, was betrübet war zuvor, / das freut sich heut an diesem Tag, / da der Welt Fürst darniederlag. / Halleluja.
5. Drum wollen wir auch fröhlich sein, / das Halleluja singen fein / und loben dich, Herr Jesu Christ; / zu Trost du uns erstanden bist. / Halleluja.

T und M: Nikolaus Herman 1560

226

1. Nun freut euch hier und überall, der Herr ist auferstanden;
im Tod bracht er den Tod zu Fall und macht die Höll zuschanden.
Des Lebens Leben lebet noch; sein Arm hat aller Feinde Joch mit aller Macht zerbrochen.

2. Die Morgenröte war noch nicht / mit ihrem Licht vorhanden; / und siehe, da war schon das Licht, / das ewig leucht, erstanden. / Die Sonne war noch nicht erwacht, / da wachte und ging auf voll Macht / die unerschaffne Sonne.

3. O Lebensfürst, o starker Held, / von Gott vorzeit versprochen, / vor dir die Hölle niederfällt, / da du ihr Tor zerbrochen. / Du hast gesiegt und trägst zum Lohn / ein allzeit unverwelkte Kron / als Herr all deiner Feinde.

4. Ich will von Sünden auferstehn, / wie du vom Grab aufstehest; / ich will zum andern Leben gehn, / wie du zum Himmel gehest. / Dies Leben ist doch lauter Tod; / drum komm und reiß aus aller Not / uns in das rechte Leben.

T: nach Paul Gerhardt 1653
M: Johann Crüger 1653

V 1. Danket Gott, denn er ist gut;
groß ist alles, was er tut.

A 1.-12. Seine Huld währt alle Zeit,
waltet bis in Ewigkeit.

2. Preiset Gott und gebt ihm Ehr;
er ist aller Herren Herr. —
3. Er tut Wunder, er allein,
alles rief er in das Sein. —
4. Der durch seiner Allmacht Ruf
Erd und Himmel weise schuf. —
5. Der die Sterne hat gemacht,
Sonn und Mond für Tag und Nacht. —
6. Er hat Israel befreit
aus Ägyptens Dienstbarkeit. —
7. Er zerschlug Pharaos Heer,
führt' das Volk durchs Rote Meer. —
8. Führte es mit starker Hand
durch die Wüste in sein Land. —
9. Dankt ihm, der in dieser Nacht
unsrer Niedrigkeit gedacht. —
10. Der uns nicht verderben ließ,
den Bedrängern uns entriß. —
11. Er speist alles, was da lebt.
Alle Schöpfung ihn erhebt. —
12. Danket Gott, denn er ist gut;
groß ist alles, was er tut. —

T: EGB 1970, nach Psalm 136
M: Genf 1562

Osterzeit

Christi Himmelfahrt

228 ö

1. Christ fuhr gen Himmel. Was sandt er uns hernieder? Er sandte uns den Heilgen Geist zu Trost der armen Christenheit. Kyrieleis.

2. Christ fuhr mit Schallen von seinen Jüngern allen. Er segnet' sie mit seiner Hand und sandte sie in alle Land. Kyrieleis.

3. Halleluja, Halleluja, Halleluja. Des

solln wir al-le froh sein; Christ will unser Trost sein. Kyrie-leis.

T: Crailsheim 1480; Strophe 2 bei Johannes Leisentrit 1567
M: „Christ ist erstanden" Nr. 213

229

1. Ihr Christen, hoch erfreuet euch, / der Herr fährt auf zu seinem Reich. / Er triumphiert, lobsinget ihm, / lobsinget ihm mit lauter Stimm!

2. Sein Werk auf Erden ist vollbracht, / zerstört hat er des Todes Macht. / Er hat die Welt mit Gott versöhnt / und Gott hat ihn mit Ehr gekrönt.

3. Er ward gehorsam bis zum Tod, / erhöht hat ihn der starke Gott. / Ihm ward zuteil ein Name hehr; / es ruft das All: Du bist der Herr.

4. Die Engel mit Erstaunen sehn, / was Wunder mit der Welt geschehn. / Sie lag im Tod, nun ist sie frei: / im Siege Christi ward sie neu.

5. Er ist das Haupt der Christenheit, / regiert sein Volk in Ewigkeit. / Er triumphiert, lobsinget ihm, / lobsinget ihm mit lauter Stimm!

T: nach Erasmus Alber 1549; Strophe 2–5 nach Johann Samuel Diterich 1765
M: nach Johannes Leisentrit 1584 / Erhard Quack 1941

230

1. Gen Himmel aufgefahren ist, Halleluja, der Ehren König Jesus Christ. Halleluja.

2. Er sitzt zu Gottes rechter Hand, / Halleluja, / herrscht über Himmel und alle Land. / Halleluja.
3. Nun ist erfüllt, was gschrieben ist, / Halleluja, / in Psalmen von dem Herren Christ. / Halleluja.
4. Drum jauchzen wir mit großem Schalln, / Halleluja, / dem Herren Christ zum Wohlgefalln. / Halleluja.
5. Der heiligen Dreieinigkeit, / Halleluja, / sei Lob und Preis in Ewigkeit. / Halleluja.

T: Frankfurt/Oder 1601 nach „Coelos ascendit hodie", 16. Jh.
M: Melchior Franck 1627

Gemeindeverse
(zur Eröffnung)

231

Lobsinget dem Herrn, der Wunder vollbracht; singt ihm ein neues Lied. Halleluja, Halleluja.

VIa, VIIg, Q19

Vesper in der Osterzeit

234

Eröffnung Nr. 683
Hymnus: Nun freue dich, du Christenheit. Nr. 222

ERSTER PSALM

Dan-ket dem Herrn, er ist gü-tig. Hal-le-lu-ja.

VIa. Q34

235

1

Psalm 118 A und B: Loblied am Festtag

2

1. Danket dem Herrn, denn er <u>ist</u> gütig, *
denn sei<u>ne</u> Huld währt ewig.
    2. So soll Isra<u>el</u> sagen: *
    Denn sei<u>ne</u> Huld währt ewig.
3. So soll das Haus Aa<u>ron</u> sagen: *
Denn sei<u>ne</u> Huld währt ewig.
    4. So sollen alle sagen, die den Herrn fürchten <u>und</u> ehren: *
    Denn sei<u>ne</u> Huld währt ewig. —
5. In der Bedrängnis rief ich <u>zum</u> Herrn; *
der Herr hat mich er<u>hört</u> und mich frei ge<u>macht</u>.
    6. Der Herr ist bei mir, ich fürchte <u>mich</u> nicht. *
    Was können <u>Men</u>schen mir antun?
7. Der Herr ist bei mir, er ist <u>mein</u> Helfer; *
ich aber schaue auf mei<u>ne</u> Hasser herab.
    8. Besser, sich zu bergen <u>beim</u> Herrn, *
    als auf <u>Men</u>schen zu bauen.
9. Besser, sich zu bergen <u>beim</u> Herrn, *
als auf <u>Fürs</u>ten zu bauen. —
    10. Ehre sei dem Vater und <u>dem</u> Sohn *
    und <u>dem</u> Heiligen Geist,
11. wie im Anfang, so auch jetzt <u>und</u> alle <u>Zeit</u> *
und in <u>E</u>wigkeit. Amen.   *Kehrvers*   Verse 1–9

Osterzeit

oder:

3
Hal-le-lu-ja, Hal-le-lu-ja,— Hal-le-lu-ja.

VIa. Q43

4 1. Danket dem Herrn, denn er <u>ist</u> gütig, *
denn sei<u>ne</u> Huld währt ewig.

    2. Alle Völker <u>umringen</u> m<u>ich</u>; *
ich wehre sie ab <u>im</u> Namen des Herrn.

3. Sie umringen, ja, sie <u>umringen</u> m<u>ich</u>; *
ich wehre sie ab <u>im</u> Namen des Herrn.

    4. Sie umschwirren mich wie Bienen, /
wie ein Strohfeuer <u>verlöschen</u> s<u>ie</u>, *
ich wehre sie ab <u>im</u> Namen des Herrn.

5. Sie stießen mich hart, sie wollten <u>mich</u> stürzen; *
der Herr aber <u>hat</u> mir geholfen.

    6. Meine Stärke und mein Lied ist <u>der</u> Herr; *
er ist für mich zum <u>Ret</u>ter geworden. —

7. Frohlocken und Jubel erschallt in den Zelten der <u>Ge</u>rechten: *
„Die Rechte <u>des</u> Herrn wirkt mit Macht!

    8. Die Rechte des Herrn ist <u>er</u>hoben, *
die Rechte <u>des</u> Herrn wirkt mit Macht!"

9. Ich werde nicht sterben, son<u>dern</u> leben,*
um die Taten des <u>Herrn</u> zu verkünden.

    10. Der Herr hat mich ge<u>züch</u>tigt, *
doch er hat mich nicht dem <u>Tod</u> übergeben. —

11. Ehre sei dem Vater und <u>dem</u> Sohn *
und <u>dem</u> Heiligen Geist,

    12. wie im Anfang, so auch jetzt <u>und</u> alle <u>Zeit</u> *
und in <u>E</u>wigkeit. Amen. *Kehrvers*   Verse 1. 10–18

ZWEITER PSALM

236
1

Das ist der Tag, den der Herr ge-macht;   laßt

uns froh-lok-ken und sei-ner uns freu-en.

VIa. Q23

Psalm 118 C: Dank für die Rettung

1. Öffnet mir die Tore zur Ge̱rechtigkeit, *
damit ich eintrete, um de̱m Herrn zu danken.
    2. Das ist das Tor zu̱m Herrn, *
    nur Gerecẖte treten hier ein.
3. Ich danke dir, daß du mich erhört hast; *
du bist für mich zum Re̱tter geworden.
    4. Der Stein, den die Bauleute ve̱rwarfen, *
    er ist zum E̱ckstein geworden.
5. Das hat der Herr vo̱llbracht, *
vor unseren Augen gescha̱h dieses Wunder.
    6. Dies ist der Tag, den der Herr gema̱cht hat; *
    wir wollen jubeln und u̱ns an ihm freuen. —
7. Ach, Herr, bring do̱ch Hilfe! *
Ach, Herr, gi̱b doch Gelingen! —
    8. Gesegnet sei er, der kommt im Namen des Herrn! /
    Wir segnen euch vom Haus de̱s Herrn her. *
    Gott, de̱r Herr, erleuchte̱ uns.
9. Mit Zweigen in den Händen schließt euch zusammen
zu̱m Reigen, *
bis zu de̱n Hörnern de̱s Altars.
    10. Du bist mein Gott, dir will i̱ch danken;*
    mein Gott, di̱ch will ich rühmen. —
11. Danket dem Herrn, denn er i̱st gütig, *
denn sei̱ne Huld währt ewig! —
    12. Ehre sei dem Vater und de̱m Sohn *
    und de̱m Heiligen Geist,
13. wie im Anfang, so auch jetzt u̱nd alle Ze̱it *
und in E̱wigkeit. Amen.

Verse 19–29

Kehrvers

Osterzeit

GESANG aus dem Neuen Testament:
Jesus Christus ist der Herr. — Nr. 174
oder: Amen, Halleluja. — Nr. 686

LESUNG
Antwortgesang

237 V/A Christus ist erstanden. Halleluja, Halleluja. V Er hat den Tod bezwungen. A Halleluja, Halleluja. V Singt das Lob des Vaters und des Sohnes und des Heiligen Geistes. A Christus ist ...

Homilie

ZUM LOBGESANG MARIENS

238 Auferstanden ist der Herr, Halleluja, Halleluja, Halleluja.

IIIa, VIIIa, Q19

Magnificat Nr. 127
Schlußgebete Nr. 691

Pfingsten — Heiliger Geist

Am Sonntag vor dem Pfingsttag wird als Evangelium das Hohepriesterliche Gebet Jesu verkündet. Die anschließende Woche wird als Quatemberwoche gehalten; gemäß dem Gebet des Herrn wird in dieser Woche besonders um die Einheit der Kirche gebetet.

Nach dem Beispiel der Apostel und der Frauen und der Mutter Jesu betet die Kirche in den Tagen zwischen Himmelfahrt und Pfingsten um den Heiligen Geist, der Kraft und Mut zum Zeugnis für Christus, den Auferstandenen, schenkt. Er allein bringt der Kirche Einheit und brüderliche Gemeinschaft. Diese Pfingstnovene hat viele der schönen Gebete und Gesänge übernommen, die früher in der Woche nach Pfingsten standen. Das Gebet um den Heiligen Geist und seine Gaben ist heute eine besonders dringliche Aufgabe.

Der Pfingsttag schließt als der fünfzigste Tag die Osterzeit ab und öffnet zugleich das Tor in den Kreis des Jahres und in den Alltag der Christen, damit auch dieser vom Geist des Herrn geprägt ist.

1. Ve-ni, Cre-á-tor Spí-ri-tus, men-tes tu-ó-rum ví-si-ta: im-ple su-pér-na grá-ti-a, quæ tu cre-á-sti pé-cto-ra. A-men.

2. Qui díceris Paráclitus, / donum Dei altíssimi, / fons vivus, ignis, cáritas / et spiritális únctio.

3. Tu septifórmis múnere, / dextráe Dei tu dígitus, / tu rite promíssum Patris / sermóne ditans gúttura.

4. Accénde lumen sénsibus, / infúnde amórem córdibus, / infírma nostri córporis / virtúte firmans pérpeti.

5. Hostem repéllas lóngius / pacémque dones prótinus; / ductóre sic te práevio / vitémus omne nóxium.

6. Per te sciámus da Patrem / noscámus atque Fílium, / te utriúsque Spíritum / credámus omni témpore. / Amen.

T: Hrabanus Maurus zugeschrieben 9. Jh.   M: Kempten um 1000

V Emítte Spíritum tuum, et creabúntur,
A et renovábis fáciem terrae.

Orémus.
Deus, qui corda fidélium Sancti Spíritus illustratióne docuísti, da nobis in eódem Spíritu recta sápere, et de eius semper consolatióne gaudére. Per Christum, Dóminum nostrum.

A Amen.

1. Komm, Heil-ger Geist, der Le-ben schafft, er-fül-le uns mit dei-ner Kraft. Dein Schöpferwort rief uns zum Sein: nun hauch uns Got-tes O-dem ein. A-men.

7. Strophe

2. Komm, Tröster, der die Herzen lenkt, / du Beistand, den der Vater schenkt; / aus dir strömt Leben, Licht und Glut, / du gibst uns Schwachen Kraft und Mut.
3. Dich sendet Gottes Allmacht aus / im Feuer und in Sturmes Braus; / du öffnest uns den stummen Mund / und machst der Welt die Wahrheit kund.
4. Entflamme Sinne und Gemüt, / daß Liebe unser Herz durchglüht / und unser schwaches Fleisch und Blut / in deiner Kraft das Gute tut.
5. Die Macht des Bösen banne weit, / schenk deinen Frieden allezeit. / Erhalte uns auf rechter Bahn, / daß Unheil uns nicht schaden kann.
6. Laß gläubig uns den Vater sehn, / sein Ebenbild, den Sohn, verstehn / und dir vertraun, der uns durchdringt / und uns das Leben Gottes bringt.

7. Den Vater auf dem ewgen Thron / und seinen auferstandnen Sohn, / dich, Odem Gottes, Heilger Geist, / auf ewig Erd und Himmel preist. / Amen.

T: „Veni Creator Spiritus", Übertragung Friedrich Dörr 1969
M: Kempten um 1000 / Wittenberg 1524 / Mainz 1947

ökumenischer Text

242 ö

1. Komm, allgewaltig heilger Hauch, / der alle Kreatur belebt; / o komm, erfüll uns bis zum Grund / und bleib in uns, o Heiliger Geist.
2. Den Betenden du nahe bist; / in dir teilt Gott sich selber mit. / Du dringst durch unser ganzes Sein, / entfachst in uns des Lebens Glut.
3. Der Gaben Vielfalt teilst du aus / und waltest schaffend fort und fort; / du kommst, wie uns verheißen ist, / tust uns den Mund zum Zeugnis auf.
4. Erleuchte unser blind Gesicht / und leeren Herzen Liebe gib. / Wenn du nicht wirkst, vergehen wir; / dein heilig Wehen macht uns neu.
5. Nimm von uns, was von dir uns trennt, / und gib uns, was zu dir uns führt; / so wird dein Friede bei uns sein / und weit muß das Verderben fliehn.
6. Daß Gott dem Vater wir vertraun / und lieben seinen Sohn, den Herrn, / und dich erfahren, Gott in uns, / dazu hilf uns, o Heilger Geist. / Amen.

T: „Veni Creator Spiritus", Übertragung Markus Jenny 1971

V Sendest du deinen Geist aus, so werden sie alle erschaffen,
A und du erneust das Gesicht der Erde.

Lasset uns beten.—
Gott, du hast die Herzen deiner Gläubigen durch die Erleuchtung des Heiligen Geistes gelehrt. Gib, daß wir in diesem Geist erkennen, was recht ist, und allezeit seinen Trost und seine Hilfe erfahren. Darum bitten wir durch Christus, unsern Herrn.

A Amen.

T: Stephan Langton um 1200
M: Paris um 1200

Pfingsten – Heiliger Geist

244

1. Komm herab, o Heil'ger Geist,
der die finstre Nacht zerreißt,
strahle Licht in diese Welt.

2. Komm, der alle Armen liebt,
komm, der gute Gaben gibt,
komm, der jedes Herz erhellt.

3. Höchster Tröster in der Zeit,
Gast, der Herz und Sinn erfreut,
köstlich Labsal in der Not,

4. in der Unrast schenkst du Ruh,
hauchst in Hitze Kühlung zu,
spendest Trost in Leid und Tod.

5. Komm, o du glückselig Licht,
fülle Herz und Angesicht,

6. Ohne dein lebendig Wehn
kann im Menschen nichts bestehn,

T: „Veni sancte spiritus", Übertragung Maria Luise Thurmair und Markus Jenny 1971 M: Paris um 1200

245

1. Komm, Schöpfer Geist, kehr bei uns ein, besuch das Herz der Kinder dein: die deine Macht erschaffen hat, erfülle nun mit deiner Gnad.

2. Der du der Tröster wirst genannt, / vom höchsten Gott ein Gnadenpfand, / du Lebensbrunn, Licht, Lieb und Glut, / der Seele Salbung, höchstes Gut.

3. O Schatz, der siebenfältig ziert, / o Finger Gottes, der uns führt, / Geschenk, vom Vater zugesagt, / du, der die Zungen reden macht.

4. Zünd an in uns des Lichtes Schein, / gieß Liebe in die Herzen ein, / stärk unsres Leibs Gebrechlichkeit / mit deiner Kraft zu jeder Zeit.

5. Treib weit von uns des Feinds Gewalt, / in deinem Frieden uns erhalt, / daß wir, geführt von deinem Licht, / in Sünd und Elend fallen nicht.

6. Den Vater auf dem ewgen Thron / lehr uns erkennen und den Sohn; / dich, beider Geist, sei'n wir bereit / zu preisen gläubig alle Zeit.

T: „Veni Creator Spiritus", Übertragung Heinrich Bone 1847
M: Köln 1741

246

V Send uns deines Geistes Kraft, der die Welten neu erschafft: A Christus, Herr, erbarme dich.

V Laß uns als Waisen nicht, zeig uns des Trösters Licht:

A Chri-stus, er-bar-me dich. V Daß in uns das Herz ent-brennt, dei-ner Gna-de Reich er-kennt: A Chri-stus, Herr, er-bar-me dich.

T: Maria Luise Thurmair 1952
M: Heinrich Rohr 1952

247 ö

Komm, Hei-li-ger Geist, Her-re Gott, er-füll mit dei-ner Gna-den Gut dei-ner Gläub-gen Herz, Mut und Sinn. Dein bren-nend Lieb ent-zünd in ihn'. O Herr, durch dei-nes Lich-tes Glanz zum Glau-ben du ver-sam-melt hast das Volk aus al-ler Welt Zun-gen. Das sei dir, Herr, zu Lob ge-sun-gen. Hal-le-lu-ja, Hal-le-lu-ja.

T: Ebersberg um 1480 nach der Antiphon „Veni Sancte Spiritus", 11. Jh.
M: Ebersberg um 1480 / Erfurt 1524

Pfingsten – Heiliger Geist

248

1. Nun bitten wir den Heiligen Geist um den rechten Glauben allermeist, daß er uns behüte an unserm Ende, wenn wir heimfahrn aus diesem Elende. Kyrieleis.

2. Du heller Schein, du lebendig Licht, / Geist des Herrn, der unsre Nacht durchbricht, / laß uns Gott erkennen, ihn Vater nennen / und von Christus uns nimmermehr trennen. / Kyrieleis.

3. Du stille Macht, du verborgne Kraft, / Geist des Herrn, der in uns lebt und schafft, / wohne du uns inne, uns anzutreiben; / bete du in uns, wo wir stumm bleiben. / Kyrieleis.

4. Du mächtiger Hauch, unerschaffne Glut, / Geist des Herrn, gib du uns neuen Mut, / daß wir Gottes Liebe den Menschen künden / und als Schwestern und Brüder uns finden. / Kyrieleis.

5. Erleuchte uns, o ewiges Licht, / hilf, daß alles, was durch uns geschieht, / Gott sei wohlgefällig durch Jesum Christum, / der uns macht heilig durch sein Priestertum. / Kyrieleis.

T: bei Berthold von Regensburg 13. Jh., Strophe 2–4 Maria Luise Thurmair 1972/1994, Strophe 5 nach Michael Vehe 1537
M: 14. Jh. / Neufassung 1970

1. Der Geist des Herrn erfüllt das All mit Sturm und Feuersgluten; er krönt mit Jubel Berg und Tal, er läßt die Wasser fluten. Ganz überströmt von Glanz und Licht erhebt die Schöpfung ihr Gesicht, frohlockend: Halleluja.

2. Der Geist des Herrn erweckt den Geist / in Sehern und Propheten, / der das Erbarmen Gottes weist / und Heil in tiefsten Nöten. / Seht, aus der Nacht Verheißung blüht; / die Hoffnung hebt sich wie ein Lied / und jubelt: Halleluja.

3. Der Geist des Herrn treibt Gottes Sohn, / die Erde zu erlösen; / er stirbt, erhöht am Kreuzesthron, / und bricht die Macht des Bösen. / Als Sieger fährt er jauchzend heim / und ruft den Geist, daß jeder Keim / aufbreche: Halleluja.

4. Der Geist des Herrn durchweht die Welt / gewaltig und unbändig; / wohin sein Feueratem fällt, / wird Gottes Reich lebendig. / Da schreitet Christus durch die Zeit / in seiner Kirche Pilgerkleid, / Gott lobend: Halleluja.

T: Maria Luise Thurmair 1941
M: „Zieh an die Macht, du Arm des Herrn" Nr. 304

Pfingsten – Heiliger Geist

250 ö

1. Komm, o Trö-ster, Heil-ger Geist,
Licht, das uns den Tag ver-heißt,
Quell, der uns mit Ga-ben speist,

2. komm und lindre unsre Last, / komm, gib in der Mühsal Rast, / komm, sei bei uns Armen Gast.
3. Glut, die unser Herz durchdringt, / Beistand, der zum Ziel uns bringt, / ohne den uns nichts gelingt,
4. halt uns, wo wir haltlos gehn, / rate, wo wir ratlos stehn, / sprich du, wo wir sprachlos flehn.
5. Hauch, der Leben uns verleiht, / lenk uns in der Erdenzeit, / führ uns hin zur Seligkeit.

T: Maria Luise Thurmair 1970   M: Bremen 1633

251

Der Hei-li-ge Geist er-fül-let das All, sein Hauch durchdringt die Welt: Hal-le-lu-ja, Hal-le-lu-ja.

VIa, IXa, Ia. Q19

252 Vesper vom Heiligen Geist

Eröffnung Nr. 683
Hymnus: Komm, Heilger Geist, der Leben schafft. Nr. 241

ERSTER PSALM

253
1

Sen-de aus dei-nen Geist,

und das Ant - litz der Er - de wird neu.

VIIa. Q39

Psalm 104 C: Lob des Schöpfers

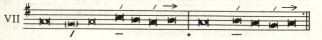

1. Herr, wie zahlreich sind deine Werke! /
Mit Weisheit hast du sie <u>al</u>le gemacht, *
die Erde ist voll von <u>dei</u>nen Geschöpfen.
    2. Sie alle <u>war</u>ten auf dich, *
    daß du ihnen <u>Spei</u>se gibst zur <u>rech</u>ten Zeit.
3. Gibst du ihnen, dann <u>sam</u>meln sie ein; *
öffnest du deine Hand, werden sie <u>satt</u> an Gutem.
    4. Verbirgst du dein Gesicht, sind sie verstört; /
    nimmst du ihnen den Atem, so <u>schwin</u>den sie hin *
    und kehren zurück zum <u>Staub</u> der Erde.
5. Sendest du deinen Geist aus, so werden sie <u>al</u>le erschaffen, *
und du erneuerst das <u>Ant</u>litz <u>d</u>er Erde. —
    6. Ewig währe die <u>Herr</u>lich<u>keit</u> des Herrn; *
    der Herr freue sich <u>sei</u>ner Werke.
7. Er blickt auf die <u>Er</u>de, und sie erbebt; *
er rührt die Berge <u>an</u>, und <u>sie</u> rauchen. —
    8. <u>Ich</u> will dem Herrn singen, so<u>lange</u> ich lebe, *
    will meinem Gott spielen, so<u>lange</u> ich da bin.
9. Möge ihm mein <u>Dich</u>ten gefallen. *
Ich will mich <u>freu</u>en am Herrn.
    10. Doch die Sünder sollen von der Erde verschwinden, /
    und es sollen keine <u>Frev</u>ler <u>mehr</u> dasein. *
    Lobe den <u>Herrn</u>, meine Seele! —
11. Ehre sei dem <u>Va</u>ter <u>und</u> dem Sohn *
und dem <u>Hei</u>ligen Geist,
    12. wie im Anfang, so auch <u>jetzt</u> und alle <u>Zeit</u> *
    und in <u>E</u>wig<u>keit</u>. Amen.

Verse 24. 27—35

Kehrvers

Pfingsten — Heiliger Geist 314

ZWEITER PSALM

254

1

Der Geist des Herrn er-fül-let sie, und al-le kün-den, was Gott ge-tan. Hal-le-lu-ja.

Va. Q19

Psalm 147: Jerusalem, preise den Herrn

2

1. Gut ist es, unserem Gott zu <u>sin</u>gen; *
schön ist es, <u>ihn</u> zu loben. —

    2. Der Herr baut Jerusalem wieder <u>auf</u>, *
    er sammelt die Ver<u>spreng</u>ten Israels.

3. Er heilt die gebrochenen <u>Her</u>zen *
und verbindet ihre <u>schmer</u>zenden Wunden.

    4. Der Herr hilft den Gebeugten <u>auf</u> *
    und er<u>nied</u>rigt die Frevler.

5. Stimmt dem Herrn ein <u>Dank</u>lied an, *
spielt unserem <u>Gott</u> auf der Harfe!

    6. Jerusalem, preise den <u>Herrn</u>, *
    lobsinge, <u>Zi</u>on, <u>dei</u>nem Gott!

7. Denn er hat die Riegel deiner Tore <u>fest</u> gemacht, *
die Kinder in deiner <u>Mit</u>te gesegnet;

    8. er verschafft deinen Grenzen <u>Frie</u>den *
    und sättigt dich mit <u>be</u>stem Weizen.

9. Er sendet sein Wort zur <u>Er</u>de, *
rasch <u>eilt</u> sein Befehl dahin.

    10. Er verkündet Jakob sein <u>Wort</u>, *
    Israel seine Ge<u>set</u>ze und Rechte.

11. An keinem andern Volk hat er so ge<u>han</u>delt, *
keinem sonst seine <u>Rech</u>te verkündet. —

    12. Ehre sei dem Vater und dem <u>Sohn</u> *
    und dem <u>Hei</u>ligen Geist,

13. wie im Anfang, so auch jetzt und <u>al</u>le <u>Zeit</u> *
und in <u>E</u>wigkeit. Amen. *Kehrvers* Verse 1–3. 6–7. 12–15. 19–20

Vesper

GESANG
aus dem Neuen Testament: Amen, Halleluja Nr. 686

LESUNG
Antwortgesang

255

V/A Christus ist erhöht zum Vater, Halleluja, Halleluja. V Er sendet den Geist der Wahrheit.

A Halleluja, Halleluja. V Singt das Lob

des Vaters und des Sohnes und des Hei-

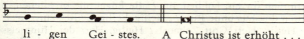

ligen Geistes. A Christus ist erhöht ...

Homilie

ZUM LOBGESANG MARIENS

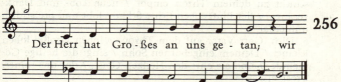

256

Der Herr hat Großes an uns getan; wir wollen seine Zeugen sein. Halleluja.

IXa. Q35

Magnificat Nr. 689
Schlußgebete Nr. 691

Lob und Dank

257 ö

1. Gro-ßer Gott, wir lo-ben dich; Herr, wir prei-sen dei-ne Stär-ke.
Vor dir neigt die Er-de sich und be-wun-dert dei-ne Wer-ke.
Wie du warst vor al-ler Zeit, so bleibst du in E-wig-keit.

2. Alles, was dich preisen kann, / Kerubim und Serafinen / stimmen dir ein Loblied an; / alle Engel, die dir dienen, / rufen dir stets ohne Ruh / „Heilig, heilig, heilig" zu.

3. Heilig, Herr Gott Zebaot! / Heilig, Herr der Himmelsheere! / Starker Helfer in der Not! / Himmel, Erde, Luft und Meere / sind erfüllt von deinem Ruhm; / alles ist dein Eigentum.

4. Der Apostel heilger Chor, / der Propheten hehre Menge / schickt zu deinem Thron empor / neue Lob- und Dankgesänge; / der Blutzeugen lichte Schar / lobt und preist dich immerdar.

5. Dich, Gott Vater auf dem Thron, / loben Große, loben Kleine. / Deinem eingebornen Sohn / singt die heilige Gemeinde, / und sie ehrt den Heilgen Geist, / der uns seinen Trost erweist.

6. Du, des Vaters ewger Sohn, / hast die Menschheit angenommen, / bist vom hohen Himmelsthron / zu uns auf die Welt gekommen, / hast uns Gottes Gnad gebracht, / von der Sünd uns frei gemacht.

7. Durch dich steht das Himmelstor / allen, welche glauben, offen; / du stellst uns dem Vater vor, / wenn wir kindlich auf dich hoffen; / du wirst kommen zum Gericht, / wenn der letzte Tag anbricht.

8. Herr, steh deinen Dienern bei, / welche dich in Demut bitten. / Kauftest durch dein Blut uns frei, / hast den Tod für uns gelitten; / nimm uns nach vollbrachtem Lauf / zu dir in den Himmel auf.

9. Sieh dein Volk in Gnaden an. / Hilf uns, segne, Herr, dein Erbe; / leit es auf der rechten Bahn, / daß der Feind es nicht verderbe. / Führe es durch diese Zeit, / nimm es auf in Ewigkeit.

10. Alle Tage wollen wir / dich und deinen Namen preisen / und zu allen Zeiten dir / Ehre, Lob und Dank erweisen. / Rett aus Sünden, rett aus Tod, / sei uns gnädig, Herre Gott!

11. Herr, erbarm, erbarme dich. / Laß uns deine Güte schauen; / deine Treue zeige sich, / wie wir fest auf dich vertrauen. / Auf dich hoffen wir allein: / laß uns nicht verloren sein.

T: Ignaz Franz 1771 nach dem „Te Deum", 4. Jh., Nr. 706
M: Wien um 1776 / Heinrich Bone 1852

258 ö

Lob und Dank

2. Lobe den Herren, der alles so herrlich regieret, / der dich auf Adelers Fittichen sicher geführet, / der dich erhält, / wie es dir selber gefällt. / Hast du nicht dieses verspüret?
3. Lobe den Herren, der künstlich und fein dich bereitet, / der dir Gesundheit verliehen, dich freundlich geleitet. / In wieviel Not / hat nicht der gnädige Gott / über dir Flügel gebreitet!
4. Lobe den Herren, was in mir ist, lobe den Namen. / Lob ihn mit allen, die seine Verheißung bekamen. / Er ist dein Licht; / Seele, vergiß es ja nicht. / Lob ihn in Ewigkeit. Amen.

T: Joachim Neander 1680
M: Stralsund 1665 / Halle 1741

259 V 1. Erfreue dich, Himmel, erfreue dich, Erde; erfreue sich alles, was fröhlich kann werden. A 1.-6. Auf Erden hier unten, im Himmel dort oben: den gütigen Vater, den wollen wir loben.

2. Ihr Sonnen und Monde, ihr funkelnden Sterne, ihr Räume des Alls in unendlicher Ferne:
3. Ihr Tiefen des Meeres, Gelaich und Gewürme, Schnee, Hagel und Regen, ihr brausenden Stürme:

4. Ihr Wüsten und Weiden, Gebirg und Geklüfte,
ihr Tiere des Feldes, ihr Vögel der Lüfte:
5. Ihr Männer und Frauen, ihr Kinder und Greise,
ihr Kleinen und Großen, einfältig und weise:
6. Erd, Wasser, Luft, Feuer und himmlische Flammen,
ihr Menschen und Engel, stimmt alle zusammen:

T: Straßburg 1697; Strophe 2–5 Maria Luise Thurmair 1963 nach Psalm 148
M: Augsburg 1669 / Bamberg 1691

260

1. Singet Lob unserm Gott, der in den Himmeln thront, der die Welt schuf und hält, in unsrer Mitte wohnt. Lob sei ihm. Halleluja.

2. Singet Lob unserm Gott, / der unser Vater ist, / der uns liebt, Schuld vergibt / durch den Herrn Jesus Christ. / Lob sei ihm. Halleluja.

3. Singet Lob unserm Gott, / der uns geboten hat, / eins zu sein, wahr und rein / im Wort und in der Tat. / Lob sei ihm. Halleluja.

4. Singet Lob unserm Gott, / der uns gerufen hat / in sein Reich, uns zugleich / annahm an Kindes Statt. / Lob sei ihm. Halleluja.

5. Singet Lob unserm Gott, / der uns nach dieser Zeit / neu belebt und erhebt / in seine Herrlichkeit. / Lob sei ihm. Halleluja.

T: Georg Thurmair 1940/1971
M: Erhard Quack 1941

Lob und Dank

261

1. Den Herren will ich loben, es jauchzt in Gott mein Geist; denn er hat mich erhoben, daß man mich selig preist. An mir und meinem Stamme hat Großes er vollbracht, und heilig ist sein Name, gewaltig seine Macht.

2. Barmherzig ist er allen, / die ihm in Ehrfurcht nahn; / die Stolzen läßt er fallen, / die Schwachen nimmt er an. / Es werden satt aufstehen, / die arm und hungrig sind; / die Reichen müssen gehen, / ihr Gut verweht im Wind.

3. Jetzt hat er sein Erbarmen / an Israel vollbracht, / sein Volk mit mächtgen Armen / gehoben aus der Nacht. / Der uns das Heil verheißen, / hat eingelöst sein Wort. / Drum werden ihn lobpreisen / die Völker fort und fort.

T: Maria Luise Thurmair 1954/1971 nach dem Magnificat
M: „O Gott, nimm an die Gaben", Nr. 468
Das Magnificat-Lied kann auch nach der ökumenischen Melodie „Gott, der nach seinem Bilde" Nr. 74 gesungen werden.

262
ö

1. Nun singt ein neues Lied dem Herren, der Wundertaten hat vollbracht;

2. Frohlockt dem Herrn, ihr Lande alle, / mit Freuden singt und preist ihn laut, / daß alle Welt im Jubelschalle / Gott, unsern Herrn und König, schaut. / Frohlockt dem Herrn, ihr Nationen, / ihr Meere und der Berge Grund; / mit allen, die auf Erden wohnen, / macht Gottes Heil den Menschen kund.

3. Es kommt der Herr, der Herr wird kommen; / voll Freude ist der Ströme Lauf. / Frohlocken werden alle Frommen; / die Berge jubeln himmelauf. / Er kommt, das Erdenrund zu richten, / die Völker in Gerechtigkeit. / Er kommt, den Frieden aufzurichten / für alle Zeit und Ewigkeit.

T: Georg Thurmair 1965/1971 nach Psalm 98
M: Genf 1543 / Loys Bourgeois 1551

1. Dein Lob, Herr, ruft der Himmel aus, das blaue, lichterfüllte Haus mit soviel Zung'n als Sternen. Der weiße Tag, die schwarze Nacht, wann sie abwechseln von der Wacht, sie künden's aus den Fernen.

2. Kein Land, kein Volk ist auf der Erd, / das nicht allzeit die Kunde hört, / die umhergeht im Reigen. / Vom Aufgang bis zum Niedergang / erhallt ihr Ruf, erschallt ihr Klang, / des Schöpfers Macht zu zeigen.

3. Die Sonne ist des Himmels Ehr, / doch dein Gesetz, Herr, noch viel mehr, / das du uns hast gegeben; / so trostreich, so gerecht und wahr, / so licht und mehr als sonnenklar / erhellt es unser Leben.

4. Behüt mich vor der stolzen Welt, / die allen Sinn dahin gestellt, / von dir mich abzuwenden. / Wann sie nicht wird mein Meister sein, / so bleib ich, durch die Gnade rein, / in deinen guten Händen.

5. Alsdann sei dir all mein Gebet, / das zu dem Thron der Gnade geht, / mehr lieb, als es gewesen. / Du bist mein Schutz, o starker Gott, / du wirst mich ja in aller Not / durch deine Kraft erlösen.

T: nach Albert Curtz 1659 nach Psalm 19   M: Augsburg 1669

264

1. Mein ganzes Herz erhebet dich;
und will in deinem Heiligtum,
vor dir will ich mein Loblied singen
Herr, dir zum Ruhm mein Opfer bringen.
Dein Name strahlt an allem Ort,
und durch dein Wort wird hell das Leben.
Anbetung, Ehr und Herrlichkeit
bin ich bereit, dir, Gott, zu geben.

2. Dein Name, Herr, ist unser Hort; / du hast dein Wort an mir erfüllet; / du hast auf mein Gebet gemerkt / und mich gestärkt, mein Herz gestillet. / Die Völker werden preisen dich / und Mächtge sich zu dir hin kehren, / wenn sie das Wort vom ewgen Bund / aus deinem Mund verkünden hören.

3. Herr, ob den Himmeln thronst du hoch / und siehest doch die Tiefgebeugten. / In Angst und Widerwärtigkeit / wird mir allzeit dein Antlitz leuchten. / Mach mich von allem Elend frei; / denn deine Treu wird niemals enden. / Du wirst nach deinem ewgen Rat, / Herr, groß an Tat dein Werk vollenden.

T: EGB 1972 nach älteren Fassungen, nach Psalm 138
M: Lyon 1543 / Loys Bourgeois 1547/1551

265

1. Nun lobet Gott im hohen Thron, ihr Menschen aller Nation; hoch preiset ihn mit Freudenschalle, ihr Völker auf der Erden alle.

2. Denn sein Erbarmen, seine Gnad / er über uns gebreitet hat. / Es wird die Wahrheit unsres Herren / in Ewigkeit ohn Ende währen.

3. Lob sei dem Vater und dem Sohn, / dem Heilgen Geist auf gleichem Thron, / im Wesen einem Gott und Herren, / den wir in drei Personen ehren.

T: nach Caspar Ulenberg 1582/1603 nach Psalm 117
M: Genf 1542 / Caspar Ulenberg 1603

266

1. Nun danket alle Gott mit Herzen, Mund und Händen,
der große Dinge tut an uns und allen Enden,
der uns von Mutterleib und Kindesbeinen an unzählig viel zugut bis hieher hat getan.

2. Der ewigreiche Gott / woll uns in unserm Leben / ein immer fröhlich Herz / und edlen Frieden geben / und uns in seiner Gnad / erhalten fort und fort / und uns aus aller Not / erlösen hier und dort.

3. Lob, Ehr und Preis sei Gott / dem Vater und dem Sohne / und Gott dem Heilgen Geist / im höchsten Himmelsthrone, / ihm, dem dreieinen Gott, / wie es im Anfang war / und ist und bleiben wird, / so jetzt und immerdar.

T und M: Martin Rinckart 1636
(Melodiefassung nach Johann Crüger 1647)

267 ö

2. Ermuntert euch und singt mit Schall / Gott, unserm höchsten Gut, / der seine Wunder überall / und große Dinge tut.

3. Er gebe uns ein fröhlich Herz, / erfrische Geist und Sinn / und werf all Angst, Furcht, Sorg und Schmerz / in Meerestiefen hin.

4. Er lasse seinen Frieden ruhn / auf unserm Volk und Land; / er gebe Glück zu unserm Tun / und Heil zu allem Stand.

5. Solange dieses Leben währt, / sei er stets unser Heil, / und wenn wir scheiden von der Erd, / verbleib er unser Teil.

6. Er drücke, wenn das Herze bricht, / uns unsre Augen zu / und zeig uns drauf sein Angesicht / dort in der ewgen Ruh.

T: Paul Gerhardt 1647   M: Johann Crüger 1653, nach Genf 1562

Lob und Dank

268

1. Singt dem Herrn ein neues Lied,
daß das Trauern ferne flieht,
niemand soll's euch wehren;
singet Gott zu Ehren.
Preist den Herrn, der niemals ruht,
der auch heut noch Wunder tut,
seinen Ruhm zu mehren!

2. Täglich neu ist seine Gnad / über uns und allen. / Laßt sein Lob durch Wort und Tat / täglich neu erschallen. / Führt auch unser Weg durch Nacht, / bleibt doch seines Armes Macht / über unserm Wallen.

3. Hat er nicht zu aller Zeit / uns bisher getragen / und geführt durch allen Streit? / Sollten wir verzagen? / Seine Schar verläßt er nicht, / und in dieser Zuversicht / darf sie's fröhlich wagen.

4. Darum laßt uns Lob und Preis / vor sein Antlitz bringen / und auf seines Worts Geheiß / neue Lieder singen. / Allsoweit die Sonne sieht, / singt dem Herrn ein neues Lied, / laßt es hell erklingen.

T: Georg A. Kempf 1941   M: Adolf Lohmann 1952

269
ö

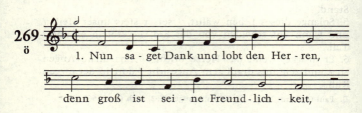

1. Nun saget Dank und lobt den Herren,
denn groß ist seine Freundlichkeit,

2. Nicht sterben werd ich, sondern leben; / gezüchtigt wurde ich vom Herrn, / dem Tode aber nicht gegeben; / drum rühm ich Gottes Taten gern. / Mit Freuden singen die Gerechten / in neuen Liedern überall: / Gott schafft den Sieg mit seiner Rechten. / Gelobt sei Gott mit Jubelschall.

3. Hoch tut euch auf, ihr heilgen Tore, / ihr Tore der Gerechtigkeit. / Laßt danken uns in hellem Chore / dem großen Herrn der Herrlichkeit. / Laßt jauchzen uns und fröhlich singen: / Dies ist der Tag, den Gott gemacht. / Hilf, Herr, o hilf, laß wohl gelingen. / Ein Wunder hat der Herr vollbracht.

4. Er, der da kommt in Gottes Namen, / sei hochgelobt zu jeder Zeit. / Gesegnet seid ihr allzusammen, / die ihr von Gottes Hause seid. / Nun saget Dank und lobt den Herren, / denn groß ist seine Freundlichkeit, / und seine Gnad und Güte währen / von Ewigkeit zu Ewigkeit.

T: nach Ambrosius Lobwasser 1573 (Str. 1 und 4) und Fritz Enderlin 1952 (Str. 2 und 3) nach Psalm 118 M: „Nun singt ein neues Lied" Nr. 262

270

V/A 1. Kommt her-bei, singt dem Herrn, ruft ihm zu, der uns be-freit.
V Sin-gend laßt uns vor ihn tre-ten, mehr als Wor-te sagt ein Lied.
A Sin-gend laßt uns vor ihn tre-ten, mehr als Wor-te sagt ein Lied.

2. |: Er ist Gott, Gott für uns, / er allein ist letzter Halt. :|
|: Überall ist er und nirgends, / Höhen, Tiefen, sie sind sein. :|

3. |: Ja, er heißt: Gott für uns, / wir die Menschen, die er liebt. :| |: Darum können wir ihm folgen, / können wir sein Wort verstehn. :|

4. |: Wir sind taub, wir sind stumm, / wollen eigne Wege gehn. :| |: Wir erfinden neue Götter / und vertrauen ihnen blind. :|

5. |: Dieser Weg führt ins Nichts, / und wir finden nicht das Glück, :| |: graben unsre eignen Gräber, / geben selber uns den Tod. :|

6. |: Menschen, kommt, singt dem Herrn, / ruft ihm zu, der uns befreit. :| |: Singend laßt uns vor ihn treten, / mehr als Worte sagt ein Lied. :|

T: Diethard Zils nach Psalm 95
M: Volkslied aus Israel

271

A Das ist ein köstlich Ding, dem Herren danken und lobsingen deinem Namen; das ist ein köstlich Ding, dem Herren danken und lobsingen deinem Namen, du Höchster.

V 1. Des Morgens deine Gnade und des Nachts deine Wahrheit verkündigen auf den zehn Saiten und Psalter, mit Spielen auf der Harfe. Kv

2. Du läßt uns fröhlich singen / von den Werken, die, Herr, deine Hand gemacht. / Wie tief sind deine Gedanken; / du, Höchster, bleibest ewig. Kv

T: Psalm 92,2–6.9
M: Rolf Schweizer 1966

272

V 2. Singt das Lied der Freude über Gott!
A Lobt ihn laut, der euch erschaffen hat.
V Preist ihn, ihr Gewitter, Hagel, Schnee und Wind.
Lobt ihn, alle Tiere, die auf Erden sind:
A Singt das Lied der Freude über Gott!

V 3. Singt das Lied der Freude über Gott!
A Lobt ihn laut, der euch erschaffen hat.
V Stimmt mit ein, ihr Menschen, preist ihn, groß und klein,
seine Hoheit rühmen soll ein Fest euch sein:
A Singt das Lied der Freude über Gott!

V 4. Singt das Lied der Freude über Gott!
A Lobt ihn laut, der euch erschaffen hat.
V Er wird Kraft uns geben, Glanz und Licht wird sein,
in das dunkle Leben leuchtet hell sein Schein:
A Singt das Lied der Freude über Gott!

T und M: Dieter Hechtenberg 1968 (T nach Psalm 148)

273

A Singet dem Herrn ein neues Lied, denn er tut Wunder. Singet dem Herrn ein neues Lied, denn er tut Wunder.

V 1. Er sieget mit seiner Rechten und mit seinem heiligen Arm. Der Herr läßt sein Heil verkündigen; er offenbart seine Gerechtigkeit. Kv

2. Du meinst, Gott sei sehr verborgen, / seine Macht sei klein und gering, / Gott sähe nicht das, was dich bedrückt. / Sieh auf dein Leben, er hat es bewahrt. Kv

3. Du kennst oftmals deinen Weg nicht, / und du weißt nicht recht, was du sollst. / Doch da schickt dir Gott die Hilfe zu: / den einen Menschen, der dich gut versteht. Kv

4. Du mußt nur zu sehen lernen, / wie er dich so väterlich führt; / auch heute gibt er dir seine Hand. / So greif doch zu und schlage sie nicht aus. Kv

T: Psalm 98, 1–2; Str. 2–4 Paulus Stein 1963
M: Rolf Schweizer 1963

2. Herr, unser Gott, wie bist du groß, / von Glanz und Hoheit rings umgeben; / wie voller Wunder ist dein Leben / und deine Werke makellos.

3. Lobsingt dem Herrn, denn er ist gut, / barmherzig allen, die da leben, / im Zürnen langsam, reich im Geben; / gerecht ist alles, was er tut.

4. Herr, unser Gott, dein Wort ist treu / und heilig alle deine Werke. / Du gibst den Schwachen Mut und Stärke, / und die Bedrückten machst du frei.

5. Ja, Herr, wir alle harren dein; / zur rechten Zeit gibst du uns Speise. / Du schenkst auf wunderbare Weise / und sättigst uns mit Brot und Wein.

6. Wer zu ihm ruft, dem ist er nah, / er rettet alle, die ihn lieben; / er hat uns in sein Herz geschrieben / und ist auch für die Ärmsten da.

7. Lobsingt dem Herrn mit mir zugleich, / und was da lebt, es soll ihn ehren. / Denn seine Macht wird ewig währen, / und ohne Ende ist sein Reich.

T: Maria Luise Thurmair 1971, nach Psalm 145
M: Paul Ernst Ruppel 1971

275

1. König ist der Herr. Alle Macht hat er, thront auf Kerubim, alles bebt vor ihm. Seines Mantels Saum füllt den Weltenraum. Preiset seinen Namen. Er ist heilig. Amen.

2. König ist der Herr. Alles Recht schafft er, / gab dem Erdenrund seine Ordnung kund. / Alle, Herr wie Knecht, finden gleiches Recht. / Preiset seinen Namen. Er ist heilig. Amen.

3. König ist der Herr. Groß und gut ist er, / der die Knechtschaft brach, aus der Wolke sprach, / der uns Schutz verleiht, Tag um Tag verzeiht. / Preiset seinen Namen. Er ist heilig. Amen.

T: Maria Luise Thurmair 1971, nach Psalm 99
M: Genf 1562

Lob und Dank

276
ö

1. Wir glauben Gott im höchsten Thron, wir glauben Christum, Gottes Sohn, aus Gott geboren vor der Zeit, allmächtig, allgebenedeit.

2. Wir glauben Gott den Heilgen Geist, / den Tröster, der uns unterweist, / der fährt, wohin er will und mag, / und stark macht, was daniederlag.

3. Den Vater, dessen Wink und Ruf / das Licht aus Finsternissen schuf, / den Sohn, der annimmt unsre Not, / litt unser Kreuz, starb unsern Tod.

4. Der niederfuhr und auferstand, / erhöht zu Gottes rechter Hand, / und kommt am Tag, vorherbestimmt, / da alle Welt ihr Urteil nimmt.

5. Den Geist, der heilig insgemein / läßt Christen Christi Kirche sein, / bis wir, von Sünd und Fehl befreit, / ihn selber schaun in Ewigkeit.

T: Rudolf Alexander Schröder 1937
M: Paul Ernst Ruppel 1967

277

1. Singet, danket unserm Gott, der die Welt erschuf. Singet, danket unserm Gott und hört seinen Ruf.

2. Lobet täglich unsern Gott, der uns Leben gibt. / Lobet täglich unsern Gott, der uns alle liebt.
3. Danket gerne unserm Gott, er gibt Wein und Brot. / Danket gerne unserm Gott, Retter aus der Not.
4. Singet, danket unserm Gott, der die Welt erschuf. / Singet, danket unserm Gott und folgt seinem Ruf.

T: Kurt Rommel 1963
M: Horst Weber 1963

278

A Ich will dir dan-ken, Herr, un-ter den Völ-kern; ich will dir lob-sin-gen un-ter den Leu-ten.

V 1. Denn dei-ne Gna-de reicht, so weit der Him-mel ist, und dei-ne Wahr-heit, so weit die Wol-ken gehn. Kv

2. Herr Gott, erhebe weit über den Himmel dich, / und deine Ehre weit über alle Land. Kv
3. Ehr sei dem Vater, Gott, Ehr sei dem Sohne, Gott, / Ehr sei dem Heilgen Geist, Gott in Ewigkeit. Kv

T: Psalm 108, 4–6
M: Paul Ernst Ruppel 1964

279

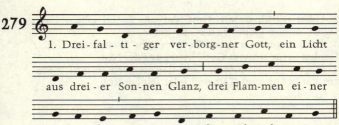

1. Dreifaltiger verborgner Gott, ein Licht aus dreier Sonnen Glanz, drei Flammen einer Liebesglut, Gott Vater, Sohn und Heilger Geist.

2. Allherrscher du von Ewigkeit, / Gott Vater, der die Welt erschuf, / du lenkst die Werke deiner Hand / und führst uns durch der Zeiten Lauf.

3. Gott Sohn, des Vaters Ebenbild, / du König der erlösten Welt, / in dir wird Gott uns Menschen gleich, / in dir der Mensch zu Gott erhöht.

4. Du Atem Gottes, Heilger Geist, / durchdringst die Welt mit Lebenskraft, / du senkst in uns die Liebe ein, / die alle eint und göttlich macht.

5. Du großer Gott, der in uns wohnt, / hochheilige Dreifaltigkeit, / dich loben und bekennen wir / jetzt und in alle Ewigkeit.

T: Friedrich Dörr 1969 M: Kempten um 1000

280

V 1. Preiset den Herrn, denn er ist gut.

A 1.-6. Danket dem Herrn, denn er ist gut.

2. Sein Wort ist Licht auf unserm Weg.
3. Wir sind getauft zu einem Leib.
4. Er wirkt in uns durch seinen Geist.
5. In seinem Mahl gibt er uns Kraft.
6. Er sendet uns in diese Welt.

Q36

Gesänge

Lobgesang

281

V/A Danket dem Herrn, denn er ist gut.
Halleluja, danket ihm, Halleluja.

V 1. All ihr Werke des Herrn, A preiset den Herrn.
V Ihr Engel des Herrn, A preiset den Herrn.

2. Sonne und Mond, preiset den Herrn.
Alle Sterne des Himmels, preiset den Herrn.
3. Feuer und Sommersglut, preiset den Herrn.
Kälte und Winter, preiset den Herrn.
4. Tau und Regen, preiset den Herrn.
Blitze und Wolken, preiset den Herrn. Kv

5. Nächte und Tage, preiset den Herrn.
Licht und Dunkel, preiset den Herrn.
6. Berge und Hügel, preiset den Herrn.
Meere und Ströme, preiset den Herrn.
7. Was auf Erden wächst, preiset den Herrn.
Was im Wasser sich regt, preise den Herrn.
8. Ihr Vögel des Himmels, preiset den Herrn.
Ihr wilden und zahmen Tiere, preiset den Herrn. Kv

9. Ihr Menschen alle, preiset den Herrn.
Völker und Rassen, preiset den Herrn.
10. Frauen und Männer, preiset den Herrn.
Junge und Alte, preiset den Herrn.
11. Arme und Reiche, preiset den Herrn.
Gesunde und Kranke, preiset den Herrn.
12. Ihr Christen alle, preiset den Herrn.
Alles, was atmet, preise den Herrn. Kv

T: nach dem Lobgesang der drei Jünglinge, Daniel 3   M: Josef Seuffert 1964

282 Kanon

Lobet und preiset, ihr Völker, den Herrn;
freuet euch seiner und dienet ihm gern.
All ihr Völker, lobet den Herrn.

T und M: mündlich überliefert

283 Kanon

Danket, danket dem Herrn, denn er ist so freundlich; seine Güt' und Wahrheit währet ewiglich.

T und M: 18. Jh.
Diese Kanons kann man auch als Kehrvers zum vorstehenden Lobgesang verwenden.

LOBPREIS VOM HEILSWIRKEN GOTTES

284
1

V/A Danket dem Herrn, denn er ist gut.
Seine Gnade währt durch alle Zeit.

IVg, IIIb, VIIIb. Q20

Melodie I (4. Psalmton)

V 1. Er hat die Welt ge-schaf-fen,
2. die Sterne und unsere Sonne,
3. die Erde und alles Leben,
4. den Menschen nach seinem Bild und Gleichnis.
5. Er hat den Völkern das Heil bereitet.

A 1.-5. denn sei - ne Huld währt e - wig.

Kehrvers

Melodie II (3. Psalmton)

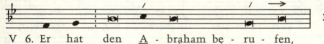

V 6. Er hat den A - braham be - ru - fen,
7. sein Volk befreit von der Knechtschaft,
8. ihm David zum König gegeben,
9. durch die Propheten gesprochen.
10. Er hat in Israel alle Völker gesegnet.

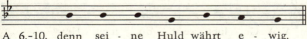

A 6.-10. denn sei - ne Huld währt e - wig.

Kehrvers

Melodie I

11. Er ist Mensch geworden in Jesus.
12. Jesus hat das Reich des Vaters verkündet,
13. Kranke geheilt und Sünder berufen.
14. Er ist am Kreuz gestorben.
15. Er ist auferstanden und wurde verherrlicht. Kv

Melodie II

5
16. Jesus sammelt ein neues Volk aus allen Völkern;
17. er reinigt sein Volk durch sein Wort;
18. er nährt sein Volk auf dem Weg;
19. er schützt sein Volk vor den Feinden.
20. Sein neues Gebot ist die Liebe. Kv

Melodie I

6
21. Christus wird wiederkommen in Herrlichkeit;
22. er wird richten in Gerechtigkeit;
23. er wird alle Tränen trocknen;
24. er wird die Schöpfung vollenden.
25. Gott wird alles in allem sein. Kv

T: Josef Seuffert 1965, nach Psalm 136

DER SONNENGESANG DES HEILIGEN FRANZISKUS

285
1
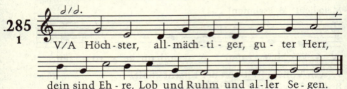
V/A Höchster, allmächtiger, guter Herr,
dein sind Ehre, Lob und Ruhm und aller Segen.

V Du allein bist würdig, sie zu empfangen, und kein
Mensch ist würdig, dich zu nennen, o Höchster. Kv

2
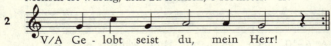
V/A Gelobt seist du, mein Herr!

V Mit all deinen Geschöpfen,
vor allem mit der edlen Schwester Sonne.
Sie bringt uns den Tag und das Licht,
sie ist schön und strahlt in mächtigem Glanz,
von dir, du Höchster, ein Gleichnis. Kv

V/A Gelobt seist du, mein Herr!
V Durch Bruder Mond und die Sterne.
Du hast sie am Himmel gebildet,
klar und kostbar und schön. Kv

V/A Gelobt seist du, mein Herr!
V Durch Bruder Wind und die Luft,
durch bewölkten und heiteren Himmel und jegliches Wetter;
so erhältst du deine Geschöpfe am Leben. Kv

V/A Gelobt seist du, mein Herr!
V Durch Schwester Wasser,
so nützlich und demütig,
so köstlich und keusch. Kv

V/A Gelobt seist du, mein Herr!
V Durch Bruder Feuer;
mit ihm erleuchtest du uns die Nacht.
Er ist schön und freundlich, gewaltig und stark. Kv

V/A Gelobt seist du, mein Herr!
V Durch unsre Schwester, die Mutter Erde;
sie trägt und erhält uns,
bringt vielerlei Früchte hervor
und Kräuter und bunte Blumen. Kv

V/A Gelobt seist du, mein Herr!
V Durch alle, die vergeben in deiner Liebe,
die Krankheit und Trübsal ertragen.
Selig, die dulden in Frieden;
sie werden von dir, o Höchster, gekrönt. Kv

V/A Gelobt seist du, mein Herr!
V Durch unsern Bruder, den leiblichen Tod;
kein lebender Mensch kann ihm entrinnen.
Weh denen, die sterben in tödlichen Sünden.
Selig, die der Tod trifft in deinem heiligsten Willen;
denn der zweite Tod kann ihnen nichts antun. Kv

T: Franz von Assisi, Übertragung EGB 1973   M: Kurt Knotzinger 1973

287
1 Lob-sin-get Gott, dem Herrn; dankt ihm für al-le sei-ne Wohl-tat.
Ia. Q20

2 Hung-ri-ge ü-ber-häuft er mit Gu-tem, Rei-che läßt er leer aus-gehn.
Vb, VIg. Q22

Vertrauen und Bitte

288 Der Mensch kann heute viel wirksamer als früher die Welt gestalten. Trotzdem kommt er oft genug an Grenzen, wo er seine Ohnmacht spürt. Er bleibt im tiefsten abhängig von Gott, dem Schöpfer und Erhalter des Lebens. Ihm vertraut sich der Christ an in frohen und schweren Stunden. Er trägt ihm im Gebet seine eigenen Sorgen vor und die Ängste und Nöte der ganzen Menschheit. Er weiß, daß Gott das Leid nicht aus der Welt nimmt und die Probleme nicht für ihn löst; aber er vertraut darauf, daß Gott bei denen, die ihn lieben, alles zum Guten führt.

Nach altem Brauch sind in besonderer Weise die Tage vor Christi Himmelfahrt dem Bittgebet geweiht. Vielerorts zieht man an den Bittagen über die Felder und bittet um Gottes Segen für das tägliche Brot; man betet auf den Straßen, an den Arbeitsstätten und in der Kirche um Gottes Segen für die tägliche Arbeit der Menschen.

Es gibt auch besondere Orte des Gebetes, zu denen die Gläubigen in ihren Sorgen wallfahren.

1. Herr, deine Güt ist unbegrenzt, sie reicht, so weit der Himmel glänzt, so weit die Wolken gehen. Du hast in Treue auf uns acht, wir sind geborgen Tag und Nacht im Schatten deiner Flügel. Du öffnest deines Himmels Tor, da quillt dein Überfluß hervor und sättigt Tal und Hügel.

Fest wie die Berge steht dein Bund, dein Sinn ist tief wie Meeres Grund, kein Mensch kann ihn verstehen.

2. Bei dir, Herr, ist des Lebens Quell; / der Trübsal Wasser machst du hell, / tränkst uns am Bach der Wonnen. / Dein Glanz erweckt das Angesicht, / in deinem Licht schaun wir das Licht, / du Sonne aller Sonnen. / Herr, halte uns in deiner Huld, / hilf uns, daß wir dich mit Geduld / in deinem Tun erkennen. / Vor allem Bösen uns bewahr, / denn nicht Gewalt und nicht Gefahr, / nichts soll von dir uns trennen.

T Maria Luise Thurmair 1971 nach Psalm 36
M: „O Mensch, bewein dein Sünde groß" Nr. 166

1. Gott wohnt in einem Lichte, / dem keiner nahen kann. / Von seinem Angesichte / trennt uns der Sünde Bann. / Unsterblich und gewaltig / ist unser Gott allein, / will König tausendfaltig, / Herr aller Herren sein.

2. Und doch bleibt er nicht ferne, / ist jedem von uns nah. / Ob er gleich Mond und Sterne / und Sonnen werden sah, / mag er dich doch nicht missen / in der Geschöpfe Schar, / will stündlich von dir wissen / und zählt dir Tag und Jahr.

3. Auch deines Hauptes Haare / sind wohl von ihm gezählt. / Er bleibt der Wunderbare, / dem kein Geringstes fehlt. / Den keine Meere fassen / und keiner Berge Grat, / hat selbst sein Reich verlassen, / ist dir als Mensch genaht.

4. Er macht die Völker bangen / vor Welt- und Endgericht / und trägt nach dir Verlangen, / läßt auch den Ärmsten nicht. / Aus seinem Glanz und Lichte / tritt er in deine Nacht; / und alles wird zunichte, / was dir so bange macht.

5. Nun darfst du in ihm leben / und bist nie mehr allein, / darfst in ihm atmen, weben / und immer bei ihm sein. / Den keiner je gesehen / noch künftig sehen kann, / will dir zur Seite gehen / und führt dich himmelan.

T: Jochen Klepper 1938   M: „Gott ist dreifaltig einer" Nr. 489

Vertrauen und Bitte

291

1. Wer unterm Schutz des Höchsten steht,
wer auf die Hand des Vaters schaut,
im Schatten des Allmächt'gen geht,
sich seiner Obhut anvertraut,
der spricht zum Herrn voll Zuversicht:
„Du meine Hoffnung und mein Licht,
mein Hort, mein lieber Herr und Gott,
dem ich will trauen in der Not."

2. Er weiß, daß Gottes Hand ihn hält, / wo immer ihn Gefahr umstellt; / kein Unheil, das im Finstern schleicht, / kein nächtlich Grauen ihn erreicht. / Denn seinen Engeln Gott befahl, / zu hüten seine Wege all, / daß nicht sein Fuß an einen Stein / anstoße und verletzt mög sein.

3. Denn dies hat Gott uns zugesagt: / Wer an mich glaubt, sei unverzagt, / weil jeder meinen Schutz erfährt; / und wer mich anruft, wird erhört. / Ich will mich zeigen als sein Gott, / ich bin ihm nah in jeder Not; / des Lebens Fülle ist sein Teil, / und schauen wird er einst mein Heil.

T: EGB 1972 nach Psalm 91
M: nach Michael Vehe 1537

292
ö

1. Herr, dir ist nichts verborgen; du schaust mein Wesen ganz. Du kennst mich bis zum Grund; ob ich mag ruhn, ob gehen, ob sitzen oder stehen, es ist dir alles kund.

Das Gestern, Heut und Morgen wird hell in deinem Glanz.

2. Wenn ich zum Himmel flöge, / ich könnt dir nicht entfliehn; / wenn ich zum Abgrund zöge, / ich fände dich darin. / Trüg mich das Morgenrot / bis zu der Erde Enden, / du hieltest mich in Händen / im Leben und im Tod.

3. Und wollt ich mich verhüllen / in Finsternis und Nacht, / du wirst sie ganz erfüllen / mit deines Lichtes Pracht. / Du kennst das Dunkel nicht; / die Nacht wird dir zum Tage, / und wo ich Dunkel sage, / da ist vor dir nur Licht.

4. Du hast geformt mein Wesen / schon in der Mutter Schoß. / Du schaust all meine Blößen, / hast mir bestimmt mein Los. / Und wollt ich zählen, Herr, / und deine Pläne fassen, / ich müßte davon lassen; / sie sind wie Sand am Meer.

5. Dir will ich Dank bezeugen, / der herrlich mich gemacht, / und mich voll Staunen neigen / vor deiner Werke Pracht. / Du, der mich prüft und kennt, / halt mich in deinem Segen, / leit mich auf ewgen Wegen / bis an ein selig End.

T: Maria Luise Thurmair 1971, nach Psalm 139
M: Caspar Ulenberg 1582

Vertrauen und Bitte

293 ö

1. Auf dich allein ich baue, / du lieber treuer Gott.
Da ich auf dich vertraue, / verlaß mich nicht in Not.
Du, Herr, kannst mich erlösen aus Sünde und Gefahr. / Errette mich vom Bösen; dein Recht mach offenbar.

2. Dein Ohr in Huld mir neige, / schick eilends Hilfe her; / dein Treue mir erzeige, / reiß mich aus Ängsten schwer. / Sei mir in diesen Tagen / ein Fels, ein sichres Haus, / dahin ich flieh ohn Zagen; / hilf mir in Gnaden aus.

3. Es steht in deinen Händen / die Zeit und Lebensfrist; / du kannst mein Unglück wenden, / wie es dein Wille ist. / O Herr, in deine Hände / befehl ich meinen Geist, / daß du mich dem Elende, / mein treuer Gott, entreißt.

4. Der Herr sei hochgepriesen, / der Wunderbares tat / und der mir Gnad erwiesen / in seiner festen Stadt. / Drum, die ihr habt Vertrauen / und unverzagten Mut, / seid wohlgetrost ohn Grauen: / Gott ist gerecht und gut.

T: Caspar Ulenberg 1582 / EGB 1971, nach Psalm 31
M: Donauwörth 1546

294

1. Was Gott tut, das ist wohlgetan, es bleibt gerecht sein Wille; wie er fängt seine Sachen an, will ich ihm halten stille. Er ist mein Gott, der in der Not mich wohl weiß zu erhalten; drum laß ich ihn nur walten.

2. Was Gott tut, das ist wohlgetan; / er wird mich nicht betrügen. / Er führt mich auf rechter Bahn, / so laß ich mir genügen / an seiner Huld und hab Geduld; / er wird mein Unglück wenden, / es steht in seinen Händen.

3. Was Gott tut, das ist wohlgetan; / er ist mein Licht und Leben, / der mir nichts Böses gönnen kann / ich will mich ihm ergeben / in Freud und Leid. Es kommt die Zeit, / da öffentlich erscheinet, / wie treulich er es meinet.

4. Was Gott tut, das ist wohlgetan; / dabei will ich verbleiben. / Es mag mich auf die rauhe Bahn / Not, Tod und Elend treiben, / so wird Gott mich ganz väterlich / in seinen Armen halten; / drum laß ich ihn nur walten.

T: Samuel Rodigast 1675
M: Severus Gastorius 1679

Vertrauen und Bitte

295

2. Was helfen uns die schweren Sorgen, / was hilft uns unser Weh und Ach? / Was hilft es, daß wir alle Morgen / beseufzen unser Ungemach? / Wir machen unser Kreuz und Leid / nur größer durch die Traurigkeit.

3. Sing, bet und geh auf Gottes Wegen, / verricht das Deine nur getreu / und trau des Himmels reichem Segen, / so wird er bei dir werden neu. / Denn welcher seine Zuversicht / auf Gott setzt, den verläßt er nicht.

T und M: Georg Neumark 1657, Fassung J. S. Bach

Ökumenische Fassung

296
ö

Wer Gott dem Al-ler-höch-sten traut, der hat auf kei-nen Sand ge-baut.

1. Gott liebt die-se Welt, und wir sind sein Ei-gen. Wo-hin er uns stellt, sol-len wir es zei-gen: Gott liebt die-se Welt.

297
ö

2. Gott liebt diese Welt. Er rief sie ins Leben. / Gott ist's, der erhält, was er selbst gegeben. / Gott gehört die Welt.

3. Gott liebt diese Welt. Feuerschein und Wolke / und das heilge Zelt sagen seinem Volke: / Gott ist in der Welt.

4. Gott liebt diese Welt. Ihre Dunkelheiten / hat er selbst erhellt. Im Zenit der Zeiten / kam sein Sohn zur Welt.

5. Gott liebt diese Welt. Durch des Sohnes Sterben / hat er uns bestellt zu des Reiches Erben. / Gott erneut die Welt.

6. Gott liebt diese Welt. In den Todesbanden / keine Macht ihn hält. Christus ist erstanden: / Leben für die Welt.

7. Gott liebt diese Welt. Er wird wiederkommen, / wann es ihm gefällt, nicht nur für die Frommen, / nein, für alle Welt.

8. Gott liebt diese Welt, und wir sind sein Eigen. / Wohin er uns stellt, sollen wir es zeigen: / Gott liebt diese Welt.

T und M: Walter Schulz 1962

298

V 1. Herr, unser Herr, wie bist du zugegen und wie unsagbar nah bei uns. A Allzeit bist du um uns in Sorge, in deiner Liebe birgst du uns.

2. Du bist nicht fern, denn die zu dir beten, / wissen, daß du uns nicht verläßt. / Du bist so menschlich in unsrer Mitte, / daß du wohl dieses Lied verstehst.

3. Du bist nicht sichtbar für unsre Augen, / und niemand hat dich je gesehn. / Wir aber ahnen dich und glauben, / daß du uns trägst, daß wir bestehn.

4. Du bist in allem ganz tief verborgen, / was lebt und sich entfalten kann. / Doch in den Menschen willst du wohnen, / mit ganzer Kraft uns zugetan.

5. Herr, unser Herr, wie bist du zugegen, / wo nur auf Erden Menschen sind. / Bleib gnädig so um uns in Sorge, / bis wir in dir vollkommen sind.

T: Huub Oosterhuis „Heer, onze Heer" 1965, Übertragung Peter Pawlowsky und Nikolaus Greitemann 1969 M: Niederländische Volksweise

299

1. Manchmal kennen wir Gottes Willen, manchmal kennen wir nichts. Erleuchte uns, Herr, wenn die Fragen kommen.

2. Manchmal sehen wir Gottes Zukunft, manchmal sehen wir nichts. / Bewahre uns, Herr, wenn die Zweifel kommen.
3. Manchmal spüren wir Gottes Liebe, manchmal spüren wir nichts. / Begleite uns, Herr, wenn die Ängste kommen.
4. Manchmal wirken wir Gottes Frieden, manchmal wirken wir nichts. / Erwecke uns, Herr, daß dein Friede kommt.

T: Kurt Marti / Arnim Juhre 1966   M: Felicitas Kukuck 1967

300

1. Solang es Menschen gibt auf Erden, solang die Erde Früchte trägt, solang bist du uns allen Vater; wir danken dir für das, was lebt.

2. Solang die Menschen Worte sprechen, / solang dein Wort zum Frieden ruft, / solang hast du uns nicht verlassen. / In Jesu Namen danken wir.
3. Du nährst die Vögel in den Bäumen, / du schmückst die Blumen auf dem Feld; / du machst ein Ende meinem Sorgen, / hast alle Tage schon bedacht.
4. Du bist das Licht, schenkst uns das Leben; / du holst die Welt aus ihrem Tod, / gibst deinen Sohn in unsre Hände. / Er ist das Brot, das uns vereint.
5. Darum muß jeder zu dir rufen, / den deine Liebe leben läßt: / Du, Vater, bist in unsrer Mitte, / machst deinem Wesen uns verwandt.

T: Huub Oosterhuis 1959 „Zolang er mensen zijn op aarde", Übertragung Dieter Trautwein 1966/1972   M: Tera de Marez Oyens-Wansink 1959

301 ö

A Herr, deine Güte reicht, so weit der Himmel ist, und deine Wahrheit, so weit die Wolken gehen.

V 1. Deine Gerechtigkeit steht wie die Berge, und dein Gericht ist tief wie das Meer. Menschen und Tieren willst du, Herr, ein Helfer sein. Kv

2. Was deine Güte ist, lehr mich begreifen, / und deine Wahrheit mach mir bekannt; / denn ich verstehe nichts, wenn du es mir nicht sagst. Kv

3. Täglich umgeben mich Worte und Stimmen, / aber ich höre gar nicht mehr hin; / denn deine Stimme höre ich nicht mehr heraus. Kv

4. Wenn ich nichts hören kann, hilf mir dich rufen; / hilf mir dich hören, wenn du mich rufst; / hilf mir gehorchen, wenn du mich berufen willst. Kv

5. Dein Wort der Wahrheit ist unsre Bewahrung; / aus deinem Leben leben wir auch; / und wir erkennen erst in deinem Licht das Licht. Kv

T: Psalm 36,6; Str. 2–5 Gerhard Valentin 1965   M: Herbert Beuerle 1965

302

1. Er-hör, o Gott, mein Flehen, hab auf mein Beten acht. Du sahst von fern mich stehen, ich rief aus dunkler Nacht. Auf eines Felsens Höhe erheb mich gnädiglich. Auf dich ich hoffend sehe: du lenkst und leitest mich.

2. Du bist gleich einem Turme, / den nie der Feind bezwang. / Ich weiche keinem Sturme, / bei dir ist mir nicht bang. / In deinem Zelt bewahren / willst du mich immerdar. / Mich hütet vor Gefahren / dein schirmend Flügelpaar.

3. Mein Bitten hast erhöret, / mein Gott, in Gnaden du. / Wer deinen Namen ehret, / dem fällt dein Erbe zu. / So schenke langes Leben / dem, der sich dir geweiht; / wollst Jahr um Jahr ihm geben, / ihn segnen allezeit.

4. Vor Gottes Angesichte / steh er in Ewigkeit. / Es wird ja nie zunichte / des Herrn Barmherzigkeit. / So will dein Lied ich singen, / wie ich es dir versprach, / mein Lobesopfer bringen / von neuem Tag um Tag.

T: Edith Stein 1936 nach Psalm 61
M: Lyon 1547

303

1. In Gottes Namen fahren wir, nach seiner Gnad begehren wir. Verleih uns die aus Gütigkeit, o heilige Dreifaltigkeit. Kyrieleison.

2. In Gottes Namen fahren wir, / zu Gott dem Vater rufen wir. / Behüt uns, Herr, vorm ewgen Tod / und sei uns Hilf in aller Not. / Kyrieleison.

3. In Gottes Namen fahren wir, / zu Jesus Christus flehen wir, / daß er durch all die Marter sein / uns mache von der Sünde rein. —

4. In Gottes Namen fahren wir, / vom Heilgen Geist begehren wir, / daß er mit seiner Gnade Schein / uns allzeit woll im Herzen sein. —

5. In Gottes Namen fahren wir, / zu dir, Maria, kommen wir. / Bitt du für uns am Himmelsthron, / erlang uns Gnad bei deinem Sohn. —

6. In Gottes Namen fahren wir, / die lieben Heilgen bitten wir, / daß sie durch Christus, unsern Herrn, / des Vaters Huld für uns begehrn. —

7. In Gottes Namen fahren wir, / an dich allein, Herr, glauben wir. / Behüt uns vor des Teufels List, / der uns allzeit entgegen ist. —

8. In Gottes Namen fahren wir, / auf seine Tröstung hoffen wir. / Gib Frieden uns in dieser Zeit, / wend von uns alles Herzeleid. —

9. In Gottes Namen fahren wir, / auf seine Hilfe harren wir. / Die Frucht der Erde uns bewahr / und schenk uns ein gesegnet Jahr. —

10. In Gottes Namen fahren wir, / kein andern Helfer wissen wir. / Vor Krankheit, Krieg und Hungersnot / behüt uns, lieber Herre Gott. —

11. In Gottes Namen fahren wir, / dein Reich, o Herr, begehren wir. / Bewahr dein Kirch vor falscher Lehr / und unser Herz zur Wahrheit kehr. —

12. In Gottes Namen fahren wir, / dich, Herr, allein anbeten wir. / Vor allem Übel uns bewahr / und hilf uns zu der Heilgen Schar. —

T: 15. Jh. / bei Michael Vehe 1537   M: bei Johann Leisentrit 1567

304

1. Zieh an die Macht, du Arm des Herrn, wohlauf und hilf uns streiten. Noch hilfst du deinem Volke gern, wie du getan vor Zeiten. Wir sind im Kampfe Tag und Nacht; o Herr, nimm gnädig uns in acht und steh uns an der Seiten.

2. Mit dir, du starker Heiland du, / muß uns der Sieg gelingen. / Wohl gilt's zu streiten immerzu, / bis einst wir dir lobsingen. / Nur Mut, die Stund ist nimmer weit, / da wir nach allem Kampf und Streit / die Lebenskron erringen.

3. Herr, du bist Gott. In deine Hand / o laß getrost uns fallen. / Wie du uns Hilfe zugesandt, / so hilfst du fort noch allen, / die dir vertraun und deinem Bund / und freudig dir von Herzensgrund / ihr Loblied lassen schallen.

T: Friedrich Oser 1865   M: Melchior Vulpius 1609

2. Jesus Christus, steh uns bei ...
3. Heilger Geist, steh du uns bei ...

T: 15. Jh. / bei Michael Vehe 1537
M: bei Leonhard Kleber 1524 / bei Michael Vehe 1537

306

V 1. O Gott, streck aus dein milde Hand
und segne gnädig Leut und Land;
auch halte nach der Güte dein
mit den verdienten Plagen ein.

A 1.–6. Erbarm dich unser, o heilger Gott,
du unsterblicher, du starker Gott.

2. Vergiß, o Gott, was wir getan, / sieh unsre Missetat nicht an. / Laß alle Schuld vergeben sein, / denk an die große Liebe dein.

3. Laß aller Menschen Tun gedeihn, / ihr Werk von dir behütet sein. / Sei jedem nah mit deiner Kraft, / daß er getreu das Rechte schafft.

4. Herr, segne auch mit deiner Hand, / was wächst und reift in unsrem Land. / Wend ab Frost, Blitz und Hagelschlag / und alles, was uns schaden mag.

5. Behüt die Welt vor Krieg und Streit, / vor Hunger, Krankheit, Haß und Neid. / Gib, daß in Fried und Einigkeit / dir diene alle Christenheit.

6. Gott Vater, schau vom hohen Thron / auf deinen lieben einzgen Sohn. / Er zeigt dir sein vergossnes Blut; / das komm, o Vater, uns zugut.

T: Köln 1642 / EGB 1971
M: Jakob Gippenbusch 1642

307

1. O ewger Gott, wir bitten dich, gib Frieden unsern Tagen; gib, daß wir stets einmütiglich nach deinem Willen fragen. Denn, Herr, es ist kein andrer Gott, der für uns streitet in der Not, denn du, o Gott, alleine.

2. O gütger Gott, wir bitten dich, / gib Frieden unserm Leben; / verleih uns Hilfe gnädiglich, / dem Feind zu widerstreben. / Denn niemand ist in dieser Welt, / der Frieden stiftet und erhält / denn du, o Gott, alleine.

3. O gnädger Gott, wir bitten dich, / du wollest uns vergeben, / daß wir allhier so freventlich / durch Schuld in Unfried leben. / Mach uns von allen Sünden rein, / so werden wir friedfertig sein / durch dich, o Gott, alleine.

4. O starker Gott, wir bitten dich, / laß uns im Frieden sterben; / erzeig dich uns ganz väterlich, / auf daß wir nicht verderben. / Durch Jesus Christus, unsern Herrn, / im Heilgen Geist wir das begehrn / von dir, o Gott, alleine.

T: nach Caspar Querhamer 1537
M: bei Michael Vehe 1537

308

V/A 1. Gott, mein Gott, warum hast du mich verlassen? V So sang einst König David,

hör-test du ihn? — So schrie einst König Da-vid, hal-fest du ihm? — A Gott, mein Gott, war-um hast du mich ver-las-sen?

2. Gott, mein Gott, warum gibst du keine Antwort? / So sang einst König David, so klage auch ich, / ein Schatten und kein Mensch mehr; ferne bist du. / Gott, mein Gott, warum gibst du keine Antwort?

3. Gott, mein Gott, warum hast du mich verlassen? / So schrie der Welten Christus, blutend am Kreuz, / ein Spott den Leuten allen, — hörtest du ihn? / Gott, mein Gott, warum hast du mich verlassen?

4. Gott, mein Gott, warum gibst du keine Antwort? / So rufe ich mit David, — höre auf uns! / Du hörtest doch auf Christus, schreiend am Kreuz? / Gott, mein Gott, stärke meinen armen Glauben.

T und M: Friedemann Gottschick 1965

309

Da pa-cem, Dó-mi-ne, in di-é-bus no-stris, qui-a non est á-li-us qui pu-gnet pro no-bis, ni-si tu De-us no-ster.

T und M: 9. Jh.

Ih. Q43

310
ö

Ver-leih uns Frieden gnä-dig-lich, Herr Gott, zu un-sern Zei-ten. Es ist doch ja kein and-rer nicht, der für uns könn-te strei-ten, denn du un-ser Gott al-lei-ne.

T: Martin Luther 1529 nach „Da pacem, Domine", Nr. 309
M: Einsiedeln 12. Jh. / Wittenberg 1529

311
ö

V Mit lau-ter Stim-me ruf ich zum Herrn, A Herr, er-bar-me dich mei-ner, V mit lau-ter Stimme be-schwör ich den Herrn. A Herr, er-bar-me dich mei-ner. V Ich gie-ße vor ihm mei-nen Kum-mer aus, A Herr, er-bar-me dich mei-ner, V breit mei-ne

T: Psalm 142, 1–4a und 6 in der Übersetzung von Romano Guardini
M: Peter Janssens 1965

351 Die Feier der heiligen Messe

Jesus Christus hat die Menschen nicht nur von ihren Sünden erlöst; aus Liebe hat er sie zugleich in die innigste Gemeinschaft mit sich und dem Vater hineingenommen. Er hat uns zu Kindern Gottes gemacht und dadurch untereinander zu Brüdern. Die Heilige Schrift nennt diese Gemeinschaft „Reich Gottes" und „ewiges Leben".

1 DAS ZEICHEN DES MAHLES

Christus hat das Himmelreich und das ewige Leben mit einem Gastmahl verglichen. Er hat das Mahl zu einem Zeichen der Gemeinschaft mit sich gemacht. Mit seinen Jüngern hat er Mahl gehalten; beim Hochzeitsmahl in Kana hat er Wasser in Wein verwandelt; in der Wüste hat er die Hungernden gesättigt. Das Brot, das er ihnen gab, war ein Zeichen für das Brot vom Himmel, das er selber ist.

Als er am Abend vor seinem Leiden mit den Jüngern das Paschamahl feierte, hat er verwirklicht, was er vorher in Zeichen und Reden angekündigt hatte. In den verwandelten Gaben von Brot und Wein reichte er ihnen seinen Leib und sein Blut und damit sich selbst als Speise zum ewigen Leben. Dabei gab er ihnen den Auftrag und die Vollmacht: „Tut dies zu meinem Gedächtnis!"

2 DIE FEIER DES HERRENMAHLES

Diesen Auftrag erfüllt die Kirche in der Feier der heiligen Messe: Die Gläubigen versammeln sich am Tisch des Herrn; wie die Jünger beim Abendmahl hören sie die Botschaft und singen das Lob der Großtaten Gottes. So feiern sie die „Danksagung", die Eucharistie. Von den ersten Christen wird berichtet (Apg 2,42): „Sie beharrten in der Lehre der Apostel und in der Gemeinschaft, im Brechen des Brotes und in den Gebeten." Und das Zweite Vatikanische Konzil sagt: „Seither hat die Kirche niemals aufgehört, sich zur Feier des Pascha-Mysteriums zu versammeln, dabei zu lesen, was in den Schriften von ihm geschrieben steht (Lk 24,27), die Eucharistie zu feiern, in der Sieg und Triumph seines Todes dargestellt werden, und zugleich Gott für die unsagbar große Gabe Dank zu sagen in Christus Jesus zum Lob seiner Herrlichkeit (Eph 1,12). All das aber geschieht in der Kraft des Heiligen Geistes" (Lit. Konst. Nr. 6).

DAS OPFER CHRISTI 3

Christus gibt beim letzten Abendmahl seinen Leib, der für uns dahingegeben ist, und sein Blut, das er für uns vergossen hat, und damit sich selbst als Speise des ewigen Lebens. So steht das letzte Abendmahl in unlösbarem Zusammenhang mit dem heilbringenden Tod des Herrn, mit dem Kreuzesopfer, das in jeder heiligen Messe gegenwärtig wird.

In seiner Selbsthingabe an den Vater, in seinem Gehorsam bis zum Tod am Kreuz ist Christus der Hohepriester des Neuen Bundes; er hat uns ein für allemal mit Gott verbunden. So hat Gott ihn erhöht und zur Quelle unseres Heiles gemacht.

UNSERE TEILNAHME AM OPFER CHRISTI 4

Der erhöhte Herr, verborgen unter den Seinen zugegen, nimmt die Gläubigen in seine Opferhingabe hinein. Durch ihn lernt die Kirche, sich selber Gott darzubringen und den Brüdern zu dienen. Sie nimmt teil am Hinübergang des Herrn in das verklärte Leben (Pascha). Durch Christus darf sie sich in der Kraft des Geistes dem Vater hingeben und wird vom Vater mit ihm und in ihm angenommen. Das ist das neue Leben des Christen.

So ist die heilige Messe „eucharistia", die große Danksagung der Kirche für das Heilswerk Gottes in Christus Jesus. Dabei ist Christus selbst gegenwärtig in den Gläubigen, die sich zum Gottesdienst versammeln, in seinem Wort, das er im Wortgottesdienst an uns richtet; gegenwärtig ist er in seinem Opfer, wie er sich dem Vater opfert für das Leben der Welt, für seinen Leib, die Kirche, und für jeden von uns; gegenwärtig ist er schließlich in seinem Fleisch und in seinem Blut. Wir selbst sollen uns bei der heiligen Messe mit Christus verbinden in der Hingabe an den Vater und für die Brüder. In der heiligen Kommunion werden wir hineingenommen in den Tod und in die Auferstehung Christi. Darum schreibt der Apostel Paulus: „So oft ihr von diesem Brot eßt und aus dem Kelch trinkt, verkündet ihr den Tod des Herrn, bis er kommt" (1 Kor 11,26).

ZEICHEN DER KOMMENDEN HERRLICHKEIT 5

Darum ist jede heilige Messe ein Zeichen der kommenden Herrlichkeit: inmitten unserer Welt ist der verklärte Herr unter uns, nehmen wir teil am Mahl, in welchem das himmlische Hochzeitsmahl bereits gefeiert wird. So vereint uns die volle Teilnahme an der heiligen Messe mit der ganzen Kirche und mit Christus; sie gibt uns durch das Wort Gottes, durch die Hingabe an Christus und durch das Brot des Lebens Kraft, im täglichen Dienst, in Wort und Werk Zeugen für Christus zu sein. Darum sagt das Konzil vom Gottesdienst: „Mit Recht gilt also die Liturgie als der Vollzug des Priesteramtes Christi; durch sinnfällige Zeichen wird in ihr sowohl die Heiligung des Menschen in je eigener Weise bewirkt, als auch von dem mystischen Leib Jesu Christi, das heißt dem Haupt und den Gliedern, der gesamte öffentliche Kult vollzogen. Infolgedessen ist jede liturgische Feier als Werk Christi, des Priesters, und seines Leibes, der die Kirche ist, in vorzüglichem Sinne heilige Handlung, deren Wirksamkeit kein anderes Tun der Kirche an Rang und Maß erreicht" (Lit. Konst. Nr. 7).

352 Der Aufbau der Meßfeier

Die heilige Messe hat zwei Hauptteile: den Wortgottesdienst und die Eucharistie.
Der Wortgottesdienst umfaßt Schriftlesungen mit Auslegung, Antwortgesänge und Gebet. Der eucharistische Teil besteht aus der Gabenbereitung, aus dem Hochgebet und der Kommunion.
Das Ganze wird eingerahmt von einem eigenen Eröffnungsteil und von der Entlassung.

1 ERÖFFNUNG
Einzug
Gesang
Begrüßung der Gemeinde und Einführung
Das allgemeine Schuldbekenntnis
Kyrie
Gloria
Tagesgebet

2 WORTGOTTESDIENST
Erste Lesung
Antwortpsalm (erster Zwischengesang)
Zweite Lesung

Hallelujaruf (zweiter Zwischengesang)
Evangelium
Homilie
Credo
Fürbitten

EUCHARISTIEFEIER 3

GABENBEREITUNG
Gesang
Herbeibringen der Gaben, Opfergang
Zurüstung des Altares
Händewaschung
Gabengebet

HOCHGEBET
Der Priester spricht das große Dankgebet über Brot und Wein; die Gaben werden Leib und Blut Christi (Wandlung). Die Gemeinde beteiligt sich durch zustimmende Rufe: Sanctus... Deinen Tod... Amen.

KOMMUNION
Vater unser
Friedensgebet
Brechung des Brotes – Agnus Dei
Kommunionspendung – Kommuniongesang
Besinnung und Dankhymnus
Schlußgebet

ENTLASSUNG 4
Vermeldungen und Hinweise
Segen und Entlassung

In den folgenden Text der Feier der Gemeindemesse sind in *Kursivschrift* Gebete und Lesungen eingefügt. Sie sollen Aufbau und Inhalt der Meßfeier besser verdeutlichen.

353 Die Feier der Gemeindemesse

Eröffnung

1 EINZUG – GESANG ZUR ERÖFFNUNG

Die Gemeinde versammelt sich. Darauf tritt der Priester an den Altar. Er wird begleitet von denen, die bei der Meßfeier einen besonderen Dienst am Altar oder Ambo versehen. Das sind in der Regel ein Lektor (zwei Lektoren), ein Kantor und ein oder mehrere Ministranten (oder Akolythen).

Während des Einzugs wird der Gesang zur Eröffnung gesungen.

Der Priester verehrt gemeinsam mit seiner Begleitung den Altar und küßt ihn. Danach kann der Priester den Altar inzensieren. Nach der Verehrung des Altares gehen der Priester und seine Begleitung zu den Sitzen.

Alle stehen und machen das Kreuzzeichen. Der Priester spricht:
Im Namen des Vaters und des Sohnes und des Heiligen Geistes. Amen.

2 BEGRÜSSUNG DER GEMEINDE – EINFÜHRUNG

Der Gemeinde zugewendet, breitet der Priester die Hände aus und begrüßt die Gemeinde, indem er singt oder spricht:
Der Herr sei mit euch. (Bischof: Der Friede sei mit euch.)

oder
Die Gnade unseres Herrn Jesus Christus, die Liebe Gottes, des Vaters, und die Gemeinschaft des Heiligen Geistes sei mit euch.

oder ein anderes Begrüßungswort.

Die Gemeinde antwortet:
Und mit deinem Geiste.

Der Priester, der Diakon oder ein anderer dazu Beauftragter kann eine knappe Einführung in die Feier geben.

DAS ALLGEMEINE SCHULDBEKENNTNIS   3

Jede der drei Formen besteht aus Einladung, Sündenbekenntnis und Vergebungsbitte. Vor dem Sündenbekenntnis hält man eine kurze Stille zur Besinnung. Der Text der Einladung kann auch anders formuliert werden. An bestimmten Tagen kann das allgemeine Schuldbekenntnis entfallen.

Form A   4

P Brüder und Schwestern, damit wir die heiligen Geheimnisse in rechter Weise feiern können, wollen wir bekennen, daß wir gesündigt haben.

P Wir sprechen das Schuldbekenntnis:
A Ich bekenne Gott, dem Allmächtigen,
und allen Brüdern und Schwestern,
daß ich Gutes unterlassen und Böses getan habe
— ich habe gesündigt in Gedanken, Worten und Werken

(alle schlagen an die Brust)

durch meine Schuld, durch meine Schuld,
durch meine große Schuld.
Darum bitte ich die selige Jungfrau Maria,
alle Engel und Heiligen
und euch, Brüder und Schwestern,
für mich zu beten bei Gott, unserem Herrn.

P Der allmächtige Gott erbarme sich unser. Er lasse uns die Sünden nach und führe uns zum ewigen Leben.   A Amen.

Form B   5

P Brüder und Schwestern, bevor wir das Wort Gottes hören und das Opfer Christi feiern, wollen wir uns bereiten und Gott um Vergebung unserer Sünden bitten.

P Erbarme dich, Herr, unser Gott, erbarme dich.
A Denn wir haben vor dir gesündigt.
P Erweise, Herr, uns deine Huld.
A Und schenke uns dein Heil.

(353) P Nachlaß, Vergebung und Verzeihung unserer Sünden gewähre uns der allmächtige und barmherzige Herr. A Amen.

Die Formen A und B können durch ein Bußlied ersetzt werden.

6 Form C

Bei dieser Form können den Kyrie-Rufen frei formulierte Christus-Anrufungen vorausgeschickt werden; die nachstehenden Anrufungen sind als Beispiel zu verstehen.
Wird Form C gesprochen, kann auch mit „Herr, erbarme dich unser" geantwortet werden.

P Zu Beginn dieser Meßfeier wollen wir uns besinnen und das Erbarmen des Herrn auf uns herabrufen.

V Herr Jesus Christus, du bist vom Vater gesandt, zu heilen, was verwundet ist:
oder:

V/A Kyrie eleison, V/A Herr, erbarme dich.

V Du bist gekommen, die Sünder zu berufen:
oder:

V/A Christe eleison, V/A Christus, erbarme dich.

V Du bist zum Vater heimgekehrt, um für uns einzustehn:
oder:

V/A Kyrie eleison, V/A Herr, erbarme dich.

P Der Herr erbarme sich unser, er nehme von uns Sünde **(353)**
und Schuld, damit wir mit reinem Herzen diese Feier begehen.
A Amen.

An Sonntagen kann an die Stelle des Allgemeinen Schuldbekenntnisses das sonntägliche Taufgedächtnis (Besprengung mit Weihwasser) treten (siehe Nr. 424).

KYRIE 7

Es folgen die Kyrie-Rufe (falls sie nicht schon vorausgegangen sind).
　　　　　　　　　　　　oder
V Kyrie eleison.　　　　　V Herr, erbarme dich (unser).
A Kyrie eleison.　　　　　A Herr, erbarme dich (unser).
V Christe eleison.　　　　V Christus, erbarme dich (unser).
A Christe eleison.　　　　A Christus, erbarme dich (unser).
V Kyrie eleison.　　　　　V Herr, erbarme dich (unser).
A Kyrie eleison.　　　　　A Herr, erbarme dich (unser).

Die Kyrie-Rufe können durch Texte ausgeweitet werden (Kyrie-Litanei). „Gotteslob" enthält zahlreiche Beispiele. In dieser Form können die Kyrie-Rufe auch als Eröffnungsgesang dienen. Ein Beispiel (vergl. Nr. 495,1):

V *Herr Jesus, Sohn des lebendigen Gottes:* 8
A *Kyrie eleison.*
V *Du Mittler des Neuen Bundes:*
A *Kyrie eleison.*
V *Herr Christus, du hast für uns getragen Kreuz und Leiden:*
A *Christe eleison.*
V *Du bist für uns auferstanden von den Toten:*
A *Christe eleison.*
V *Herr Jesus, du Herr deiner Kirche:*
A *Kyrie eleison.*
V *Du Hoffnung der ganzen Erde:*
A *Kyrie eleison.*

Die Kyrie-Rufe können auch in Verbindung mit einem Eröffnungslied gesungen werden. (vergl. Nr. 499).

354 GLORIA

An den Sonntagen außerhalb der Advents- und Fastenzeit, an Hochfesten, Festen und bei anderen festlichen Gottesdiensten folgt das Gloria:

1 Ehre sei Gott in der Höhe
und Friede auf Erden den Menschen seiner Gnade.

Wir loben dich,
wir preisen dich,
wir beten dich an,
wir rühmen dich und danken dir,
denn groß ist deine Herrlichkeit:
Herr und Gott, König des Himmels,
Gott und Vater, Herrscher über das All,
Herr, eingeborener Sohn, Jesus Christus.

Herr und Gott, Lamm Gottes, Sohn des Vaters,
du nimmst hinweg die Sünde der Welt:
erbarme dich unser;
du nimmst hinweg die Sünde der Welt:
nimm an unser Gebet;
du sitzest zur Rechten des Vaters:
erbarme dich unser.

Denn du allein bist der Heilige,
du allein der Herr,
du allein der Höchste:
Jesus Christus,
mit dem Heiligen Geist,
zur Ehre Gottes des Vaters. Amen.

Lateinischer Text Nr. 402

TAGESGEBET 2

Der Priester lädt zum Gebet ein. Er singt oder spricht:
Lasset uns beten.

Nach einer kurzen Stille, in der sich alle zum Gebet sammeln, breitet der Priester die Hände aus und singt oder spricht das Tagesgebet.

Heiliger Gott, wir haben uns im Namen deines Sohnes versammelt, und er ist in unsrer Mitte. Laß uns einstimmen in das Opfer des Lobes, das er dir darbringt, und mach uns würdig für diesen frohen Dienst. Darum bitten wir durch Jesus Christus, deinen Sohn, unseren Herrn und Gott, der in der Einheit des Heiligen Geistes mit dir lebt und herrscht in alle Ewigkeit. A Amen.

Wortgottesdienst 355

ERSTE LESUNG UND ERSTER ZWISCHENGESANG 1

Der Lektor geht zum Ambo und trägt die erste Lesung vor. Alle hören sitzend zu.

Lesung aus dem Buch Jesaja (55,10—11)
Wie Regen und Schnee vom Himmel fallen und dorthin nicht zurückkehren, sondern die Erde tränken, daß sie keimt und sproßt, daß sie Samen bringt dem Sämann und Brot als Speise, so ist es auch mit meinem Wort, das von meinem Munde ausgeht: Es kehrt nicht erfolglos zu mir zurück, sondern bewirkt, was ich will, und führt aus, wozu ich es sende.

Wo nach der Lesung ein Zuruf der Gemeinde üblich ist, fügt der Lektor an:

L Wort des lebendi-gen Got-tes. A Dank sei Gott.

Danach kann eine kurze Stille folgen.

(355) ANTWORTPSALM

2 Dann trägt der Kantor (Psalmist) als ersten Zwischengesang den Antwortpsalm vor. Die Gemeinde übernimmt den Kehrvers.

V Herr, du hast Worte ewigen Lebens.

A Herr, du hast Wor-te e-wi-gen Le-bens.

IIa. Q33

V *Die Weisung des Herrn ist vollkommen,*
sie erquickt den Menschen.
Das Gesetz des Herrn ist verläßlich,
den Unwissenden macht es weise.
A Herr, du hast Worte ewigen Lebens.

V *Das Gebot des Herrn ist lauter,*
es erleuchtet die Augen.
Die Befehle des Herrn sind richtig,
sie erfreuen das Herz.
A Herr, du hast Worte ewigen Lebens.

V *Sie sind kostbarer als Gold,*
als Feingold in Menge.
Sie sind süßer als Honig,
als Honig aus Waben.
A Herr, du hast Worte ewigen Lebens.

3 ZWEITE LESUNG UND ZWEITER ZWISCHENGESANG

Folgt eine zweite Lesung, so wird auch sie durch einen Lektor vom Ambo aus vorgetragen. Sie wird, wenn üblich, in der gleichen Weise abgeschlossen wie die erste Lesung.

Lesung aus dem ersten Korintherbrief (12,3–5)
Keiner, der aus dem Geist Gottes redet, sagt: Jesus sei verflucht! Und keiner kann sagen: Jesus ist der Herr!, wenn er nicht aus dem Heiligen Geist redet. Es gibt verschiedene Gnadengaben, aber nur e i n e n Geist. Es gibt verschiedene Dienste, aber nur e i n e n Herrn.

Auf die zweite Lesung folgt als zweiter Zwischengesang das Halle- **(355)**
luja bzw. der an dessen Stelle vorgesehene andere Gesang (Nr.
173,1 und 176,3). Der Hallelujaruf darf entfallen, wenn er nicht
gesungen werden kann.

HALLELUJARUF 4

V Halleluja, (Halleluja, Halleluja).

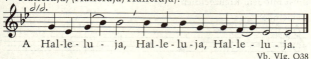

A Hal-le-lu - ja, Hal-le-lu-ja, Hal-le - lu - ja.

Vb, VIg. Q38

V *Himmel und Erde werden vergehn; aber deine Worte werden nicht vergehn.*
A Halleluja, (Halleluja, Halleluja).

Melodien Nr. 530–532

EVANGELIUM 5

Der Priester kann Weihrauch einlegen.
Der Diakon, der das Evangelium verkündet, verneigt sich vor dem
Priester und erbittet mit leiser Stimme den Segen:
Ich bitte um den Segen.
Der Priester spricht, ebenfalls leise, die Segensworte:
Der Herr sei in deinem Herzen und auf deinen Lippen, damit du sein Evangelium würdig verkündest. Im Namen des Vaters und des Sohnes + und des Heiligen Geistes.
Diakon: Amen.

Ist kein Diakon da, verkündet der Priester selbst das Evangelium.
Er verneigt sich vor dem Altar und spricht leise:
Heiliger Gott, reinige mein Herz und meine Lippen, damit
ich dein Evangelium würdig verkünde.

Der Diakon oder der Priester (holt das Evangelienbuch vom Altar und) geht zum Ambo; Ministranten (mit Kerzen und Weihrauch) begleiten ihn. Am Ambo:

Diakon (Priester):   Gemeinde:

Der Herr sei mit euch.   Und mit deinem Geiste.

Diakon (Priester):

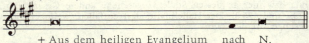

+ Aus dem heiligen Evangelium nach N.

Dabei bezeichnet er das Buch und sich selbst auf Stirn, Mund und Brust mit dem Kreuzzeichen.

Gemeinde:

Ehre sei dir, o Herr.

Wird Weihrauch verwendet, so inzensiert der Diakon (Priester) zunächst das Buch; dann verkündet er das Evangelium.

Nachdem man Johannes ins Gefängnis geworfen hatte, ging Jesus nach Galiläa und verkündete das Evangelium Gottes: Die Zeit ist erfüllt, und das Reich Gottes ist nahe. Bekehrt euch und glaubt an das Evangelium. (Mk 1,14–15)

Wo nach dem Evangelium ein Zuruf der Gemeinde üblich ist, fügt der Diakon (Priester) an:

Evangelium unseres Herrn Je - sus Chri - stus.

A Lob sei dir, Chri - stus.

Danach küßt der Diakon (Priester) das Buch und spricht leise: Herr, durch dein Evangelium nimm hinweg unsere Sünden.

6 HOMILIE

Die Homilie ist ein Teil der Liturgie. Sie ist an allen Sonntagen und gebotenen Feiertagen vorgeschrieben, sonst empfohlen.

CREDO

356

An Sonntagen, an Hochfesten und bei anderen festlichen Gottesdiensten folgt das Credo.

(P Wir sprechen das Große Glaubensbekenntnis.)

(A) Wir glauben an den einen Gott,
den Vater, den Allmächtigen,
der alles geschaffen hat, Himmel und Erde,
die sichtbare und die unsichtbare Welt.
Und an den einen Herrn Jesus Christus,
Gottes eingeborenen Sohn,
aus dem Vater geboren vor aller Zeit:
Gott von Gott, Licht vom Licht,
wahrer Gott vom wahren Gott,
gezeugt, nicht geschaffen,
eines Wesens mit dem Vater;
durch ihn ist alles geschaffen.
Für uns Menschen und zu unserem Heil
ist er vom Himmel gekommen,

Zu den folgenden Worten verbeugen sich alle (An Weihnachten und am Hochfest der Verkündigung des Herrn kniet man nieder).

hat Fleisch angenommen
durch den Heiligen Geist
von der Jungfrau Maria
und ist Mensch geworden.
Er wurde für uns gekreuzigt
unter Pontius Pilatus,
hat gelitten und ist begraben worden,
ist am dritten Tage auferstanden nach der Schrift
und aufgefahren in den Himmel.
Er sitzt zur Rechten des Vaters
und wird wiederkommen in Herrlichkeit,
zu richten die Lebenden und die Toten;
seiner Herrschaft wird kein Ende sein.
Wir glauben an den Heiligen Geist,
der Herr ist und lebendig macht,

der aus dem Vater und dem Sohn hervorgeht,
der mit dem Vater und dem Sohn
angebetet und verherrlicht wird,
der gesprochen hat durch die Propheten,
und die eine, heilige, katholische
und apostolische Kirche.
Wir bekennen die eine Taufe
zur Vergebung der Sünden.
Wir erwarten die Auferstehung der Toten
und das Leben der kommenden Welt. Amen.

Lateinischer Text des Credo Nr. 423.
Anstelle des Großen Glaubensbekenntnisses kann das Apostolische Glaubensbekenntnis gesprochen werden, siehe Nr. 2,5.

357 FÜRBITTEN (ALLGEMEINES GEBET)

Als „Allgemeines Gebet der Gläubigen" umfassen sie die Anliegen der Weltkirche und der Ortsgemeinde, die Regierenden, die Notleidenden, alle Menschen und das Heil der ganzen Welt. Sie werden vom Priester eingeleitet und abgeschlossen. Die einzelnen Anliegen können vom Diakon, Lektor, Kantor oder anderen vorgetragen werden.

Beispiel
P Zu Christus, unserm Herrn, der sich hingegeben hat für die Rettung der Menschen, wollen wir beten:
V Für alle, die das Wort Gottes verkünden. STILLE
V Christus, höre uns. A Christus, erhöre uns.
V Für die Mächtigen der Erde, die Verantwortung tragen für den Frieden. STILLE
V Christus, höre uns. A Christus, erhöre uns.
V Um Rettung von Krankheit, Hunger und Krieg. STILLE
V Christus, höre uns. A Christus, erhöre uns.
V In den Sorgen und Nöten, die jeden von uns bedrängen.
STILLE
V Christus, höre uns. A Christus, erhöre uns.
P Denn du, Herr Jesus, bist der Freund der Menschen; dich preisen wir mit dem Vater und dem Geist in Ewigkeit.
A Amen.

Fürbittrufe: 358

V Schenke der Welt deinen Frieden:
A Wir bitten dich, erhöre uns.

V Christus, höre uns. A Christus, erhöre uns.

V Lasset zum Herrn uns beten:
A Herr, erbarme dich. Christus, erbarme dich. Herr, erbarme dich.

Weitere Akklamationen zu den Fürbitten in den Litaneien Nr. 762 und 770

359 Eucharistiefeier

Gabenbereitung

1 GESANG ZUR GABENBEREITUNG

Das Herbeibringen und die Bereitung der Gaben können von einem geeigneten Gesang oder von Orgelspiel begleitet werden oder auch in der Stille geschehen.

2 HERBEIBRINGEN DER GABEN

Es empfiehlt sich, daß die Gläubigen ihre Teilnahme durch eine Gabe bekunden. Sie können durch Vertreter Brot und Wein für die Eucharistie oder selber andere Gaben herbeibringen, die für die Bedürfnisse der Kirche und der Armen bestimmt sind. Auch die Geldkollekte ist eine solche Gabe.

3 ZURÜSTUNG DES ALTARES

Die Ministranten (Akolythen) bringen den Kelch mit Korporale und Kelchtüchlein und das Meßbuch zum Altar. Der Priester nimmt die Schale mit dem Brot, hält sie über den Altar und spricht leise:

Gepriesen bist du, Herr, unser Gott, Schöpfer der Welt. Du schenkst uns das Brot, die Frucht der Erde und der menschlichen Arbeit. Wir bringen dieses Brot vor dein Angesicht, damit es uns das Brot des Lebens werde.
(Gepriesen bist du in Ewigkeit, Herr, unser Gott.)

Der Priester stellt die Schale auf das Korporale.

Der Priester gießt Wein und ein wenig Wasser in den Kelch und spricht leise:
Wie das Wasser sich mit dem Wein verbindet zum heiligen Zeichen, so lasse uns dieser Kelch teilhaben an der Gottheit Christi, der unsere Menschennatur angenommen hat.

Der Priester nimmt den Kelch, hält ihn über den Altar und spricht leise:

Gepriesen bist du, Herr, unser Gott, Schöpfer der Welt. Du schenkst uns den Wein, die Frucht des Weinstocks und der menschlichen Arbeit. Wir bringen diesen Kelch vor dein Angesicht, damit er uns der Kelch des Heiles werde.
(Gepriesen bist du in Ewigkeit, Herr, unser Gott.)

Er stellt den Kelch auf das Korporale.

Der Priester verneigt sich und spricht leise:

Herr, wir kommen zu dir mit reumütigem Herzen und mit demütigem Sinn. Nimm uns an und gib, daß unser Opfer dir gefalle.

Der Priester kann die Gaben und den Altar inzensieren; anschließend inzensiert der Diakon oder ein Ministrant (Akolyth) den Priester und die Gemeinde.

HÄNDEWASCHUNG 4

Zur Händewaschung an der Seite des Altares spricht der Priester leise:
Herr, wasche ab meine Schuld,
von meinen Sünden mach mich rein.

EINLADUNG ZUM GABENGEBET 5

Der Priester steht, der Gemeinde zugewandt, in der Mitte des Altares und spricht:
Lasset uns beten zu Gott, dem allmächtigen Vater, daß er die Gaben der Kirche annehme zu seinem Lob und zum Heil der ganzen Welt.
oder:
P Lasset uns beten.
Oder eine andere geeignete Gebetseinladung.
Alle verharren eine kurze Zeit in stillem Gebet.
oder:
P Betet, Brüder und Schwestern, daß mein und euer Opfer 6
Gott, dem allmächtigen Vater, gefalle.
A Der Herr nehme das Opfer an aus deinen Händen / zum Lob und Ruhm seines Namens, / zum Segen für uns und seine ganze heilige Kirche.

7 GABENGEBET

Der Priester breitet die Hände aus und trägt das Gabengebet vor.

Herr, unser Gott, wir bringen das Brot dar, das aus vielen Körnern bereitet, und den Wein, der aus vielen Trauben gewonnen ist. Schenke deiner Kirche, was die Gaben geheimnisvoll bezeichnen: die Einheit und den Frieden. Darum bitten wir durch Christus, unseren Herrn. A *Amen.*

360 Eucharistisches Hochgebet

Das Eucharistische Hochgebet wird vom Priester laut und vernehmlich vorgetragen und von der Gemeinde mit dem Zuruf Amen abgeschlossen. Die mit Melodien versehenen Teile können gesungen werden. Im folgenden wird das Hochgebet II abgedruckt.

Die Hochgebete I, III und IV s. Nr. 367–369.

Der Priester beginnt das Eucharistische Hochgebet. Er breitet die Hände aus und singt oder spricht:

1

P Der Herr sei mit euch. A Und mit dei-nem Gei-ste. P Er-he-bet die Her-zen. A Wir ha-ben sie beim Herrn. P Las-set uns dan-ken dem Herrn, un-serm Gott. A Das ist wür-dig und recht.

Der Priester singt oder spricht die Präfation.

In Wahrheit ist es würdig und recht, dir, Herr, heiliger Vater, immer und überall zu danken durch deinen geliebten Sohn Jesus Christus. Er ist dein Wort, durch ihn hast du alles erschaffen. Ihn hast du gesandt als unseren Erlöser und Heiland: Er ist Mensch geworden durch den Heiligen Geist, geboren von der Jungfrau Maria. Um deinen Ratschluß zu erfüllen und dir ein heiliges Volk zu erwerben, hat er sterbend die Arme ausgebreitet am Holze des Kreuzes. Er hat die Macht des Todes gebrochen und die Auferstehung kundgetan. Darum preisen wir dich mit allen Engeln und Heiligen und singen vereint mit ihnen das Lob deiner Herrlichkeit:

Zum Schluß der Präfation faltet er die Hände. Gemeinsam mit der Gemeinde singt er das Sanctus.

Heilig, heilig, heilig 2
Gott, Herr aller Mächte und Gewalten.
Erfüllt sind Himmel und Erde
von deiner Herrlichkeit.
Hosanna in der Höhe.
Hochgelobt sei,
der da kommt im Namen des Herrn.
Hosanna in der Höhe.

oder

Sanctus, Sanctus, Sanctus Dóminus Deus Sábaoth. 3
Pleni sunt caeli et terra glória tua.
Hosánna in excélsis.
Benedíctus qui venit in nómine Dómini.
Hosánna in excélsis.

Der Priester breitet die Hände aus und spricht:
Ja, du bist heilig, großer Gott, du bist der Quell aller Heiligkeit. 4

An Sonn- und Festtagen kann hier ein kurzes Gebet aus dem Meßbuch eingefügt werden.

(360) (Darum bitten wir dich:) Sende deinen Geist auf diese Gaben herab und heilige sie, damit sie uns werden Leib + und Blut deines Sohnes, unseres Herrn Jesus Christus.

Denn am Abend, an dem er ausgeliefert wurde und sich aus freiem Willen dem Leiden unterwarf, nahm er das Brot und sagte Dank, brach es, reichte es seinen Jüngern und sprach:
NEHMET UND ESSET ALLE DAVON: DAS IST MEIN LEIB, DER FÜR EUCH HINGEGEBEN WIRD.

Der Priester zeigt der Gemeinde die konsekrierte Hostie, dann legt er sie auf die Hostienschale und macht eine Kniebeuge.

Ebenso nahm er nach dem Mahl den Kelch, dankte wiederum, reichte ihn seinen Jüngern und sprach:
NEHMET UND TRINKET ALLE DARAUS: DAS IST DER KELCH DES NEUEN UND EWIGEN BUNDES, MEIN BLUT, DAS FÜR EUCH UND FÜR ALLE VERGOSSEN WIRD ZUR VERGEBUNG DER SÜNDEN. TUT DIES ZU MEINEM GEDÄCHTNIS.

Er zeigt der Gemeinde den Kelch, dann stellt er ihn auf das Korporale und macht eine Kniebeuge.

Dann spricht oder singt er (oder der Diakon):

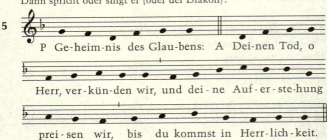

P Ge-heim-nis des Glau-bens: A Dei-nen Tod, o Herr, ver-kün-den wir, und dei-ne Auf-er-ste-hung prei-sen wir, bis du kommst in Herr-lich-keit.

oder (360)

P Geheimnis des Glaubens: A Deinen Tod, o Herr, verkünden wir, und deine Auferstehung preisen wir, bis du kommst in Herrlichkeit.

Darum, gütiger Vater, feiern wir das Gedächtnis des Todes und der Auferstehung deines Sohnes und bringen dir so das Brot des Lebens und den Kelch des Heiles dar. Wir danken dir, daß du uns berufen hast, vor dir zu stehen und dir zu dienen. Wir bitten dich: Schenke uns Anteil an Christi Leib und Blut, und laß uns eins werden durch den Heiligen Geist.

Gedenke deiner Kirche auf der ganzen Erde, und vollende dein Volk in der Liebe, vereint mit unserem Papst N., unserem Bischof N. und allen Bischöfen, unseren Priestern und Diakonen und mit allen, die zum Dienst in der Kirche bestellt sind.

An bestimmten Tagen und bei verschiedenen Anlässen kann hier eine besondere Bitte aus dem Meßbuch eingefügt werden.

Gedenke (aller) unserer Brüder und Schwestern, die entschlafen sind in der Hoffnung, daß sie auferstehen. Nimm sie und alle, die in deiner Gnade aus dieser Welt geschieden sind, in dein Reich auf, wo sie dich schauen von Angesicht zu Angesicht.

Vater, erbarme dich über uns alle, damit uns das ewige Leben zuteil wird in der Gemeinschaft mit der seligen Jungfrau und Gottesmutter Maria, mit deinen Aposteln und mit allen, die bei dir Gnade gefunden haben von Anbeginn der Welt, daß wir dich loben und preisen durch deinen Sohn Jesus Christus.

Er erhebt Hostienschale und Kelch (wenn ein Diakon mitwirkt, erhebt dieser den Kelch) und singt oder spricht:

Durch ihn und mit ihm und in ihm ist dir, Gott, allmächtiger Vater, in der Einheit des Hei - li - gen Gei - stes alle Herrlich - keit und Eh - re jetzt und in E - wig - keit! A A - men.

Nach der Doxologie und dem Amen der Gläubigen stellt der Priester Hostienschale und Kelch wieder auf das Korporale.

361 Kommunion

GEBET DES HERRN

Der Priester lädt zum Gebet des Herrn ein:
Dem Wort unseres Herrn und Erlösers gehorsam und getreu seiner göttlichen Weisung wagen wir zu sprechen:

oder
Lasset uns beten, wie der Herr uns zu beten gelehrt hat.

oder
Wir heißen Kinder Gottes und sind es. Darum beten wir voll Vertrauen:

Eucharistiefeier

oder
Wir haben den Geist empfangen, der uns zu Kindern Gottes macht. Darum wagen wir zu sprechen:

Oder eine andere geeignete Einladung.

Priester und Gemeinde singen oder sprechen gemeinsam:

362 ö

Vater unser im Himmel, Geheiligt werde dein Name. Dein Reich komme. Dein Wille geschehe, wie im Himmel so auf Erden. Unser tägliches Brot gib uns heute. Und vergib uns unsere Schuld, wie auch wir vergeben unsern Schuldigern. Und führe uns nicht in Versuchung, sondern erlöse uns von dem Bösen.

Zweite Melodie

363

Vater unser im Himmel (Amen),
Geheiligt werde dein Name (Amen).
Dein Reich komme (Amen). Dein Wille
geschehe, wie im Himmel so auf Erden
(Amen). Unser tägliches Brot gib uns heute
(Amen). Und vergib uns unsere Schuld,
wie auch wir vergeben unsern Schuldigern
(Amen). Und führe uns nicht in Versuchung,
sondern erlöse uns von dem Bösen.

Der Priester spricht oder singt:

364 Erlöse uns, Herr, allmächtiger Vater, von allem Bösen und gib Frieden in unseren Tagen. Komm uns zu Hilfe mit deinem Erbarmen und bewahre uns vor Verwirrung und Sünde, damit wir voll Zuversicht das Kommen unseres Erlösers Jesus Christus erwarten.

A Denn dein ist das Reich und die Kraft und die Herr-lich-keit in E-wig-keit. A-men.

FRIEDENSGEBET

Der Priester lädt nun mit folgenden oder ähnlichen Worten zum Friedensgebet ein:
Der Herr hat zu seinen Aposteln gesagt: Frieden hinterlasse ich euch, meinen Frieden gebe ich euch. Deshalb bitten wir: Herr Jesus Christus, schau nicht auf unsere Sünden, sondern auf den Glauben deiner Kirche und schenke ihr nach deinem Willen Einheit und Frieden.

Der Gemeinde zugewandt, breitet der Priester die Hände aus und singt oder spricht:

P Der Frie-de des Herrn sei al-le-zeit mit euch. A Und mit dei-nem Gei-ste.

Der Diakon oder der Priester kann dazu auffordern, in einer den örtlichen Gewohnheiten entsprechenden Weise einander die Bereitschaft zu Frieden und Versöhnung zu bekunden; etwa:
Gebt einander ein Zeichen des Friedens und der Versöhnung.

4 BRECHUNG DES BROTES

Der Priester bricht die Hostie über die Schale in mehrere Teile zum Zeichen, daß alle von demselben Brot essen und an dem einen Leib Christi teilhaben. Es können auch mehrere große Hostien gebrochen werden. Ein kleines Fragment der Hostie senkt er in den Kelch. Dabei spricht er leise:
Das Sakrament des Leibes und Blutes Christi schenke uns ewiges Leben.

Inzwischen wird der Gesang zur Brechung (Agnus Dei) gesungen bzw. gesprochen:

5 Lamm Gottes, du nimmst hinweg die Sünde der Welt: erbarme dich unser.
Lamm Gottes, du nimmst hinweg die Sünde der Welt: erbarme dich unser.
Lamm Gottes, du nimmst hinweg die Sünde der Welt: gib uns deinen Frieden.

Falls die Brechung länger andauert, kann der Ruf öfter wiederholt werden. Der letzte Ruf schließt: Gib uns deinen Frieden.

oder

6 Agnus Dei, qui tollis peccáta mundi: miserére nobis.
Agnus Dei, qui tollis peccáta mundi: miserére nobis.
Agnus Dei, qui tollis peccáta mundi: dona nobis pacem.

Stilles Gebet des Priesters vor der Kommunion

7 Herr Jesus Christus, Sohn des lebendigen Gottes, dem Willen des Vaters gehorsam, hast du im Heiligen Geist durch deinen Tod der Welt das Leben geschenkt. Erlöse mich durch deinen Leib und dein Blut von allen Sünden und allem Bösen. Hilf mir, daß ich deine Gebote treu erfülle, und laß nicht zu, daß ich jemals von dir getrennt werde.

oder

Herr Jesus Christus, der Empfang deines Leibes und Blutes bringe mir nicht Gericht und Verdammnis, sondern Segen und Heil.

EINLADUNG ZUR KOMMUNION

365

1

Der Priester macht eine Kniebeuge, nimmt ein Stück der Hostie, hält es über der Schale und spricht, zur Gemeinde gewendet, laut:
Seht das Lamm Gottes, das hinwegnimmt die Sünde der Welt.

Gemeinsam mit der Gemeinde spricht er einmal:
Herr, ich bin nicht würdig, daß du eingehst unter mein Dach, aber sprich nur ein Wort, so wird meine Seele gesund.

Der Priester kann hinzufügen:
Selig, die zum Hochzeitsmahl des Lammes geladen sind.

Oder einen anderen Kommunionvers aus dem Meßbuch, vor allem den der Tagesmesse.

KOMMUNIONSPENDUNG

2

Zum Altar gewandt, empfängt der Priester den Leib und das Blut Christi.
Danach teilt er die Kommunion aus. Er zeigt jedem Kommunikanten die Hostie, indem er sie ein wenig emporhebt, und spricht:
Der Leib Christi.
Der Kommunikant antwortet:
Amen.
und empfängt die Kommunion.

In gleicher Weise teilen auch Diakon, Akolyth und Kommunionhelfer die Kommunion aus.
Wenn der Kelch gereicht wird, spricht der Kommunionspender:
Das Blut Christi.
Der Kommunikant antwortet:
Amen.
Der Spender reicht ihm den Kelch. Der Kommunikant nimmt ihn in die Hand und trinkt daraus. Der Spender wischt den Kelchrand mit dem Purifikatorium ab.

GESANG ZUR KOMMUNION

3

Während der Priester den Leib des Herrn empfängt, wird der Kommuniongesang angestimmt.

4   Reinigung der Gefäße

Nach der Kommunionausteilung purifiziert (reinigt) der Priester (Diakon, Akolyth) die Hostienschale über dem Kelch und dann auch den Kelch. Unterdessen betet er still:

Was wir mit dem Mund empfangen haben, Herr, das laß uns mit reinem Herzen aufnehmen, und diese zeitliche Speise werde uns zur Arznei der Unsterblichkeit.

Der Priester (Diakon, Akolyth) kann die Gefäße auch nach der Messe reinigen.

5   BESINNUNG UND DANKHYMNUS

Nach der Kommunionausteilung kann der Priester an seinen Sitz zurückkehren. Auch kann man einige Zeit in stillem Gebet verweilen. Es empfiehlt sich, einen Dankpsalm oder ein Loblied zu singen. Für das stille Gebet siehe Nr. 372–375

6   SCHLUSSGEBET

Der Priester steht am Altar oder am Sitz. Er singt oder spricht:
Lasset uns beten.
Falls schon vorher eine Zeit der stillen Besinnung gegeben war, folgt sofort das Gebet. Der Priester breitet die Hände aus und singt oder spricht das Schlußgebet.

Barmherziger Gott, du hast uns alle mit dem Brot vom Himmel gestärkt. Erfülle uns mit dem Geist deiner Liebe, damit wir ein Herz und eine Seele werden. Darum bitten wir durch Christus, unseren Herrn.   A Amen.

366 Entlassung

1   VERLAUTBARUNGEN

Wenn noch kurze Verlautbarungen für die Gemeinde zu machen sind, werden sie hier eingefügt.

SEGEN UND ENTLASSUNG

Es folgt die Entlassung. Der Priester, zur Gemeinde gewandt, breitet die Hände aus und singt oder spricht:

P Der Herr sei mit euch.
A Und mit deinem Geiste.

Der Priester segnet die Gemeinde, indem er singt oder spricht:

P Es segne euch der allmächtige Gott,
der Vater + und der Sohn und der Heilige Geist.
A Amen.

An bestimmten Tagen bzw. zu bestimmten Anlässen kann der Priester statt des einfachen Segens eine mehrgliedrige Segensformel (die Gemeinde antwortet nach jedem Abschnitt mit „Amen") oder das Gebet über die Gläubigen oder den Wettersegen sprechen.

Der Bischof kann dem Segen vorausschicken:

B *Der Name des Herrn sei gepriesen*
A *von nun an bis in Ewigkeit.*
B *Unsere Hilfe ist im Namen des Herrn,*
A *der Himmel und Erde erschaffen hat.*

Der Diakon (oder der Priester selbst) singt oder spricht, zur Gemeinde gewandt, mit gefalteten Händen:

P Ge - het hin in Frie - den.
A Dank sei Gott, dem Herrn.

In der Osterzeit bzw. bis zum Weißen Sonntag:

P Ge - het hin in Frie - den. Hal - le - lu - ja, Hal - le - - lu - ja.
A Dank sei Gott dem Herrn. Hal - le - - lu - ja, Hal - le - - lu - ja.

Wenn der Entlassungsruf gesungen wird, kann das doppelte Halleluja in der ganzen Osterzeit hinzugefügt werden.

Wie zu Beginn des Gottesdienstes küßt der Priester den Altar. Gemeinsam mit allen, die bei der Meßfeier einen besonderen Dienst versehen haben, macht er die vorgesehene Ehrenbezeigung und kehrt zur Sakristei zurück.

Folgt unmitelbar auf die Meßfeier eine andere liturgische Feier, so endet die Meßfeier mit dem Schlußgebet ohne den Schlußsegen und die Entlassung.

367 Erstes Hochgebet

DER RÖMISCHE MESSKANON

Nach der Präfation und dem Sanctus spricht der Priester:

Dich, gütiger Vater, bitten wir durch deinen Sohn, unseren Herrn Jesus Christus: Nimm diese heiligen, makellosen Opfergaben an und + segne sie. Wir bringen sie dar vor allem für deine heilige katholische Kirche in Gemeinschaft mit deinem Diener, unserem Papst N., mit unserem Bischof N. und mit allen, die Sorge tragen für den rechten, katholischen und apostolischen Glauben. Schenke deiner Kirche Frieden und Einheit, behüte und leite sie auf der ganzen Erde.

Gedenke deiner Diener und Dienerinnen N. N. (für die wir heute besonders beten) und aller, die hier versammelt sind. Herr, du kennst ihren Glauben und ihre Hingabe; für sie bringen wir dieses Opfer des Lobes dar, und sie selber weihen es dir für sich und für alle, die ihnen verbunden sind, für ihre Erlösung und für ihre Hoffnung auf das unverlierbare Heil. Vor dich, den ewigen, lebendigen und wahren Gott, bringen sie ihre Gebete und Gaben.

In Gemeinschaft mit der ganzen Kirche gedenken wir deiner Heiligen. Wir ehren vor allem Maria, die glorreiche, allzeit jungfräuliche Mutter unseres Herrn und Gottes Jesus Christus. Wir ehren ihren Bräutigam, den heiligen Josef; deine heiligen Apostel und Märtyrer: Petrus und Paulus, Andreas (Jakobus, Johannes, Tomas, Jakobus, Philippus, Bartolomäus, Mattäus, Simon und Taddäus, Linus, Kletus, Klemens, Xystus, Kornelius, Cyprianus, Laurentius, Chrysogonus, Johannes und Paulus, Kosmas und Damianus) und alle deine Heiligen; blicke auf ihr heiliges Leben und Sterben und gewähre uns auf ihre Fürsprache in allem deine Hilfe und deinen Schutz.

Das folgende Gebet hat an bestimmten Tagen und bei verschiedenen Feiern eine besondere Form.

Nimm gnädig an, o Gott, diese Gaben deiner Diener und deiner ganzen Gemeinde; ordne unsere Tage in deinem Frieden, rette uns vor dem ewigen Verderben und nimm uns auf in die Schar deiner Erwählten.

Schenke, o Gott, diesen Gaben Segen in Fülle und nimm sie zu eigen an. Mache sie uns zum wahren Opfer im Geiste, das dir wohlgefällt: zum Leib und Blut deines geliebten Sohnes, unseres Herrn Jesus Christus.

Am Abend vor seinem Leiden nahm er das Brot in seine heiligen und ehrwürdigen Hände, erhob die Augen zum Himmel, zu dir, seinem Vater, dem allmächtigen Gott, sagte dir Lob und Dank, brach das Brot, reichte es seinen Jüngern und sprach:

NEHMET UND ESSET ALLE DAVON: DAS IST MEIN LEIB, DER FÜR EUCH HINGEGEBEN WIRD.

Ebenso nahm er nach dem Mahl diesen erhabenen Kelch in seine heiligen und ehrwürdigen Hände, sagte dir Lob und Dank, reichte den Kelch seinen Jüngern und sprach:

NEHMET UND TRINKET ALLE DARAUS: DAS IST DER KELCH DES NEUEN UND EWIGEN BUNDES, MEIN BLUT, DAS FÜR EUCH UND FÜR ALLE VERGOSSEN WIRD ZUR VERGEBUNG DER SÜNDEN. TUT DIES ZU MEINEM GEDÄCHTNIS.

Geheimnis des Glaubens:
A Deinen Tod, o Herr, verkünden wir, und deine Auferstehung preisen wir, bis du kommst in Herrlichkeit.

Darum, gütiger Vater, feiern wir, deine Diener und dein heiliges Volk, das Gedächtnis deines Sohnes, unseres Herrn Jesus Christus. Wir verkünden sein heilbringendes Leiden, seine Auferstehung von den Toten und seine glorreiche Himmelfahrt. So bringen wir aus den Gaben, die du uns geschenkt hast, dir, dem erhabenen Gott, die reine, heilige und makellose Opfergabe dar: das Brot des Lebens und den Kelch des ewigen Heiles.

Blicke versöhnt und gütig darauf nieder und nimm sie an wie einst die Gaben deines gerechten Dieners Abel, wie das Opfer unseres Vaters Abraham, wie die heilige Gabe, das reine Opfer deines Hohenpriesters Melchisedech.

Wir bitten dich, allmächtiger Gott: Dein heiliger Engel trage diese Opfergabe auf deinen himmlischen Altar vor deine göttliche Herrlichkeit; und wenn wir durch unsere Teilnahme am Altar den heiligen Leib und das Blut deines Sohnes empfangen, erfülle uns mit aller Gnade und allem Segen des Himmels.

Gedenke auch deiner Diener und Dienerinnen (N. und N.), die uns vorangegangen sind, bezeichnet mit dem Siegel des Glaubens, und die nun ruhen in Frieden. — Wir bitten dich: Führe sie und alle, die in Christus entschlafen sind, in das Land der Verheißung, des Lichtes und des Friedens.

Auch uns, deinen sündigen Dienern, die auf deine reiche Barmherzigkeit hoffen, gib Anteil und Gemeinschaft mit deinen heiligen Aposteln und Märtyrern: Johannes, Stephanus, Mattias, Barnabas (Ignatius, Alexander, Marzellinus, Petrus, Felizitas, Perpetua, Agatha, Luzia, Agnes, Cäcilia, Anastasia) und mit allen deinen Heiligen; wäge nicht unser Verdienst, sondern schenke gnädig Verzeihung und gib uns mit ihnen das Erbe des Himmels.

Darum bitten wir dich durch unseren Herrn Jesus Christus. Denn durch ihn erschaffst du immerfort all diese guten Gaben, gibst ihnen Leben und Weihe und spendest sie uns.

DURCH IHN UND MIT IHM UND IN IHM IST DIR, GOTT, ALLMÄCHTIGER VATER, IN DER EINHEIT DES HEILIGEN GEISTES ALLE HERRLICHKEIT UND EHRE JETZT UND IN EWIGKEIT! A AMEN.

Drittes Hochgebet

368

Nach der Präfation und dem Sanctus spricht der Priester:

Ja, du bist heilig, großer Gott, und alle deine Werke verkünden dein Lob. Denn durch deinen Sohn, unseren Herrn Jesus Christus, und in der Kraft des Heiligen Geistes erfüllst du die ganze Schöpfung mit Leben und Gnade. Bis ans Ende der Zeiten versammelst du dir ein Volk, damit deinem Namen das reine Opfer dargebracht werde vom Aufgang der Sonne bis zum Untergang.

Hier kann an bestimmten Tagen die Erwähnung des Festgeheimnisses aus dem Meßbuch eingefügt werden.

(Darum bitten wir dich, allmächtiger Gott:) Heilige unsere Gaben durch deinen Geist, damit sie uns werden + Leib und

(368) Blut deines Sohnes, unseres Herrn Jesus Christus, der uns aufgetragen hat, dieses Geheimnis zu feiern. Denn in der Nacht, da er verraten wurde, nahm er das Brot und sagte Dank, brach es, reichte es seinen Jüngern und sprach:

NEHMET UND ESSET ALLE DAVON: DAS IST MEIN LEIB, DER FÜR EUCH HINGEGEBEN WIRD.

Ebenso nahm er nach dem Mahl den Kelch, dankte wiederum, reichte ihn seinen Jüngern und sprach:

NEHMET UND TRINKET ALLE DARAUS: DAS IST DER KELCH DES NEUEN UND EWIGEN BUNDES, MEIN BLUT, DAS FÜR EUCH UND FÜR ALLE VERGOSSEN WIRD ZUR VERGEBUNG DER SÜNDEN. TUT DIES ZU MEINEM GEDÄCHTNIS.

Geheimnis des Glaubens:
A Deinen Tod, o Herr, verkünden wir, und deine Auferstehung preisen wir, bis du kommst in Herrlichkeit.

Darum, gütiger Vater, feiern wir das Gedächtnis deines Sohnes: Wir verkünden sein heilbringendes Leiden, seine glorreiche Auferstehung und Himmelfahrt und erwarten seine Wiederkunft. So bringen wir dir mit Lob und Dank dieses heilige und lebendige Opfer dar.

Schau gütig auf die Gabe deiner Kirche. Denn sie stellt dir das Lamm vor Augen, das geopfert wurde und uns nach deinem Willen mit dir versöhnt hat. Stärke uns durch den Leib und das Blut deines Sohnes und erfülle uns mit seinem Heiligen Geist, damit wir ein Leib und ein Geist werden in Christus.

Er mache uns auf immer zu einer Gabe, die dir wohlgefällt, damit wir das verheißene Erbe erlangen mit deinen Auserwählten, mit der seligen Jungfrau und Gottesmutter Maria, mit deinen Aposteln und Märtyrern (mit dem — der — heiligen N.: Tagesheiliger oder Patron) und mit allen Heiligen, auf deren Fürsprache wir vertrauen.

Barmherziger Gott, wir bitten dich: Dieses Opfer unserer **(368)** Versöhnung bringe der ganzen Welt Frieden und Heil. Beschütze deine Kirche auf ihrem Weg durch die Zeit und stärke sie im Glauben und in der Liebe: deinen Diener, unseren Papst N., unseren Bischof N. und die Gemeinschaft der Bischöfe, unsere Priester und Diakone, alle, die zum Dienst in der Kirche bestellt sind, und das ganze Volk deiner Erlösten.

An bestimmten Tagen und bei verschiedenen Anlässen kann hier eine besondere Bitte aus dem Meßbuch eingefügt werden.

Erhöre, gütiger Vater, die Gebete der hier versammelten Gemeinde und führe zu dir auch alle deine Söhne und Töchter, die noch fern sind von dir.

Erbarme dich (aller) unserer verstorbenen Brüder und Schwestern und aller, die in deiner Gnade aus dieser Welt geschieden sind. Nimm sie auf in deine Herrlichkeit. Und mit ihnen laß auch uns, wie du verheißen hast, zu Tische sitzen in deinem Reich.

Darum bitten wir dich durch unseren Herrn Jesus Christus. Denn durch ihn schenkst du der Welt alle guten Gaben.

DURCH IHN UND MIT IHM UND IN IHM IST DIR, GOTT, ALLMÄCHTIGER VATER, IN DER EINHEIT DES HEILIGEN GEISTES ALLE HERRLICHKEIT UND EHRE JETZT UND IN EWIGKEIT! A AMEN

369 Viertes Hochgebet

Präfation

In Wahrheit ist es würdig, dir zu danken, heiliger Vater. Es ist recht, dich zu preisen. Denn du allein bist der lebendige und wahre Gott. Du bist vor den Zeiten und lebst in Ewigkeit. Du wohnst in unzugänglichem Lichte. Alles hast du erschaffen, denn du bist die Liebe und der Ursprung des Lebens. Du erfüllst deine Geschöpfe mit Segen und erfreust sie alle mit dem Glanz deines Lichtes. Vor dir stehen die Scharen der Engel und schauen dein Angesicht. Sie dienen dir, Tag und Nacht, nie endet ihr Lobgesang. Mit ihnen preisen auch wir deinen Namen, durch unseren Mund rühmen dich alle Geschöpfe und künden voll Freude das Lob deiner Herrlichkeit. A Heilig, heilig, heilig

Wir preisen dich, heiliger Vater, denn groß bist du, und alle deine Werke künden deine Weisheit und Liebe.
Den Menschen hast du nach deinem Bild geschaffen und ihm die Sorge für die ganze Welt anvertraut. Über alle Geschöpfe sollte er herrschen und allein dir, seinem Schöpfer, dienen.
Als er im Ungehorsam deine Freundschaft verlor und der Macht des Todes verfiel, hast du ihn dennoch nicht verlassen, sondern voll Erbarmen allen geholfen, dich zu suchen und zu finden.
Immer wieder hast du den Menschen deinen Bund angeboten und sie durch die Propheten gelehrt, das Heil zu erwarten.

So sehr hast du die Welt geliebt, heiliger Vater, daß du deinen eingeborenen Sohn als Retter gesandt hast, nachdem die Fülle der Zeiten gekommen war. Er ist Mensch geworden durch den Heiligen Geist, geboren von der Jungfrau Maria. Er hat wie wir als Mensch gelebt, in allem uns gleich außer der Sünde.

Den Armen verkündete er die Botschaft vom Heil, den Gefangenen Freiheit, den Trauernden Freude.
Um deinen Ratschluß zu erfüllen, hat er sich dem Tod überliefert, durch seine Auferstehung den Tod bezwungen und das Leben neu geschaffen.

Damit wir nicht mehr uns selber leben, sondern ihm, der für uns gestorben und auferstanden ist, hat er von dir, Vater, als erste Gabe für alle, die glauben, den Heiligen Geist gesandt, der das Werk deines Sohnes auf Erden weiterführt und alle Heiligung vollendet.

So bitten wir dich, Vater: der Geist heilige diese Gaben, damit sie uns werden Leib + und Blut unseres Herrn Jesus Christus, der uns die Feier dieses Geheimnisses aufgetragen hat als Zeichen des ewigen Bundes.

Da er die Seinen liebte, die in der Welt waren, liebte er sie bis zur Vollendung. Und als die Stunde kam, da er von dir verherrlicht werden sollte, nahm er beim Mahl das Brot und sagte Dank, brach das Brot, reichte es seinen Jüngern und sprach:
NEHMET UND ESSET ALLE DAVON: DAS IST MEIN LEIB, DER FÜR EUCH HINGEGEBEN WIRD.

Ebenso nahm er den Kelch mit Wein, dankte wiederum, reichte den Kelch seinen Jüngern und sprach:
NEHMET UND TRINKET ALLE DARAUS: DAS IST DER KELCH DES NEUEN UND EWIGEN BUNDES, MEIN BLUT, DAS FÜR EUCH UND FÜR ALLE VERGOSSEN WIRD ZUR VERGEBUNG DER SÜNDEN. TUT DIES ZU MEINEM GEDÄCHTNIS.

Geheimnis des Glaubens:
A Deinen Tod, o Herr, verkünden wir, und deine Auferstehung preisen wir, bis du kommst in Herrlichkeit.

Darum, gütiger Vater, feiern wir das Gedächtnis unserer Erlösung. Wir verkünden den Tod deines Sohnes und sein Hinabsteigen zu den Vätern, bekennen seine Auferstehung und Himmelfahrt und erwarten sein Kommen in Herrlichkeit.

So bringen wir dir seinen Leib und sein Blut dar, das Opfer, das dir wohlgefällt und der ganzen Welt Heil bringt.

Sieh her auf die Opfergabe, die du selber deiner Kirche bereitet hast, und gib, daß alle, die Anteil erhalten an dem einen Brot und dem einen Kelch, ein Leib werden im Heiligen Geist, eine lebendige Opfergabe in Christus zum Lob deiner Herrlichkeit.

Herr, gedenke aller, für deren Heil wir das Opfer darbringen. Wir bitten dich für unseren Papst N., unseren Bischof N. und die Gemeinschaft der Bischöfe, für unsere Priester und Diakone und für alle, die zum Dienst in der Kirche bestellt sind, für alle, die ihre Gaben spenden, für die hier versammelte Gemeinde, für dein ganzes Volk und für alle Menschen, die mit lauterem Herzen dich suchen.

Wir empfehlen dir auch jene, die im Frieden Christi heimgegangen sind, und alle Verstorbenen, um deren Glauben niemand weiß als du. Gütiger Vater, gedenke, daß wir deine Kinder sind, und schenke uns allen das Erbe des Himmels in Gemeinschaft mit der seligen Jungfrau und Gottesmutter Maria, mit deinen Aposteln und mit allen Heiligen. Und wenn die ganze Schöpfung von der Verderbnis der Sünde und des Todes befreit ist, laß uns zusammen mit ihr dich verherrlichen in deinem Reich durch unseren Herrn Jesus Christus. Denn durch ihn schenkst du der Welt alle guten Gaben.

DURCH IHN UND MIT IHM UND IN IHM IST DIR, GOTT, ALLMÄCHTIGER VATER, IN DER EINHEIT DES HEILIGEN GEISTES ALLE HERRLICHKEIT UND EHRE JETZT UND IN EWIGKEIT! A AMEN.

Kommunionfeier

370

Die christliche Gemeinde lebt von der sonntäglichen Versammlung. Wenn in dieser nicht die Eucharistie gefeiert werden kann, soll eine Kommunionfeier gehalten werden. Der Leiter einer solchen Versammlung muß vom Bischof beauftragt sein. Er braucht eine entsprechende Ausbildung. Wenn werktags eine Kommunionfeier gehalten wird, gelten für sie die gleichen Voraussetzungen.
Man kann die Kommunionfeier als Wortgottesdienst mit anschließender Kommunion bezeichnen. Sie wird folgendermaßen aufgebaut sein: Eröffnung — Verkündigung des Wortes — Gemeindegebet (nicht nur Fürbitten) — Kommunion — Entlassung.

ERÖFFNUNG 1
Gesang
Gruß
Einführung
Christusrufe
Gebet

Beispiel für ein Gebet:
Herr Jesus Christus, du hast gesagt: Wo zwei oder drei in meinem Namen beisammen sind, da bin ich mitten unter ihnen. Siehe, wir haben uns hier in deinem Namen versammelt. Hilf uns, deinem Wort zu folgen und aus der Kraft des Mahles zu leben, das du uns gibst. Du lebst mit dem Vater im Heiligen Geist in Ewigkeit. A Amen.

VERKÜNDIGUNG DES WORTES GOTTES 2
Lesung (evtl. mit Einführung)
Meditation (Antwortgesang, Orgelspiel, Stille)
Evangelium
Homilie
Glaubensbekenntnis

(370) GEMEINDEGEBET
3 Lob – Dank – Buße – Bitte – Lobpreis

Beispiel:
Lob
Lasset uns beginnen, Gott zu loben durch Jesus Christus im Heiligen Geist:
V Ehre sei Gott in der Höhe
A und Friede auf Erden den Menschen seiner Gnade. / Wir loben dich, / wir preisen dich, / wir beten dich an, / wir rühmen dich und danken dir, denn groß ist deine Herrlichkeit: / Herr und Gott, König des Himmels, / Gott und Vater, Herrscher über das All, / Herr, eingeborener Sohn, Jesus Christus, / Herr, Heiliger Geist.

Dank
V Nun danket Gott gemeinsam für die allen widerfahrenen Wohltaten und für das, was jeder von uns von Gott erhalten hat:
A Wir sagen dir Dank, o Herr, für deinen heiligen Namen, / dem du eine Wohnung bereitet hast in unseren Herzen, / und für die Erkenntnis und den Glauben und die Unsterblichkeit, / die du uns geoffenbart hast durch Jesus, deinen Sohn. / Vor allem danken wir dir, daß du so mächtig bist; / dir sei Lob und Dank in Ewigkeit.

Buße und Bitte
Nach dem Dank müssen wir uns vor Gott anklagen ob unserer Sünden, ihn um Heilung und Vergebung bitten:
V Gedenke, o Herr, deiner Kirche. Mache sie frei von allem Bösen und vollkommen in deiner Liebe.   STILLE
V Christus, höre uns. A Christus, erhöre uns.
— Sammle sie aus allen Enden der Erde in dein Reich, das du ihr bereitet hast.
— Vereinige uns mit allen, die dir geheiligt sind.
— Festige uns in der Wahrheit durch deinen Heiligen Geist.
— Bewahre uns in deinem heiligen Dienste.
— Verleihe den Völkern Frieden in Gerechtigkeit.
— Führe alle Menschen in deine Heiligkeit.—

Lobpreis (370)
Unser Gebet mündet wieder in den Lobpreis Gottes durch Jesus Christus im Heiligen Geist:
A Denn du allein bist der Heilige, / du allein der Herr, / du allein der Höchste, Jesus Christus, / mit dem Heiligen Geist, zur Ehre Gottes des Vaters. Amen.

KOMMUNION 4
Gemeinschaft mit der Kirche

Beispiel:
Vater im Himmel, im Namen Jesu, deines Sohnes und unseres Bruders, haben wir uns hier versammelt als die kleine Gemeinde von N. Wir stehen in Gemeinschaft mit der Pfarrgemeinde N., mit unserem Bischof N., mit unserem heiligen Vater N., und mit allen Gemeinden der katholischen Kirche. Wir denken auch an die von uns getrennten Christen und an alle Menschen guten Willens. Wir sind verbunden mit unseren verstorbenen Verwandten und Freunden und mit allen, die im Frieden Christi heimgegangen sind. Wir wissen uns eins mit den Engeln und Heiligen, besonders mit Maria, der Mutter unseres Herrn, mit den Aposteln und mit dem(r) heiligen N. (Pfarrpatron, Tagesheiliger).

Gemeinschaft untereinander
Auch untereinander sind wir in Christus Brüder und Schwestern. Darum bringen wir unsere Gaben und bedenken, wie wir in der kommenden Woche einander beistehen und helfen können. — Zuerst aber wollen wir einander vergeben.
STILLE

Einsammeln der Gaben   STILLE

Dem Wort unseres Herrn und Erlösers gehorsam und getreu seinem Auftrag, wagen wir zu sprechen:
Vater unser im Himmel ...
Erlöse uns, Herr ...
Denn dein ist das Reich ...

Gemeinschaft mit Christus (Kommunion)
Seht das Lamm Gottes ...
Herr, ich bin nicht würdig ...

Spendung der Kommunion

Danksagung
Gesang oder meditatives Gebet

5 ENTLASSUNG
Mitteilungen
Segensbitte
Beispiel:
Der Herr segne und behüte uns. Er lasse sein Antlitz über uns leuchten und sei uns gnädig. Es segne uns der allmächtige und barmherzige Gott, der Vater + und der Sohn und der Heilige Geist. Amen.

Schlußlied (Mariengruß)

371 Krankenkommunion

Seit den ersten Tagen der Kirche nehmen die Kranken an der Eucharistiefeier der Gemeinde teil. Da sie selbst nicht zur Versammlung kommen können, bringt man ihnen die Kommunion ins Haus. Wenn dies nicht in Verbindung mit dem Sonntagsgottesdienst geschehen kann, bringt der Priester (Diakon oder ein Kommunionhelfer) zu einem geeigneten Zeitpunkt während der Woche die Kommunion in die Häuser der Kranken. Dort wird ein Tisch vorbereitet mit weißer Decke, mit Kreuz, Kerzen und Weihwasser, und, wenn möglich, mit Blumenschmuck. Die Hausgemeinschaft soll nach Möglichkeit an der Kommunionfeier teilnehmen. Diese ist folgendermaßen aufgebaut: Begrüßung, Bußakt (oder Beichte), Schriftwort, Gebet, Kommunion, Dank, Segenswort. Wenn ein Kranker das Haus längere Zeit nicht verlassen hat, kann die Messe auch in der Wohnung gefeiert werden. An sogenannten Krankentagen werden die Kranken — soweit möglich — zu einer gemeinsamen Eucharistiefeier zusammengebracht. Sie erfahren so die Liebe des Herrn und die Begegnung mit der Gemeinde.

Siehe „Der Christ in der Krankheit" Nr. 75; Gebete in Krankheit Nr. 10

Texte zu Gebet und Meditation 372

Die folgenden Gebete und Gedanken beziehen sich unmittelbar auf die heilige Kommunion. Sie sollen der Besinnung dienen, nicht nur vor oder nach der Kommunion, sondern auch bei einem Kirchenbesuch während des Tages oder in einigen ruhigen Minuten zu Hause. Da viele gewohnt sind, bei jeder Eucharistiefeier zu kommunizieren, ist solche Besinnung von Nutzen.

1 O heiliges Mahl, in dem wir Christus genießen. Wir begehen das Gedächtnis seines Leidens, unser Herz wird erfüllt mit Gnade, und wir erhalten das Unterpfand der künftigen Herrlichkeit.
Antiphon von Fronleichnam

2 Ist der Kelch des Segens, über den wir den Segen sprechen, nicht Teilhabe am Blut Christi? Ist das Brot, das wir brechen, nicht Teilhabe am Leib Christi?
1 Kor 10,16

3 Wie mich der lebendige Vater gesandt hat und wie ich durch den Vater lebe, so wird auch jeder, der mich ißt, durch mich leben.
Joh 6,57

4 Ich bin das Brot des Lebens. Eure Väter haben in der Wüste das Manna gegessen und sind gestorben. Aber wer das Brot ißt, das vom Himmel herabkommt, stirbt nicht. Ich bin das lebendige Brot, das vom Himmel herabgekommen ist. Wer von diesem Brot ißt, wird leben in Ewigkeit. Und das Brot, das ich geben werde, ist mein Fleisch für das Leben der Welt.
Joh 6,48–51

373

1 Ihr wißt, daß ihr nicht um einen vergänglichen Preis losgekauft wurdet, nicht um Silber oder Gold, sondern mit dem kostbaren Blut Christi, des Lammes ohne Fehl und Makel.
1 Pt 1,18–19

2 So oft ihr von diesem Brot eßt und aus dem Kelch trinkt, verkündet ihr den Tod des Herrn, bis er kommt. 1 Kor 11,26

3 So lebe nun nicht mehr ich, sondern Christus lebt in mir.
Gal 2,20

4 Ein Brot ist es. Darum sind wir viele ein Leib; denn wir alle haben teil an dem einen Brot. 1 Kor 10,17

5 Wir danken dir, Vater, für das Leben und die Erkenntnis, die du uns kundgetan hast durch Jesus, deinen Sohn. Wie dies Brot, das wir gegessen haben, in den Körnern zerstreut war über die Hügel und nun zu einem geworden ist, so werde von den Enden der Erde deine Kirche vereint in deinem Reich. Du hast alles geschaffen und gibst Speise und Trank, den Menschen zur Erquickung. Uns aber hast du geistliche Speise gegeben und ewiges Leben durch Jesus, deinen Sohn. Gedenke, Herr, deiner Kirche. Entreiße sie dem Bösen und vollende sie in deiner Liebe. Bringe sie heim von allen vier Winden in dein Reich. — Denn dein ist das Reich und die Kraft und die Herrlichkeit in Ewigkeit. Amen.
Zwölfapostellehre, 2. Jh.

6 Wir preisen dich, unsichtbarer Vater, du Spender ewigen Lebens. Du bist der Urquell jeder Gnade und jeder Wahrheit. Du liebst die Menschen und bist der Freund der Armen. Durch die Einkehr deines geliebten Sohnes bei uns läßt du dich mit allen versöhnen und ziehst alle an dich.
Mache aus uns lebendige Menschen. Gib uns den Geist des Lichtes, daß wir dich und Jesus Christus, den du gesandt hast, erkennen. Gib uns den Heiligen Geist, damit wir deine unergründlichen Geheimnisse künden und erklären können. Aus uns möge reden Jesus, der Herr, und der Heilige Geist.

Durch uns soll er dich lobpreisen. Denn du bist erhaben über jede Macht und Gewalt und Kraft und Herrschaft.
Serapion

Die Eucharistie ist unser tägliches Brot. Seine innere Kraft ist die Einheit: Wir werden aufgenommen in seinen Leib, werden seine Glieder und sind so das, was wir empfangen.
Augustinus

Wir, die wir das Geheimnis des Todesleidens des Herrn feiern, müssen selbst nachahmen, was wir tun. Nur dann wird Christus in Wahrheit für uns Opfergabe sein vor Gott, wenn wir uns selbst zu einer Opfergabe machen.
Gregor der Große

Wie groß ist die Liebe Christi, die alle zu sich beruft: Kommt alle zu mir, die ihr mühselig und beladen seid; ich will euch erquicken. So bietet er sich dar und wünscht aus Liebe zu uns, die Lasten aller und jedes einzelnen zu tragen. Daher wirf mit großem Vertrauen deine Sünden in den Abgrund seiner Liebe.
Petrus Canisius

„Steh auf und iß! Sonst ist der Weg zu weit für dich." Dies Wort, einst zu Elija gesprochen, gilt auch für uns. In der Kraft dieser Speise können wir die Wege gehn, die vor uns liegen, und wir können aushalten, wenn wir geführt werden, wohin wir nicht wollen.

Ich komme wie ein Kranker zum Arzt des Lebens, wie ein Unreiner zur Quelle des Erbarmens, wie ein Blinder zum Licht der ewigen Klarheit, wie ein Armer zum Herrn des Himmels und der Erde. Barmherziger Gott, gib, daß ich nicht nur äußerlich das Sakrament des Leibes und Blutes des Herrn empfange, sondern auch innerlich dessen Wesen und Kraft, daß ich verdiene, seinem geheimnisvollen Leib einverleibt zu werden.

Liebreichster Vater, laß mich deinen geliebten Sohn, den ich jetzt auf dem Weg dieses Lebens verhüllt empfange, einst mit unverhülltem Angesicht ewig schauen.
Thomas von Aquin

375

1 Willkommen seist du, heiliger Leib, von Gott zu uns gesandt in diese arme Zeit. – Stärke im Glauben das Innere meines Herzens, sei ein Helm des Heils und ein Zeichen auf meiner Stirn: daß das Wort in meinem Mund wahr sei und guter Wille in meinem Herzen; daß mich Keuschheit umgürte und Treue, und daß Festigkeit sei in meinen Werken. – Laß mich beharrlich Gutes tun bis ans Ende und führe mich einst in Freuden in deinen ewigen Frieden.

aus dem Mittelalter

2 Mein Gott, mein Erlöser, bleibe bei mir. Fern von dir müßte ich welken und verdorren. Zeigst du dich mir wieder, blühe ich auf in neuem Leben. – Du bist das Licht, das nie verlöscht, die Flamme, die immer lodert. – Vom Glanz deines Lichtes beschienen, werde ich selber Licht, um anderen zu leuchten. Ich bin nur wie ein Glas, durch das du den anderen scheinst. Laß mich zu deinem Ruhm deine Wahrheit und deinen Willen verkünden, – nicht durch viele Worte, sondern durch die stille Kraft der tätigen Liebe – wie deine Heiligen – durch meines Herzens aufrichtige Liebe zu dir.

John Henry Newman

3 Das Mahl des Herrn soll uns in Liebe verbinden – mit Jesus – untereinander – mit denen, die mit uns leben und arbeiten. – Wir danken dem Herrn für sein Gebot: Liebet einander. – Wir danken ihm für das Gleichnis vom guten Samariter. – Wir danken Gott für seine Frage: „Kain, wo ist dein Bruder Abel?" – Wir danken dem Vater für den Sohn, denn niemand hat eine größere Liebe. – Wir danken für den Geist, der uns treibt, Gutes zu tun und nicht müde zu werden.

4 Gott, wir brechen das Brot füreinander – und wir empfangen den Leib Jesu Christi, deines Sohnes. – Wir bitten dich, laß uns aus seiner Kraft in Liebe und Frieden leben; – dann wird er selber unter uns sein, – dann werden wir sein Leib – in dieser Welt bis in Ewigkeit. Amen.

Lateinische Akklamationen und Gesänge 376

Gebet des Herrn

378. A Pater noster, qui es in caelis; sanctificétur nomen tuum; advéniat regnum tuum; fiat volúntas tua, sicut in caelo, et in terra. Panem nostrum cotidiánum da nobis hódie; et dimítte nobis débita nostra, sicut et nos dimíttimus debitóribus nostris; et ne nos indúcas in tentatiónem; sed líbera nos a malo.

MESSGESÄNGE

Lateinische Meßgesänge

Erste Choralmesse — Missa mundi

V/A Kýrie eléison.

V/A Christe eléison.

V/A Kýrie eléison.

Wenn man jeden Ruf dreimal singt, werden beide Wiederholungen von A gesungen; der 9. Ruf lautet dann:

A Kýrie eléison.

Vat. XVI

Glória in excélsis Deo.

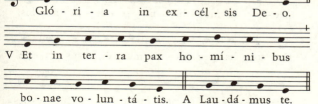

V Et in terra pax homínibus bonae voluntátis. A Laudámus te.

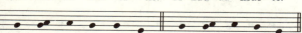

V Benedícimus te. A Adorámus te.

Zweite Choralmesse – de Angelis

Wenn man jeden Ruf dreimal singt, werden beide Wiederholungen von A gesungen; der 9. Ruf lautet dann:

A Ký-ri-e ——————— e - - lé - i - son.

Glória in excélsis Deo.
V Et in terra pax homínibus bonae voluntátis. A Laudámus te.
V Benedícimus te. A Adorámus te. V Glorificámus te.
A Grátias ágimus tibi propter magnam glóriam tuam.
V Dómine Deus, Rex caeléstis, Deus Pater omnípotens.

Wenn man jeden Ruf dreimal singt, werden beide Wiederholungen von A gesungen; der 9. Ruf lautet dann:

A Ký-ri-e _____ e - lé - i - son.

Glo-ri-a in ex-cél-sis De-o.
V Et in ter-ra pax ho-mí-ni-bus bo-nae vo-lun-tá-tis. A Lau-dá-mus te.
V Be-ne-dí-ci-mus te. A Ad-o-rá-mus te. V Glo-ri-fi-cá-mus te. _____
A Grá-ti-as á-gi-mus ti-bi pro-pter ma-gnam gló-ri-am tu-am.
V Dó-mi-ne De-us, Rex cae-lé-stis, De-us Pa-ter o-mní-po-tens.

Wenn man jeden Ruf dreimal singt, werden beide Wiederholungen von A gesungen; der 9. Ruf lautet dann:

A Ký-ri - e ⸺ e - lé - i - son.

San - ctus, San - ctus, San - ctus

Dó - mi - nus De - us Sá - ba - oth.

Ple - ni sunt cae - li et ter - ra

gló - ri - a tu - a. Ho -

sán - na ⸺ in ex - cél - sis.

Be - ne - dí - ctus qui ve - nit

in nó - mi - ne Dó - mi - ni.

Ho - sán - na ⸺ in ex - cél - sis.

Meßgesänge

(423)

V Et incarnátus est de Spíritu Sancto ex María Vírgine, et homo factus est.

A Crucifíxus étiam pro nobis sub Póntio Piláto; passus et sepúltus est, V et resurréxit tértia die, secúndum Scriptúras, A et ascéndit in caelum, sedet ad déxteram Patris.

V Et íterum ventúrus est cum glória, judicáre vivos et mórtuos, cujus regni non erit finis. A Et in Spíritum Sanctum, Dóminum et vivificántem:

Deutsche Meßgesänge

Alban-Messe

425

V/A Herr, erbarme dich.

V/A Christus, erbarme dich.

V/A Herr, erbarme dich.

Wenn man jeden Ruf dreimal singt, werden beide Wiederholungen von A gesungen; der 9. Ruf lautet dann:

A Herr, erbarme dich.

426

Ehre sei Gott in der Höhe V und Friede auf Erden den Menschen seiner Gnade. A Wir loben dich, wir preisen dich, wir beten dich an, wir rühmen dich und danken dir, denn groß ist deine Herrlichkeit:

Florian-Messe

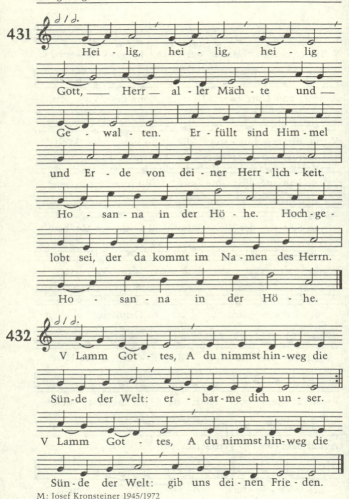

431 Heilig, heilig, heilig Gott, Herr aller Mächte und Gewalten. Erfüllt sind Himmel und Erde von deiner Herrlichkeit. Hosanna in der Höhe. Hochgelobt sei, der da kommt im Namen des Herrn. Hosanna in der Höhe.

432 V Lamm Gottes, A du nimmst hinweg die Sünde der Welt: erbarme dich unser.

V Lamm Gottes, A du nimmst hinweg die Sünde der Welt: gib uns deinen Frieden.

M: Josef Kronsteiner 1945/1972

Leopold-Messe

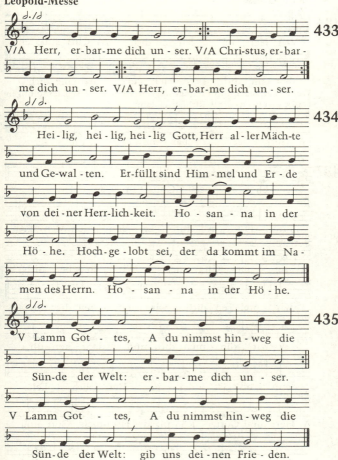

433 V/A Herr, erbarme dich unser. V/A Christus, erbarme dich unser. V/A Herr, erbarme dich unser.

434 Heilig, heilig, heilig Gott, Herr aller Mächte und Gewalten. Erfüllt sind Himmel und Erde von deiner Herrlichkeit. Hosanna in der Höhe. Hochgelobt sei, der da kommt im Namen des Herrn. Hosanna in der Höhe.

435 V Lamm Gottes, A du nimmst hinweg die Sünde der Welt: erbarme dich unser.
V Lamm Gottes, A du nimmst hinweg die Sünde der Welt: gib uns deinen Frieden.

M: Vinzenz Goller 1937 (1972)

Paulus-Messe

436 V/A Herr, erbarme dich. V/A Christus, erbarme dich. V/A Herr, erbarme dich.

Wenn man jeden Ruf dreimal singt, werden beide Wiederholungen von A gesungen; der 9. Ruf lautet dann:

A Herr, erbarme dich unser.

437 Ehre sei Gott in der Höhe V und Friede auf Erden den Menschen seiner Gnade. A Wir loben dich, wir preisen dich, wir beten dich an, V wir rühmen dich und danken dir, denn groß ist deine Herrlichkeit: A Herr und Gott, König des Himmels, Gott und Vater, Herrscher über das All,

438 Heilig, heilig, heilig Gott, Herr aller Mächte und Gewalten. Erfüllt sind Himmel und Erde von deiner Herrlichkeit. Hosanna in der Höhe. Hochgelobt sei, der da kommt im Namen des Herrn. Hosanna in der Höhe.

439 V Lamm Gottes, du nimmst hinweg die Sünde der Welt: A erbarme dich unser. V Lamm Gottes, du nimmst hinweg die Sünde der Welt: A gib uns deinen Frieden.

M: Heino Schubert 1965/1972

Mainzer Dom-Messe

440 V/A Herr, erbarme dich. V/A Christus, erbarme dich. V/A Herr, erbarme dich.

Wenn man jeden Ruf dreimal singt, werden beide Wiederholungen von A gesungen; der 9. Ruf lautet dann:

A Herr, erbarme dich.

441 V Heilig, heilig, heilig, Herr, du Gott der Scharen. A Hosanna dir in der Höhe. V Der du herrschest vom höchsten Throne: A Hosanna dir in der Höhe. V Deiner Herrlichkeit voll sind Himmel und Erde. A Hosanna dir in der Höhe. V Hochgelobt, der da kommt im Namen des Herrn. A Hosanna dir in der Höhe.

M: Heinrich Rohr 1964

Allerheiligen-Messe

M: Hermann Schroeder 1965

M: Heinrich Rohr 1951/1972

Das Apostolische Glaubensbekenntnis II

447

Ich glau-be an Gott, (A) den Va-ter, den All-mäch-ti-gen, den Schöp-fer des Him-mels und der Er-de, (V) und an Je-sus Chri-stus, sei-nen ein-ge-bo-re-nen Sohn, un-sern Herrn, (A) emp-fan-gen durch den Hei-li-gen Geist, ge-bo-ren von der Jung-frau Ma-ri-a, (V) ge-lit-ten un-ter Pon-ti-us Pi-la-tus, ge-kreu-zigt, ge-stor-ben und be-gra-ben, hin-ab-ge-stie-gen in das Reich des To-des, (A) am drit-ten Ta-ge auf-er-stan-den von den To-ten,

M: Karl Norbert Schmid 1972

Das Apostolische Glaubensbekenntnis III

448

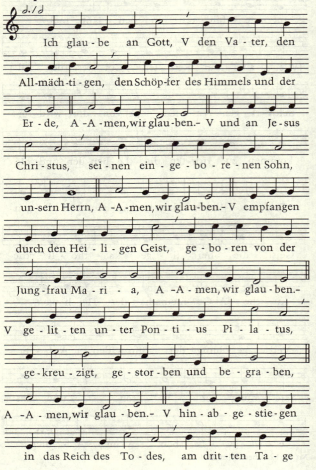

Ich glau-be an Gott, ⊻ den Va-ter, den All-mäch-ti-gen, den Schöp-fer des Himmels und der Er-de, A-A-men, wir glau-ben.- ⊻ und an Je-sus Chri-stus, sei-nen ein-ge-bo-re-nen Sohn, un-sern Herrn, A-A-men, wir glau-ben.- ⊻ empfangen durch den Hei-li-gen Geist, ge-bo-ren von der Jung-frau Ma-ri-a, A-A-men, wir glau-ben.- ⊻ ge-lit-ten un-ter Pon-ti-us Pi-la-tus, ge-kreu-zigt, ge-stor-ben und be-gra-ben, A-A-men, wir glau-ben.- ⊻ hin-ab-ge-stie-gen in das Reich des To-des, am drit-ten Ta-ge

M: Fritz Schieri 1972
Die Akklamation „Amen, wir glauben" kann entfallen, außer am Ende.
Dann singt man die Abschnitte abwechselnd zwischen V und A.

Das große Glaubensbekenntnis

449

Wir glau-ben an den ei-nen Gott,

V den Va-ter, den All-mäch-ti-gen, der al-les

ge-schaf-fen hat, Him-mel und Er-de,

die sicht-ba-re und die un-sicht-ba-re Welt.

A Und an den ei-nen Herrn Je-sus Chri-stus,

Got-tes ein-ge-bo-re-nen Sohn, aus dem

Va-ter ge-bo-ren vor al-ler Zeit: V Gott von Gott,

Licht vom Licht, wah-rer Gott vom wah-ren Gott.

Ge-zeugt, nicht ge-schaf-fen, ei-nes We-sens

mit dem Va-ter; durch ihn ist al-les ge-schaf-fen.

V Wir bekennen die eine Taufe zur Vergebung der Sünden. A Wir erwarten die Auferstehung der Toten und das Leben der kommenden Welt. A - - - - men.

M: Heinrich Kahlefeld; nach Credo III, 1972

450 ö

Wir glauben an Gott Vater, den Schöpfer aller Welt, und an Christus, unsern Herren, der für uns Mensch geworden ist und den Tod erlitten hat am Kreuz. Auferstanden von den Toten, aufgefahren in den Himmel, wird er wiederkommen zum Gericht.

Wir glauben an Gott den Tröster, den Geist, der lebendig macht, und die eine heilige Kirche und das ewige Leben. Amen.

T: EGB 1970 nach dem Credo   M: 15. Jh. / Wittenberg 1524

Kyrie-Rufe

451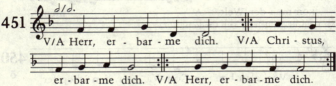

V/A Herr, erbarme dich. V/A Christus, erbarme dich. V/A Herr, erbarme dich.

Wenn man jeden Ruf dreimal singt, werden beide Wiederholungen von A gesungen; der 9. Ruf lautet dann:

A Herr, erbarme dich.

M: Josef Friedrich Doppelbauer 1967

452

V/A Herr, erbarme dich. V/A Christus, erbarme dich. V/A Herr, erbarme dich.

Wenn man jeden Ruf dreimal singt, werden beide Wiederholungen von A gesungen; der 9. Ruf lautet dann:

A Herr, erbarme dich unser.

M: Fritz Schieri 1957

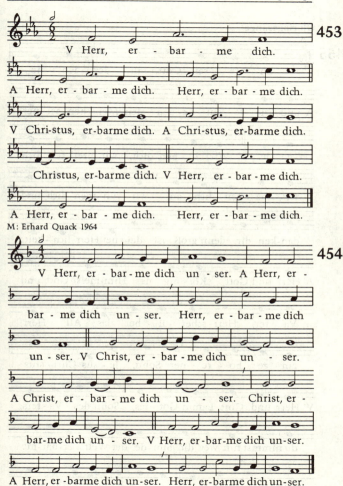

Gloriagesänge

455

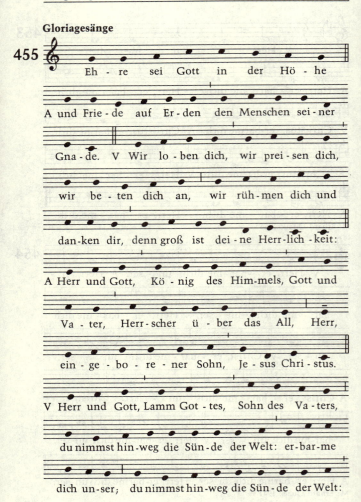

457 ö

1. Allein Gott in der Höh sei Ehr und Dank für seine Gnade, Ein Wohlgefallen Gott an uns hat; nun ist groß Fried ohn Unterlaß, all Fehd hat nun ein Ende. darum, daß nun und nimmermehr uns rühren kann kein Schade.

2. Wir loben, preisen, anbeten dich; / für deine Ehr wir danken, / daß du, Gott Vater, ewiglich / regierst ohn alles Wanken. / Ganz ungemessen ist deine Macht, / allzeit geschieht, was du bedacht. / Wohl uns solch eines Herren!

3. O Jesu Christ, Sohn eingeborn / des allerhöchsten Vaters, / Versöhner derer, die verlorn, / du Stiller unsers Haders. / Lamm Gottes, heiliger Herr und Gott, / nimm an die Bitt aus unsrer Not. / Erbarm dich unser. Amen.

T: Nikolaus Decius 1522 nach dem Gloria
M: Nikolaus Decius 1522 nach dem Gloria Nr. 411

458

Herr, Gott im Himmel, dir sei Ehre, den Menschen Friede weit und breit.
Wir preisen dich, allmächtger Vater, denn groß ist deine Herrlichkeit.

Er-barm dich un-ser, du Lamm Got-tes, hör un-ser Be-ten, Chri-stus, Herr! Denn du bist hei-lig, du der Höch-ste zu Got-tes, dei-nes Va-ters, Ehr.

T: Maria Luise Thurmair 1970 nach dem Gloria
M: Otmar Faulstich 1971

Sanctus

459

Hei-lig, hei-lig, hei-lig Gott, Herr al-ler Mäch-te und Ge-wal-ten. Er-füllt sind Him-mel und Er-de von dei-ner Herr-lich-keit. Ho-san-na in der Hö-he. Hoch-ge-lobt sei, der da kommt im Na-men des Herrn. Ho-san-na, ho-san-na in der Hö-he.

M: Heinrich Rohr 1972

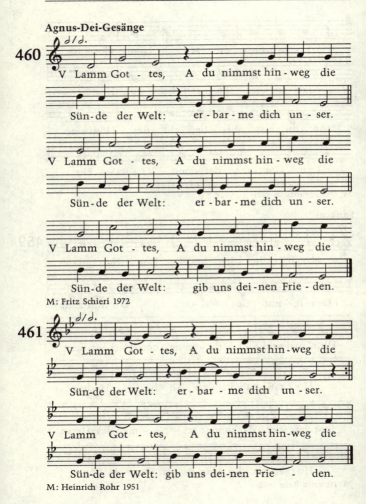

Erste Reihe
zur Eröffnung

462

Zu dir, o Gott, erheben wir die Seele mit Vertrauen.
Dein Volk erfreuet sich in dir, wollst gnädig niederschauen.
Laß leuchten, Herr, dein Angesicht, erfüll uns mit der Gnade Licht
und schenk uns dein Erbarmen.

2. Herr, zeige uns die Wege dein / und lehr uns deine Pfade. / Ganz nahe laß dein Wort uns sein / voll Wahrheit und voll Gnade. / Nimm du hinweg der Sünde Schuld, / mit unsrer Schwachheit hab Geduld / und schenk uns dein Erbarmen.

T: EGB 1972 nach Heinrich Bone 1851
M: nach Caspar Ulenberg 1582

Kyrie-Ruf

463 V/A Herr, erbarme dich. V/A Christus, erbarme dich. V/A Herr, erbarme dich.

M: Heinrich Rohr 1952 nach Kyrie XVI

Glorialied

464 ö

Gott in der Höh sei Preis und Ehr, den Menschen Fried auf Erden.
Allmächtger Vater, höchster Herr, du sollst verherrlicht werden.
Herr Jesus Christus, Gottes Sohn, wir rühmen deinen Namen; du wohnst mit Gott dem Heilgen Geist im Licht des Vaters. Amen.

T: EGB 1970 nach dem Gloria
M: Augsburg 1659

zum Antwortpsalm

465 Herr, du hast Worte ewigen Lebens.

IIb, IVg, Q33

Erste Reihe

Halleluja-Ruf

466 Hal-le-lu-ja, Hal-le-lu-ja, Hal-le-lu-ja.
Vb, VIg. Q38

zum Glaubensbekenntnis

467 Wir glau-ben an den ei-nen Gott,

den Va-ter, der er-schuf die Welt,

den Sohn, der für uns litt den Tod,

den Hei-ligen Geist, der uns er-hält.

Wir glau-ben an die Kirch al-lein,

die ei-nig, hei-lig, all-ge-mein,

und an des Lei-bes Auf-er-stehn

und ew-ges Le-ben in den Höhn. A-men.

T: Limburg 1931
M: Innsbruck 1588 / Erhard Quack 1941

Meßgesänge

zur Bereitung der Gaben

468

O Gott, nimm an die Gaben, die du uns hast ver-liehn;
nimm al-les, was wir ha-ben, zu dei-nem Lo-be hin.
Be-rei-te Herz und Hän-de, daß wür-dig wir be-gehn das
Op-fer oh-ne En-de, das du dir aus-er-sehn.

T: Mainz 1947 / EGB 1972
M: Melchior Teschner 1613

Sanctuslied

469
ö

Hei-lig ist Gott in Herr-lich-keit; sein Ruhm er-füllt die Himmel weit. Lob-sin-get, ju-belt ihm. Ho-san-na. Preis ihm, der kommt in uns-re Zeit. Lob-sin-get, ju-belt ihm. Ho-san-na.

T: Erhard Quack 1965 nach dem Sanctus
M: Caspar Ulenberg 1582

Agnus Dei

470 ö

O Lamm Gottes unschuldig,
am Stamm des Kreuzes geschlachtet,
allzeit erfunden geduldig,
wiewohl du warest verachtet,
all Sünd hast du getragen,
sonst müßten wir verzagen.
1. Erbarm dich unser, o Jesu.
2. Gib deinen Frieden, o Jesu.

T: Nikolaus Decius um 1522
M: Nikolaus Decius 1522 / Gemeinsame Kirchenlieder 1973

zur Kommunion

471

Kostet und seht, wie gut der Herr.
Halleluja. Halleluja.

„tonus irregularis", VIa. Q38

472

2. O Jesu, / all mein Glaube bist du, Ursprung allen Lichts. / Meine Hoffnung bist du, Heiland des Gerichts. / Meine Liebe bist du, Trost und Seligkeit. / All mein Leben bist du, Gott der Herrlichkeit, / o Jesu.

T: Schulgesangbuch Fulda, Hannover 1838; Str. 2 Georg Thurmair 1938
M: Hannover 1838 / Köln 1853

Dankgesang

1. Im Frieden dein, o Herre mein, laß ziehn mich meine Straßen. Wie mir dein Mund gegeben kund, schenkst Gnad du ohne Maßen, hast mein Gesicht das selge Licht, den Heiland, schauen lassen.

2. Mir armem Gast bereitet hast / das reiche Mahl der Gnaden. / Das Lebensbrot stillt Hungers Not, / heilt meiner Seele Schaden. / Ob solchem Gut jauchzt Sinn und Mut / mit alln, die du geladen.

3. O Herr, verleih, daß Lieb und Treu / in dir uns all verbinden, / daß Hand und Mund zu jeder Stund / dein Freundlichkeit verkünden, / bis nach der Zeit den Platz bereit / an deinem Tisch wir finden.

T: Friedrich Spitta 1899 nach Johann Englisch vor 1530
M: Wolfgang Dachstein vor 1530

Zweite Reihe
zur Eröffnung

474
ö

1. Nun jauchzt dem Herren, alle Welt.
Kommt her, zu seinem Dienst euch stellt;
kommt mit Frohlocken, säumet nicht,
kommt vor sein heilig Angesicht.

2. Erkennt, daß Gott ist unser Herr, / der uns erschaffen ihm zur Ehr, / und nicht wir selbst; durch Gottes Gnad / ein jeder Mensch sein Leben hat.

3. Wie reich hat uns der Herr bedacht, / der uns zu seinem Volk gemacht. / Als guter Hirt ist er bereit, / zu führen uns auf seine Weid.

4. Die ihr nun wollet bei ihm sein, / kommt, geht zu seinen Toren ein / mit Loben durch der Psalmen Klang, / zu seinem Hause mit Gesang.

5. Dankt unserm Gott, lobsinget ihm, / rühmt seinen Namen mit lauter Stimm; / lobsingt und danket allesamt. / Gott loben, das ist unser Amt.

6. Er ist voll Güt und Freundlichkeit, / voll Lieb und Treu zu jeder Zeit. / Sein Gnad währt immer dort und hier / und seine Wahrheit für und für.

7. Gott Vater in dem höchsten Thron / und Jesus Christus, seinem Sohn, / dem Tröster auch, dem Heilgen Geist, / sei immerdar Lob, Ehr und Preis.

T: nach Cornelius Becker 1602 und Hannover 1646 nach Psalm 100
M: 14. Jahrhundert / Hamburg 1598 / Hannover 1646

Zweite Reihe

Kyrie-Ruf

475

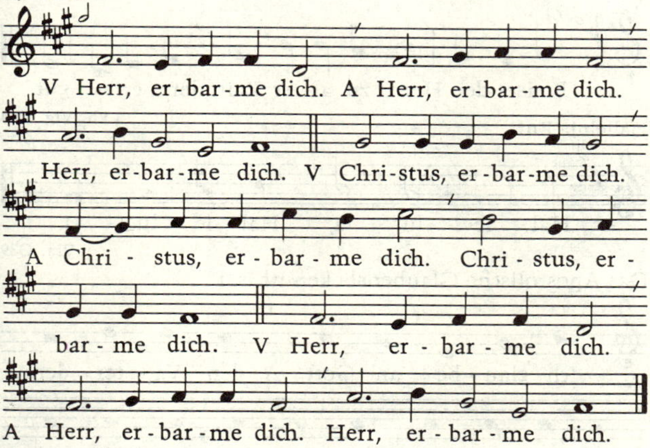

V Herr, erbarme dich. A Herr, erbarme dich.
Herr, erbarme dich. V Christus, erbarme dich.
A Christus, erbarme dich. Christus, erbarme dich.
V Herr, erbarme dich.
A Herr, erbarme dich. Herr, erbarme dich.

M: Ronald Bisegger 1965

Glorialied

476

Dir Gott im Himmel Preis und Ehr, den Menschen Fried auf Erden.
Allmächt'ger Vater, König, Herr, du sollst verherrlicht werden.
Herr Christ, Lamm Gottes, erbarme dich; du bist der Höchste
ewiglich im Reich des Vaters. Amen.

T: EGB 1970 nach dem Gloria
M: „Allein Gott in der Höh sei Ehr" Nr. 457

M: Josef Seuffert 1963/1973

480 zur Bereitung

1. Wir weihn der Erde Gaben dir, Vater, Brot und Wein;
   das Opfer hocherhaben wird Christus selber sein.
   Er schenkt dir hin sein Leben, gehorsam bis zum Tod,
   uns Arme zu erheben aus tiefer Schuld und Not.

2. Sieh gnädig auf uns nieder, / die wir in Demut nahn; /
nimm uns als Christi Glieder / mit ihm zum Opfer an. /
Laß rein uns vor dir stehen, / von seinem Blut geweiht, /
durch Kreuz und Tod eingehen / in deine Herrlichkeit.

T: Petronia Steiner 1945/1993
M: vor 1526 / Michael Töpler 1832

481 Sanctus

Heilig, heilig, heilig ist Gott, der Herr der Mächte. Erfüllt sind Himmel und Erde von seiner Herrlichkeit.

M: Erhard Quack 1947

Agnus Dei

482 ö

M: Braunschweig 1528

zur Kommunion

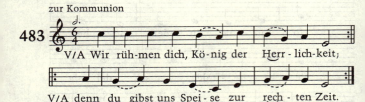

483 V/A Wir rühmen dich, König der Herrlichkeit;
V/A denn du gibst uns Speise zur rechten Zeit.

2. Du sättigst in Güte alles, was lebt,
was hungernd zu dir seine Hände erhebt.
3. Du Heiland, der Labung den Dürstenden gibt,
Erlöser, der uns bis zum Ende geliebt.
4. Du warst überliefert dem bitteren Tod;
nun gibst du dich selber im heiligen Brot.
5. Du trankest den Kelch voller Ängste und Leid;
nun reichst du den Becher der Herrlichkeit.
6. Sooft wir nun essen von diesem Brot,
verkünden wir, Christus, deinen Tod.
7. Du Nahrung auf unserer Pilgerschaft,
der Müden Labsal, der Kranken Kraft.
8. In dir ist das Leben durch ewige Zeit,
du Manna der Unsterblichkeit.
9. Du Quell, der in unsere Wüste sich gießt,
du Strom, der ins ewige Leben fließt.
10. Herr, dein ist die Ehre und Weisheit und Macht;
dir, Höchster, sei unser Lob dargebracht.

T: Albert Höfer 1967   M: „Es sungen drei Engel" Nr. 186

Dankgesang

484 1 Jubelt, ihr Lande, dem Herrn; alle Enden der Erde schauen Gottes Heil.

VIIIa. Q19

Psalm 98: Ein neues Lied auf den Richter und Retter

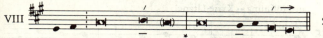

1. Singet dem Herrn ein neues Lied, *
denn er hat wunderbare Taten vollbracht!
   2. Er hat mit seiner Rechten geholfen *
   und mit seinem heiligen Arm.
3. Der Herr hat sein Heil bekannt gemacht, *
und sein gerechtes Wirken enthüllt vor den Augen der Völker.
   4. Er dachte an seine Huld *
   und an seine Treue zum Hause Israel.
5. Alle Enden der Erde *
sahen das Heil unsres Gottes. —
   6. Jauchzt vor dem Herrn, alle Länder der Erde, *
   freut euch, jubelt und singt!
7. Spielt dem Herrn auf der Harfe, *
auf der Harfe zu lautem Gesang!
   8. Zum Schall der Trompeten und Hörner *
   jauchzt vor dem Herrn, dem König! —
9. Es brause das Meer und alles, was es erfüllt, *
der Erdkreis und seine Bewohner.
   10. In die Hände klatschen sollen die Ströme, *
   die Berge sollen jubeln im Chor
11. vor dem Herrn, wenn er kommt, *
um die Erde zu richten.
   12. Er richtet den Erdkreis gerecht, *
   die Nationen so, wie es recht ist. —
13. Ehre sei dem Vater und dem Sohn *
und dem Heiligen Geist,
   14. wie im Anfang, so auch jetzt und alle Zeit *
   und in Ewigkeit. Amen.

Kehrvers

Meßgesänge 480

Dritte Reihe
zur Eröffnung – Kyrie-Litanei

485
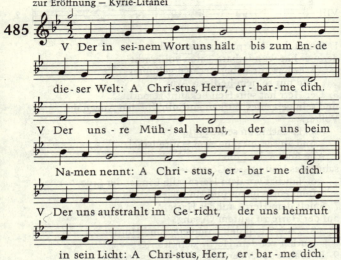

V Der in seinem Wort uns hält bis zum Ende dieser Welt: A Christus, Herr, erbarme dich.

V Der unsre Mühsal kennt, der uns beim Namen nennt: A Christus, erbarme dich.

V Der uns aufstrahlt im Gericht, der uns heimruft in sein Licht: A Christus, Herr, erbarme dich.

T: Maria Luise Thurmair 1958 M: Heinrich Rohr 1950

Glorialied

486

Preis und Ehre Gott dem Herren,
Herr, wir loben, Herr, wir danken,
Friede soll den Menschen sein.
beten an den Namen dein.

Jesus Christus, Gottes Lamm, höre

gnä-dig un-ser Fle-hen. Eh-re sei dir mit dem Geist und dem Va-ter in den Hö-hen.

T: Maria Luise Thurmair 1962 nach dem Gloria   M: Heinrich Rohr 1962

zum Antwortpsalm

487

Der Herr ist mein Licht und mein Heil.

IVa. Q5

Halleluja-Ruf

488

Hal-le-lu-ja, Hal-le-lu-ja, Hal-le-lu-ja.

Ia. Q19

zum Glaubensbekenntnis

489

Gott ist drei-fal-tig ei-ner; der Va-ter schuf die Welt, der Sohn hat uns er-lö-set, der Geist uns aus-er-wählt. Dies glaub ich, und so leb ich und will im Tod ver-traun, daß ich in mei-nem Lei-be soll mei-nen Gott an-schaun.

T: Maria Luise Thurmair 1943   M: Straßburg 1539 / Genf 1542

zur Bereitung

490 1. Was uns die Erde Gutes spendet, / was unsrer Hände Fleiß vollbracht, / was wir begonnen und vollendet, / sei, Gott und Herr, zu dir gebracht.

2. Wir legen unsre Gaben nieder / als Lob und Dank vor deinem Thron. / Herr, schenk sie uns verwandelt wieder / in Jesus Christus, deinem Sohn.

3. Wie Wein und Wasser sich verbinden, / so gehen wir in Christus ein; / wir werden die Vollendung finden / und seiner Gottheit teilhaft sein.

T: Friedrich Dörr 1971
M: Genf 1543

Sanctuslied

491 Heilig, heilig, heilig, Herr, Gott der Mächte. Erd und Himmel sind deiner Ehre voll.

Ho - si - an - na in der Hö - he. Hoch - ge - lobt sei, der da kommt im Na - men des Her - ren. Ho - si - an - na in der Hö - he.

M: nach dem Choralbuch Steinau 1726

Agnus Dei

492

V Lamm Got - tes, du nimmst hin - weg die Sün - de der Welt: A er - bar - me dich un - ser.

V Lamm Got - tes, du nimmst hin - weg die Sün - de der Welt: A gib uns dei - nen Frie - den.

M: Erhard Quack 1964

Meßgesänge

zur Kommunion

493 ö

V 1. Lob sei dem Herrn, Ruhm sei-nem Na-men!
Hö - ret es all und freut euch in ihm.
A 1.-8. Ko - stet und seht, wie gü - tig der Herr.
Al - len wird Heil, die ihm ver-traun.

2. Suchet den Herrn, er wird euch retten;
alle Bedrängnis nimmt er von euch.
3. Naht euch dem Herrn, Freude im Antlitz;
rufet ihn an, er neigt sich euch zu.
4. Schaut auf den Herrn; seht, seine Engel
walten um euch, zur Rettung gesandt.
5. Fürchtet den Herrn, ihr seine Frommen;
denn die ihn fürchten, leiden nicht Not.
6. So spricht der Herr: Lasset das Böse,
suchet den Frieden, jaget ihm nach.
7. Hofft auf den Herrn, er ist bei allen,
die in des Herzens Drangsal ihm nahn.
8. Danket dem Herrn, unserm Erlöser.
Nie geht zugrunde, wer auf ihn baut.

T: Erhard Quack und Manuel Thomas 1940/1967 nach Psalm 34
M: Erhard Quack 1940

Dankgesang

494 ö

1. Gott sei gelobet und gebenedeiet, / der uns selber hat gespeiset / mit seinem Fleische und mit seinem Blute; / das gib uns, Herr Gott, zugute. / Kyrieleison.
1.-3. Herr, du nahmest menschlichen Leib an, / der von deiner Mutter Maria kam. / Durch dein Fleisch und dein Blut hilf uns, Herr, aus aller Not. Kyrieleison.

2. Dein heilger Leib ist in den Tod gegeben, / daß wir alle dadurch leben. / Nicht größre Güte konnte er uns schenken; / dabei wir solln sein gedenken. / Kyrieleison.
3. Gott geb uns allen seiner Gnade Segen, / daß wir gehn auf seinen Wegen / in rechter Lieb und brüderlicher Treue, / daß die Speis uns nicht gereue. / Kyrieleison.

T: nach Medingen um 1350, Str. 2 und 3 nach Martin Luther 1524
M: Mainz um 1400, Einschaltstrophe zu „Lauda Sion"

Meßgesänge

Vierte Reihe
zur Eröffnung — Kyrie-Litanei

495
1

V Herr Jesus, Sohn des leben - di - gen Gottes:
V Du Mitt - ler des Neu - en Bun - des:

A Ky - ri - e e - le - i - son.
A Ky - ri - e e - le - i - son.

V Herr Chri - stus, du hast für uns getragen Kreuz und
V Du bist für uns auferstanden von den

Lei - den: A Chri - ste e - le - i - son.
To - ten: A Chri - ste e - le - i - son.

V Herr Je - sus, du Herr dei - ner Kir - che:
V Du Hoff - nung der gan - zen Er - de:

A Ky - ri - e e - le - i - son.
A Ky - ri - e e - le - i - son.

T und M: Singende Gemeinde 1963, Kyrieruf XVI

Weitere Texte zu diesem Modell:

Advent, Wiederkunft des Herrn

2 V Herr Jesus, du König aller Menschen: A Kyrie eleison.
V Du Menschensohn zur Rechten des Vaters: A Kyrie ...

V Du wirst wiederkommen in Herrlichkeit: A Christe ...
V Du richtest die Lebenden und die Toten: A Christe ...

V Du schaffst einen neuen Himmel und eine neue Erde:
A Kyrie...
V Du vernichtest den Tod für immer: A Kyrie...

Weihnachtszeit, Maria

V Herr Jesus, du Sohn des ewigen Vaters: A Kyrie eleison.   3
V Du Kind der Jungfrau Maria: A Kyrie...

V Du Wort, das Fleisch geworden in unsrer Mitte:
A Christe...
V Du Licht, in unserm Dunkel erschienen: A Christe...

V Du Heiland der Armen und Kranken: A Kyrie...
V Du Retter aus Tod und Sünde: A Kyrie...

Fastenzeit, Buße

V Herr Jesus, du rufst die Menschen zur Umkehr: 4
A Kyrie eleison.
V Du sagst uns die frohe Botschaft: A Kyrie...

V Herr Christus, du wendest dich den Sündern zu:
A Christe...
V Du bringst uns die Vergebung des Vaters: A Christe...

V Herr Jesus, du schenkst uns neues Leben: A Kyrie...
V Du läßt uns mit dir auferstehn: A Kyrie...

Osterzeit

V Herr Jesus, du Erstgeborner von den Toten: A Kyrie...   5
V Du rufst auch uns zum Leben: A Kyrie...

V Laß uns tot sein für die Sünde: A Christe...
V Laß uns leben nach deinem Beispiel: A Christe...

V Du sitzest zur Rechten des Vaters: A Kyrie...
V Wir sollen deine Zeugen sein: A Kyrie...

Friede

V Herr Jesus, du bist unser Friede: A Kyrie eleison.   6
V Du führst zusammen, was getrennt ist: A Kyrie...

V Du bringst uns die Vergebung des Vaters: A Christe...
V Du birgst uns in Gottes Treue: A Christe...

V Herr Jesus, du rufst uns, <u>dir</u> zu folgen: A Kyrie ...
V Mach auch uns zu Kin<u>dern</u> des Friedens: A Kyrie ...

Heilige, Leben aus dem Glauben

7 V Herr Jesus, du rufst die Menschen, <u>dir</u> zu folgen:
A Kyrie eleison.
V Du sendest sie als <u>dei</u>ne Boten: A Kyrie ...

V Du gibst ihnen Mut, dich <u>zu</u> bekennen: A Christe ...
V Den Armen und Kranken bringen sie <u>dei</u>ne Liebe.
A Christe ...

V Herr Jesus, du Freund <u>dei</u>ner Freunde: A Kyrie ...
V Du bist verherrlicht in <u>dei</u>nen Heiligen: A Kyrie ...

Tod und Vollendung

8 V Herr Jesus, auferstanden <u>von</u> den Toten:
A Kyrie eleison.
V Dein Kreuz ist un<u>se</u>re Hoffnung: A Kyrie ...

V Du reinigst uns <u>von</u> der Sünde: A Christe ...
V Du gibst den Toten <u>e</u>wiges Leben: A Christe ...

V Du wirst wiederkom<u>men</u> in Herrlichkeit: A Kyrie ...
V Du sammelst die Menschen im <u>Reich</u> des Vaters:
A Kyrie ...

zum Antwortpsalm

496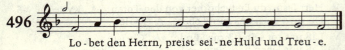

Lo - bet den Herrn, preist sei - ne Huld und Treu - e.

Vc, VIa. Q40

Sanctus

497

Hei - lig, hei - lig, hei - lig Gott,

Herr al - ler Mäch - te und Ge - wal - ten.

M: EGB 1972 nach Sanctus Nr. 403

Agnus Dei

M: EGB 1972 nach Agnus Dei Nr. 404

Meßgesänge

Fünfte Reihe
zur Eröffnung

499 ö

(V) Ehre sei dir, Christe, der du littest Not,
an dem Stamm des Kreuzes für uns bittern Tod,
herrschest mit dem Vater in der Ewigkeit:
Hilf uns armen Sündern zu der Seligkeit.
A Kyrie eleison. V Christe eleison. A Kyrie eleison.
V Christe eleison. A Kyrie eleison.

T und M: Salzburg 14 Jh.

Oder ein anderes Lied, das mit dem Kyrie-Ruf verbunden ist:
Sei uns willkommen, Nr. 131; Gelobet seist du, Jesu Christ, Nr. 130;
Christ ist erstanden, Nr. 213; Christ fuhr gen Himmel, Nr. 228;
Nun bitten wir den Heiligen Geist, Nr. 248; Sonne der Gerechtigkeit, Nr. 644.

Halleluja-Ruf

500

Halleluja, Halleluja, Halleluja.

VIa. Q1

zur Kommunion

503

1. O wunderbare Speise auf dieser Pilgerreise, o Manna, Himmelsbrot, wollst unsern Hunger stillen, mit Gnaden uns erfüllen, uns retten vor dem ewgen Tod.

2. Du hast für uns dein Leben, / o Jesu, hingegeben / und gibst dein Fleisch und Blut / zur Speise und zum Tranke. / Wer preist mit würdgem Danke / dies unschätzbare, ewge Gut!

3. „Kommt alle, die auf Erden / von Not bedränget werden", / so spricht dein eigner Mund, / „ich will euch wiedergeben / mit meinem Blut das Leben. / Dies ist der neue, ewge Bund."

4. O Herr, was wir hier schauen / in Glauben und Vertrauen, / das zeige uns im Licht, / und laß es einst geschehen, / daß ewig wir dich sehen / von Angesicht zu Angesicht.

T: „O esca viatorum" 1649, Übertragung Würzburg 1649 / EGB 1970
M: „O Welt, ich muß dich lassen" Nr. 659

Sechste Reihe – mit Kindern
zur Eröffnung (1)

504

Advent
  Du kommst zu uns, weil du uns liebst;
  wir loben dich, Herr Jesus.
Weihnachten
  Wir loben dich, Herr Jesus Christ,
  weil du für uns geboren bist.
Erscheinung des Herrn
  Wir loben dich, Herr Jesus Christ;
  du bist zu uns gekommen.
Fastenzeit
  Wir loben dich, Herr Jesus Christ;
  denn du verzeihst uns allen.
Passionszeit
  O Herr, du hast uns am Kreuz erlöst;
  wir danken dir von Herzen.
Osterzeit
  Wir loben dich, Herr Jesus Christ;
  du bist vom Tod erstanden.
Himmelfahrt
  Wir loben dich, Herr Jesus Christ;
  du bist der große König.
Pfingsten
  Du schenkst uns deinen Heiligen Geist;
  wir danken dir, Herr Jesus.
An den letzten Sonntagen nach Pfingsten
  Du kommst in Macht und Herrlichkeit;
  wir preisen dich, Herr Jesus.

T: Josef Klein, Heinrich Rohr 1969 M: Heinrich Rohr 1969

zur Eröffnung (2)

505

V/A 1. Du hast uns, Herr, gerufen, und darum sind wir hier. V Wir sind jetzt deine Gäste und danken dir. A Wir sind jetzt deine Gäste und danken dir.

2. |: Du legst uns deine Worte und deine Taten vor. :||: Herr, öffne unsre Herzen und unser Ohr. :|

3. |: Herr, sammle die Gedanken und schick uns deinen Geist, :||: der uns das Hören lehrt und dir folgen heißt. :|

T und M: Kurt Rommel 1967

Kyrie-Ruf

506

V 1. Christus, Herr, erbarme dich. A Christus, Herr, erbarme dich. Christus, Herr, erbarme dich.
V 2. Kyrie eléison. A Kyrie eléison. Kyrie eléison.

V Christus, erbarme dich. A Christus, erbarme dich. Christus, erbarme dich.
V Christe eléison. A Christe eléison. Christe eléison.

V Christus, Herr, erbarme dich. A Christus, Herr, erbarme dich.
V Kyrie eléison. A Kyrie eléison.

M: Heinrich Rohr 1952

Gloriagesang

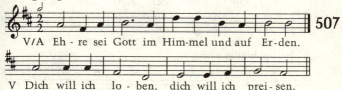

V/A Ehre sei Gott im Himmel und auf Erden.

V Dich will ich loben, dich will ich preisen.

A Ehre sei Gott im Himmel und auf Erden.

V Dir will ich singen, dir will ich danken. A Ehre ...
V Gott, unser Vater, du bist allmächtig. A Ehre ...
V Herr Jesus Christus, du unser König. A Ehre ...
V Herr, du bist heilig, du bist barmherzig. A Ehre ...
V König im Himmel, König auf Erden. A Ehre ...
V Du bist der Höchste immer und ewig. A Ehre ...

T: Josef Klein, Heinrich Rohr 1969   M: Heinrich Rohr 1969

nach der Lesung

Dein Wort, o Herr, geleitet uns auf allen unseren Wegen.

Halleluja-Ruf

509 Hal - le - lu - ja, Hal - le - lu - ja.

Sanctus IIb. Q22

510 V/A Hei-lig, hei - lig, hei - - lig.

V 1. Du bist der Herr der Scha - ren, der Herr der gan - zen Welt.

A Heilig, heilig, heilig.

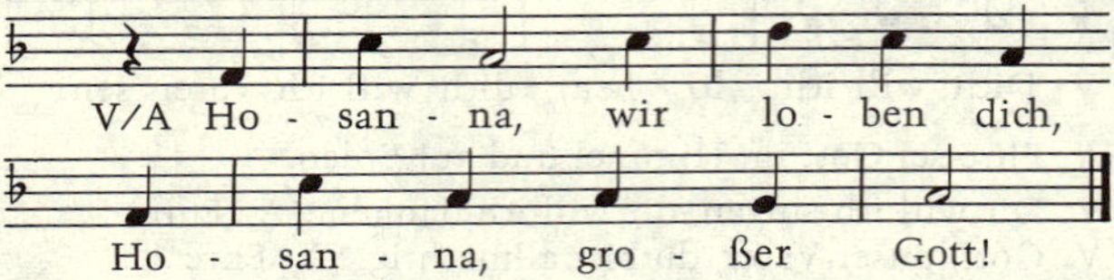

V/A Ho - san - na, wir lo - ben dich, Ho - san - na, gro - ßer Gott!

V 2. All deine Werke künden: Du bist groß und schön.
A Hosanna ...
V 3. Du sendest uns den Heiland, Jesus, deinen Sohn.
A Hosanna ...
V 4. Er kommt in deinem Namen. Ihm sei Lob und Preis!
A Hosanna ...

T: Josef Klein, Heinrich Rohr 1969   M: Heinrich Rohr 1969

Agnus Dei

511 V Herr Je - sus! V 1. Du bist das Lamm, das die Sün - den von uns nimmt:

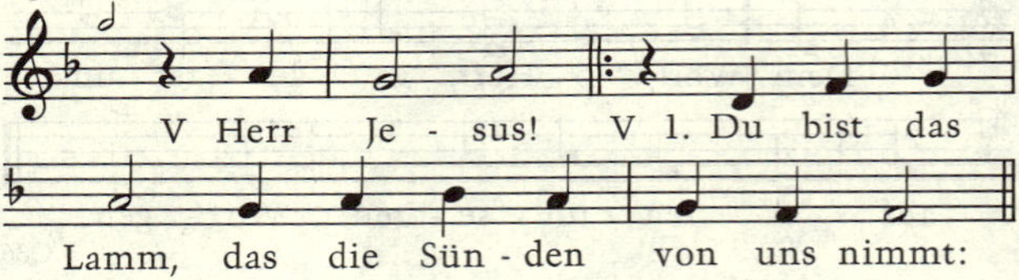

A 1.-5. O komm, o komm, Herr Je - sus!

V 2. Du bist der Herr, der uns seinen Frieden bringt:
V 3. Du bist der Hirt, der uns hier zusammenführt:
V 4. Du bist der König, der machtvoll wiederkommt:
V 5. Du bist das Brot, das der Welt das Leben gibt:

T: Josef Klein, Heinrich Rohr 1969   M: Heinrich Rohr 1969

zur Kommunion

512

Je-sus ist bei uns. Er sagt: Frie-de sei mit euch.

VIa. Q41

Dankgesang (1)

513

Sin-get dem Herrn! Sin-get ihm mit Freu-den!
Prei-set ihn und dan-ket un-serm Gott!

VIh. Q36

Dankgesang (2)

Melodie: Du hast uns, Herr, gerufen (Nr. 505)

1. |: Wenn wir jetzt weitergehen, dann sind wir nicht allein. :| |: Der Herr hat uns versprochen, bei uns zu sein. :|

514

2. |: Wir nehmen seine Worte und Taten mit nach Haus :| |: und richten unser Leben nach seinem aus. :|

3. |: Er hat mit seinem Leben gezeigt, was Liebe ist. :| |: Bleib bei uns heut und morgen, Herr Jesu Christ. :|

T: Kurt Rommel 1967

Meßgesänge

Allgemeine Eröffnungsgesänge

515

(V) 1. O Heiland, Herr der Herrlichkeit,
(V) 2. Du Gott und Heiland Jesus Christ,

1. zeig uns deine Huld allezeit
2. vor dir unser Herz schuldig ist.

1. und laß dein Wort uns nahe sein;
2. Wir klagen uns des Bösen an

1. so wird dein Volk in dir sich freun.
2. und daß wir Gutes nicht getan.

(A) 1.–2. Herr, unser Gott, erbarm dich.

Herr Jesus Christ, erbarme dich.

Herr, unser Gott, erbarme dich.

T: Erhard Quack 1970   M: Johann Leisentrit 1584

516
ö

1. Herr Jesu Christ, dich zu uns wend,

dein' Heilgen Geist du zu uns send;

mit Hilf und Gnad er uns re - gier
und uns den Weg zur Wahr-heit führ.

2. Tu auf den Mund zum Lobe dein, / bereit das Herz zur Andacht fein, / den Glauben mehr, stärk den Verstand, / daß uns dein Nam werd wohlbekannt.

3. Ehr sei dem Vater und dem Sohn, / dem Heilgen Geist in einem Thron; / der heiligen Dreifaltigkeit / sei Lob und Preis in Ewigkeit.

T: Altenburg 1648, Str. 3 Gotha 1651   M: Görlitz 1648

517

V/A 1. Herr Jesus, öff - ne un - sern Mund.
V/A Ge - lobt seist du aus Her - zens - grund.

2. Gelobt sei deiner Gottheit Macht,
die uns Erlösung hat gebracht.

3. Gelobt seist du, o Licht der Welt,
das aller Menschen Weg erhellt.

4. Gelobt sei deines Mundes Wort,
das Leben zeuget fort und fort.

5. Gelobt sei deines Mahles Brot,
darin zum Leben wird dein Tod.

6. Gelobt sei, Herr, dein Kreuz und Leid,
das allem Leiden Kraft verleiht.

7. Gelobt sei deines Todes Not,
die unsre Rettung ist im Tod.

8. Gelobt seist du, o guter Hirt,
der uns zu gutem Ende führt.

V und A können auch strophenweise abwechseln
T: Georg Thurmair 1963   M: Wien 1552 / Prag 1581

1. Herr Jesus, König ewiglich,
Kyrie eleison,
wir flehn zu dir, erbarme dich.
Christe eleison.
Kyrie eleison.
Gelobt sei Gott in Ewigkeit.

2. Herr Jesus, Gott und Mensch zugleich, –
richt auf in uns dein Himmelreich. –
3. Herr Jesus, tilge unsre Schuld; –
erzeig uns Sündern deine Huld. –
4. Zur wahren Buße kehr uns hin; –
zum guten Kampf stärk unsern Sinn. –

5. Mach hell in uns des Glaubens Licht; –
laß in der Welt uns irren nicht. –
6. Stärk unsre Hoffnung in der Zeit, –
daß uns aufleuchte die Ewigkeit. –
7. Entzünd in uns der Liebe Glut; –
mach uns von ganzem Herzen gut. –

8. Erfülle uns mit deinem Geist, –
der uns den Weg der Wahrheit weist. –
9. Send deinen Geist, den Geist der Kraft, –
der in uns betet, wirkt und schafft. –

10. Die Völker, die im Finstern gehn, –
laß deines Lichtes Aufgang sehn. –
11. Birg unsre Welt in deiner Hand; –
gib Frieden allem Volk und Land. –
12. Herr Jesus, deiner Kirche Haupt, –
mach eins das Volk, das an dich glaubt. –

13. Die Toten führe in dein Licht; –
sei ihnen gnädig beim Gericht. –
14. Herr Jesus, Herr der Ewigkeit, –
kürz ab die Leiden dieser Zeit. –
15. Komm, Herr, zum Ende dieser Zeit –
in deiner Macht und Herrlichkeit. –

T: Maria Luise Thurmair 1962
M: bei Johann Koler 1601

519

(V) 1. Komm her, freu dich mit uns, tritt ein; denn der Herr will unter uns sein, er will unter den Menschen sein. (A) 1.–3. Komm her, freu dich, der Herr will unter uns sein.

2. Komm her, öffne dem Herrn dein Herz; / deinem Nächsten öffne das Herz, / und erkenne in ihm den Herrn.
3. Komm her, freu dich mit uns, nimm teil, / an des Herrn Gemeinschaft nimm teil; / er will unter den Menschen sein.

T und M: Charles Heap 1971/1994, nach einem amerikanischen Lied

Meßgesänge

520

1. Liebster Jesu, wir sind hier, dich und dein Wort anzuhören; lenke Sinnen und Begier hin zu deinen Himmelslehren, daß die Herzen von der Erden ganz zu dir gezogen werden.

2. Unser Wissen und Verstand / ist mit Finsternis umhüllet, / wo nicht deines Geistes Hand / uns mit hellem Licht erfüllet. / Gutes denken, tun und dichten / mußt du selbst in uns verrichten.

3. O du Glanz der Herrlichkeit, / Licht vom Licht, aus Gott geboren, / mach uns allesamt bereit, / öffne Herzen, Mund und Ohren; / unser Bitten, Flehn und Singen / laß, Herr Jesu, wohl gelingen.

T: Tobias Clausnizer 1663
M: Johann Rudolf Ahle 1664 / Wolfgang Karl Briegel 1687

521

1. Herr, gib uns Mut zum Hören auf das, was du uns sagst. Wir danken dir, daß du es mit uns wagst.

2. Herr, gib uns Mut zum Glauben an dich, den einen Herrn. / Wir danken dir; denn du bist uns nicht fern.

T und M: Kurt Rommel 1964

Kyrie-Litaneien 522

V Jesus Christus, für uns als Mensch geboren. A Herr, erbarme dich.
V Jesus Christus, für uns am Kreuz gestorben. A Herr, erbarme dich.
V Jesus Christus, für uns vom Tod erstanden. A Herr, erbarme dich.

V Herr Jesus, du schenkst uns deinen Heiligen Geist. A Christus, erbarme dich.
V Herr Jesus, du führst uns durch dein heiliges Wort. A Christus, erbarme dich.
V Herr Jesus, du nährst uns durch dein heiliges Mahl. A Christus, erbarme dich.

V Jesus Christus, du sitzest zur Rechten des Vaters. A Herr, erbarme dich.
V Jesus Christus, du wirst einst in Herrlichkeit kommen. A Herr, erbarme dich.
V Jesus Christus, das Reich übergibst du dem Vater. A Herr, erbarme dich.

T und M: Josef Seuffert 1964

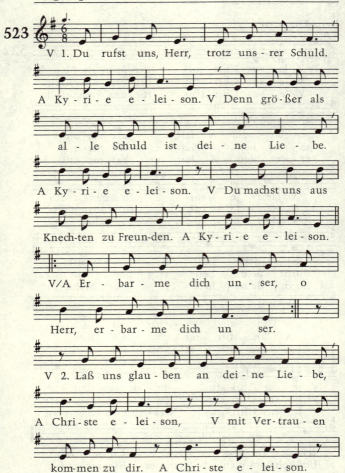

T: Johannes Bergsma 1971   M: Josef Stein 1971

Meßgesänge

T: Maria Luise Thurmair 1952
M: Heinrich Rohr 1952

Gemeindeverse zur Eröffnung

Ia. Q31

Halleluja-Rufe

Zur Gabenbereitung

533

Dir Vater Lobpreis werde und Dank für Wein und Brot;
sie sind die Frucht der Erde und unsrer Müh und Not.
Nimm an, Herr, Brot und Wein, die wir zum Opfer geben; laß Speise sie zum Leben und Trank zum Heile sein.

T: Maria Luise Thurmair 1973
M: „Herr, dir ist nichts verborgen" Nr. 292

Gemeindeverse

534

Herr, wir bringen in Brot und Wein unsere Welt zu dir.
Du schenkst uns deine Gegenwart im österlichen Mahl.

2. „Nehmt", sprach er, „trinket, esset: / das ist mein Fleisch, mein Blut, / damit ihr nie vergesset, / was meine Liebe tut."
3. Dann ging er hin, zu sterben / aus liebevollem Sinn, / gab, Heil uns zu erwerben, / sich selbst zum Opfer hin.

T: Christoph von Schmid 1807
M: „Christus, der ist mein Leben" Nr. 662

538

1. O heil-ger Leib des Herrn, für un-ser Heil und Le-ben am Kreuz da-hin-ge-ge-ben, hier bist du uns nicht fern: o heil-ger Leib des Herrn.

2. Du willst uns Speise sein, / um mit uns schon auf Erden / ein Leib und Geist zu werden / im Mahl von Brot und Wein: / du willst uns Speise sein.
3. Du unser Osterlamm, / du hast dein Blut vergossen; / dein Herz ist aufgeschlossen, / aus dem uns Leben kam: / du unser Osterlamm.
4. Du wahres Himmelsbrot, / vom Vater uns gegeben, / wer dich ißt, der wird leben; / du weckst ihn auf vom Tod: / du wahres Himmelsbrot.
5. Du Hirt, von Gott gesandt, / um sicher durch die Zeiten / das Volk des Herrn zu leiten / in das verheißne Land: / du Hirt, von Gott gesandt.
6. Du bist das Licht der Welt. / Du bist zu uns gekommen, / und die dich aufgenommen, / die sind durch dich erhellt: / du bist das Licht der Welt.
7. O Licht vom ewgen Licht, / du lebst in uns verborgen, / bis uns der helle Morgen / der Herrlichkeit anbricht: / o Licht vom ewgen Licht.

T: Friedrich Dörr 1954/1971   M: Hans Kulla 1956

539

1.–4. Wir alle essen von einem Brot.
1.–4. Wir alle trinken aus einem Kelch.

1. So hat es der Herr zuerst getan.
2. Der Herr ist bei uns, und wir sind sein.
3. Herr, hilf uns zu teilen, was du schenkst.
4. Wann kommst du, o Herr, in Herrlichkeit?

T: Lothar Zenetti 1969   M: Ingrid Hirschfeldt 1969

540

1. Sei gelobt, Herr Jesus Christ, in dem wunderbaren Brote, das die Frucht aus deinem Tode, uns ein neues Leben ist.

2. Sei gelobt, Herr Jesus Christ. / Du hast dich dem Kreuz ergeben, / uns zur Sühne, uns zum Leben, / und die Schuld der Welt gebüßt.

3. Sei gelobt, Herr Jesus Christ. / Du bist in der Welt geblieben, / uns zu heilen, uns zu lieben, / bis die Welt vergangen ist.

4. Sei gelobt, Herr Jesus Christ. / Nimm zum Dank auch unser Leben, / das wir ganz zum Opfer geben, / bis es deiner würdig ist.

T: Georg Thurmair 1943   M: Erhard Quack 1944

Fronleichnam

541

1. Tantum ergo sacraméntum venerémur cérnui, et antíquum documéntum novo cedat rítui; praestet fides suppleméntum sénsuum deféctui. A - - - men.

2. Genitóri Genitóque / laus et jubilátio, / salus, honor, virtus quoque / sit et benedíctio. / Procedénti ab utróque / compar sit laudátio. / Amen.

542

1. Sakrament der Liebe Gottes: / Leib des Herrn, sei hoch verehrt, / Mahl, das uns mit Gott vereinigt, / Brot, das unsre Seele nährt, / Blut, in dem uns Gott besiegelt / seinen Bund, der ewig währt.

2. Lob und Dank sei Gott dem Vater, / der das Leben uns verheißt, / seinem Wort, dem ewgen Sohne, / der im Himmelsbrot uns speist; / auch der Born der höchsten Liebe / sei gelobt, der Heilge Geist. / Amen.

T: Thomas von Aquino 1263/64, Übertragung Friedrich Dörr 1970
M: Luxemburg 1768

V Panem de caelo praestitísti eis.
A Omne delectaméntum in se habéntem.

V Orémus. — Deus, qui nobis sub sacraménto mirábili passiónis tuae memóriam reliquísti: tríbue, quáesumus, ita nos córporis et sánguinis tui sacra mystéria venerári, ut redemptiónis tuae fructum in nobis júgiter sentiámus. Qui vivis et regnas in sáecula saeculórum. A Amen.

V Brot vom Himmel hast du ihnen gegeben.
A Das alle Erquickung in sich birgt.

V Lasset uns beten. — Herr Jesus Christus, im wunderbaren Sakrament des Altares hast du uns das Gedächtnis deines Leidens und deiner Auferstehung hinterlassen. Gib uns die Gnade, die heiligen Geheimnisse deines Leibes und Blutes so zu verehren, daß uns die Frucht der Erlösung zuteil wird. Der du lebst und herrschest in Ewigkeit.
A Amen.

543
1. Pan - ge, lin - gua, glo - ri - ó - si
544
1. Das Ge - heim - nis laßt uns kün - den,

córporis mystérium, sanguinísque pretiósi, quem in mundi
das uns Gott im Zeichen bot: Jesu Leib, für unsre Sünden hingegeben

prétium fructus ventris generósi
in den Tod, Jesu Blut, in dem wir finden

rex effúdit géntium. A - men.
Heil und Rettung aus der Not.

6. Strophe

2. Nobis datus, nobis natus / ex intácta Vírgine, / et in mundo conversátus, / sparso verbi sémine, / sui moras incolátus / miro clausit órdine.

3. In suprémae nocte coenae / recúmbens cum frátribus, / **(543)**
observáta lege plene / cibis in legálibus, / cibum turbae
duodénae / se dat suis mánibus.
4. Verbum caro panem verum / verbo carnem éfficit, /
fitque sánguis Christi merum; / et, si sensus déficit, / ad
firmándum cor sincérum / sola fides súfficit.
5. Tantum ergo sacraméntum / venerémur cérnui, / et
antíquum documéntum / novo cedat rítui; / praestet fides
suppleméntum / sénsuum deféctui.
6. Genitóri Genitóque / laus et jubilátio, / salus, honor,
virtus quoque / sit et benedíctio; / procedénti ab utróque /
compar sit laudátio. Amen.

2. Von Maria uns geboren, / ward Gott Sohn uns Men- **(544)**
schen gleich, / kam zu suchen, was verloren, / sprach das
Wort vom Himmelreich, / hat den Seinen zugeschworen: /
Allezeit bin ich bei euch.
3. Auf geheimnisvolle Weise / macht er dies Versprechen
wahr; / als er in der Jünger Kreise / bei dem Osterlamme
war, / gab in Brot und Wein zur Speise / sich der Herr den
Seinen dar.
4. Gottes Wort, ins Fleisch gekommen, / wandelt durch
sein Wort den Wein / und das Brot zum Mahl der Frommen, / lädt auch die Verlornen ein. / Der Verstand verstummt beklommen, / nur das Herz begreift's allein.
5. Gott ist nah in diesem Zeichen: / knieet hin und betet
an. / Das Gesetz der Furcht muß weichen, / da der neue
Bund begann; / Mahl der Liebe ohnegleichen: / nehmt im
Glauben teil daran.
6. Gott dem Vater und dem Sohne / singe Lob, du Christenheit; / auch dem Geist auf gleichem Throne / sei der
Lobgesang geweiht. / Bringet Gott im Jubeltone / Ehre,
Ruhm und Herrlichkeit. Amen.

T: Thomas von Aquino 1263/64, Übertragung Maria Luise Thurmair 1969
M: 12. Jh.

Fronleichnam

545

V 1. Lobe, Zion, deinen Hirten;
A Laß dein Lob zum Himmel dringen;
dem Erlöser der Verirrten
ihn zu rühmen, ihm zu singen,
stimme Dank und Jubel an.
hat kein Mensch genug getan.

V 2. Er ist uns im Brot gegeben,
A Brot, mit dem der Herr im Saale
Brot, das lebt und spendet Leben,
dort beim österlichen Mahle
Brot, das Ewigkeit verheißt,
die zwölf Jünger hat gespeist.

V 3. Lobt und preist, singt Freudenlieder;
A da der Herr zu Tisch geladen
festlich kehrt der Tag uns wieder,
und dies heilge Mahl der Gnaden
jener Tag von Brot und Wein,
setzte zum Gedächtnis ein.

V 4. Was bei jenem Mahl geschehen,
A   Wie der Herr uns aufgetragen,

sollen heute wir begehen
weihen wir, Gott Dank zu sagen,

und verkünden seinen Tod.
nun zum Opfer Wein und Brot.

V 5. Seht das Brot, der Engel Speise,
A   Abrams Opfer hats gedeutet,

Brot auf unsrer Pilgerreise,
war im Manna vorbereitet,

das den Hunger wahrhaft stillt.
fand im Osterlamm sein Bild.

V 6. Guter Hirt, du Brot des Lebens,
A   Die du hier zu Tisch geladen,

wer dir traut, hofft nicht vergebens,
ruf auch dort zum Mahl der Gnaden

geht getrost durch diese Zeit.
in des Vaters Herrlichkeit. A-men. Hal-le-lu-ja.

T: Thomas von Aquino 1263/64, Fronleichnam-Sequenz „Lauda Sion Salvatorem", Übertragung Maria Luise Thurmair 1972 M: Frankreich 12. Jh.

546

1. Gottheit tief verborgen, betend nah ich dir. Unter diesen Zeichen bist du wahrhaft hier. Sieh, mit ganzem Herzen schenk ich dir mich hin, weil vor solchem Wunder ich nur Armut bin.

2. Augen, Mund und Hände täuschen sich in dir, / doch des Wortes Botschaft offenbart dich mir. / Was Gott Sohn gesprochen, nehm ich glaubend an; / er ist selbst die Wahrheit, die nicht trügen kann.

3. Einst am Kreuz verhüllte sich der Gottheit Glanz, / hier ist auch verborgen deine Menschheit ganz. / Beide sieht mein Glaube in dem Brote hier; / wie der Schächer ruf ich, Herr, um Gnad zu dir.

4. Kann ich nicht wie Tomas schaun die Wunden rot, / bet ich dennoch gläubig: „Du mein Herr und Gott!" / Tief und tiefer werde dieser Glaube mein, / fester laß die Hoffnung, treu die Liebe sein.

5. Denkmal, das uns mahnet an des Herren Tod! / Du gibst uns das Leben, o lebendig Brot. / Werde gnädig Nahrung meinem Geiste du, / daß er deine Wonnen koste immerzu.

6. Gleich dem Pelikane starbst du, Jesu mein; / wasch in deinem Blute mich von Sünden rein. / Schon ein kleiner Tropfen sühnet alle Schuld, / bringt der ganzen Erde Gottes Heil und Huld.

7. Jesus, den verborgen jetzt mein Auge sieht, / stille mein Verlangen, das mich heiß durchglüht: / laß die Schleier fallen einst in deinem Licht, / daß ich selig schaue, Herr, dein Angesicht.

T: Thomas von Aquino 13. Jh., „Adoro te devote", Übertragung Petronia Steiner 1951
M: Frankreich 17./18. Jh.

547

1. Das Heil der Welt, Herr Jesus Christ, wahrhaftig hier zugegen ist; im Sakrament das höchste Gut verborgen ist mit Fleisch und Blut.

2. Hier ist das wahre Osterlamm, / das für uns starb am Kreuzesstamm; / es nimmt hinweg der Sünden Schuld / und schenkt uns wieder Gottes Huld.
3. Das wahre Manna, das ist hie, / davor der Himmel beugt die Knie; / hier ist das rechte Himmelsbrot, / das wendet unsres Hungers Not.
4. O was für Lieb, Herr Jesus Christ, / den Menschen hier erwiesen ist! / Wer die genießt in dieser Zeit, / wird leben in all Ewigkeit.

T und M: Köln 1638

Jesus Christus

548

1. I Die einen fordern Wunder, die andern suchen Wissenschaft: Wir verkünden Christus den Gekreuzigten. II Die einen nehmen Ärgernis, die andern rufen: Torheit! Wir verkünden Christus den Gekreuzigten.

A Allen, die berufen sind, ist er Gottes Kraft.

2. I Was der Welt verächtlich scheint, was nichts gilt, wählt Gott. Wir verkünden Christus den Gekreuzigten. II Wo die Welt nur Schwäche sieht, erweist sich Gottes Kraft.

T und M: Walter Röder 1971 (Text nach 1 Kor 1,22–30)

2. Ach, wie bezwang und drang dich doch / dein edle Lieb, ins bittre Joch / der Schmerzen dich zu geben, / da du dich neigtest in den Tod, / zu retten aus der Todesnot / mich und mein armes Leben.

3. Laß deine Flamm und starke Glut / durch all mein Herze, Geist und Mut / mit allen Kräften dringen. / Laß deine Lieb und Freundlichkeit / zur Gegenlieb und Dankbarkeit / mich armen Sünder bringen.

T: nach Paul Gerhardt 1656
M: bei Christoph Hecyrus 1581 / Erhard Quack 1941

550

1. O lieber Jesu, denk ich dein, strömt Glück in meine Seele ein; doch meine höchste Freude ist, wenn du, o Jesu, bei mir bist.

2. Kein Lied so sehr zu Herzen dringt, / kein Klang, kein Ton so lieblich klingt, / kein Name bringt so reichen Lohn / als Jesus Christus, Gottes Sohn.

3. Du tröstest den, der Buße tut, / gibst dem, der bittet, neuen Mut; / dich suchen nimmt von uns das Leid, / dich finden, welche Seligkeit.

4. Kein Wort, o Jesu, würdig preist / die Güte, die du uns erweist. / Nur wer sich ganz in dich versenkt, / verspürt, was deine Liebe schenkt.

5. O Jesu, der uns Freude bringt, / du Quell, aus dem uns Kraft entspringt, / Licht, das uns Gottes Liebe zeigt, / die alles Sehnen übersteigt.

6. Du unser Glück in dieser Zeit, / du Sonne unsrer Ewigkeit, / in dir erstrahlt der Gottheit Schein; / laß uns mit dir verherrlicht sein.

T: „Jesu dulcis memoria" 12. Jh., Übertragung Friedrich Dörr 1969
M: Antiphonale Romanum 1912

551 ö

1. Schönster Herr Jesu, Herrscher aller Herren, Gottes und Marien Sohn, dich will ich lieben, dich will ich ehren, meiner Seele Freud und Kron.

2. Alle die Schönheit Himmels und der Erden / ist gefaßt in dir allein. / Keiner soll immer lieber mir werden / als du, liebster Jesu mein.

3. Schön ist der Monde, schöner ist die Sonne, / schön sind auch die Sterne all. / Jesus ist feiner, Jesus ist reiner / als die Engel allzumal.

4. Schön sind die Blumen, schöner sind die Menschen / in der frischen Jugendzeit; / sie müssen sterben, müssen verderben, / Jesus bleibt in Ewigkeit.

5. Schönster Herr Jesu, bei uns gegenwärtig / durch dein Wort und Sakrament, / Jesu, dich bitt ich: Herr, sei uns gnädig / jetzt und auch am letzten End.

T und M: Münster 1677

1. Alles Leben ist dunkel. Keiner weiß, wo er endet. Jeder sehnt sich nach Glück. Gott hat ein Herz für den Menschen: Jesus ward einer von uns.

2. Jesus lebt' unser Leben. / Jesus trug unsre Sünden. / Jesus starb unsern Tod. / Gott hat ein Herz für den Menschen: / Jesus ist einer von uns.

3. Mitten in Jesu Worten, / mitten in Jesu Taten / schlägt dies Herz für die Welt. / Gott hat ein Herz für den Menschen: / Jesus ist dieses Herz.

T: Maria Luise Thurmair 1971
M: Wolfram Menschick 1973

553

1. Du König auf dem Kreuzesthron, Herr Jesus Christus, Gottes Sohn: dein Herz, verwundet und betrübt, hat uns bis in den Tod geliebt.

2. Die dich verworfen und verhöhnt, / hast du geheiligt und versöhnt; / im Tod hast du, o Schmerzensmann, / dein göttlich Herz uns aufgetan.

3. O Quell, der unser Leben nährt, / o Herz, das sich für uns verzehrt, / schließ uns in deine Liebe ein / und laß uns immer bei dir sein.

T: Friedrich Dörr 1972   M: Caspar Ulenberg 1582

554 ö

1. Wie schön leuchtet der Morgenstern, voll Gnad und Wahrheit von dem Herrn uns herrlich aufgegangen. Du Sohn Davids aus Jakobs Stamm, mein König und mein Bräutigam, du hältst mein Herz gefangen. Lieblich, freundlich, schön und prächtig, groß und mächtig, reich an Gaben, hoch und wunderbar erhaben.

2. Du meine Perl, du werte Kron, / wahr' Gottes und Marien Sohn, / ein König hochgeboren! / Mein Kleinod du, mein Preis und Ruhm, / dein ewig Evangelium, / das hab ich mir erkoren. / Herr, dich such ich. / Hosianna. Himmlisch Manna, das wir essen, / deiner kann ich nicht vergessen.

3. Gieß sehr tief in mein Herz hinein, / du leuchtend Kleinod, edler Stein, / die Flamme deiner Liebe / und gib, daß ich an deinem Leib, / dem auserwählten Weinstock, bleib / ein Zweig in frischem Triebe. / Nach dir steht mir / mein Gemüte, ewge Güte, bis es findet / dich, des Liebe mich entzündet.

4. Von Gott kommt mir ein Freudenschein, / wenn du mich mit den Augen dein / gar freundlich tust anblicken. / Herr Jesu, du mein trautes Gut, / dein Wort, dein Geist, dein Leib und Blut / mich innerlich erquicken. / Nimm mich freundlich / in dein Arme und erbarme dich in Gnaden. / Auf dein Wort komm ich geladen.

5. Herr Gott Vater, mein starker Held, / du hast mich ewig vor der Welt / in deinem Sohn geliebet. / Er hat mich ganz sich angetraut, / er ist nun mein, ich seine Braut; / drum mich auch nichts betrübet. / Eja, eja, / himmlisch Leben wird er geben mir dort oben. / Ewig soll mein Herz ihn loben.

6. Stimmt die Saiten der Kitara / und laßt die süße Musica / ganz freudenreich erschallen, / daß ich möge mit Jesus Christ, / der meines Herzens Bräutgam ist, / in steter Liebe wallen. / Singet, springet, / jubilieret, triumphieret, dankt dem Herren. / Groß ist der König der Ehren.

7. Wie bin ich doch so herzlich froh, / daß mein nun ist das A und O, / der Anfang und das Ende. / Er wird mich doch zu seinem Preis / aufnehmen in das Paradeis; / des schlag ich in die Hände. / Amen, Amen, / komm, du schöne Freudenkrone, säum nicht lange. / Deiner wart ich mit Verlangen.

T: nach Philipp Nicolai 1599
M: Philipp Nicolai 1599

Nach biblischem Zeugnis (Offenbarung 19,7; 21,2.9; 22,17; Epheserbrief 5, 22–24) darf sich die Kirche als Braut Christi verstehen; das gleiche kann auch für den einzelnen Christen gelten. So gießt der Dichter hier sein

Christuslob in die Form eines „geistlichen Brautliedes", dessen Bilder er vor allem dem 45. Psalm („zur Königshochzeit") und den genannten Schriftstellen entnimmt. Deshalb wird im ganzen Lied Christus in der Sprache der bräutlichen Liebe angeredet.

555 ö

1. Morgenstern der finstern Nacht, der die Welt voll Freuden macht, Jesu mein, komm herein, leucht in meines Herzens Schrein, leucht in meines Herzens Schrein.

2. Schau, dein Himmel ist in mir, / er begehrt dich, seine Zier. / Säume nicht, o mein Licht, / komm, komm, eh der Tag anbricht, / komm, komm, eh der Tag anbricht.

3. Deines Glanzes Herrlichkeit / übertrifft die Sonne weit; / du allein, Jesu mein, / bist, was tausend Sonnen sein, / bist, was tausend Sonnen sein.

4. Du erleuchtest alles gar, / was jetzt ist und kommt und war; / voller Pracht wird die Nacht, / weil dein Glanz sie angelacht, / weil dein Glanz sie angelacht.

5. Deinem freudenreichen Strahl / wird gedienet überall; / schönster Stern, weit und fern / ehrt man dich als Gott den Herrn, / ehrt man dich als Gott den Herrn.

6. Ei nun, güldnes Seelenlicht, / komm herein und säume nicht. / Komm herein, Jesu mein, / leucht in meines Herzens Schrein, / leucht in meines Herzens Schrein.

T: Angelus Silesius (Johann Scheffler) 1657
M: Georg Joseph 1657

1. Völker aller Land, schlaget Hand in Hand; Gott mit Jubel preist, der da König heißt, auf der Erde weit herrscht in Herrlichkeit, der die Völker beugt, seine Macht bezeugt, uns geschenkt das Land, eigen seiner Hand, und zum Erbe gibt allen, die er liebt.

2. Gott in seinem Sieg auf zum Himmel stieg. / Der Posaune Schall mächtig füllt das All. / Singt dem Herrn, ja singt, Lob und Opfer bringt. / König ist nur er, unser Gott und Herr. / Singt ein Ehrenlied ihm, der auf uns sieht, / der des Erdreichs Herr und des Himmels Ehr.

3. Gott tritt auf den Plan, tritt die Herrschaft an, / waltend ringsumher als der Völker Herr. / Er, der herrlich thront, hoch im Himmel wohnt, / lenkt der Völker Sinn zu dem Volke hin, / das er auserwählt, dem er sich vermählt, / das sein Eigentum. Ihm sei Preis und Ruhm.

T: Georg Thurmair 1964/1971 nach Psalm 47
M: Loys Bourgeois 1551

557

1. Du höchstes Licht, du ewger Schein, du Gott und treuer Herre mein, von dir der Gnaden Glanz ausgeht und leuchtet schön so früh wie spät.

2. Das ist der Herre Jesus Christ, / der ja die göttlich Wahrheit ist, / mit seiner Lehr hell scheint und leucht', / bis er die Herzen zu sich zeucht.

3. Er ist das Licht der ganzen Welt, / das jedem klar vor Augen stellt / den hellen, schönen, lichten Tag, / an dem er selig werden mag.

4. Zuletzt hilf uns zur heilgen Stadt, / die weder Nacht noch Tage hat, / da du, Gott, strahlst voll Herrlichkeit, / du schönstes Licht in Ewigkeit.

5. O Sonn der Gnad ohn Niedergang, / nimm von uns an den Lobgesang, / auf daß erklinge diese Weis / zum Guten uns und dir zum Preis.

T: Johannes Zwick vor 1542
M: Gsb. der Böhmischen Brüder, Nürnberg 1544
Str. 2: „zeucht" ist eine alte Form von „zieht".

558

1. Ich will dich lieben, meine Stärke, ich will dich lieben, meine Zier, ich will dich

lie-ben mit dem Wer-ke und im-mer-
wäh-ren-der Be-gier; ich will dich lie-ben,
schönstes Licht, bis mir das Her - - ze bricht.

2. Ich will dich lieben, o mein Leben, / als meinen allerbesten Freund; / ich will dich lieben und erheben, / solange mich dein Glanz bescheint; / ich will dich lieben, Gottes Lamm, / das starb am Kreuzesstamm.

3. Ach, daß ich dich so spät erkannte, / du hochgelobte Schönheit du, / daß ich nicht eher mein dich nannte, / du höchstes Gut, du wahre Ruh; / es ist mir leid, ich bin betrübt, / daß ich so spät geliebt.

4. Ich lief verirrt und war verblendet, / ich suchte dich und fand dich nicht, / ich hatte mich von dir gewendet / und liebte das geschaffne Licht. / Nun aber ist's durch dich geschehn, / daß ich dich hab ersehn.

5. Ich danke dir, du wahre Sonne, / daß mir dein Glanz hat Licht gebracht; / ich danke dir, du Himmelswonne, / daß du mich froh und frei gemacht; / ich danke dir, du güldner Mund, / daß du mich machst gesund.

6. Erhalte mich auf deinen Stegen / und laß mich nicht mehr irregehn; / laß meinen Fuß auf deinen Wegen / nicht straucheln oder stillestehn; / erleucht mir Leib und Seele ganz, / du starker Himmelsglanz.

7. Ich will dich lieben, meine Krone, / ich will dich lieben, meinen Gott, / ich will dich lieben sonder Lohne / auch in der allergrößten Not; / ich will dich lieben, schönstes Licht, / bis mir das Herze bricht.

T: Angelus Silesius (Johann Scheffler) 1657
M: Georg Joseph 1657

559
ö

1. Mein schön-ste Zier und Klein-od bist auf Er-den du, Herr Je-su Christ; dich will ich las-sen wal-ten und al-le-zeit in Lieb und Leid in mei-nem Her-zen hal-ten.

2. Dein Lieb und Treu vor allem geht, / kein Ding auf Erd so fest besteht, / das muß ich frei bekennen. / Drum soll nicht Tod, / nicht Angst, nicht Not / von deiner Lieb mich trennen.

3. Dein Wort ist wahr und trüget nicht / und hält gewiß, was es verspricht, / im Tod und auch im Leben. / Du bist nun mein, / und ich bin dein, / dir hab ich mich ergeben.

4. Der Tag nimmt ab. Ach schönste Zier, / Herr Jesu Christ, bleib du bei mir; / es will nun Abend werden. / Laß doch dein Licht / auslöschen nicht / bei uns allhier auf Erden.

T: Leipzig 1597
M: Leipzig 1581 / bei Sethus Calvisius 1594

560

1. Ge-lobt seist du, Herr Je-su Christ, ein Kö-nig al-ler Eh-ren; dein Reich ohn al-le Gren-zen ist,

2. Das All durchtönt ein mächtger Ruf: / „Christ A und O der Welten!" / Das Wort, das sie zu Anfang schuf, / wird bis ans Ende gelten. / Christkönig, Halleluja, Halleluja.
3. Auch jeder Menschenseele Los / fällt, Herr, von deinen Händen, / und was da birgt der Zeiten Schoß, / du lenkst es aller Enden. / Christkönig, Halleluja, Halleluja.
4. O sei uns nah mit deinem Licht, / mit deiner reichen Gnade, / und wenn du kommst zu dem Gericht, / Christ, in dein Reich uns lade. / Christkönig, Halleluja, Halleluja.

T: nach Guido Maria Dreves 1886
M: Josef Venantius von Wöß 1928

Gemeindeverse

562
Lob dir, Christus, König und Erlöser!

Ia, IIIc. Q19

Lobpreis und Fürbitte

563
V/A Christus gestern, Christus heute, Christus in Ewigkeit.

Fürbitten können aus den folgenden Strophen ausgewählt und durch andere ergänzt werden.

1. V/A Erhöre uns, Christus! V Der heiligen Kirche Gottes Heil und Leben. Du Heiland der Welt, A stärke und schütze sie.

V Heilige Maria, A bitte für uns.
V Heiliger Josef, A bitte für uns.
V Alle Heiligen Gottes, A bittet für uns. Kv

2. V/A Erhöre uns, Christus! V Dem heiligen Vater Papst N. / Heil und Leben. Du Heiland der Welt, A stärke und schütze ihn.

V Heiliger Petrus, A bitte für ihn.
V Heiliger Gregor, A bitte für ihn.
V Ihr heiligen Päpste, A bittet für ihn. Kv

3. V/A Erhöre uns, Christus! V Unserem Bischof N. / Heil und Leben. Du Heiland der Welt, A stärke und schütze ihn.
V Heiliger Paulus, A bitte für ihn.
V Ihr heiligen Apostel, A bittet für ihn.
V Ihr heiligen Bischöfe, A bittet für ihn. Kv

4. V/A Erhöre uns, Christus! V Den Völkern der Erde / Heil und Leben. Du Heiland der Welt, A stärke und schütze sie.
V Heiliger Thomas Morus, A bitte für uns.
V Heiliger Klaus von Flüe, A bitte für uns.
V Ihr heiligen Führer der Völker, A bittet für uns. Kv

5. V/A Erhöre uns, Christus! V Der verfolgten Kirche / Heil und Leben. Du Heiland der Welt, A stärke und schütze sie.
V Heiliger Stephanus, A bitte für sie.
V Heiliger Laurentius, A bitte für sie.
V Ihr heiligen Märtyrer, A bittet für sie. Kv

6. V/A Erhöre uns, Christus! V Den Hungernden und Kranken / Heil und Leben. Du Heiland der Welt, A stärke und schütze sie.
V Heilige Elisabeth, A bitte für sie.
V Heiliger Vinzenz, A bitte für sie.
V Ihr Freunde der Armen und Kranken, A bittet für sie. Kv

Schlußdoxologie

7. V Ihm allein sei die Herrschaft,
   V Dem Kö - - - nig der Völker
   V Sein Friede komme ü - ber uns;

Macht und Ge-walt A jetzt und in E-wig-keit.
sei Eh - re und Ruhm A jetzt und in E-wig-keit.
es kom - me sein Reich A jetzt und in E-wig-keit. Kv

T und M: nach den „Laudes Hincmari" 8./9. Jh., EGB 1973

Jesus Christus

Christus-Rufe

564

V/A Christus Sieger, Christus König, Christus Herr in Ewigkeit.

V 1. Kö-nig des Welt-alls, A wir hul-di-gen dir.
König der Völker
König des Friedens
König der Zeiten
König der Herrlichkeit Kv

2. Abglanz des Vaters
Urbild der Schöpfung
Sohn der Jungfrau
Zeuge der Wahrheit
Herr und Meister Kv

3. Freund der Armen
Heiland der Kranken
Retter der Sünder
Bruder der Menschen
Hoffnung der Erde Kv

4. Lamm, für uns geopfert
Mann der Schmerzen
Mittler des Bundes
Erlöser und Heiland
Herr des Lebens Kv

5. Licht der Menschen
Brot des Lebens
Quelle der Gnade
Haupt deiner Kirche
Weg zum Vater Kv

T: EGB 1973 M: „Christus vincit" bei Beat Reiser „Laudes festivae" 1940

565

1. Komm, Herr Jesus, komm zur Erde
   daß die Zeit beendet werde

und erfülle dein Gericht,
und die Ewigkeit anbricht.

Sprich dein Urteil voll Erbarmen,

richte in Barmherzigkeit;

rette uns mit starken Armen

in die lichte Ewigkeit.

2. Komm, Herr Jesus, komm zur Erde / und erlöse uns vom Tod, / daß dies Leben ewig werde / und befreit von jeder Not. / Nimm uns all in deine Hände; / unser Leben bist nur du. / Du bist unser Trost am Ende; / führe uns dem Himmel zu.

3. Komm, Herr Jesus, komm zur Erde, / stoß das Böse aus der Welt, / daß die Liebe sichtbar werde, / die uns schuf und uns erhält. / Laß das Irdische vergehen / vor dem Glanz der Ewigkeit; / laß die neue Welt erstehen, / göttlich und voll Herrlichkeit.

T: Georg Thurmair 1939
M: Erhard Quack 1950/1968

566

1.-2. Hebt euer Haupt, ihr Tore all;
     denn Einzug hält mit Jubelschall
uralte Pforten, weicht dem Herren,
der große König aller Ehren.

1. Wer ist der König aller Ehr?
2. Wer ist der König aller Ehr?

1. Es ist der Mächtige, der Herr,
2. Es ist der Herrliche, der Herr,

1. der Held, der stark sein Volk regieret,
2. Gott Zebaot, Herr aller Herren,

1. gewaltig es zum Siege führet.
2. er ist der König aller Ehren.

T: nach Caspar Ulenberg 1582 / EGB 1971 nach Psalm 24 B
M: Caspar Ulenberg 1582

1. Der Herr bricht ein um Mitternacht; jetzt ist noch alles still. O Elend, daß schier niemand wacht und ihm begegnen will.

2. Er hat es uns zuvor gesagt / und einen Tag bestellt. / Er kommt, wann niemand nach ihm fragt, / noch es für möglich hält.

3. Wie liegt die Welt so blind und tot. / Sie schläft in Sicherheit / und meint, des großen Tages Not / sei noch so fern und weit.

4. Wer waltet als ein kluger Knecht / im Hause so getreu, / daß, wenn der Herr kommt, er gerecht / und nicht zu strafen sei?

5. So wach denn auf, mein Geist und Sinn, / und schlummre ja nicht mehr. / Blick täglich auf sein Kommen hin, / als ob es heute wär.

6. Dein Teil und Heil ist schön und groß. / Auf, auf, du hast's in Macht. / Ergreif im Glauben du das Los, / das Gott dir zugedacht.

7. Der Herr bricht ein um Mitternacht; / jetzt ist noch alles still. / Wohl dem, der nun bereit sich macht / und ihm begegnen will.

T: nach Johann Christoph Rube 1712
M: Johann Crüger 1640

568

1. Komm, Herr Jesu, komm, führ die Welt zum Ende, daß der Tränenstrom sich in Freude wende. Brenn das Haus der Zeit hin in deinen Feuern; wolle es erneuern in der Ewigkeit.

2. Alle Kreatur liegt mit uns in Wehen; / dein Erbarmen nur läßt sie heil erstehen. / Was da wehrlos ist und im Bann des Bösen, / komm, es zu erlösen, komm, Herr Jesu Christ.

3. Nüchtern und bereit laß uns, Herr, hier leben / und in Lauterkeit von dir Zeugnis geben. / Wie es dir gefällt, laß uns sein und handeln, / daß wir selbst uns wandeln und erneun die Welt.

4. Komm, du Menschensohn, laß dein Reich erscheinen; / denn vor deinem Thron wird sich alles einen. / Friedvoll, neu und fromm steigt herauf die Erde: / Amen, daß es werde, komm, Herr Jesu, komm.

T: Maria Luise Thurmair 1951/1973
M: Heinrich Rohr 1951

IV. Gemeinschaft der Heiligen

Maria 569

Der Jahreskreis entfaltet das Geheimnis unserer Erlösung durch Christus. Dabei tritt auch Maria in den Blick der Kirche, denn sie ist aufs engste mit dem Heilswerk Christi verbunden. Sie hat ihn nicht nur geboren, sondern hat vor allen anderen den Ruf Gottes vernommen und befolgt. Darum sagt Jesus zu der Frau, die Maria als seine Mutter selig preist: „Ja, selig, die das Wort Gottes hören und es befolgen" (Lk 11,28). So ist sie in gläubigem Gehorsam seine und unsere Mutter geworden.

Die ältesten Marienfeste sind darum als Herrenfeste entstanden:

25. März	Verkündigung des Herrn (Mariä Verkündigung)
2. Februar	Darstellung des Herrn im Tempel (Mariä Lichtmeß)
1. Januar	Gedächtnis der Mutter des Herrn

Wegen ihrer engen Verbindung mit Christus hat Gott Maria vom ersten Augenblick ihres Daseins an vor der Erbsünde bewahrt und ihr nach dem Tod als erster die endgültige Vollendung des Menschen in Christus geschenkt. Daran erinnern zwei Feste:

8. Dezember	Hochfest der unbefleckt empfangenen Jungfrau Maria
15. August	Mariä Aufnahme in den Himmel (Mariä Himmelfahrt)

Weitere volkstümliche Marienfeste:

2. Juli	Mariä Heimsuchung
8. September	Mariä Geburt
12. September	Mariä Namen
7. Oktober	Unsere Liebe Frau vom Rosenkranz

In jeder Woche ist der Samstag in besonderer Weise dem Gedächtnis Mariens geweiht. Der Monat Mai ist durch Marienandachten (Maiandachten) ausgezeichnet. Vor allem im Oktober sind die Gläubigen eingeladen, den Rosenkranz zu beten.

Die Kirche schließt ihr tägliches Stundengebet mit einem Abendgruß an Maria. Auch die Volksandachten werden gern mit einem Marienlied beschlossen. Seit 1456 erinnert das Ave-Läuten (Engel des Herrn) dreimal am Tag an die Menschwerdung Gottes im Schoß der seligsten Jungfrau Maria. (s. Nr. 2,7)

571

Sei ge-grüßt, o Kö-ni-gin, Mut-ter der Barm-her-zig-keit, un-ser Le-ben, uns-re Won-ne und uns-re Hoff-nung, sei ge-grüßt! Zu dir ru-fen wir ver-bann-te Kin-der E-vas; zu dir seuf-zen wir trau-ernd und wei-nend in die-sem Tal der Trä-nen. Wohl-an denn, uns-re Für-spre-che-rin, wen-de dei-ne barm-her-zi-gen Au-gen uns zu, und nach die-sem E-lend zei-ge uns Je-sus, die ge-be-ne-dei-te Frucht dei-nes Lei-bes. O gü-ti-ge, o mil-de, o sü-ße Jung-frau Ma-ri-a.

T: Übertragung des „Salve Regina"   M: Heinrich Rohr 1949

2. Dich rufen allzumal in diesem Tränental wir Evas Kinder; / weinen so manche Stund, klagen aus Herzensgrund wir armen Sünder.

3. Maria, hohe Frau, barmherzig auf uns schau, zu uns dich neige. / Jesus, den wir gesucht, ihn, deines Leibes Frucht, dereinst uns zeige.

T: Maria Luise Thurmair 1969 nach dem Salve-Regina-Lied im Rheinfelsischen Gesangbuch 1666
M: Rheinfelsisches Gesangbuch, Augsburg 1666

2. O Mutter der Barmherzigkeit, —
du unsres Lebens Süßigkeit, —
3. Du unsre Hoffnung, sei gegrüßt, —
die du der Sünder Zuflucht bist, —
4. Wir Kinder Evas schrein zu dir, —
aus Tod und Elend rufen wir, —
5. O mächtige Fürsprecherin, —
bei Gott sei unsre Helferin, —
6. Dein mildes Auge zu uns wend, —
und zeig uns Jesus nach dem End, —

T: Köln 1852 nach dem Salve-Regina-Lied von Johann Georg Seidenbusch 1687
M: Mainz 1712

574 Regína caeli, laetáre, Halleluja, quia, quem meruísti portáre, Halleluja, resurréxit sicut dixit, Halleluja; ora pro nobis Deum, Halleluja.

575 O Himmelskönigin, frohlocke, Halleluja. Denn er, den du zu tragen würdig warst, Halleluja, ist erstanden, wie er sagte. Halleluja. Bitt Gott für uns, Maria. Halleluja.

T: Rom um 1170   M: 16. Jh., vereinfachte Fassung der M. aus dem 12. Jh.

576

V 1. Freu dich, du Himmelskönigin, — A Freu dich, Maria! — V freu dich, das Leid ist all dahin. Halleluja. A Bitt Gott für uns, Maria.

2. Den du zu tragen würdig warst, / — Freu dich, Maria! — / der Heiland lebt, den du gebarst. Halleluja. / Bitt Gott für uns, Maria.

3. Er ist erstanden von dem Tod, / — Freu dich, Maria! — / wie er gesagt, der wahre Gott. Halleluja. / Bitt Gott für uns, Maria.

4. Bitt Gott für uns, so wird's geschehn, / — Freu dich, Maria! — / daß wir mit Christus auferstehn. Halleluja. / Bitt Gott für uns, Maria.

T: nach Konstanz 1600, nach „Regina caeli" 12. Jh.   M: Konstanz 1600

577

1. Maria, Mutter unsres Herrn, o Himmelspfort, o Meeresstern, hilf der bedrängten Christenheit auf ihrem Wege durch die Zeit.

2. Ein Staunen die Natur erfaßt, / daß du den Herrn geboren hast, / den Herrn und Schöpfer aller Welt, / der dich erschaffen und erwählt.

3. So trat der Engel bei dir ein: / „Gegrüßet seist du, Jungfrau rein." / „Ave Maria" singen wir, / „sei benedeit, Gott ist mit dir."

4. O Mutter, reich an Güt und Huld, / erbarme dich: wir sind in Schuld. / Steh du uns bei an Gottes Thron / und zeig uns Jesus, deinen Sohn.

T: Maria Luise Thurmair 1969 nach dem Alma-Redemptoris-Mater-Lied von Franz Josef Weinzierl 1816
M: Speyerer Gesangbuch, Köln 1599

1. Meer-stern, sei ge-grü-ßet, Got-tes ho-he Mut-ter, all-zeit rei-ne Jung-frau, se-lig Tor zum Him-mel!

2. Du nahmst an das AVE / aus des Engels Munde. / Wend den Namen EVA, / bring uns Gottes Frieden.

3. Zeige dich als Mutter, / denn dich wird erhören, / der auf sich genommen, / hier dein Sohn zu werden.

4. Jungfrau ohnegleichen, / Gütige vor allen, / uns, die wir erlöst sind, / mach auch rein und gütig.

5. Lös der Schuldner Ketten, / mach die Blinden sehend, / allem Übel wehre, / jeglich Gut erwirke.

6. Gib ein lautres Leben, / sicher uns geleite, / daß wir einst in Freuden / Jesus mit dir schauen.

7. Lob sei Gott dem Vater, / Christ, dem Höchsten, Ehre / und dem Heilgen Geiste: / dreifach e i n e Preisung.

T: EGB 1971 nach „Ave maris stella" 9. Jh.
M: nach dem Antiphonale Romanum 1912

579

1. Ma-ri-a, Himmelskönigin, der Engel hohe Herrscherin, o Wurzel, der das Heil entsprießt, du Tor des Lichtes, sei gegrüßt!

2. Freu dich, du bist an Ehren reich, / dir ist an Gnaden keine gleich. / Ach bitt für uns an Gottes Thron / bei Jesus, deinem lieben Sohn.

T: Rottenburger Gesangbuch 1867 nach „Ave Regina caelorum" um 1100
M: Nikolaus Herman 1562

580

V/A 1. „A - ve Ma - ri - a, gra - ti - a ple - na."
2. „Sie-he, du sollst einen Sohn emp-fan-gen;
3. „En-gel, sag an, wie soll das nur wer-den,

V 1. So grüßt' der Engel die Jungfrau Ma - ri - a,
2. danach trägt Himmel und Erde Verlangen,
3. da ich kein'n Mann erkenne auf Erden,

V/A 1. da er von dem Herrn die Botschaft bracht.
2. daß du die Mutter des Herrn sollst sein."
3. in dieser Welt so weit und breit?"

4. „Der Heilge Geist wird über dich kommen, / gleichwie der Tau kommt über die Blumen; / also will Gott geboren sein."
5. Maria hört' des Höchsten Begehren. / Sie sprach: „Ich bin die Magd des Herren; / nach deinem Wort geschehe mir."
6. Nun wolln wir danken, preisen und loben / den Herrn im Himmel so hoch da droben, / daß er uns all erlöset hat.

T: nach Paderborn 1617 M: Paderborn 1617

581

1. A-ve Ma-ri-a kla-re, du lich-ter Mor-gen-stern! Du bist ein Freud für-wah-re des Him-mels und der Erd, er-wählt von E-wig-keit, zu sein die Mut-ter Got-tes zum Trost der Chri-sten-heit.

2. Ohn Sünd bist du empfangen, / wie dich die Kirche ehrt, / bist von der falschen Schlangen / geblieben unversehrt. / O Jungfrau rein und zart, / dein Lob kann nicht aussprechen, / was je erschaffen ward.

3. Ein Gruß ward dir gesendet / vom allerhöchsten Gott, / durch Gabriel vollendet, / der war des Grußes Bot. / „Du sollst ein Mutter sein, / ein Jungfrau sollst du bleiben, / ein Jungfrau keusch und rein.

4. Es wird dich übertauen / des Allerhöchsten Kraft, / Gesegnete der Frauen, / in reiner Jungfrauschaft. / Gott selbst, er wird dein Sohn; / du sollst ihn Jesus nennen, / und ewig ist sein Thron."

5. Da sprach die Jungfrau reine: / „Ich bin des Herren Magd. / Sein Will gescheh alleine. / Es sei, wie du gesagt." / Christ wohnt' in ihrem Schoß, / gar lieblich ruht' er drinnen; / ihr Freude, die war groß.

6. Dies Lob sei dir gesungen, / Frau, hochgebenedeit. / Von dir ist uns entsprungen / der Brunn der Seligkeit. / Empfiehl uns deinem Sohn / und bitte für uns Sünder / allzeit an Gottes Thron.

T und M: Olmütz um 1500 / Mainz 1947

582

1. O Maria, sei gegrüßt, die du voller Gnade bist; sei gegrüßt, du höchste Zier: Gott der Herr ist selbst mit dir.

2. Du bist nun gebenedeit / vor den Frauen allezeit. / Lob dem, der dich heimgesucht, / Jesus, deines Leibes Frucht.

3. Mutter Gottes, liebe Frau, / auf uns arme Sünder schau; / bitt für uns bei deinem Sohn, / daß er uns im Tod verschon.

T: nach Philipp von Schönborn 1656
M: Böhmen 1467 / Michael Weiße 1531

583

V 1. Ave Maria zart, du edler Rosengart, lilienweiß, ganz ohne Schaden, A ich grüße dich zur Stund mit Gabrielis Mund: Ave, die du bist voller Gnaden.

2. Du hast des Höchsten Sohn, Maria rein und schön, in deinem keuschen Schoß getragen, / den Heiland Jesus Christ, der unser Retter ist aus aller Sünd und allem Schaden.

3. Denn nach dem Sündenfall wir warn verstoßen all und sollten ewig sein verloren. / Da hast du, reine Magd, wie dir vorhergesagt, uns Gottes Sohn zum Heil geboren.

4. Darum, o Mutter mild, befiehl uns deinem Kind, bitt, daß es unser Sünd verzeihe, / endlich nach diesem Leid die ewig Himmelsfreud durch dich, Maria, uns verleihe.

T und M: Johann Georg Braun 1675

584

1. Christi Mutter stand mit Schmerzen
bei dem Kreuz und weint' von Herzen,
als ihr lieber Sohn da hing.
Durch die Seele voller Trauer,
schneidend unter Todesschauer
jetzt das Schwert des Leidens ging.

2. Welch ein Schmerz der Auserkornen, / da sie sah den Eingebornen, / wie er mit dem Tode rang. / Angst und Jammer, Qual und Bangen, / alles Leid hielt sie umfangen, / das nur je ein Herz durchdrang.

3. Ach, für aller Menschen Schulden / sah sie ihn die Marter dulden, / Geißeln, Dornen, Spott und Hohn, / sah ihn trostlos und verlassen / an dem blutgen Kreuz erblassen, / ihren lieben einzgen Sohn.

4. Drücke deines Sohnes Wunden, / wie du selber sie empfunden, / heilge Mutter, in mein Herz. / Daß ich weiß, was ich verschuldet, / was dein Sohn für mich erduldet, / gib mir teil an deinem Schmerz.

5. Christus, laß bei meinem Sterben / mich mit deiner Mutter erben / Sieg und Preis nach letztem Streit. / Wenn der Leib dann sinkt zur Erde, / gib mir, daß ich teilhaft werde / deiner selgen Herrlichkeit.

T: Jacopone da Todi „Stabat Mater dolorosa" vor 1306, Übertragung nach Heinrich Bone 1847/EGB 1968/1970 (Strophe 5)/AGL 1994
M: Köln 1638

585

1. Laßt uns er-freu-en herz-lich sehr, Hal-le-lu-ja, Hal-le-lu-ja. Ma-ri-a seufzt und weint nicht mehr. Ver-schwun-den sind die Nebel all, Hal-le-lu-ja, jetzt glänzt der lieben Sonne Strahl. Hal-le-lu-ja. Hal-le-lu-ja, Hal-le-lu-ja, Hal-le-lu-ja.

2. Wo ist, o freudenreiches Herz, Halleluja, / wo ist dein Weh, wo ist dein Schmerz? Halleluja. / Wie wohl ist dir, o Herz, wie wohl; Halleluja, / nun bist du aller Freuden voll. Halleluja ...

3. Sag an, Maria, Jungfrau rein, Halleluja, / kommt das nicht von dem Sohne dein? Halleluja. / Ach ja, dein Sohn erstanden ist; Halleluja, / kein Wunder, daß du fröhlich bist. Halleluja ...

4. Aus seinen Wunden fließen her, Halleluja, / fünf Freudenseen, fünf Freudenmeer. Halleluja. / Die Freud sich über dich ergoß, Halleluja, / und durch dein Herz die Freude floß. Halleluja ...

5. Dein Herz nun ganz in Freuden schwimmt, Halleluja, / und zu und zu die Freude nimmt. Halleluja. / Ach, nun vergiß auch unser nit, Halleluja, / und teil auch uns ein Tröpflein mit. Halleluja ...

T: Friedrich Spee 1623
M: Köln 1623

586

V/A Gruß dir, Mutter, in Gottes Herrlichkeit, Mutter Gottes, Mutter der Christenheit, Stern der Hoffnung und Quell der Seligkeit. Gruß dir, Mutter, reich an Barmherzigkeit, o Maria.

V 1. Du Maria bist Gottes treue Magd, hast auf sein Wort im Glauben Ja gesagt. Selig bist du, weil du ihm ganz vertraut, du Magd des Herrn, du Mutter und du Braut, o Maria. Kv

2. Gruß dir, Jungfrau, du Gottes heilges Zelt. / In deinem Schoß barg sich der Herr der Welt, / der herrscht zur Rechten auf des Vaters Thron; / der Schöpfung Herr und König ward dein Sohn, o Maria. Kv

3. Hilf, o Mutter, Zuflucht in allem Leid, / sei unser Trost und Quell der Fröhlichkeit. / Auf Gottes Wort laß gläubig uns vertraun, / bis wir mit dir den Herrn im Lichte schaun, o Maria. **Kv**

4. Gott der Vater schuf dich nach seinem Plan. / Es nahm der Sohn aus dir die Menschheit an. / Die Kraft des Geistes hat dich ganz erfüllt; / die Liebe Gottes ist in dir enthüllt, o Maria. Kv

T: „Salve, mater misericordiae" 14. Jh., Übertragung Joseph Klein 1951/1973 nach früheren Gsb   M: französische Karmelitinnen, vor Solesmes 1901

587

1. Maria aufgenommen ist — Halleluja — zu ihrem Sohne Jesus Christ. Halleluja.

2. Ihr Sohn, der Tod und Grab besiegt, —
er läßt im Tod die Mutter nicht. —
3. Im Himmel ist sie Königin —
und aller Welt ein Trösterin. —
4. O Zeichen groß: ihr Kleid die Sonn, —
ihr Schuh der Mond, zwölf Stern ihr Kron. —
5. O große Freud, o Seligkeit! —
Stimm ein, o ganze Christenheit! —
6. Gelobt sei die Dreifaltigkeit, —
der eine Gott in Ewigkeit. —

T: nach Heinrich Bone 1847
M: Konstanz 1613

588

1. Sagt an, wer ist doch diese, die vor dem Tag aufgeht,
die überm Paradiese als Morgenröte steht?
Sie kommt hervor aus Fernen, geziert mit Mond und Sternen, im Sonnenglanz erhöht.

2. Sie ist die edle Rose, / ganz schön und auserwählt, / die Magd, die makellose, / die sich der Herr vermählt. / O eilet, sie zu schauen, / die schönste aller Frauen, / die Freude aller Welt.
3. Du strahlst im Glanz der Sonne, / Maria, hell und rein; / von deinem lieben Sohne / kommt all das Leuchten dein. / Durch diesen Glanz der Gnaden / sind wir aus Todes Schatten / kommen zum wahren Schein.

T: Johann Khuen 1638 / EGB 1972
M: bei Joseph Clauder 1631 / bei Heinrich Meier 1647

589

1. Alle Tage sing und sage
Lob der Himmelskönigin;
ihre Gnaden, ihre Taten
ehr, o Christ, mit Herz und Sinn.

2. Auserlesen ist ihr Wesen, / Mutter sie und Jungfrau war. / Preis sie selig, überselig; / groß ist sie und wunderbar.
3. Gotterkoren hat geboren / sie den Heiland aller Welt, / der gegeben Licht und Leben / und den Himmel offen hält.
4. Ihre Ehren zu vermehren, / sei von Herzen stets bereit. / Benedeie sie und freue / dich ob ihrer Herrlichkeit.

T: nach Heinrich Bone 1847 nach „Omni die dic Mariae" des Bernhard von Morlas, † 1140
M: Ingolstadt 1613

zum freudenreichen Rosenkranz

590

1.-5. Ma - ri - a, sei ge - grüßt mit dei - nem lie - ben Sohn, 1. den du emp - fan - gen hast, vom Va - ter aus - er - wählt und mit dem Geist ver - mählt.

1.-5. Bitt Gott für uns, Ma - ri - a!

2. — den du getragen hast / voll Freud auf deinem Gang / wohl das Gebirg entlang.

3. — den du geboren hast / in einem armen Stall / zum Heil der Menschen all.

4. — den du geopfert hast, / im Tempel dargestellt, / das Licht der ganzen Welt.

5. — den du gefunden hast / im Tempel wohlbewahrt, / wo er sich offenbart.

zum schmerzhaften Rosenkranz

591 1. — der für uns Blut geschwitzt, / verraten und allein / in Todesangst und Pein.

2. — den man mit Geißeln schlug, / so daß sein Blut hinfloß, / das er für uns vergoß.

3. — der für uns Dornen trug, / zu Hohn und Spott gekrönt / und von der Welt verhöhnt.

4. — dem man das Kreuz auflud / zu dreimal schwerem Fall / und Wunden ohne Zahl.

5. — der an dem Kreuze starb / und uns durch seinen Tod / versöhnet hat mit Gott.

zum glorreichen Rosenkranz

1. — der aus dem Grab erstand, / befreit von allem Leid / in lichter Herrlichkeit.
2. — der in den Himmel fuhr, / als Gott und Mensch zugleich / herrscht in des Vaters Reich.
3. — der uns den Geist gesandt, / dem Sohn und Vater gleich, / mit Gnaden überreich.
4. — der dich zum Himmel nahm, / von Sünde unberührt / zur Seligkeit geführt.
5. — der herrlich dich gekrönt, / dir große Macht verleiht / zum Heil der Christenheit.

T: Georg Thurmair 1940/1970
M: Christian Lahusen 1947

V 1.-5. Königin im Himmelreich, A freu dich, Maria! V 1. Den du hast empfangen, der ist von dem Tode auferstanden. A 1.-5. Bitt Gott für uns. Halleluja.

2. — Den du hast getragen, der ist zu den Himmeln aufgefahren.
3. — Den du hast geboren, der hat seinen Geist herabgesendet.
4. — Dem du hast gedienet, der hat in den Himmel dich erhoben.
5. — Dem im Leid du folgtest, der hat dich mit Ehr und Ruhm gekrönet.

T: Johann Leisentrit 1567; Str. 3–5 Petronia Steiner 1947
M: Frankfurt am Main 1565

594

1. Maria, dich lieben ist allzeit mein Sinn; / dir wurde die Fülle der Gnaden verliehn: / du Jungfrau, auf dich hat der Geist sich gesenkt; / du Mutter hast uns den Erlöser geschenkt.

2. Dein Herz war der Liebe des Höchsten geweiht; / du warst für die Botschaft des Engels bereit. / Du sprachst: „Mir geschehe, wie du es gesagt. / Dem Herrn will ich dienen, ich bin seine Magd."

3. Du Frau aus dem Volke, von Gott ausersehn, / dem Heiland auf Erden zur Seite zu stehn, / kennst Arbeit und Sorge ums tägliche Brot, / die Mühsal des Lebens in Armut und Not.

4. Du hast unterm Kreuze auf Jesus geschaut; / er hat dir den Jünger als Sohn anvertraut. / Du Mutter der Schmerzen, o mach uns bereit, / bei Jesus zu stehen in Kreuz und in Leid.

5. Du Mutter der Gnaden, o reich uns die Hand / auf all unsern Wegen durchs irdische Land. / Hilf uns, deinen Kindern, in Not und Gefahr; / mach allen, die suchen, den Sohn offenbar.

6. Von Gott über Engel und Menschen gestellt, / erfleh uns das Heil und den Frieden der Welt. / Du Freude der Erde, du himmlische Zier: / du bist voll der Gnade, der Herr ist mit dir.

T: Friedrich Dörr 1972
M: Paderborn 1765

2. Dein Mantel ist sehr weit und breit, / er deckt die ganze Christenheit, / er deckt die weite, weite Welt, / ist aller Zuflucht und Gezelt.

3. Maria, hilf der Christenheit, / dein Hilf erzeig uns allezeit; / komm uns zu Hilf in allem Streit, / verjag die Feind all von uns weit.

4. O Mutter der Barmherzigkeit, / den Mantel über uns ausbreit; / uns all darunter wohl bewahr / zu jeder Zeit in aller Gfahr.

T und M: nach Innsbruck 1640

596 1. A-ve, maris stella, Dei mater alma atque semper virgo, felix caeli porta. A-men.

2. Sumens illud „Ave" / Gabriélis ore, / funda nos in pace, / mutans Evae nomen.

3. Solve vincla reis, / profer lumen caecis, / mala nostra pelle, / bona cuncta posce.

4. Monstra te esse matrem, / sumat per te precem / qui pro nobis natus / tulit esse tuus.

5. Virgo singuláris, / inter omnes mitis, / nos culpis solútos / mites fac et castos.

6. Vitam praesta puram, / iter para tutum, / ut vidéntes Jesum / semper collaetémur.

7. Sit laus Deo Patri, / summo Christo decus, / Spirítui Sancto / honor, tribus unus. Amen.

T: St. Gallen 9. Jh.   M: 11. / 12. Jh.

Gemeindeverse
zur Eröffnung

597 1. In Gott, meinem Heiland, jubelt mein Geist.
Ia, VIa, IXa. Q20

zum Antwortpsalm

2. In meinem Gott jubelt mein Herz.
Vb, VIg. Q18

zur Kommunion

Selig der Mensch, der trägt den Herrn, den Sohn des ewigen Vaters.

VIa, IXa. Q19

Vesper an Marienfesten

599

Eröffnung Nr. 683
Hymnus: Meerstern, sei gegrüßet Nr. 578

ERSTER PSALM

Sei gegrüßt, Maria, voll der Gnade. Der Herr ist mit dir.

IVa, Ih. Q41

Psalm 85: Bitte um das verheißene Heil

1. Einst hast du, Herr, dein <u>Land</u> begnadet *
und Jakobs <u>Un</u>glück gewendet,

    2. hast deinem Volk die <u>Schuld</u> vergeben, *
    all sei<u>ne</u> Sünden zugedeckt,

3. hast zurückgezogen deinen <u>gan</u>zen Grimm *
und deinen <u>glü</u>henden Zorn <u>ge</u>dämpft. —

    4. Gott, unser Retter, richte uns <u>wie</u>der auf, *
    laß von deinem <u>Un</u>mut gegen uns ab!

Psalm 57: Geborgenheit im Schutz Gottes

1. Mein Herz ist bereit, o Gott, /
mein Herz ist bereit, *
ich will dir singen und spielen.
   2. Wach auf, meine Seele, /
   wacht auf, Harfe und Saitenspiel! *
   Ich will das Morgenrot wecken.
3. Ich will dich vor den Völkern preisen, Herr, *
dir vor den Nationen lobsingen.
   4. Denn deine Güte reicht, so weit der Himmel ist, *
   deine Treue, so weit die Wolken ziehn.
5. Erheb dich über die Himmel, o Gott; *
deine Herrlichkeit erscheine über der ganzen Erde. —
   6. Ehre sei dem Vater und dem Sohn *
   und dem Heiligen Geist,
7. wie im Anfang, so auch jetzt und alle Zeit *
und in Ewigkeit. Amen.

Verse 8–12

Kehrvers

GESANG
aus dem Neuen Testament: Nr. 154

LESUNG
Antwortgesang

Engel und Heilige – Leben aus dem Glauben

A Du bist voll der Gnade.

V Singt das Lob des Vaters und des Sohnes und des Heiligen Geistes. A Gegrüßet...

Homilie

ZUM LOBGESANG MARIENS

603

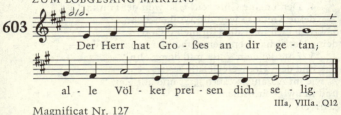

Der Herr hat Großes an dir getan; alle Völker preisen dich selig.

IIIa, VIIIa, Q12

Magnificat Nr. 127
Schlußgebete Nr. 691

604 Engel und Heilige – Leben aus dem Glauben

In den Lauf des Herrenjahres sind die Gedenktage der Heiligen eingefügt. Das Leben der Heiligen spiegelt auf verschiedene Weise den Lebensweg Christi. Sie haben mit ihm gelebt und gelitten und sind mit ihm verherrlicht.

An ihren Gedenktagen hören wir das Wort Gottes, das auch uns zu einem Leben aus dem Glauben und aus der Liebe befähigt. Wir feiern die Eucharistie, in der Christus uns auf seinen Weg mitnimmt. Wir vertrauen der Fürbitte der Heiligen bei Gott und nehmen uns ihr Leben und ihren Dienst zum Vorbild.

Mit den Heiligen werden in jeder Messe die Engel genannt, denn sie stehen allezeit vor Gott; mit ihnen preisen wir den Vater durch den gemeinsamen Herrn Jesus Christus.

Engel

605

1. Gott, aller Schöpfung heilger Herr, / zu deines Reiches Glanz und Ehr / hast du der Engel Schar bestellt, / für hohe Dienste sie erwählt.

2. Sie stehen weit um deinen Thron; / du bist ihr Leben, ihre Kron. / Gewaltig ruft ihr strahlend Heer: / Wer ist wie Gott — wer ist wie er?

3. Stets schauen sie dein Angesicht / und freuen sich in deinem Licht. / Dein Anblick macht sie stark und rein; / dein heilger Odem hüllt sie ein.

4. Mit Weisheit sind sie angetan; / sie brennen, leuchten, beten an. / Ein großes Lob ertönt im Chor: / ihr „Heilig, Heilig" steigt empor.

5. Du sendest sie als Boten aus: / dein Wort geht in die Welt hinaus. / Groß ist in ihnen deine Kraft; / dein Arm sind sie, der Wunder schafft.

6. Sie kämpfen wider Stolz und List, / sie weisen, wo kein Ausweg ist, / sie retten aus Gefahr und Not, / was schwach ist und vom Feind bedroht.

7. Allzeit laß Engel um uns sein; / durch sie geleite groß und klein, / bis wir mit ihnen dort im Licht / einst stehn vor deinem Angesicht.

T: Ernst Hofmann 1971
M: Loys Bourgeois 1551

606

V 1. Unüberwindlich starker Held, — A Sankt Michael! — V komm uns zu Hilf, zieh mit zu Feld! A 1.–5. Hilf uns im Streite, zum Sieg uns leite, Sankt Michael!

2. Die Kirch dir anbefohlen ist; —
du unser Schutz- und Schirmherr bist.
3. Du bist der himmlisch Bannerherr; —
die Engel sind dein Königsheer.
4. Den Drachen du ergriffen hast —
und unter deinen Fuß gefaßt.
5. Beschütz mit deinem Schild und Schwert —
die Kirch, den Hirten und die Herd.

T: Friedrich Spee 1621   M: Antwerpen 1614 / Köln 1623

607

1. Laßt uns den Engel preisen, der auf Erden mit uns reisen und wie ein Bruder still uns behüten will. Er schaut in ewgen Freuden das abendlose Licht und will auch uns geleiten vor Gottes Angesicht.

2. Laßt uns dem Engel neigen / in Demut Herz und Sinn. / Er wird den Weg uns zeigen / zum Berg des Herren hin; / er wird auf seinen Händen / uns tragen wunderbar / und wird den Feind abwenden / und bannen die Gefahr.

3. Laßt uns den Engel bitten, / daß er ein jedes Herz / mit seinen sichern Schritten / geleite himmelwärts, / daß keines sich verhärte / und falle in den Tod, / daß er als Weggefährte / uns trage durch die Not.

4. Laßt uns zum Engel schauen, / wenn auf dem letzten Gang / durch Todesnot und Grauen / wird unserm Herzen bang. / Er wird die Flügel breiten / und uns aus dem Gericht / in Frieden heimgeleiten / vor Gottes Angesicht.

T: Maria Luise Thurmair 1941/1970
M: „O Gott, nimm an die Gaben" Nr. 468

Heilige

608

V 1. Ihr Freunde Gottes allzugleich,
erfleht am Throne allezeit
verherrlicht hoch im Himmelreich,
uns Gnade und Barmherzigkeit.

A 1.–5. Helft uns in diesem Erdental,
daß wir durch Gottes Gnad und Wahl
zum Himmel kommen allzumal.

2. Vor allen du, o Königin, / Maria, milde Herrscherin, / ihr Engelchöre voller Macht, / die ihr habt treulich auf uns acht:

3. Ihr Patriarchen hochgeborn / und ihr Propheten auserkorn, / o ihr Apostel allesamt, / erwählt zu solchem hohen Amt:

4. O ihr gekrönten Märtyrer / und der Bekenner großes Heer, / o Schar der Jungfraun, Gott geweiht, / ihr Fraun, zu treuem Dienst bereit:

5. Wir bitten euch, durch Christi Blut / für uns bei Gott stets Fürsprach tut; / der heiligsten Dreifaltigkeit / tragt vor die Not der Christenheit.

T: nach Friedrich Spee 1623   M: Innsbruck 1588

Josef

609
1. Sankt Josef, Sproß aus Davids Stamm, gerecht und fromm im Leben!
Nach Gottes Plan ein Engel kam, Verheißung dir zu geben:
„Nimm deine Braut; sie trägt den Sohn, der herrschen wird auf Davids Thron und der sein Volk erlöst."

2. Du nimmst den Ruf im Glauben an, / erfüllst den Dienst mit Schweigen. / An deiner Hand wächst der heran, / vor dem sich Engel beugen. / Er tritt aus deiner Hut heraus / und bleibt in seines Vaters Haus. / Und du erkanntest ihn.

3. Wie du Maria und ihr Kind / in deinem Schutz geborgen, / wirst du, solang wir Pilger sind, / für Christi Kirche sorgen. / Daß sie erstarke und gedeih / und Christus in ihr mächtig sei: / dazu, Sankt Josef, hilf!

T: EGB 1973   M: „Herr, sei gelobt durch deinen Knecht" Nr. 612

Apostel

610

1. Gelobt sei Gott in aller Welt, / gelobt durch die zwölf Zeugen, / die er zu Boten hat bestellt, / die Tag und Nacht nicht schweigen. Er selbst hat sie hinausgesandt, / daß alles Volk und jedes Land / das Wort des Heils erfahre.

2. Sie gingen hin durch Volk und Land, / die Botschaft zu verkünden, / daß Jesus Christ vom Tod erstand, / den neuen Bund zu gründen, / daß uns der Vater so geliebt / und in dem Sohn das Wort uns gibt / durch seiner Zeugen Worte.

3. Voll Mut bezeugten sie den Herrn, / wohin sie immer kamen, / ertrugen Schmach und Schläge gern / für Jesu Christi Namen, / erlitten Zwang und Ungemach / und folgten ihrem Meister nach / und sind für ihn gestorben.

4. Sie sind der Kirche fester Grund, / darauf wir sicher stehen; / durch sie wird allen Zeiten kund / des Heilgen Geistes Wehen. / Zwölf Fischer holen Menschen ein, / zwölf Säer Gottes Wort ausstreun, / zwölf Hirten halten Wache.

T: Maria Luise Thurmair 1970   M: Erhard Quack 1970

Märtyrer

611

1. In Jubel, Herr, wir dich erheben
ob deiner Zeugen Herrlichkeit,
die sich mit ihrem ganzen Leben
dir treu bis in den Tod geweiht.
Du warst ihr Glaube, Jesu Christ,
du warst ihr Glaube und ihr höchstes Gut.
Um deinetwillen gaben sie ihr Blut.

2. Ihr Leben haben sie verloren, / zur Erde fiel es samengleich; / aus ihrem Blute sind geboren / die neuen Zeugen für dein Reich. / Wie lautres Gold sind sie geprüft, / wie lautres Gold nahm sie der Herr zu sich / als ein vollkommen Opfer ewiglich.

3. O selig, die den Kampf vollendet, / die widerstanden bis zum Tod. / Ihr Trauern hat der Herr gewendet, / des Lebens Kron er ihnen bot. / Mit ihrem Herrn, den sie geliebt, / mit ihrem Herrn, dem sie gefolgt im Leid, / stehn sie als Sieger in der Herrlichkeit.

T: Maria Luise Thurmair 1940
M: Erhard Quack 1970

Bekenner

612

1. Herr, sei gelobt durch deinen Knecht, / der klug war, wachsam und gerecht, / der dir gedient im Leben, / in Treue dir ergeben. / Im Herzen trug er dein Gebot, / und seines Lebens Maß und Lot / war die Gerechtigkeit.

2. In deiner Kraft hat er gewagt, / zu widerstehn dem Bösen, / blieb festen Muts und unverzagt, / so hart der Streit gewesen. / Er hat gesiegt durch deine Macht; / er hat des Lebens Lauf vollbracht, / den guten Kampf gekämpft.

3. Du hast ihm Reichtum zugeteilt, / daß er den Armen spende. / Er hat der Herzen Not geheilt, / gefüllt die leeren Hände. / Was du ihm gabst, hat er gemehrt; / darum auch hast du ihm gewährt, / im Überfluß zu stehn.

4. Selig der Knecht, der wachend war / bei seines Herren Kommen. / Der Herr hat ihn für immerdar / an seinen Tisch genommen, / bedient ihn selbst bei seinem Mahl. / Der Knecht ist nun im Königssaal, / ist ewig Gottes Freund.

T: Maria Luise Thurmair 1940/1970
M: Erhard Quack 1940

Engel und Heilige — Leben aus dem Glauben

613 Jungfrauen

1. Gott sei durch euch gepriesen, ihr Jungfraun auserwählt; euch hat er Huld erwiesen, da er sich euch vermählt. Ihr habt den Ruf vernommen zur mitternächt'gen Zeit, und als der Herr gekommen, da fand er euch bereit.

2. Ihr habt in eurem Leben / auf Gott allein geschaut; / ihr wart ihm ganz ergeben / wie ihrem Herrn die Braut. / Ihr seid der Welt ein Zeichen, / das Gott uns allen bot: / in Liebe ohnegleichen / schenkt sich ein Mensch an Gott.

3. Ihr Jungfraun, seid gepriesen: / ihr macht es offenbar, / daß mächtig sich erwiesen, / was hier ohnmächtig war; / und die uns töricht schienen, / sind weise, kühn und groß. / Gott selbst vermählt sich ihnen, / und herrlich ist ihr Los.

T: Maria Luise Thurmair 1972   M: „Gott, der nach seinem Bilde" Nr. 74

Leben aus dem Glauben

614
ö

1. Wohl denen, die da wandeln vor Gott in Heiligkeit, nach seinem Worte handeln und leben allezeit. Die recht von

Her-zen su-chen Gott und sei-ner Wei-sung fol-gen, sind stets bei ihm in Gnad.

2. Lehr mich den Weg zum Leben, / führ mich nach deinem Wort, / so will ich Zeugnis geben / von dir, mein Heil und Hort. / Durch deinen Geist, Herr, stärke mich, / daß ich dein Wort festhalte, / von Herzen fürchte dich.

3. Dein Wort, Herr, nicht vergehet; / es bleibet ewiglich, / so weit der Himmel gehet, / der stets beweget sich. / Dein Wahrheit bleibt zu aller Zeit / gleichwie der Grund der Erde, / durch deine Hand bereit't.

T: nach Cornelius Becker 1602 M: Heinrich Schütz 1661

615

1. Al-les mei-nem Gott zu Eh-ren
Got-tes Lob und Ehr zu meh-ren,
in der Ar-beit, in der Ruh!
ich ver-lang und al-les tu.
Mei-nem Gott nur will ich ge-ben
Leib und Seel, mein gan-zes Le-ben.
Gib, o Je-su, Gnad da-zu;
gib, o Je-su, Gnad da-zu.

2. Alles meinem Gott zu Ehren, / alle Freude, alles Leid! / Weiß ich doch, Gott wird mich lehren, / was mir dient zur Seligkeit. / Meinem Gott nur will ich leben, / seinem Willen mich ergeben. / Hilf, o Jesu, allezeit; / hilf, o Jesu, allezeit.

3. Alles meinem Gott zu Ehren, / dessen Macht die Welt regiert, / der dem Bösen weiß zu wehren, / daß das Gute mächtig wird. / Gott allein wird Frieden schenken, / seines Volkes treu gedenken. / Hilf, o Jesu, guter Hirt; / hilf, o Jesu, guter Hirt.

T: Duderstadt 1724, Str. 2 und 3 Georg Thurmair 1963
M: Bamberg 1732 / bei Melchior Ludolf Herold 1808

616
ö

1. „Mir nach", spricht Christus, unser Held, „mir nach, ihr Christen alle!
Verleugnet euch, verlaßt die Welt, folgt meinem Ruf und Schalle;
nehmt euer Kreuz und Ungemach auf euch, folgt meinem Wandel nach.

2. Ich bin das Licht. Ich leucht euch für / mit meinem heilgen Leben. / Wer zu mir kommt und folget mir, / darf nicht im Finstern schweben. / Ich bin der Weg, ich weise wohl, / wie man wahrhaftig wandeln soll.

3. Fällt's euch zu schwer? Ich geh voran, / ich steh euch an der Seite. / Ich kämpfe selbst, ich brech die Bahn, / bin alles in dem Streite. / Ein böser Knecht, der still kann stehn, / sieht er voran den Feldherrn gehn.

4. Wer seine Seel zu finden meint, / wird sie ohn mich verlieren. / Wer sie um mich verlieren scheint, / wird sie nach Hause führen. / Wer nicht sein Kreuz nimmt und folgt mir, / ist mein nicht wert und meiner Zier."

5. So laßt uns denn dem lieben Herrn / mit unserm Kreuz nachgehen / und wohlgemut, getrost und gern / in allen Leiden stehen. / Wer nicht gekämpft, trägt auch die Kron / des ewgen Lebens nicht davon.

T: Angelus Silesius (Johannes Scheffler) 1668
M: Bartholomäus Gesius 1605 / Johann Hermann Schein 1628
Anmerkung: „Welt" (Strophe 1) wird vom Dichter hier als Inbegriff des Gottwidrigen verstanden (1. Johannesbrief 2,15–17). Fern davon, Weltflucht zu predigen, ruft sein Lied gerade zur Bewährung der Nachfolge Jesu in der Welt auf. — „Seele" (Strophe 4) bedeutet hier „Leben" (Mattäus 10,38–39).

617

V 1. Nahe wollt der Herr uns sein, nicht in Fernen thronen. Unter Menschen wie ein Mensch hat er wollen wohnen. A 1.–5. Mitten unter euch steht er, den ihr nicht kennt. Mitten unter euch steht er, den ihr nicht kennt.

2. Überall ist er uns nah, menschlich uns zugegen. / Unerkannt kommt er zu uns auf verborgnen Wegen.

3. Gott von Gott und Licht vom Licht, der die Welt umhütet, / ist in menschlicher Gestalt unser aller Bruder.

4. Tut einander Gutes nur, so wie er geduldig; / bleibt um seinetwillen euch keine Liebe schuldig.

5. Freuet euch, von Sorge frei; tragt vor ihn die Bitte, / daß er uns ganz nahe sei, wohn in unsrer Mitte.

T: Huub Oosterhuis 1964, Übertragung Nicolas Schalz 1971
M: Bernard Huijbers 1964

618
ö

1. Brich dem Hungrigen dein Brot. Die im Elend wandern, führe in dein Haus hinein; trag die Last der andern.

2. Brich dem Hungrigen dein Brot; / du hast's auch empfangen. / Denen, die in Angst und Not, / stille Angst und Bangen.

3. Der da ist des Lebens Brot, / will sich täglich geben, / tritt hinein in unsre Not, / wird des Lebens Leben.

4. Dank sei dir, Herr Jesu Christ, / daß wir dich noch haben / und daß du gekommen bist, / Leib und Seel zu laben.

5. Brich uns Hungrigen dein Brot, / Sündern wie den Frommen, / und hilf, daß an deinen Tisch / wir einst alle kommen.

T: Martin Jentzsch 1951
M: Gerhard Häußler 1953

619

V 1. Was ihr dem geringsten Menschen tut, das habt ihr ihm getan;
   denn er nahm als unser Bruder jedes Menschen Züge an.
A 1.–3. Mitten unter uns steht er unerkannt.

2. Man verhöhnt ihn bei den Leuten, Böses dichtet man ihm an; / er wird überall verdächtigt, wo er sich nicht wehren kann.

3. Immer ist er unter denen, die gekreuzigt worden sind; / in unmenschlichen Systemen lebt er wehrlos wie ein Kind.

T: Herbert Schaal 1968/1972
M: aus Island

V 1. Das Weizenkorn muß sterben, sonst bleibt es ja allein; der eine lebt vom andern, für sich kann keiner sein. A 1.–4. Geheimnis des Glaubens: im Tod ist das Leben.

2. So gab der Herr sein Leben, / verschenkte sich wie Brot. / Wer dieses Brot genommen, / verkündet seinen Tod.

3. Wer dies Geheimnis feiert, / soll selber sein wie Brot; / so läßt er sich verzehren / von aller Menschennot.

4. Als Brot für viele Menschen / hat uns der Herr erwählt; / wir leben füreinander, / und nur die Liebe zählt.

T: Lothar Zenetti 1971
M: Johann Lauermann 1972

621

1. Ich steh vor dir mit leeren Händen, Herr; fremd wie dein Name sind mir deine Wege. Seit Menschen leben, rufen sie nach Gott; mein Los ist Tod, hast du nicht andern Segen? Bist du der Gott, der Zukunft mir verheißt? Ich möchte glauben, komm mir doch entgegen.

2. Von Zweifeln ist mein Leben übermannt, / mein Unvermögen hält mich ganz gefangen. / Hast du mit Namen mich in deine Hand, / in dein Erbarmen fest mich eingeschrieben? / Nimmst du mich auf in dein gelobtes Land? / Werd ich dich noch mit neuen Augen sehen?

3. Sprich du das Wort, das tröstet und befreit / und das mich führt in deinen großen Frieden. / Schließ auf das Land, das keine Grenzen kennt, / und laß mich unter deinen Kindern leben. / Sei du mein täglich Brot, so wahr du lebst. / Du bist mein Atem, wenn ich zu dir bete.

T: Huub Oosterhuis 1964 „Ik sta voor U in leegte en gemis", Übertragung Lothar Zenetti 1974/1987
M: Bernard Huijbers 1964

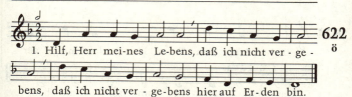

622
ö

1. Hilf, Herr meines Lebens, daß ich nicht vergebens, daß ich nicht vergebens hier auf Erden bin.

2. Hilf, Herr meiner Tage, / daß ich nicht zur Plage, / daß ich nicht zur Plage meinem Nächsten bin.

3. Hilf, Herr meiner Stunden, / daß ich nicht gebunden, / daß ich nicht gebunden an mich selber bin.

4. Hilf, Herr meiner Seele, / daß ich dort nicht fehle, / daß ich dort nicht fehle, wo ich nötig bin.

5. Hilf, Herr meines Lebens, / daß ich nicht vergebens, / daß ich nicht vergebens hier auf Erden bin.

T: Gustav Lohmann 1962; Str. 3: Markus Jenny 1970   M: Hans Puls 1962

623

1. Worauf sollen wir hören, sag uns, worauf? So viele Geräusche, welches ist wichtig? So viele Beweise, welcher ist richtig? So viele Reden! Ein Wort ist wahr.

2. Wohin sollen wir gehen, sag uns, wohin? / So viele Termine, welcher ist wichtig? So viele Parolen, welche ist richtig? So viele Straßen! / E i n Weg ist wahr.

3. Wofür sollen wir leben, sag uns, wofür? / So viele Gedanken, welcher ist wichtig? So viele Programme, welches ist richtig? So viele Fragen! / Die Liebe zählt.

T: Lothar Zenetti 1971   M: Peter Kempin 1971

624

V/A 1.-3. Auf dein Wort, Herr, laß uns vertrauen; stärke unsern Glauben.

V 1. Unser Herr, das Wort des Friedens, stirbt noch immer ungehört.
Doch hat er den Weg gewiesen, der allein zum Frieden führt. Kv

2. Wie am Leib die vielen Glieder / sind wir füreinander da, / denn als Schwestern und als Brüder / sind wir stets einander nah. Kv

3. Drum wird Nächstenliebe zeigen, / wer zu seinen Freunden zählt. / Niemand darf sein Wort verschweigen / für den Frieden in der Welt. Kv

T: Herbert Schaal 1968/1972/1992
M: Kehrvers aus Israel, Vorsänger-Strophe Winfried Offele 1971

Gemeindeverse

625

1 Suchet das Gute, nicht das Böse; ihr werdet leben, der Herr ist mit euch.

IIb, IIIb, VIIIb. Q18

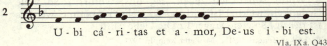

2 Ubi cáritas et amor, Deus ibi est.

VIa, IXa. Q43

Leben aus dem Glauben

627

1. Mein Leben lobsinge Gott dem Herrn, lobe den Herrn alle Zeit. Halleluja.
IVa, IIIc. Q19

2. Die Freude an Gott, Halleluja, ist unsere Kraft. Halleluja.
Vc, VIa. Q23

628 Vesper an Heiligenfesten

Eröffnung Nr. 683
Hymnus: Ihr Freunde Gottes Nr. 608

ERSTER PSALM

629

1. Deine Heiligen krönst du mit Ehre und Herrlichkeit.
VIIg, VIa, IXa. Q24

Psalm 8: Herrlichkeit des Schöpfers – Würde des Menschen

2. VII

1. Herr, unser Herrscher, /
wie gewaltig ist dein Name auf der ganzen Erde, *
über den Himmel breitest du deine Hoheit aus. —

2. Aus dem Mund der Kinder und Säuglinge schaffst du dir Lob, /
deinen Gegnern zum Trotz; *
deine Feinde und Widersacher müssen verstummen.
3. Seh' ich den Himmel, das Werk deiner Finger, *
Mond und Sterne, die du befestigt: —
4. Was ist der Mensch, daß du an ihn denkst, *
des Menschen Kind, daß du dich seiner annimmst? —
5. Du hast ihn nur wenig geringer gemacht als Gott, *
hast ihn mit Herrlichkeit und Ehre gekrönt.
6. Du hast ihn als Herrscher eingesetzt über das Werk deiner Hände, *
hast ihm alles zu Füßen gelegt. —
7. Herr, unser Herrscher, *
wie gewaltig ist dein Name auf der ganzen Erde! —
8. Ehre sei dem Vater und dem Sohn *
und dem Heiligen Geist,
9. wie im Anfang, so auch jetzt und alle Zeit *
und in Ewigkeit. Amen. | *Kehrvers*   Verse 2–7. 10

ZWEITER PSALM

Wohl dem Menschen, der Gottes Wege geht.

IVa. Q18

Psalm 112: Segen der Gottesfurcht

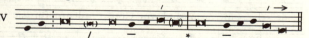

1. Wohl dem Mann, der den Herrn fürchtet und ehrt *
und sich herzlich freut an seinen Geboten.
2. Seine Nachkommen werden mächtig im Land, *
das Geschlecht der Redlichen wird gesegnet.
3. Wohlstand und Reichtum füllen sein Haus, *
sein Heil hat Bestand für immer.
4. Den Redlichen erstrahlt im Finstern ein Licht: *
der Gnädige, Barmherzige und Gerechte. —

5. Wohl dem Mann, der gütig und zum Helfen bereit ist, *
der das Seine ordnet, wie es recht ist.
    6. Niemals gerät er ins Wanken; *
    ewig denkt man an den Gerechten.
7. Er fürchtet sich nicht vor Verleumdung; *
sein Herz ist fest, er vertraut auf den Herrn.
    8. Sein Herz ist getrost, er fürchtet sich nie, *
    denn bald wird er herabschauen auf seine Bedränger.
9. Reichlich gibt er den Armen, /
sein Heil hat Bestand für immer; *
er ist mächtig und hoch geehrt.
    10. Voll Verdruß sieht es der Frevler, /
    er knirscht mit den Zähnen und geht zugrunde. *
    Zunichte werden die Wünsche der Frevler. —
11. Ehre sei dem Vater und dem Sohn *
und dem Heiligen Geist,
    12. wie im Anfang, so auch jetzt und alle Zeit *
    und in Ewigkeit. Amen.   *Kehrvers*

GESANG
aus dem Neuen Testament: Mt 5,3–10
Die acht Seligkeiten

631

1 V/A Freut euch und jubelt, denn euer Lohn ist groß.

2 1. Selig, die arm sind vor Gott, denn für sie ist das Himmelreich. 2. Selig, die traurig sind, denn sie werden getröstet.

3. Selig, die voll Sanftmut sind,

T: Mt 5,3–10, Übertragung EGB 1972   M: Bertold Hummel 1972

Engel und Heilige

LESUNG

Antwortgesang

632

V/A Du hast uns er-löst mit dei-nem Blut aus al-len Spra-chen, Stäm-men und Völ-kern.

V Du rufst uns in das Reich dei-nes Va-ters.

A Aus al-len Spra-chen, Stäm-men und Völ-kern.

V Singt das Lob des Va-ters und des Soh-nes und des Hei-li-gen Gei-stes. A Du hast uns er-löst...

Homilie

ZUM LOBGESANG MARIENS

633

Wie herr-lich ist das Reich: mit Chri-stus freun sich al-le Hei-li-gen.

IXa, Ia, VIa. Q6

Magnificat Nr. 689
Schlußgebete Nr. 691

Kirche

634 ö

1. Dank sei dir, Vater, für das ewge Leben und für den Glauben, den du uns gegeben, daß wir in Jesus Christus dich erkennen und Vater nennen.

2. Jedes Geschöpf lebt von der Frucht der Erde; / doch daß des Menschen Herz gesättigt werde, / hast du vom Himmel Speise uns gegeben / zum ewgen Leben.

3. Wir, die wir alle essen von dem Mahle / und die wir trinken aus der heilgen Schale, / sind Christi Leib, sind seines Leibes Glieder, / Schwestern und Brüder.

4. Aus vielen Körnern ist e i n Brot geworden: / so führ auch uns, o Herr, aus allen Orten / zu e i n e r Kirche durch dein Wort zusammen / in Jesu Namen.

5. In e i n e m Glauben laß uns dich erkennen, / in e i n e r Liebe dich den Vater nennen; / eins laß uns sein wie Beeren einer Traube, / daß die Welt glaube.

6. Gedenke, Herr, die Kirche zu erlösen, / sie zu befreien aus der Macht des Bösen, / als Zeugen deiner Liebe uns zu senden / und zu vollenden.

T: Maria Luise Thurmair 1970/1987
M: Johann Crüger 1640

2. Aus Wasser und dem Heilgen Geist / bin ich nun neu geboren; / Gott, der die ewge Liebe heißt, / hat mich zum Kind erkoren. / Ich darf ihn rufen „Vater mein"; / er setzte mich zum Erben ein. / Von ihm bin ich geladen / zum Gastmahl seiner Gnaden.

3. Christus der Herr hat mich erwählt, / ihm soll ich fortan leben. / Ihm will ich dienen in der Welt / und Zeugnis für ihn geben. / So leb ich nicht mehr mir allein, / sein Freund und Jünger darf ich sein. / Ich trage seinen Namen; / sein bleib ich ewig. Amen.

T: Friedrich Dörr 1970
M: Caspar Ulenberg 1603

636

A 1. Segne dieses Kind und hilf uns, ihm zu helfen, daß es sehen lernt mit seinen eignen Augen V das Gesicht seiner Mutter und die Farben der Blumen und den Schnee auf den Bergen und das Land der Verheißung.

A 2. Segne dieses Kind und hilf uns, ihm zu helfen, / daß es hören lernt mit seinen eignen Ohren / V auf den Klang seines Namens, auf die Wahrheit der Weisen, / auf die Sprache der Liebe und das Wort der Verheißung.

A 3. Segne dieses Kind und hilf uns, ihm zu helfen, / daß es greifen lernt mit seinen eignen Händen / V nach der Hand seiner Freunde, nach Maschinen und Plänen, / nach dem Brot und den Trauben und dem Land der Verheißung.

A 4. Segne dieses Kind und hilf uns, ihm zu helfen, / daß es reden lernt mit seinen eignen Lippen / V von den Freuden und Sorgen, von den Fragen der Menschen, / von den Wundern des Lebens und dem Wort der Verheißung.

A 5. Segne dieses Kind und hilf uns, ihm zu helfen, / daß es gehen lernt mit seinen eignen Füßen / V auf den Straßen der Erde, auf den mühsamen Treppen, / auf den Wegen des Friedens in das Land der Verheißung.

A 6. Segne dieses Kind und hilf uns, ihm zu helfen, / daß es lieben lernt mit seinem ganzen Herzen.

T: Lothar Zenetti 1971
M: Erna Woll 1971

637
ö

1. Laßt uns loben, freudig loben Gott den Herrn, der uns erhoben und so wunderbar erwählt; der uns aus der Schuld befreite, mit dem neuen Leben weihte, uns zu seinem Volke zählt;

2. der im Glauben uns begründet, / in der Liebe uns entzündet, / uns in Wahrheit neu gebar, / daß wir so in seinem Namen / und durch ihn zum Leben kamen, / unvergänglich, wunderbar;

3. daß wir mit allen Zeugnis geben, / die da sind und doch nicht leben, / sich betrügen mit dem Schein. / Laßt den Blinden uns und Tauben / Herz und Zunge aus dem Glauben, / aus der Liebe Zeugen sein.

T: Georg Thurmair 1948/AÖL 1993   M: Erhard Quack 1948/1971

638

1. Nun singe Lob, du Christenheit, dem Vater, Sohn und Geist, der allerort und allezeit sich gütig uns erweist,

2. der Frieden uns und Freude gibt, / den Geist der Heiligkeit, / der uns als seine Kirche liebt, / ihr Einigkeit verleiht.

3. Er lasse uns Geschwister sein, / der Eintracht uns erfreun, / als seiner Liebe Widerschein / die Christenheit erneun.

4. Du guter Hirt, Herr Jesus Christ, / steh deiner Kirche bei, / daß über allem, was da ist, / ein Herr, ein Glaube sei.

5. Herr, mache uns im Glauben treu / und in der Wahrheit frei, / daß unsre Liebe immer neu / der Einheit Zeugnis sei.

T: Georg Thurmair (1964)1967/AÖL 1991
M: „Nun danket all und bringet Ehr" Nr. 267

639

1. Ein Haus voll Glorie schauet weit über alle Land, aus ewgem Stein erbauet von Gottes Meisterhand. Gott, wir loben dich, Gott, wir preisen dich. O laß im Hause dein uns all geborgen sein.

2. Auf Zion hoch gegründet / steht Gottes heilge Stadt, / daß sie der Welt verkündet, / was Gott gesprochen hat. / Herr, wir rühmen dich, / wir bekennen dich; / denn du hast uns bestellt / zu Zeugen in der Welt.

3. Die Kirche ist erbauet / auf Jesus Christ allein. / Wenn sie auf ihn nur schauet, / wird sie im Frieden sein. / Herr, dich preisen wir, / auf dich bauen wir; / laß fest auf diesem Grund / uns stehn zu aller Stund.

4. Seht Gottes Zelt auf Erden! / Verborgen ist er da; / in menschlichen Gebärden / bleibt er den Menschen nah. / Herr, wir danken dir, / wir vertrauen dir; / in Drangsal mach uns frei / und steh im Kampf uns bei.

5. Sein wandernd Volk will leiten / der Herr in dieser Zeit; / er hält am Ziel der Zeiten / dort ihm sein Haus bereit. / Gott, wir loben dich, / Gott, wir preisen dich. / O laß im Hause dein / uns all geborgen sein.

T: Joseph Mohr 1876, Str. 2–5 Hans W. Marx 1972
M: Joseph Mohr 1876

640

1. Gott ruft sein Volk zusammen rings auf dem Erdenrund, eint uns in Christi Namen zu einem neuen Bund. Wir sind des Herrn Gemeinde und feiern seinen Tod. In uns lebt, der uns einte; er bricht mit uns das Brot.

2. In göttlichem Erbarmen / liebt Christus alle gleich; / die Reichen und die Armen / beruft er in sein Reich. / Als Schwestern und als Brüder / sind wir uns nicht mehr fern: / ein Leib und viele Glieder / in Christus, unserm Herrn.

3. Neu schafft des Geistes Wehen / das Angesicht der Welt / und läßt ein Volk erstehen, / das er sich auserwählt. / Hilf, Gott, daß einig werde / dein Volk in dieser Zeit: / ein Hirt und eine Herde, / vereint in Ewigkeit.

T: Friedrich Dörr (1972)1975/AGL 1994
M: „Gott ist dreifaltig einer" Nr. 489

641

V/A Gleich-wie mich mein Va-ter ge-sandt hat, so sen-de ich euch.

V 1. Er hat mich ge-sandt, zu pre-di-gen
V 2. Er hat mich ge-sandt, zu pre-di-gen
1. den Ge-fan-ge-nen, daß sie los sein sol-len,
2. den Zer-schla-ge-nen, daß sie frei sein sol-len,
A 1. und ich sen-de euch, zu pre-di-gen
A 2. und ich sen-de euch, zu pre-di-gen
1. den Ge-fan-ge-nen, daß sie los sein sol-len. Kv
2. den Zer-schla-ge-nen, daß sie frei sein sol-len. Kv

T: Joh 20,21 / Luk 4,18
M: Paul Ernst Ruppel 1963

642

1. Eine große Stadt ersteht, die vom Himmel niedergeht in die Erdenzeit. Mond und Sonne braucht sie nicht; Jesus Christus ist ihr Licht, ihre Herrlichkeit.

2. Laß uns durch dein Tor herein / und in dir geboren sein, / daß uns Gott erkennt. / Laß herein, die draußen sind; / Gott heißt jeden von uns Kind, / der dich Mutter nennt.

3. Dank dem Vater, der uns zieht / durch den Geist, der in dir glüht; / Dank sei Jesus Christ, / der durch seines Kreuzes Kraft / uns zum Gottesvolk erschafft, / das unsterblich ist.

T: Silja Walter 1966/1993   M: Josef Anton Saladin 1965/1972

643

1. O Jesu Christe, wahres Licht, erleuchte, die dich kennen nicht, und bringe sie zu deiner Herd, daß ihre Seel auch selig werd.

2. Laß alle, die im Finstern gehn, / die Sonne deiner Gnade sehn; / und wer den Weg verloren hat, / den suche du mit deiner Gnad.
3. Den Tauben öffne das Gehör, / die Stummen richtig reden lehr, / daß sie bekennen mögen frei, / was ihres Herzens Glaube sei.
4. Erleuchte, die da sind verblendt, / bring heim, die sich von dir getrennt; / versammle, die zerstreuet gehn, / und stärke, die im Zweifel stehn.
5. So werden alle wir zugleich / auf Erden und im Himmelreich / hier zeitlich und dort ewiglich / für solche Gnade preisen dich.

T: nach Johann Heermann 1630   M: nach Nürnberg 1676

644
ö

1. Sonne der Gerechtigkeit, gehe auf zu unsrer Zeit; brich in deiner Kirche an, daß die Welt es sehen kann. Erbarm dich, Herr.

2. Weck die tote Christenheit / aus dem Schlaf der Sicherheit, / daß sie deine Stimme hört, / sich zu deinem Wort bekehrt. / Erbarm dich, Herr.
3. Schaue die Zertrennung an, / der sonst niemand wehren kann; / sammle, großer Menschenhirt, / alles, was sich hat verirrt. / Erbarm dich, Herr.
4. Tu der Völker Türen auf; / deines Himmelreiches Lauf / hemme keine List noch Macht. / Schaffe Licht in dunkler Nacht. / Erbarm dich, Herr.

5. Gib den Boten Kraft und Mut, / Glauben, Hoffnung, Liebesglut, / und laß reiche Frucht aufgehn, / wo sie unter Tränen sä'n. / Erbarm dich, Herr.

6. Laß uns deine Herrlichkeit / sehen auch in dieser Zeit / und mit unsrer kleinen Kraft / suchen, was den Frieden schafft. / Erbarm dich, Herr.

7. Laß uns eins sein, Jesu Christ, / wie du mit dem Vater bist, / in dir bleiben allezeit / heute wie in Ewigkeit. / Erbarm dich, Herr.

T: nach einem von Otto Riethmüller (1932) aus älteren Strophen zusammengestellten Lied
M: Nürnberg 1556 / Eibenschütz 1566

Gemeindeverse

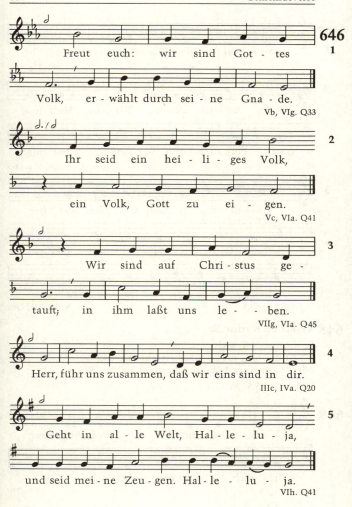

648 Vesper an Kirchweih

Eröffnung: Nr. 683
Hymnus: Eine große Stadt ersteht. Nr. 642
oder: Nun singe Lob, du Christenheit. Nr. 638

ERSTER PSALM

Psalm 84: Freude am Heiligtum

1. Wie liebenswert ist deine Wohnung, Herr der
Heerscharen! / Meine Seele verzehrt sich in Sehnsucht *
nach dem Tempel des Herrn.
   2. Mein Herz und mein Leib jauchzen ihm zu, *
   ihm, dem lebendigen Gott.
3. Auch der Sperling findet ein Haus /
und die Schwalbe ein Nest für ihre Jungen — *
deine Altäre, Herr der Heerscharen, mein Gott
und mein König.
   4. Wohl denen, die wohnen in deinem Haus, *
   die dich allezeit loben! —
5. Wohl den Menschen, die Kraft finden in dir, *
wenn sie sich zur Wallfahrt rüsten.
   6. Ziehen sie durch das trostlose Tal, /
   wird es für sie zum Quellgrund, *
   und Frühregen hüllt es in Segen.
7. Sie schreiten dahin mit wachsender Kraft; *
dann schauen sie Gott auf dem Zion. —
   8. Herr der Heerscharen, höre mein Beten, *
   vernimm es, Gott Jakobs!
9. Gott, sieh her auf unsern Schild, *
schau auf das Antlitz deines Gesalbten! —
   10. Denn ein einziger Tag in den Vorhöfen deines
   Heiligtums * ist besser als tausend andere.
11. Lieber an der Schwelle stehen im Haus meines Gottes *
als wohnen in den Zelten der Frevler.
   12. Denn Gott der Herr ist Sonne und Schild. *
   Er schenkt Gnade und Herrlichkeit;
13. der Herr versagt denen, die rechtschaffen sind, keine Gabe.*
Herr der Heerscharen, wohl dem, der dir vertraut! —
   14. Ehre sei dem Vater und dem Sohn *
   und dem Heiligen Geist,
15. wie im Anfang, so auch jetzt und alle Zeit *
und in Ewigkeit. Amen.   *Kehrvers*

ZWEITER PSALM

650

1. Ge-hei-ligt hat der Herr sein Volk; Gott ist in uns-rer Mit-te.

VIIa, VIh, VIIIg. Q35

Psalm 46: Gott, unsre Burg

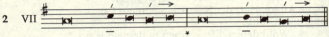

2 VII

1. Gott ist uns Zuflucht und Stärke, *
ein bewährter Helfer in allen Nöten.

   2. Darum fürchten wir uns nicht, wenn die Erde auch wankt, *
wenn Berge stürzen in die Tiefe des Meeres,

3. wenn seine Wasserwogen tosen und schäumen *
und vor seinem Ungestüm die Berge erzittern.

   4. Der Herr der Heerscharen ist mit uns, *
der Gott Jakobs ist unsre Burg. —

5. Die Wasser eines Stromes erquicken die Gottesstadt, *
des Höchsten heilige Wohnung.

   6. Gott ist in ihrer Mitte, darum wird sie niemals wanken; *
Gott hilft ihr, wenn der Morgen anbricht.

7. Völker toben, Reiche wanken, *
es dröhnt sein Donner, da zerschmilzt die Erde.

   8. Der Herr der Heerscharen ist mit uns, *
der Gott Jakobs ist unsre Burg. —

9. Kommt und schaut die Taten des Herrn, *
der Furchtbares vollbringt auf der Erde.

   10. Er setzt den Kriegen ein Ende *
bis an die Grenzen der Erde;

11. er zerbricht die Bogen, zerschlägt die Lanzen, *
im Feuer verbrennt er die Schilde.

12. „Laßt ab und erkennt, daß ich Gott bin, *
erhaben über die Völker, erhaben auf Erden!"
13. Der Herr der Heerscharen ist mit uns, *
der Gott Jakobs ist unsre Burg. —
14. Ehre sei dem Vater und dem Sohn *
und dem Heiligen Geist,
15. wie im Anfang, so auch jetzt und alle Zeit *
und in Ewigkeit. Amen.
Kehrvers

GESANG
aus dem Neuen Testament: Amen, Halleluja. Nr. 686

LESUNG

Antwortgesang

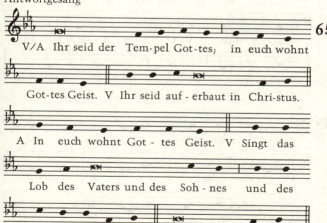

651

V/A Ihr seid der Tempel Gottes; in euch wohnt Gottes Geist. V Ihr seid auf-erbaut in Christus. A In euch wohnt Gottes Geist. V Singt das Lob des Vaters und des Sohnes und des Heiligen Geistes. A Ihr seid der Tempel ...

Homilie

Magnificat Nr. 688 oder Nr. 256
Schlußgebete Nr. 691

Tod und Vollendung

652

V Jesus starb den Tod, den alle Menschen sterben. A Herr, erbarme dich.
V Im Tod hat er den Tod besiegt, das Leben neu geschaffen. A Christus, erbarme dich.
V Er stirbt unsern Tod und schenkt uns sein Leben. A Herr, erbarme dich.

T und M: Walter Röder 1972

653

V/A Kyrie eleison.
V/A Christe eleison.
V/A Kyrie eleison.

Wenn man jeden Ruf dreimal singt, werden beide Wiederholungen von A gesungen; der 9. Ruf lautet dann:

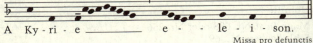

A Kyrie eleison.

Missa pro defunctis

654 ö

V Mitten wir im Leben sind mit dem Tod umfangen. A Wer ist, der uns Hilfe bringt, daß wir Gnad erlangen? V Das bist du, Herr, alleine. A Uns reuet unsre Missetat, die dich, Herr, erzürnet hat. V Heiliger Herre Gott, A heiliger starker Gott, V heiliger barmherziger Heiland, du ewiger Gott, A laß uns nicht versinken in des bittern Todes Not. Kyrieleison.

T: Salzburg 1456 / Martin Luther 1524 nach „Media vita in morte sumus"
11. Jh.   M: Salzburg 1456 / Wittenberg 1524

655

1. Wir sind mitten im Leben zum Sterben bestimmt; was da steht, das wird fallen. Der Herr gibt und nimmt.

2. Wir gehören für immer / dem Herrn, der uns liebt; / was auch soll uns geschehen, / er nimmt und er gibt.

3. Wir sind mitten im Sterben / zum Leben bestimmt; / was da fällt, soll erstehen. / Er gibt, wenn er nimmt.

T: Lothar Zenetti 1970
M: Herbert Beuerle 1970

656 ö

1. Wir sind nur Gast auf Erden und wandern ohne Ruh mit mancherlei Beschwerden der ewigen Heimat zu.

2. Die Wege sind verlassen, / und oft sind wir allein. / In diesen grauen Gassen / will niemand bei uns sein.

3. Nur einer gibt Geleite, / das ist der Herre Christ; / er wandert treu zur Seite, / wenn alles uns vergißt.

4. Gar manche Wege führen / aus dieser Welt hinaus. / O daß wir nicht verlieren / den Weg zum Vaterhaus.

5. Und sind wir einmal müde, / dann stell ein Licht uns aus, / o Gott, in deiner Güte; / dann finden wir nach Haus.

T: Georg Thurmair 1935
M: Adolf Lohmann 1935

657

1. Ach wie flüch-tig, ach wie nich-tig ist der Men-schen Le-ben! Wie ein Ne-bel bald ent-ste-het und auch wie-der bald ver-ge-het, so ist un-ser Le-ben, se-het.

2. Ach wie nichtig, ach wie flüchtig / sind der Menschen Tage! / Wie ein Strom beginnt zu rinnen / und mit Laufen nicht hält innen, / so fährt unsre Zeit von hinnen.

3. Ach wie flüchtig, ach wie nichtig / ist der Menschen Freude! / Wie sich wechseln Stund und Zeiten, / Licht und Dunkel, Fried und Streiten, / so sind unsre Fröhlichkeiten.

4. Ach wie nichtig, ach wie flüchtig / ist der Menschen Schönheit! / Wie ein Blümlein bald vergehet, / wenn ein rauhes Lüftlein wehet, / so ist unsre Schönheit, sehet.

5. Ach wie flüchtig, ach wie nichtig / ist der Menschen Glücke! / Wie sich eine Kugel drehet, / die bald da, bald dorten stehet, / so ist unser Glücke, sehet.

6. Ach wie nichtig, ach wie flüchtig, / sind der Menschen Schätze! / Es kann Glut und Flut entstehen, / dadurch, eh wir uns versehen, / alles muß zu Trümmern gehen.

7. Ach wie flüchtig, ach wie nichtig / ist der Menschen Prangen! / Der in Purpur hoch vermessen / ist als wie ein Gott gesessen, / dessen wird im Tod vergessen.

8. Ach wie nichtig, ach wie flüchtig / sind der Menschen Sachen! / Alles, alles, was wir sehen, / das muß fallen und vergehen. / Wer Gott fürcht', wird ewig stehen.

T: Michael Franck 1652
M: nach Michael Franck 1652

658
ö

1. Wenn mein Stündlein vorhanden ist und soll hinfahrn mein Straße, so g'leit du mich, Herr Jesu Christ, mit Hilf mich nicht verlasse. Mein Seel an meinem letzten End befehl ich dir in deine Händ, du wollst sie mir bewahren.

2. Ich bin ein Glied an deinem Leib, / des tröst ich mich von Herzen; / von dir ich ungeschieden bleib / in Todesnot und Schmerzen. / Wenn ich gleich sterb, so sterb ich dir; / ein ewig Leben hast du mir / mit deinem Tod erworben.

3. Weil du vom Tod erstanden bist, / werd ich im Grab nicht bleiben; / mein höchster Trost dein Auffahrt ist, / Todsfurcht kann sie vertreiben. / Denn wo du bist, da komm ich hin, / daß ich stets bei dir leb und bin. / Drum fahr ich hin mit Freuden.

T: Nikolaus Herman vor 1561 M: Frankfurt am Main 1569

659

1. O Welt, ich muß dich lassen, ich fahr dahin mein Straßen ins ewig Vaterland. Mein' Geist will ich aufgeben,

da-zu mein Leib und Le-ben legen in Got-tes gnä-dig Hand.

2. Mein Zeit ist nun vollendet, / der Tod das Leben endet, / Sterben ist mein Gewinn. / Kein Bleiben ist auf Erden, / das Ewge muß mir werden, / mit Fried und Freud ich fahr dahin.

3. Auf Gott steht mein Vertrauen, / sein Antlitz will ich schauen / wahrhaft durch Jesum Christ, / der für mich ist gestorben, / des Vaters Huld erworben / und so mein Mittler worden ist.

T: Nürnberg 1555   M: bei Heinrich Isaak vor 1517

660

1. Nun läs-sest du, o Herr, mich aus der Welt Be-schwer in dei-nen Frie-den ge-hen, läßt hier und al-ler-ort ge-treu nach dei-nem Wort Barm-her-zig-keit ge-sche-hen.

2. Denn meine Augen sahn, / was deine Huld getan, / das Heil uns zu bereiten. / Vor aller Angesicht / kam nun das wahre Licht, / die Völker zu geleiten:

3. ein Licht, das aller Nacht / Erleuchtung hat gebracht, / dich, Höchster, zu erkennen, / des große Wundertat / dein Volk gewürdigt hat, / dich seinen Herrn zu nennen.

T: Georg Thurmair 1966   M: Loys Bourgeois 1547 / 1551

661

1. Den Menschen, die aus dieser Zeit / im Glauben sind geschieden, / Herr unser Gott, den Frieden. / Laß doch dein freundlich strahlend Licht die Finsternis zerstreuen, / daß sie vor deinem Angesicht sich deiner ewig freuen. / gib in der frohen Ewigkeit,

2. O Gott, du Quell der Gütigkeit, / erhöre unser Beten; / beende ihrer Buße Zeit / und laß sie vor dich treten. / Barmherzigkeit in ihrem Leid / wollst ihnen, Herr, erweisen, / damit sie in der Seligkeit / all deine Liebe preisen.

T: nach Melchior Ludolf Herold 1808   M: München 1637

662

1. Christus, der ist mein Leben, Sterben ist mein Gewinn. Ihm will ich mich ergeben; mit Fried fahr ich dahin.

2. Mit Freud fahr ich von dannen / zu Christ, dem Bruder mein, / auf daß ich zu ihm komme / und ewig bei ihm sei.

3. Ich hab nun überwunden / Kreuz, Leiden, Angst und Not; / durch seine heilgen Wunden / bin ich versöhnt mit Gott.
4. Wenn meine Kräfte brechen, / mein Atem geht schwer aus / und kann kein Wort mehr sprechen, / Herr, nimm mein Seufzen auf.
5. Wenn mein Herz und Gedanken / zergehen wie ein Licht, / das hin und her tut wanken, / wenn ihm die Flamm gebricht,
6. alsdann laß sanft und stille, / o Herr, mich schlafen ein / nach deinem Rat und Willen, / wenn kommt mein Stündelein.
7. In dir, Herr, laß mich leben / und bleiben allezeit, / so wirst du mir einst geben / des Himmels Wonn und Freud.

T: Jena 1609   M: Melchior Vulpius 1609

663

V/A Weder Tod noch Leben trennen uns von Gottes Liebe, die in Jesus Christus ist.

V 1. Wenn ich gestorben bin und verloren,
    wenn ich verloren bin und verlassen,
V 2. Wenn ich verlassen bin und vergessen,
    wenn ich vergessen bin und vergangen,

1. wird man mich senken in deine Erde;
   wirst du mich halten in deinen Händen. Kv
2. wirst du mich nennen bei meinem Namen;
   wirst du mich bergen in deiner Treue. Kv

T: Lothar Zenetti 1971   M: Erna Woll 1971

664

1. Ewige Freude schenke ihnen, Herr, die du zu dir gerufen, daß sie im Tode nicht vergehn, in deiner Kraft einst auferstehn, wenn du die Welt vollendest.
Ia, VIa. Q15

2. Ewiges Leben schenke ihnen, o Herr; es leuchte ihnen das ewige Licht.
VIa. Q23

V. Wortgottesdienst
Stundengebet
Andacht

665 Die christliche Gemeinde versammelt sich am Sonntag zur Eucharistie; sie feiert auch am Werktag die heilige Messe. Daneben gibt es eine Vielfalt weiterer Gottesdienstformen. Ein Teil von ihnen findet sich im zweiten Abschnitt dieses Buches (Sakramente, Bußgottesdienste, Begräbnis).
Im folgenden Abschnitt werden die Gottesdienstformen behandelt, in denen das Wort im Mittelpunkt steht: der Wortgottesdienst, das Stundengebet, die Andacht.

Wortgottesdienst

Der Wortgottesdienst wird von der Verkündigung der Heiligen Schrift geprägt. Die Antwort der Gemeinde kommt als wesentliches Element hinzu.
Der Wortgottesdienst hat mannigfache Formen.
Das Hauptgewicht kann auf der Lesung des Wortes liegen, oder auf der Auslegung (Predigt) oder der Meditation.
Der Gottesdienst ist zu vielen Anlässen und zu jeder Tageszeit möglich und kann unterschiedliche Dauer haben.
Die Grundform des Wortgottesdienstes ist durch die Struktur Wort/Antwort vorgegeben:
Eröffnung – Lesung – Gesang – Auslegung – Gebet – Entlassung.

Die Gesänge und Gebete dieses Buches sind vielfältig für den Wortgottesdienst verwendbar. Ausgeführte Modelle bietet es nicht, weil für den Wortgottesdienst im Gegensatz zur Andacht der Wechsel der Texte typisch ist.

Morgenlieder

666

1. All Morgen ist ganz frisch und neu des Herren Gnad und große Treu; sie hat kein End den langen Tag, drauf jeder sich verlassen mag.

2. O Gott, du schöner Morgenstern, / gib uns, was wir von dir begehrn: / Zünd deine Lichter in uns an, / laß uns an Gnad kein' Mangel han.

3. Treib aus, o Licht, all Finsternis; / behüt uns, Herr, vor Ärgernis, / vor Blindheit und vor aller Schand, / und reich uns Tag und Nacht dein Hand,

4. zu wandeln als am lichten Tag, / damit, was immer sich zutrag, / wir stehn im Glauben bis ans End / und bleiben von dir ungetrennt.

T: Johannes Zwick um 1541   M: Johann Walter 1541

667

1. Die helle Sonn leucht' jetzt herfür, fröhlich vom Schlaf aufstehen wir. Gott Lob, der uns in dieser Nacht behüt' hat vor des Teufels Macht.

2. Herr Christ, den Tag uns auch behüt / vor Sünd und Schand durch deine Güt, / und laß die lieben Engel dein / uns Hüter heut und Wächter sein,

3. daß unser Herz in Ghorsam leb, / deim Wort und Willen nicht widerstreb, / daß wir dich stets vor Augen han / in allem, was wir fangen an.

4. Laß unser Werk geraten wohl, / was jeder heut ausrichten soll, / daß unser Arbeit, Müh und Fleiß / gereich zu deim Lob, Ehr und Preis.

T: Nikolaus Herman 1560   M: Melchior Vulpius 1609

668

1. Morgenglanz der Ewigkeit, Licht vom unerschaffnen Lichte, schick uns diese Morgenzeit deine Strahlen zu Gesichte, und vertreib durch deine Macht unsre Nacht.

2. Such uns heim mit deiner Kraft, / o du Aufgang aus der Höhe, / daß der Sünde bittre Haft / und des Zweifels Not vergehe. / Gib uns Trost und Zuversicht durch dein Licht.

3. Birg in deiner treuen Hut / alle, die den Tag erleben; / schenke den Verzagten Mut, / daß sie sich gestärkt erheben, / deinem Licht entgegenschaun und vertraun.

4. Licht, das keinen Abend kennt, / leucht uns, bis der Tag sich neiget. / Christus, wenn der Himmel brennt / und dein Zeichen groß aufsteiget, / führ uns heim aus dem Gericht in dein Licht.

T: Str. 1 Christian Knorr von Rosenroth (1636–1689), Str. 2–4 Maria Luise Thurmair 1969   M: Halle 1704

669
ö

1. Aus meines Herzens Grunde sag ich dir Lob und Dank, dir, Gott in deinem Thron, zu Lob und Preis und Ehren durch Christum, unsern Herren, dein' eingebornen Sohn.

in dieser Morgenstunde, da zu mein Leben lang,

2. Der du mich hast aus Gnaden / in der vergangnen Nacht / vor Gfahr und allem Schaden / behütet und bewacht, / demütig bitt ich dich, / wollst mir mein Sünd vergeben, / womit in diesem Leben / ich hab erzürnet dich.

3. Gott will ich lassen raten, / denn er all Ding vermag. / Er segne meine Taten / an diesem neuen Tag. / Ihm hab ich heimgestellt / mein' Leib, mein Seel, mein Leben / und was er sonst gegeben; / er mach's, wie's ihm gefällt.

T: nach Georg Niege um 1586   M: vor 1598 / Eisleben 1598

670

1. Lieber Gott, ich bin hier; für den Morgen dank ich dir. Beschütz mich heute, meine Freunde, alle Kinder,

al - le Leu - te. Lie - ber Gott, ich bin hier; für den Mor-gen dank ich dir.

2. Lieber Gott, wir sind hier; für die Liebe danken wir, / die uns das Leben, Mut und Freude, / alles Gute hat gegeben. / Lieber Gott, wir sind hier; für die Liebe danken wir.

T: Rosemarie Harbert 1970, Str. 2 Anneliese Lissner 1971
M: Heinz Gert Freimuth 1971

671 ö

1. Lobet den Herren alle, die ihn ehren; laßt uns mit Freuden seinem Namen singen und Preis und Dank zu seinem Altar bringen. Lobet den Herren.

2. Der unser Leben, das er uns gegeben, / in dieser Nacht so väterlich bedeckt / und aus dem Schlaf uns fröhlich auferwecket. / Lobet den Herren.

3. Daß unsre Sinnen wir noch brauchen können / und Händ und Füße, Zung und Lippen regen, / das haben wir zu danken seinem Segen. / Lobet den Herren.

4. O treuer Hüter, Brunnen aller Güter, / ach laß doch ferner über unser Leben / bei Tag und Nacht dein Huld und Güte schweben. / Lobet den Herren.

5. Gib, daß wir heute, Herr, durch dein Geleite / auf unsern Wegen unverhindert gehen / und überall in deiner Gnade stehen. / Lobet den Herren.
6. Treib unsern Willen, dein Wort zu erfüllen; / hilf uns gehorsam wirken deine Werke, / und wo wir schwach sind, da gib du uns Stärke. / Lobet den Herren.
7. Herr, du wirst kommen und all deine Frommen, / die sich bekehren, gnädig dahin bringen, / da alle Engel ewig, ewig singen: / Lobet den Herren.

T: Paul Gerhardt 1653
M: Johann Crüger 1653

672 Das Stundengebet

Seit ältesten Zeiten versammelt sich die Gemeinde regelmäßig am Morgen und am Abend, um das Lob Gottes zu singen und seinen Segen für den beginnenden Tag und die beginnende Nacht zu erbitten.

Das Gebet am Abend heißt Vesper, das Gebet am Morgen wird Laudes genannt.

Im klösterlichen Leben wurden auch weitere Stunden des Tages durch gemeinsames Beten geheiligt. Von diesen »Horen« hat sich im Leben der Gemeinde nur das Nachtgebet (Komplet) durchgesetzt.

Weil den Gemeinden das regelmäßige gemeinsame Stundengebet kaum möglich ist, verrichten es wenigstens die Priester und Diakone für die ihnen anvertrauten Gemeinden. Es ist aber der ausdrückliche Wunsch der Kirche, daß die Vesper der Sonn- und Feiertage wieder in den Gemeinden gesungen wird.

Vesper und Laudes beginnen mit dem Eröffnungsruf und dem Hymnus, der in den Geist der Gebetsstunde einstimmt. Darauf werden drei Psalmen oder biblische Gesänge im Wechsel gesungen. In der Mitte steht die Verkündigung des Gotteswortes mit Antwortgesang und womöglich einer Auslegung. Darauf wird in der Vesper der Lobgesang Mariens (Magnificat) angestimmt, in den Laudes der Lobgesang des Zacharias (Benedictus). Beide schließen mit (Für-)Bitten, Vater unser, Tagesgebet und Segen.

Laudes

673

Eröffnung, wie in der Vesper, Nr. 683, mit Hymnus, Nr. 675.

Wird mit dem Invitatórium (Weckruf) eröffnet, so lautet der Eingangs-Versikel (ohne nachfolgendes „Ehre sei dem Vater"):

V Herr, öffne meine Lippen.
A Damit mein Mund dein Lob verkünde.

INVITATORIUM

674

1. Der Herr wird kommen als König.
Kommt, wir beten ihn an.   Ia, VIa. Q35

Auf die gleiche Melodie kann man je nach dem Fest, der Zeit des Kirchenjahres oder dem Anlaß einen der folgenden Texte singen:

2. Der Herr ist uns geboren. Kommt, wir beten ihn an.
3. Der Herr ist uns erschienen. –
4. Der Herr vergibt die Sünden. –
5. Der Herr erstand vom Grabe. –
6. Der Herr fuhr auf zum Himmel. –
7. Der Herr hat den Geist gesendet. –
8. Den Herrn in unsrer Mitte: –
9. Den Hirten seines Volkes: –
10. Den ewigen Hohenpriester: –
11. Den großen Herrn und König: –
12. Den Sohn der Jungfrau Maria: –
13. Den Meister seiner Jünger: –
14. Der Herr gibt alles Gute. –
15. Der Herr erbarmt sich unser. –
16. Der Herr gibt uns den Frieden. –

Zu diesem Kehrvers singen die Kantoren Verse aus dem Psalm 95 oder aus einem anderen passenden Psalm.

HYMNUS

675 1. Christus, du Sonne unsres Heils, vertreib in uns die dunkle Nacht, daß mit dem Licht des neuen Tags auch unser Herz sich neu erhellt. Amen.

2. Du schenkst uns diese gute Zeit; / gib Klarheit unsern Augen, Herr, / und führe uns auf deinem Weg, / daß wir nicht in die Irre gehn.

3. Es kommt der Tag, dein Tag erscheint, / der alles neu erblühen macht, / der Tag, der unsre Freude ist, / durch den du uns mit dir versöhnst.

4. Du gütige Dreieinigkeit, / dich bete an die ganze Welt. / Laß uns, von deiner Huld erneut, / dich preisen durch ein neues Lied. Amen.

T: „Iam Christe sol justitiae" 6. Jh., Übertragung EGB 1972
M: Einsiedeln 12. Jh.

oder ein anderes geeignetes Lied

ERSTER PSALM

676 Meine Seele dürstet nach dir, mein Gott.

IIa. Q33

Psalm 63: Sehnsucht nach Gott

1. Gott, du mein Gott, dich suche ich, *
meine Seele dürstet nach dir.
   2. Nach dir schmachtet mein Leib *
   wie dürres, lechzendes Land ohne Wasser.
3: Darum halte ich Ausschau nach dir im Heiligtum, *
um deine Macht und Herrlichkeit zu sehen.
   4. Denn deine Huld ist besser als das Leben; *
   darum preisen dich meine Lippen. —
5. Ich will dich rühmen mein Leben lang, *
in deinem Namen die Hände erheben.
   6. Wie an Fett und Mark wird satt meine Seele, *
   mit jubelnden Lippen soll mein Mund dich preisen.
7. Ich denke an dich auf nächtlichem Lager *
und sinne über dich nach, wenn ich wache.
   8. Ja, du wurdest meine Hilfe; *
   jubeln kann ich im Schatten deiner Flügel.
9. Meine Seele hängt an dir, *
deine rechte Hand hält mich fest. —
   10. Ehre sei dem Vater und dem Sohn *
   und dem Heiligen Geist,
11. wie im Anfang, so auch jetzt und alle Zeit *
und in Ewigkeit. Amen.
Kehrvers   Verse 2–9

GESANG
aus dem Alten Testament

IXa. Q41

Stundengebet

Lobgesang aus Daniel 3,52—56

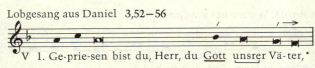

V 1. Ge-prie-sen bist du, Herr, du Gott unsrer Vä-ter, *

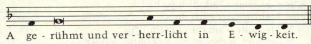

A ge - rühmt und ver - herr - licht in E - wig - keit.

V 2. Gepriesen sei dein heiliger, herrlicher Name, *
A gerühmt und verherrlicht in Ewigkeit.
V 3. Gepriesen bist du im Tempel deiner heiligen Herrlichkeit, *
A gerühmt ...
V 4. Gepriesen bist du, der auf Keruben thront und in Tiefen schaut, *
A gerühmt ...
V 5. Gepriesen bist du auf dem Thron deiner Herrschaft, *
A gerühmt ...
V 6. Gepriesen bist du am Gewölbe des Himmels, *
A gerühmt ... *Kehrvers*

DRITTER PSALM

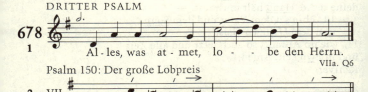

Al - les, was at - met, lo - - be den Herrn.

VIIa. Q6

Psalm 150: Der große Lobpreis

1. Lobet Gott in seinem Heiligtum, *
lobt ihn in seiner mächtigen Feste!
   2. Lobt ihn für seine großen Taten, *
   lobt ihn in seiner gewaltigen Größe!
3. Lobt ihn mit dem Schall der Hörner, *
lobt ihn mit Harfe und Zither!
   4. Lobt ihn mit Pauken und Tanz, *
   lobt ihn mit Flöten und Saitenspiel!

5. Lobt ihn mit hellen Zimbeln, *
lobt ihn mit klingenden Zimbeln!
   6. Alles, was atmet, *
   lobe den Herrn! —
7. Ehre sei dem Vater und dem Sohn *
und dem Heiligen Geist,
   8. wie im Anfang, so auch jetzt und alle Zeit *
   und in Ewigkeit. Amen.   *Kehrvers*

LESUNG

Antwortgesang

V/A Chri-stus, du Sohn des leben-di-gen Got-tes, er-bar-me dich un-ser. V Du sit-zest zur Rech-ten des Vaters. A Er-bar-me dich un-ser. V Singt das Lob des Vaters und des Soh-nes und des Hei-li-gen Gei-stes. A Chri-stus, du Sohn ...

Der Vorsängervers kann je nach der Zeit des Kirchenjahres oder dem Fest entsprechend wechseln:

Advent
   + Du kommst in unsre Welt.
Weihnachten und Marienfeste
   Du bist geboren aus Maria der Jungfrau.
Fastenzeit
   Du rufst uns in das Reich des Vaters.

Leiden des Herrn
   Du warst gehorsam bis zum Tod am Kreuze.
Osterzeit
   Du bist vom Tod erstanden.
Pfingsten
   Du sendest uns den Geist der Wahrheit.
Dreifaltigkeit
   Du bist eins mit dem Vater und dem Geist.
Fronleichnam
   Du gibst dich uns als Brot des Lebens.
Herz Jesu
   + Du bist gütig von Herzen.
Heilige
   In dir rühmen sich alle Heiligen.
Totengedenken
   Du bringst den Toten das Leben.
Buße
   + Du Freund der Sünder.
Friede
   + Du bist unser Friede.

(Homilie)

LOBGESANG DES ZACHARIAS

680 Dem Herrn will ich sin-gen;
     macht-voll hat er sich kund-ge-tan.
                                                VIIIa. Q33

Benedictus

681 VIII

1. Gepriesen sei der Herr, der Gott Israels! *
Denn er hat sein Volk besucht und ihm Erlösung geschaffen;

2. er hat uns einen starken Retter erweckt *
im Hause seines Knechtes David.
3. So hat er verheißen von alters her *
durch den Mund seiner heiligen Propheten.
4. Er hat uns errettet vor unsern Feinden *
und aus der Hand aller, die uns hassen;
5. er hat das Erbarmen mit den Vätern an uns vollendet /
und an seinen heiligen Bund gedacht, *
an den Eid, den er unserm Vater Abraham geschworen hat;
6. er hat uns geschenkt, daß wir, aus Feindeshand befreit, /
ihm furchtlos dienen in Heiligkeit und Gerechtigkeit *
vor seinem Angesicht all unsre Tage. —
7. Und du, Kind, wirst Prophet des Höchsten heißen; /
denn du wirst dem Herrn vorangehn *
und ihm den Weg bereiten.
8. Du wirst sein Volk mit der Erfahrung des Heils beschenken *
in der Vergebung der Sünden.
9. Durch die barmherzige Liebe unseres Gottes *
wird uns besuchen das aufstrahlende Licht aus der Höhe,
10. um allen zu leuchten, die in Finsternis sitzen und im Schatten des Todes, *
und unsre Schritte zu lenken auf den Weg des Friedens. —
11. Ehre sei dem Vater und dem Sohn *
und dem Heiligen Geist,
12. wie im Anfang, so auch jetzt und alle Zeit *
und in Ewigkeit. Amen.   Lk 1,68–79
Kehrvers

Bitten, Vater unser, Tagesgebet und Abschluß wie in der Vesper, Nr. 691

682 Sonntagsvesper

Eröffnung

683 V O Gott, komm mir zu Hil-fe.
A Herr, ei-le, mir zu hel-fen.
Ehre sei dem Vater und dem Sohn und dem Hei-li-gen Geist. Wie im Anfang, so auch jetzt und al-le Zeit und in E-wig-keit. A-men. Hal-le-lu-ja.

Das Halleluja entfällt in der Fastenzeit.

Hymnus: Ein geeignetes Lied, z. B. Nr. 557 oder Nr. 701

Erste Psalmenreihe
ERSTER PSALM

684
1
Je-sus Chri-stus, du bist Prie-ster auf e-wig, Herr und Kö-nig zur Rech-ten Got-tes des Va-ters.

IIa, IVh. Q41

Psalm 110: Einsetzung des priesterlichen Königs

1. So spricht der Herr zu meinem Herrn: /
Setze dich mir zur Rechten, *
und ich lege dir deine Feinde als Schemel unter die Füße.
    2. Vom Zion strecke der Herr das Zepter deiner
    Macht aus: *
    „Herrsche inmitten deiner Feinde!"
3. Dein ist die Herrschaft am Tag deiner Macht, *
wenn du erscheinst in heiligem Schmuck;
    4. ich habe dich gezeugt noch vor dem Morgenstern, *
    wie den Tau in der Frühe. —
5. Der Herr hat geschworen, und nie wird's ihn reuen: *
Du bist Priester auf ewig nach der Ordnung Melchisedeks.—
    6. Der Herr steht dir zur Seite; *
    er zerschmettert Könige am Tage seines Zornes.
7. Er trinkt aus dem Bach am Weg; *
so kann er von neuem das Haupt erheben. —
    8. Ehre sei dem Vater und dem Sohn *
    und dem Heiligen Geist,
9. wie im Anfang, so auch jetzt und alle Zeit *
und in Ewigkeit. Amen.   Verse 1–5.7
Kehrvers

ZWEITER PSALM

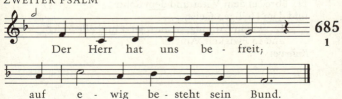

VIa. Q34

Psalm 111: Gedenken an die Wunder Gottes

2 VI

1. Den Herrn will ich preisen von gan<u>zem</u> Herzen *
im Kreis der Frommen, inmit<u>ten</u> der Gemeinde. —
   2. Groß sind die Werke <u>des</u> Herrn, *
   kostbar allen, die sich <u>an</u> ihnen freuen.
3. Er waltet in Hoheit <u>und</u> Pracht, *
seine Gerechtigkeit hat <u>Be</u>stand für immer. —
   4. Er hat ein Gedächtnis an seine Wunder ge<u>stif</u>tet, *
   der Herr ist gnä<u>dig</u> und barmherzig.
5. Er gibt denen Speise, die <u>ihn</u> fürchten, *
an seinen Bund <u>denkt</u> er auf ewig.
   6. Er hat seinem Volk seine machtvollen <u>Ta</u>ten kundge<u>tan</u>, *
   um ihm das Erbe der <u>Völ</u>ker zu geben.
7. Die Werke seiner Hände sind gerecht und be<u>stän</u>dig, *
all seine Gebo<u>te</u> sind verläßlich.
   8. Sie stehen fest für immer <u>und</u> ewig, *
   geschaffen in <u>Treu</u>e und Red<u>lich</u>keit.
9. Er gewährte seinem Volk Erlösung /
und bestimmte seinen Bund für ewige Zeiten. *
Furchtgebietend ist sein <u>Na</u>me und heilig. —
   10. Die Furcht des Herrn ist der Anfang der Weisheit; /
   alle, die danach leben, <u>sind</u> klug. *
   Sein Ruhm hat <u>Be</u>stand für immer. —
11. Ehre sei dem Vater und <u>dem</u> Sohn *
und <u>dem</u> Heiligen Geist,
   12. wie im Anfang, so auch jetzt <u>und</u> alle Zeit *
   und in <u>E</u>wigkeit. Amen.
Kehrvers

GESANG 19,1–2. 5–7
aus dem Neuen Testament – Offb

686

V/A A-men, Hal-le-lu-ja.

1. Das Heil und die Herrlichkeit und die Macht ist bei unserm Gott. Die Urteile seines Gerichts sind wahr und gerecht. A A-men, Hal-le-lu-ja.

2. Preist unsern Gott, all seine Knechte, und die ihn fürchten, klein und groß! A A-men, Hal-le-lu-ja.

3. Der Herr ist König geworden, Gott, der Herrscher des Alls. A A-men, Hal-le-lu-ja.

4. Wir wollen uns freuen und jubeln und ihm allein die Ehre erweisen. A A-men, Hal-le-lu-ja.

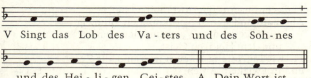

V Singt das Lob des Vaters und des Sohnes und des Heiligen Geistes. A Dein Wort ist …

Homilie

LOBGESANG MARIENS

Danket dem Herrn, er hat uns erhöht; Großes hat er an uns getan.

688 ö

IXa. Q34

Magnificat – deutsch

IX

689 ö

1. Meine Seele preist die Größe des Herrn, *
und mein Geist jubelt über Gott, meinen Retter.

   2. Denn auf die Niedrigkeit seiner Magd hat er geschaut. *
   Siehe, von nun an preisen mich selig alle Geschlechter!

3. Denn der Mächtige hat Großes an mir getan, *
und sein Name ist heilig.

   4. Er erbarmt sich von Geschlecht zu Geschlecht *
   über alle, die ihn fürchten.

5. Er vollbringt mit seinem Arm machtvolle Taten: *
er zerstreut, die im Herzen voll Hochmut sind;

   6. er stürzt die Mächtigen vom Thron *
   und erhöht die Niedrigen.

7. Die Hungernden beschenkt er mit seinen Gaben *
und läßt die Reichen leer ausgehn.

   8. Er nimmt sich seines Knechtes Israel an *
   und denkt an sein Erbarmen,

9. das er unsern Vätern verheißen hat, *
Abraham und seinen Nachkommen auf ewig. —
    10. Ehre sei dem Vater und dem Sohn *
    und dem Heiligen Geist,
11. wie im Anfang, so auch jetzt und alle Zeit *
und in Ewigkeit. Amen.   Lk 1,46—55
Kehrvers

Magnificat — lateinisch

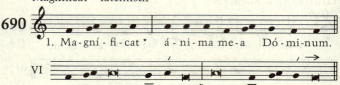

690

1. Ma-gní-fi-cat * á-ni-ma me-a Dó-mi-num.

VI

2. Et exsultávit spíritus meus *
    in Deo salutári meo.
3. Quia respéxit humilitátem ancíllae suae, *
ecce enim ex hoc beátam me dicent omnes generatiónes.
    4. Quia fecit mihi magna, qui potens est, *
    et sanctum nomen eius.
5. Et misericórdia eius a progénie in progénies *
timéntibus eum.
    6. Fecit poténtiam in bráchio suo, *
    dispérsit supérbos mente cordis sui.
7. Depósuit poténtes de sede, *
et exaltávit húmiles.
    8. Esuriéntes implévit bonis, *
    et dívites dimísit ináneş.
9. Suscépit Israel, púerum suum, *
recordátus misericórdiae suae,
    10. Sicut locútus est ad patres nostros, *
    Abraham et sémini eius in sáecula. —
11. Glória Patri et Fílio, *
et Spirítui Sancto.
    12. Sicut erat in princípio, et nunc et semper *
    et in sáecula saeculórum. Amen.

Fürbitten
VATER UNSER

691

Z Laßt uns beten, wie der Herr uns gelehrt hat:

A Vater unser im Himmel. Geheiligt werde dein Name. Dein Reich komme. Dein Wille geschehe, wie im Himmel so auf Erden. Unser tägliches Brot gib uns heute. Und vergib uns unsere Schuld, wie auch wir vergeben unsern Schuldigern. Und führe uns nicht in Versuchung, sondern erlöse uns von dem Bösen. (Denn dein ist das Reich und die Kraft und die Herrlichkeit in Ewigkeit. Amen.)

Stundengebet

In den Laudes und der Vesper entfällt der abschließende Lobpreis (Doxologie).

Tagesgebet
Abschluß
Bischof, Priester und Diakon entlassen wie in der Meßfeier, Nr. 366,2–5.
Steht ein Laie der Feier vor, erfolgt keine Entlassung. Die Segensbitte lautet dann:

V Der Herr segne uns, er bewahre uns vor Unheil und führe uns zum ewigen Leben. A Amen.

Zweite Psalmenreihe

ERSTER PSALM

Der Herr ist unser Friede; bei ihm sind wir geborgen.

VIIIa. Q33

Psalm 122: Wallfahrt nach Jerusalem

1. Ich freute mich, als man mir sagte: *
„Zum Haus des Herrn wollen wir pilgern."
 2. Schon stehen wir in deinen Toren, Jerusalem: /
Jerusalem, du starke Stadt, *
dicht gebaut und fest gefügt.

3. Dorthin ziehen die Stämme hinauf, die Stämme des Herrn, *
den Namen des Herrn zu preisen. —
    4. Erbittet für Jerusalem Frieden! *
    Wer dich liebt, sei in dir geborgen!
5. Friede wohne in deinen Mauern, *
in deinen Häusern Geborgenheit!
    6. Wegen meiner Brüder und Freunde *
    will ich sagen: In dir sei Friede!
7. Wegen des Hauses des Herrn, unseres Gottes, *
will ich dir Glück erflehen. —
    8. Ehre sei dem Vater und dem Sohn *
    und dem Heiligen Geist,
9. wie im Anfang, so auch jetzt und alle Zeit *
und in Ewigkeit. Amen.

Verse 1–4. 6–9

Kehrvers

ZWEITER PSALM

Psalm 113: Gottes Hoheit und Huld

1. Lobet, ihr Knechte des Herrn, *
lobt den Namen des Herrn!
    2. Der Name des Herrn sei gepriesen *
    von nun an bis in Ewigkeit!
3. Vom Aufgang der Sonne bis zum Untergang *
sei der Name des Herrn gelobt!
    4. Der Herr ist erhaben über alle Völker, *
    seine Herrlichkeit überragt die Himmel. —

5. Wer gleicht dem Herrn, unserm Gott, *
im Himmel und auf Erden,

    6. ihm, der in der Höhe thront, *
    der hinabschaut in die Tiefe,

7. der den Schwachen aus dem Staub emporhebt *
und den Armen erhöht, der im Schmutz liegt?

    8. Er gibt ihm einen Sitz bei den Edlen, *
    bei den Edlen seines Volkes.

9. Die Frau, die kinderlos war, läßt er im Hause wohnen; *
sie wird Mutter und freut sich an ihren Kindern. —

    10. Ehre sei dem Vater und dem Sohn *
    und dem Heiligen Geist,

11. wie im Anfang, so auch jetzt und alle Zeit *
und in Ewigkeit. Amen.   *Kehrvers*

GESANG
aus dem Neuen Testament: Phil 2,6–11

694

V/A Jesus Christus ist der Herr zur Ehre Gottes des Vaters.

1. Er war wie Gott, hielt aber nicht daran fest, Gott gleich zu sein, sondern entäußerte sich, wurde wie ein Sklave und den Menschen gleich.

Stundengebet

695 Komplet – Das Nachtgebet der Kirche
Eröffnung siehe Nr. 683

Man kann die Komplet mit einer Gewissenserforschung beginnen. Diese kann vor oder nach der Eröffnung oder nach dem Hymnus stehen.

Hymnus

696 ö

1. Bevor des Tages Licht vergeht, o Herr der Welt, hör dies Gebet: Behüte uns in dieser Nacht durch deine große Güt und Macht. Amen.

2. Hüllt Schlaf die müden Glieder ein, / laß uns in dir geborgen sein / und mach am Morgen uns bereit / zum Lobe deiner Herrlichkeit.

3. Dank dir, o Vater reich an Macht, / der über uns voll Güte wacht / und mit dem Sohn und Heilgen Geist / des Lebens Fülle uns verheißt. Amen.

T: Friedrich Dörr 1969 nach „Te lucis ante terminum" 5./6. Jh.
M: Kempten um 1000

oder ein anderes Abendlied

PSALMEN
Man singt die Psalmen 4 und 134, oder den Psalm 91, Nr. 698

697 1

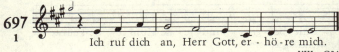

Ich ruf dich an, Herr Gott, erhöre mich.

VIIIa. Q24

Psalm 4: Gottes Schutz in der Nacht

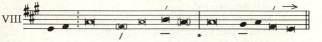

1. Wenn ich rufe, er<u>hö</u>re <u>mich</u>, *
Gott, <u>du</u> mein Retter!
    2. Du hast mir Raum geschaffen, als mir <u>angst</u> war. *
    Sei mir gnädig, und hör <u>auf</u> mein Flehen! —
3. Ihr Mächtigen, wie lange noch schmäht ihr meine <u>Ehre</u>, *
warum liebt ihr den Schein und <u>sinnt</u> auf Lügen?
    4. Erkennt doch: Wunderbar handelt der Herr an den <u>Frommen</u>; *
    der Herr erhört mich, wenn ich <u>zu</u> ihm rufe.
5. Ereifert ihr euch, so <u>sün</u>digt <u>nicht</u>! *
Bedenkt es auf eurem Lager, und <u>wer</u>det stille!
    6. Bringt rechte <u>Opfer dar</u>, *
    und ver<u>traut</u> auf den Herrn! —
7. Viele sagen: „Wer läßt uns Gutes er<u>leben</u>?" *
Herr, laß dein Angesicht <u>über</u> uns leuchten!
    8. Du legst mir größere Freude ins <u>Herz</u>, *
    als andere haben bei Korn und <u>Wein</u> in Fülle.
9. In Frieden leg' ich mich nieder und schlafe <u>ein</u>; *
denn du allein, Herr, läßt mich <u>sorg</u>los ruhen. —
    10. Ehre sei dem Vater und dem <u>Sohn</u> *
    und dem <u>Hei</u>ligen Geist,
11. wie im Anfang, so auch jetzt und <u>alle</u> <u>Zeit</u> *
und in E<u>wig</u>keit. Amen.
Kehrvers

Es schließt sich sofort der folgende Psalm an.

Psalm 134: Nächtliches Loblied im Tempel

1. Wohlan, nun preiset den <u>Herrn</u>, *
all ihr <u>Knech</u>te des Herrn,
    2. die ihr steht im Hause des <u>Herrn</u>, *
    zu nächt<u>li</u>cher Stunde.

3. Erhebt eure Hände zum Heiligtum, *
und preiset den Herrn!
  4. Es segne dich der Herr vom Zion her, *
  der Herr, der Himmel und Erde gemacht hat. —
5. Ehre sei dem Vater und dem Sohn *
und dem Heiligen Geist,
  6. wie im Anfang, so auch jetzt und alle Zeit *
  und in Ewigkeit. Amen.
Kehrvers

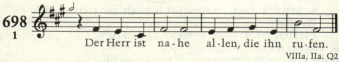

Der Herr ist nahe allen, die ihn rufen.

VIIIa, IIa. Q2

Psalm 91: Zuflucht bei Gott

1. Wer im Schutz des Höchsten wohnt *
und ruht im Schatten des Allmächtigen,
  2. der sagt zum Herrn: „Du bist für mich Zuflucht und Burg, *
  mein Gott, dem ich vertraue." —
3. Er rettet dich aus der Schlinge des Jägers *
und aus allem Verderben.
  4. Er beschirmt dich mit seinen Flügeln, /
  unter seinen Schwingen findest du Zuflucht, *
  Schild und Schutz ist dir seine Treue.
5. Du brauchst dich vor dem Schrecken der Nacht nicht zu fürchten, *
noch vor dem Pfeil, der am Tag dahinfliegt,
  6. nicht vor der Pest, die im Finstern schleicht, *
  vor der Seuche, die wütet am Mittag.
7. Fallen auch tausend zu deiner Seite, /
dir zur Rechten zehnmal tausend, *
so wird es doch dich nicht treffen.

8. Ja, du wirst es sehen mit eigenen Augen, *
wirst zuschauen, wie den Frevlern vergolten wird.
9. Denn der Herr ist deine Zuflucht, *
du hast dir den Höchsten als Schutz erwählt. —
10. Dir begegnet kein Unheil, *
kein Unglück naht deinem Zelt.
11. Denn er befiehlt seinen Engeln, *
dich zu behüten auf all deinen Wegen.
12. Sie tragen dich auf ihren Händen, *
damit dein Fuß nicht an einen Stein stößt;
13. du schreitest über Löwen und Nattern, *
trittst auf Löwen und Drachen. —
14. „Weil er an mir hängt, will ich ihn retten; *
ich will ihn schützen, denn er kennt meinen Namen.
15. Wenn er mich anruft, dann will ich ihn erhören. /
Ich bin bei ihm in der Not, *
befreie ihn und bringe ihn zu Ehren.
16. Ich sättige ihn mit langem Leben *
und lasse ihn schauen mein Heil." —
17. Ehre sei dem Vater und dem Sohn *
und dem Heiligen Geist,
18. wie im Anfang, so auch jetzt und alle Zeit *
und in Ewigkeit. Amen.
Kehrvers

KURZE LESUNG

Gott hat uns nicht für das Gericht seines Zornes bestimmt, sondern dafür, daß wir durch unsern Herrn Jesus Christus das Heil erlangen. Er ist für uns gestorben, damit wir vereint mit ihm leben, ob wir wachen oder schlafen.

1 Thess 5, 9—10

oder ein anderer Schrifttext

Antwortgesang

699 V/A In deine Hände leg ich voll Vertrauen meinen Geist. V Du hast mich erlöst, Herr, du treuer Gott. A In deine Hände...
V Singt das Lob des Vaters und des Sohnes und des Heiligen Geistes. A In deine Hände...

LOBGESANG DES SIMEON

700 1 (V) Sei unser Heil, o Herr, derweil wir wachen, (A) behüte uns, da wir schlafen, auf daß wir wachen mit Christus und ruhen in Frieden. (Osterzeit: Halleluja.)

IIIa. Q43

oder:

Sei unser Heil, Herr, im Wachen;
behüte uns im Schlafen.

Nunc dimíttis Lk 2,29–32   IIIa. Q28

1. Nun läßt du, Herr, deinen Knecht, *
wie du gesagt hast, in Frieden scheiden.
   2. Denn meine Augen haben das Heil gesehen, *
   das du vor allen Völkern bereitet hast,
3. ein Licht, das die Heiden erleuchtet, *
und Herrlichkeit für dein Volk Israel. —
   4. Ehre sei dem Vater und dem Sohn *
   und dem Heiligen Geist,
5. wie im Anfang, so auch jetzt und alle Zeit *
und in Ewigkeit. Amen.   *Kehrvers*

Gebet

Lasset uns beten. — Wir bitten dich, gütiger Vater, schenk uns in dieser Nacht das Licht deiner Gegenwart; laß uns, deine Diener, in Frieden schlafen und wecke uns morgen in deinem Namen, damit wir gesund und froh einen neuen, von deinem Licht erfüllten Tag beginnen: Durch Christus, unsern Herrn. A Amen.

Segen

Eine ruhige Nacht und ein gutes Ende gewähre uns der allmächtige Herr. A Amen.

Die Komplet schließt mit einem Gruß an Maria. Man singt eine der Marianischen Antiphonen Nr. 570 bis 579 oder ein anderes Marienlied.

Abendlieder

701

1. An-ge-langt an der Schwel-le des A-bends, schau-en wir Chri-stus, das e-wi-ge Licht, und prei-sen durch ihn den Va-ter im Geist.

2. Du bist der Weg, die Wahr-heit, das Le-ben, Ab-bild und Spie-gel des e-wi-gen Va-ters. Du bist der Hei-li-ge, du un-ser Herr.

3. Ja, es ist wür-dig, dich zu be-sin-gen, Got-tes Sohn, Ur-he-ber e-wi-gen Le-bens; die gan-ze Schöp-fung schul-det dir Lob.

T: Vinzenz Stebler 1970
M: Karl Norbert Schmid 1972

Abendlieder

702 ö

1. Bevor die Sonne sinkt, will ich den Tag bedenken. Die Zeit, sie eilt dahin; wir halten nichts in Händen.

2. Bevor die Sonne sinkt, / will ich das Sorgen lassen. / Mein Gott, bei dir bin ich / zu keiner Stund vergessen.

3. Bevor die Sonne sinkt, / will ich dir herzlich danken. / Die Zeit, die du mir läßt, / will ich dir Lieder singen.

4. Bevor die Sonne sinkt, / will ich dich herzlich bitten: / Nimm du den Tag zurück / in deine guten Hände.

T: Christa Weiß und Kurt Rommel 1967
M: Martin Striebel und Kurt Schmid 1967

703

1. In dieser Nacht sei du mir Schirm und Wacht; o Gott, durch deine Macht wollst mich bewahren vor Sünd und Leid, vor Satans List und Neid. Hilf mir im letzten Streit, in Todsgefahren.

2. O Jesu mein, die heilgen Wunden dein / mir sollen Ruhstatt sein für meine Seele. / In dieser Ruh schließ mir die Augen zu; / den Leib und alles Gut ich dir befehle.

3. O große Frau, Maria, auf mich schau; / mein Herz ich dir vertrau in meinem Schlafen. / Auch schütze mich, Sankt Josef, väterlich. / Schutzengel, streit für mich mit deinen Waffen.

T: Köln 1727
M: nach Düsseldorf 1759

704

1. Christus, du bist der helle Tag; dein Glanz durchbricht die dunkle Nacht. Du Gott des Lichtes kündest uns das Licht, das wahrhaft selig macht.

2. Nimm gnädig, guter Herr und Gott, / uns diese Nacht in deine Hut; / laß uns in dir geborgen sein: / In deinem Frieden ruht sich's gut.

3. Gib, daß nichts Arges uns bedrängt, / der böse Feind uns nicht verführt, / und laß nicht zu, daß Geist und Leib / vor deinem Auge schuldig wird.

4. Dieweil die müden Glieder ruhn, / bleib unser Herz dir zugewandt. / Wir sind dein Volk, das dir vertraut: / beschütze uns mit starker Hand.

5. Sei deiner Diener eingedenk, / die du mit deinem Blut erkauft. / Stärk uns durch deines Leidens Kraft; / wir sind auf deinen Tod getauft.

6\. Dir sei, Gott Vater, Sohn und Geist, / die Ruhe dieser Nacht geweiht. / Umfängt uns einst des Todes Nacht, / führ uns ins Licht der Herrlichkeit.

T: „Christe, qui lux es et dies" 6. Jh., Übertragung Friedrich Dörr 1969
M: Frankfurt am Main um 1557

705 ö

1. Hin-un-ter ist der Son-ne Schein; die fin-stre Nacht bricht stark her-ein. Leucht uns, Herr Christ, du wah-res Licht; laß uns im Fin-stern tap-pen nicht.

2\. Dir sei Dank, daß du uns den Tag / vor Schaden, Gfahr und mancher Plag / durch deine Engel hast behüt' / aus Gnad und väterlicher Güt.

3\. Womit wir heut erzürnet dich, / dasselb verzeih uns gnädiglich / und rechn es unsrer Seel nicht zu; / laß schlafen uns mit Fried und Ruh.

4\. Dein' Engel uns zur Wach bestell, / daß uns der böse Feind nicht fäll. / Vor Schrecken, Angst und Feuersnot / behüte uns, o lieber Gott.

T: Nikolaus Herman 1560
M: Melchior Vulpius 1609

Weitere Abendlieder: Mein schönste Zier, Nr. 559; Nun lässest du, o Herr, Nr. 660; Bevor des Tages Licht vergeht, Nr. 696.

706 Te Deum

1. Die Schöpfung huldigt Gott

V Dich, Gott, loben wir, A dich, Herr, preisen wir. I Dir, dem ewigen Vater, huldigt das Erdenrund. II Dir rufen die Engel alle, dir Himmel und Mächte insgesamt, I die Kerubim dir und die Serafim, mit niemals endender Stimme zu: A Heilig, V heilig, A heilig der Herr, der Gott der Scharen! Voll sind Himmel und Erde von deiner hohen Herrlichkeit.

2. Die Kirche preist den dreifaltigen Gott

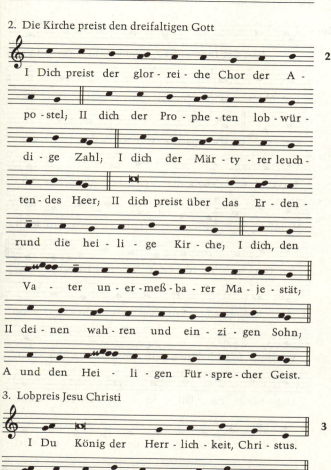

I Dich preist der glor-rei-che Chor der A-po-stel; II dich der Pro-phe-ten lob-wür-di-ge Zahl; I dich der Mär-ty-rer leuch-ten-des Heer; II dich preist über das Er-den-rund die hei-li-ge Kir-che; I dich, den Va-ter un-er-meß-ba-rer Ma-je-stät; II dei-nen wah-ren und ein-zi-gen Sohn; A und den Hei-li-gen Für-spre-cher Geist.

3. Lobpreis Jesu Christi

I Du König der Herr-lich-keit, Chri-stus.

II Du bist des Va-ters all-e-wi-ger Sohn.

4. Bitten (Dieser Teil kann entfallen) (706)

I Rette dein Volk, o Herr, und segne dein Erbe; II und führe sie und erhebe sie bis in Ewigkeit.

I An jedem Tag benedeien wir dich II und loben in Ewigkeit deinen Namen, ja, in der ewigen Ewigkeit.

I In Gnaden wollest du, Herr, an diesem Tag uns ohne Schuld bewahren. II Erbarme dich unser, o Herr, erbarme dich unser. I Laß über uns dein Erbarmen geschehn, wie wir gehofft auf dich.

A Auf dich, o Herr, habe ich meine Hoffnung gesetzt. In Ewigkeit werde ich nicht zuschanden.

T: Te Deum, 4. Jh., Übertragung Romano Guardini 1950
M: EGB 1974 nach den gregorianischen Modellen

707 Psalmen

Im Buch der Psalmen sind die Lieder Israels gesammelt, das Gotteslob des Alten Bundes. Jesus hat diese Lieder im Gottesdienst mitgesungen, er hat sie mit den Aposteln beim Letzten Abendmahl als Lobpreis angestimmt und hat noch am Kreuz mit den Worten der Psalmen gebetet. Kein Buch des Alten Bundes ist im Neuen Testament so oft zitiert wie die Psalmen.

Auch der heutige Mensch kann sich in den Psalmen wiederfinden. Sie lehren ihn die biblische Art des Betens (vgl. Nr. 1). Im Psalm lehnt sich der Mensch auf gegen widriges Schicksal, er schreit seine Not hinaus und fragt nach dem Sinn des Lebens: „Denk ich an Gott, dann muß ich seufzen; sinne ich nach, dann ist mein Geist verzagt" (Ps 77,4). Im Psalm jubelt der Mensch seine Freude hinaus, er preist den mächtigen Gott, der ihn rettet: „Ihr Völker alle, klatscht in die Hände, jauchzet Gott zu mit lautem Jubel" (Ps 47,2). Im Psalm bekennt der Mensch seine Schuld vor Gott und bittet um Vergebung: „Gegen dich allein habe ich gesündigt; wasch meine Schuld von mir ab" (Ps 51,6.4).

Im Psalm bekennt der Mensch sein Vertrauen auf Gott, seine Hoffnung auf den endgültigen Sieg der Gerechtigkeit und Treue: „Alle, die ihn lieben, behütet der Herr, doch alle Frevler vernichtet er" (Ps 145,20).

Die Kirche hat sich von Anfang an die Psalmen Davids zu eigen gemacht, weil ihr in diesen Liedern Christus begegnet ist. Er selbst hat gesagt: „Alles muß in Erfüllung gehen, was im Gesetz des Mose und in den Propheten und Psalmen über mich geschrieben steht" (Lk 24,44). So darf die Kirche in den Psalmen zusammen mit Christus, ihrem Haupt, zum Vater beten: „Mein Gott, mein Gott, warum hast du mich verlassen ... Ich will deinen Namen meinen Brüdern verkünden, inmitten der Gemeinde dich preisen" (Ps 22,2.23). Die Kirche ruft in den Psalmen auch zu Christus als ihrem Herrn: „Lobe den Herrn, meine Seele! Der Herr öffnet den Blinden die Augen, er richtet die Gebeugten auf" (Ps 146,1.8).

Im Gottesdienst der Kirche begegnen uns die Psalmen vor allem in zwei Funktionen: als Antwortgesang nach der Lesung und als Gemeindegesang im Stundengebet. Der Antwortpsalm will die gehörte Lesung vertiefen. Der Kantor trägt Psalmverse vor, die Gemeinde stimmt in den Gesang ein durch einen Kernsatz, den sie nach jeder Psalmstrophe wiederholt. Diese Kantorenpsalmen finden sich in einem eigenen Vorsängerbuch.

Im Stundengebet singt die Gemeinde selber den Psalm im Wechsel zweier Gruppen. In diesem gegenchörigen Psallieren stimmt die ganze Gemeinde einmütig in das Lob Gottes ein. Die ständige Wiederholung einer einfachen melodischen Formel schafft einen Zustand betrachtenden Betens. Nicht immer wird jeder jedes Wort des Psalmes mitvollziehen, er wird aber trotzdem getragen von dem gemeinsamen Gebet.

Die Psalmen werden so für jede Gemeinde, aber auch für die Gruppen und Familien und für den einzelnen zu einer Quelle geistlichen Lebens.

In der folgenden Auswahl von Psalmen für den Gemeindegesang ist die Psallierweise jeweils über dem Psalm angegeben. Die Gliederung der Psalmen in Sinnstrophen ist durch einen längeren Gedankenstrich angedeutet. Beim Singen achte man darauf, daß die Atempause in der Mitte eines jeden Verses (beim Asteriskus *) nicht zu kurz gerät. Beim Wechsel von einem Vers zum andern soll dagegen keine Pause entstehen.

PSALM 1: Die beiden Wege

708

1. Wohl dem Mann, der nicht dem Rat der Frevler folgt, /
nicht auf dem Weg der Sünder geht, *
nicht im Kreis der Spötter sitzt,
  2. sondern Freude hat an der Weisung des Herrn, *
  über seine Weisung nachsinnt bei Tag und bei Nacht.
3. Er ist wie ein Baum, *
der an Wasserbächen gepflanzt ist,
  4. der zur rechten Zeit seine Frucht bringt *
  und dessen Blätter nicht welken.
5. Alles, was er tut, *
wird ihm gut gelingen. —
  6. Nicht so die Frevler: *
  Sie sind wie Spreu, die der Wind verweht.
7. Darum werden die Frevler im Gericht nicht bestehen *
noch die Sünder in der Gemeinde der Gerechten.
  8. Denn der Herr kennt den Weg der Gerechten, *
  der Weg der Frevler aber führt in den Abgrund. —
9. Ehre sei dem Vater und dem Sohn *
und dem Heiligen Geist,
  10. wie im Anfang, so auch jetzt und alle Zeit *
  und in Ewigkeit. Amen. *Kehrvers*

PSALM 2: Der Herr und sein Gesalbter

709

1. Warum toben die Völker, *
warum machen die Nationen vergebliche Pläne?
   2. Die Könige der Erde stehen auf, /
   die Großen haben sich verbündet *
   gegen den Herrn und seinen Gesalbten.
3. „Laßt uns ihre Fesseln zerreißen *
und von uns werfen ihre Stricke!"
   4. Doch er, der im Himmel thront, lacht, *
   der Herr verspottet sie. —
5. Dann aber spricht er zu ihnen im Zorn, *
in seinem Grimm wird er sie erschrecken:
   6. „Ich selber habe meinen König eingesetzt *
   auf Zion, meinem heiligen Berg." —
7. Den Beschluß des Herrn will ich kundtun. /
Er sprach zu mir: „Mein Sohn bist du.*
Heute habe ich dich gezeugt.
   8. Fordre von mir, und ich gebe dir die Völker
   zum Erbe, *
   die Enden der Erde zum Eigentum.
9. Du wirst sie zerschlagen mit eiserner Keule, *
wie Krüge aus Ton wirst du sie zertrümmern." —
   10. Nun denn, ihr Könige, kommt zur Einsicht, *
   laßt euch warnen, ihr Gebieter der Erde!
11. Dient dem Herrn in Furcht, *
und küßt ihm mit Beben die Füße,
   12. damit er nicht zürnt *
   und euer Weg nicht in den Abgrund führt.
13. Denn wenig nur, und sein Zorn ist entbrannt. *
Wohl allen, die ihm vertrauen! —
   14. Ehre sei dem Vater und dem Sohn *
   und dem Heiligen Geist,
15. wie im Anfang, so auch jetzt und alle Zeit *
und in Ewigkeit. Amen.
Kehrvers

PSALM 4: Nr. 697

PSALM 8: Herrlichkeit des Schöpfers — Würde des Menschen

710

1. Herr, unser Herrscher, /
wie gewaltig ist dein Name auf der ganzen Erde; *
über den Himmel breitest du deine Hoheit aus. —

    2. Aus dem Mund der Kinder und Säuglinge schaffst du dir Lob, /
    deinen Gegnern zum Trotz; *
    deine Feinde und Widersacher müssen verstummen.

3. Seh' ich den Himmel, das Werk deiner Finger, *
Mond und Sterne, die du befestigt: —

    4. Was ist der Mensch, daß du an ihn denkst, *
    des Menschen Kind, daß du dich seiner annimmst? —

5. Du hast ihn nur wenig geringer gemacht als Gott, *
hast ihn mit Herrlichkeit und Ehre gekrönt.

    6. Du hast ihn als Herrscher eingesetzt über das Werk deiner Hände, *
    hast ihm alles zu Füßen gelegt. —

7. Herr, unser Herrscher, *
wie gewaltig ist dein Name auf der ganzen Erde! —

    8. Ehre sei dem Vater und dem Sohn *
    und dem Heiligen Geist,

9. wie im Anfang, so auch jetzt und alle Zeit *
und in Ewigkeit. Amen.

Verse 2–7. 10

Kehrvers

PSALM 12: Falschheit der Menschen – Treue Gottes

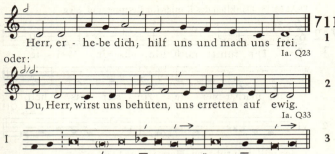

Herr, er-he-be dich; hilf uns und mach uns frei.
Ia. Q23

oder:

Du, Herr, wirst uns behüten, uns erretten auf ewig.
Ia. Q33

1. Hilf doch, o Herr, die Frommen schwinden dahin, *
unter den Menschen gibt es keine Treue mehr.

    2. Sie lügen einander an, einer den andern, *
    mit falscher Zunge und zwiespältigem Herzen
    reden sie. —

3. Der Herr vertilge alle falschen Zungen, *
jede Zunge, die vermessen redet.

    4. Sie sagen: „Durch unsre Zunge sind wir mächtig; *
    unsre Lippen sind unsre Stärke. Wer ist uns überlegen?"

5. Die Schwachen werden unterdrückt, die Armen seufzen. /
Darum spricht der Herr: „Jetzt stehe ich auf, *
dem Verachteten bringe ich Heil." —

    6. Die Worte des Herrn sind lautere Worte, /
    Silber, geschmolzen im Ofen, *
    von Schlacken geschieden, geläutert siebenfach.

7. Du, Herr, wirst uns behüten *
und uns vor diesen Leuten für immer erretten,

    8. auch wenn die Frevler frei umhergehn *
    und unter den Menschen die Gemeinheit groß wird. —

9. Ehre sei dem Vater und dem Sohn *
und dem Heiligen Geist,

    10. wie im Anfang, so auch jetzt und alle Zeit *
    und in Ewigkeit. Amen.

Kehrvers

PSALM 15: Kehrvers Nr. 626,3, Verse im Vorsängerbuch

PSALM 18: Danklied des Königs für Rettung und Sieg

712

1. Du führst mich hinaus ins Weite; du machst meine Finsternis hell.

2. VI

1. Ich will dich rühmen, Herr, meine Stärke, *
Herr, du mein Fels, meine Burg, mein Retter,
   2. mein Gott, meine Feste, in der ich mich berge, *
   mein Schild und sicheres Heil, meine Zuflucht.
3. Mich umfingen die Fesseln des Todes, *
mich erschreckten die Fluten des Verderbens.
   4. In meiner Not rief ich zum Herrn *
   und schrie zu meinem Gott. —
5. Er griff aus der Höhe herab und faßte mich, *
zog mich heraus aus gewaltigen Wassern.
   6. Er führte mich hinaus ins Weite, *
   er befreite mich, denn er hatte an mir Gefallen. —
7. Du, Herr, läßt meine Leuchte erstrahlen, *
mein Gott macht meine Finsternis hell.
   8. Mit dir erstürme ich Wälle, *
   mit meinem Gott überspringe ich Mauern.
9. Du schaffst meinen Schritten weiten Raum, *
meine Knöchel wanken nicht.
   10. Darum will ich dir danken, Herr, vor den Völkern, *
   ich will deinem Namen singen und spielen. —
11. Ehre sei dem Vater und dem Sohn *
und dem Heiligen Geist,
   12. wie im Anfang, so auch jetzt und alle Zeit *
   und in Ewigkeit. Amen.   Verse 2–3. 5.7ab. 17. 20. 29–30. 37. 50

Kehrvers

PSALM 19 A: Lob der Schöpfung

VIIIa. Q30

1. Die Himmel rühmen die Herrlichkeit Gottes, *
vom Werk seiner Hände kündet das Firmament.
    2. Ein Tag sagt es dem andern, *
    eine Nacht tut es der andern kund,
3. ohne Worte und ohne Reden, *
unhörbar bleibt ihre Stimme.
    4. Doch ihre Botschaft geht in die ganze Welt hinaus, *
    ihre Kunde bis zu den Enden der Erde.
5. Dort hat er der Sonne ein Zelt gebaut. *
Sie tritt aus ihrem Gemach hervor wie ein Bräutigam,
    6. sie frohlockt wie ein Held *
    und läuft ihre Bahn.
7. Am einen Ende des Himmels geht sie auf /
und läuft bis ans andere Ende; *
nichts kann sich vor ihrer Glut verbergen. —
    8. Ehre sei dem Vater und dem Sohn *
    und dem Heiligen Geist,
9. wie im Anfang, so auch jetzt und alle Zeit *
und in Ewigkeit. Amen.   Verse 2–7
Kehrvers

PSALM 19 B: Lob des Gesetzes

Herr, du hast Worte ewigen Lebens.

1. Die Weisung des Herrn ist vollkommen und gut, *
sie erquickt den Menschen.
   2. Das Gesetz des Herrn ist verläßlich, *
   den Unwissenden macht es weise.
3. Die Befehle des Herrn sind richtig, *
sie erfreuen das Herz;
   4. das Gebot des Herrn ist lauter, *
   es erleuchtet die Augen.
5. Die Furcht des Herrn ist rein, *
sie besteht für immer.
   6. Die Urteile des Herrn sind wahr, *
   gerecht sind sie alle.
7. Sie sind kostbarer als Gold, als Feingold in Menge. *
Sie sind süßer als Honig, als Honig aus Waben. —
   8. Auch dein Knecht läßt sich von ihnen warnen; *
   wer sie beachtet, hat reichen Lohn.
9. Wer bemerkt seine eigenen Fehler? *
Sprich mich frei von Schuld, die mir nicht bewußt ist!
   10. Behüte deinen Knecht auch vor vermessenen
   Menschen; *
   sie sollen nicht über mich herrschen.
11. Dann bin ich ohne Makel *
und rein von schwerer Schuld.
   12. Die Worte meines Mundes mögen dir gefallen, /
   was ich im Herzen erwäge, stehe dir vor Augen, *
   Herr, mein Fels und mein Erlöser. —
13. Ehre sei dem Vater und dem Sohn *
und dem Heiligen Geist,
   14. wie im Anfang, so auch jetzt und alle Zeit *
   und in Ewigkeit. Amen.   *Kehrvers*

Verse 8–15

PSALM 22 A: Gottverlassenheit und Heilsgewißheit

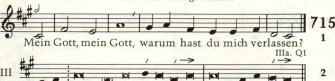

715

1 Mein Gott, mein Gott, warum hast du <u>mich</u> verlassen, *
bist fern meinem Schreien, den Worten <u>meiner</u> Klage?

    2. Mein Gott, ich rufe bei Tag, doch du <u>gibst</u> k<u>ei</u>ne Antwort; *
    ich rufe bei Nacht und finde doch <u>keine</u> Ruhe. —

3. Aber <u>du</u> bist heilig, *
du thronst über dem <u>Lobpreis</u> Isra<u>e</u>ls.

    4. Dir haben unsre <u>Väter</u> vertraut, *
    sie haben vertraut, und du hast <u>sie</u> gerettet.

5. Zu dir riefen sie und <u>wurden</u> befreit, *
dir vertrauten sie und wurden <u>nicht</u> zuschanden. —

    6. Ich aber bin ein <u>Wurm</u> und kein Mensch, *
    der Leute Spott, vom <u>Volk</u> verachtet.

7. Alle, die mich s<u>eh</u>en, v<u>er</u>lachen m<u>i</u>ch, *
verziehen die Lippen, <u>schütteln</u> den Kopf:

    8. „Er wälze die <u>Last</u> auf den Herrn, *
    der soll <u>ihn</u> befreien!

9. Der <u>reiße</u> ihn heraus, *
wenn er an <u>ihm</u> Gefall<u>en</u> h<u>a</u>t!"

    10. Du bist es, der mich aus dem <u>Schoß</u> m<u>ei</u>ner Mutter z<u>o</u>g, *
    mich barg an der <u>Brust</u> der Mutter.

11. Von Geburt an bin ich ge<u>wor</u>fen auf dich, *
vom Mutterleib <u>an</u> bist du <u>mein</u> Gott.

    12. Sei mir nicht fern, denn die <u>Not</u> ist nahe, *
    und nie<u>mand</u> ist d<u>a</u>, der hilft. —

13. Ehre sei dem <u>Vater</u> und dem Sohn *
und dem <u>Heiligen</u> Geist,

    14. wie im Anfang, so auch <u>jetzt</u> und alle <u>Z</u>eit *
    und in <u>Ew</u>igkeit. Amen.   *Kehrvers*   Verse 2–12

PSALM 22 B

716,1 Herr, bleibe mir nicht fern und eile mir zu Hilfe!

2 IIIa. Q23

1. Ich bin hingeschüttet wie Wasser, /
gelöst haben sich all meine Glieder. *
Mein Herz ist in meinem Leib wie Wachs zerflossen.

  2. Meine Kehle ist trocken wie eine Scherbe, /
  die Zunge klebt mir am Gaumen, *
  du legst mich in den Staub des Todes.

3. Viele Hunde umlagern mich, /
eine Rotte von Bösen umkreist mich. *
Sie durchbohren mir Hände und Füße.

  4. Man kann all meine Knochen zählen; *
  sie gaffen und weiden sich an mir.

5. Sie verteilen unter sich meine Kleider *
und werfen das Los um mein Gewand. —

  6. Du aber, Herr, halte dich nicht fern! *
  Du, meine Stärke, eil mir zur Hilfe!

7. Entreiße mein Leben dem Schwert, *
mein einziges Gut aus der Gewalt der Hunde!

  8. Rette mich vor dem Rachen des Löwen, *
  vor den Hörnern der Büffel rette mich Armen! —

9. Ehre sei dem Vater und dem Sohn *
und dem Heiligen Geist,

  10. wie im Anfang, so auch jetzt und alle Zeit *
  und in Ewigkeit. Amen.   *Kehrvers*   Verse 15–22

PSALM 22 C

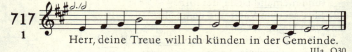

717,1 Herr, deine Treue will ich künden in der Gemeinde.

IIIa. Q30

1. Ich will deinen Namen meinen Brüdern verkünden, *
inmitten der Gemeinde dich preisen.
    2. Die ihr den Herrn fürchtet, preist ihn, /
    ihr alle vom Stamm Jakobs, rühmt ihn; *
    erschauert alle vor ihm, ihr Nachkommen Israels!
3. Denn er hat nicht verachtet, *
nicht verabscheut das Elend des Armen.
    4. Er verbirgt sein Gesicht nicht vor ihm; *
    er hat auf sein Schreien gehört.
5. Deine Treue preise ich in großer Gemeinde; *
ich erfülle meine Gelübde vor denen, die Gott fürchten.
    6. Die Armen sollen essen und sich sättigen; /
    den Herrn sollen preisen, die ihn suchen. *
    Aufleben soll euer Herz für immer. —
7. Alle Enden der Erde sollen daran denken /
und werden umkehren zum Herrn: *
Vor ihm werfen sich alle Stämme der Völker nieder.
    8. Denn der Herr regiert als König; *
    er herrscht über die Völker.
9. Vor ihm allein sollen niederfallen die Mächtigen der Erde, *
vor ihm sich alle niederwerfen, die in der Erde ruhen.
    10. Meine Seele, sie lebt für ihn; *
    mein Stamm wird ihm dienen.
11. Vom Herrn wird man dem künftigen Geschlecht erzählen; /
seine Heilstat verkündet man dem kommenden Volk; *
denn ér hat das Werk getan. —
    12. Ehre sei dem Vater und dem Sohn *
    und dem Heiligen Geist,
13. wie im Anfang, so auch jetzt und alle Zeit *
und in Ewigkeit. Amen.

Verse 23–32

Kehrvers

PSALM 23: Der Herr mein Hirte

VIa. Q23

1. Der Herr ist mein Hirte, *
nichts wird mir fehlen.
   2. Er läßt mich lagern auf grünen Auen *
   und führt mich zum Ruheplatz am Wasser.
3. Er stillt mein Verlangen; *
er leitet mich auf rechten Pfaden, treu seinem Namen. —
   4. Muß ich auch wandern in finsterer Schlucht, *
   ich fürchte kein Unheil;
5. denn du bist bei mir, *
dein Stock und dein Stab geben mir Zuversicht. —
   6. Du deckst mir den Tisch *
   vor den Augen meiner Feinde.
7. Du salbst mein Haupt mit Öl, *
du füllst mir reichlich den Becher.
   8. Lauter Güte und Huld werden mir folgen mein
   Leben lang, *
   und im Haus des Herrn darf ich wohnen für
   lange Zeit. —
9. Ehre sei dem Vater und dem Sohn *
und dem Heiligen Geist,
   10. wie im Anfang, so auch jetzt und alle Zeit *
   und in Ewigkeit. Amen.
Kehrvers

PSALM 24: Nr. 122

PSALM 27: Gemeinschaft mit Gott

719

1. Der Herr ist mein Licht <u>und</u> mein Heil: *
Vor wem soll<u>te</u> ich mich fürchten?
   2. Der Herr ist die Kraft <u>meines</u> Lebens: *
   Vor wem <u>soll</u>te mir bangen?
3. Dringen Frevler <u>auf</u> mich ein, *
um <u>mich</u> zu verschlingen,
   4. meine Bedrän<u>ger</u> und Feinde, *
   sie müssen <u>strauch</u>eln und fallen. —
5. Nur eines erbitte <u>ich</u> vom Herrn, *
<u>da</u>nach verlangt mich:
   6. Im Haus des <u>Herrn</u> zu wohnen *
   alle Ta<u>ge</u> meines Lebens,
7. die Freundlichkeit des <u>Herrn</u> zu schauen *
und nachzusinnen <u>in</u> seinem Tempel.
   8. Denn er birgt mich in <u>sei</u>nem Haus *
   am <u>Ta</u>ge des Unheils;
9. er beschirmt mich im Schutz <u>seines</u> Zeltes, *
er hebt mich auf ei<u>nen</u> Felsen empor.
   10. Ich will Opfer darbringen in seinem Zelt, Opfer mit Jubel; *
   dem Herrn will ich <u>sin</u>gen und spielen. —
11. Vernimm, o Herr, mein <u>lautes</u> Rufen; *
sei mir gnä<u>dig</u> und erhö<u>re</u> mich!
   12. Mein Herz denkt an dein Wort: „<u>Sucht</u> mein Angesicht!" *
   Dein Angesicht, <u>Herr</u>, will ich suchen.
13. Verbirg nicht dein Gesicht <u>vor</u> mir; /
weise deinen Knecht im <u>Zorn</u> nicht ab! *
Du wur<u>dest</u> meine Hilfe.

14. Verstoß mich nicht, verlaß mich nicht, *
   du Gott meines Heiles!
15. Wenn mich auch Vater und Mutter verlassen, *
der Herr nimmt mich auf. —
   16. Zeige mir, Herr, deinen Weg; *
   leite mich auf ebener Bahn trotz meiner Feinde!
17. Ich aber bin gewiß, zu schauen *
die Güte des Herrn im Land der Lebenden. —
   18. Hoffe auf den Herrn, und sei stark! *
   Hab festen Mut und hoffe auf den Herrn! —
19. Ehre sei dem Vater und dem Sohn *
und dem Heiligen Geist,
   20. wie im Anfang, so auch jetzt und alle Zeit *
   und in Ewigkeit. Amen.   Verse 1–2. 4–5. 6c–11. 13–14

Kehrvers

PSALM 28: Hilferuf in Todesgefahr und Dank für Erhörung

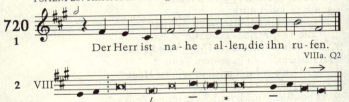

1. Zu dir rufe ich, Herr, mein Fels.*
Wende dich nicht schweigend ab von mir!
   2. Denn wolltest du schweigen, *
   würde ich denen gleich, die längst begraben sind.
3. Höre mein lautes Flehen, wenn ich zu dir schreie, *
wenn ich die Hände zu deinem Allerheiligsten erhebe. —
   4. Der Herr sei gepriesen! *
   Denn er hat mein lautes Flehen erhört.
5. Der Herr ist meine Kraft und mein Schild, *
mein Herz vertraut ihm.
   6. Mir wurde geholfen. Da jubelte mein Herz; *
   ich will ihm danken mit meinem Lied.

7. Der Herr ist die Stärke seines Vol̲kes, *
er ist Schutz und Heil für sei̲nen Gesalbten.

    8. Hilf deinem Volk, und segne dein E̲rbe, *
    führe und trage es̲ in Ewig̲keit! —

9. Ehre sei dem Vater und dem So̲hn *
und dem Hei̲ligen Geist,

    10. wie im Anfang, so auch jetzt und al̲le Zeit *
    und in Ewig̲keit. Amen.

Verse 1–2. 6–9

Kehrvers

PSALM 32: Freude über die Vergebung

1. Wohl dem, dessen Fre̲vel vergeben *
und dessen Sü̲nde bedeckt ist.

    2. Wohl dem Menschen, dem der Herr die Schuld ni̲cht zur Last legt *
    und dessen He̲rz keine Falschheit ke̲nnt. —

3. Solang' ich es verschwieg, waren meine Gli̲eder matt, *
den ganzen Tag mu̲ßte ich stöhnen.

    4. Denn deine Hand lag schwer auf mir bei Tag un̲d bei Nacht; *
    meine Lebenskraft war verdorrt wie durch di̲e Glut des Sommers.

5. Da bekannte ich dir mei̲ne Sünde *
und verbarg nicht läng̲er meine Schuld vor di̲r.

    6. Ich sagte: Ich will dem Herrn meine Fre̲vel bekennen.*
    Und du hast mir di̲e Schuld vergeben. —

7. Darum soll jeder Fromme in der Not zu dir beten; *
fluten hohe Wasser heran, ihn werden sie nicht erreichen.
  8. Du bist mein Schutz, bewahrst mich vor Not; *
  du rettest mich und hüllst mich in Jubel. —
9. „Ich unterweise dich und zeige dir den Weg, den du gehen sollst. *
Ich will dir raten; über dir wacht mein Auge."
  10. Werdet nicht wie Roß und Maultier, *
  die ohne Verstand sind.
11. Mit Zaum und Zügel muß man ihr Ungestüm bändigen, *
sonst folgen sie dir nicht.
  12. Der Frevler leidet viele Schmerzen, *
  doch wer dem Herrn vertraut, den wird er mit seiner Huld umgeben. —
13. Freut euch am Herrn und jauchzt, ihr Gerechten, *
jubelt alle, ihr Menschen mit redlichem Herzen! —
  14. Ehre sei dem Vater und dem Sohn *
  und dem Heiligen Geist,
15. wie im Anfang, so auch jetzt und alle Zeit *
und in Ewigkeit. Amen.
Kehrvers

PSALM 33: Loblied auf den mächtigen und gütigen Gott

1. Ihr Gerechten, jubelt vor dem Herrn; *
für die Frommen ziemt es sich, Gott zu loben.

2. Preist den Herrn mit der Zither, *
spielt für ihn auf der zehnsaitigen Harfe!
3. Singt ihm ein neues Lied, *
greift voll in die Saiten und jubelt laut! —
4. Denn das Wort des Herrn ist wahrhaftig, *
all sein Tun ist verläßlich.
5. Er liebt Gerechtigkeit und Recht, *
die Erde ist erfüllt von der Huld des Herrn. —
6. Der Ratschluß des Herrn bleibt ewig bestehen, *
die Pläne seines Herzens überdauern die Zeiten.
7. Wohl dem Volk, dessen Gott der Herr ist, *
die Nation, die er sich zum Erbteil erwählt hat. —
8. Der Herr blickt herab vom Himmel, *
er sieht auf alle Menschen.
9. Von seinem Thronsitz schaut er nieder *
auf alle Bewohner der Erde.
10. Der ihre Herzen gebildet hat, *
er achtet auf all ihre Taten.
11. Dem König hilft nicht sein starkes Heer, *
der Held rettet sich nicht durch große Stärke.
12. Nichts nützen die Rosse zum Sieg, *
mit all ihrer Kraft können sie niemand retten.
13. Doch das Auge des Herrn ruht auf allen, die ihn fürchten und ehren, *
die nach seiner Güte ausschaun;
14. denn er will sie dem Tod entreißen *
und in der Hungersnot ihr Leben erhalten. —
15. Unsre Seele hofft auf den Herrn, *
er ist für uns Schild und Hilfe.
16. Ja, an ihm freut sich unser Herz, *
wir vertrauen auf seinen heiligen Namen.
17. Laß deine Güte über uns walten, o Herr, *
denn wir schauen aus nach dir. —
18. Ehre sei dem Vater und dem Sohn *
und dem Heiligen Geist,
19. wie im Anfang, so auch jetzt und alle Zeit *
und in Ewigkeit. Amen.

Verse 1–5. 11–22

Kehrvers

PSALM 34: Unter Gottes Schutz

1. Ich will den Herrn allezeit preisen; *
immer sei sein Lob in meinem Mund.
    2. Meine Seele rühme sich des Herrn; *
    die Armen sollen es hören und sich freuen.
3. Verherrlicht mit mir den Herrn, *
laßt uns gemeinsam seinen Namen rühmen.
    4. Ich suchte den Herrn, und er hat mich erhört, *
    er hat mich all meinen Ängsten entrissen.
5. Blickt auf zu ihm, so wird euer Gesicht leuchten, *
und ihr braucht nicht zu erröten.—
    6. Da ist ein Armer; er rief, und der Herr erhörte ihn. *
    Er half ihm aus all seinen Nöten.
7. Der Engel des Herrn umschirmt alle, die ihn fürchten und ehren, *
und er befreit sie.

8. Kostet und seht, wie gütig der Herr ist; *
wohl dem, der zu ihm sich flüchtet!
9. Fürchtet den Herrn, ihr seine Heiligen; *
denn wer ihn fürchtet, leidet keinen Mangel.
10. Reiche müssen darben und hungern; *
wer aber den Herrn sucht, braucht kein Gut zu entbehren. —
11. Kommt, ihr Kinder, hört mir zu! *
Ich will euch in der Furcht des Herrn unterweisen.
12. Wer ist der Mensch, der das Leben liebt *
und gute Tage zu sehen wünscht?
13. Bewahre deine Zunge vor Bösem *
und deine Lippen vor falscher Rede!
14. Meide das Böse und tu das Gute; *
suche Frieden und jage ihm nach! —
15. Die Augen des Herrn blicken auf die Gerechten, *
seine Ohren hören ihr Schreien.
16. Das Antlitz des Herrn richtet sich gegen die Bösen, *
um ihr Andenken von der Erde zu tilgen.
17. Schreien die Gerechten, so hört sie der Herr; *
er entreißt sie all ihren Ängsten.
18. Nahe ist der Herr den zerbrochenen Herzen, *
er hilft denen auf, die zerknirscht sind. —
19. Der Gerechte muß viel leiden, *
doch allem wird der Herr ihn entreißen.
20. Er behütet all seine Glieder, *
nicht eines von ihnen wird zerbrochen.
21. Den Frevler wird seine Bosheit töten; *
wer den Gerechten haßt, muß es büßen.
22. Der Herr erlöst seine Knechte; *
straflos bleibt, wer zu ihm sich flüchtet. —
23. Ehre sei dem Vater und dem Sohn *
und dem Heiligen Geist,
24. wie im Anfang, so auch jetzt und alle Zeit *
und in Ewigkeit. Amen.
Kehrvers

5. Denn bei dir ist die Quelle des Lebens,*
in deinem Licht schauen wir das Licht.

6. Ehre sei dem Vater und dem Sohn
und dem Heiligen Geist* wie im
Anfang, so auch jetzt und alle Zeit
und in Ewigkeit. Amen. Kv

Verse 6–10

PSALM 40: Opfer und Lob

Herr, deine Treue will ich künden in der Gemeinde.

Ia, IXa, Q30

1. Ich hoffte, ja ich hoffte auf den Herrn. *
Da neigte er sich mir zu und hörte mein Schreien.
   2. Er zog mich herauf aus der Grube des Grauens, *
   aus Schlamm und Morast.

3. Er stellte meine Füße auf den Fels, *
macht fest meine Schritte.
    4. Er legte mir ein neues Lied in den Mund, *
    einen Lobgesang auf ihn, unsern Gott.
5. Viele werden es sehen, sich in Ehrfurcht neigen *
und auf den Herrn vertrauen. —
    6. Wohl dem Mann, der auf den Herrn
    sein Vertrauen setzt, *
    sich nicht zu den Stolzen hält noch zu treulosen
    Lügnern.
7. Zahlreich sind die Wunder, die du getan hast, /
und deine Pläne mit uns; *
Herr, mein Gott, nichts kommt dir gleich.
    8. Wollte ich von ihnen künden und reden, *
    es wären mehr, als man zählen kann. —
9. An Schlacht- und Speiseopfern hast du kein Gefallen, *
Brand- und Sündopfer forderst du nicht.
    10. Doch das Gehör hast du mir eingepflanzt; /
    darum sage ich: Ja, ich komme. *
    In dieser Schriftrolle steht, was an mir geschehen ist.
11. Deinen Willen zu tun, mein Gott, macht mir Freude, *
deine Weisung trag' ich im Herzen.
    12. Gerechtigkeit verkünde ich in großer Gemeinde, *
    meine Lippen verschließe ich nicht; Herr, du weißt es.
13. Deine Gerechtigkeit verberge ich nicht im Herzen, *
ich spreche von deiner Treue und Hilfe,
    14. ich schweige nicht über deine Huld und Wahrheit *
    vor der großen Gemeinde. —
15. Du, Herr, verschließ mir nicht dein Erbarmen, *
deine Huld und Wahrheit mögen mich immer behüten! —
    16. Ehre sei dem Vater und dem Sohn *
    und dem Heiligen Geist,
17. wie im Anfang, so auch jetzt und alle Zeit *
und in Ewigkeit. Amen.   Verse 2–12
Kehrvers

PSALM 42/43: Sehnsucht nach dem lebendigen Gott

Meine Seele dürstet allezeit nach Gott.

IIa. Q20

726

1

2

1. Wie der Hirsch lechzt nach frischem Wasser, *
so lechzt meine Seele, Gott, nach dir.
    2. Meine Seele dürstet nach Gott, *
    nach dem lebendigen Gott.
3. Wann darf ich kommen *
und Gottes Antlitz schauen?
    4. Tränen waren mein Brot bei Tag und bei Nacht; /
    denn man sagt zu mir den ganzen Tag: *
    Wo ist nun dein Gott?
5. Das Herz geht mir über, wenn ich daran denke: /
wie ich zum Haus Gottes zog in festlicher Schar, *
mit Jubel und Dank in feiernder Menge. —
    6. Meine Seele, warum bist du betrübt *
    und bist so unruhig in mir?
7. Harre auf Gott; denn ich werde ihm noch danken, *
meinem Gott und Retter, auf den ich schaue. —
Kehrvers

3

1. Verschaff mir Recht, o Gott, /
und führe meine Sache gegen ein treuloses Volk! *
Rette mich vor bösen und tückischen Menschen!
    2. Denn du bist mein starker Gott. *
    Warum hast du mich verstoßen?
3. Warum muß ich trauernd umhergehn *
von meinem Feind bedrängt?
    4. Sende dein Licht und deine Wahrheit, *
    damit sie mich leiten;

5. sie sollen mich führen zu deinem heiligen Berg *
und zu deiner Wohnung.

    6. So will ich zum Altar Gottes treten, zum Gott meiner Freude. *
Jauchzend will ich dich auf der Harfe loben, Gott, mein Gott. —

7. Meine Seele, warum bist du betrübt *
und bist so unruhig in mir?

    8. Harre auf Gott; denn ich werde ihm noch danken, *
meinem Gott und Retter, auf den ich schaue. —

9. Ehre sei dem Vater und dem Sohn *
und dem Heiligen Geist,

    10. wie im Anfang, so auch jetzt und alle Zeit *
und in Ewigkeit. Amen.   Verse 42, 2–6; 43, 1–5

Mei-ne See-le dür-stet al-le-zeit nach Gott.

PSALM 46: Nr. 650

PSALM 47: Gott, der König aller Völker

727

Herr, du bist Kö-nig ü-ber al-le Welt.
VIIIa. Q20

1. Ihr Völker alle, klatscht in die Hände; *
jauchzt Gott zu mit lautem Jubel!

    2. Denn furchtgebietend ist der Herr, der Höchste, *
ein großer König über die ganze Erde.

3. Er wählt unser Erbland für uns aus, *
den Stolz Jakobs, den er liebt. —

4. Gott stieg empor unter Jubel, *
der Herr beim Schall der Hörner.
5. Singt unsrem Gott, ja singt ihm! *
Spielt unsrem König, spielt ihm!
6. Denn Gott ist König der ganzen Erde. *
Spielt ihm ein Psalmenlied!
7. Gott wurde König über alle Völker, *
Gott sitzt auf seinem heiligen Thron.
8. Die Fürsten der Völker sind versammelt *
als Volk des Gottes Abrahams.
9. Denn Gott gehören die Mächte der Erde, *
er ist hoch erhaben. —
10. Ehre sei dem Vater und dem Sohn *
und dem Heiligen Geist,
11. wie im Anfang, so auch jetzt und alle Zeit *
und in Ewigkeit. Amen. Verse 2–3. 5–10
Kehrvers

PSALM 49: Vergänglichkeit des Menschen

1. Hört dies an, ihr Völker alle, *
vernehmt es, alle Bewohner der Erde!
2. Ihr Leute aus dem Volk und vom Adel, *
Reiche und Arme zusammen! —
3. Warum soll ich mich in bösen Tagen fürchten, *
wenn mich der Frevel tückischer Feinde umgibt?

4. Sie verlassen sich ganz auf ihren Besitz *
und rühmen sich ihres großen Reichtums.
5. Loskaufen kann doch keiner den andern *
noch an Gott für ihn ein Sühnegeld zahlen
6. –für das Leben ist jeder Kaufpreis zu hoch; *
für immer muß man davon abstehn, –
7. damit er auf ewig weiterlebt *
und niemals das Grab schaut.
8. Denn man sieht: Weise sterben, /
genauso gehen Tor und Narr zugrunde, *
sie müssen andern ihren Reichtum lassen.
9. Das Grab ist ihr Haus auf ewig, /
ist ihre Wohnung für immer, *
ob sie auch Länder nach ihren Namen benannten.
10. Der Mensch bleibt nicht in seiner Pracht, *
er gleicht dem Vieh, das verstummt.
11. So geht es denen, die auf sich selbst vertrauen, *
und so ist das Ende derer, die sich in großen Worten gefallen.
12. Der Tod führt sie auf seine Weide wie Schafe, *
sie stürzen hinab zur Unterwelt.
13. Geradewegs sinken sie hinab in das Grab; *
ihre Gestalt zerfällt, die Unterwelt wird ihre Wohnstatt.
14. Doch Gott wird mich loskaufen aus dem Reich des Todes; *
ja, er nimmt mich auf, ––
15. Laß dich nicht beirren, wenn einer reich wird *
und die Pracht seines Hauses sich mehrt;
16. denn im Tod nimmt er das alles nicht mit, *
seine Pracht steigt nicht mit ihm hinab.
17. Preist er sich im Leben auch glücklich *
und sagt zu sich: „Man lobt dich, weil du dir's wohl sein läßt",
18. so muß er doch zur Schar seiner Väter hinab, *
die das Licht nie mehr erblicken.
19. Der Mensch in Pracht, doch ohne Einsicht, *
er gleicht dem Vieh, das verstummt.––

20. Ehre sei dem Vater und dem Sohn *
und dem Heiligen Geist,
21. wie im Anfang, so auch jetzt und alle Zeit *
und in Ewigkeit. Amen.

Verse 2–3. 6–21

Kehrvers

PSALM 50: Der rechte Gottesdienst

729

1. Der Gott der Götter, der Herr, spricht, /
er ruft der Erde zu *
vom Aufgang der Sonne bis zum Untergang.
   2. „Höre, mein Volk, ich rede. /
   Israel, ich klage dich an, *
   ich, der ich dein Gott bin.
3. Nicht wegen deiner Opfer rüge ich dich, *
deine Brandopfer sind mir immer vor Augen.
   4. Doch nehme ich von dir Stiere nicht an *
   noch Böcke aus deinen Hürden.
5. Denn mir gehört alles Getier des Waldes, *
das Wild auf den Bergen zu Tausenden.
   6. Bring Gott als Opfer dein Lob, *
   und erfülle dem Höchsten deine Gelübde!
7. Rufe mich an am Tag der Not; *
dann rette ich dich, und du wirst mich ehren.
   8. Wer Opfer des Lobes bringt, ehrt mich; *
   wer rechtschaffen lebt, dem zeig' ich mein Heil!" —
9. Ehre sei dem Vater und dem Sohn *
und dem Heiligen Geist,
   10. wie im Anfang, so auch jetzt und alle Zeit *
   und in Ewigkeit. Amen.

Verse 1. 7–10. 14–15. 23

Kehrvers

PSALM 51: Nr. 190 und Nr. 85

PSALM 57: Geborgenheit im Schutz Gottes

730

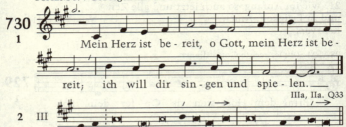

1. Mein Herz ist bereit, o Gott, /
mein Herz ist bereit, *
ich will dir singen und spielen.

    2. Wach auf, meine Seele! /
Wacht auf, Harfe und Saitenspiel! *
Ich will das Morgenrot wecken.

3. Ich will dich vor den Völkern preisen, Herr, *
dir vor den Nationen lobsingen.

    4. Denn deine Güte reicht, so weit der Himmel ist, *
deine Treue, so weit die Wolken ziehn.

5. Erheb dich, über die Himmel o Gott; *
deine Herrlichkeit erscheine über der ganzen Erde. —

    6. Ehre sei dem Vater und dem Sohn *
und dem Heiligen Geist,

7. wie im Anfang, so auch jetzt und alle Zeit *
und in Ewigkeit. Amen. *Kehrvers*   Verse 8–12

PSALM 63: Nr. 676

PSALM 65: Dank für Gottes Gaben

731

1. Dir gebührt Lobgesang, Gott, auf dem Zion, *
dir erfüllt man Gelübde.
    2. Du erhörst die Gebete: /
    Alle Menschen kommen zu dir *
    unter der Last ihrer Sünden.
3. Unsre Schuld ist zu groß für uns, *
du wirst sie vergeben.
    4. Wohl denen, die du erwählst und in deine
    Nähe holst, *
    die in den Vorhöfen deines Heiligtums wohnen.
5. Wir wollen uns am Gut deines Hauses sättigen, *
am Gut deines heiligen Tempels.
    6. Du vollbringst erstaunliche Taten, *
    erhörst uns in Treue, du Gott unsres Heiles,
7. du Zuversicht aller Enden der Erde, *
und der fernsten Gestade. —
    8. Du gründest die Berge in deiner Kraft, *
    du gürtest dich mit Stärke.
9. Du stillst das Brausen der Meere, *
das Brausen ihrer Wogen, das Tosen der Völker.
    10. Alle, die an den Enden der Erde wohnen, /
    erschauern vor deinen Zeichen;*
    Ost und West erfüllst du mit Jubel. —
11. Du sorgst für das Land und tränkst es; *
du überschüttest es mit Reichtum.
    12. Der Bach Gottes ist reichlich gefüllt, *
    du schaffst ihnen Korn; so ordnest du alles.
13. Du tränkst die Furchen, ebnest die Schollen, *
machst sie weich durch Regen, segnest ihre Gewächse.
    14. Du krönst das Jahr mit deiner Güte, *
    deinen Spuren folgt Überfluß.
15. In der Steppe prangen die Auen, *
die Höhen umgürten sich mit Jubel.

Psalmen

16. Die Weiden schmücken sich mit Herden, /
die Täler hüllen sich in Korn. *
Sie jauchzen und singen. —
17. Ehre sei dem Vater und dem Sohn *
und dem Heiligen Geist,
18. wie im Anfang, so auch jetzt und alle Zeit *
und in Ewigkeit. Amen.

Der Herr krönt das Jahr mit seinem Segen.

PSALM 67: Dank für den Segen Gottes

1. Gott sei uns gnädig und segne uns! *
Er lasse über uns sein Angesicht leuchten,
2. damit auf Erden sein Weg erkannt wird *
und unter allen Völkern sein Heil.
Kehrvers (= 3. Psalmvers)
4. Die Nationen sollen sich freuen und jubeln. *
Denn du richtest den Erdkreis gerecht.
5. Du richtest die Völker nach Recht *
und regierst die Nationen auf Erden.
Kehrvers (= 6. Psalmvers)

7. Das Land gab <u>sei</u>nen Ertrag. *
Es segne uns <u>Gott</u>, unser Gott!
    8. Es <u>seg</u>ne uns Gott! *
    Alle Welt fürch<u>te</u> und ehre ihn!
Kehrvers

9. Ehre sei dem <u>Va</u>ter und dem Sohn *
und dem <u>Hei</u>ligen Geist,
    10. wie im Anfang, so auch <u>jetzt</u> und alle <u>Zeit</u> *
    und in <u>E</u>wigkeit. Amen.
Kehrvers

PSALM 71: Zuflucht bei Gott bis ins Alter

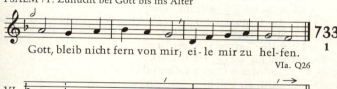

1. Herr, ich suche Zuflucht <u>bei</u> dir. *
Laß mich <u>doch</u> niemals scheitern!
    2. Reiß mich heraus und rette mich in deiner
    <u>Gerech</u>tigkeit, *
    wende dein Ohr <u>mir</u> zu und hilf mir!
3. Sei mir ein sicher<u>er</u> Hort, *
zu dem <u>ich</u> allzeit kommen darf.
    4. Du hast mir versprochen <u>zu</u> helfen, *
    denn du bist <u>mein</u> Fels und meine Burg. —
5. Herr, mein Gott, du bist ja mei<u>ne</u> Zuversicht, *
meine <u>Hoff</u>nung von Jugend auf.
    6. Vom Mutterleib an stütze ich mich auf dich, /
    vom Mutterschoß an bist du mein Be<u>schü</u>tzer; *
    dir gilt <u>mein</u> Lobpreis allezeit!

Psalmen

7. Für viele bin ich wie ein Ge̲zeichne̲ter, *
du aber bist mei̲ne starke Zuflucht.
    8. Mein Mund ist erfüllt von dei̲nem Lob, *
    von dei̲nem Ruhm den gan̲zen Tag.—
9. Verwirf mich nicht, wenn i̲ch alt bin, *
verlaß mich nicht, wenn mei̲ne Kräfte schwinden!
    10. Gott, bleib doch ni̲cht fern von mi̲r! *
    Mein Gott, ei̲le mir zu Hilfe.
11. Auch wenn ich alt u̲nd grau bin, *
o Gott, verlaß mi̲ch ni̲cht.
    12. Du ließest mich viel Angst und Not erfahren. /
    Belebe mi̲ch neu, *
    führe mich herauf aus den Tie̲fen der Erde!
13. Bring mich wieder zu̲ Ehren! *
Du wirst mich wie̲derum trösten. —
    14. Dann will ich dir danken mi̲t Saite̲nspiel *
    und dei̲ne Treue preisen,
15. mein Gott, du Heili̲ger Isra̲els, *
ich will dir auf de̲r Harfe spielen.
    16. Meine Lippen sollen jubeln, /
    denn dir will ich singen u̲nd spielen, *
    meine Seele, die du erlö̲st hast, soll jubeln. —
17. Ehre sei dem Vater und de̲m Sohn *
und de̲m Heiligen Geist,
    18. wie im Anfang, so auch jetzt u̲nd alle Ze̲it *
    und in E̲wigkeit. Amen.   Verse 1–3. 5–9. 12. 18. 20–23

Gott, bleib nicht fern von mir; ei-le mir zu hel-fen.

PSALM 72: Nr. 152/153

PSALM 77: Gottes Weg mit seinem Volk

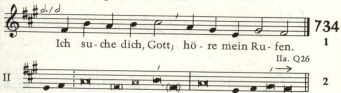

734

1. Ich rufe zu Gott, ich <u>schreie</u>, *
ich rufe zu Gott, <u>bis</u> er mich hört.
  2. Am Tag meiner Not suche ich den Herrn; /
  unablässig erhebe ich nachts meine <u>Hände</u>, *
  meine Seele läßt <u>sich</u> nicht trösten.
3. Denke ich an Gott, muß ich <u>seufzen</u>; *
sinne ich nach, dann will mein <u>Geist</u> verzagen. —
  4. Du läßt mich nicht mehr <u>schlafen</u>; *
  ich bin voll Unruhe und <u>kann</u> nicht reden.
5. Ich sinne nach über die Tage von <u>einst</u>, *
ich will denken an längst vergangene Jahre.
  6. Mein Herz grübelt bei <u>Nacht</u>, *
  ich sinne <u>nach</u>, es forscht mein Geist. —
7. Wird der Herr mich denn auf ewig verstoßen *
und mir nie<u>mals</u> mehr gnädig <u>sein</u>?
  8. Hat seine Huld für immer ein <u>Ende</u>, *
  ist seine Verheißung aufgehoben für <u>alle</u> Zeiten?
9. Hat Gott seine Gnade ver<u>gessen</u>, *
im Zorn sein Erbar<u>men</u> verschlossen? —
  10. Da sagte ich mir: „Das ist mein <u>Schmerz</u>, *
  daß die Rechte des Höchsten so <u>an</u>ders handelt."
11. Ich denke an die Taten des <u>Herrn</u>, *
ich will denken an deine früheren Wunder.
  12. Ich erwäge all deine <u>Werke</u> *
  und will nachsinnen über <u>deine</u> Taten. —
13. Ehre sei dem Vater und dem <u>Sohn</u> *
und dem <u>Hei</u>ligen Geist,
  14. wie im Anfang, so auch jetzt und <u>alle</u> Zeit *
  und in <u>E</u>wigkeit. Amen.   *Kehrvers*

Verse 2–13

PSALM 80: Israel, Gottes Weinstock

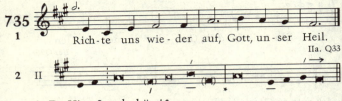

1. Du Hirte Israels, höre! *
Der du auf den Kerubim thronst, erscheine!
   2. Biete deine gewaltige Macht auf, *
   und komm uns zu Hilfe!
3. Gott, richte uns wieder auf! *
Laß dein Angesicht leuchten, dann ist uns geholfen. —
   4. Herr, Gott der Heerscharen, wie lange noch zürnst du, *
   während dein Volk zu dir betet?
5. Du hast sie gespeist mit Tränenbrot, *
sie überreich getränkt mit Tränen.
   6. Du machst uns zum Spielball der Nachbarn, *
   und unsere Feinde verspotten uns.
7. Gott der Heerscharen, richte uns wieder auf! *
Laß dein Angesicht leuchten, dann ist uns geholfen. —
   8. Du hobst in Ägypten einen Weinstock aus, *
   du hast Völker vertrieben, ihn aber eingepflanzt.
9. Du schufst ihm weiten Raum; *
er hat Wurzeln geschlagen und das ganze Land erfüllt.
   10. Sein Schatten bedeckte die Berge, *
   seine Zweige die Zedern Gottes.
11. Seine Ranken trieb er hin bis zum Meer *
und seine Schößlinge bis zum Eufrat.
   12. Warum rissest du seine Mauern ein? *
   Alle, die des Weges kommen, plündern ihn aus.
13. Der Eber aus dem Wald wühlt ihn um, *
die Tiere des Feldes fressen ihn ab.
   14. Gott der Heerscharen, wende dich uns wieder zu! *
   Blick vom Himmel herab und sieh auf uns!

15. Sorge für diesen Wein<u>stock</u> *
und für den Garten, den deine Rech<u>te</u> gepflanzt hat. —
　　16. Die ihn im Feuer verbrannten wie <u>Keh</u>richt, *
　　sie sollen vergehen vor deinem dro<u>hen</u>den Angesicht.
17. Deine Hand schütze den Mann zu deiner <u>Rech</u>ten, *
den Menschensohn, den du für dich <u>groß</u> und stark ge<u>macht</u>.
　　18. Erhalt uns am <u>Leb</u>en! *
　　Dann wollen wir deinen Namen anrufen und nicht <u>von</u> dir weichen.
19. Herr, Gott der Heerscharen, richte uns wieder <u>auf</u>! *
Laß dein Angesicht leuchten, dann ist <u>uns</u> geholfen. —
　　20. Ehre sei dem Vater und dem <u>Sohn</u> *
　　und dem <u>Hei</u>ligen Geist,
21. wie im Anfang, so auch jetzt und <u>alle</u> <u>Zeit</u> *
und in E<u>wig</u>keit. Amen.　*Kehrvers*

PSALM 84: Nr. 649

PSALM 85: Nr. 123 und Nr. 600

PSALM 90: Der ewige Gott – der vergängliche Mensch

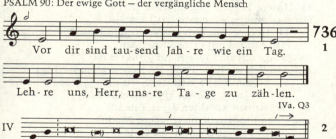

1. Herr, du warst <u>uns</u>re Zuflucht *
von <u>Ge</u>schlecht zu Geschlecht.
　　2. Ehe die Berge geboren wurden,
　　die Erde entstand <u>und</u> das Weltall, *
　　bist du, o Gott, von E<u>wig</u>keit zu Ewigkeit. —
3. Du läßt die Menschen zurückkeh<u>ren</u> zum Staub *
und sprichst: „Kommt <u>wie</u>der, ihr Menschen!"

4. Denn tausend Jahre sind für dich wie der Tag,
der gestern vergangen ist, *
wie eine Wache in der Nacht.
5. Von Jahr zu Jahr säst du die Menschen aus; *
sie gleichen dem sprossenden Gras.
6. Am Morgen grünt es und blüht, *
am Abend wird es geschnitten und welkt. —
7. Denn wir vergehen durch deinen Zorn, *
werden vernichtet durch deinen Grimm.
8. Du hast unsere Sünden vor dich hingestellt, *
unsere geheime Schuld in das Licht deines Angesichts.
9. Denn all unsere Tage gehn hin unter deinem Zorn, *
wir beenden unsere Jahre wie einen Seufzer.
10. Unser Leben währt siebzig Jahre, *
und wenn es hoch kommt, sind es achtzig.
11. Das Beste daran ist nur Mühsal und Beschwer, *
rasch geht es vorbei, wir fliegen dahin.
12. Wer kennt die Gewalt deines Zornes *
und fürchtet sich vor deinem Grimm?
13. Unsere Tage zu zählen, lehre uns! *
Dann gewinnen wir ein weises Herz. —
14. Herr, wende dich uns doch endlich zu! *
Hab Mitleid mit deinen Knechten!
15. Sättige uns am Morgen mit deiner Huld! *
Dann wollen wir jubeln und uns freuen all unsre Tage.
16. Erfreue uns so viele Tage, wie du uns gebeugt hast, *
so viele Jahre, wie wir Unglück erlitten.
17. Zeig deinen Knechten deine Taten *
und ihren Kindern deine erhabene Macht!
18. Es komme über uns die Güte des Herrn, unsres Gottes! /
Laß das Werk unsrer Hände gedeihen, *
ja, laß gedeihen das Werk unsrer Hände! —
19. Ehre sei dem Vater und dem Sohn *
und dem Heiligen Geist,
20. wie im Anfang, so auch jetzt und alle Zeit
und in Ewigkeit. Amen.
Kehrvers

PSALM 91: Nr. 698

PSALM 92: Loblied auf die Treue Gottes

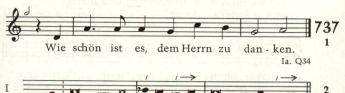

Wie schön ist es, dem Herrn zu danken.

Ia. Q34

1. Wie schön ist es, dem H<u>err</u>n zu danken, *
deinem Namen, du Höch<u>ste</u>r, zu singen,

    2. am Morgen deine <u>Huld</u> zu ver<u>kün</u>den *
    und in den Nächten <u>dei</u>ne Treue

3. zur zehnsaitigen <u>Lau</u>te, zur Harfe, *
zum <u>Klang</u> der Zither.

    4. Denn du hast mich durch deine <u>Ta</u>ten froh
    ge<u>ma</u>cht; *
    Herr, ich will jubeln über die Werke <u>dei</u>ner Hände.

5. Wie groß sind deine <u>Wer</u>ke, o Herr, *
wie tief <u>dei</u>ne Gedanken! —

    6. Ein Mensch ohne <u>Ein</u>sicht erkennt das <u>nicht</u>, *
    ein Tor kann es <u>nicht</u> verstehen.

7. Herr, <u>du</u> bist <u>der</u> Höchste, *
du <u>bleibst</u> auf ewig.

    8. Doch deine Feinde, Herr, wahrhaftig, deine
    <u>Fein</u>de ver<u>ge</u>hen; *
    auseinander getrieben werden <u>alle</u>, die Un<u>recht</u> tun. —

9. Der Gerechte ge<u>deiht</u> wie die Palme, *
er wächst wie die <u>Ze</u>d<u>ern</u> des Lib<u>a</u>n<u>on</u>.

    10. Gepflanzt im <u>Hau</u>se des <u>Herrn</u>, *
    gedeihen sie in den Vorhöfen un<u>se</u>res Gottes.

11. Sie tragen <u>Frucht</u> <u>noch</u> im Alter *
und bleiben voll <u>Saft</u> und Frische;

    12. sie verkünden: Ge<u>recht</u> ist der Herr;
    mein Fels ist er, an ihm <u>ist</u> kein Unrecht. —

13. Ehre sei dem Vater und dem Sohn *
und dem Heiligen Geist,
> 14. wie im Anfang, so auch jetzt und alle Zeit *
> und in Ewigkeit. Amen.

Verse 2–7. 9–10. 13–16

Wie schön ist es, dem Herrn zu dan-ken.

PSALM 93: Das Königtum Gottes

Herr, du bist Kö-nig ü-ber al-le Welt.

VIIIa. Q20

1. Der Herr ist König, bekleidet mit Hoheit; *
der Herr hat sich bekleidet und mit Macht umgürtet.
> 2. Der Erdkreis ist fest gegründet, *
> nie wird er wanken.
3. Dein Thron steht fest von Anbeginn, *
du bist seit Ewigkeit.
> 4. Fluten erheben sich, Herr, /
> Fluten erheben ihr Brausen, *
> Fluten erheben ihr Tosen.
5. Gewaltiger als das Tosen vieler Wasser, /
gewaltiger als die Brandung des Meeres *
ist der Herr in der Höhe. —
> 6. Deine Gesetze sind fest und verläßlich; /
> Herr, deinem Haus gebührt Heiligkeit *
> für alle Zeiten. —

PSALM 94: Gott, Richter der Welt

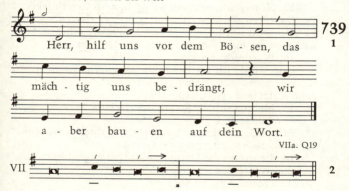

1. Erhebe dich, du Richter der Erde,*
vergilt den Stolzen ihr Tun!
    2. Sie führen freche Reden,*
    alle, die Unrecht tun, brüsten sich.
3. Herr, sie zertreten dein Volk, *
sie unterdrücken dein Erbteil.
    4. Sie bringen die Witwen und Waisen um *
    und morden die Fremden.
5. Sie denken: Der Herr sieht es ja nicht, *
der Gott Jakobs merkt es nicht. —
    6. Begreift doch, ihr Toren im Volk! *
    Ihr Unvernünftigen, wann werdet ihr klug?
7. Sollte der nicht hören, der das Ohr gepflanzt hat, *
sollte der nicht sehen, der das Auge geformt hat?

8. Sollte der nicht strafen, der die Völker erzieht, *
er, der die Menschen Erkenntnis lehrt?
9. Der Herr kennt die Gedanken der Menschen: *
sie sind nichts als ein Hauch. —
10. Wohl dem Mann, den du, Herr, erziehst, *
den du mit deiner Weisung belehrst.
11. Ja, der Herr wird sein Volk nicht verstoßen *
und niemals sein Erbe verlassen.
12. Nun spricht man wieder Recht nach Gerechtigkeit; *
ihr folgen alle Menschen mit redlichem Herzen. —
13. Wer wird sich für mich gegen die Frevler erheben, *
wer steht für mich ein gegen den, der Unrecht tut?
14. Wäre nicht der Herr meine Hilfe, *
bald würde ich im Land des Schweigens wohnen.
15. Wenn ich sage: „Mein Fuß gleitet aus", *
dann stützt mich, Herr, deine Huld.
16. Mehren sich die Sorgen des Herzens, *
so erquickt dein Trost meine Seele. —
17. Kann sich mit dir der bestechliche Richter verbünden, *
der willkürlich straft, gegen das Gesetz?
18. Sie wollen das Leben des Gerechten vernichten *
und verurteilen schuldlose Menschen.
19. Doch meine Burg ist der Herr, *
mein Gott ist der Fels meiner Zuflucht. —
20. Ehre sei dem Vater und dem Sohn *
und dem Heiligen Geist,
21. wie im Anfang, so auch jetzt und alle Zeit *
und in Ewigkeit. Amen.   Verse 2. 4—12. 14—22
Kehrvers

PSALM 96: Der König und Richter aller Welt

740
1

Kün-det den Völkern die Herrlichkeit des Herrn.

IIa. Q33

2

1. Singet dem Herrn ein neues Lied, *
singt dem Herrn alle Länder der Erde!
   2. Singt dem Herrn und preist seinen Namen, *
   verkündet sein Heil von Tag zu Tag!
3. Erzählt bei den Völkern von seiner Herrlichkeit, *
bei allen Nationen von seinen Wundern!
   4. Denn groß ist der Herr und hoch zu preisen, *
   mehr zu fürchten als alle Götter.
5. Alle Götter der Heiden sind nichtig, *
der Herr aber hat den Himmel geschaffen.
   6. Hoheit und Pracht sind vor seinem Angesicht, *
   Macht und Glanz in seinem Heiligtum. —
7. Bringt dar dem Herrn, ihr Stämme der Völker, *
bringt dar dem Herrn Lob und Ehre!
   8. Bringt dar dem Herrn die Ehre seines Namens, *
   spendet Opfergaben und tretet ein in sein Heiligtum!
9. In heiligem Schmuck werft euch nieder vor dem Herrn, *
erbebt vor ihm, alle Länder der Erde! —
   10. Verkündet bei den Völkern: *
   Der Herr ist König.
11. Den Erdkreis hat er gegründet, so daß er nicht wankt. *
Er richtet die Nationen so, wie es recht ist. —
   12. Der Himmel freue sich, die Erde frohlocke, *
   es brause das Meer und alles, was es erfüllt!
13. Es jauchze die Flur und was auf ihr wächst! *
Jubeln sollen alle Bäume des Waldes
   14. vor dem Herrn, wenn er kommt, *
   wenn er kommt, um die Erde zu richten.
15. Er richtet den Erdkreis gerecht *
und die Nationen nach seiner Treue. —
   16. Ehre sei dem Vater und dem Sohn *
   und dem Heiligen Geist,
17. wie im Anfang, so auch jetzt und alle Zeit *
und in Ewigkeit. Amen.
Kehrvers

PSALM 98: Nr. 484

PSALM 100: Lobgesang der Gemeinde beim Einzug ins Heiligtum

741

Freut euch, wir sind Gottes Volk, erwählt durch seine Gnade.

Va. Q33

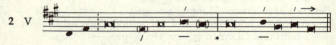

1. Jauchzt vor dem Herrn, alle Länder der Erde! /
Dient dem Herrn mit Freude! *
Kommt vor sein Antlitz mit Jubel!
    2. Erkennt: Der Herr allein ist Gott. /
    Er hat uns geschaffen, wir sind sein Eigentum, *
    sein Volk und die Herde seiner Weide. —
3. Tretet mit Dank durch seine Tore ein! /
Kommt mit Lobgesang in die Vorhöfe seines Tempels! *
Dankt ihm, preist seinen Namen!
    4. Denn der Herr ist gütig, /
    ewig währt seine Huld, *
    von Geschlecht zu Geschlecht seine Treue. —
5. Ehre sei dem Vater und dem Sohn *
und dem Heiligen Geist,
    6. wie im Anfang, so auch jetzt und alle Zeit *
    und in Ewigkeit. Amen.
Kehrvers

PSALM 103: Der gütige und verzeihende Gott

1. Lobe den Herrn, meine Seele, *
und alles in mir seinen heiligen Namen!
    2. Lobe den Herrn, meine Seele,
       und vergiß nicht, was er dir Gutes getan hat:
3. der dir all deine Schuld vergibt *
und all deine Gebrechen heilt;
    4. der dein Leben vor dem Untergang rettet *
       und dich mit Huld und Erbarmen krönt;
5. der dich dein Leben lang mit seinen Gaben sättigt; *
wie dem Adler wird dir die Jugend erneuert. —
    6. Der Herr vollbringt Taten des Heiles,*
       Recht verschafft er allen Bedrängten.
7. Er hat Mose seine Wege kundgetan, *
den Kindern Israels seine Werke.
    8. Der Herr ist barmherzig und gnädig, *
       langmütig und reich an Güte.

9. Er wird nicht <u>im</u>mer zürnen, *
nicht ewig <u>im</u> Groll verharren.
   10. Er handelt an uns nicht nach <u>un</u>sern Sünden *
   und vergilt <u>uns</u> nicht nach <u>un</u>srer Schuld.
11. Denn so hoch der Himmel <u>ü</u>ber der Erde <u>i</u>st, *
so hoch ist seine Huld über de<u>nen</u>, die ihn fürchten.
   12. So weit der Aufgang entfernt <u>ist</u> vom Untergang, *
   so weit ent<u>fernt</u> er die Schuld von <u>uns</u>.
13. Wie ein Vater sich seiner Kin<u>der</u> erbarmt, *
so erbarmt sich der Herr über a<u>lle</u>, die ihn fürchten. —
   14. Denn er weiß, was wir <u>für</u> Gebilde <u>sind</u>; *
   er denkt <u>daran</u>: Wir sind <u>nur</u> Staub.
15. Des Menschen Tage <u>sind</u> wie Gras, *
er blüht wie die <u>Blu</u>me des Feldes.
   16. Fährt der Wind darüber, ist <u>sie</u> dahin; *
   der Ort, wo sie <u>stand</u>, weiß von ihr <u>nichts mehr</u>.
17. Doch die Huld des Herrn währt <u>im</u>mer und ewig *
für alle, die ihn <u>fürchten</u> und ehren;
   18. sein Heil erfahren noch Kinder und Enkel; /
   alle, die seinen <u>Bund</u> bewahren, *
   an seine Gebote denken <u>und</u> danach handeln. —
19. Der Herr hat seinen Thron errich<u>tet</u> im Himmel,*
seine königli<u>che</u> Macht beherrscht das All.
   20. Lobt den Herrn, ihr seine Engel, /
   ihr starken Helden, die seine Befeh<u>le</u> vollstrecken, *
   seinen <u>Wor</u>ten gehorsam!
21. Lobt den Herrn, all <u>sei</u>ne Scharen, *
seine Diener, die seinen <u>Wil</u>len vollziehen!
   22. Lobt den Herrn, all seine Werke, /
   an jedem Ort <u>sei</u>ner Herrschaft! *
   Lobe den <u>Herrn</u>, meine Seele! —
23. Ehre sei dem Vater <u>und</u> dem Sohn *
und <u>dem</u> Heiligen Geist,
   24. wie im Anfang, so auch <u>jetzt</u> und alle <u>Zeit</u> *
   und in Ewigkeit. Amen.
Kehrvers

PSALM 103: in Kurzfassung Nr. 83

PSALM 104 A: Lob des Schöpfers

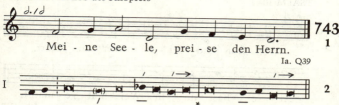

Ia. Q39

1. Lobe den Herrn, meine Seele! /
Herr, mein Gott, wie groß bist du! *
Du bist mit Hoheit und Pracht bekleidet.

    2. Du hüllst dich in Licht wie in ein Kleid, *
    du spannst den Himmel aus wie ein Zelt.

3. Du verankerst die Balken deiner Wohnung im Wasser. /
Du nimmst dir die Wolken zum Wagen, *
du fährst einher auf den Flügeln des Sturmes.

    4. Du machst dir die Winde zu Boten *
    und lodernde Feuer zu deinen Dienern. —

5. Du hast die Erde auf Pfeiler gegründet; *
in alle Ewigkeit wird sie nicht wanken.

    6. Einst hat die Urflut sie bedeckt wie ein Kleid, *
    die Wasser standen über den Bergen.

7. Sie wichen vor deinem Drohen zurück, *
sie flohen vor der Stimme deines Donners.

    8. Da erhoben sich Berge und senkten sich Täler *
    an den Ort, den du für sie bestimmt hast.

9. Du hast den Wassern eine Grenze gesetzt, /
die dürfen sie nicht überschreiten; *
nie wieder sollen sie die Erde bedecken. —

    10. Ehre sei dem Vater und dem Sohn *
    und dem Heiligen Geist,

11. wie im Anfang, so auch jetzt und alle Zeit *
und in Ewigkeit. Amen.

Verse 1–9

Kehrvers

PSALM 104 B

VIa. Q17

1. Du läßt die Quellen hervorsprudeln in den Tälern, *
sie eilen zwischen den Bergen dahin.
   2. Allen Tieren des Feldes spenden sie Trank, *
   die Wildesel stillen ihren Durst daraus.
3. An den Ufern wohnen die Vögel des Himmels, *
aus den Zweigen erklingt ihr Gesang.
   4. Du tränkst die Berge aus deinen Kammern, *
   aus deinen Wolken wird die Erde satt. —
5. Du läßt Gras wachsen für das Vieh, *
auch Pflanzen für den Menschen, die er anbaut,
   6. damit er Brot gewinnt von der Erde *
   und Wein, der das Herz des Menschen erfreut;
7. damit sein Gesicht von Öl erglänzt *
und Brot das Menschenherz stärkt.
   8. Die Bäume des Herrn trinken sich satt, *
   die Zedern des Libanon, die er gepflanzt hat.
9. In ihnen bauen die Vögel ihr Nest, *
auf den Zypressen nistet der Storch.
   10. Die hohen Berge gehören dem Steinbock, *
   dem Klippdachs bieten die Felsen Zuflucht. —
11. Du hast den Mond gemacht als Maß für die Zeiten, *
die Sonne weiß, wann sie untergeht.
   12. Du sendest Finsternis, und es wird Nacht, *
   dann regen sich alle Tiere des Waldes.

13. Die jungen Löwen brüllen <u>nach</u> Beute, *
sie verlangen von <u>Gott</u> ihre Nahrung.
    14. Strahlt die Sonne dann auf, so schleichen <u>sie</u> heim *
    und lagern sich in <u>ih</u>ren Verstecken.
15. Nun geht der Mensch hinaus an <u>sein</u> Tagwerk, *
an seine Ar<u>beit</u> bis zum Abend. —
    16. Ehre sei dem Vater und <u>dem</u> Sohn *
    und <u>dem</u> Heiligen Geist,
17. wie im Anfang, so auch jetzt <u>und</u> alle Zeit *
und in <u>E</u>wigkeit. Amen.
                                              Verse 10–23
Kehrvers

PSALM 104 C: Nr. 253

PSALM 110: Nr. 684

PSALM 111: Nr. 685

PSALM 112: Nr. 630

PSALM 113: Nr. 693

PSALM 115: Gott und die Götter

Ver-traut auf den Herrn; er ist Hel-fer und Schild.   745

1. Nicht uns, o Herr, bring zu Ehren, /
nicht uns, sondern <u>deinen</u> Namen, *
in deiner <u>Huld</u> und Treue!
    2. Warum sollen die <u>Völ</u>ker sagen: *
    „Wo <u>ist</u> denn ihr Gott?"
3. Unser <u>Gott</u> <u>ist</u> im Himmel; *
alles, was ihm gefällt, <u>das</u> vollbringt er. —
    4. Die Götzen der Völker sind nur <u>Silber</u> und Gold, *
    ein Mach<u>werk</u> von Menschen<u>hand</u>.

5. Sie haben einen Mund und reden nicht, *
Augen und sehen nicht;
> 6. sie haben Ohren und hören nicht, *
> eine Nase und riechen nicht;

7. mit ihren Händen können sie nicht greifen, /
mit den Füßen nicht gehen, *
sie bringen keinen Laut hervor aus ihrer Kehle.
> 8. Die sie gemacht haben, sollen ihrem Machwerk gleichen, *
> alle, die den Götzen vertrauen. —

9. Israel, vertrau auf den Herrn! *
Er ist für euch Helfer und Schild.
> 10. Haus Aaron, vertrau auf den Herrn! *
> Er ist für euch Helfer und Schild.

11. Alle, die ihr den Herrn fürchtet, vertraut auf den Herrn! *
Er ist für euch Helfer und Schild. —
> 12. Der Herr denkt an uns, er wird uns segnen, /
> er wird das Haus Israel segnen, *
> er wird das Haus Aaron segnen.

13. Der Herr wird alle segnen, die ihn fürchten, *
segnen Kleine und Große.
> 14. Es mehre euch der Herr, *
> euch und eure Kinder!

15. Seid gesegnet vom Herrn,*
der Himmel und Erde gemacht hat! —
> 16. Der Himmel ist der Himmel des Herrn, *
> die Erde aber gab er den Menschen.

17. Tote können den Herrn nicht mehr loben, *
keiner, der ins Schweigen hinabfuhr.
> 18. Wir aber preisen den Herrn *
> von nun an bis in Ewigkeit. —

19. Ehre sei dem Vater und dem Sohn *
und dem Heiligen Geist,
> 20. wie im Anfang, so auch jetzt und alle Zeit *
> und in Ewigkeit. Amen.

Kehrvers

PSALM 116 A: Rettung in Todesnot

746

1. Ich liebe den Herrn; *
denn er hat mein lautes Flehen gehört
   2. und sein Ohr mir zugeneigt *
   an dem Tag, als ich zu ihm rief. —
3. Mich umfingen die Fesseln des Todes, /
mich befielen die Ängste der Unterwelt, *
mich trafen Bedrängnis und Kummer.
   4. Da rief ich den Namen des Herrn an: *
   "Ach Herr, rette mein Leben!"
5. Der Herr ist gnädig und gerecht, *
unser Gott ist barmherzig.
   6. Der Herr behütet die schlichten Herzen; *
   ich war in Not, und er brachte mir Hilfe. —
7. Komm wieder zur Ruhe, mein Herz! *
Denn der Herr hat dir Gutes getan.
   8. Ja, du hast mein Leben dem Tod entrissen, /
   meine Tränen getrocknet, *
   meinen Fuß bewahrt vor dem Gleiten.
9. So gehe ich meinen Weg vor dem Herrn *
im Land der Lebenden. —

10. Ehre sei dem Vater und dem Sohn *
und dem Heiligen Geist,
11. wie im Anfang, so auch jetzt und alle Zeit *
und in Ewigkeit. Amen. Verse 1–9
Kehrvers

PSALM 116 B: Lied zum Dankopfer

747

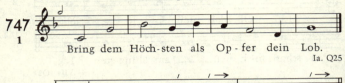

Bring dem Höchsten als Opfer dein Lob.

Ia. Q25

1. Voll Vertrauen war ich, auch wenn ich sagte: *
Ich bin so tief gebeugt.
   2. In meiner Bestürzung sagte ich: *
   Die Menschen lügen alle. —
3. Wie kann ich dem Herrn all das vergelten, *
was er mir Gutes getan hat?
   4. Ich will den Kelch des Heils erheben *
   und anrufen den Namen des Herrn.
5. Ich will dem Herrn meine Gelübde erfüllen *
offen vor seinem ganzen Volk. —
   6. Kostbar ist in den Augen des Herrn *
   das Sterben seiner Frommen.
7. Ach Herr, ich bin doch dein Knecht, /
dein Knecht bin ich, der Sohn deiner Magd. *
Du hast meine Fesseln gelöst. —
   8. Ich will dir ein Opfer des Dankes bringen *
   und anrufen den Namen des Herrn.
9. Ich will dem Herrn meine Gelübde erfüllen *
offen vor seinem ganzen Volk,
   10. in den Vorhöfen am Hause des Herrn, *
   in deiner Mitte, Jerusalem. —

11. Ehre sei dem Vater und dem Sohn *
und dem Heiligen Geist,
> 12. wie im Anfang, so auch jetzt und alle Zeit *
> und in Ewigkeit. Amen. *Kehrvers*   Verse 10–19

PSALM 117: Aufruf an die Völker zum Lob Gottes

1. Lobet den Herrn, alle Völker, *
preist ihn, alle Nationen!
> 2. Denn mächtig waltet über uns seine Huld, *
> die Treue des Herrn währt in Ewigkeit. —
3. Ehre sei dem Vater und dem Sohn *
und dem Heiligen Geist,
> 4. wie im Anfang, so auch jetzt und alle Zeit *
> und in Ewigkeit. Amen. *Kehrvers*

Lateinischer Text

1. Laudáte Dóminum, omnes gentes, *
collaudáte eum, omnes pópuli.
> 2. Quóniam confirmáta est super nos misericórdia ejus, *
> et véritas Dómini manet in aetérnum.
3. Glória Patri et Fílio, *
et Spirítui Sancto.
> 4. Sicut erat in princípio, et nunc et semper,
> et in sáecula saeculórum. Amen.

PSALM 118 A und B: Nr. 235
PSALM 118 C: Nr. 236

PSALM 119 A: Freude an Gottes Wort

750

1. Herr, du hast Wor-te e-wi-gen Le-bens.

IIa. Q33

2. II

1. Wohl denen, deren Weg ohne Ta<u>del</u> ist, *
die leben nach der <u>Wei</u>sung des Herrn.
    2. Wohl denen, die seine Vorschriften be<u>fol</u>gen *
    und ihn suchen von <u>gan</u>zem Herzen.
3. Halte mich fern vom Weg der <u>Lü</u>ge; *
begnade mich mit <u>dei</u>ner Weisung!
    4. Gib mir Einsicht, damit ich deiner Weisung <u>fol</u>ge *
    und mich an sie halte aus <u>gan</u>zem Herzen.
5. Mein Leben ist ständig in Ge<u>fahr</u>, *
doch ich vergesse nie <u>dei</u>ne Weisung.
    6. Das ist mein Trost im <u>E</u>lend: *
    Deine Verheißung spen<u>det</u> mir Leben.
7. Herr, dein Wort bleibt auf <u>e</u>wig, *
es steht fest <u>wie</u> der Himmel.
    8. Deine Gerechtigkeit bleibt ewig Ge<u>rech</u>t<u>ig</u>keit, *
    deine Wei<u>sung</u> ist Wahrheit.
9. Alle, die deine Weisung lieben, empfangen Heil
in <u>Fül</u>le; *
es trifft <u>sie</u> kein Unheil.
    10. Ich freue mich über deine Ver<u>hei</u>ßung. *
    Laß meine Seele leben, damit <u>sie</u> dich prei<u>sen</u> kann! —
11. Ehre sei dem Vater und dem <u>Sohn</u> *
und dem <u>Hei</u>ligen Geist,
    12. wie im Anfang, so auch jetzt und <u>alle</u> <u>Zeit</u> *
    und in <u>E</u>wigkeit. Amen.

Kehrvers   Verse 1. 2. 29. 34. 109. 50. 89. 142. 165. 162a. 175a

PSALM 119 B: Dein Wort — mein Licht

751

1

Dies ist mein Gebot: Liebet einander, wie ich euch geliebt.

VIa. Q7

VI   2

1. Herr, öffne mir <u>die</u> Augen *
für das Wunderbare <u>an</u> deiner Weisung!
   2. Ich habe meine Freude an deinen <u>Ge</u>setzen, *
   dein Wort will <u>ich</u> nicht vergessen.
3. Deinen Vorschriften neige <u>mein</u> Herz zu, *
<u>doch</u> nicht der Habgier!
   4. Ich will deiner Weisung bestän<u>dig</u> folgen, *
   auf <u>im</u>mer und ewig.
5. Auch wenn mich die Stricke der Frev<u>ler</u> fesseln, *
vergesse <u>ich</u> deine Wei<u>sung</u> ni<u>ch</u>t.
   6. Wäre nicht dein Gesetz mei<u>ne</u> Freude, *
   ich wäre zugrunde gegangen <u>in</u> meinem Elend.
7. Dein Wort ist meinem Fuß ei<u>ne</u> Leuchte, *
ein Licht <u>für</u> meine Pfade.
   8. Festige meine Schritte, wie du es <u>ver</u>hei<u>ßen</u> ha<u>s</u>t! *
   Laß kein Unrecht <u>über</u> mich herrschen!
9. Das Wesen deines Wortes <u>ist</u> Wahrheit, *
deine gerechten Urteile haben alle <u>auf</u> ewig Bestand.
   10. Meine Zunge soll deine Verheißung <u>be</u>singen, *
   denn deine Gebote <u>sind</u> alle gerecht. —
11. Ehre sei dem Vater und <u>dem</u> Sohn *
und <u>dem</u> Heiligen Geist,
   12. wie im Anfang, so auch jetzt <u>und</u> al<u>le</u> Zeit *
   und in <u>E</u>wigkeit. Amen.

Kehrvers   Verse 18. 16. 36. 44. 61. 92. 105. 133. 160. 172

PSALM 121: Der Wächter Israels

752
1 Ver-traut auf den Herrn; er ist Hel-fer und Schild.
IXa. Q30

2 IX

1. Ich hebe meine Augen auf zu den Bergen: *
Woher kommt mir Hilfe?
   2. Meine Hilfe kommt vom Herrn, *
   der Himmel und Erde gemacht hat. —
3. Er läßt deinen Fuß nicht wanken; *
er, der dich behütet, schläft nicht.
   4. Nein, der Hüter Israels *
   schläft und schlummert nicht.
5. Der Herr ist dein Hüter, der Herr gibt dir Schatten, *
er steht dir zur Seite.
   6. Bei Tag wird dir die Sonne nicht schaden *
   noch der Mond in der Nacht. —
7. Der Herr behüte dich vor allem Bösen, *
er behüte dein Leben.
   8. Der Herr behüte dich, wenn du fortgehst und
   wiederkommst, *
   von nun an bis in Ewigkeit. —
9. Ehre sei dem Vater und dem Sohn *
und dem Heiligen Geist,
   10. wie im Anfang, so auch jetzt und alle Zeit *
   und in Ewigkeit. Amen.
Kehrvers

PSALM 122: Nr. 692

PSALM 126: Tränen und Jubel

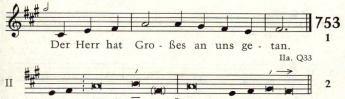

1. Als der Herr das Los der Gefangenschaft Zions wendete, *
da waren wir alle wie Träumende.
    2. Da war unser Mund voll Lachen *
    und unsere Zunge voll Jubel.
3. Da sagte man unter den andern Völkern: *
„Der Herr hat an ihnen Großes getan."
    4. Ja, Großes hat der Herr an uns getan. *
    Da waren wir fröhlich. —
5. Wende doch, Herr, unser Geschick, *
wie du versiegte Bäche wieder füllst im Südland!
    6. Die mit Tränen säen, *
    werden mit Jubel ernten.
7. Sie gehen hin unter Tränen *
und tragen den Samen zur Aussaat.
    8. Sie kommen wieder mit Jubel *
    und bringen ihre Garben ein. —
9. Ehre sei dem Vater und dem Sohn *
und dem Heiligen Geist,
    10. wie im Anfang, so auch jetzt und alle Zeit *
    und in Ewigkeit. Amen.
Kehrvers

PSALM 130: Nr. 82 und Nr. 191

PSALM 134: Nr. 697,3

PSALM 136: Kehrvers Nr. 284,1; Verse im Vorsängerbuch

PSALM 137: An den Strömen Babels

754
1. An den Strömen von Babel, / da saßen wir und weinten, *
wenn wir an Zion dachten.
   2. Wir hängten unsere Harfen *
   an die Weiden in jenem Land. —
3. Dort verlangten von uns die Zwingherren Lieder, /
unsere Peiniger forderten Jubel: *
„Singt uns Lieder vom Zion!"
   4. Wie könnten wir singen die Lieder des Herrn, *
   fern, auf fremder Erde?
5. Wenn ich dich je vergesse, Jerusalem, *
dann soll mir die rechte Hand verdorren!
   6. Die Zunge soll mir am Gaumen kleben,
   wenn ich an dich nicht mehr denke, *
   wenn ich Jerusalem nicht zu meiner höchsten Freude
   erhebe. —
7. Ehre sei dem Vater und dem Sohn *
und dem Heiligen Geist,
   8. wie im Anfang, so auch jetzt und alle Zeit *
   und in Ewigkeit. Amen. *Kehrvers*   Verse 1–6

PSALM 139: Der Mensch vor dem allwissenden Gott

IV 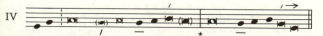 2

1. Herr, du hast mich erforscht und du kennst mich. /
Ob ich sitze oder ste<u>he</u>, du weißt v<u>on</u> m<u>i</u>r. *
Von fern erkennst du <u>mei</u>ne Gedanken.
   2. Ob ich gehe oder ruhe, es ist <u>dir</u> bekannt; *
   du bist vertraut mit <u>all</u> meinen Wegen.
3. Noch liegt mir das Wort nicht <u>auf</u> der Zunge – *
du, <u>Herr</u>, kennst es bereits.
   4. Du umschließt mich von <u>al</u>len Seiten *
   und <u>legst</u> deine Hand <u>auf</u> m<u>i</u>ch. ——
5. Zu wunderbar ist für mich <u>die</u>ses Wissen, *
zu hoch, ich kann <u>es</u> nicht begreifen.
   6. Wohin könnte ich fliehen vor <u>dei</u>nem Geist, *
   wohin mich vor deinem <u>An</u>gesicht flüchten?
7. Steige ich hinauf in den Himmel, so <u>bist</u> du dort; *
bette ich mich in der Unterwelt, <u>bist</u> du zugegen.
   8. Nehme ich die Flü<u>gel</u> des Morg<u>en</u>rots *
   und lasse mich nieder <u>am</u> äußersten Meer,
9. auch dort wird deine Hand <u>mich</u> ergreifen *
und deine <u>Rech</u>te mich fassen.
   10. Würde ich sagen: „Finsternis soll mich bedecken, /
   statt Licht soll Nacht <u>mich</u> umgeben", *
   auch die Finsternis wäre <u>für</u> dich nicht finster,
11. die Nacht würde leuchten <u>wie</u> der Tag, *
die Finster<u>nis</u> wäre wie Licht. ——
   12. Denn du hast mein Inne<u>res</u> geschaffen, *
   mich gewoben im <u>Schoß</u> meiner Mutter.
13. Ich danke dir, daß du mich so wunder<u>bar</u>
gestaltet <u>hast</u>. *
Ich weiß: Staunenswert <u>sind</u> deine Werke.
   14. Als ich geformt wurde im Dunkeln, /
   kunstvoll gewirkt in den Tie<u>fen</u> der Erde, *
   waren meine Glieder <u>dir</u> nicht verborgen.
15. Deine Augen sahen, wie <u>ich</u> entstand; *
in deinem Buch war schon <u>al</u>les verzeichnet;

16. meine Tage waren <u>schon</u> gebildet, *
   als noch keiner <u>von</u> ihnen da war.
17. Wie schwierig sind für mich, o Gott, dei<u>ne</u> Gedanken, *
wie ge<u>wal</u>tig ist <u>ihre</u> Zahl!
   18. Wollte ich sie zählen, es wären mehr <u>als</u> der Sand. *
   Käme ich bis zum Ende, wäre ich <u>noch</u> immer bei dir. —
19. Erforsche mich, Gott, und erken<u>ne</u> mein Herz, *
prüfe mich und er<u>kenne</u> mein Denken!
   20. Sieh her, ob ich auf dem Weg bin, <u>der</u> dich kränkt, *
   und leite mich auf <u>dem</u> altbewährten Weg! —
21. Ehre sei dem Vater <u>und</u> dem Sohn *
und <u>dem</u> Heiligen Geist,
   22. wie im Anfang, so auch <u>jetzt</u> und alle <u>Zeit</u> *
   und in <u>E</u>wigkeit. Amen.   Verse 1–18. 23–24
Kehrvers

PSALM 142: Hilferuf in schwerer Bedrängnis

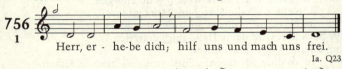

756
1 Herr, er - he-be dich; hilf uns und mach uns frei.

Ia. Q23

2 I

1. Mit lauter Stimme <u>schrei</u> ich zum Herrn, *
laut flehe ich zum <u>Herrn</u> um Gnade.
   2. Ich schütte vor <u>ihm</u> mei<u>ne</u> Klagen <u>aus</u>, *
   eröff<u>ne</u> ihm mei<u>ne</u> Not.
3. Wenn auch mein <u>Geist</u> in mir <u>ver</u>zagt, *
du <u>kennst</u> meinen Pfad.
   4. Auf dem <u>Weg</u>, den ich gehe, *
   legten <u>sie</u> mir Schlingen. —
5. Ich blicke nach <u>rechts</u> und schaue aus, *
doch niemand ist da, der <u>mich</u> beachtet.
   6. Mir ist jede <u>Zuflucht</u> genommen, *
   niemand fragt nach <u>meinem</u> Leben. —

7. Herr, ich schreie zu dir, /
ich sage: Meine Zuflucht bist du, *
mein Anteil im Land der Lebenden.
    8. Vernimm doch mein Flehen, *
    denn ich bin arm und elend.
9. Meinen Verfolgern entreiß mich; *
sie sind viel stärker als ich.
    10. Führe mich heraus aus dem Kerker, *
    damit ich deinen Namen preise.
11. Die Gerechten scharen sich um mich, *
weil du mir Gutes tust. —
    12. Ehre sei dem Vater und dem Sohn *
    und dem Heiligen Geist,
13. wie im Anfang, so auch jetzt und alle Zeit *
und in Ewigkeit. Amen. *Kehrvers*

PSALM 145 A: Gottes Größe und Güte

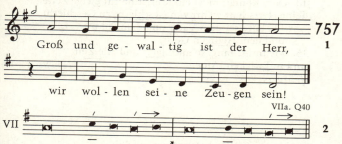

1. Ich will dich rühmen, mein Gott und König, *
und deinen Namen preisen immer und ewig;
    2. ich will dich preisen Tag für Tag *
    und deinen Namen loben immer und ewig. —
3. Groß ist der Herr und hoch zu loben, *
seine Größe ist unerforschlich.
    4. Ein Geschlecht verkünde dem andern den Ruhm
    deiner Werke *
    und erzähle von deinen gewaltigen Taten.

5. Sie sollen vom herrlichen Glanz deiner Hoheit reden; *
ich will deine Wunder besingen.
   6. Sie sollen sprechen von der Gewalt deiner erschreckenden Taten; *
   ich will von deinen großen Taten berichten.
7. Sie sollen die Erinnerung an deine große Güte wecken *
und über deine Gerechtigkeit jubeln. —
   8. Der Herr ist gnädig und barmherzig, *
   langmütig und reich an Gnade.
9. Der Herr ist gütig zu allen, *
sein Erbarmen waltet über all seinen Werken.
   10. Danken sollen dir, Herr, all deine Werke *
   und deine Frommen dich preisen.
11. Sie sollen von der Herrlichkeit deines Königtums reden, *
sollen sprechen von deiner Macht,
   12. den Menschen deine machtvollen Taten verkünden *
   und den herrlichen Glanz deines Königtums.
13. Dein Königtum ist ein Königtum für ewige Zeiten, *
deine Herrschaft währt von Geschlecht zu Geschlecht. —
   14. Ehre sei dem Vater und dem Sohn *
   und dem Heiligen Geist,
15. wie im Anfang, so auch jetzt und alle Zeit *
und in Ewigkeit. Amen.

Verse 1–13b

Kehrvers

PSALM 145 B: Aller Augen warten auf dich

Ia. Q4

I  2

1. Der Herr ist treu in <u>all</u> s<u>ei</u>n<u>e</u>n Worten, *
voll Huld in all <u>sei</u>nen Taten.
    2. Der Herr stützt <u>alle</u>, die fallen, *
    und richtet alle Gebeugten auf.
3. Aller Augen <u>war</u>ten auf dich, *
und du gibst ihnen Spei<u>se</u> zur r<u>ech</u>t<u>e</u>n Zeit.
    4. Du <u>öff</u>n<u>e</u>st d<u>ei</u>ne Hand *
    und sättigst alles, was lebt, nach dei<u>nem</u> Gefallen. —
5. Gerecht ist der Herr in <u>allem</u>, was er tut, *
voll Huld in all <u>sei</u>nen Werken.
    6. Der Herr ist allen, die ihn <u>an</u>ruf<u>e</u>n, nahe, *
    allen, die zu ihm auf<u>rich</u>t<u>i</u>g rufen.
7. Die Wünsche derer, die ihn <u>fürch</u>t<u>e</u>n, erfüllt er, *
er hört ihr Schrei<u>en</u> und rettet sie.
    8. Alle, die ihn lieben, be<u>hü</u>tet der Herr, *
    doch alle Frev<u>ler</u> vernich<u>tet</u> er. —
9. Mein Mund ver<u>kün</u>d<u>e</u> das L<u>ob</u> d<u>es</u> Herrn.*
Alles, was lebt, preise seinen heiligen Namen im<u>mer</u> und ewig! —
    10. Ehre sei dem <u>Va</u>t<u>er</u> und dem Sohn *
    und dem <u>Hei</u>ligen Geist,
11. wie im Anfang, so auch <u>jetzt</u> und alle <u>Zeit</u> *
und in E<u>wig</u>keit. Amen.   Verse 13c–21
Kehrvers

PSALM 146: Gott, Herr und Helfer

Lo - be den Herrn, mei - ne See - le,

für al - les, was er dir Gu - tes tut.

IVa. Q30

(759) 2

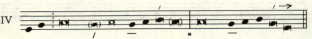

1. Lobe den Herrn, meine Seele! /
Ich will den Herrn loben, solange ich lebe, *
meinem Gott singen und spielen, solange ich da bin. —
    2. Verlaßt euch nicht auf Fürsten, *
    auf Menschen, bei denen es doch keine Hilfe gibt!
3. Hauchet der Mensch sein Leben aus /
und kehrt er zurück zur Erde, *
dann ist es aus mit all seinen Plänen. —
    4. Wohl dem, dessen Halt der Gott Jakobs ist *
    und der seine Hoffnung auf den Herrn, seinen Gott, setzt.
5. Der Herr hat Himmel und Erde gemacht, /
das Meer und alle Geschöpfe; *
er hält ewig die Treue.
    6. Recht verschafft er den Unterdrückten, /
    den Hungernden gibt er Brot; *
    der Herr befreit die Gefangenen.
7. Der Herr öffnet den Blinden die Augen, *
er richtet die Gebeugten auf.
    8. Der Herr beschützt die Fremden *
    und verhilft den Waisen und Witwen zu ihrem Recht.
9. Der Herr liebt die Gerechten, *
doch die Schritte der Frevler leitet er in die Irre. —
    10. Der Herr ist König auf ewig, *
    dein Gott, Zion, herrscht von Geschlecht zu Geschlecht. —
11. Ehre sei dem Vater und dem Sohn *
und dem Heiligen Geist,
    12. wie im Anfang, so auch jetzt und alle Zeit *
    und in Ewigkeit. Amen.

Kehrvers

PSALM 147: Jerusalem, preise den Herrn

760
1

Gut ist's, dem Herrn zu dan - ken, dei - nem Na - men auf - zu - spie - len, Höch - ster.

VIa. Q14

2

VI

1. Der Herr baut Jerusalem wie<u>der</u> auf,*
er sammelt die <u>Ver</u>sprengten Isra<u>els</u>.
   2. Er heilt die gebroch<u>en</u>en Herzen *
   und verbindet ihre <u>schmer</u>zenden Wunden.
3. Der Herr hilft den Gebeug<u>ten</u> auf *
und er<u>nie</u>drigt die Frevler.
   4. Stimmt dem Herrn <u>ein</u> Danklied <u>an</u>, *
   spielt unserem <u>Gott</u> auf der Harfe! —
5. Jerusalem, preise <u>den</u> Herrn, *
lobsinge, Zion, d<u>ein</u>em Gott!
   6. Denn er hat die Riegel deiner To<u>re</u> fest ge<u>macht</u>, *
   die Kinder in deiner <u>Mitte</u> gesegnet;
7. er verschafft deinen Gren<u>zen</u> Frieden *
und sättigt dich <u>mit</u> bestem Weizen.
   8. Er sendet sein Wort <u>zur</u> Erde, *
   rasch <u>eilt</u> sein Befehl da<u>hin</u>.
9. Er verkündet Jakob <u>sein</u> Wort, *
Israel seine Ge<u>set</u>ze und Rechte.
   10. An keinem andern Volk hat er so ge<u>han</u>delt, *
   keinem sonst seine <u>Rech</u>te verkündet. —
11. Ehre sei dem Vater und <u>dem</u> Sohn *
und <u>dem</u> Heiligen Geist,
   12. wie im Anfang, so auch jetzt <u>und</u> alle <u>Zeit</u> *
   und in <u>E</u>wigkeit, Amen.
                                          Verse 2–3. 6–7. 12–15. 19–20

Kehrvers

PSALM 148: Gott im Himmel und auf der Erde

761

1. Lobt den Herrn vom Himmel her, * lobt ihn in den Höhen:
   2. Lobt ihn, all seine Engel, * lobt ihn, all seine Scharen;
3. lobt ihn, Sonne und Mond, *
lobt ihn, all ihr leuchtenden Sterne;
   4. lobt ihn, alle Himmel *
   und ihr Wasser über dem Himmel!
5. Loben sollen sie den Namen des Herrn; *
denn er gebot, und sie waren erschaffen.
   6. Er stellte sie hin für immer und ewig, *
   er gab ihnen ein Gesetz, das sie nicht übertreten. —
7. Lobt den Herrn, ihr auf der Erde; *
ihr Seeungeheuer und all ihr Tiefen,
   8. Feuer und Hagel, Schnee und Nebel, *
   du Sturmwind, der sein Wort vollzieht;
9. ihr Berge und all ihr Hügel, *
ihr Fruchtbäume und alle Zedern;
   10. ihr wilden Tiere und alles Vieh, *
   Kriechtiere und gefiederte Vögel;
11. ihr Könige der Erde und alle Völker, *
ihr Fürsten und alle Richter auf Erden;
   12. ihr jungen Männer und auch ihr Mädchen, *
   ihr Alten mit den Jungen.
13. Loben sollen sie den Namen des Herrn; /
denn sein Name allein ist erhaben, *
seine Hoheit strahlt über Erde und Himmel. —
   14. Ehre sei dem Vater und dem Sohn *
   und dem Heiligen Geist,
15. wie im Anfang, so auch jetzt und alle Zeit *
und in Ewigkeit. Amen.   *Kehrvers*   Verse 1–13

PSALM 150: Nr. 678

Litaneien

Die Litaneien werden in der Regel eröffnet mit dem Kyrie-Ruf, mit „Christus, höre uns" oder mit der Anrufung der Dreifaltigkeit. Man kann auch zwei oder alle drei Eröffnungsrufe an den Anfang stellen.

Allerheiligen-Litanei 762

Sie wird auch Große Litanei genannt. Die verschiedenen Fassungen dieser Litanei (siehe z. B. Nr. 210) werden auf die untenstehenden Melodiemodelle gesungen.

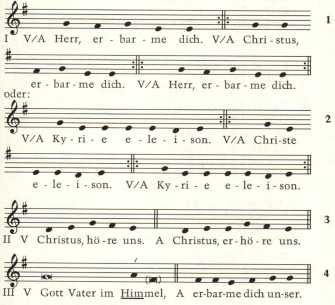

I V/A Herr, er-bar-me dich. V/A Chri-stus, er-bar-me dich. V/A Herr, er-bar-me dich.

oder:

V/A Ky-ri-e e-le-i-son. V/A Chri-ste e-le-i-son. V/A Ky-ri-e e-le-i-son.

II V Christus, hö-re uns. A Christus, er-hö-re uns.

III V Gott Vater im <u>Him</u>mel, A er-bar-me dich un-ser.

    Gott Sohn, Erlöser der <u>Welt</u>
    Gott Heiliger <u>Geist</u>
    Heiliger dreifaltiger <u>Gott</u>

V Heilige Ma - ri - a,   A bit - te(t) für uns.

Heiliger Michael
Heiliger Gabriel
Heiliger Rafael
Ihr heiligen Engel

Heiliger Abraham
Heiliger Mose
Heiliger Johannes der Täufer
Heiliger Josef
Ihr heiligen Patriarchen und Propheten

Heiliger Petrus
Heiliger Paulus
Heiliger Andreas
Heiliger Johannes
Ihr heiligen Apostel und Evangelisten

Heiliger Gregor
Heiliger Ignatius
Ihr heiligen Päpste und Bischöfe

Heiliger Hieronymus
Heiliger Laurentius
Heiliger Pfarrer von Ars
Ihr heiligen Diakone und Priester

Heiliger Athanasius
Heiliger Augustinus
Heilige Theresia
Ihr heiligen Lehrer der Kirche

Heiliger Stephanus
Heilige Agnes
Ihr heiligen Märtyrer

Heiliger Benedikt
Heiliger Franziskus
Heilige Klara
Ihr heiligen Jungfrauen und Mönche

Heiliger Thomas Morus (762)
Heilige Monika
Ihr heiligen Väter und Mütter

Ihr Heiligen unsres Landes
Ihr Heiligen unsres Bistums
Ihr heiligen Bekenner
Alle Heiligen Gottes

Heilige (Tagesheilige, Patrone, Landesheilige, Bistumsheilige) können entsprechend eingefügt werden.

V Jesus, sei uns gnä-dig; A Herr, be-frei-e uns. 6

Sei uns barmherzig
Von allem Bösen
Von aller Sünde

Von der Versuchung durch den Teufel
Von Zorn, Haß und allem bösen Willen
Von Süchtigkeit und Unzucht
Von Stolz und Hochmut
Von Spott und Verrat
Von Gleichgültigkeit und Trägheit
Von Schwermut und Verzweiflung
Von Verblendung des Geistes
Von Verhärtung des Herzens
Von Unwetter und Katastrophen
Von Hunger, Krieg und Krankheit
Von der Vergiftung der Erde
Von einem plötzlichen Tode
Von der ewigen Verdammnis

Durch deine Geburt und dein heiliges Leben
Durch dein Leiden und Sterben
Durch deine Auferstehung und Himmelfahrt
Durch die Sendung des Heiligen Geistes
Durch deine Gegenwart bis zum Ende der Zeit
Am Tag deiner Wiederkunft

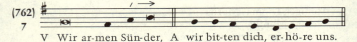

V Wir ar-men Sün-der, A wir bit-ten dich, er-hö-re uns.

Schütze deine Kirche und leite sie
Erleuchte den Papst, unsern Bischof und alle Hirten
Erfülle alle Glieder der Kirche mit der Kraft des Heiligen Geistes
Erneuere deine Kirche im Glauben, in der Hoffnung und in der Liebe
Öffne den Ungläubigen die Ohren für deine Botschaft
Stärke deine Kirche in Bedrängnis und Verwirrung
Gib ihren Feinden Einsicht und Umkehr
Führe dein Volk zur Einheit
Schenke den Völkern der Erde Frieden und Freiheit
Bewahre sie vor Mißbrauch der Macht und allem Unrecht
Laß alle Menschen teilhaben an den Gütern der Erde
Erfülle uns mit Liebe und Barmherzigkeit
Segne alle, die uns Gutes tun
Daß die Eheleute fest bleiben in Treue
Daß Eltern und Kinder einander verstehen

Mach uns bereit zu Buße und Umkehr
Daß wir in deinem Dienste bleiben
Daß du uns wachend findest bei deinem Kommen
Gib den Verstorbenen das ewige Leben

V Lamm Got-tes, du nimmst hinweg die Sün-de der Welt; A Herr, ver-scho-ne uns.

V Lamm Gottes, du nimmst hinweg die Sünde der Welt;
A Herr, erhöre uns.
V Lamm Gottes, du nimmst hinweg die Sünde der Welt;
A Herr, erbarme dich.

Lasset uns beten. — Barmherziger Gott, du hilfst deinen Dienern in ihrer Not und erhörst ihr Bitten. Wir danken dir, denn du hast uns Barmherzigkeit erwiesen. Bewahre uns vor Unheil und schenke uns Freude in deinem Dienst. Durch Christus, unsern Herrn. A Amen.

Namen-Gottes-Litanei

763

Der folgende Gebetstext hat einen anderen Charakter als die traditionellen Litaneien. Er ist eine Betrachtung, bei der man am besten nach den einzelnen Abschnitten kurze Zeit Stille hält.
a und b bedeuten zwei Gruppen, zwei Vorbeter oder rechte und linke Seite.

V Unsere Hilfe ist im Namen des Herrn,   **1**
A der Himmel und Erde gemacht hat.
V Sein Name wird angerufen in jedem Augenblick,
    a bei allen Völkern,
    b in allen Sprachen der Erde,
V Unsere Hilfe ist im Namen des Herrn,
A der Himmel und Erde gemacht hat.
V So wird zu ihm gerufen:
    a Gott, Jahwe, Theós, Déus,
    b Bósche, God, Dieu.
V Gott mit tausend Namen, von denen jeder dich nennt und keiner dich faßt.
A Dein Name werde geheiligt,
V nicht verschwiegen,
    a sondern geredet und geschrien,
    b gedacht und aufgeschrieben,
    a b gerufen und gesungen.
A Dein Name werde geheiligt.   STILLE

V Höchster   **2**
    a Lebendiger
    b Vater
    a Herr
    b Schöpfer der Welt
    a Herrscher über das All
    b Dreifaltiger

(763) V Heiliger
    a Heiliger Starker
    b Heiliger Unsterblicher
    a Anfang und Ende
    b Höhe und Tiefe
    a Licht, Fels, Burg, König, Hirt
    b Säule von Feuer, wandernde Wolke
V Gott in tausend Bildern, von denen keines dich beschreibt.
A Dein Name werde geheiligt,
    a nicht mißbraucht,
    b nicht im Gerede verschwendet,
    a b sondern angebetet.
A Dein Name werde geheiligt.   STILLE

3 V Name aller Namen
    a Gott Abrahams, Isaaks und Jakobs
    b Gott deines Volkes
    a Gott unsrer Ahnen
    b Gott unsrer Kinder
    a Lieber Gott
    b Gott im Himmel
    a in unzugänglichem Licht
    b in unsrer Mitte
    a mitten in uns
    b ausgeliefert unserer Laune
    b ausgeliefert unserm Spott
    b ausgeliefert unserm Schweigen
    a ausgeliefert unserm Reden
A Dein Name werde geheiligt,
V nicht ausgelöscht,
    a sondern weitergesagt an die Kinder unsrer Kinder.
    b Deine Gegenwart – eine Botschaft, die nicht stirbt.
A Dein Name werde geheiligt.   STILLE

V Gott, wir bitten dich: (763)
   Mit deiner Treue   A bleibe bei uns, Herr. **4**
   mit dem Schatten deiner Flügel
   mit deinen Engeln
   mit deinen Wundern
   den Sinn deiner Worte   A laß uns erfahren, Herr.
   daß du uns erhörst
   in der Einsamkeit   A zeige dich, Gott.
   in Augenblicken des Glücks
   im Leiden
   im Tod
   in einer Welt ohne Gott
   in allem, was sich ereignet
V Du unser Heil
   a unser Befreier
   b unsere Hoffnung
   a unsere Zuflucht
   b unsere Freude
A Dein Name werde geheiligt.
   a Deine Gegenwart – eine Botschaft, die nicht stirbt,
   b eingeprägt unsren Herzen.

V Hört die Worte, die uns überliefert sind: **5**
   Kein Mensch hat Gott je gesehen. Der einzige Sohn, der
   im Schoß des Vaters ist, der hat Kunde von ihm gebracht.
   Wer ihn sieht, sieht den Vater.
V Lamm Gottes, du nimmst hinweg die Sünde der Welt;
A Herr, verschone uns.
V Lamm Gottes, du nimmst hinweg die Sünde der Welt;
A Herr, erhöre uns.
V Lamm Gottes, du nimmst hinweg die Sünde der Welt;
A Herr, erbarme dich.

Litanei von der Gegenwart Gottes   764

Die folgende Litanei wird wie die Psalmen in der Vesper gesungen: entweder abwechselnd zwischen zwei Seiten oder abwechselnd zwischen Vorsänger bzw. Chor und allen.

Litaneien 726

(764)
1

1. Sei hier zu - ge - - gen, Licht uns-res Le - - bens.

2. Sei hier zugegen | in unsrer Mitte.
3. Lös unsre Blindheit, | daß wir dich sehen.
4. Mach unsre Sinne | wach für dein Kommen.
5. Zeig deine Nähe, | daß wir dich spüren.
6. Weck deine Stärke, | komm und befreie uns.

2

7. Sei hier zu - ge - - gen, da-mit wir le - - ben.

8. Sei hier zugegen, | stark wie ein Feuer.
9. Flamme und Leben, | Gott bei den Menschen.
10. Komm und befreie uns, | damit wir leben.
11. Komm uns zu retten wie | Licht in der Frühe.
12. Komm wie der helle Tag, | Licht unsern Augen.

3

13. Sei hier zu - ge - - gen mit dei-nem Le - - ben,

14. in unsrer Mitte, | Gott bei den Menschen.
15. Herr aller Mächte, | Gott für die Menschen.
16. Zeig uns dein Angesicht, | gib uns das Leben.
17. Oder bist du, o Gott, | ein Gott der Toten?
18. Komm, sei uns nahe, | damit wir leben.

4

19. O - der bist du, — o Gott, kein Gott der Men - schen?

20. Komm und erleuchte uns, | komm und befreie uns.
21. Du Licht am Morgen, | komm und befreie uns.
22. Gott für uns alle, | heute und morgen.
23. Tausend Geschlechter | währt deine Treue.
24. Du bist auch heute ein | Gott für die Menschen.

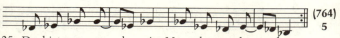

(764)

25. Du bist uns na - he seit Men-schen-ge-den - ken.

26. Gott, du bist heilig. | Wer kann dich sehen?
27. Unendlich fern von uns | und doch so nahe.
28. Doch du bist nicht der Gott, | den wir uns denken;
29. läßt dich nicht finden, | bist wie ein Fremder,
30. und deine Torheit ist | weiser als Menschen.

31. Und dei-ne Ohn - macht ist stär-ker als Men - schen.

32. Wer bist du, Gott? | Wie ist dein Name?
33. Heiliger Gott, un - | sterblicher Gott.
34. Sei hier zugegen, | laß uns nicht sterben.
35. Gott, was ist ohne dich | für mich der Himmel?
36. Gib deinen Namen uns, ein | Zeichen des Lebens.

37. Wenn du nicht da — bist, was soll ich auf Er - den?

38. Sei du uns gnädig | und hab Erbarmen.
39. Sei unser Atem, sei | Blut in den Adern.
40. Sei unsre Zukunft, | sei unser Vater.
41. Denn in dir leben wir, | in dir bestehen wir.
42. In deinem Licht | können wir sehen.

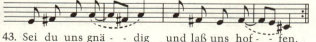

43. Sei du uns gnä - - dig und laß uns hof - - fen.

44. Denn du bist Gott, warum | müssen wir sterben?
45. Denn nicht die Toten | sprechen von dir,
46. die Toten alle | in ihrer Stille.
47. Doch wir, die leben, | rufen nach dir
48. an diesem Tag, | in dieser Nacht,

(764) 9

49. schrein dei-nen Na - men und wollen dich se - hen,

50. warten auf dich,	wissen es selber nicht,
51. wollen dich sehen	wirklich und nahe.
52. Alle die Lebenden	warten und hoffen.
53. Tu deine Hand auf, so	sind wir gesättigt.
54. Kehr dich nicht ab von uns.	Laß uns nicht sterben.

10

55. Laß uns nicht fal - len zu-rück in den Staub.

56. Send deinen Geist aus,	Neues zu schaffen.
57. Flamme des Lebens,	Licht unsres Lichtes.
58. Send deinen Geist aus,	neu uns zu schaffen.
59. Tiefe des Herzens,	Licht unsres Lichtes.
60. Send deinen Geist aus,	neu uns zu schaffen.

11

61. Gib die-ser Er - de ein neu-es An-ge-sicht.

62. Mit allen Menschen,	wo sie auch leben,
63. mit all den Menschen,	die je geboren,
64. mit all den Vielen,	die niemand zählen kann,
65. rufen wir dich:	Sei hier zugegen.
66. In dieser Stunde,	Gott, sei uns nahe.

12

67. An die-sem Ort sei un-ser Frie - de.

68. In unsern Häusern	wohne der Friede.
69. Auf unsern Tischen	Brot für den Frieden.
70. Für unsre Kinder	sei du die Zukunft.
71. Licht der Verheißung,	Menschen in Frieden.
72. Wie lange müssen wir	noch auf dich warten?

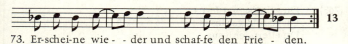

73. Er-schei-ne wie - - der und schaf-fe den Frie - den.

74. Wie lange müssen wir | noch auf dich warten?
75. Erscheine wieder, da - - | mit wir bestehen.
76. Licht, das uns leuchtet, | gib neues Leben.
77. Wie lange müssen wir | noch auf dich warten?
78. Licht, das uns leuchtet, | Licht unsres Lebens.
79. Auf dich vertrauen wir, | auf den Lebendigen.
80. Könntest du jemals Ver - | trauen enttäuschen?

T: Huub Oosterhuis, Übertragung Lothar Zenetti   M: Bernard Huijbers

Jesus-Litanei 765

I V/A Herr, erbarme dich.   II V Christus, höre uns.   1
  V/A Christus, erbarme dich.   A Christus, erhöre uns.
  V/A Herr, erbarme dich.

III V Gott Vater im Himmel, A erbarme dich unser.
  Gott Sohn, Erlöser der Welt
  Gott Heiliger Geist
  Heiliger dreifaltiger Gott

  V Jesus, Sohn des lebendigen Gottes, A erbarme dich   2
  Jesus, Bild des Vaters   unser.
  Jesus, Sohn der Jungfrau Maria
  Jesus, Strahl des ewigen Lichtes
  Jesus, Gott und Mensch

  Jesus, Verkünder des Reiches Gottes
  Jesus, Fürst des Friedens
  Jesus, ewige Weisheit
  Jesus, lebendiges Wort
  Jesus, Hoherpriester

  Jesus, Menschensohn
  Jesus, gerechter Richter
  Jesus, Vater der Zukunft
  Jesus, unser König

(765)   Du gehorsamer Jesus
Du geduldiger Jesus
Du eifernder Jesus
Du mutiger Jesus
Du liebender Jesus

Jesus, unser Herr
Unser Heiland
Unser Erlöser
Unser Freund
Unser Lehrer
Unser Vorbild

Jesus, Bruder der Armen
Jesus, Freund der Sünder
Jesus, Hilfe der Kranken
Jesus, guter Hirt

Jesus, du Grundstein
Jesus, du Weizenkorn
Jesus, du Weinstock
Jesus, Brot, von dem wir leben
Jesus, Licht, durch das wir sehen
Jesus, Weg, auf dem wir gehen
Jesus, Wahrheit, die wir glauben
Jesus, Tür, durch die wir gehen
Jesus, unser Leben

3 V Jesus, sei uns gnädig, A Herr, befreie uns.
Sei uns barmherzig
Von allem Bösen
Von Schuld und Sünde
Von den Angriffen des Teufels
Von der Versuchung, deinen Weg zu verlassen
Vom ewigen Tode

Durch deine Geburt und dein Leben
Durch deine Botschaft
Durch dein Gebot der Liebe
Durch deine Macht, zu vergeben
Durch deine Kraft, zu heilen

Durch dein Kreuz und Leiden (765)
Durch deine Verlassenheit
Durch deinen Tod am Kreuze
Durch deinen Abstieg in das Reich des Todes
Durch deine Auferstehung und Himmelfahrt
Durch den Trost des Heiligen Geistes
Durch deine Gegenwart
Durch deine Wiederkunft

V Lamm Gottes, du nimmst hinweg die Sünde der Welt; 4
A Herr, verschone uns.
V Lamm Gottes, du nimmst hinweg die Sünde der Welt;
A Herr, erhöre uns.
V Lamm Gottes, du nimmst hinweg die Sünde der Welt;
A Herr, erbarme dich.

V So spricht Jesus: Ich bin das Brot des Lebens. Wer zu mir 5
kommt, wird nicht hungern, und wer an mich glaubt, wird
nicht mehr durstig sein.
A Ich bin das Licht der Welt. / Wer mir nachfolgt, wird nicht
im Finstern wandeln, / sondern das Licht des Lebens haben.
V Ich bin die Tür. Wer durch mich eingeht, wird gerettet.
A Ich bin der gute Hirt. / Ich kenne die Meinen und die
Meinen kennen mich.
V Ich bin die Auferstehung und das Leben. Wer an mich
glaubt, wird leben, auch wenn er stirbt.
A Ich bin der Weg, die Wahrheit und das Leben. / Niemand
kommt zum Vater, außer durch mich.
V Ich bin der Weinstock, ihr seid die Rebzweige.
A Wer in mir bleibt und in wem ich bleibe, / der bringt
reiche Frucht.

Lasset uns beten. − Herr Jesus Christus, wir bitten dich:
Erhalte in uns den Glauben, daß deine Worte sich an uns
erfüllen. Gib uns das Feuer deiner Liebe, so daß wir dich
und unsere Mitmenschen aufrichtig lieben können, und laß
uns nicht aufhören, deinen Namen anzurufen. Der du lebst
und herrschst jetzt und in Ewigkeit.   A **Amen.**

766 Litanei vom Leiden Jesu

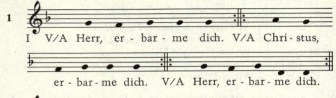

I V/A Herr, erbarme dich. V/A Christus, erbarme dich. V/A Herr, erbarme dich.

II V Christus, höre uns. A Christus, erhöre uns.

III V Gott Vater im Himmel, A erbarme dich unser.

Gott Sohn, Erlöser der Welt
Gott Heiliger Geist
Heiliger dreifaltiger Gott

V Jesus, Mann der Schmerzen, Hoherpriester des neuen Bundes, Lamm Gottes, du nimmst hinweg die Sünde der Welt, A erbarme dich unser.

V Jesus, am Ölberg bis zum Tode betrübt,
mit blutigem Schweiß bedeckt,
ergeben in den Willen des Vaters,
du nimmst hinweg die Sünde der Welt,
A erbarme dich unser.

V Jesus, von Judas verraten,
von den Jüngern verlassen,
von Petrus verleugnet, du nimmst ...

V Jesus, der Freiheit beraubt,
von Geißelhieben zerschlagen,
mit Dornen gekrönt und verspottet, –

V Jesus, von falschen Zeugen angeklagt,
vom Hohen Rat verworfen,
verurteilt zum Tode, –

V Jesus, mit dem Kreuz beladen,
wie ein Lamm zur Schlachtbank geführt,
gestürzt unter der Last des Kreuzes, –

V Jesus, der Kleider beraubt,
ans Kreuz geschlagen,
zu den Verbrechern gezählt, –

V Jesus, vom Durst gequält,
mit Galle und Essig getränkt,
in Verlassenheit gestoßen, –

V Jesus, gehorsam bis zum Tod,
am Kreuz gestorben,
von der Lanze durchbohrt, –

V Jesus, ins Grab gelegt,
abgestiegen in das Reich des Todes,
auferstanden in Herrlichkeit, –

V/A Im Kreuz ist Heil, im Kreuz ist Leben, im Kreuz ist Hoff-nung.

(766)
5

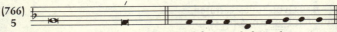

V Wir armen Sünder, A wir bit-ten dich, er- hö-re uns.

Führe uns durch dein Leiden zu Umkehr und Buße
Befrei uns von unsern Sünden
Mach uns bereit, dir zu folgen
Hilf uns, unser Kreuz zu tragen
Gib uns Geduld im Leiden
Schenke den Kranken Gesundheit
Führe uns durch das Kreuz zur ewigen Freude
Laß die Verstorbenen bei dir im Paradiese sein
Führe die Welt zur Vollendung

V/A Im Kreuz ist Heil, im Kreuz ist Leben,
im Kreuz ist Hoffnung.

6

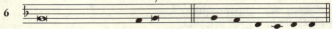

V Daß wir einander verzeihen, A hilf uns, wir bitten dich.

Daß wir den Feinden vergeben
Daß wir dir auf dem Weg der Gewaltlosigkeit folgen
Daß wir dich in jedem Menschen erkennen
Daß wir die Verachteten annehmen als Brüder
Daß wir in den Geschlagenen dein Antlitz erkennen
Daß wir die erlösende Kraft deines Leidens erfahren
Daß wir nicht aufhören zu hoffen

V/A Im Kreuz ist Heil, im Kreuz ist Leben,
im Kreuz ist Hoffnung.

Lasset uns beten. — Allmächtiger und barmherziger Gott,
durch das heilbringende Leiden und Sterben deines Sohnes
hast du uns neu geschaffen; wir bitten dich: erhalte in uns
das Werk deines Erbarmens, durch ihn, Christus, unsern
Herrn. A Amen.

Litanei vom Heiligsten Sakrament

767

I V/A Herr, erbarme dich.
   V/A Christus, erbarme dich.
   V/A Herr, erbarme dich.

II V Christus, höre uns.
    A Christus, erhöre uns.

1

III V Gott Vater im Himmel, A erbarme dich unser.
     Gott Sohn, Erlöser der Welt
     Gott Heiliger-Geist
     Heiliger dreifaltiger Gott

   V Christus, du Brot des Lebens, A erbarme dich unser. **2**
     Du Gott und Mensch
     Du Verborgener
     Du in unsrer Mitte
     Du Osterlamm
     Du Opfer für die Welt
     Du Quelle der Gnade
     Du unsere Nahrung
     Du unsere Freude
     Du Heil der Kranken
     Du Trost der Trauernden
     Du Kraft der Sterbenden
     Du unsere Hoffnung
     Du Brot vom Himmel

   V Durch deinen Leib, der für uns geopfert ist, **3**
                                       A Herr, befreie uns.
     Durch dein Blut, das für uns vergossen ist
     Durch dieses Zeichen deiner Liebe
     Durch dieses Zeichen deiner Treue
     Durch deine Auferstehung und Himmelfahrt
     Durch deine Gegenwart
     Bei deiner Wiederkunft

   V Wir armen Sünder, A wir bitten dich, erhöre uns. **4**
     Daß wir stark werden im Glauben
     Daß wir deinen Tod verkünden
     Daß wir deine Auferstehung preisen
     Daß wir nach deinem Mahl verlangen
     Daß wir an deinem Tisch vereint sind

Daß keiner von uns dich verraten wird
Daß wir deinen Weg erkennen
Daß wir den Weg gehen in der Kraft deiner Speise
Führe uns zum Hochzeitsmahl des ewigen Lebens

5 V Lamm Gottes, du nimmst hinweg die Sünde der Welt;
A Herr, verschone uns.
V Lamm Gottes, du nimmst hinweg die Sünde der Welt;
A Herr, erhöre uns.
V Lamm Gottes, du nimmst hinweg die Sünde der Welt;
A Herr, erbarme dich.

Lasset uns beten. — Herr, unser Gott, in diesem wunderbaren Sakrament feiern wir das Leiden und die Auferstehung deines Sohnes. Laß uns seinen heiligen Leib und sein heiliges Blut so empfangen und verehren, daß uns die Frucht der Erlösung zuteil wird durch Christus, unsern Herrn.
A Amen.

768 Herz-Jesu-Litanei

1 I V/A Herr, erbarme dich. II V Christus, höre uns.
V/A Christus, erbarme dich. A Christus, erhöre uns.
V/A Herr, erbarme dich.

III V Gott Vater im Himmel, A erbarme dich unser.
Gott Sohn, Erlöser der Welt
Gott Heiliger Geist
Heiliger dreifaltiger Gott

2 V Du Herz des Sohnes Gottes, A erbarme dich unser.
Herz Jesu, im Schoß der Jungfrau Maria vom Heiligen Geist gebildet
Herz Jesu, mit dem Worte Gottes wesenhaft vereinigt
Herz Jesu, unendlich erhaben
Herz Jesu, du heiliger Tempel Gottes
Herz Jesu, du Zelt des Allerhöchsten
Herz Jesu, du Haus Gottes und Pforte des Himmels
Herz Jesu, du Feuerherd der Liebe
Herz Jesu, du Wohnstatt der Gerechtigkeit und Liebe

Du Herz voll Güte und Liebe
Herz Jesu, du Abgrund aller Tugenden
Herz Jesu, würdig allen Lobes
Herz Jesu, du König und Mitte aller Herzen
Herz Jesu, in dem alle Schätze der Weisheit und Erkenntnis sind
Herz Jesu, in dem die ganze Fülle der Gottheit wohnt
Herz Jesu, das dem Vater wohlgefällt
Herz Jesu, aus dessen Gnade wir alle empfangen
Herz Jesu, du Sehnsucht der Schöpfung von Anbeginn

Du Herz, geduldig und voll Erbarmen
Herz Jesu, reich für alle, die dich anrufen
Herz Jesu, du Quell des Lebens und der Heiligkeit
Herz Jesu, du Sühne für unsere Sünden
Herz Jesu, mit Schmach gesättigt
Herz Jesu, wegen unsrer Missetaten zerschlagen
Herz Jesu, bis zum Tode gehorsam

Du Herz, durchbohrt von der Lanze
Herz Jesu, du Quelle allen Trostes
Herz Jesu, unsere Auferstehung und unser Leben
Herz Jesu, unser Friede und unsere Versöhnung
Herz Jesu, du Opferlamm für die Sünder
Herz Jesu, du Rettung aller, die auf dich hoffen
Herz Jesu, du Hoffnung aller, die in dir sterben
Herz Jesu, du Freude aller Heiligen

V Lamm Gottes, du nimmst hinweg die Sünde der Welt;   3
A Herr, verschone uns.
V Lamm Gottes ...   A Herr, erhöre uns.
V Lamm Gottes ...   A Herr, erbarme dich.

V Jesus, gütig und selbstlos von Herzen,
A bilde unser Herz nach deinem Herzen.

Lasset uns beten. — Gütiger Gott, aus dem geöffneten Herzen deines Sohnes kommt die Fülle des Erbarmens. Hilf uns, daß wir seine Liebe nicht ohne Antwort lassen. Darum bitten wir durch ihn, Christus, unsern Herrn. A Amen.

769 Lauretanische Litanei

1 I V/A Herr, erbarme dich. V/A Christus, erbarme dich. V/A Herr, erbarme dich.

2 II V Christus, höre uns. A Christus, erhöre uns.

3 III V Gott Vater im Himmel, A erbarme dich unser.
Gott Sohn, Erlöser der Welt
Gott Heiliger Geist
Heiliger dreifaltiger Gott

4 V Heilige Maria, A bitte für uns.
Heilige Mutter Gottes
Heilige Jungfrau
Mutter Christi
Mutter der Kirche
Mutter der göttlichen Gnade
Mutter, du Reine
Mutter, du Keusche
Mutter ohne Makel
Mutter, du viel Geliebte
Mutter, so wunderbar
Mutter des guten Rates
Mutter der schönen Liebe
Mutter des Schöpfers
Mutter des Erlösers
Du kluge Jungfrau
Jungfrau, von den Völkern gepriesen

Jungfrau, mächtig zu helfen
Jungfrau voller Güte
Jungfrau, du Magd des Herrn

V Du Spiegel der Gerechtigkeit, A bit - te für uns.

Du Sitz der Weisheit
Du Ursache unserer Freude
Du Kelch des Geistes
Du kostbarer Kelch
Du Kelch der Hingabe
Du geheimnisvolle Rose
Du starker Turm Davids
Du elfenbeinerner Turm
Du goldenes Haus
Du Bundeslade Gottes
Du Pforte des Himmels
Du Morgenstern
Du Heil der Kranken
Du Zuflucht der Sünder
Du Trost der Betrübten
Du Hilfe der Christen

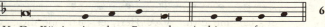

V Du Köni - gin der En - gel, A bit - te für uns.

Du Königin der Patriarchen
Du Königin der Propheten
Du Königin der Apostel
Du Königin der Märtyrer
Du Königin der Bekenner
Du Königin der Jungfrauen
Du Königin aller Heiligen
Du Königin, ohne Erbschuld empfangen
Du Königin, aufgenommen in den Himmel
Du Königin vom heiligen Rosenkranz
Du Königin der Familie
Du Königin des Friedens

7

V Lamm Gottes, du nimmst hinweg die Sünde der Welt;
A Herr, erhöre uns.
V Lamm Gottes, du nimmst hinweg die Sünde der Welt;
A Herr, erbarme dich.

Lasset uns beten. — Gütiger Gott, du hast allen Menschen Maria zur Mutter gegeben; höre auf ihre Fürsprache; nimm von uns die Traurigkeit dieser Zeit, dereinst aber gib uns die ewige Freude. Durch Christus, unsern Herrn. A Amen.

770 Litanei für die Verstorbenen

Gott Sohn, Erlöser der Welt
Gott Heiliger Geist
Heiliger dreifaltiger Gott

4

V Heilige Maria, aufgenommen in den Him-mel,
A bit-te(t) für sie (ihn).

Du unsere Mutter
Du Zuflucht der Sünder
Du Trost der Trauernden

Heiliger Josef
Heiliger Michael
Heilige(r) N. (Namenspatron des Verstorbenen)
Ihr Heiligen unseres Landes
Alle Heiligen Gottes

Melodie Nr. 360,5–6

V Deinen Tod, o Herr, verkünden wir, A und deine Auferstehung preisen wir, bis du kommst in Herrlichkeit.

5

V Jesus, am Kreuz gestorben, A erbarme dich ihrer (seiner).

Hinabgestiegen zu den Toten
Auferstanden in Herrlichkeit
Du Kraft für die Sterbenden
Du Tür zum Leben und einzige Hoffnung

6

V Wir bitten dich für un-se-re Toten:
A gib ih-nen die e-wi-ge Freu-de.

Reinige sie von ihrer Schuld
Ergänze, was ihrem Leben fehlt
Vollende sie im Reich des Vaters

(770) V Deinen Tod, o Herr, verkünden wir, A und deine Auferstehung preisen wir, bis du kommst in Herrlichkeit.

7

V Jesus, sei uns gnädig: A Herr und Gott, be-frei-e uns.

Sei uns barmherzig
Von allem Bösen
Von aller Sünde
Von Haß und Feindschaft
Von der Angst vor dem Tod
Von der Angst vor dem Leben

Durch dein Kreuz und Leiden
Durch die Hingabe deines Lebens
Durch dein Blut, das für uns vergossen ist
Durch deine Auferstehung zu neuem Leben
Durch dein Kommen, das wir erwarten

V Deinen Tod, o Herr, verkünden wir, A und deine Auferstehung preisen wir, bis du kommst in Herrlichkeit.

8

V Wir armen Sünder, A wir bit-ten dich, er-hö-re uns.

Daß wir unsere Sünden bereuen
Daß wir einander verzeihen
Daß wir an dich glauben
Daß wir auf dich hoffen
Daß wir dich lieben
Daß wir in dir leben
Daß unsere Toten bei dir leben

V Lasset uns beten, wie der Herr uns gelehrt hat:
A Vater unser im Himmel ... Denn dein ist das Reich ...

Melodie Nr. 362, 363, 691

Andachten 771

Die folgenden Andachten sind gedacht als Hilfen für die Gemeinde, die sich an Sonn- und Festtagen und sonstigen Anlässen zum Gebet im Gotteshaus versammelt. Sie wollen ebenso dem gemeinsamen Gebet in Familien und Gruppen dienen wie dem besinnlichen Beten des einzelnen.
Die Abschnitte der Andachten können dabei in verschiedener Weise eingesetzt werden. Man kann eine Andacht nehmen, wie sie vorliegt, oder man wählt einzelne Stücke aus, etwa eines mit dem allgemeinen Thema und dazu eines mit dem Thema des besonderen Anlasses. Auch ein Einzelstück zusammen mit dem Eröffnungs- und Schlußteil oder zusammen mit einer entsprechenden Litanei oder einem Rosenkranzgesätz kann eine Andacht ergeben, ebenso Abschnitte verschiedener Andachten.
Die Andacht wird regelmäßig mit einem geeigneten Lied oder sonstigen Eröffnungsgesang (Invitatorium) begonnen, sie wird vielerorts mit einem Mariengruß abgeschlossen. Die einzelnen Teile jeder Andacht werden durch Gesang, zum Beispiel durch die Strophen eines durchgehenden Liedes, voneinander abgesetzt. Bei einigen Andachten können die Wechselteile gesungen werden.
Der Gebetsteil der Andachten mündet in der Regel aus in das Gebet des Herrn.
Bei entsprechendem Anlaß wird zur Andacht oder zu ihrem Schlußteil das Allerheiligste zur Verehrung ausgesetzt und der sakramentale Segen gegeben.

Andacht im Advent 772

Die großen Antiphonen

Die sieben letzten Tage des Advents sind durch die sogenannten O-Antiphonen ausgezeichnet. Jesus wird unter sieben Titeln angerufen, die dem Messias im Alten Bund gegeben werden. In der folgenden Andacht wird diese Tradition der Kirche aufgegriffen.
Man kann auch vom 17. bis 23. Dezember an jedem Tag eine Kurzandacht halten, etwa in der Familie. Dann schließt man jeden Text mit dem Schlußgebet oder mit dem „Engel des Herrn".

(772) V Schon die frühe Kirche hat gerufen: Maranatá, komm, Herr Jesus. Wir wollen uns diesem Ruf anschließen und machen uns die Adventsrufe der Kirche zu eigen, die der Sprache des Alten Testamentes entnommen sind.

Lied Nr. 112, 1. Str.

1 O SAPIENTIA – O WEISHEIT (17. Dezember)

V O Weisheit, hervorgegangen aus Gottes Mund, mächtig wirkst du in aller Welt, und freundlich ordnest du alles. Komm, o Herr, und lehre uns den Weg der Einsicht.

L Die Weisheit ist der Widerschein des ewigen Lichts, der ungetrübte Spiegel von Gottes Kraft, das Bild seiner Vollkommenheit. Sie ist nur eine und vermag doch alles; ohne sich zu ändern, erneuert sie alles. Von Geschlecht zu Geschlecht tritt sie in heilige Seelen ein und schafft Freunde Gottes und Propheten; denn Gott liebt nur den, der mit der Weisheit zusammenwohnt. Sie ist schöner als die Sonne.

(Weish 7,26–29a) STILLE

V Jesus, unser Meister, du Wort des Vaters, hilf uns, daß wir dich verstehen. Ohne dich gehen wir in die Irre.
A Komm, o Herr, / und lehre uns den Weg der Einsicht.
V Erleuchte die Lehrer, Schriftsteller, Journalisten und alle, die andere lehren. Gib ihnen gute Gedanken und den Geist des Friedens.
A Komm, o Herr, / und lehre uns den Weg der Einsicht.
V Hilf allen, die sich mühen, die Unwissenheit so vieler Menschen zu beenden. Hilf den Menschen, falsche Lehren zu erkennen, und verleihe uns die Gabe der Unterscheidung.
A Komm, o Herr, / und lehre uns den Weg der Einsicht.

Lied Nr. 112, 2. Str.

2 O ADONAI – O HERR (18. Dezember)

V O Herr und Fürst des Hauses Israel, du bist dem Mose erschienen in der Flamme des Dornbuschs und gabst ihm das

Gesetz am Sinai. Komm, o Herr, und erlöse uns mit starkem (772) Arm.

L Mose sagte zu ganz Israel: Du sollst auf die Stimme des Herrn, deines Gottes, hören und auf seine Gebote und Gesetze achten. Dieses Gebot, auf das ich dich heute verpflichte, geht nicht über deine Kraft und ist nicht fern von dir. Nein, das Wort ist ganz nah bei dir. Es ist in deinem Mund und in deinem Herzen. (Dtn 30,10a.11.14)

STILLE

V Jesus unser Gott, in dir ist das Gesetz des Mose erfüllt. Dein neues Gebot führt uns in die Freiheit.
A Komm, o Herr, / und erlöse uns mit starkem Arm.
V Dein Wort will uns von Haß und Zwietracht befreien. Dein Gesetz offenbart die Güte im Herzen Gottes.
A Komm, o Herr, / und erlöse uns mit starkem Arm.
V Laß die Völker der Erde den Krieg überwinden und mach sie zum neuen Haus Israel, das dein Gesetz befolgt.
A Komm, o Herr, / und erlöse uns mit starkem Arm.

Lied Nr. 112, 3. Str.

O RADIX JESSE – O WURZEL JESSE (19. Dezember) 3

V O Wurzel Jesse, gesetzt zum Zeichen für die Völker. Vor dir verstummen die Mächtigen, dich rufen die Völker. Komm, o Herr, und erlöse uns; zögere nicht länger.

L An jenem Tag wird der Sproß aus der Wurzel Isais (Jesses) zum Signal für die Nationen; die Völker suchen ihn auf. Er sammelt die vertriebenen Israeliten und führt nach Hause die Zerstreuten Judas von den vier Enden der Erde.

(Jes 11,10.12) STILLE

V Herr Jesus, wir sind das neue Israel, das Volk Gottes, das du gerufen hast. Wir sind uneins durch Vorurteile und Streit.
A Komm, o Herr, und erlöse uns, / zögere nicht länger.
V Die Christenheit ist gespalten. Wir können uns allein aus dieser Not nicht befreien.
A Komm, o Herr, und erlöse uns, / zögere nicht länger.

(772) V Die Kirche soll das Zeichen deines Heils unter den Völkern sein. Das kann sie nur, wenn sie dein Wort hält und einig ist.

A Komm, o Herr, und erlöse uns, / zögere nicht länger.

Lied Nr. 112, 4. Str.

4 O CLAVIS DAVID – O SCHLÜSSEL DAVIDS (20. Dezember)

V O Schlüssel Davids und Zepter des Hauses Israel. Du öffnest und niemand schließt, du schließest und niemand öffnet. Komm, o Herr, befreie aus dem Kerker den Gefangenen, der da sitzt in Finsternis und im Schatten des Todes.

L Ich lege ihm den Schlüssel des Hauses David auf die Schulter; was er öffnet, kann niemand verschließen, und was er verschließt, kann niemand mehr öffnen. Ich schlage ihn an einer festen Stelle der Mauer als Nagel ein. – Ich habe ihn geschaffen, den Gefangenen zu sagen: Kommt heraus!, und denen, die in der Finsternis sind: Kommt ans Licht!

(Jes 22,22–23; 49,8–9) STILLE

V Herr Jesus, du hast durch deinen Tod die Tür zum Leben aufgetan, die niemand mehr schließen kann.

A Komm, o Herr, / befreie uns aus der Finsternis / und dem Schatten des Todes.

V Du kannst uns von den Ketten der Schuld befreien. In aller Verstrickung und Anfechtung sehen wir dein Licht.

A Komm, o Herr, / befreie uns aus der Finsternis / und dem Schatten des Todes.

V Du erbarmst dich aller, die im Schatten leben. Du bist auf der Seite der Unterdrückten.

A Komm, o Herr, / befreie uns aus der Finsternis / und dem Schatten des Todes.

Lied Nr. 112, 5. Str.

5 O ORIENS – O AUFGANG (21. Dezember)

V O Aufgang, Glanz des ewigen Lichtes, du Sonne der Gerechtigkeit. Komm, o Herr, und erleuchte uns, die wir sitzen in Finsternis und im Schatten des Todes.

L Ich, der Herr, habe dich gerufen, denn ich handle ge- (772)
recht, ich fasse dich an der Hand. Ich habe dich geschaffen
und dazu bestimmt, was ich meinem Volk verhieß, zu vollbringen, und ein Licht für die anderen Völker zu sein: blinde
Augen zu öffnen, Gefangene aus dem Kerker zu holen und
alle, die im Dunkel sitzen, aus ihrer Haft zu befreien.
(Jes 42,6–7) STILLE

V Herr Jesus, in dir ist der neue Tag aufgegangen, der die
Angst vertreibt und uns alles neu sehen läßt.
A Komm, o Herr, und erleuchte uns.
V Du bist die Sonne der Gerechtigkeit, die uns alles Unrecht
erkennen läßt. Auch unsere bösen Taten machst du offenbar.
A Komm, o Herr, und erleuchte uns.
V Du bist das Licht des Lebens; mach uns zu Kindern des
Lichtes.
A Komm, o Herr, und erleuchte uns.

Lied Nr. 112, 6. Str.

O REX GENTIUM – O KÖNIG DER VÖLKER (22. Dezember) **6**

V O König der Völker, den sie alle ersehnen. Du Eckstein,
der das Getrennte eint. Komm, o Herr, und befreie den
Menschen, den du aus Erde geschaffen.

L Ich schaute in den Gesichten der Nacht: Da kam mit den
Wolken des Himmels einer wie ein Menschensohn. Er ge-
langte bis zu dem Hochbetagten und wurde vor ihn geführt.
Ihm wurden Herrschaft und Würde und Königtum gegeben.
Alle Völker, Nationen und Sprachen müssen ihm dienen.
Seine Herrschaft ist eine ewige, unvergängliche Herrschaft.
Sein Reich geht niemals unter. (Dan 7,13–14)
STILLE

V Herr Jesus, die Menschen sind wie Schafe, die keinen
Hirten haben. Du bist gekommen, sie zu sammeln und ihnen
Hoffnung zu geben.
A Komm, o Herr, und befreie den Menschen.
V Du rufst die Völker zur Einheit, du bietest ihnen deinen
Frieden an. Du heilst die Risse der Erde.

(772) A Komm, o Herr, und befreie den Menschen.
V Du kommst, Menschensohn, der den Tod besiegt, und bringst uns das Reich des Friedens, das kein Ende kennt.
A Komm, o Herr, und befreie den Menschen.

Lied Nr. 112, 7. Str.

7 O IMMANUEL – O GOTT MIT UNS (23. Dezember)

V O Immanuel, Gott mit uns. Du König und Lehrer, du Sehnsucht der Völker und ihr Heiland. Komm, o Herr, und erlöse uns, Herr, unser Gott.

L Große, gewaltige Wasser bedecken dein Land, Immanuel. – Tobt, ihr Völker! Ihr werdet doch besiegt. Horcht auf, ihr Enden der Erde! Rüstet nur! Ihr werdet doch besiegt. Macht nur Pläne! Sie werden zunichte. Denn Gott ist mit uns. – Das Volk, das im Dunkel lebt, sieht ein helles Licht. Denn uns wurde ein Kind geboren, ein Sohn wurde uns geschenkt. Seine Herrschaft ist groß und der Friede hat kein Ende. (Jes 8,8–10; 9,1.5–6)

STILLE

V Herr Jesus, Gott ist nicht fern. Er ist uns ganz nah in dir. Du bist Immanuel, der „Gott mit uns", den Israel ersehnte.
A Komm, o Herr, und erlöse uns.
V Du bist bei uns. Wenn Gott mit uns ist, wer kann dann gegen uns sein? Wir brauchen uns nicht zu fürchten.
A Komm, o Herr, und erlöse uns.
V Das Reich Gottes ist mitten unter uns. Laß es uns im Glauben erkennen und einst erfahren in der Herrlichkeit.
A Komm, o Herr, und erlöse uns.

Lied Nr. 112, 8. Str.

8

V Lasset uns beten. – Herr, unser Gott, sieh auf uns Menschen, die dem Tod verfallen sind. Wir bitten dich: Rette uns durch die Ankunft deines Sohnes, und laß uns zur ewigen Gemeinschaft mit unserm Erlöser gelangen, der mit dir lebt und herrscht in Ewigkeit. A Amen.

(Schlußgesang Nr. 120,2).

V Der Herr ist in unsrer Mitte, er bleibt bei uns, wenn wir auseinandergehn. Er bleibe bei uns auf unsern Wegen durch die Tage, dann sind es Wege, die zum Vater führen. Sein Reich wird kommen und uns retten von Not und Tod.
Es segne euch der allmächtige Gott, der Vater und der Sohn und der Heilige Geist. A Amen.

Andacht zur Weihnachtszeit 773

HEUTE IST CHRISTUS GEBOREN 1

V Ich verkünde euch eine große Freude: Heute ist der Retter geboren in der Stadt Davids, Christus, der Herr.
A Laßt uns nach Betlehem gehen /
und sehen, was der Herr uns kundgetan.
V Heute leuchtet uns auf der ersehnte Tag; das Heil ist gekommen, die Erlösung. Heute singen die Engel vom Himmel, heute jubeln die Gerechten:
A Ehre sei Gott in der Höhe /
und Friede den Menschen seiner Gnade.
V Das Wort ist Fleisch geworden und hat unter uns gewohnt. Der herrlich und mächtig als Gott, ist Mensch unter Menschen.
A Christus ist uns geboren, /
kommt, wir beten ihn an.
V Welch wunderbarer Tausch, welch große Gabe: Gott wird Mensch, nimmt an unser Wesen, damit wir von seiner Gottheit empfangen. Kinder Gottes sind wir, Christus ist unser Bruder.
A Für uns Menschen und zu unserm Heil /
ist er vom Himmel gekommen.

(773) GOTT IN JESUS, EINER AUS UNS

2 V Das Wort ist Fleisch geworden, ein Mensch dieser Erde. In allem ist uns Christus gleich, ausgenommen die Sünde.
A Das Wort ist Fleisch geworden /
und hat unter uns gewohnt.
V Herrlich und mächtig als Gott, behielt er die Macht nicht für sich, noch den Glanz seines göttlichen Wesens. Er nimmt die Knechtsgestalt an, um Mensch unter Menschen zu sein.
A Er ist nicht gekommen, sich bedienen zu lassen, /
sondern zu dienen.
V Maria und Josef legten ihn in eine Krippe, weil in der Herberge kein Platz für sie war. Obdachlos ist unser Herr, Gast bei denen, die keine Heimat haben.
A Er kam in sein Eigentum, /
aber die Seinen nahmen ihn nicht auf.
V Herodes trachtete dem Kind nach dem Leben; Jesus wurde ein Verfolgter. Er tut den Willen des Vaters, gehorsam bis zum Tod am Kreuz.
A So hat Gott die Welt geliebt, /
daß er seinen Sohn für uns hingab.

3 MUTTER DES HERRN

V Dich, Maria, grüßen wir, erhabene Mutter des Erlösers. Du hast ihn getragen und geboren, den die Welt nicht fassen kann.
A Der Herr hat Großes an dir getan; /
selig preisen dich alle Geschlechter.
V Von Urbeginn, bevor die Erde war, vor aller Zeit bist du erwählt. Kein Geschöpf ist dir an Würde gleich; dein Kind ist Gottes Sohn.
A Gegrüßet seist du, Maria, voll der Gnade, /
der Herr ist mit dir.
V Josef, Sohn Davids, scheue dich nicht, Maria als deine Frau zu dir zu nehmen; denn das Kind, das sie erwartet, ist vom Heiligen Geist.

A Du bist gebenedeit unter den Frauen, / (773)
und gebenedeit ist die Frucht deines Leibes.
V Du bist die Mutter der Christenheit. Trag unsere Bitten hin zu ihm, der für uns Mensch geworden. Empfiehl uns deinem Sohn.
A Dich, Maria, grüßen wir, / erhabene Mutter des Erlösers.

HEILIGE FAMILIE (Sonntag nach Weihnachten) 4

V Ein Kind ist uns geboren, ein Sohn ist uns geschenkt. Es freut sich der Vater des Gerechten; frohlocken darf, die ihn gebar.
A Wir grüßen euch, /
Jesus, Maria, Josef.
V Sie kehrten nach Galiläa zurück in ihre Stadt Nazaret. Das Kind wuchs und wurde kräftig. Es galt als Sohn des Zimmermanns.
A Gott erfüllte ihn mit Weisheit, /
und seine Gnade ruhte auf ihm.
V Ihr kennt die Liebestat unseres Herrn Jesus Christus: er, der reich war, wurde unseretwegen arm, um uns durch seine Armut reich zu machen.
A Selig, die arm sind vor Gott; /
ihnen gehört das Himmelreich.
V Vor allem liebt einander, denn die Liebe hält alles zusammen. In eurem Herzen herrsche der Friede Christi, dazu seid ihr berufen als die Glieder des einen Leibes.
A Erleuchte uns, Herr, durch das Beispiel der Heiligen Familie. / Lenke unsere Schritte auf den Weg des Friedens.

OFFENBARUNG DURCH DIE WEISEN (6. Januar) 5

V Das Licht geht auf über Jerusalem. Der Herr ist uns erschienen. Weise kommen vom Osten und bringen die Botschaft vom neugeborenen König.
A Der Herr ist erschienen; / ihr Völker, betet ihn an!

(773) V Der Stern, den sie im Morgenland gesehn, ging vor ihnen her. Sie fanden das Kind und seine Mutter. Sie fielen nieder und beteten an.
A Der Herr ist erschienen; / ihr Völker, betet ihn an!
V Sie kamen nicht mit leeren Händen. Sie brachten ihre Gaben: Gold, Weihrauch und Myrrhe dem Herrscher, Gott und Erlöser.
A Der Herr ist erschienen; / ihr Völker, betet ihn an!
V Er herrscht von Meer zu Meer, vom Strom bis an die Enden der Erde. Durch ihn sollen Segen empfangen alle Völker, ihn sollen sie preisen, jetzt und ewig.
A Der Herr ist erschienen; / ihr Völker, betet ihn an!

6 OFFENBARUNG BEI DER TAUFE (Sonntag nach Erscheinung)

V Der Himmel öffnet sich. Über dem Wasser erklingt die Stimme des Vaters, leuchtet des Sohnes Herrlichkeit, spendet Leben die Liebe des Heiligen Geistes.
A Dieser ist mein geliebter Sohn, /
an ihm habe ich meine Freude. / Ihn sollt ihr hören.
V Johannes tauft den Herrn, der Knecht den Meister. Die Wasserquellen werden geheiligt, da Christus dem Erdkreis erscheint.
A Kommt und schöpft lebendiges Wasser /
aus den Quellen des Heils.
V Christus wird im Jordan getauft, und die ganze Welt wird geheilt. Aus Wasser und Geist wird ein neues Volk geboren.
A Er hat uns aus der Finsternis in sein wunderbares Licht berufen.
V Der Täufer bezeugt das Lamm Gottes, das hinwegnimmt die Schuld der Welt. Christus hat uns geliebt und uns reingewaschen in seinem Blut.
A Freut euch, ihr Getauften; /
ihr seid für Gottes Reich erwählt.

DARSTELLUNG DES HERRN (2. Februar)

V Seht, zu seinem Tempel kommt der Herr, freu dich und juble, Zion. Schmücke dein Brautgemach, eile dem Herrn entgegen.
A Volk Gottes, mach dich bereit. /
Christus, den König, nimm auf.
V Maria, die heilige Jungfrau, geht zum Tempel; sie weiht ihr Kind Gott, dem Herrn. Simeon wird erfüllt vom Heiligen Geist, er nimmt es in seine Arme und preist Gott.
A Meine Augen haben das Heil gesehen, /
das du vor allen Völkern bereitet hast.
V Nun läßt du, Herr, deinen Knecht, wie du gesagt hast, in Frieden scheiden. Denn meine Augen haben das Heil gesehen, das du vor allen Völkern bereitet hast.
A Ein Licht, das die Heiden erleuchtet, /
und Herrlichkeit für dein Volk Israel.
V Lobsinget dem Herrn, denn Großes hat er getan! Kund sei es auf der ganzen Erde! Jauchzt und jubelt, ihr Bewohner der heiligen Stadt. Denn groß ist in eurer Mitte der Heilige Israels.
A Kundgemacht hat der Herr sein Heil, /
das er vor allen Völkern bereitet.

774 Andacht für die Fastenzeit

1 ERÖFFNUNG

V Es heißt beim Propheten: Zur rechten Zeit erhöre ich dich; am Tag des Heils komme ich dir zu Hilfe.
A Jetzt ist sie da, die rechte Zeit; / jetzt ist er da, der Tag des Heils.
V Wir bitten euch an Christi Statt: Laßt euch mit Gott versöhnen! Er hat den, der die Sünde nicht kannte, für uns zur Sünde gemacht, damit wir in ihm Gerechtigkeit Gottes würden.
A Jetzt ist sie da, die rechte Zeit; / jetzt ist er da, der Tag des Heils.
V Wach auf, Schläfer, und steh auf von den Toten, und Christus wird dein Licht sein.
A Jetzt ist sie da, die rechte Zeit; / jetzt ist er da, der Tag des Heils.

L Jahr für Jahr lädt uns die Kirche in der Fastenzeit ein, daß wir uns rüsten für die Feier von Tod und Auferstehung des Herrn. Sie ruft uns vor allem zur Umkehr und zur Erneuerung unseres christlichen Lebens durch das Wort Gottes. Sie mahnt uns in dieser Zeit zum Gebet und zu Werken der Liebe, sie ruft uns zu den Sakramenten, die das Leben der Gnade in uns erneuern. So führt uns Gott durch Buße und Entsagung zur österlichen Freude.

V Lasset uns beten. — Herr, unser Gott, deine Gnade komme uns zuvor und begleite uns, damit alles, was wir tun, von dir seinen Anfang nehme und durch dich vollendet werde. Durch Christus, unsern Herrn.   A Amen.

2 RUF ZUR UMKEHR (1. Sonntag)

L So spricht der Prophet: Werft alle Vergehen von euch, mit denen ihr euch belastet habt! Schafft euch ein neues Herz und einen neuen Geist. Warum wollt ihr sterben? Ich habe doch kein Gefallen am Tod des Menschen; Wort Gottes des Herrn. Kehrt um, damit ihr lebt. — (Ez 18,31–32)

L So spricht der Apostel: Legt den alten Menschen ab und erneuert euren Geist und Sinn! Zieht den neuen Menschen an, der nach Gottes Bild geschaffen ist, damit ihr wahrhaft gerecht und heilig lebt. — (Eph 4,22a. 23–24)

L So spricht Jesus: Die Zeit ist erfüllt, und das Reich Gottes ist nahe. Bekehrt euch und glaubt an das Evangelium. (Mk 1,15)

STILLE

V Hört auf die Stimme des Herrn, verschließt ihm nicht das Herz.
A Hört auf die Stimme des Herrn, / verschließt ihm nicht das Herz.
V Wir gehen viele Wege, die in die Irre führen. Der Herr ruft uns auf den Weg, der zum Leben führt.
A Hört auf die Stimme des Herrn, / verschließt ihm nicht das Herz.
V Wir hören viele Worte, die uns betrügen und belügen. Der Herr sagt uns das Wort der Wahrheit, das Wort aus dem Munde Gottes, von dem wir leben können.
A Hört auf die Stimme des Herrn, / verschließt ihm nicht das Herz.
V Wir sehen viele Lichter, die uns täuschen und verführen. Der Herr ruft uns, ihm zu folgen; er ist das Licht. Wer ihm nachfolgt, wird das Licht des Lebens haben.
A Hört auf die Stimme des Herrn, / verschließt ihm nicht das Herz.

V Lasset uns beten. — Herr Jesus Christus, du hast gesagt: Ich bin der Weg, die Wahrheit und das Leben; wer mir folgt, bleibt nicht im Finstern.
A Hilf uns, daß wir uns zu dir bekehren und neue Menschen werden. / Denn du bist unser Herr und Meister, / dich preisen wir in Ewigkeit. Amen.

(774) KAMPF GEGEN DAS BÖSE (2. Sonntag)

3 V Wer getauft ist, ist für die Sünde tot. Daher darf uns das Böse nicht unentschieden und gleichgültig lassen. In der Auseinandersetzung, die durch alle Zeiten und alle Länder, alle Gemeinschaften und durch jedes einzelne Menschenherz geht, sollen wir auf der Seite des Guten stehen.
L Vergeltet nicht Böses mit Bösem, sondern seid allen Menschen gegenüber auf das Gute bedacht.
A Wir wollen Gott den Herrn anbeten und ihm allein dienen.
V Wir sind in der Firmung mit der Kraft Gottes ausgerüstet worden. Der Geist des Herrn macht uns fähig, dem Bösen zu widerstehen.
L Laß dich nicht vom Bösen besiegen, sondern besiege das Böse mit dem Guten.
A Wir wollen Gott den Herrn anbeten und ihm allein dienen.
V Die Kommunion verbindet uns mit Christus und untereinander. Diese Gemeinschaft erneuert in uns die Kräfte des Guten.
L Achtet darauf, daß ihr die Gabe Gottes nicht vergeblich empfangt.
A Wir wollen Gott den Herrn anbeten und ihm allein dienen.
V Die Buße schenkt uns Gottes Vergebung. Wir können wieder neu beginnen.
L Die Stunde ist gekommen, vom Schlaf aufzustehen. Denn jetzt ist das Heil näher als zu der Zeit, da wir gläubig wurden.
A Wir wollen Gott den Herrn anbeten und ihm allein dienen. STILLE

L Der Apostel mahnt uns, die Gaben Gottes im Kampf gegen das Böse einzusetzen: Seid standhaft und gürtet euch mit der Wahrheit; legt als Panzer die Gerechtigkeit an, und zieht als Schuhe die Bereitschaft an, für das Evangelium vom Frieden zu kämpfen! Vor allem greift zum Schild des Glaubens! Mit ihm könnt ihr alle feurigen Geschosse des

Bösen auslöschen. Nehmt den Helm des Heils und das (774)
Schwert des Geistes, das ist das Wort Gottes. Hört nicht
auf zu beten! Betet jederzeit im Geist; seid wachsam, harrt
aus und bittet für alle Heiligen. (Eph 6,14–18)

V Wir beten um die Gabe der Unterscheidung und um
die Erkenntnis des Guten.
A Herr, sende uns den Geist der Erkenntnis.
V Wir beten um die Kraft, dem Bösen zu widerstehen.
A Herr, sende uns den Geist der Stärke.
V Wir bitten, daß wir den Glanz des Guten vor der Welt
sichtbar machen können.
A Herr, sende uns den Geist der Heiligkeit.

ERNEUERUNG DER TAUFE (3. Sonntag) **4**

L Der Engel Gottes führte mich zum Eingang des Tempels,
und ich sah, wie unter der Tempelschwelle Wasser hervorströmte und nach Osten floß. Er sagte zu mir: Dieses
Wasser fließt in das Meer des schmutzigen Wassers. So
wird das Wasser gesund. Wohin der Fluß kommt, dort
bleibt alles am Leben. (Ez 47,1.8–9)
V Wir preisen dich, Gott, allmächtiger Vater; denn du hast
das Wasser geschaffen, damit es reinigt und belebt. In der
Taufe ist es ein Zeichen, daß wir gereinigt werden von aller
Schuld.
A Wir loben dich, wir preisen dich. —

L An beiden Ufern des Flusses wachsen alle Arten von
Obstbäumen. Ihr Laub wird nicht welken und sie werden
nie ohne Frucht sein. Jeden Monat tragen sie frische Früchte, denn das Wasser des Flusses kommt aus dem Heiligtum.
(Ez 47,12)
V Wir preisen dich, Gott, allmächtiger Vater; denn du hast
uns im Wasser der Taufe zu neuem Leben geboren. In der
Kraft deines Geistes dürfen wir Frucht bringen für dein
Reich.
A Wir loben dich, wir preisen dich. —

(774) L Jesus sagt: Wer das Wasser trinkt, das ich ihm geben werde, wird nicht mehr durstig sein; vielmehr wird das Wasser, das ich ihm gebe, in ihm zur Quelle werden, die Wasser für das ewige Leben ausströmt. (Joh 4,14)
V Wir preisen dich, Gott, allmächtiger Vater; denn du läßt uns trinken aus den Quellen des Heiles und stillst unseren Durst nach Leben.
A Wir loben dich, wir preisen dich. —

L Das Wort des Herrn erging an mich: Ich sammle euch aus allen Ländern. Ich gieße reines Wasser über euch, damit ihr rein werdet. Ich schenke euch ein neues Herz und gebe euch einen neuen Geist. Ihr werdet mein Volk sein, und ich werde euer Gott sein. (Ez 36,24—26.28)
V Wir preisen dich, Gott, allmächtiger Vater; denn du hast uns in deinem Sohn Jesus Christus zu deinem Volk geeint. Aus seiner geöffneten Seite sind Blut und Wasser geflossen zum Zeichen, daß aus seinem Tod und seiner Auferstehung die Kirche hervorgehen sollte.
A Wir sind in einem Geist zu einem Leib getauft.
V Du erfüllst die Getauften mit dem Geist deiner Liebe und machst sie frei. Du sendest sie als Zeugen der frohen Botschaft Christi in die Welt.
A Wir sind in einem Geist zu einem Leib getauft.

V Wir bitten dich: erneuere in uns die Freude, daß wir auf den Namen Jesu, deines Sohnes, getauft sind.
A Erneuere in uns den Glauben, / daß wir neue Menschen geworden sind durch die Taufe.
V Erneuere in uns die Hoffnung auf die Vollendung des Heils, das uns in Christus geschenkt ist.
A Erneuere in uns die Liebe, / die durch den Geist ausgegossen ist in unsere Herzen.
V Denn wir wurden mit Christus begraben durch die Taufe auf seinen Tod, damit auch wir, wie er von den Toten auferweckt wurde, in dieser neuen Wirklichkeit leben.
A Wir preisen dich in Ewigkeit. Amen.

FREUDE AN DER KIRCHE (4. Sonntag) (774)

V Freut euch: wir sind Gottes Volk, erwählt durch seine Gnade.
A Freut euch: wir sind Gottes Volk, / erwählt durch seine Gnade.
V Freue dich, Jerusalem; kommt alle zusammen, die ihr Jerusalem liebt. Die ihr Leid getragen, seid fröhlich von Herzen. Frohlocket und trinket euch satt an der Quelle des Trostes, die in Fülle euch fließt.
A Freut euch: wir sind Gottes Volk, / erwählt durch seine Gnade.

L Dieses Gottesvolk der Zukunft sieht Johannes im Bild der heiligen Stadt: Der Engel sprach zu mir: Komm! Ich will dir die Braut zeigen, die Frau des Lammes. Und er zeigte mir die heilige Stadt Jerusalem, die von Gott aus dem Himmel herabsteigt in der Herrlichkeit Gottes. Die Stadt hat zwölf Grundsteine; auf ihnen stehen die zwölf Namen der zwölf Apostel des Lammes. Die Stadt braucht weder Sonne noch Mond, die ihr Licht spenden. Denn die Herrlichkeit Gottes erleuchtet sie, und ihre Leuchte ist das Lamm. Die Völker werden in ihrem Licht einhergehen.
(Offb 21,9—11.14.23—24)
STILLE

V Der Herr liebt seine Stadt; sie ist gegründet auf heiligen Bergen.*
Großes sagt man von dir, du Stadt unseres Gottes.
(r) Jedes Land und jede Stadt *
will ich zu denen zählen, die dich verehren.
(l) Die Völker in allen Ländern der Erde, *
sie alle sind in dir geboren.
(r) Und man wird sagen vom Zion: „Jeder ist dort geboren. *
Der Höchste selbst hat Zion gegründet."
(l) Der Herr wird in das Buch der Völker schreiben: *
„Alle sind dort geboren."
A Und beim Festtanz wird man singen: *
„All meine Quellen entspringen in dir." (nach Psalm 87)

(774) V Herr Jesus Christus, deine Kirche ist berufen, ein neues Volk zu sein, das unterwegs ist zum himmlischen Jerusalem.
A Laß uns glauben an die Zukunft der Kirche; / laß uns ihr Ziel erkennen.
V Deine Kirche ist berufen, das Zeichen des neuen Jerusalem unter den Völkern zu sein.
A Laß uns eins sein, damit die Welt glaube.
V Deine Kirche ist berufen, bei allen Völkern deine Ankunft vorzubereiten.
A Hilf, daß deine Botschaft an keinem Ort der Erde verstummt.
V Deine Kirche ist auferbaut auf dem Fundament der Apostel.
A Hilf uns, den Glauben zu bewahren / und immer wieder zu erneuern.
V Du liebst deine Kirche bis zur Vollendung.
A Hilf uns, Boten deiner Liebe zu sein.

V Wir glauben an die eine, heilige, katholische und apostolische Kirche.
A Wir erwarten die Auferstehung der Toten / und das Leben der kommenden Welt.

6 DIENST AM NÄCHSTEN (5. Sonntag)

L So spricht der Herr: Das ist ein Fasten, wie ich es liebe: die Fesseln Unschuldiger zu lösen; jedes Joch zu zerbrechen, den Hungrigen dein Brot zu geben, die Armen aufzunehmen, die keine Wohnung haben; wenn du einen Nackten siehst, ihn zu bekleiden und deinen Bruder nicht im Stich zu lassen. (Jes 58,6—7)

V Denn ich war hungrig, und ihr habt mir zu essen gegeben;
A ich war durstig, / und ihr habt mir zu trinken gegeben;

V ich war obdachlos, und ihr habt mich aufgenommen; (774)
A ich war nackt, / und ihr habt mich bekleidet;
V ich war krank, und ihr habt mich besucht;
A ich war im Gefängnis, / und ihr seid zu mir gekommen.
V Das ist ein Fasten, wie Gott es liebt.
A Was ihr für einen meiner geringsten Brüder getan habt, / das habt ihr für mich getan.

L Meine Brüder, was nützt es, wenn einer sagt, er habe Glauben, aber es fehlen die Taten? Wenn ein Bruder oder eine Schwester ohne Kleidung ist und ohne das tägliche Brot und einer von euch zu ihnen sagt: Geht in Frieden, wärmt und sättigt euch, ihr gebt ihnen aber nicht, was der Körper braucht — was nützt das? So ist auch der Glaube für sich allein tot, wenn ihm keine Taten folgen. (Jak 2,14a.15—17)

V Denn ich war hungrig, und ihr habt mir nichts zu essen gegeben;
A ich war durstig, / und ihr habt mir nichts zu trinken gegeben;
V ich war obdachlos, und ihr habt mich nicht aufgenommen;
A ich war nackt, / und ihr habt mich nicht bekleidet;
V ich war krank, und ihr habt mich nicht besucht;
A ich war im Gefängnis, / und ihr seid nicht zu mir gekommen.

L Gib dem Hungrigen dein Brot und mach den Darbenden satt! Dann geht in der Finsternis dein Licht auf. Du gleichst einem bewässerten Garten, einer nie versiegenden Quelle. Du baust die uralten Trümmerstätten wieder auf, die Grundmauern stellst du wieder her. (Jes 58,10—12)

A Wenn wir unser Antlitz von keinem Armen wenden, / dann wirst auch du, o Gott, das Antlitz von uns nicht abwenden. STILLE

(774) V Wir begleiten die Gaben, die wir geben, mit unserer Fürbitte für die Menschen, die in Armut und Unwissenheit leben.
Wir beten für die Völker in Lateinamerika, Afrika, Asien und Ozeanien:
A Herr, befreie sie von Hunger, Krankheit und Krieg.
V Für die Machthaber und die Reichen in den Ländern der Dritten Welt:
A Herr, gib ihnen Einsicht in das, was dem Wohl ihrer Völker dient.
V Für die reichen Völker:
A Herr, laß sie großzügig und klug helfen.
V Für unsere Entwicklungshelfer:
A Herr, mache sie zu Boten des Friedens / und zu Kündern der frohen Botschaft.
V Für uns selbst:
A Herr, laß uns durch unsere Gaben beitragen zum Frieden / und zum Heil der Welt.
V Vater im Himmel, segne die Menschheit, die du erschaffen hast. Führe sie zum Heil durch Christus, unsern Herrn.
A Amen.

7 BEREITSCHAFT ZUM KREUZ (6. Sonntag)

V Das Kreuz ist das Zeichen des Christentums. Es ist das Zeichen unserer Erlösung. Wir sollen zu ihm aufschauen, uns zu ihm bekennen; denn der daran hängt, bringt der Welt das Leben.
A Sei uns gegrüßt, du heiliges Kreuz.

L Der Sohn Gottes stieg herab, und durch den Tod befreite er uns vom Tod. Vom Tod überwältigt, überwältigte er den Tod. Er hängte den Tod am Kreuz auf und befreite uns, die den Tod verdient haben. — (Augustinus, Johanneskommentar)
V Heiliges Kreuz, an dem der Tod bezwungen.
A Sei uns gegrüßt, du heiliges Kreuz.

L Schon im Alten Bund wird das Kreuz als Zeichen des **(774)** Lebens angekündigt: Der Herr schickte Giftschlangen unter das Volk. Sie bissen die Menschen und viele Israeliten starben. Da betete Mose für das Volk. Der Herr antwortete Mose: Mach dir eine Schlange und hänge sie an einer Signalstange auf! Jeder, der gebissen wird, wird am Leben bleiben, wenn er sie ansieht. Mose machte also eine Schlange aus Kupfer und hängte sie an einer Signalstange auf. Wenn nun jemand von einer Schlange gebissen wurde und er zu der Kupferschlange aufblickte, so blieb er am Leben. —

(Num 21,6–9)

V Heiliges Kreuz, gepflanzt als Baum des Lebens.
A Sei uns gegrüßt, du heiliges Kreuz.

L Wer ist die erhöhte Schlange? Der Tod des Herrn am Kreuz. Der Biß der Schlange ist tödlich. Der Tod des Herrn spendet Leben. Darum wollen wir auf Christus am Kreuz schauen, um von den Bissen der Sünde geheilt zu werden. Das Vorbild, die eherne Schlange, bewahrte das irdische Leben; das Kreuz Christi schenkt ewiges Leben. —

(Augustinus, Johanneskommentar)

V Heiliges Kreuz, Zeichen des Sieges.
A Sei uns gegrüßt, du heiliges Kreuz.

L Jesus sagte zu Nikodemus: Wie Mose die Schlange in der Wüste erhöht hat, so muß der Menschensohn erhöht werden, damit jeder, der glaubt, in ihm das ewige Leben hat. Gott hat die Welt so geliebt, daß er seinen einzigen Sohn hingab, damit jeder, der an ihn glaubt, nicht verlorengeht, sondern das ewige Leben hat. (Joh 3,14–15)

V Heiliges Kreuz, Zeichen der Liebe.
A Sei uns gegrüßt, du heiliges Kreuz. STILLE

V Laßt uns aufschauen zum Herrn, der am Kreuz angenagelt ist. — Das Kreuz verkündet uns, daß wir durch das Blut Jesu Christi erlöst sind. Der Herr stärke unseren Glauben, daß im Kreuz allein das Heil ist. —

(774) Jesus Christus, für uns am Kreuz gestorben, durch die heilige Wunde deiner rechten Hand
A erbarme dich unser.
V Wenn wir das Kreuzzeichen machen, segnen wir uns und die anderen. Der Herr gebe uns ein bereites Herz, damit wir den Segen nicht vergeblich empfangen. —
Jesus Christus, für uns am Kreuz gestorben, durch die heilige Wunde deiner linken Hand
A erbarme dich unser.
V Das Zeichen des Kreuzes finden wir in den Kirchen, in unseren Wohnungen und an vielen anderen Orten. Der Herr helfe uns, daß wir dem Kreuz in unserem Alltag nicht ausweichen. —
Jesus Christus, für uns am Kreuz gestorben, durch die heilige Wunde deines rechten Fußes
A erbarme dich unser.
V Das Kreuz wird geschmäht und verachtet. Es wird mißbraucht. Der Herr gebe uns die Kraft, uns zu ihm und seinem Kreuz zu bekennen. —
Jesus Christus, für uns am Kreuz gestorben, durch die heilige Wunde deines linken Fußes
A erbarme dich unser.
V Das Zeichen des Kreuzes verkündet uns, daß wir hineingenommen sind in das Geheimnis des Leidens Christi. Der Herr helfe uns, daß wir unser Kreuz auf uns nehmen und ihm nachfolgen. —
Jesus Christus, für uns am Kreuz gestorben, durch die heilige Wunde deiner Seite
A erbarme dich unser.

V Lasset uns beten. — Herr Jesus Christus, Sohn des lebendigen Gottes, dem Willen des Vaters gehorsam hast du im Heiligen Geist durch deinen Tod der Welt das Leben geschenkt; erlöse uns von allen Sünden und allem Bösen. Hilf, daß wir deine Gebote treu erfüllen, und laß nicht zu, daß wir uns jemals von dir trennen, der du lebst und herrschest in Ewigkeit.   A Amen.

Der Kreuzweg

V Herr Jesus Christus, wir sind gekommen, um betend deinen Kreuzweg nachzugehen, den du vom Haus des Pilatus bis hinauf nach Golgota gegangen bist.
Dankbar betrachten wir das große Erbarmen, mit dem du unsern Ungehorsam gesühnt und unsere Sünden getilgt hast. In dieses Erbarmen empfehlen wir unsere Lieben und alle Menschen und auch uns selber mit unsern Sünden und unserm Leid.

Heiliger Gott!
Heiliger, starker Gott!
Heiliger, unsterblicher Gott!

A Erbarme dich unser.

1. STATION: Jesus wird zum Tode verurteilt

V Wir beten dich an, Herr Jesus Christus, und preisen dich.
A Denn durch dein heiliges Kreuz hast du die Welt erlöst.
L Der Richter der Welt steht vor dem Gericht der Menschen. Haßerfüllt verlangt die verhetzte Menge seinen Tod. Aus Menschenfurcht fällt Pilatus das ungerechte Urteil. Jesus aber steht gebunden da und schweigt. —

V Er lästerte nicht, da er gelästert wurde, und drohte nicht, da er litt.
A Er überließ sich dem, der ihn ungerecht verurteilte.
V Er ist geopfert worden, weil er selbst es gewollt hat.
A Seinen Mund hat er nicht aufgetan.   STILLE

L Wie oft ziehen wir Menschen Gott auch heute zur Verantwortung, weil seine Gedanken nicht unsere Gedanken, seine Wege nicht unsere Wege sind.
V Herr Jesus, um uns zu retten, hast du das Todesurteil des Pilatus schweigend angenommen. Wir bitten dich:
A Erbarme dich über uns und über die ganze Welt.

(775) 2. STATION: Jesus nimmt das Kreuz auf seine Schultern

2 V Wir beten dich an, Herr Jesus Christus, und preisen dich.
A Denn durch dein heiliges Kreuz hast du die Welt erlöst.
L Die Soldaten bringen das Kreuz. Freiwillig nimmt es der Herr auf seine Schultern. Er will den bitteren Kelch trinken, den der Vater reicht. —

V Er hat unsere Krankheiten getragen
A und unsere Schmerzen auf sich geladen.
V Wie ein Lamm ist er zum Schlachten geführt worden.
A Er schwieg wie ein Schaf, / das vor seinem Scherer verstummt. STILLE

L Nur wer sein Kreuz auf sich nimmt und Jesus nachfolgt, der kann sein Jünger sein, in der Mühsal des Berufes, in der Last der Arbeit, in Kreuz und Leiden.
V Herr Jesus, du hast willig das Kreuz getragen, das die Sünde der Menschen dir auferlegt hat. Wir bitten dich:
A Erbarme dich über uns und über die ganze Welt.

3 3. STATION: Jesus fällt zum ersten Mal unter dem Kreuz

V Wir beten dich an, Herr Jesus Christus, und preisen dich.
A Denn durch dein heiliges Kreuz hast du die Welt erlöst.
L Die Last ist schwer, der Weg steinig, der Herr zu Tode ermattet. Er schwankt und fällt. Doch er wird emporgerissen und zum Weitergehen gezwungen. —

V Wir hielten ihn für gezeichnet, von Gott geschlagen und gebeugt.
A Er wurde durchbohrt wegen unserer Missetaten, / zerschlagen wegen unserer Vergehen.
V Keine Gestalt hatte er und keine Schönheit,
A ein Mann der Schmerzen, mit Krankheit vertraut. STILLE

L Wie oft versagen wir Menschen in unserm Dienst. Gott aber will, daß wir den ganzen Weg gehen.
V Herr Jesus, du bist nach dem ersten Fall aufgestanden und hast deine Last weitergeschleppt. Wir bitten dich:
A Erbarme dich über uns und über die ganze Welt.

4. STATION: Jesus begegnet seiner Mutter

V Wir beten dich an, Herr Jesus Christus, und preisen dich.
A Denn durch dein heiliges Kreuz hast du die Welt erlöst.
L Die Mutter steht am Weg, den der Sohn mit seinem schweren Kreuz geht. Ihre Blicke begegnen sich. Sie erkennt seine Qual und trägt alles Leid mit ihm. —

V Meine Augen sind dunkel geworden vor Weinen;
A denn fort ging von mir, der mein Tröster war.
V Stark wie der Tod ist die Liebe;
A viele Wasser der Trübsal können sie nicht löschen.

STILLE

L Noch immer leidet Christus in unserer Welt, in den Gliedern seines Leibes, in seinen Brüdern und Schwestern. Mit ihnen leidet Maria, seine und unsere Mutter.
V Herr Jesus, du sahst deine Mutter voller Leid am Kreuzweg stehen. Wir bitten dich:
A Erbarme dich über uns und über die ganze Welt.

5. STATION: Simon von Zyrene hilft Jesus das Kreuz tragen

V Wir beten dich an, Herr Jesus Christus, und preisen dich.
A Denn durch dein heiliges Kreuz hast du die Welt erlöst.
L Der Herr vermag die Kreuzeslast nicht mehr zu tragen. Da zwingen die Soldaten einen Mann, der vom Feld kommt und eben vorübergeht, Jesus das Kreuz nachzutragen. —

V Wer mein Jünger sein will, verleugne sich selbst.
A Er nehme sein Kreuz auf sich und folge mir nach.
V Einer trage des anderen Last.
A So erfüllt ihr Christi Gesetz.

STILLE

L Wir Menschen fürchten das Kreuz. Selbst Petrus, der Jünger Jesu, schreckte davor zurück. Und doch ist in keinem anderen Zeichen Heil außer im Kreuz.
V Herr Jesus, du hast Simon von Zyrene als Helfer angenommen, mit dir das Kreuz zu tragen. Wir bitten dich:
A Erbarme dich über uns und über die ganze Welt.

(775) 6. STATION: Veronika reicht Jesus das Schweißtuch

6
V Wir beten dich an, Herr Jesus Christus, und preisen dich.
A Denn durch dein heiliges Kreuz hast du die Welt erlöst.
L Veronika sieht Jesu Leid und die Roheit der Soldaten. Sie fragt nicht, was die Menschen denken. Mutig dringt sie durch die Menge und bietet dem Herrn das Schweißtuch dar, in das er sein Antlitz drückt. —

V Zu dir redet mein Herz: ich suche dein Antlitz.
A Zeige uns dein Antlitz, und wir werden gerettet.
V Weise nicht im Zorn deinen Knecht zurück.
A Halte dein Angesicht vor uns nicht verborgen.   STILLE

L Bewegt uns das Leid des andern? Sehen wir Christi zerschundenes Angesicht in unsern leidenden Schwestern und Brüdern?
V Herr Jesus, voll Güte hast du dein heiliges Angesicht im Schweißtuch der Veronika nachgebildet. Wir bitten dich:
A Erbarme dich über uns und über die ganze Welt.

7 7. STATION: Jesus fällt zum zweiten Mal unter dem Kreuz

V Wir beten dich an, Herr Jesus Christus, und preisen dich.
A Denn durch dein heiliges Kreuz hast du die Welt erlöst.
L Die Schwäche und die Schmerzen des Herrn nehmen immer mehr zu. Er fällt ein zweites Mal, schwerer und schmerzlicher als zuvor. Mit großer Anstrengung steht er auf, um sein Opfer zu vollenden. —

V Ich aber bin ein Wurm und kein Mensch.
A Der Leute Spott bin ich und des Volkes Verachtung.
V Alle, die mich sehen, verspotten mich.
A Ihre Lippen höhnen, und sie schütteln den Kopf.   STILLE

L Wie oft fallen wir in die alten Sünden und Fehler; wir haben keine Kraft und keine Ausdauer im Guten.

V Herr Jesus, im Übermaß der Schmerzen bist du ein zwei- (775)
tes Mal für uns unter dem Kreuz zu Boden gesunken. Wir
bitten dich:
A Erbarme dich über uns und über die ganze Welt.

8. STATION: Jesus begegnet den weinenden Frauen 8

V Wir beten dich an, Herr Jesus Christus, und preisen dich.
A Denn durch dein heiliges Kreuz hast du die Welt erlöst.
L Am Weg stehen Frauen, die den gequälten Herrn be-
weinen. Er aber denkt voll Mitleid an das Unheil, das über
sie kommen wird. —

V Weint nicht über mich.
A Weint über euch und eure Kinder.
V Ihr werdet zu den Bergen sagen: Fallt über uns!
A Und zu den Hügeln: Bedeckt uns! STILLE

L Wir sehen meist nur das äußere Leid und übersehen
die tiefere Not, die von der Sünde kommt. Wir spüren nur
den eigenen Schmerz und übersehen die Not der andern.
V Herr Jesus, mitten im eigenen Leid hast du an all die
kommende Not der Mütter und Kinder deines Volkes gedacht. Wir bitten dich:
A Erbarme dich über uns und über die ganze Welt.

9. STATION: Jesus fällt zum dritten Mal unter dem Kreuz 9

V Wir beten dich an, Herr Jesus Christus, und preisen dich.
A Denn durch dein heiliges Kreuz hast du die Welt erlöst.
L Der Herr ist zu Tode erschöpft und bricht zum dritten
Mal unter der Last des Kreuzes zusammen. Doch er will
das Werk vollenden, das der Vater ihm aufgetragen hat. So
rafft er sich mit letzter Kraft noch einmal auf. —

V In den Staub gebeugt ist meine Seele.
A Mein Leib ist zu Boden getreten.
V Die Schuld der Menschen hat sich über mich gehäuft.
A Sie drückt mich nieder wie eine schwere Last. STILLE

(775) L Auch wir sind noch nicht am Ziel; wir sind unterwegs, oft einsam und verlassen. Die Stunde, da alles umsonst scheint und uns der letzte Mut verläßt, kann auch für uns kommen.
V Herr Jesus, du bist ein drittes Mal unter der Last unserer Sünden zu Boden gestürzt und hast dich wieder aufgerafft. Wir bitten dich:
A Erbarme dich über uns und über die ganze Welt.

10 10. STATION: Jesus wird seiner Kleider beraubt

V Wir beten dich an, Herr Jesus Christus, und preisen dich.
A Denn durch dein heiliges Kreuz hast du die Welt erlöst.
L Zu Tod ermattet ist der Herr auf dem Kalvarienberg angekommen. Die Soldaten reißen ihm vor allem Volk die Kleider vom Leib, und die Wunden der Geißelung beginnen von neuem zu bluten. —

V Sie teilen unter sich meine Kleider.
A Sie werfen das Los um mein Gewand.
V Von der Fußsohle bis zum Scheitel ist nichts Heiles an mir,
A nur Striemen und Wunden. STILLE

L Wie oft mißachten und verachten wir die andern; wir stellen ihn bloß und lassen nichts Gutes an ihm.
V Herr Jesus, du hast auch die letzte Schmach des Verbrechertodes für uns tragen wollen. Wir bitten dich:
A Erbarme dich über uns und über die ganze Welt.

11 11. STATION: Jesus wird an das Kreuz genagelt

V Wir beten dich an, Herr Jesus Christus, und preisen dich.
A Denn durch dein heiliges Kreuz hast du die Welt erlöst.
L Die Soldaten werfen Jesus zu Boden. Sie durchbohren seine Hände und Füße und schlagen ihn ans Kreuz. Dann richten sie es empor. Jetzt ist das Wort erfüllt: „Wenn ich von der Erde erhöht bin, werde ich alle an mich ziehen." —

V Sie haben meine Hände und Füße durchbohrt. (775)
A Sie haben alle meine Gebeine gezählt.
V Sie haben mir Galle unter die Speise gemischt,
A in meinem Durst mich mit Essig getränkt. STILLE

L Auch wir sind oft gebunden an Menschen, wir sind gefesselt an Aufgaben, denen wir entrinnen möchten. Christus gibt uns die Kraft, sie in der Freiheit der Liebe zu erfüllen.
V Herr Jesus, du hast dich für uns ans Kreuz nageln lassen. Wir bitten dich:
A Erbarme dich über uns und über die ganze Welt.

12. STATION: Jesus stirbt am Kreuz — 12

V Wir beten dich an, Herr Jesus Christus, und preisen dich.
A Denn durch dein heiliges Kreuz hast du die Welt erlöst.
L Der Herr hängt angenagelt am Holz des Kreuzes. Er betet für seine Peiniger. Um die neunte Stunde schreit er mit lauter Stimme: „Mein Gott, mein Gott, warum hast du mich verlassen?" Und sterbend betet er: „Es ist vollbracht. Vater, in deine Hände befehle ich meinen Geist." —

V Dein Kreuz, o Herr, verehren wir, und deine heilige Auferstehung rühmen und preisen wir.
A Denn durch das Holz des Kreuzes / ist Freude gekommen in alle Welt.
V Der Herr sei uns gnädig und segne uns.
A Er lasse sein Angesicht über uns leuchten / und schenke uns sein Heil. STILLE

L Es gibt kein sinnloses Leid mehr für den, der an Christus glaubt. Auch im tiefsten Abgrund ist der Gekreuzigte bei ihm.
V Herr Jesus, dem Willen des Vaters gehorsam, bist du am Kreuz für das Heil der Menschen gestorben. Wir bitten dich:
A Erbarme dich über uns und über die ganze Welt.

(775) **13. STATION:** Jesus wird vom Kreuz abgenommen und in den
13 Schoß seiner Mutter gelegt

V Wir beten dich an, Herr Jesus Christus, und preisen dich.
A Denn durch dein heiliges Kreuz hast du die Welt erlöst.
L Der Herr hat ausgelitten. Josef von Arimatäa hat voll Trauer und Ehrfurcht den Leib des Herrn vom Kreuz herabgenommen. Dann legen sie Jesus in den Schoß Mariens, seiner betrübten Mutter. —

V Ihr alle, die ihr vorüberkommt, gebt acht
A und schaut, ob ein Schmerz dem meinen gleicht.
V Siehe, ich bin die Magd des Herrn.
A Mir geschehe nach deinem Wort.   STILLE

L Auch wir begegnen immer wieder dem Tod. Menschen, die uns nahestehen, sterben. Der eigene Tod kommt unausweichlich auf uns zu.
V Herr Jesus, dein toter Leib wurde in den Schoß deiner Mutter gelegt. Wir bitten dich:
A Erbarme dich über uns und über die ganze Welt.

14 **14. STATION:** Der heilige Leichnam Jesu wird in das Grab gelegt

V Wir beten dich an, Herr Jesus Christus, und preisen dich.
A Denn durch dein heiliges Kreuz hast du die Welt erlöst.
L Sie legen den Leib des Herrn in das Grab; doch der Tod kann ihn nicht festhalten. Aus dem Grab ersteht das Leben; die neue Schöpfung ist vollbracht. —

V Wenn das Weizenkorn nicht in die Erde fällt und stirbt, bleibt es allein.
A Wenn es aber stirbt, / bringt es reiche Frucht.
V Gesät wird in Verweslichkeit, auferweckt in Unverweslichkeit.
A Gesät wird in Schwachheit, / auferweckt in Kraft.   STILLE

L Wir sollen nicht trauern wie die andern, die keine Hoffnung haben. Denn Christus ist auferweckt von den Toten als Erstling der Entschlafenen. Und wie in Adam alle sterben, so werden in Christus alle lebendig gemacht.

V Herr Jesus, du hast das Schicksal des Grabes mit uns geteilt; doch am dritten Tag bist du auferstanden von den Toten. Wir bitten dich:
A Erbarme dich über uns und über die ganze Welt.

V Heiliger Gott!
Heiliger, starker Gott!
Heiliger, unsterblicher Gott!
A Erbarme dich unser.

15

GESANG

V Allmächtiger, ewiger Gott, wir danken dir, daß du durch den Tod und die Auferstehung deines Sohnes unser Leben erneuert hast. Gib, daß wir durch die Teilnahme am Kreuzweg bereit werden, unser Kreuz geduldig und beharrlich zu tragen und dir treu zu dienen. Schenke allen, für die wir gebetet haben, deine Gnade und führe unsere Verstorbenen zur Auferstehung. Durch Christus, unsern Herrn.
A Amen.

Die sieben Worte Jesu am Kreuz

776

Eröffnung

Lied Nr. 187, 1. Str.

V Herr, wir wollen die Worte betrachten, die du in der Stunde deines Todes gesprochen hast.
A Himmel und Erde werden vergehn; / aber deine Worte werden nicht vergehn.
V Heute, da ihr meine Stimme hört, verschließt nicht euer Herz.
A Himmel und Erde werden vergehn; / aber deine Worte werden nicht vergehn.
V Deine Worte, Herr, sind Geist und Leben; du allein hast Worte des ewigen Lebens.
A Himmel und Erde werden vergehn; / aber deine Worte werden nicht vergehn.

Andachten

(776) **ERSTES WORT:** Vater, vergib ihnen, denn sie wissen nicht, was
1 sie tun

Lied Nr. 187, 2. Str.

L Sie kamen zu der Stelle, die Kalvaria (Schädel) genannt wird. Dort kreuzigten sie ihn und die Verbrecher, den einen zur Rechten, den anderen zur Linken. Jesus aber betete: Vater, vergib ihnen, denn sie wissen nicht, was sie tun.
(Lk 23,33.34a)

V Jesus erlebt das Böse, das Menschen tun, am eigenen Leib. Soldaten töten ihn auf grausame Weise. Er bittet für sie um Vergebung. Und er entschuldigt sie vor dem Vater. Für ihn gehören die Bösen zu den Menschen, die sein Erbarmen brauchen. Es fehlt ihnen an Erkenntnis. — Auch wir sollen vergeben und um Vergebung bitten. STILLE

V Stephanus sah Jesus zur Rechten Gottes und sprach: Herr, rechne ihnen diese Sünde nicht an.

A Vergib uns unsere Schuld, / wie auch wir vergeben unsern Schuldigern.

V Herr Jesus Christus, du hast uns am Kreuz ein Beispiel gegeben, daß wir verzeihen sollen. Laß uns dir ähnlich werden wie dein Zeuge Stephanus, und gib uns die Kraft, denen zu vergeben, die uns Böses tun.

A Denn du bist gütig und freundlich / zu uns allen, die wir Sünder sind. / Wir preisen dich in Ewigkeit.

2 **ZWEITES WORT:** Heute noch wirst du mit mir im Paradies sein

Lied Nr. 187, 3. Str.

L Einer der Verbrecher, die neben ihm hingen, sagte: Uns geschieht recht, wir erhalten den Lohn für unsere Taten, dieser aber hat nichts Unrechtes getan. Dann sagte er: Jesus, denk an mich, wenn du in deiner Macht als König kommst! Jesus erwiderte ihm: Amen, ich sage dir: Heute noch wirst du mit mir im Paradies sein.
(Lk 23,41–43)

V Jesus ist unser Bruder. Er ist „Immanuel", der „Gott mit uns". Mit den Verbrechern geht er bis in den Tod. — Weil er mit uns geht, können wir auch mit ihm gehen. Sein Weg führt ins Leben. Das ist auch unser Weg. STILLE

V Wenn wir mit Christus gestorben sind, werden wir auch mit ihm leben.
A Wenn wir untreu sind, so bleibt er doch treu; / denn er kann sich selbst nicht verleugnen.
V Herr Jesus Christus, du hast das Los des Sterbens mit allen Menschen geteilt. Laß uns an deine Verheißung glauben, daß wir mit dir leben werden. Sei du mit uns in der Stunde des Todes.
A Denn du bist der Weg, die Wahrheit und das Leben. / Wir preisen dich in Ewigkeit.

DRITTES WORT: Dies ist dein Sohn — dies ist deine Mutter 3

Lied Nr. 187, 4. Str.

L Als Jesus seine Mutter sah und bei ihr den Jünger, den er liebte, sagte er zu seiner Mutter: Frau, dies ist dein Sohn. Dann sagte er zu dem Jünger: Dies ist deine Mutter.
(Joh 19,26–27a)

V Jesus sagt den beiden Menschen, die ihm am nächsten stehen, daß auch sie einander nahestehen. Durch ihn sind sie miteinander verwandt. — Im Blut Jesu sind auch wir miteinander verwandt, und auch der Fernste ist unser Bruder. STILLE

V Einer ist euer Meister. Ihr alle aber seid Brüder.
A Nehmt einander an, / wie auch Christus uns angenommen hat.
V Herr Jesus Christus, deine Mutter ist auch unsere Mutter, deine Brüder sind unsere Brüder. Laß uns so leben, wie es dieser „Gemeinschaft der Heiligen" entspricht.
A Denn du bist der Stammvater eines neuen Volkes, / das von deinem Fleisch und Blut ist. / Wir preisen dich in Ewigkeit.

**(776) VIERTES WORT: Mein Gott, mein Gott, warum hast du mich
4 verlassen**

Lied Nr. 187, 5. Str.

L Um die neunte Stunde schrie Jesus laut: Eli, Eli, lema sabachtáni? Das heißt: Mein Gott, mein Gott, warum hast du mich verlassen? Einige von denen, die dabeistanden und es hörten, sagten: Er ruft nach Elija. (Mt 27,46–47)

V Der Mensch Jesus von Nazaret, Sohn Gottes und Sohn Marias, hängt ganz allein zwischen Himmel und Erde. Alle Einsamkeit und alle Hoffnungslosigkeit des Lebens ist hier wie in einem Brennpunkt zusammengefaßt. Die Grenze, an der das Unmenschliche beginnt, ist überschritten. Jesus schreit in Worten, die der ganzen Menschheit gehören: „Eli, Eli, lema sabachtáni!" STILLE

V Ich aber bin ein Wurm und kein Mensch, der Leute Spott, vom Volk verachtet.
A Wenn ich von der Erde erhöht bin, / werde ich alle an mich ziehen.
V Herr Jesus Christus, du bist hinabgestiegen in die Hölle der Einsamkeit und Gottverlassenheit. Hilf uns, die „Abwesenheit Gottes" zu ertragen. Hilf uns, daß wir nie aufhören, nach Gott zu rufen.
A Denn du kennst die Not der Menschen. / Du hast sie an dich gezogen. / Wir preisen dich in Ewigkeit.

5 FÜNFTES WORT: Ich bin durstig

Lied Nr. 187, 6. Str.

L Weil Jesus wußte, daß schon alles vollbracht war, sagte er, damit die Schrift erfüllt wurde: Ich bin durstig. Es stand dort ein Gefäß mit Essigwasser; sie steckten einen Schwamm, der damit gefüllt war, auf einen Ysopzweig und hielten ihn an seinen Mund. (Joh 19,28–29)

V Alle Sehnsucht dieser Erde ist enthalten in dem Wort: (776)
„Ich bin durstig." Und alle Enttäuschung ist in dem Essig,
der die Lippen Jesu benetzte. — Die Sehnsucht des Menschenherzens ist größer als die Erfüllung, wie die Erde sie geben
kann. STILLE

V Meine Kehle ist trocken wie eine Scherbe; sie reichen
mir Essig für den Durst.
A Selig, die hungern und dürsten nach der Gerechtigkeit, /
denn sie werden gesättigt.
V Herr Jesus Christus, du rufst die Dürstenden zum Wasser des Lebens. Führe uns zu dieser Quelle und stille den
Durst.
A Denn du wirst alle Sehnsucht erfüllen. / Du hast uns die
Freiheit der Kinder Gottes erworben. / Wir preisen dich in
Ewigkeit.

SECHSTES WORT: Es ist vollbracht **6**

Lied Nr. 187, 7. Str.

L Als Jesus von dem Essigwasser genommen hatte, sprach
er: Es ist vollbracht! (Joh 19,30a)

V In diesem Wort verkündet Jesus das Geheimnis seines
Todes. Der Ostertag leuchtet in ihm auf. Im Augenblick
des Todes ist das Leben geboren. — Nicht nur vom Ende
des Leidens spricht Jesus, sondern vom Weg zum Leben,
den er freigemacht hat. STILLE

V Wenn das Weizenkorn in die Erde fällt und stirbt, bringt
es viele Frucht.
A Aufleben soll euer Herz für immer, / denn der Herr hat
das Werk vollbracht.
V Herr Jesus Christus, du hast den Weg freigemacht aus
dem Tod zum Leben, aus der Finsternis in das Licht. — Hilf
uns, als Kinder des Lichtes zu leben.
A Denn du führst dein Volk zum Leben. / Wir preisen
dich in Ewigkeit.

(776) SIEBTES WORT: Vater, in deine Hände lege ich meinen Geist

7 Lied Nr. 187, 8. Str.

L Die Sonne verdunkelte sich. Der Vorhang im Tempel riß mitten durch, und Jesus rief laut: Vater, in deine Hände lege ich meinen Geist. Nach diesen Worten starb er.

(Lk 23, 45—46)

V Noch einmal ruft Jesus den Vater. Er vertraut sich ihm ganz an. Es war seine Speise, den Willen dessen zu tun, der ihn gesandt hat. Sein Wort am Kreuz offenbart dieses Geheimnis seiner Person. — Auch wir sollen so sprechen, im Leben und in der Stunde des Todes. STILLE

V Christus war für uns gehorsam bis zum Tod, bis zum Tod am Kreuz.
A Wer den Willen meines Vaters tut, / der ist mir Mutter, Schwester und Bruder.
V Herr Jesus Christus, du hast dich ganz dem Vater anvertraut, im Leben und im Tod. — Laß uns dir ähnlich werden, damit der Wille des Vaters auch an uns geschehe.
A Denn du bist der Sohn des Vaters, / der Bote seines Willens. / Wir preisen dich in Ewigkeit.

8 Abschluß

V Im Kreuz ist Heil, im Kreuz ist Leben, im Kreuz ist Hoffnung.

(Nr. 205,1)

A Im Kreuz ist Heil, / im Kreuz ist Leben, / im Kreuz ist Hoffnung.
V Dein Kreuz, o Herr, verehren wir, und deine Auferstehung preisen wir.
A Im Kreuz ist Heil ...
V Denn seht, durch das Holz des Kreuzes kam Freude in alle Welt.
A Im Kreuz ist Heil ...
V Sei gegrüßt, o Kreuz des Herrn, du unsere einzige Hoffnung.
A Im Kreuz ist Heil ...

Andacht für die Osterzeit

777

Eröffnung 1

L Nur kurze Zeit waren die Jünger von Jesus getrennt. Vor seinem Leiden tröstete er sie: Noch kurze Zeit, dann seht ihr mich nicht mehr, und wieder eine kurze Zeit, dann werdet ihr mich schauen. – Jetzt seid ihr traurig, aber ich werde euch wiedersehen; dann wird euer Herz sich freuen und eure Freude wird euch niemand nehmen. – (Joh 16, 16.22)

V Sein Tod am Kreuz war nicht das Ende. Dieser Tod war der Anfang des neuen Lebens. Von jetzt an ist der österliche Christus bei ihnen „alle Tage bis zur Vollendung der Welt". –

V Das ist der Tag, den der Herr gemacht.
A Laßt uns frohlocken und seiner uns freuen.
V Danket dem Herrn, denn er ist gütig,
A und seine Huld währt ewig.
V Wir werden nicht sterben, wir leben
A und verkünden die Werke des Herrn.

V Lasset uns beten. – Herr Jesus Christus, wir danken dir, daß du für uns gestorben und auferstanden bist. Durch deinen Tod hast du den Tod vernichtet und durch deine Auferstehung das Leben neu geschaffen. Vermehre in uns den Glauben an das neue Leben. Öffne uns für die österliche Botschaft, damit uns die Augen aufgehen für die Herrlichkeit deiner Auferstehung. Der du lebst und herrschest in Ewigkeit. A Amen.

SELIG, DIE AN DIE AUFERSTEHUNG GLAUBEN 2

L Jesus sagte zu Tomas: Leg deinen Finger hierher und sieh meine Hände; nimm deine Hand und lege sie in meine Seite und sei nicht ungläubig, sondern gläubig! Tomas antwortete ihm: Mein Herr und mein Gott! Jesus sprach zu ihm: Weil du mich gesehen hast, glaubst du. Selig sind, die nicht sehen und doch glauben! (Joh 20,27–29)

STILLE

(777) V Singet dem Herrn ein neues Lied; er ist auferstanden aus dem Grab. (Nr. 232,2)
A Singet dem Herrn ein neues Lied; / er ist auferstanden aus dem Grab.

(r) Vernimm, o Herr, mein lautes Rufen; *
sei mir gnädig und erhöre mich.
(l) Mein Herz denkt an dein Wort: /
„Suchet mein Angesicht." *
Dein Angesicht, Herr, will ich suchen.
(r) Herr, ich vertrau auf dich; *
ich sage: Du bist mein Gott.
(l) Laß dein Angesicht leuchten über deinem Knecht; *
hilf mir in deiner Güte.
(r) Ich suchte den Herrn und er hat mich erhört; *
er hat mich all meinen Ängsten entrissen.
(l) Blickt auf zu ihm, und euer Gesicht wird leuchten, *
und ihr braucht nicht zu erröten.

A Singet dem Herrn ein neues Lied; / er ist auferstanden aus dem Grab.

L Jesus sehen, ihm begegnen wollen, das ist ein verständlicher Wunsch. Der Herr weist Tomas nicht zurück. Er sieht ja den ehrlichen Willen, er spürt seine Sehnsucht nach Gewißheit, nach Sicherheit, nach innerer Ruhe und Geborgenheit. Doch eine solche innere Erfüllung geht weit hinaus über Sehen und Hören, über tastendes Greifen. Jesus führt ihn weiter. Aber nicht mit Gewalt. Er geht auf Tomas ein: Lege deine Hand in meine Seite. Dann aber nennt er ihm das größere Glück: an den Auferstandenen glauben. STILLE

V Die Leute fragten Jesus: Was müssen wir tun, um die Werke Gottes zu vollbringen? Er sagte: Ihr tut das Werk Gottes, wenn ihr an den glaubt, den er gesandt hat.
A Ich glaube, Herr; / hilf meinem Unglauben.
V Jesus sagte zu Marta: Ich bin die Auferstehung und das Leben. Wer an mich glaubt, wird leben, auch wenn er stirbt. Und jeder, der lebt und an mich glaubt, wird in Ewigkeit nicht sterben.

A Ich glaube, Herr; / hilf meinem Unglauben. (777)
V Am letzten großen Tag des Festes stand Jesus da und rief: Wer durstig ist, komme zu mir und trinke. Wer an mich glaubt, dem gilt, was die Schrift gesagt hat: Aus seinem Innern werden Ströme von lebendigem Wasser hervorfließen.
A Ich glaube, Herr; / hilf meinem Unglauben.
V Lasset uns beten. — Herr Jesus Christus, führe uns aus der Not des Suchens und Zweifelns zur Geborgenheit im Glauben, damit wir dich bekennen als unsern Herrn und Gott. Dir sei Ehre und Lobpreis in Ewigkeit. A Amen.

DER HERR IST MITTEN UNTER UNS 3

L Die Jünger drängten Jesus und sagten: Bleib bei uns; es wird bald Abend, der Tag hat sich schon geneigt. Da ging er mit hinein, um bei ihnen zu bleiben. Und als er sich mit ihnen zum Essen niedergesetzt hatte, nahm er das Brot, sprach den Segen, brach es und gab es ihnen. Da gingen ihnen die Augen auf, und sie erkannten ihn —, doch auf einmal war er nicht mehr zu sehen. Und sie sagten zueinander: Brannte uns nicht das Herz, als er unterwegs mit uns redete und uns den Sinn der Schrift erklärte?

(Lk 24,29–32) STILLE

V Singet dem Herrn, ja singet ihm; preist seinen Namen, macht kund sein Heil. Halleluja. (Nr. 286,1)
A Singet dem Herrn, ja singet ihm; / preist seinen Namen, / macht kund sein Heil. Halleluja.
(r) Auferstanden ist Christus, er, meine Hoffnung; *
nach Galiläa geht er den Seinen voran.
(l) Sucht den Herrn, da er sich finden läßt; *
ruft ihn an, da er nahe ist.
(r) Meine Seele klebt am Boden; *
durch dein Wort belebe mich.
(l) Dein Wort ist meinem Fuß eine Leuchte, *
für meine Pfade ein Licht.

(777) (r) Wohl dem Volk, dessen Gott der Herr ist, *
die Nation, die er sich zum Erbteil erwählte.
(l) Wir, dein Volk, wollen dir ewig danken, *
deinen Ruhm verkünden von Geschlecht zu Geschlecht.
A Singet dem Herrn, ja singet ihm; / preist seinen Namen / macht kund sein Heil. Halleluja.

L Sie haben ihn nicht erkannt — und doch war er da — und ist bei ihnen geblieben, auch als sie ihn nicht mehr sahen. Der Auferstandene lebt in den Menschen, die von seinem Wort getroffen sind; er ist bei denen, die in seinem Namen versammelt sind. Darum konnte er seine Menschengestalt ihren Blicken entziehen — hier in Emmaus — und bei seiner Himmelfahrt.

STILLE

V Bleibe bei uns, weil es Abend wird und der Tag sich neigt.
A Wo ist ein Gott, der seinem Volk so nahe ist wie unser Gott?
V Wo zwei oder drei in meinem Namen versammelt sind, da bin ich mitten unter ihnen.
A Wo ist ein Gott, der seinem Volk so nahe ist wie unser Gott?
V Die Worte, die ich zu euch gesprochen habe, sind Geist und Leben.
A Wo ist ein Gott, der seinem Volk so nahe ist wie unser Gott?
V Wer mein Fleisch ißt und mein Blut trinkt, der bleibt in mir, und ich bleibe in ihm.
A Wo ist ein Gott, der seinem Volk so nahe ist wie unser Gott?

V Lasset uns beten. — Herr Jesus Christus, dankbar bekennen wir: du bist mitten unter uns. Wir bitten dich, bleibe bei uns; bleibe bei uns mit deiner Gnade und Güte, mit deinem Trost und Segen. Bleibe bei uns, wenn der Abend des Lebens kommt. Sei uns Licht und Speise auf dem Weg in die ewige Heimat. Du bist König in Ewigkeit. A Amen.

WIR SIND MIT IHM AUFERSTANDEN (777) 4

L Wißt ihr nicht, daß wir, die wir auf Christus Jesus getauft wurden, auf seinen Tod getauft sind? Wir wurden mit ihm begraben durch die Taufe auf den Tod, damit so, wie Christus durch die Herrlichkeit des Vaters von den Toten auferweckt wurde, auch wir in dieser neuen Wirklichkeit leben. Wenn wir nämlich mit der Gestalt seines Todes vereinigt worden sind, dann werden wir es auch mit der Gestalt seiner Auferstehung sein. (Röm 6,3–5)

STILLE

V Der Herr hat uns befreit; auf ewig besteht sein Bund.
A Der Herr hat uns befreit; / auf ewig besteht sein Bund.
(Nr. 233,7)

(r) Herr, du zeigst mir den Pfad zum Leben; *
vor deinem Angesicht ist Freude in Fülle.
(l) Mich umfingen die Fesseln des Todes, /
mich befielen die Ängste der Unterwelt, *
mich trafen Bedrängnis und Kummer.
(r) Da rief ich den Namen des Herrn an: *
„Ach Herr, rette mein Leben!"
(l) Komm wieder zur Ruhe, mein Herz. *
Denn der Herr hat dir Gutes getan.
(r) Ja, du hast mein Leben dem Tod entrissen, /
meine Tränen getrocknet, *
meinen Fuß bewahrt vor dem Gleiten.
(l) So gehe ich meinen Weg vor dem Herrn *
im Land der Lebenden.
A Der Herr hat uns befreit; / auf ewig besteht sein Bund.

L Jesus ist auferstanden. Sein Tod und seine Auferstehung waren vor fast 2000 Jahren. Dennoch sind sie nicht Vergangenheit. Durch seinen Tod hat Christus den Tod überwunden und das Leben erworben, für sich und für uns. Er lebt; er stirbt nicht mehr. Er ist den Menschen aller Zeiten, auch unserer Zeit, gegenwärtig. Er ist gegenwärtig als der Gestorbene und Auferstandene. Tod und Auferstehung gehören untrennbar zusammen. Wer leben will, muß sterben. Mit Christus sterben, heißt: ewig leben. STILLE

(777) V Wir glauben: wenn wir mit Christus gestorben sind, so werden wir auch mit ihm leben.
A Denn wenn wir mit ihm gleichförmig geworden sind im Tod, / so werden wir es auch in der Auferstehung sein.
V Gott, der reich ist an Erbarmen, hat uns zusammen mit Christus lebendig gemacht.
A In ihm sind wir auferstanden durch den Glauben an die Macht Gottes, / der ihn von den Toten auferweckt hat.
V Wer in Christus ist, der ist eine neue Schöpfung.
A Das Alte ist vergangen; / Neues ist geworden.
V Aus Gnade sind wir gerettet.
A Und unser Leben ist mit Christus verborgen in Gott.

V Lasset uns beten. — Herr Jesus Christus, hilf uns, dich zu erkennen, die Macht deiner Auferstehung und die Gemeinschaft mit deinem Leiden. Dein Tod soll uns prägen. So dürfen wir hoffen, auch zur Auferstehung der Toten zu gelangen. Der du lebst und herrschest in Ewigkeit. A Amen.

5 WANDELT IM NEUEN LEBEN

L Ihr seid mit Christus auferweckt; darum strebt nach dem, was im Himmel ist, wo Christus zur Rechten Gottes sitzt. Richtet euren Sinn auf das Himmlische und nicht auf das Irdische. Denn ihr seid gestorben, und euer neues Leben ist mit Christus verborgen in Gott. Wenn Christus, unser Leben, offenbar wird, dann werdet auch ihr mit ihm offenbar werden in Herrlichkeit.   STILLE

V Mein Leben lobsinge Gott dem Herrn, lobe den Herrn allezeit. Halleluja.   (Nr. 627,1)
A Mein Leben lobsinge Gott dem Herrn, / lobe den Herrn allezeit. Halleluja.

(r) Sucht den Herrn, da er sich finden läßt; *
    ruft ihn an, da er nahe ist.
(l) Der Frevler verlasse seinen Weg; *
    er kehre um zum Herrn, daß er sich seiner erbarme.
(r) Erschaffe mir, Gott, ein reines Herz *
    und gib mir einen neuen, beständigen Geist.

(l) Mach mich wieder froh mit deinem Heil; * (777)
mit einem willigen Geist rüste mich aus.
(r) Meine Stärke und mein Lied ist der Herr; *
er ist für mich zum Retter geworden.
(l) Ich werde nicht sterben, sondern leben, *
um die Werke des Herrn zu verkünden.
A Mein Leben lobsinge Gott dem Herrn, / lobe den Herrn allezeit. Halleluja.

L Wir sind mit Christus auferweckt. Der Anfang des neuen Lebens ist gemacht. Er hat den Anfang gemacht. Er selbst hat das neue Leben in uns begonnen. Nun können wir es wagen, als österliche Menschen zu leben. STILLE

V Wir alle, die in Christus Jesus getauft wurden, sind auf seinen Tod hin getauft. Christus aber stand auf zu neuem Leben; so sollen auch wir in einem neuen Leben wandeln.
A Mit Christus sind wir der Sünde gestorben; / mit ihm leben wir für Gott.
V Einst waren wir Finsternis, jetzt aber sind wir Licht geworden durch den Herrn.
A Darum laßt uns als Kinder des Lichtes / anziehen herzliches Erbarmen, Güte und Demut, / Milde und Geduld.
V Wir wollen einander ertragen und vergeben, wenn einer dem anderen etwas vorzuwerfen hat.
A Wie Christus uns vergeben hat, so wollen auch wir vergeben / und vor allem einander lieben.
V In unseren Herzen herrsche der Friede Christi; dazu sind wir berufen als Glieder des einen Leibes.
A Alles, was wir tun in Worten und Werken, / geschehe im Namen Jesu, des Herrn, / zum Dank an Gott den Vater.

V Lasset uns beten. – Herr Jesus Christus, hilf uns, die Gewohnheiten des alten Menschen abzulegen. Mach in uns deinen Geist wirksam, der uns in der Taufe geschenkt wurde. Laß uns immer mehr zur neuen Schöpfung werden. Denn du bist der Erste und der Letzte und der Lebendige. Dir sei Ehre und Preis in Ewigkeit. A Amen.

778 Andacht zum Heiligen Geist

V Allmächtiger Gott, Vater unsres Herrn Jesus Christus, deine Kirche lebt im Heiligen Geist, den du ihr gesandt hast. Wir bitten dich: erfülle uns immer mehr mit seiner Kraft; gib uns den Geist der Weisheit und der Einsicht, des Rates, der Erkenntnis und der Stärke, den Geist der Frömmigkeit und der Gottesfurcht. Durch Christus, unsern Herrn. A Amen.

1 DER GEIST DER STÄRKE

L So spricht der Herr: Johannes hat mit Wasser getauft, ihr aber werdet mit Heiligem Geist getauft werden in wenigen Tagen. Ihr werdet die Kraft des Heiligen Geistes empfangen, der auf euch herabkommen wird; und ihr werdet meine Zeugen sein in Jerusalem und in ganz Judäa und Samaria und bis an die Grenzen der Erde. (Apg 1,5.8)

V Der Geist der Stärke wirkt in der Welt. Die Apostel überwanden die Furcht und verkündeten den Herrn Jesus überall. Und viele folgten ihnen nach von Geschlecht zu Geschlecht und von Volk zu Volk. Bis ans Ende der Tage wird der Geist des Herrn seine Kraft in Menschen erweisen, die Jesus folgen und ihn bekennen. STILLE

V Wir beten um den Geist der Stärke.
Inmitten einer gleichgültigen Welt fehlt es uns an Mut, uns als Christen zu bekennen.
A Komm, Heiliger Geist, / hilf unsrer Schwachheit auf.
V Wir erkennen oft das Gute, das wir tun sollten, haben aber nicht die Kraft, es zu tun.
A Komm, Heiliger Geist, / hilf unsrer Schwachheit auf.
V Wir sind oft kleingläubig und vertrauen nicht der Verheißung des Herrn.
A Komm, Heiliger Geist, / hilf unsrer Schwachheit auf.

DER GEIST DER WAHRHEIT 2

L Wenn aber jener kommt, der Geist der Wahrheit, wird er euch in die volle Wahrheit führen. Denn er wird nicht von sich aus reden, sondern was er hört, wird er reden, und das Kommende wird er euch verkünden. Er wird mich verherrlichen; denn von dem, was mein ist, wird er nehmen und euch verkünden. (Joh 16,13–14)

V Der Geist des Menschen kann die Wahrheit Gottes nicht fassen. Sie bleibt völlig im Dunkeln, wenn uns nicht geholfen wird. Immer neu braucht die Kirche die Hilfe des Heiligen Geistes, damit sie den Weg der Wahrheit gehen kann. STILLE

V Wir beten um den Geist der Wahrheit.
Die Botschaft Jesu ist uns in Menschenworten überliefert.
Ohne die Hilfe des Geistes können wir sie nicht verstehen.
A Komm, Heiliger Geist, / laß uns die Wahrheit erkennen.
V Die Christenheit ist seit langem zerstritten über die Frage, was die Wahrheit der Lehre Jesu ist.
A Komm, Heiliger Geist, / laß uns die Wahrheit erkennen.
V Immer wieder werden Menschen Opfer falscher Lehren, die vorgeben, die Welt zu erklären und dem Leben einen Sinn zu geben.
A Komm, Heiliger Geist, / laß uns die Wahrheit erkennen.

DER HELFER IM GEBET 3

L Der Geist nimmt sich unserer Schwachheit an. Denn wir wissen nicht, wofür wir in rechter Weise beten sollen; der Geist selber tritt jedoch für uns ein mit unaussprechlichem Seufzen. Und Gott, der die Herzen erforscht, weiß, was die Absicht des Geistes ist: Er tritt so, wie Gott es will, für die Heiligen ein. (Röm 8,26–27)

V Der Geist lebt in den Gebeten der Kirche, ja er lebt in den Gebeten der Völker. Von uns aus wissen wir nicht, wie Gott ist und was wir sagen sollen, wenn wir zu Gott spre-

chen. Aber der Geist bewegt die Herzen. Wir brauchen nicht stumm zu sein. Wir können sagen: Unser Vater im Himmel.
STILLE

V Wir beten um den Beistand des Geistes.
Wir haben die Psalmen Davids und viele Gebete der Christenheit. Und doch wissen wir oft nicht, wie wir beten sollen.
A Komm, Heiliger Geist, / lehre uns beten.
V Viele Menschen haben aufgehört zu beten. Viele haben von niemandem ein Gebet gelernt.
A Komm, Heiliger Geist, / lehre uns beten.
V Der Lobpreis Gottes verliert auch in der Gemeinde Jesu immer wieder an Kraft.
A Komm, Heiliger Geist, / lehre uns beten.

4 DER GEIST DES TROSTES

L Ich werde den Vater bitten, und er wird euch einen anderen Beistand geben, damit er immer bei euch bleibt. Es ist der Geist der Wahrheit, den die Welt nicht empfangen kann, weil sie ihn nicht sieht und nicht kennt. Ihr kennt ihn, weil er bei euch bleibt und in euch sein wird. Ich werde euch nicht verwaist zurücklassen, sondern ich komme zu euch. Ihr seht mich, weil ich lebe und weil auch ihr leben werdet. (Joh 14,16–18.19)

V Wer einsam und verlassen ist, sucht Trost. Wir sehen weder Jesus noch den Vater. Oft fühlen wir uns verlassen. Der Geist, der in uns wohnt, tröstet uns. Er hilft uns erkennen, daß auch Jesus und der Vater bei uns sind. STILLE

V Wir beten um den Geist des Trostes.
Wo Liebe ist, da ist Gott. In ihr können wir Gottes Nähe erkennen. Wenn wir Liebe haben, zeigen wir den anderen Menschen Gott.
A Komm, Heiliger Geist, / wohne in unseren Herzen.
V Jesus ist bei uns, wenn zwei oder drei in seinem Namen beisammen sind. Der Geist hilft uns, den Herrn in seiner Kirche zu erkennen.

A Komm, Heiliger Geist, / wohne in unseren Herzen. (778)
V Wir hoffen, daß wir den Herrn von Angesicht zu Angesicht sehen werden. Diese Verheißung wird uns mit Freude erfüllen.
A Komm, Heiliger Geist, / wohne in unseren Herzen.

DER GEIST DER FREIHEIT 5

L Als aber die Zeit erfüllt war, sandte Gott seinen Sohn, geboren von einer Frau und dem Gesetz unterstellt, damit er die freikaufte, die unter dem Gesetz stehen, und damit wir das Recht der Sohnschaft erlangten. Weil ihr aber Söhne seid, sandte Gott den Geist seines Sohnes in unsere Herzen, den Geist, der ruft: Abba, Vater. Daher bist du nicht mehr Sklave, sondern Sohn. – Wo der Geist des Herrn wirkt, da ist Freiheit. (Gal 4,4–7a / 2 Kor 3,17)

V Der Sohn Gottes hat uns frei gemacht. Schon das Volk Israel murrte gegen Mose, der es aus der Knechtschaft in Ägypten geführt hatte, weil ihm die Freiheit zu beschwerlich war. Auch das neue Volk Gottes ist immer in der Versuchung zu neuer Knechtschaft. Der Geist treibt es immer wieder in die Freiheit der Kinder Gottes. STILLE

V Wir beten um den Geist der Freiheit.
Es ist Freiheit der Kinder Gottes, wenn wir nicht gezwungen oder aus Furcht den Willen Gottes tun, sondern weil wir den Vater lieben.
A Komm, Heiliger Geist, / und mach uns frei.
V Wir sollen die Freiheit nicht als Deckmantel der Bosheit benutzen; vielmehr sollen wir die Werke der Kinder des Friedens tun.
A Komm, Heiliger Geist, / und mach uns frei.
V Die Frucht des Geistes ist Liebe, Freude, Friede, Langmut, Freundlichkeit, Güte, Treue, Sanftmut und Selbstbeherrschung.
A Komm, Heiliger Geist, / und mach uns frei.

(778) DER GEIST DER HEILIGKEIT

6 L Am letzten Tag, dem großen Tag des Festes, stand Jesus da und rief: Wer durstig ist, komme zu mir und trinke! Wer an mich glaubt, dem gilt, was die Schrift gesagt hat: Aus seinem Innern werden Ströme von lebendigem Wasser hervorfließen. Dies sagte er von dem Geist, den alle empfangen sollten, die an ihn glauben. (Joh 7,37–39)

V Heiligkeit besteht nicht nur darin, daß jemand das Leben Gottes in sich trägt; dieses Leben muß auch in seinem Tun sichtbar werden und andere ergreifen. Der Geist führte eine große Schar, die niemand zählen kann, zu solcher Heiligkeit. So tut er es auch heute und bis ans Ende der Tage. STILLE

V Wir beten um den Geist der Heiligkeit.
In Taufe und Firmung wurde uns der Heilige Geist gegeben. Er will unser Handeln prägen; er will unser ganzes Leben erfassen.
A Komm, Heiliger Geist, / erfülle die Herzen deiner Gläubigen.
V So verschieden wie die Menschen sind und leben, so vielfältig wirkt der Geist. Jeden treibt er an, aus der Liebe zu leben.
A Komm, Heiliger Geist, / erfülle die Herzen deiner Gläubigen.
V Der Geist wirkt nicht nur im einzelnen. Auch Gemeinden und Gemeinschaften treibt er an, daß sie Gutes tun und heilig leben.
A Komm, Heiliger Geist, / erfülle die Herzen deiner Gläubigen.

7 DIE LIEBE GOTTES

L Durch Christus haben wir auch den Zugang zu der Gnade erhalten, in der wir stehen, und rühmen uns unserer Hoffnung, mit der wir der Herrlichkeit Gottes entgegengehen. Die Hoffnung aber läßt nicht zugrunde gehen; denn die

Liebe Gottes ist ausgegossen in unsere Herzen durch den **(778)**
Heiligen Geist, der uns gegeben ist. [Röm 5,2.5]

V Liebe ist nicht nur eine Eigenschaft Gottes, sie ist sein innerstes Wesen. Der Heilige Geist ist die Liebe zwischen Vater und Sohn. In diese Liebe Gottes ist die Kirche hineingenommen und jeder einzelne von uns. STILLE

V Wir beten um den Geist der Liebe.
Liebe, das heißt, daß wir Gott lieben aus ganzem Herzen und mit allen unseren Kräften.
A Komm, Heiliger Geist, / entzünde in uns das Feuer deiner Liebe.
V Liebe, das heißt, daß wir auch einander lieben, so wie Jesus uns geliebt hat.
A Komm, Heiliger Geist, / entzünde in uns das Feuer deiner Liebe.
V Liebe, das heißt auch, daß wir eins bleiben in der Gemeinde Jesu, in der Kirche, die auf der ganzen Erde lebt.
A Komm, Heiliger Geist, / entzünde in uns das Feuer deiner Liebe.

V Im Heiligen Geist, in dem wir sagen können „Abba, **8**
Vater", laßt uns nun beten, wie der Herr uns gelehrt hat:
A Vater unser ... Denn dein ist das Reich ...

V Es segne euch Gott, der die Jünger mit dem Heiligen Geist erfüllt hat. A Amen.
V Er schenke euch die Freude des Heiligen Geistes und den Reichtum seiner Gaben. A Amen.
V Das Feuer des Geistes läutere euch, seine Wahrheit führe euch, seine Kraft geleite euch vom Glauben zum Schauen. A Amen.
V Das gewähre euch der dreieinige Gott, der Vater und der Sohn und der Heilige Geist. A Amen.

779 Eucharistische Andacht

1 Eröffnung

V Gelobt und gepriesen sei ohne End
A Jesus im allerheiligsten Sakrament.
V Sei gegrüßt, Herr Jesus, gegenwärtig im heiligen Sakrament.
A Du bist das Brot, das vom Himmel gekommen ist, / Brot, das lebt und Leben spendet.
V Sei gegrüßt, Herr Jesus, gegenwärtig im heiligen Sakrament; du bist die Liebe, die alle zusammenschließt, der Friede, der alle eint; du bist die Quelle, die das Wasser für das ewige Leben ausströmt,
A die Quelle, aus der die Dürstenden trinken.
V Sei gegrüßt, du Leib des Herrn, für uns am Stamm des Kreuzes geopfert. Sei gegrüßt, heiliges Blut, zu unserm Heil vergossen. Du bist das Lösegeld für unsere Sünden,
A der Kaufpreis für unsere Erlösung.
V Mit allen Engeln und Heiligen beten wir dich an:
A Gelobt seist du, Herr Jesus Christus, / im Sakrament deiner Liebe.

2 DAS OPFER AM KREUZ, QUELLE DES LEBENS

L Am letzten Tag, dem großen Tag des Festes, stand Jesus da und rief: Wer durstig ist, komme zu mir und trinke! Wer an mich glaubt, dem gilt, was die Schrift gesagt hat: Aus seinem Innern werden Ströme von lebendigem Wasser hervorfließen. — Dies sagte er von dem Geist, den alle empfangen sollten, die an ihn glauben; denn noch gab es nicht den Geist, weil Jesus noch nicht verherrlicht war.
(Joh 7,37–39)
V Herr, du hast dich selbst entäußert, wurdest wie ein Sklave und den Menschen gleich. Dein Leben war das eines Menschen. So bist du unser Bruder geworden.
A Gepriesen sei deine heilige Menschwerdung.
V Du hast Leiden und Schmerzen auf dich genommen, um uns zu retten. Durch deine Wunden sind wir geheilt.

A Gepriesen sei dein heilbringendes Leiden.
V Dein Tod war nicht das Ende, sondern Durchbruch in das neue, ewige Leben. So hast du uns die Tür zum Vater geöffnet.
A Gepriesen sei dein Tod, der uns das Leben bringt.
V Durch deinen Tod am Kreuz hast du uns die Quelle des Lebens erschlossen.
A Gepriesen sei dein geöffnetes Herz.
V In diesem heiligsten Sakrament bleibt das Opfer deines Todes mitten unter uns.
A Gepriesen sei das heilige Sakrament des Altares.
V Im Zeichen des Brotes bist du unsere Speise; im Zeichen des Weines bist du unser Trank.
A Speise gibst du denen, die dich fürchten.

V Lasset uns beten. — Herr Jesus Christus, wahrer Gott und wahrer Mensch, am Kreuz hast du den Tod in Leben gewandelt. Damit wir teilhaben an diesem neuen Leben, bist du unsere Speise und unser Trank geworden. Laß uns nicht blind sein für diese Zeichen deiner Liebe. Laß uns begreifen, wie nahe du uns bist. Der du lebst und herrschest in Ewigkeit. A Amen.

VERMÄCHTNIS DER LIEBE 3

L Das zweite Vatikanische Konzil sagt: Die Kirche hat niemals aufgehört, sich zur Feier des Pascha-Mysteriums zu versammeln, dabei zu lesen, was in allen Schriften von ihm geschrieben steht, die Eucharistie zu feiern, in der Sieg und Triumph seines Todes dargestellt werden, und zugleich Gott für die unsagbar große Gabe dankzusagen in Christus Jesus zum Lob seiner Herrlichkeit. Liturgiekonstitution, Art. 6

V Herr Jesus Christus, du hast uns dieses heilige Sakrament anvertraut. Du schenkst uns Gemeinschaft mit dir, wenn wir uns versammeln als deine Brüder und Schwestern. So dürfen wir sicher sein, daß du in unserer Mitte bist.
A Denn wo zwei oder drei in deinem Namen versammelt sind, / da bist du mitten unter ihnen.

(779) V Herr Jesus Christus, du hast uns dieses heilige Sakrament anvertraut. Hier verkünden wir die frohe Botschaft von deinem Leben. Hier verkünden wir die frohe Botschaft von deinem heilbringenden Sterben. Du bist uns nahe in deinem Wort.
A Deine Worte sind uns heiliges Vermächtnis: / Das ist mein Leib, der für euch hingegeben wird; / das ist mein Blut, das für euch vergossen wird.

V Herr Jesus Christus, du hast uns dieses heilige Sakrament anvertraut. Hier empfangen wir das Brot des Lebens und den Kelch des Heiles. Du bist unsere Speise, du bist unser Trank. Du läßt uns eins werden mit dir und untereinander. So lebst du in uns, und wir leben in dir.
A Laß alle eins werden durch dich im Heiligen Geist.

V Herr Jesus Christus, du hast uns dieses heilige Sakrament anvertraut. Hilf uns, dein Wort ernst zu nehmen: Wenn du deine Opfergabe zum Altar bringst und dir dabei einfällt, daß dein Bruder etwas gegen dich hat, so laß deine Gabe dort vor dem Altar liegen; geh und versöhne dich zuerst mit deinem Bruder, dann komm und opfere deine Gabe.
A Herr, vergib uns / und mach uns bereit, selbst zu vergeben.

V Herr Jesus Christus, was uns fehlt an Glauben und Liebe, das ergänze du mit der heilbringenden Kraft deines Opfertodes.
A Deinen Tod, o Herr, verkünden wir, / und deine Auferstehung preisen wir, / bis du kommst in Herrlichkeit.

V Lasset uns beten. — Herr Jesus Christus, die Teilnahme an deinem Mahl mehre unsere Liebe, damit durch deinen Leib und durch dein Blut die brüderliche Verbundenheit in der Kirche gefestigt werde. Der du lebst und herrschest in Ewigkeit. A Amen.

HEILIGE GEMEINSCHAFT

L Aus der frohen Botschaft nach Johannes: Bleibt in mir, dann bleibe ich in euch. Wie der Rebzweig aus sich keine Frucht bringen kann, sondern nur, wenn er am Weinstock bleibt, so könnt auch ihr keine Frucht bringen, wenn ihr nicht in mir bleibt. Ich bin der Weinstock, ihr seid die Rebzweige. Wer in mir bleibt und in wem ich bleibe, der bringt reiche Frucht; denn getrennt von mir könnt ihr nichts tun.   (Joh 15,4.5)

V Wir alle haben teil an dem einen Brot; darum sind wir alle ein Leib.
A Er ist der Weinstock, / wir sind die Rebzweige.
V Gott hat uns, die wir durch die Sünde tot waren, mit Christus lebendig gemacht.
A Er ist der Weinstock, / wir sind die Rebzweige.
V Er ist unser Friede; er reißt alle trennenden Mauern nieder und führt alle zusammen, die entzweit sind.
A Er ist der Weinstock, / wir sind die Rebzweige.
V Keiner ist jetzt noch Fremder; keiner ist ohne Bürgerrecht; alle sind wir Mitbürger der Heiligen und Hausgenossen Gottes.
A Er ist der Weinstock, / wir sind die Rebzweige.
V Nehmt einander an in Liebe und wahret die Einheit des Geistes. Ob Mann oder Frau, ob arm oder reich, ihr alle seid einer in Christus.
A Er ist der Weinstock, / wir sind die Rebzweige.
V Wie dieses Brot aus vielen Körnern eins wurde und aus vielen Trauben der Wein zusammenfloß, so führe dieses Sakrament die Kirche von allen Enden der Welt zusammen.
A Wir alle haben teil an dem einen Brot; / darum sind wir alle ein Leib.

V Lasset uns beten. — Herr, dieses Brot, das wir brechen, war einst in Körnern auf den Feldern zerstreut. Sie wurden gesammelt, um ein einziges Brot zu werden. So versammle auch deine Kirche von den Enden der Erde in dein Reich. Dir gebührt die Herrlichkeit und die Macht in Ewigkeit.
A Amen.

(779) DAS BROT DES LEBENS

5 L Aus dem ersten Buch der Könige: Elija ging eine Tagesreise weit in die Wüste hinein. Dort setzte er sich unter einen Ginsterstrauch und wünschte sich den Tod. Er sagte: Nun ist es genug, Herr. Nimm mein Leben; denn ich bin nicht besser als meine Väter. Dann legte er sich unter den Ginsterstrauch und schlief ein. Doch ein Engel rührte ihn an und sprach: Steh auf und iß! Als er um sich blickte, sah er neben seinem Kopf Brot, das in glühender Asche gebacken war, und einen Krug mit Wasser. Er aß und trank und legte sich wieder hin. Doch der Engel des Herrn kam zum zweiten Mal, rührte ihn an und sprach: Steh auf und iß! Sonst ist der Weg zu weit für dich. Da stand er auf, aß und trank und wanderte, durch diese Speise gestärkt, vierzig Tage und vierzig Nächte bis zum Gottesberg Horeb.
(1 Kön 19,4–8)
STILLE

V Unsere Speise auf dem Weg ist Jesus Christus. Herr, stärke uns mit dem Brot des Lebens.
A Brot vom Himmel hast du uns gegeben.
V Jesus, du bist der Gute Hirt, der seine Herde auf gute Weide führt und sie an den Quellen des Heiles tränkt.
A Du bist das wahre Osterlamm, / am Kreuz für uns geopfert / und für uns als Speise gegeben.
V Du bist das Brot des Lebens. Wer zu dir kommt, wird nicht mehr hungern; wer an dich glaubt, wird nicht mehr dürsten.
A Herr, gib uns immer dieses Brot.
V Du bist das wahre Brot vom Himmel. Wer von diesem Brot ißt, wird ewig leben.
A Das Brot, das du gibst, ist dein Fleisch für das Leben der Welt.
V Du hast gesagt: Wer mein Fleisch ißt und mein Blut trinkt, der hat das ewige Leben, und ich werde ihn auferwecken am Letzten Tag.
A Dein Fleisch ist eine wahre Speise, / und dein Blut ist ein wahrer Trank.

V Wer dein Fleisch ißt und dein Blut trinkt, der bleibt in (779)
dir und du in ihm. Wer dich ißt, wird durch dich leben.
A Herr, laß uns stets mit dir verbunden sein / und immer
leben in dir.
V Durch diese Speise gestärkt, wandern wir durch diese
Zeit, bis wir hingelangen zum heiligen Berg, zur Wohnung
der Seligen.
A Geheimnisvolles Brot, / du stillst unsern Hunger in
Ewigkeit.
V Lasset uns beten. — Herr Jesus Christus, gib uns Kraft
und Mut, daß wir nicht müde werden in deinem Dienst.
Mehre die Liebe zu dir und zu den Menschen. Laß uns den
Weg finden zu deinem Tisch, wo du uns das heilige Brot
reichst. Führe uns in der Kraft dieser Speise dorthin, wo
du mit dem Vater und dem Heiligen Geist lebst und
herrschest in Ewigkeit. A Amen.

EUCHARISTIE, ZEICHEN DER KOMMENDEN WELT 6

L Aus der Offenbarung des Johannes: Dann sah ich einen
neuen Himmel und eine neue Erde; denn der erste Himmel
und die erste Erde sind vergangen, und das Meer ist nicht
mehr. Ich sah die heilige Stadt, das neue Jerusalem, von
Gott her aus dem Himmel herabkommen; sie war bereit
wie eine Braut, die sich für ihren Mann geschmückt hat.
Da hörte ich eine laute Stimme vom Thron her rufen:
Seht, das Zelt Gottes unter den Menschen! Er wird in ihrer
Mitte wohnen, und sie werden sein Volk sein; und Gott
selbst wird mit ihnen sein. Er wird jede Träne aus ihren
Augen wischen; der Tod wird nicht mehr sein, nicht Trauer,
noch Klage, noch Mühsal. Denn die alte Welt ist vergangen.
Er, der auf dem Thron saß, sprach: Neu mache ich alles.
(Offb 21,1–5)
V Ich freute mich, als man mir sagte: Zum Haus des Herrn
wollen wir pilgern.
A Schon stehen wir in deinen Toren, Jerusalem.

(779) V Dankt dem Herrn mit Freude.
A Er hat uns würdig gemacht, das Erbe der Heiligen zu empfangen, die im Licht sind.
V Er hat uns die Würde von Königen gegeben und uns zu Priestern gemacht für den Dienst vor seinem Gott und Vater.
A Gelobt seist du, Herr Jesus, im heiligen Mahl. / Hier feiern wir das Gedächtnis deines Leidens, deiner Auferstehung und Himmelfahrt. / Hier begegnen wir dem gnädigen Gott und der kommenden Herrlichkeit.

L Christus nimmt Brot und Wein für dieses heilige Sakrament. Brot und Wein — Dinge unserer vergänglichen Welt, in der wir leben, einer Welt, die wir lieben, die uns aber auch oft zur Last wird. Diese irdische Speise, diese vergänglichen Dinge — Brot und Wein — werden gewandelt, hineingenommen in das ewige Leben des im Tod erstandenen Herrn. Nur die Wandlungskraft des Todes Christi kann die Welt und unser Leben ändern. In Zuversicht dürfen wir sagen: Mit Brot und Wein ist schon ein Stück dieser alten Welt gewandelt in jene neue Welt, in der Gott „alles in allem" sein wird. STILLE

V Sende aus deinen Geist, und das Antlitz der Erde wird neu. (Nr. 253,1)
A Sende aus deinen Geist, / und das Antlitz der Erde wird neu.

(r) Lobe den Herrn, meine Seele! *
Herr, mein Gott, wie groß bist du!
(l) Herr, wie zahlreich sind deine Werke! *
Mit Weisheit hast du sie alle gemacht.
(r) Sie alle warten auf dich, *
damit du ihnen Speise gibst zur rechten Zeit.
(l) Sendest du deinen Geist aus, so werden sie alle erschaffen, *
und du erneuerst das Antlitz der Erde.
A Sende aus deinen Geist, / und das Antlitz der Erde wird neu.

V Lasset uns beten. — Herr Jesus Christus, unsere Augen sehen Brot; doch der Glaube bekennt: du bist hier. Wie dieses Brot werden auch wir gewandelt, wenn wir uns Gott im Glauben ganz überlassen. Wir bitten dich, gib uns mit dieser Speise deinen Geist ins Herz. Öffne uns dem Wirken des Heiligen Geistes. Laß uns leben in dir. Laß uns leben durch dich für die Brüder und Schwestern. Dir sei Ehre und Lobpreis in Ewigkeit. A Amen.

Andacht zum heiligsten Herzen Jesu 780

LOBPREIS DES GÖTTLICHEN HERZENS 1

V Lob sei dem Herzen Jesu, durch das uns Heil geworden.
A Lob sei dem Herzen Jesu, / durch das uns Heil geworden.
V Wir preisen dich, Jesus Christus, weil wir deine Liebe erkannt haben.
A Wir danken dir für dein Wort; / es offenbart uns die Liebe deines Herzens.
V Wir danken dir für den Quell der Gnade, der weiterströmt in das ewige Leben.
A Wir preisen dich, geöffnetes Herz; / durch dich haben wir Zugang zum Vater.
V Wir preisen dich, weil du die Deinen bis ans Ende geliebt hast.
A Wir danken dir für deine Liebe; / sie überwindet selbst den Tod.
V Wir danken dir für das Feuer, das du in dieser Welt entzündet hast.
A Lob sei dem Herzen Jesu, / durch das uns Heil geworden.
V Lobpreis und Herrlichkeit, Weisheit und Dank, Ehre und Macht und Stärke unserem Gott in Ewigkeit.
A Amen.

(780) HERZ JESU, VOLL MITLEID MIT DEM VOLK

2 L Jesus sprach: Die Leute tun mir leid; sie sind schon drei Tage bei mir und haben nichts zu essen. Ich will sie nicht hungrig wegschicken, sonst brechen sie unterwegs zusammen.
(Mt 15,32)

V Jesus hat sich in herzlicher Liebe der Menschen erbarmt. Alle, die geringgeachtet wurden und Not litten, fanden bei ihm Zuflucht. Die Hungrigen hat er gespeist, den Armen die frohe Botschaft gebracht, die Bedrängten zu sich eingeladen. STILLE

V Das Auge des Herrn ruht auf allen, die nach seiner Güte ausschauen,
A daß er sie dem Tod entreiße / und ihr Leben erhalte in Hungersnot.
V Der Herr ist mein Hirt, nichts wird mir fehlen.
A Er läßt mich lagern auf grünen Auen.

V Herr Jesus Christus, du hast mit den Menschen die Not geteilt; du bist arm geworden, damit wir reich werden.
A Wir danken dir für deine große Liebe zu uns.
V Laß uns als Glieder deines Leibes füreinander sorgen und nicht müde werden, das Gute zu tun.
A Öffne unsre Augen für die Not der Menschen. / Gib uns offene Hände, daß wir brüderlich teilen.
V Jesus, voll Mitleid mit dem Volk,
A bilde unser Herz nach deinem Herzen.

3 HERZ JESU, GÜTIG ZU DEN KRANKEN

L Jesus sagte: Geht und berichtet Johannes, was ihr gesehen und gehört habt: Blinde sehen wieder, und Lahme gehen; Aussätzige werden rein, und Taube hören; Tote werden auferweckt, und den Armen wird das Evangelium verkündet. Wohl dem, der an mir keinen Anstoß nimmt.
(Lk 7,22–23)

V Der Herr hat viele Kranke gesund gemacht. Von allen Seiten strömten sie herbei, um sein Wort zu hören und von

ihren Krankheiten geheilt zu werden. Die Leidenden (780)
drängten sich an ihn heran, um auch nur sein Gewand zu
berühren. STILLE

V Ein Armer rief, und der Herr erhörte ihn.
A Er half ihm aus all seinen Nöten.
V Kostet und seht, wie gütig der Herr ist.
A Wohl dem, der bei ihm sich birgt.

V Herr Jesus Christus, aus Liebe zu uns Menschen hast
du unsere Gebrechen auf dich genommen, damit wir das
Heil erlangen. Du hast Kranke geheilt und allen die Macht
und Liebe Gottes offenbart.
A Wir danken dir für deine große Liebe zu uns.
V Du hast gesagt: Ich war krank, und ihr habt mich besucht. Schenk uns Freude im Dienst an den Kranken und
Behinderten.
A Wir sollen ergänzen, was an deinen Leiden noch fehlt. /
Stärke uns im Leiden / und mach es fruchtbar für die Welt.
V Jesus, gütig zu den Kranken,
A bilde unser Herz nach deinem Herzen.

HERZ JESU, VOLL ERBARMEN MIT DEN SÜNDERN 4

L Jesus sagte: Nicht die Gesunden brauchen den Arzt,
sondern die Kranken. Darum lernt, was es heißt: Barmherzigkeit will ich, nicht Opfer; denn ich bin gekommen, die
Sünder zu rufen, nicht die Gerechten. (Mt 9,12–13)

V Jesus hat sich in besonderer Weise der Sünder angenommen und sich ihrer erbarmt. Als der gute Hirt ist er ihnen
nachgegangen, damit keiner von denen verlorengehe, die
der Vater ihm gegeben hat. Er hat die Irrenden zur Umkehr
gemahnt und ihnen ihre Schuld vergeben. STILLE

V Gut und gerecht ist der Herr.
A Darum weist er Sündern den Weg.
V Meide das Böse und tu das Gute.
A Suche Frieden und jage ihm nach.

(780) V Herr Jesus Christus, du hast uns von der Knechtschaft der Sünde befreit und uns zur Freiheit der Kinder Gottes geführt.
A Wir danken dir für deine große Liebe zu uns.
V Hilf uns, daß die Sünde keine Macht über uns gewinnt. Gib uns die Kraft, den Willen deines Vaters zu erfüllen.
A Mach uns bereit, wieder gutzumachen, was wir anderen angetan haben. / Bewahre uns vor aller Verwirrung / und schenk uns deinen Frieden.
V Jesus, voll Erbarmen mit den Sündern,
A bilde unser Herz nach deinem Herzen.

5 HERZ JESU, QUELLE DES LEBENS UND DER HEILIGKEIT

L Als die Soldaten zu Jesus kamen und sahen, daß er schon tot war, zerbrachen sie ihm die Beine nicht, sondern ein Soldat stieß mit der Lanze in seine Seite, und sogleich floß Blut und Wasser heraus. Das ist geschehen, damit die Schrift erfüllt wurde: Keinen Knochen an ihm wird man zerbrechen. Und ein anderes Schriftwort sagt: Sie werden auf den schauen, den sie durchbohrt haben. (Joh 19,33—37)

V Jesus hat uns bis in den Tod geliebt und sich als Opfer für uns hingegeben. Freiwillig nahm er den Kreuzestod auf sich, um uns mit dem Vater zu versöhnen. In seiner Liebe, die jede Erkenntnis übersteigt, hat er sein Blut für uns vergossen und uns von aller Sündenschuld gereinigt. Sein durchbohrtes Herz ist zur Quelle des Lebens geworden, aus der wir das Heil schöpfen. STILLE

V Ich sah Wasser fließen aus der rechten Seite des Tempels.
A Und alle, zu denen es kam, wurden heil.
V Ströme lebendigen Wassers erfreuen die Gottesstadt.
A Schöpfet mit Freuden aus den Quellen des Heils.

V Herr Jesus Christus, du bist gestorben für uns sündige Menschen, daß wir das Leben haben und es in Fülle haben.
A Wir danken dir für deine große Liebe zu uns.

V Festige unsern Glauben, daß wir dich als das wahre **(780)** Leben erkennen. Stärke unsere Hoffnung auf die kommende Herrlichkeit.
A Lehre uns das Geheimnis deiner Liebe verstehen. / Laß uns teilhaben am Reichtum deines Herzens.
V Jesus, Quelle des Lebens und der Heiligkeit,
A bilde unser Herz nach deinem Herzen.

SCHLUSSGEBET 6

V Heiligstes Herz Jesu, du Inbegriff der Liebe, sei du uns Schutz im Leben und Unterpfand des ewigen Heils. Sei du uns Stärke in Schwachheit und Unbeständigkeit. Sei du die Sühne für alle Sünden unseres Lebens.
Du Herz der Milde und Güte, sei unsere Zuflucht in der Stunde unseres Todes. Sei unsere Rechtfertigung vor Gott. Wende ab von uns die Strafe seines gerechten Zornes. Herz der Liebe, auf dich setzen wir unser ganzes Vertrauen. Von unserer Bosheit fürchten wir alles; aber von deiner Liebe hoffen wir alles.
Tilge in uns, was dir mißfallen oder entgegen sein könnte. Deine Liebe präge sich so tief unseren Herzen ein, daß wir dich niemals vergessen, daß wir niemals von dir getrennt werden können.

A Herr und Heiland, bei deiner ganzen Liebe bitten wir dich: / laß unsere Namen tief eingeschrieben sein in deinem heiligsten Herzen. / Unser Glück und unsere Ehre soll es sein, / in deinem Dienst zu leben und zu sterben. Amen.

Margarita Maria Alacoque

781 Andacht zu Jesus Christus

ERÖFFNUNGSRUF

V Dir, Vater Gott, sei Preis und Dank
für deinen Sohn im Heilgen Geist.
A Er ist der Weg, er ist die Wahrheit, /
er will uns Licht und Leben schenken.
V Wer auf ihn hört, schöpft aus dem Quell,
aus dem das wahre Leben strömt.
A Wer an ihn glaubt, der kann nicht sterben; /
er hat das Leben schon empfangen.
V Ehre sei dem Vater und dem Sohn
und dem Heiligen Geist,
A wie im Anfang, so auch jetzt und alle Zeit /
und in Ewigkeit. Amen.

1 LOBPREIS

V Laßt uns unsern Herrn Jesus Christus preisen, den König der Herrlichkeit.
A Ihn wollen wir loben und erheben in Ewigkeit.
V Herr Jesus Christus, du ewiges Wort, aus dem Vater geboren vor aller Zeit.
A Gott von Gott, / Licht vom Licht, / wahrer Gott vom wahren Gott.
V Du Abglanz des Vaters und Abbild seines Wesens.
A Du hast im Anfang die Erde gegründet. / Deiner Hände Werk sind die Himmel. / Alles hat seinen Bestand in dir.
V Du menschgewordener Sohn Gottes.
A Heiland, wir loben und preisen dich.
V Du Sohn der Jungfrau Maria.
A Du Sohn Davids.
V Du König in der Gestalt eines Knechtes.
A Herr Jesus Christus, / wir loben und preisen dich allezeit.
V Du siegreicher König.
A Christus König, / wir vertrauen auf dich.
V Du Sieger über Satan und Sünde.
A Du Sieger über alle Bosheit der Welt.

V Du Sieger über Tod und Grab.
A Du Friedensfürst, / wir vertrauen auf dich.
V Du thronst im Himmel zur Rechten deines Vaters.
A Christus, wir hoffen auf dich.
V Du bist deiner Kirche immer nahe.
A Du wirst wiederkommen in Herrlichkeit, / zu richten die Lebenden und die Toten; / deiner Herrschaft wird kein Ende sein.
V Denn du wirst deine Königsmacht dem Vater übergeben und Gott wird sein alles in allem.
A Richter der Welt, / wir hoffen auf dich.

IM NAMEN JESUS 2

L Petrus sagte zu den Hohenpriestern und Schriftgelehrten, erfüllt vom Heiligen Geist: Ihr Führer des Volkes und ihr Ältesten! Wenn wir heute wegen einer guten Tat an einem kranken Menschen darüber vernommen werden, durch wen er geheilt worden ist, so sollt ihr alle und das ganze Volk Israel wissen: im Namen Jesu Christi, des Nazoräers, den ihr gekreuzigt habt und den Gott von den Toten auferweckt hat. Durch ihn steht dieser Mann gesund vor euch. Er ist der Stein, der von euch Bauleuten verworfen wurde, der aber zum Eckstein geworden ist. Und durch keinen anderen kommt die Rettung. Denn es ist den Menschen kein anderer Name unter dem Himmel gegeben, durch den wir gerettet werden sollen. (Apg 4,8–12)

STILLE

V Herr und Erlöser, du hast dich erniedrigt und bist gehorsam geworden. Darum hat Gott der Vater dich erhöht und dir einen Namen gegeben, der über alle Namen ist, damit jede Zunge bekennt: Jesus Christus ist der Herr.
A Jesus Christus ist der Herr.
V Durch den Engel Gabriel gab Gott Maria den Auftrag, dich Jesus zu nennen.
A Jesus, du Sohn der Jungfrau Maria.

(781) V In diesem Namen haben Sünder und Kranke um dein Erbarmen gefleht.
A Jesus, Sohn Davids, / erbarme dich unser.
V In deinem Namen haben die Apostel Zeichen und Wunder gewirkt. Wer deinen Namen vor den Menschen bekennt, den wirst du auch vor dem Vater bekennen.
A Gepriesen sei dein Name, Herr, / jetzt und in Ewigkeit.
V Um deines Namens willen haben die Apostel voll Freude gelitten.
A Jesus, du bist die Stärke der Märtyrer, / die Krone aller Heiligen.
V Wer deinen Namen anruft, wird Heil erfahren.
A Jesus, schenk uns dein Heil.
V Was wir in deinem Namen erbitten, wird uns der Vater gewähren.
A Jesus, durch dich beten wir zum Vater.
V Du hast gesagt: Wo zwei oder drei in meinem Namen versammelt sind, bin ich mitten unter ihnen.
A Jesus, wir sind eins in dir.
V Vor dem Namen Jesus sollen alle Knie sich beugen im Himmel, auf der Erde und unter der Erde.
A Und jede Zunge bekennt: / Jesus Christus ist der Herr / zur Ehre Gottes, des Vaters.

V Lasset uns beten. — Allgütiger Gott, wir danken dir, daß du uns durch deinen Sohn gerettet hast, und verehren den heiligen Namen Jesus, den du ihm gegeben. Wir bitten dich: laß uns schon in diesem Leben das Beglückende dieses Namens verkosten und einst bei dir die Fülle dessen empfangen, was er verheißt. Das gewähre uns durch Christus, unsern Herrn. A Amen.

3 DAS LICHT DER WELT

L Im Wort, das von Anfang an war, war das Leben, und das Leben war das Licht der Menschen. Und das Licht leuchtet in der Finsternis, und die Finsternis hat es nicht ergriffen. Das wahre Licht, das jeden Menschen erleuchtet,

kam in die Welt. Allen aber, die ihn aufnahmen, gab er **(781)**
Macht, Kinder Gottes zu werden. (Joh 1,4–5.9.12a)
STILLE

V Jesus, du hast gesagt: Wer mir nachfolgt, wandelt nicht im Finstern, sondern wird das Licht des Lebens haben.
A Laß uns wandeln als Kinder des Lichtes.
V Du rufst uns zu: Ihr seid das Licht der Welt. So soll euer Licht vor den Menschen leuchten, damit sie eure guten Taten sehen und euren Vater im Himmel preisen.
A Hilf uns ablegen die Werke der Finsternis / und vollbringen die Werke des Lichtes.

V Lasset uns beten. — Allmächtiger Gott, dein ewiges Wort ist Mensch geworden, um uns mit dem Glanz seines Lichtes zu erfüllen. Wir bitten dich: laß in unserm Tun widerstrahlen, was durch den Glauben in uns lebt. Durch Christus, unsern Herrn. A Amen.

DER EWIGE HOHEPRIESTER UND ERLÖSER **4**

L Jesus spricht bei seinem Eintritt in die Welt: An Schlacht- und Speiseopfern hast du kein Gefallen, doch einen Leib hast du mir bereitet; Brand- und Sündopfer forderst du nicht. So sprach ich: Siehe, ich komme — in der Buchrolle steht über mich geschrieben —, deinen Willen, Gott, zu erfüllen. — Auf Grund dieses Willens sind wir durch die Opfergabe des Leibes Jesu Christi ein für allemal geheiligt.
(Hebr 10,5–7.10)
STILLE

V Laßt uns Jesus Christus anbeten und verherrlichen, den ewigen Hohenpriester, den Erlöser der Welt.
A Anbetung, Lob und Preis sei dir, Herr Jesus, / du Lamm Gottes, das die Sünde der Welt hinwegnimmt.
V Du hast uns nicht mit vergänglichem Silber oder Gold, sondern durch dein kostbares Blut vom ewigen Untergang errettet.
A Du bist die Versöhnung für unsere Sünden / und für die Sünden der ganzen Welt. / Dein Name sei gepriesen von nun an bis in Ewigkeit.

(781) V Herr Jesus Christus, du hast unsere Sünden auf das Kreuzesholz getragen und auf diesem Altar dich dem Vater als Versöhnungsopfer dargebracht. Du bist mit deinem eigenen Blut in das Allerheiligste eingegangen und hast ewige Erlösung bewirkt.
A Wir bitten dich: / laß uns der Sünde immer mehr sterben / und leben für die Gerechtigkeit. / Erwecke in uns den Geist der Buße, / damit wir uns mit Gott versöhnen und Erbarmen finden am Thron der Gnade. Amen.

5   DER GUTE HIRT

V Herr Jesus Christus, du bist der gute Hirt. Wir waren wie verirrte Schafe. Jetzt aber sind wir heimgekehrt zum Hirten unsrer Seelen.
A Du bist der gute Hirt. / Der gute Hirt gibt sein Leben für die Schafe.
V Ein Dieb kommt nur, um zu stehlen, zu schlachten und zu verderben.
A Du bist der gute Hirt. / Du bist gekommen, daß wir das Leben haben / und es in Fülle haben.
V Du bist der gute Hirt. Du rufst deine Schafe beim Namen und führst sie auf gute Weide.
A Wir leben von jedem Wort, das aus deinem Munde kommt. / Du gibst uns dein eigenes Fleisch und Blut zur Speise.
V Du hast den Petrus gefragt: Simon, Sohn des Johannes, liebst du mich? So fragst du alle, die deine Diener sind im Hirtenamt. Du sprichst zu jedem von ihnen: Weide meine Lämmer, weide meine Schafe.
A Durch sie willst du der gute Hirt sein.
V In deinem Wort hören wir die alte Frage: Wo ist dein Bruder Abel? Wir sind füreinander verantwortlich. Wir können nicht antworten: Bin ich denn der Hüter meines Bruders?
A Durch uns willst du der gute Hirt sein.
V Du bist der gute Hirt. Alle Menschen willst du führen. Jeder ist dir von deinem Vater anvertraut.

A Sie werden deine Stimme hören. / Dann wird es eine **(781)**
Herde geben und einen Hirten.

KÖNIG DES LEBENS 6

L Jesus spricht: Ich bin die Auferstehung und das Leben;
wer an mich glaubt, wird leben, auch wenn er stirbt, und
jeder, der lebt und an mich glaubt, wird in Ewigkeit nicht
sterben. (Joh 11,25–26)

V Herr, wir preisen dein Leben auf Erden und loben deine
Güte zu den Menschen. Du gehst umher, Wohltaten spendend.
A Du bist das Leben. / Dir sei Dank.
V Blinde sehen, Lahme gehen, Aussätzige werden rein;
Taube hören, Tote stehen auf, und Armen wird die frohe
Botschaft verkündet.
A Du bist das Leben. / Dir sei Lobpreis.
V Kranke und Besessene werden zu dir gebracht; die ganze
Stadt drängt sich vor deiner Tür, und du heilst jede Krankheit und alle Gebrechen.
A Du bist das Leben. / Dir sei die Anbetung.
V Du trittst an die Totenbahre des Jünglings von Nain
und sprichst: Jüngling, ich sage dir, steh auf! Da richtet der
Tote sich auf, und alle preisen Gott.
A Du bist das Leben. / Dir sei die Ehre.
V Du ergreifst die Hand des toten Mädchens und befiehlst
ihm aufzustehn. Sogleich steht das Mädchen auf und geht
umher.
A Du bist das Leben. / Dir sei der Ruhm.
V Du rufst in die Gruft des Lazarus: Komm heraus! Und
der vier Tage lang im Grabe war, kommt hervor.
A Du bist das Leben. / Dir sei das Lob.
V Du sprengst die Felsen des Grabes und stehst siegreich
von den Toten auf.
A Du bist das Leben. / Dir sei die Herrlichkeit.
V Du wirst wiederkommen und alles Fleisch auferwecken
von den Toten.
A Du bist das Leben. / Dir sei die Macht. Amen.

(781) VOLL LIEBE ZU DEN MENSCHEN

7 L Sie fuhren mit dem Boot in eine einsame Gegend, um allein zu sein. Aber man sah sie abfahren, und viele hörten davon; sie liefen zu Fuß aus allen Städten dorthin und kamen noch vor ihnen an. Als er ausstieg und die vielen Menschen sah, hatte er Mitleid mit ihnen; denn sie waren wie Schafe, die keinen Hirten haben. (Mk 6,32–34)

V Göttlicher Heiland, durch lange Nächte hast du auf den Bergen gewacht und gebetet.
A Du bittest den Vater für uns um Erbarmen.
V Du segnest die Kinder. Du richtest die Verzagten auf. Du weinst über die Bewohner Jerusalems, die du um dich sammeln willst, wie eine Henne ihre Küchlein um sich schart.
A Du ladest die Dürstenden zum Quell deiner Liebe.
V Du bist voll Liebe zu den Sündern und sitzest mit ihnen zu Tisch. Den Zöllner berufst du zu deinem Jünger und machst ihn zu deinem Apostel. Du schützest die Frau, die des Ehebruchs schuldig ist, vor den Pharisäern und neigst dich in Güte zu der Sünderin, die deinen Leib salbt.
A Du willst das geknickte Rohr nicht brechen / und den glimmenden Docht nicht auslöschen.
V Du liebst die Deinen und hast sie bis zum Ende geliebt. Da wir in Sünden tot waren, warst du reich an Erbarmen und hast uns deine übergroße Liebe kundgetan.
A Da du uns liebst, / hast du uns bis zum letzten geliebt.
V Daran erkennen wir deine Liebe, daß du uns zuerst geliebt und aus Liebe zu uns dein Leben hingegeben hast.
A Du hast uns geliebt bis zum Tod am Kreuz.
V Dein Herz verlangt allezeit danach, uns dem Tod zu entreißen und uns zu nähren in unserm Hunger.
A Du bist für uns gestorben, / damit wir durch deine Liebe das Leben haben / und es in Fülle haben. Amen.

KÖNIG DER HERRLICHKEIT (781) 8

L Während die Apostel unverwandt ihm nach zum Himmel schauten, standen plötzlich zwei Männer in weißen Gewändern bei ihnen und sagten: Ihr Männer von Galiläa, was steht ihr da und schaut zum Himmel? Dieser Jesus, der von euch weg in den Himmel aufgenommen wurde, wird ebenso wiederkommen, wie ihr ihn habt hingehen sehen zum Himmel. (Apg 1,10–11)

V Laßt uns Jesus Christus anbeten und verherrlichen, den Überwinder des Todes, den König der Herrlichkeit, den Richter der Welt.
A Anbetung und Preis sei dir, Herr Jesus. / Du hast die Macht des Todes vernichtet. / Du bist die Auferstehung und das Leben.
V Du sitzest zur Rechten des Vaters und wirst einst wiederkommen, zu richten die Lebenden und die Toten.
A Dein Name sei gepriesen / von nun an bis in Ewigkeit.
V Herr Jesus Christus, König der Könige und Herr der Herren. Lenk unsere Herzen nach deinem Willen.
A Sei unser Mittler und Fürsprecher beim Vater, / damit wir Verzeihung unserer Sünden und das ewige Leben erlangen.
V Sei uns einst ein milder und gnädiger Richter. Sieh nicht auf die Menge unserer Sünden, sondern auf die Fülle deines Erbarmens.
A Erhalte uns in deiner Gnade alle Tage unseres Lebens / und steh uns bei in der Stunde des Todes. Amen.

NACHFOLGE CHRISTI 9

V Ewiger Hoherpriester, du rufst die Fischer von ihren Netzen weg und machst sie zu Menschenfischern für das Reich deines Vaters.
A Hilf auch uns, dir zu folgen.
V Du sprichst mit Nikodemus, der in der Nacht bei dir weilt.
A Hilf auch uns, deine Wahrheit zu erkennen.

(781) V Du trauerst um den Jüngling, den sein Reichtum hindert, dir nachzufolgen.
A Hilf auch uns, frei zu werden / von allem, was unser Herz eng macht.
V Du willst, daß wir uns selber verleugnen, unser Kreuz auf uns nehmen und dir nachfolgen.
A Hilf uns, das Kreuz des Lebens zu tragen.
V Wer seine Hand an den Pflug legt und zurückschaut, ist meiner nicht wert.
A Laß uns deiner würdig sein und nicht zurückblicken.
V Wer mich vor den Menschen bekennt, den werde ich vor dem Vater bekennen.
A Gib uns die Kraft, vor aller Welt mutig für dich einzutreten.
V Ich bin nicht gekommen, mich bedienen zu lassen, sondern zu dienen.
A Hilf uns, selbstlos unserm Nächsten zu dienen.
V Du lädst alle ein, zu dir zu kommen und von dir zu lernen; denn du bist gütig und selbstlos von Herzen.
A Bilde unser Herz nach deinem Herzen.
V Du verlangst den Glauben.
A Hilf unserm Unglauben.
V Du gebietest die Liebe.
A Gib uns das Feuer der Liebe.
V Herr, du wirst einst wiederkommen, uns zu richten nach unsern Werken. Wer alles verläßt und dir nachfolgt, der wird hundertfältigen Lohn empfangen und das ewige Leben.
A Dir sei die Ehre und die Herrlichkeit / und Lob und Dank in Ewigkeit. Amen.

Andacht über das Gebet des Herrn 782

ANREDE

V Wir haben den Geist der Kindschaft empfangen, in dem wir rufen können: Abba, lieber Vater.
A Vater unser im Himmel.
V Ein Gott hat uns geschaffen, wir haben alle einen Vater.
A Vater unser im Himmel.
V Herr, du bist unser Vater. Wir sind der Ton, du bist der Töpfer; das Werk deiner Hände sind wir alle.
A Vater unser im Himmel.
V Ihr sollt euch nicht Vater nennen lassen; denn einer ist euer Vater.
A Vater unser im Himmel.
V Gott, unser Vater, liebt uns. In seiner Gnade hat er uns ewigen Trost und sichere Hoffnung geschenkt.
A Vater unser im Himmel.

ERSTE BITTE 1

V Geheiligt werde dein Name.
A Geheiligt werde dein Name.

L Daher beuge ich meine Knie vor dem Vater, nach dessen Namen jedes Geschlecht im Himmel und auf Erden benannt ist. —
Christus spricht: Vater, ich habe ihnen deinen Namen kundgetan. Ich habe dich auf Erden verherrlicht und das Werk vollendet, das du mir aufgetragen hast. —
Ein neues Gebot gebe ich euch: Liebet einander. Darin verherrlicht sich mein Vater, daß ihr reiche Frucht bringt und euch erweist als meine Jünger.   STILLE

V Vater im Himmel, hilf deiner Kirche, dich vor der Welt zu verherrlichen.
A Geheiligt werde dein Name.
V Laß alle Menschen dich als ihren Gott und Vater erkennen.
A Geheiligt werde dein Name.

(782) V Verherrliche dich im Erbarmen an den Armen und Schwachen.
A Geheiligt werde dein Name.
V Gib, daß unser Leben und Werk dich verherrliche.
A Geheiligt werde dein Name.

2 ZWEITE BITTE

V Dein Reich komme.
A Dein Reich komme.

L Das Reich Gottes ist nahe. Bekehrt euch und glaubt an das Evangelium. —
Sucht zuerst das Reich Gottes und seine Gerechtigkeit. Das Reich Gottes ist mitten unter euch. —
Wer das Reich Gottes nicht annimmt, als wäre er ein Kind, wird nicht hineinkommen. —
Kommt her, die ihr von meinem Vater gesegnet seid, nehmt das Reich in Besitz, das am Anfang der Welt für euch geschaffen worden ist. STILLE

V Vater im Himmel, hilf deiner Kirche, immer deutlicher das Zeichen unter den Völkern zu sein.
A Dein Reich komme.
V Laß die Mächtigen der Erde deine Gesetze anerkennen.
A Dein Reich komme.
V Gib den Menschen Kraft durch die Hoffnung, daß dein Reich anbricht.
A Dein Reich komme.
V Mach uns zu glaubwürdigen Zeugen deines Sohnes.
A Dein Reich komme.

3 DRITTE BITTE

V Dein Wille geschehe wie im Himmel, so auf Erden.
A Dein Wille geschehe wie im Himmel, so auf Erden.

L Mein Vater, wenn es möglich ist, gehe dieser Kelch an mir vorüber. Aber nicht wie ich will, sondern wie du willst. —

Es ist meine Speise, den Willen dessen zu tun, der mich **(782)**
gesandt hat, und sein Werk zu vollenden. Deinen Willen
zu tun, mein Gott, ist meine Freude. —
Wer meine Gebote hat und sie hält, liebt mich. Wer den
Willen meines Vaters tut, der ist mir Bruder, Schwester und
Mutter. STILLE

V Vater im Himmel, hilf deiner Kirche, daß sie deinen
Willen in Liebe tut.
A Dein Wille geschehe wie im Himmel, so auf Erden.
V Lenke das Schicksal der Völker zu Frieden und Heil.
A Dein Wille geschehe wie im Himmel, so auf Erden.
V Laß uns auch in Not und Tod ja sagen zu deinem Willen.
A Dein Wille geschehe wie im Himmel, so auf Erden.
V Gib uns Freude an der Erfüllung deines Willens.
A Dein Wille geschehe wie im Himmel, so auf Erden.

VIERTE BITTE 4

V Unser tägliches Brot gib uns heute.
A Unser tägliches Brot gib uns heute.

L Jesus sprach: Mich erbarmt des Volkes. Schon drei Tage
harren sie aus bei mir und haben nichts zu essen. —
Verweigere dem Hungrigen nicht deine Gabe. — Denn ich
war hungrig, und ihr habt mich gespeist; ich war durstig,
und ihr habt mich getränkt. —
Das Brot, das ich gebe, ist mein Fleisch für das Leben der
Welt. Wer von diesem Brot ißt, wird ewig leben. STILLE

V Vater im Himmel, hilf der Menschheit, die Erde so zu
bebauen, daß alle satt werden.
A Unser tägliches Brot gib uns heute.
V Bewahre die Völker vor Krieg und Hungersnot.
A Unser tägliches Brot gib uns heute.
V Lehre die Reichen, auszuteilen an die Armen.
A Unser tägliches Brot gib uns heute.
V Gib uns Hunger nach dem Brot des Lebens.
A Unser tägliches Brot gib uns heute.

(782) FÜNFTE BITTE

V Vergib uns unsere Schuld, wie auch wir vergeben unsern Schuldigern.
A Vergib uns unsere Schuld, / wie auch wir vergeben unsern Schuldigern.

L Der Herr wurde zornig und übergab den Knecht der Folter, bis er alles bezahlt hatte, was er schuldig war. So wird mein Vater mit jedem von euch verfahren, wenn nicht ein jeder seinem Nächsten von Herzen verzeiht. —
Seid barmherzig, wie euer Vater barmherzig ist. Richtet nicht, und ihr werdet nicht gerichtet. Verurteilt nicht, und ihr werdet nicht verurteilt. Vergebt, und euch wird vergeben. Denn mit dem Maß, mit dem ihr meßt, wird auch euch gemessen. —
Geh zuvor hin und versöhne dich mit deinem Bruder. Dann komm und opfere deine Gabe. STILLE

V Vater im Himmel, hilf den Christen, ihre Schuld zu bekennen, und führe sie durch Versöhnung zur Einheit.
A Vergib uns unsere Schuld, / wie auch wir vergeben unsern Schuldigern.
V Führe die Völker zur Versöhnung und schenke ihnen Frieden.
A Vergib uns unsere Schuld, / wie auch wir vergeben unsern Schuldigern.
V Schenk den Opfern der Rache und Vergeltung die Kraft, ihren Verfolgern zu verzeihen.
A Vergib uns unsere Schuld, / wie auch wir vergeben unsern Schuldigern.
V Gib uns den Willen, auch die Folgen der Schuld zu tilgen, soweit es in unseren Kräften steht.
A Vergib uns unsere Schuld, / wie auch wir vergeben unsern Schuldigern.

SECHSTE BITTE (782)

6

V Führe uns nicht in Versuchung.
A Führe uns nicht in Versuchung.

L Der Geist ist willig, aber das Fleisch ist schwach. Wachet und betet, daß ihr nicht in Versuchung kommt. –
Der Satan verlangt, euch zu sieben wie Weizen. Aber ich habe für dich gebetet, daß dein Glaube nicht wanke. –
Gott ist treu; er wird nicht zulassen, daß ihr über eure Kraft hinaus versucht werdet. Er wird euch in der Versuchung einen Ausweg schaffen, so daß ihr sie bestehen könnt. STILLE

V Vater im Himmel, leite deine Kirche in allen Versuchungen auf den Weg des Heils.
A Führe uns nicht in Versuchung.
V Bewahre die Herrschenden vor der Versuchung, ihre Macht zu mißbrauchen.
A Führe uns nicht in Versuchung.
V Laß die Reichen nicht den Gefahren des Reichtums erliegen.
A Führe uns nicht in Versuchung.
V Bewahre uns vor Verzweiflung.
A Führe uns nicht in Versuchung.

SIEBTE BITTE

7

V Erlöse uns von dem Bösen.
A Erlöse uns von dem Bösen.

L Vater, ich bitte dich nicht, daß du sie fortnimmst aus der Welt, sondern daß du sie bewahrst vor dem Bösen. –
Jeder, der Sünde tut, ist Sklave der Sünde. Wenn der Sohn euch frei macht, werdet ihr in Wahrheit frei sein. –
Die Liebe Gottes ist ausgegossen in unsere Herzen durch den Heiligen Geist. Wo der Geist des Herrn wirkt, da ist Freiheit. STILLE

V Vater im Himmel, bewahre die Völker vor Hunger, Krankheit und Krieg.
A Erlöse uns von dem Bösen.
V Befreie die Menschen von Streit und Spaltung.
A Erlöse uns von dem Bösen.
V Nimm von uns alle Bosheit des Herzens.
A Erlöse uns von dem Bösen.
V Hilf uns, dich und den Nächsten zu lieben.
A Erlöse uns von dem Bösen.

8 DOXOLOGIE (LOBPREIS)

V Meine Seele preist die Größe des Herrn, und mein Geist jubelt über Gott, meinen Retter.
A Denn dein ist das Reich und die Kraft und die Herrlichkeit.
V Ehre sei Gott in der Höhe und Friede auf Erden den Menschen seiner Gnade. Wir loben dich, wir preisen dich.
A Denn dein ist das Reich und die Kraft und die Herrlichkeit.
V Heilig, heilig, heilig Gott, Herr aller Mächte und Gewalten. Erfüllt sind Himmel und Erde von deiner Herrlichkeit.
A Denn dein ist das Reich und die Kraft und die Herrlichkeit.

VATER UNSER

V Lasset uns beten, wie der Herr uns gelehrt hat:
A Vater unser im Himmel, / geheiligt werde dein Name. / Dein Reich komme. / Dein Wille geschehe, wie im Himmel so auf Erden. / Unser tägliches Brot gib uns heute. / Und vergib uns unsere Schuld, / wie auch wir vergeben unsern Schuldigern. / Und führe uns nicht in Versuchung, / sondern erlöse uns von dem Bösen.
Denn dein ist das Reich und die Kraft und die Herrlichkeit in Ewigkeit. Amen.

Marien-Andacht   783

LOBPREIS

V Gott Vater im Himmel, wir preisen dich für alles, was du geschaffen hast. Wir preisen dich besonders für Maria, die du zur Mutter deines Sohnes erwählt hast. Sie ist unsere Fürsprecherin an deinem Thron. Mit ihr kommen wir voll Vertrauen zu dir.
A Zu dir, Vater, rufen wir mit Maria.
V Gott Sohn, Erlöser der Welt, wir danken dir, daß du Maria zu deiner Mutter gemacht hast. Sie hat dir das Leben geschenkt. Sie hat das Wort Gottes gläubig gehört und befolgt. So ist sie unsere Mutter und unser Vorbild geworden.
A Durch dich, Christus, beten wir mit Maria.
V Gott Heiliger Geist, du hast Maria mit der Kraft des Höchsten überschattet. So hat sie den Sohn Gottes zur Welt gebracht. Auch uns erfüllst du mit deiner Kraft, damit wir Christus sichtbar machen in dieser Welt.
A In dir, Heiliger Geist, singen wir mit Maria: /
Meine Seele preist die Größe des Herrn, / und mein Geist jubelt über Gott, meinen Retter.
V Denn auf die Niedrigkeit seiner Magd hat er geschaut. Siehe, von nun an preisen mich selig alle Geschlechter.
A Denn der Mächtige hat Großes an mir getan, / und sein Name ist heilig.

AUS KÖNIGLICHEM STAMM   1

L Wer ist sie, die erscheint wie das Morgenrot, wie der Mond so schön, strahlend rein wie die Sonne, prächtig wie Himmelsbilder? — Einzig ist meine Taube, die Makellose, die Einzige ihrer Mutter. Erblicken sie die Mädchen, sie preisen sie; Königinnen rühmen sie. (Hld 6,10.9)

V Heilige Jungfrau Maria, du wurdest aus königlichem Geschlecht geboren zur Freude der ganzen Welt.
A Durch dich ist aufgegangen die Sonne der Gerechtigkeit, / Christus, unser Gott.

(783) V Du bist die neue Eva, die Mutter des Lebens.
A Du bist gesegnet unter den Frauen.
V Du bist wie Sara die Stammutter eines neuen Volkes.
A Selig bist du, weil du geglaubt hast.
V Du hast wie Hanna deinen Sohn für den Dienst Gottes geboren.
A Gesegnet ist die Frucht deines Leibes. —

V Die Völker singen dein Lob, du Königin des Himmels:

(r) Höre, Tochter, sieh her und neige dein Ohr, *
vergiß dein Volk und dein Vaterhaus!
(l) Der König verlangt nach deiner Schönheit; *
er ist ja dein Herr, verneig dich vor ihm.
(r) Die Töchter von Tyrus kommen mit Gaben, *
deine Gunst begehren die Edlen des Volkes.
(l) Die Königstochter ist herrlich geschmückt, *
ihr Gewand ist durchwirkt mit Gold und Perlen.
(r) Man geleitet sie in buntgestickten Kleidern zum König, /
Jungfrauen sind ihr Gefolge, *
ihre Freundinnen führt man zu dir.
A Man geleitet sie mit Freude und Jubel, *
sie ziehen ein in den Palast des Königs.

V Königin des neuen Gottesvolkes, du trittst für dein Volk ein wie Ester.
A Bitte für uns.
V Wie Judit bringst du Rettung in der Not.
A Bitte für uns.
V Du bist treu wie Rut, die Stammutter des Hauses David.
A Bitte für uns.

V Lasset uns beten. — Gott, du hast die Mutter deines Sohnes auch uns zur Mutter gegeben. Wir ehren sie als unsere Königin und bitten dich im Vertrauen auf ihre Fürsprache: laß uns im himmlischen Reich teilhaben an der Herrlichkeit deiner Erwählten. Durch Christus, unsern Herrn.
A Amen.

OHNE ERBSÜNDE EMPFANGEN (783) 2

V Gott liebt die Menschen und wartet auf ihre Gegenliebe. Sie aber haben diese Antwort verweigert, und so ist die Sünde in die Welt gekommen.
A Wir alle haben gesündigt / und die Herrlichkeit Gottes verloren.
V Weil Adam Gottes Gebot übertreten hat, sind wir alle verurteilt. Weil der Mensch Gott dem Herrn nicht gehorcht, sind wir alle Sünder. Doch Gottes Liebe wird dadurch nicht gemindert und nicht eingeschränkt.
L In Christus sind wir alle erwählt vor Erschaffung der Welt, daß wir heilig und untadelig vor Gott leben. Gott hat uns aus Liebe im voraus dazu bestimmt, durch Jesus Christus seine Söhne zu werden und nach seinem gnädigen Willen zu ihm zu gelangen, zum Lob seiner göttlichen Gnade. Christus hat die Kirche geliebt und sich für sie hingegeben, um sie im Wasser und durch das Wort rein und heilig zu machen. So will er die Kirche in ihrer ganzen Herrlichkeit vor sich erscheinen lassen, ohne Flecken, Falten oder andere Fehler. Heilig soll sie sein und makellos.
(Eph 1,4; 5,25–27)
A Gepriesen sei Gott, der Vater unseres Herrn Jesus Christus. / Er hat uns mit allem Segen seines Geistes gesegnet.   STILLE

V Mehr als alle andern hat Maria Gnade gefunden vor Gott. Im Blick auf das Opfer seines Sohnes hat er Maria vom ersten Augenblick ihres Daseins an vor der Sünde bewahrt und sie in ihrem ganzen Leben in Liebe und Gnade geführt. Maria ist das Urbild der Kirche, als erste erwählt, die Braut des Herrn ohne Falten und Fehler. Dafür danken wir von Herzen:
A Gesegnet bist du, Maria, von Gott dem Allerhöchsten / mehr als alle anderen Frauen auf der Erde. / Gepriesen sei der Herr, unser Gott, / der dich vor der Sünde bewahrt hat.
V Heilige Maria, mit Recht hat der Engel dich gegrüßt: „Du bist voll der Gnade, der Herr ist mit dir." Christus hat dein Leben erleuchtet. Wie die Morgenröte ihr Licht

(783) von der Sonne hat und ihr voraufgeht, so gehst du Christus voraus, der Sonne der Gerechtigkeit, und leuchtest in seinem Licht. Aus dir ist die Sonne aufgegangen, die alle Dunkelheit vertreibt und denen leuchtet, die im Todesschatten leben. Christus hat dich gehalten und geführt und dich bewahrt alle Stunden deines Lebens. In seiner Kraft hast du das Böse besiegt und der Schlange den Kopf zertreten.
A Heilige Maria, Mutter Gottes, / bitte für uns Sünder, jetzt und in der Stunde unseres Todes. Amen.

3 JUNGFRAU

V Mit dem Engel grüßen wir dich, Jungfrau Maria, voll der Gnade. Gott hat dich gerufen, die Mutter seines Sohnes zu werden. Du hast ihm geantwortet mit ganzer Hingabe:
A Ich bin die Magd des Herrn; / mir geschehe, was du gesagt hast.

L Mit der Geburt Jesu Christi war es so: Maria, seine Mutter, war mit Josef verlobt; noch bevor sie in der Ehe zusammenlebten, zeigte sich, daß sie ein Kind erwartete – durch das Wirken des heiligen Geistes. Dies ist geschehen, damit sich erfüllte, was der Herr durch den Propheten gesagt hat: Seht, die Jungfrau wird ein Kind bekommen, einen Sohn wird sie gebären, und man wird ihn Immanuel nennen, das heißt übersetzt: Gott ist mit uns. (Mt 1,18.22–23)

V Gegrüßet seist du, Maria, du Begnadete.
A Gottes Heiliger Geist ist über dich gekommen, / und die Kraft des Höchsten hat dich überschattet.

L Maria war ganz offen für den Anruf Gottes. Sie stellte sich Gott zur Verfügung. Ihm allein gehört ihr Leben. Mit Recht wird sie Jungfrau in Ewigkeit, „Braut des Heiligen Geistes" genannt.

V Anmut ist ausgegossen über deine Lippen.
A Darum hat Gott dich für immer gesegnet.
V Über dir ist ausgegossen der Geist von oben.
A Die Steppe wird zum fruchtbaren Garten.

V Die Himmel tauen von oben, die Wolken regnen den (783)
Gerechten herab.
A Die Erde tut sich auf und bringt den Heiland hervor.

L Maria hat sich Gott zur Verfügung gestellt. Christus hat in ihr Gestalt angenommen. Der Mensch, der sich Gott überläßt, wird Gottes Partner. Er ist geborgen in seiner Liebe. Christus wird Gestalt annehmen durch ihn.

V Heilige Jungfrau Maria, wir preisen dich. Du hast Gott den Herrn geliebt von ganzem Herzen und ganzer Seele, mit deinem ganzen Denken und all deiner Kraft.
A Maria hat den besten Teil erwählt; / der soll ihr nicht genommen werden.
V Die Liebe Gottes ist ausgegossen in unsere Herzen durch den Heiligen Geist, der uns gegeben ist.
A Wer in der Liebe bleibt, der bleibt in Gott, / und Gott bleibt in ihm.

V Lasset uns beten. — Herr und Gott, du hast uns in der Jungfrau Maria ein Urbild liebender Hingabe geschenkt. Gib auch uns die Bereitschaft, dir unser Herz zu öffnen. Sende uns den Heiligen Geist, daß er das Feuer der Liebe in uns entzünde. Durch Christus, unsern Herrn. A Amen.

MUTTER GOTTES 4

L Der Engel sprach zu Maria: Fürchte dich nicht, Maria; denn du hast vor Gott Gnade gefunden. Du wirst ein Kind bekommen, einen Sohn wirst du gebären, dem sollst du den Namen Jesus geben. (Lk 1,30–31)

V Wir hören die Botschaft des Engels und grüßen dich voll Freude:
A Gegrüßet seist du, Maria, / Mutter Gottes, voll der Gnade; / der Herr ist mit dir. —

L Als Elisabet den Gruß Marias hörte, bewegte sich das Kind in ihrem Leib. Da wurde Elisabet vom heiligen Geist erfüllt und rief mit lauter Stimme: Gesegnet bist du vor allen Frauen, und gesegnet ist die Frucht deines Leibes.
(Lk 1,41)

(783) V Auch wir rufen voll Freude im Heiligen Geist:
A Gesegnet bist du unter den Frauen, / und gesegnet ist Jesus, das Kind, das du geboren hast. —

L Als Maria und Josef in Betlehem waren, kam für Maria die Stunde der Niederkunft, und sie gebar ihren Sohn, den Erstgeborenen, wickelte ihn in Windeln und legte ihn in eine Krippe. (Lk 2,6.7)

V Über Jesu Geburt freuen sich die Engel. Laßt uns einstimmen in ihren Lobgesang:
A Verherrlicht ist Gott in der Höhe, / und Friede ist auf der Erde bei den Menschen, die Gott liebt. —

L Sein Vater und seine Mutter staunten über die Worte, die über Jesus gesagt wurden. Und Simeon segnete sie und sagte zu Maria, der Mutter Jesu: Dieser ist dazu bestimmt, daß viele in Israel durch ihn zu Fall kommen und viele aufgerichtet werden. (Lk 2,33—34)

V Maria, wir danken dir, daß du bereit warst, die Mutter Jesu zu werden, und voll Freude bekennen wir wie Simeon:
A Unsere Augen haben das Heil gesehen, / das der Herr vor allen Völkern bereitet hat. —

L Bei dem Kreuz Jesu standen seine Mutter und die Schwester seiner Mutter, Maria, die Frau des Klopas, und Maria von Magdala. Als Jesus seine Mutter sah, und bei ihr den Jünger, den er liebte, sagte er zu seiner Mutter: Frau, dies ist dein Sohn. Dann sagte er zu dem Jünger: Dies ist deine Mutter. (Joh 19,25—27)

V Maria, Mutter Gottes, mit Johannes hat Jesus am Kreuz uns alle deiner Mutterliebe anvertraut. Wir grüßen dich, unsere Mutter, voll Freude und Hingabe:
A O meine Gebieterin, o meine Mutter. / Dir bringe ich mich ganz dar, / und um dir meine Hingabe zu bezeigen, / weihe ich dir heute meine Augen, meine Ohren, meinen Mund, / mein Herz, mich selber ganz und gar. / Weil ich also dir gehöre, o gute Mutter, / bewahre mich, beschütze mich als dein Gut und Eigentum. —

V Herr, himmlischer Vater, aus allen Menschen hast du (783)
Maria zur Mutter deines Sohnes erwählt und hast uns
unter ihren mütterlichen Schutz gestellt. Wir preisen deine
Weisheit und Güte und bitten dich: erhöre das Gebet, das
Maria an dich richtet, durch Christus, unsern Herrn.
A Amen.

SCHWESTER DER MENSCHEN 5

V Königin des Himmels, du bist von Gott so hoch erhoben
wie kein anderer Mensch, außer deinem Sohn Jesus. In
den Himmel aufgenommen, bist du doch Schwester der
Menschen geblieben. Du weißt, was wir brauchen, und
bittest Christus um alles, was uns nottut. In jeder Not
können wir voll Vertrauen zu dir kommen, unserer Fürsprecherin, Helferin und Mittlerin. Darum rufen wir zu dir:
Du Auserwählte Gottes,
A bitte für uns.

V Du von den Menschen Verehrte
Du Schwester aller, die an Christus glauben
Du Schwester aller, die auf Christus bauen
Du Schwester aller, die sein Wort bewahren
Du Schwester aller, die ihn verlieren
Du Schwester aller, die ihn suchen
Du Schwester aller, die ihn nicht mehr verstehen
Du Schwester aller, die ihm dennoch folgen
Du Schwester aller, die ihn bitten
Du Schwester aller, die tun, was er ihnen sagt
Du Schwester aller, die dem unbegreiflichen Gott dienen
Du Schwester aller, die unter dem Kreuz aushalten
Du Schwester aller, die sich dem Willen des Vaters öffnen
Du Schwester aller, die wider alle Hoffnung hoffen
Du Schwester aller, die mit Christus sterben
Du Schwester aller, die mit Christus auferstehn

V Heilige Maria, Mutter Gottes,
A bitte für uns Sünder, jetzt und in der Stunde unseres
Todes. Amen.

(783) SCHMERZHAFTE MUTTER

6

V Heilige Maria, Mutter der Schmerzen, wir wenden uns zu dir in der Not dieser Welt. Wir betrachten das Leid, das du als Mutter Jesu getragen hast. Hilf mit deiner Fürbitte allen, die sich selbst nicht helfen können.

L Du hörtest die Weissagung des greisen Simeon: Dieser ist dazu bestimmt, daß viele in Israel durch ihn zu Fall kommen und viele durch ihn aufgerichtet werden; er wird ein Zeichen sein, dem widersprochen wird. Dadurch sollen die Gedanken vieler Menschen offenbar werden. Dir selbst wird ein Schwert durch die Seele dringen. (Lk 2,34–35)

V Wer Christus nahesteht, hat teil an seinem Schicksal. Er soll sein Kreuz auf sich nehmen und ihm folgen.
A Maria, bitte für alle, / die um ihres Glaubens willen verfolgt werden.
V Du Königin der Märtyrer,
A bitte für uns. —

L Gleich nach der Geburt deines Sohnes mußtet ihr das Schicksal der Flüchtlinge teilen: Als die Weisen wieder gegangen waren, erschien dem Josef im Traum ein Engel des Herrn und sagte: Steh auf, nimm das Kind und seine Mutter und flieh nach Ägypten; denn Herodes wird das Kind suchen, um es zu töten. (Mt 2,13)

V Niemals gab es in der Welt so viele Flüchtlinge wie in unsrer Zeit, niemals so viel Entfremdung.
A Maria, steh den Heimatlosen bei; / bitte für die Einsamen.
V Du Mutter der Bedrängten,
A bitte für uns. —

L Mit Josef suchtest du den zwölfjährigen Jesus: Als seine Eltern ihn sahen, gerieten sie außer sich, und seine Mutter sagte zu ihm: Kind, warum hast du uns das getan? Dein Vater und ich suchen dich voller Angst. (Lk 2,48)

V Viele Menschen haben einander verloren. Viele haben **(783)**
Gott verloren und wissen nicht, wo sie ihn suchen sollen.
A Maria, hilf, daß die Menschen deinen Sohn finden.
V Du Vorbild der Glaubenden,
A bitte für uns. —

L Die Überlieferung der Christenheit sieht dich am Kreuzweg stehen: Ihr alle, die ihr des Weges zieht, schaut doch und seht, ob ein Schmerz ist wie mein Schmerz. (Klgl 1,12)

V Wir sind in Gefahr, daß wir vor dem Leid der Welt gleichgültig werden, weil wir zu viele Not sehen. Aber in jedem Leiden will uns Christus begegnen.
A Maria, hilf, daß uns die Not der Menschen zu Herzen geht.
V Du Trösterin der Betrübten,
A bitte für uns. —

L Du mußtest sehen, wie dein Sohn am Kreuz starb: Bei dem Kreuz Jesu standen seine Mutter und die Schwester seiner Mutter, Maria, die Frau des Klopas, und Maria von Magdala. (Joh 19,25)

V Durch den Tod Jesu kam das Leben Gottes in die Welt. Sein Leiden wirkte das Heil der Menschen.
A Maria, bitte für die Menschheit, / daß Schuld und Leid sich in Heil verwandeln.
V Du Mutter des Erlösers,
A bitte für uns. —

L Dein toter Sohn liegt nach der Abnahme vom Kreuz in deinem Schoß: Womit kann ich dich vergleichen, wie dich trösten, Jungfrau, Tochter Zion? Dein Schmerz ist groß wie das Meer. (Klgl 2,13)

V Viele Menschen fanden schon Trost vor dem Bild der schmerzhaften Mutter.
A Maria, hilf allen, die vor deinem Bild beten.
V Du Mutter der Barmherzigkeit,
A bitte für uns. —

(783) L Du warst dabei, als Josef von Arimatäa den Leichnam Jesu in einem Felsengrab bestattete: Die Frauen, die mit Jesus aus Galiläa gekommen waren, gaben ihm das Geleit und sahen zu, wie der Leichnam in das Grab gelegt wurde.
(Lk 23,55)

V In der Not des Todes braucht der Mensch Hilfe, der Sterbende und jeder, den der Tod des andern trifft.
A Maria, bitte für die Verstorbenen / und für die Hinterbliebenen.
V Du Hoffnung der Sterbenden,
A bitte für uns.

7 AUFGENOMMEN IN DEN HIMMEL

L Maria ist aufgenommen in den Himmel. Die Vollendung der Welt und des Menschen ist in ihr schon Wirklichkeit:
Ein großes Zeichen erschien am Himmel: Eine Frau, umgeben von der Sonne, den Mond unter ihren Füßen und ein Kranz von zwölf Sternen auf ihrem Haupt. Und sie gebar ein Kind, einen Sohn, der über alle Völker herrschen soll mit eisernem Zepter. Und gestürzt wurde der große Drache, die alte Schlange, die Teufel und Satan heißt und die den ganzen Erdkreis verführt. Dann hörte ich eine laute Stimme im Himmel rufen: Jetzt ist gekommen die Rettung und die Macht und die Herrschaft unseres Gottes und die Vollmacht seines Gesalbten. — (Offb 12,1.5.9–10)

V Großes wird von dir gesagt, Maria.
A Der Herr hat dich erhöht in seine Herrlichkeit / über die Chöre der Engel.
V Der Herr hat auf seine niedrige Magd geschaut
A und hat sie mit Herrlichkeit gekrönt.
V Das Lamm hat den Tod besiegt
A und die Tür zum Leben aufgetan.
V Barmherziger Gott, du kennst unsere Schwachheit und Not. Du hast der seligen Jungfrau Maria Anteil gegeben am Sieg deines Sohnes. Nimm von uns die Last der Sünde, befreie uns vom Bösen und laß uns in frohem Vertrauen

so leben, daß wir unser Ziel erreichen. Durch Christus, **(783)**
unsern Herrn.   A Amen.

L Auch Maria stand unter dem Gesetz des Todes: Durch
einen einzigen Menschen kam die Sünde in die Welt und
durch die Sünde der Tod, und auf diese Weise gelangte
der Tod zu allen Menschen, weil alle sündigten. Wo jedoch
die Sünde mächtig wurde, da ist die Gnade übergroß geworden. Denn wie die Sünde herrschte und zum Tod führte,
so soll auch die Gnade herrschen und durch Gerechtigkeit
zum ewigen Leben führen, durch Jesus Christus, unsern
Herrn. —
(Röm 5,12.20—21)

V Denn wie in Adam alle sterben, so werden in Christus
einst alle lebendig gemacht.
A Gott sei Dank, weil er uns den Sieg geschenkt hat /
durch unsern Herrn Jesus Christus.
V Gütiger Gott, du hast uns erlöst durch den Tod und die
Auferstehung deines Sohnes. In besonderer Weise hast du
dich der seligen Jungfrau Maria angenommen und ihren
Leib, der den Urheber des Lebens geboren hat, nicht die
Verwesung schauen lassen. Wir bitten dich: nimm auch uns
nach dem Sterben in die himmlische Herrlichkeit auf. Durch
Christus, unsern Herrn.   A Amen.

L Der Apostel bittet für uns, daß wir unsere Berufung
zur Vollendung in Herrlichkeit besser erkennen:
Gott erleuchte die Augen eures Herzens, damit ihr versteht,
zu welcher Hoffnung ihr durch ihn berufen seid, welchen
Reichtum die Herrlichkeit seines Erbes den Heiligen schenkt
und wie überragend groß sich seine Macht an uns, den
Gläubigen, erweist durch das Wirken seiner Kraft und Stärke. Er hat sie an Christus erwiesen, den er von den Toten
erweckt und im Himmel auf den Platz zu seiner Rechten
erhoben hat. In seiner großen Liebe hat Gott uns, die wir
durch unsere Sünden tot waren, zusammen mit Christus
wieder lebendig gemacht. Er hat uns mit Christus auferweckt und uns mit ihm einen Platz im Himmel gegeben.
(Eph 1,18—20; 2.,4—6)

(783) V Die selige Jungfrau Maria ist in den Himmel erhoben.
A Als erste empfing sie die Vollendung, / die der ganzen Kirche verheißen ist.
V Gekommen ist die Rettung und die Macht und die Herrschaft unseres Gottes.
A Denn der letzte Feind, der Tod, ist vernichtet.

V Allmächtiger ewiger Gott, du hast die allerseligste Jungfrau Maria vor der Sünde bewahrt und sie mit Leib und Seele in die Herrlichkeit des Himmels erhoben. Laß uns dieses Zeichen des Trostes und der Hoffnung stets vor Augen haben. Laß uns immer auf dem Weg bleiben, der zu deiner Herrlichkeit führt. Durch Christus, unsern Herrn.
A Amen.

8 MUTTER DER GLAUBENDEN

V In den heiligen Schriften begegnen uns immer wieder Zeugen des Glaubens. Auf das Wort des Herrn hin ließen sie ihre eigenen Pläne fallen wie Mose, verließen Haus, Heimat und Vaterland wie Abraham, stellten sich seiner Botschaft zur Verfügung wie die Propheten.
Auch Maria glaubte dem Wort Gottes. Sie ließ Gottes Unbegreiflichkeit an sich geschehen und folgte dem Weg ihres Sohnes bis zum Kreuz. Maria ist unter den Glaubenszeugen die größte. Wir nennen sie Mutter der Glaubenden.   STILLE

L Elisabet wurde vom Heiligen Geist erfüllt und rief mit lauter Stimme: Gesegnet bist du vor allen Frauen, und gesegnet ist die Frucht deines Leibes – Selig bist du, weil du geglaubt hast, daß sich erfüllt, was der Herr dir sagen ließ. —   (Lk 1,41b–42.45)
V Heilige Maria, Mutter Gottes, mit Elisabet rufen wir dir zu: Selig bist du, weil du geglaubt hast.
A Selig bist du, weil du geglaubt hast.
V Als der Engel dir die Botschaft brachte, hast du mit bereitem Herzen geantwortet: Ich bin die Magd des Herrn; mir geschehe nach deinem Wort.
A Selig bist du, weil du geglaubt hast.

V Als die Hirten von der Krippe geschieden waren, hast (783)
du alles bedacht, was sie von der Botschaft der Engel erzählten, und es in deinem Herzen bewahrt.
A Selig bist du, weil du geglaubt hast.
V In gläubigem Gehorsam hast du die Mühsal der Flucht nach Ägypten auf dich genommen.
A Selig bist du, weil du geglaubt hast.
V Die Jünger haben den Herrn in der Nacht des Leidens verlassen. Allein Johannes stand mit dir und den Frauen unter dem Kreuz.
A Selig bist du, weil du geglaubt hast.
V Nach der Auferstehung und Himmelfahrt des Herrn hast du mit den Aposteln im Gebet verharrt, bis der Geist Gottes der Kirche geschenkt wurde.
A Selig bist du, weil du geglaubt hast.

V Lasset uns beten. – Gott, unser Vater, wir danken dir für alle Menschen, die durch das Zeugnis ihres Glaubens unsern Glauben begründet haben und stärken. Wir danken dir vor allem für Maria, die Mutter aller Glaubenden. Wir bitten dich: auf ihre Fürsprache festige und erhalte in uns den Glauben an deine Weisheit und Güte durch Jesus Christus im Heiligen Geist. A Amen.

URBILD DER KIRCHE 9

V Maria ist in ihrem ganzen Sein und Leben verwachsen mit der Geschichte des Heils, das in Jesus Christus der Welt bereitet ist. An ihr wird das Werk der Erlösung sichtbar.
A Du bist gesegnet unter den Frauen, / und gesegnet ist die Frucht deines Leibes.
V Wenn wir Marias geheimnisvolle Heiligkeit betrachten, dann erkennen wir in ihr auch das Geheimnis der Kirche. Wie in einem Bild sehen wir die verborgene Wahrheit über die Kirche.
A Ein großes Zeichen erschien am Himmel: / eine Frau, umgeben von der Sonne, / den Mond unter ihren Füßen, / auf ihrem Haupt ein Kranz von zwölf Sternen.

(783) V Mit Recht wird die Kirche Mutter und Jungfrau genannt; Maria ist in hervorragender Weise das Urbild sowohl der Jungfrau wie der Mutter.
A Siehe, ich bin die Magd des Herrn; / mir geschehe nach deinem Wort.
V Wie Maria wird auch die Kirche Mutter durch die gläubige Annahme des Wortes. Durch Predigt und Taufe gebiert sie die vom Heiligen Geist empfangenen und aus Gott geborenen Kinder zu neuem, unsterblichem Leben.
A Der Heilige Geist wird über dich kommen / und die Kraft des Höchsten dich überschatten.
V Wie Maria ist die Kirche auch Jungfrau, da sie die Treue zu ihrem Bräutigam unversehrt und rein bewahrt in ungebrochenem Glauben, fester Hoffnung und aufrichtiger Liebe.
A Selig sind, die das Wort Gottes hören und es befolgen.
V Was die Kirche in ihrer Erwählung ist, hat nur Maria ganz gelebt. Für die übrigen Glieder der Kirche bleibt es eine Aufgabe, die sie erfüllen sollen.
A Vater im Himmel, wir danken dir, / daß du uns in Maria ein Vorbild gegeben hast, / wie wir als Kirche leben sollen. STILLE

V Heilige Maria, du bist die Mutter unseres Herrn und Bruders Jesus Christus.
A Du bist auch unsere Mutter / und Urbild der mütterlichen Kirche.
V In dir ist all das verwirklicht, was der Herr uns verheißen hat.
A Du vollkommenes Urbild unseres Lebens in Christus, / bitte für uns.
V Dich hat der Herr von Anbeginn vor aller Schuld bewahrt.
A Uns hat er in der Taufe / die verlorene Unschuld wieder geschenkt.
V Gabriel nennt dich Begnadete; denn du bist voll der Gnade.
A Auch uns hat der Herr aus Gnade zum Heil berufen.

V Dich hat Gott unvergleichbar hoch erhoben und gekrönt. **(783)**
A Uns hat er zu einer königlichen Priesterschaft gemacht.
V Du bist die strahlende Morgenröte der Erlösung.
A Wir sollen das Licht der Welt sein.
V Elisabet preist dich selig, weil du geglaubt hast.
A Bitte für uns, daß unser Glaube stark wird.
V Voll Hoffnung hast du mit den Jüngern im Gebet verharrt.
A Bitte für uns, daß unsre Hoffnung fester wird.
V Du warst allezeit erfüllt von Liebe zu Gott.
A Bitte für uns, daß unsere Liebe wächst.
V Du warst erfüllt von mütterlicher Liebe.
A Hilf, daß wir mitwirken an der Wiedergeburt der Menschen in Christus.

V Herr, unser Gott, du hast der Welt Maria als Bild des erlösten Menschen vor Augen gestellt. Wir bitten dich: mach uns, deine Kirche, diesem Bild immer ähnlicher und nimm uns auf in deine Herrlichkeit. Durch Christus, unsern Herrn. A Amen.

784 Andacht von den Engeln und Heiligen

1

AN GOTTES THRON

L Dann sah ich eine große Schar aus allen Nationen und Stämmen, Völkern und Sprachen; niemand konnte sie zählen. Sie standen in weißen Gewändern vor dem Thron und vor dem Lamm und trugen Palmzweige in ihren Händen. Sie riefen mit lauter Stimme:
A Die Rettung kommt von unserm Gott, der auf dem Thron sitzt, / und von dem Lamm.
L Und alle Engel standen rings um den Thron, um die Ältesten und die vier Wesen. Sie fielen vor dem Thron auf ihr Angesicht nieder, beteten Gott an und sprachen:
A Amen, Lobpreis und Herrlichkeit, Weisheit und Dank, / Ehre und Macht und Stärke unserm Gott in Ewigkeit. Amen.
L Das sind jene, die aus der großen Drangsal kommen; sie haben ihre Kleider gewaschen und im Blut des Lammes weiß gemacht. Deshalb stehen sie vor dem Thron Gottes und dienen ihm Tag und Nacht.
A Sie haben den Ankläger unserer Brüder besiegt / durch das Blut des Lammes und durch das Wort ihres Zeugnisses.
L Sie werden nicht mehr hungern und nicht mehr dürsten; denn das Lamm in der Mitte vor dem Thron wird sie weiden und zu den Quellwassern des Lebens führen, und Gott wird jede Träne aus ihren Augen wischen.
A Die Herrschaft über die Welt hat unser Herr und sein Gesalbter; / und er wird herrschen in alle Ewigkeit   STILLE

V Gottes Gnade hat die Heiligen zur Vollendung geführt.
A Ihr Freunde Gottes, bittet für uns bei Gott.
V Sie sind Vorbilder für uns, wie wir aus dem Glauben leben können.
A Ihr Jünger Jesu, bittet für uns um die Kraft, ihm nachzufolgen.
V Sie sind unsere Fürsprecher vor dem Angesicht Gottes.
A Ihr Heiligen Gottes, bittet für uns, / daß er uns vor allem Unheil bewahre.

V Wir zählen mit ihnen zur Gemeinschaft der Heiligen.
A Ihr unsere Brüder und Schwestern, bittet für uns.

HEILIGE ENGEL **2**

V Lobt den Herrn, ihr seine Engel.
A Lobt den Herrn, all seine Scharen.

L Im Todesjahr des Königs Usija sah ich den Herrn. Er saß auf einem hohen und erhabenen Thron. Die Schleppe seines Gewandes füllte den Tempel. Serafim schwebten über ihm. Sie riefen einander zu:
A Heilig, heilig, heilig ist der Herr der Heere. / Die ganze Erde ist erfüllt von seiner Herrlichkeit. —
L Und plötzlich war bei dem Engel eine große himmlische Schar; sie lobte Gott und sprach:
A Ehre sei Gott in der Höhe / und Friede auf Erden den Menschen seiner Gnade. —

V Allmächtiger Gott, du hast die Engel geschaffen, und sie singen dein Lob. Laß in unserm Mund den Lobpreis nicht verstummen, den wir dir zusammen mit den Engeln und Heiligen darbringen. Durch Christus, unsern Herrn.
A Amen.

V Ihr heiligen Engel, A bittet für uns.
      Dem Schöpfer Gott sei Dank gebracht,
      daß er zum Lobe seiner Macht
      das Engelheer erschaffen hat
      und sie uns schickt zu Hilf und Rat.

V Lobt den Herrn, ihr seine Engel. **3**
A Lobt den Herrn, all seine Boten.

L Da trat der Engel des Herrn zu ihnen, und der Glanz des Herrn umstrahlte sie; und es befiel sie große Furcht. Der Engel aber sprach zu ihnen:
A Fürchtet euch nicht, denn ich verkünde euch große Freude: / Heute ist euch der Retter geboren; / er ist der Christus, der Herr. —

(784) L Während die Apostel unverwandt Jesus nach zum Himmel schauten, standen plötzlich zwei Männer in weißen Gewändern bei ihnen und sagten:
A Ihr Männer von Galiläa, / was steht ihr da und schaut zum Himmel? / Dieser Jesus, der von euch weg in den Himmel aufgenommen wurde, / wird ebenso wiederkommen, / wie ihr ihn habt hingehen sehen zum Himmel. —

V Gott der Scharen, du hast deine Engel als Boten zu den Menschen gesandt. Laß uns ihrer Botschaft glauben und sie weitertragen in alle Welt. Durch Christus, unsern Herrn.
A Amen.
V Heiliger Gabriel, A bitte für uns.

> Sankt Gabriel, dein Himmelsbot,
> sei unser Trost in jeder Not,
> wenn die Verwirrung uns umweht,
> daß uns dein Wort nicht untergeht.

4 V Lobt den Herrn, ihr seine Engel,
A seine Diener, die ihr seinen Willen vollzieht.

L Tobias suchte einen Reisegefährten. Und er fand Rafael, einen Engel. Aber er wußte es nicht. Er fragte ihn: Kann ich mit dir nach Medien reisen? Kennst du den Weg? Der Engel entgegnete ihm: Ich gehe mit dir, und ich kenne auch den Weg.
A Dir begegnet kein Unheil; / denn er befiehlt seinen Engeln, dich zu behüten / auf all deinen Wegen. —
L Wer einen von diesen Kleinen, die an mich glauben, zum Bösen verleitet, für den wäre es besser, wenn man ihn mit einem Mühlstein um den Hals im tiefen Meer versenken würde. Hütet euch davor, einen von diesen Kleinen zu verachten! Denn ich sage euch: Ihre Engel im Himmel sehen stets das Angesicht meines himmlischen Vaters.
A Sie tragen dich auf ihren Händen, / damit dein Fuß nicht an einen Stein stößt. —

V Barmherziger Gott, du sendest deine Engel, daß sie uns geleiten auf den Weg des Heils. Laß nicht zu, daß die

Macht des Bösen überhandnimmt, und hilf uns, füreinander **(784)**
besorgt zu sein. Durch Christus, unsern Herrn. A Amen.
V Heiliger Rafael, A bitte für uns.
V Ihr heiligen Schutzengel, A bittet für uns.

> Sankt Rafael, dein Wegbegleit,
> sei unser Rat zu jeder Zeit,
> bis in der Welt es Abend wird,
> daß unser Weg sich nicht verirrt.

V Lobt den Herrn, ihr seine Engel, 5
A ihr starken Helden, die seine Befehle vollstrecken.

L Es entstand ein Kampf im Himmel; Michael und seine Engel erhoben sich, um mit dem Drachen zu kämpfen. Und gestürzt wurde der große Drache, die alte Schlange, die Teufel und Satan heißt und den ganzen Erdkreis verführt.
A Jetzt ist gekommen die Rettung / und die Macht und die Herrschaft unseres Gottes / und die Vollmacht seines Gesalbten. / Darum jubelt, ihr Himmel, und alle, die in ihm wohnen. —
L In jener Zeit tritt Michael auf, der große Fürst, der für die Söhne deines Volkes einsteht. Dann kommt eine Zeit der Drangsal. Doch dein Volk wird gerettet, jeder, der im Buch verzeichnet ist.
A Der Menschensohn wird mit seinen Engeln in der Hoheit des Vaters kommen / und jedem Menschen geben, was er für seine Taten verdient.

V Schöpfer der Welt, die Engel vollziehen deine Befehle im Gehorsam gegen dich. Hilf uns, daß wir in Treue deinen Willen tun, und nimm uns als deine Knechte auf in die ewige Herrlichkeit. Durch Christus, unsern Herrn. A Amen.
V Heiliger Michael, A bitte für uns.

> Sankt Michael, dein treuer Held,
> begleite uns im Kampf der Welt,
> wenn unser Geist dir widerstrebt,
> daß unser Herz dem Guten lebt.

T: Georg Thurmair 1940; M: Nr. 605

(784) JOSEF

6 Nährvater Jesu

L Josef, der Mann Mariens, war gerecht. Ein Engel des Herrn erschien ihm im Traum und sagte: Josef, Sohn Davids, scheue dich nicht, Maria als deine Frau zu dir zu nehmen; denn das Kind, das sie erwartet, ist vom Heiligen Geist. — Als Josef aufwachte, tat er, was der Engel des Herrn ihm befohlen hatte, und nahm seine Frau zu sich.

(Mt 1,19a. 20.24)

V Wir preisen dich, Josef, denn Gott hat dich erwählt zum Pflegevater seines Sohnes.
A Du hast Maria nicht verlassen, sondern zu dir genommen.
V Du bist mit ihr nach Betlehem gereist und warst Zeuge der Geburt des Messias.
A Du hast Jesus und Maria vor der Wut des Herodes in Sicherheit gebracht.
V Du hast nach der Rückkehr in die Heimatstadt für sie gesorgt.
A Jesus war dir untertan; / er hieß des Zimmermanns Sohn.
V Wir preisen dich, Josef; du warst ein gerechter Mann.
A Heiliger Josef, Nährvater Jesu, / bitte für uns.

7 Schirmherr der Kirche

V Heiliger Josef, in unserer Not kommen wir zu dir und bitten voll Vertrauen um deinen Schutz. Du warst in Liebe mit der unbefleckten Gottesmutter verbunden und hast väterlich für Jesus gesorgt. Darum bitten wir dich:
A Sieh auf das Volk, das Jesus Christus mit seinem Blut erworben hat, / und hilf uns mit deinem mächtigen Beistand.
V Du Beschützer der heiligen Familie, wache über das Haus Gottes. Halte fern von uns alle Ansteckung durch Irrtum und Verderbnis.

A Du starker Helfer, / steh uns bei im Kampf mit den **(784)**
Mächten der Finsternis.
V Du hast das Jesuskind aus der Lebensgefahr errettet; so
verteidige jetzt die heilige Kirche Gottes gegen den bösen
Feind und seine Verführung.
A Nimm uns in deinen Schutz, / daß wir nach deinem
Beispiel und mit deiner Hilfe / heilig leben, selig sterben
und das ewige Leben erlangen. Amen.

Vorbild der Arbeiter   8

L Einen Gerechten geleitet die Weisheit auf geraden We-
gen, zeigt ihm das Reich Gottes und enthüllt ihm heilige
Geheimnisse. Sie macht ihn reich bei seiner harten Arbeit
und vermehrt den Ertrag seiner Mühen. —   (Weish 10,10)
V Schöpfer der Welt, du hast zu Adam gesprochen: Im
Schweiß deines Angesichts sollst du dein Brot essen. —
Gib auf die Fürsprache des heiligen Josef,
A daß wir Mühsal und Eintönigkeit der Arbeit ertragen,
V daß alle, die arbeiten, dafür den gerechten Lohn erhalten,
A daß wir gute Arbeit leisten und Freude daran finden,
V daß die Menschen den Erfolg ihrer Arbeit sehen können.
A daß wir bei allem, was wir tun, dem Mitmenschen die-
nen.
V Dann werden wir dich in unserm Leben verherrlichen
wie Josef.
A Du hast uns die Erde anvertraut; / dich preisen wir in
Ewigkeit. Amen.

Patron der Sterbenden   9

V Heiliger Josef, du bist der Patron der Sterbenden. Bitte
für alle, die in dieser Stunde sterben müssen.
A Steh uns bei in der Stunde unseres Todes.
V Begleite mit deiner Fürbitte den aus unserer Mitte, der
zuerst vor Gottes Angesicht treten wird.
A Jesus, Maria, Josef, / steht uns bei im letzten Streit.

785 APOSTEL

1 L Als Jesus die vielen Menschen sah, hatte er Mitleid mit ihnen; denn sie waren müde und erschöpft wie Schafe, die keinen Hirten haben. Da sagte er zu seinen Jüngern: Die Ernte ist groß, aber es gibt nur wenig Arbeiter. Bittet den Herrn der Ernte, Arbeiter für seine Ernte zu schicken. Dann rief er seine zwölf Jünger zu sich und gab ihnen die Macht, unreine Geister auszutreiben und alle Krankheiten und Leiden zu heilen. Die Namen der zwölf Apostel sind: an erster Stelle Simon, genannt Petrus, und sein Bruder Andreas, dann Jakobus, der Sohn des Zebedäus, und sein Bruder Johannes, Philippus und Bartolomäus, Tomas und Mattäus, der Zöllner, Jakobus, der Sohn des Alfäus und Taddäus, Simon Kananäus und Judas Iskariot, der ihn verraten hat. Diese zwölf sandte Jesus aus und trug ihnen auf: Geht und verkündet: Das Himmelreich ist nahe. —

(Mt 9,36—10,5a.7)

V Die Apostel haben den Auftrag Jesu erfüllt. Vom Pfingsttag an verkündeten sie die Botschaft vom Heil. Sie gründeten Gemeinden und setzten Vorsteher ein. So begann die Kirche in vielen Ländern zu leben.
A Ihre Botschaft geht in die ganze Welt hinaus, / ihre Kunde bis zu den Enden der Erde.
V Viele ließen sich taufen, und die Gemeinde Jesu wuchs von Tag zu Tag. Die Apostel legten den Gläubigen die Hände auf, und diese empfingen den Heiligen Geist Sie kamen in den Häusern zusammen und brachen mit ihnen das Brot, wie Jesus es aufgetragen hatte.
A Sie sind Gesandte an Christi Statt, / und Gott ist es, der durch sie mahnt. / Sie bitten an Christi Statt: / laßt euch mit Gott versöhnen.
V Die Apostel blieben miteinander verbunden. Sie führten gemeinsam die eine Kirche Gottes. Zum Ersten in ihrem Kreis erwählte Jesus den Simon, den Sohn des Johannes.
A Du bist Petrus, / und auf diesen Felsen werde ich meine Kirche bauen, / und die Mächte des Todes werden sie nicht überwältigen.

V Lasset uns beten. – Ewiger Gott, du Hirt aller, die an dich glauben: du hast als Nachfolger der Apostel Bischöfe in deinem Volk eingesetzt, daß sie als gute Hirten im Auftrag Christi deine Herde leiten. Gib ihnen die Kraft, ihr Amt als Lehrer des Glaubens, als Spender der Sakramente und Vorsteher der Gemeinde treu zu verwalten. Durch Christus, unsern Herrn. A Amen.
V Ihr heiligen Apostel,
A bittet für uns.

MÄRTYRER 2

V Wir gedenken der Zeugen Christi, die ihr Leben gegeben haben für den Glauben. Sie erduldeten Spott und Schläge, Folter und Kerker. Sie wurden gesteinigt, verbrannt, zersägt, gekreuzigt, mit dem Schwert umgebracht, erschossen. Sie haben der Verheißung des Herrn geglaubt und wurden im Tod zu wahren Jüngern ihres Meisters.

V Heiliger Stephanus, erster Blutzeuge der Kirche,
A bitte für uns.
V Ihr heiligen Apostel,
A bittet für uns.
V Heiliger Laurentius, heiliger Sebastian,
A bittet für uns.
V Heilige Agnes, heilige Cäcilia,
A bittet für uns.
V Heiliger Bonifatius, heiliger Maximilian,
A bittet für uns.
V Heiliger John Fisher, heiliger Thomas Morus,
A bittet für uns.
V Ihr heiligen Blutzeugen von Uganda,
A bittet für uns.
V Heiliger N.,
A bitte für uns.
V Alle heiligen Märtyrer,
A bittet für uns.

(785) L Da uns eine solche Wolke von Zeugen umgibt, wollen auch wir alle Last der Sünde abwerfen und mit Ausdauer in dem Wettkampf laufen, der uns bestimmt ist, im Aufblick zu dem Urheber und Vollender des Glaubens, Jesus, der angesichts der vor ihm liegenden Freude das Kreuz auf sich nahm, ohne auf die Schande zu achten, und sich zur Rechten des Thrones Gottes gesetzt hat. Denkt an den, der von den Sündern solchen Widerstand gegen sich erduldet hat; dann werdet ihr nicht ermatten und den Mut nicht verlieren. (Hebr 12,1–3)

STILLE

V Lasset uns beten. — Allmächtiger, ewiger Gott, du hast den Märtyrern die Kraft gegeben, ihren Glauben an Christus durch ihr Sterben zu bekennen. Wir wissen, daß wir schwach sind, und bitten dich: gib uns die Kraft, deine Wahrheit durch unser Leben zu bezeugen. Durch Christus, unsern Herrn. A Amen.

3 BOTEN DES GLAUBENS

L Wir hören den Bericht über die erste Missionsreise des Apostels Paulus. — In der Gemeinde von Antiochien gab es Propheten und Lehrer: Barnabas und Simeon mit dem Beinamen Niger, Luzius von Zyrene, Manaën, ein Jugendgefährte des Tetrarchen Herodes, und Saulus. Während sie zu Ehren des Herrn Gottesdienst hielten und fasteten, sprach der Heilige Geist: Wählt mir Barnabas und Saulus zu dem Werk aus, zu dem ich sie mir berufen habe! Da fasteten und beteten sie, legten ihnen die Hände auf und ließen sie ziehen. — Vom Heiligen Geist ausgesandt, zogen sie nach Seleuzia hinab und segelten von da nach Zypern. Als sie in Salamis angekommen waren, verkündeten sie das Wort Gottes. —— (Apg 13,1–5)

V Von Anfang an gingen die Boten Jesu in alle Welt und verkündeten die frohe Botschaft.

A Sie künden sein Heil von Tag zu Tag, / erzählen bei den Völkern von seiner Herrlichkeit.

V Viele taten es ihnen gleich in allen Jahrhunderten. Auch (785) wir verdanken unsern Glauben den Boten aus anderen Völkern.
A Sie künden den Menschen Gottes machtvolle Taten / und den herrlichen Glanz seines Königtums.
V Alle Völker hörten die Botschaft, und viele Menschen ließen sich auf ihr Wort hin taufen auf den Namen des Herrn Jesus.
A Die Völker sollen dir danken, o Gott, / danken sollen dir die Völker alle. —

V Wir preisen euch, ihr Boten des Glaubens. Ihr habt nicht Not und Tod gescheut, um die Freude zu den Völkern zu bringen und die Freiheit der Kinder Gottes. Gott hat sich in euch verherrlicht; ihr seid in der Freude eures Herrn. Bittet am Thron Gottes, daß das Werk Jesu weitergeführt wird:
daß viele junge Menschen den Ruf in die Mission vernehmen: heiliger Paulus, A bitte für uns;
V daß in keinem Land der Erde die Botschaft Jesu verstummt: heiliger Franz Xaver, A bitte für uns;
V daß die Kirche bei allen Völkern Wurzel schlägt: heiliger Bonifatius, A bitte für uns;
V daß der Glaube in unsrer Heimat erhalten bleibt: heiliger N., A bitte für uns;
V daß die Völker zusammenkommen zu dem einen Volk Gottes: ihr heiligen Glaubensboten, A bittet für uns.

ORDENSGRÜNDER 4

L Ein Student verließ mit achtzehn Jahren die Stadt Rom, die vom Zerfall geprägt war. Er ging in die Einsamkeit der Berge, um dort als Christ zu leben. Er heißt Benedikt von Nursia.
A Sie haben alles verlassen und sind Jesus nachgefolgt. / Alles, was sie taten, taten sie zur Ehre Gottes. —
L Ein junger Mann aus reichem Bürgerhaus wurde vom Wort der Schrift getroffen. Er gab seinen Reichtum weg und

(785) begann, sein Leben in Armut zu erneuern, um Jesus ähnlich zu werden. Er heißt Franz von Assisi.
A Sie verkauften alles, was sie hatten, / und gaben den Erlös den Armen. / Dann folgten sie Jesus nach. —
V Ein Offizier erkannte die Eitelkeit irdischer Macht und irdischer Reiche. Er verließ den Kriegsdienst und diente fortan dem Reich Gottes. Er heißt Ignatius von Loyola.
A Sie zogen die Rüstung Gottes an / und waren bereit, für das Evangelium vom Frieden zu kämpfen. —

V Diese Männer blieben nicht allein. Sie sammelten Gefährten um sich und bildeten Gemeinschaften, die sich in allen Ländern ausbreiteten. Auch viele andere Männer und Frauen gründeten Genossenschaften, um die volle Nachfolge Jesu zu verwirklichen und in der Kirche einen besonderen Dienst zu leisten: Predigt und Mission, Pflege der Armen und Kranken, Erziehung und Wissenschaft, Gotteslob und Meditation.
A Der Wind weht, wo er will; / du hörst sein Brausen, / weißt aber nicht, woher er kommt und wohin er geht. / So ist es mit jedem, der aus dem Geist geboren ist.
V Auf guten Boden ist der Same bei denen gefallen, die das Wort mit gutem und aufrichtigem Herzen hören, daran festhalten und durch ihre Ausdauer Frucht bringen.
A Herr Jesus Christus, / wir danken dir, daß dein Geist heilige Gemeinschaften in der Kirche erweckt hat. / Hilf, daß sie deiner Gemeinde und der Welt auf vielfache Weise dienen, / und mache sie zum Zeichen des Himmelreiches, das du verkündest. / Bewahre sie in deiner Liebe und Treue / und laß sie Frucht bringen zum Heil der Welt.

5 JUNGFRÄULICHE HEILIGE

Ungeteilte Liebe zu Christus

V Wir nennen Maria Mutter und Jungfrau. Die gleichen Titel geben wir der Kirche. Als Jungfrau ist sie die Braut Christi, ihm in ehelicher Treue verbunden. Der Name

„Kirche" bedeutet: „Die dem Herrn gehört." So ist die Kirche **(785)**
Partnerin seines Wirkens zum Heil der Menschen. Er liebt
sie, und sie soll ihn ebenso lieben.

L Christus hat die Kirche geliebt und sich für sie hingegeben, um sie im Wasser und durch das Wort rein und heilig zu machen. So will er die Kirche in ihrer ganzen Herrlichkeit vor sich erscheinen lassen, ohne Flecken, Falten oder andere Fehler; heilig soll sie sein und makellos.

(Eph 5,25b–27)

V Christus läßt die Menschen teilnehmen an diesem Geheimnis im Sakrament der Ehe.

A Ihr Männer, liebt eure Frauen, / wie Christus die Kirche liebt.

V Vom Pfingsttag an haben Christen versucht, im Verzicht auf die Ehe die ungeteilte Liebe zu verwirklichen, die Christus mit seiner Kirche verbindet.

A Sie sorgen sich um die Sache des Herrn, / um heilig zu sein an Leib und Seele.

V In der Liebe zu Christus gibt es keinen Unterschied zwischen Männern und Frauen, Armen und Reichen, Jungen und Alten.

A Ihr alle gehört Christus, / und Christus gehört Gott.

V Wer jungfräulich lebt, ist vor der Welt ein Zeichen, das auf das Wesen der Kirche hinweist.

A Siehe, ich bin die Magd des Herrn; / mir geschehe nach deinem Wort.

Zeichen der kommenden Welt

V Jungfräulichkeit ist auch ein Zeichen für die kommende Herrlichkeit, in der die ganze erlöste Menschheit beim Herrn ist, in ewiger Liebe verbunden.

A Ich sah die heilige Stadt, das neue Jerusalem. / Sie war bereit wie eine Braut, / die sich für ihren Mann geschmückt hat.

L Und ich sah: Das Lamm stand auf dem Berg Zion, und bei ihm waren hundertvierundvierzigtausend; auf ihrer

(785) Stirn stand sein Name und der Name seines Vaters geschrieben. Und sie singen ein neues Lied vor dem Thron und vor den vier Lebewesen und den Ältesten. Aber niemand konnte das Lied verstehen außer den hundertvierundvierzigtausend, die von der Erde losgekauft sind. Sie sind jungfräulich. Sie folgen dem Lamm nach, wohin es geht.
(Offb 14,1.3.4)

V Gekommen ist die Hochzeit des Lammes,
A und seine Frau hat sich schön gemacht.
V Ihr heiligen Männer und Frauen, die ihr jungfräulich gelebt habt,
A bittet für uns.
V Helft uns, daß wir eure Lebensweise verstehen.
A Euer Beispiel möge junge Menschen zur ungeteilten Hingabe an Gott rufen.
V Bittet für alle, die jetzt in dieser Welt jungfräulich leben, damit sie für die Menschen da sind, wie Jesus, ihr Freund, der Bräutigam der Kirche.
Helft auch den Eheleuten, die aus dem gleichen Geheimnis der Liebe zwischen Christus und seiner Kirche leben.
A Auf eure Fürsprache mache der Herr uns alle zu lebendigen Gliedern seiner Kirche, / die ihm in Treue verbunden sind.
V Selig, wer zum Hochzeitsmahl des Lammes gerufen ist.
A Wir wollen uns freuen und jubeln / und ihm allein die Ehre erweisen. / Amen. Halleluja.

6 HEILIGE DER NÄCHSTENLIEBE (Caritas)

V Wer spärlich sät, wird spärlich ernten. Wer in Fülle sät, wird die Fülle ernten.
A Wer spärlich sät, wird spärlich ernten. / Wer in Fülle sät, wird die Fülle ernten.
V Verachtet nicht den Menschen, der hungert, und verweigert dem Bedürftigen nicht die Gabe. Dann nennt man euch Söhne und Töchter Gottes; er wird euch lieben, mehr als eure Mutter.

A Kommt her, die ihr von meinem Vater gesegnet seid; / **(785)**
nehmt das Reich in Besitz, / das am Anfang der Welt für
euch geschaffen worden ist.

V Ein reiner und makelloser Dienst vor Gott, dem Vater,
besteht darin: für Waisen und Witwen zu sorgen, wenn
sie in Not sind, und sich vor Befleckung durch die Welt
zu bewahren. Denn Barmherzigkeit ist ein Opfer des Lobes,
die Abkehr vom Bösen ein Gottesdienst.

A Was ihr für einen meiner geringsten Brüder getan
habt, / das habt ihr für mich getan.

V Erscheine vor Gott nicht mit leeren Händen, laß deine
Gabe nicht gering sein. Freigebig ehre den Herrn und gib
mit heiterem Antlitz.

A Wer spärlich sät, wird spärlich ernten. / Wer in Fülle
sät, wird die Fülle ernten. —

V Wir preisen Gott in den Heiligen der Nächstenliebe.
Durch ihre Werke ist die Kirche groß. Sie gingen zu den
Armen und Kranken der Gemeinde; sie nahmen die Fremden auf und halfen den Verwundeten. Sie kauften Gefangene los und scheuten vor der Pest nicht zurück. Sie bauten
Krankenhäuser und gründeten Gemeinschaften, um der
Not der Menschen wirksamer zu begegnen. Sie gaben verlassenen Kindern und einsamen alten Menschen Heimat
und lehrten die Unwissenden. In ihnen ist Christus den
Menschen nahe; sie zeigen der Welt die lebendige Kirche.

A Selig der Mensch, der gütig ist und gerne hilft. / Er ist
ein Licht in der Finsternis.

V Lasset uns beten. — Gott, du bist die Liebe. Wir erfüllen
das eine Gebot, wenn wir dich und unsern Nächsten lieben.
Gib, daß wir nach dem Beispiel der Heiligen wachsen in der
Liebe zu dir und den Menschen. Durch Christus, unsern
Herrn. A Amen.

V Heiliger Laurentius, A bitte für uns.
V Heiliger Martin, A bitte für uns.
V Heilige Elisabeth, A bitte für uns.
V Heiliger Vinzenz, A bitte für uns.
V Heiliger Maximilian Kolbe, A bitte für uns.
V Ihr Heiligen der Nächstenliebe, A bittet für uns.

(785) HEILIGE DES ALLTAGS

7 L Alle Glieder der Kirche sind zur Heiligkeit berufen gemäß dem Apostelwort: „Das ist der Wille Gottes, eure Heiligung". Christus sagt: „Seid vollkommen, wie euer Vater im Himmel vollkommen ist". Allen hat er den Heiligen Geist gesandt, daß er sie innerlich bewege, Gott aus ganzem Herzen, aus ganzer Seele, aus ganzem Gemüt und aus ganzer Kraft zu lieben, und einander zu lieben, wie Christus sie geliebt hat. —

V Wir preisen euch, ihr Heiligen des Alltags. Ihr seid in das Buch des Lebens geschrieben, und niemand kennt eure Namen außer Gott.
A Wir preisen euch, ihr heiligen Väter und Mütter,
V ihr früh vollendeten Kinder und jungen Menschen,
A ihr heiligen Bauern und Arbeiter,
V ihr heiligen Lehrer und Forscher,
A ihr Heiligen aus allen Berufen und Ständen.
V Ihr wart über weniges getreu; darum seid ihr in der Freude eures Herrn.
A Den Geringsten der Brüder Jesu habt ihr Gutes getan.
V Ihr habt euer Kreuz auf euch genommen und seid Jesus nachgefolgt.
A Ihr habt anderen den Weg zum Vater gezeigt.
V Ihr habt dem Bösen widerstanden und immer neu begonnen, das Gute zu tun.
A Der Herr hat euch wachend gefunden / im Glauben, in der Hoffnung und in der Liebe.

L So spricht der Apostel: Angesichts des Erbarmens Gottes ermahne ich euch, meine Brüder, euch selbst als lebendiges und heiliges Opfer darzubringen, das Gott gefällt; das ist der wahre, euch angemessene Gottesdienst. Gleicht euch nicht dieser Welt an, sondern wandelt euch und erneuert euer Denken, damit ihr prüfen und erkennen könnt, was der Wille Gottes ist: was ihm gefällt, was gut und vollkommen ist. Auf Grund der Gnade, die mir gegeben ist, sage ich einem jeden von euch: Strebt nicht nach Höherem, als euch zukommt, sondern strebt danach, besonnen zu

sein, jeder nach dem Maß des Glaubens, das Gott ihm zu- **(785)**
geteilt hat. (Röm 12,1–3)

V Jeder kann in dieser Welt heilig werden. Jeder kann die Welt ein Stück verwandeln. Wer seiner Umwelt gleichförmig ist, geht in ihr auf. Er kann nicht mehr auf sie einwirken. Wer nur so hell ist wie seine Umgebung, kann in ihr nicht leuchten. STILLE

L So spricht Jesus: Ihr seid das Salz der Erde. Wenn das Salz seinen Geschmack verliert, womit kann man es wieder salzig machen?
A Ihr seid das Licht der Welt. / So soll euer Licht vor den Menschen leuchten, / damit sie eure guten Werke sehen / und euren Vater im Himmel preisen.

V Lasset uns beten. — Gott, du teilst in deiner Kirche jedem seine Aufgabe zu. Jeder kann dir in seinem Leben auf seine eigene Weise dienen und so zur Vollkommenheit gelangen. Wir gedenken der vielen heiligen Menschen, deren Namen niemand weiß als du, und bitten dich: laß uns nach ihrem Vorbild unsere tägliche Aufgabe in Treue erfüllen, und nimm uns beim Gericht auf in die Schar deiner Auserwählten. Durch Christus, unsern Herrn. A Amen.

786 Von der Kirche

1 GOTTES VOLK, EINS IM HEILIGEN GEIST

L Das zweite Vatikanische Konzil sagt: Gott hat sich das Volk Israel zum Eigentum erwählt, um mit ihm einen Bund zu schließen und es Stufe für Stufe zu unterweisen. Dies tat er, indem er sich und seinen Heilsratschluß in der Geschichte dieses Volkes offenbarte und es für sich selbst heiligte. Dies alles aber wurde zur Vorbereitung und zum Muster jenes neuen und vollkommenen Bundes, der in Christus geschlossen werden sollte. Diesen neuen Bund hat Christus gestiftet. Er hat sich aus Juden und Heiden ein Volk berufen, das nicht dem Fleische nach, sondern im Geist zur Einheit zusammenwachsen und das neue Gottesvolk bilden sollte.

V Wir sind in einem Geist zu einem Leib getauft.
A Wir sind in einem Geist zu einem Leib getauft.
V Ein Leib und ein Geist, wie ihr auch berufen seid zu einer Hoffnung.
A Wir sind in einem Geist zu einem Leib getauft.
V Ein Herr, ein Glaube, eine Taufe, ein Gott und Vater aller.
A Wir sind in einem Geist zu einem Leib getauft.

L Ich bin der Herr, dein Gott. Fürchte dich nicht, denn ich bin mit dir. Vom Osten bringe ich dein Geschlecht herbei, und vom Westen will ich dich sammeln. Ich sage zum Norden: „Gib her!" und zum Süden: „Halte nicht zurück!" Ich führe heim meine Söhne aus der Ferne und meine Töchter von den Enden der Erde, alle, die meinen Namen tragen. — (Jes 43,5–7)
V Wir sagen dir Dank, unser Vater, für das Leben und die Erkenntnis durch Jesus, deinen Knecht. Wie jedes Brot in den Weizenkörnern auf den Feldern zerstreut war und ein einziges Brot geworden ist, so werde deine Kirche von den Enden der Erde zusammengebracht in dein Reich.
A Denn dein ist die Herrlichkeit und die Macht / durch Jesus Christus in Ewigkeit. Amen.

GESANG

L Dieses Volk ist geprägt durch die Würde und Freiheit der Kinder Gottes, in deren Herzen der Heilige Geist wie in einem Tempel wohnt. Sein Gesetz ist das neue Gebot, zu lieben, wie Christus uns geliebt hat. Seine Aufgabe ist es, das Reich Gottes auszubreiten, das Christus auf Erden begründet hat; er wird es vollenden am Ende der Zeiten.

V Dies ist mein Gebot: Liebet einander, wie ich euch geliebt.
A Dies ist mein Gebot: / Liebet einander, wie ich euch geliebt.
V Wie mich der Vater liebt, so liebe ich euch. Bleibt in meiner Liebe.
A Dies ist mein Gebot: / Liebet einander, wie ich euch geliebt.
V Wir schreiten vom Tod zum Leben, wenn wir die Brüder lieben. Wer in der Liebe bleibt, der bleibt in Gott, und Gott bleibt in ihm.
A Dies ist mein Gebot: / Liebet einander, wie ich euch geliebt.

L Ihr seid ein auserwähltes Geschlecht, eine königliche Priesterschaft, ein heiliger Stamm, ein Volk, das sein Eigentum wurde, damit ihr die großen Taten dessen verkündet, der euch aus der Finsternis in sein wunderbares Licht gerufen hat. — (1 Pt 2,9)

V Wir danken dir, Vater, daß du uns in die Kirche gerufen hast, daß wir dein Volk sein dürfen, deine königliche Priesterschaft. Gib, daß die Kirche allezeit dein heiliges Volk bleibt, und führe die Welt zur Vollkommenheit deiner Liebe.
A Denn du bist das Leben und die Liebe. / Dich preisen wir durch Christus im Heiligen Geist. Amen.

GESANG

L So ist denn dieses messianische Volk, obwohl es in Wirklichkeit nicht alle Menschen umfängt und oft als kleine Herde erscheint, für das ganze Menschengeschlecht die unzerstörbare Keimzelle der Einheit, der Hoffnung und des

(786) Heils. Von Christus zur Gemeinschaft des Lebens, der Liebe und der Wahrheit bestellt, wird dieses Volk von ihm auch als Werkzeug der Erlösung angenommen und als Licht der Welt und Salz der Erde in alle Welt gesandt.

V Ihr seid das Licht der Welt, die Stadt, die auf dem Berge liegt.
A Ihr seid das Licht der Welt, / die Stadt, die auf dem Berge liegt.
V Eine Stadt, die auf dem Berge liegt, kann nicht verborgen bleiben. Man zündet ein Licht an, daß es allen im Hause leuchtet.
A Ihr seid das Licht der Welt, / die Stadt, die auf dem Berge liegt.
V Laßt euer Licht leuchten vor den Menschen, damit sie eure guten Taten sehen und den Vater im Himmel preisen.
A Ihr seid das Licht der Welt, / die Stadt, die auf dem Berge liegt.
L Jesus erzählte ihnen noch ein Gleichnis: Mit dem Himmelreich ist es wie mit einem Stück Sauerteig, den eine Frau unter drei Sea (ca. 40 l) Mehl mischte, bis das Ganze durchsäuert war. — (Mt 13,33)

V Wir sagen dir Dank, heiliger Vater, für den Neuen Bund, in dem du dir dein Volk aus allen Völkern berufst. Gib, daß deine Kirche auf ihrem Weg durch die Zeit ihrer Sendung für die Menschheit treu bleibt, daß sie ein Sauerteig ist für die Welt, die Seele der menschlichen Gesellschaft, die du in Christus erneuern und zu einer Familie umgestalten willst.
A Denn dir wird das Reich übergeben durch Christus, deinen Sohn; / dich preisen wir im Heiligen Geist in Ewigkeit. Amen.

GOTTES VOLK, GEHEILIGT DURCH DIE SAKRAMENTE (786)

Taufe 2

V Ihr seid ein heiliges Volk, das durch die Taufe Gott zu eigen ist.
A Danket dem Herrn, denn er ist gut; / seine Gnade währt durch alle Zeit.

L Jesus sagt: Wenn jemand nicht von oben geboren wird, kann er das Reich Gottes nicht schauen.
A Wir sind in der Taufe wiedergeboren zu neuem Leben.
L Wenn jemand nicht aus Wasser und Geist geboren wird, kann er nicht in das Reich Gottes kommen.
A Wir sind ein heiliges Volk, / ein Volk, Gott zu eigen.
L Geht zu allen Völkern und tauft sie auf den Namen des Vaters und des Sohnes und des Heiligen Geistes.
A Die Völker sollen dir danken, o Gott, / danken sollen dir die Völker alle. —

V Lasset uns beten. — Gott und Vater, durch die Taufe läßt du uns teilhaben an der Erlösungstat deines Sohnes, an seinem Tod und seiner Auferstehung. Erfülle uns mit dem Geist der Gotteskindschaft und stärke uns, damit wir ein neues Leben führen. Durch Christus, unsern Herrn.
A Amen.

Firmung 3

V Ihr seid ein heiliges Volk, das in der Firmung die Kraft des Geistes empfangen hat.
A Danket dem Herrn, denn er ist gut; / seine Gnade währt durch alle Zeit.

L Jesus sagt: Ihr werdet die Kraft des Heiligen Geistes empfangen, der auf euch herabkommen wird.
A Wir sollen seine Zeugen sein / bis an die Grenzen der Erde.
L Es erschienen Zungen wie von Feuer, die sich verteilten; und der Heilige Geist ließ sich auf jeden von ihnen nieder.

(786) A Komm, Heiliger Geist, / entzünde in uns das Feuer deiner Liebe.
L Jeder hörte die Apostel in seiner Sprache reden; und sie gerieten außer sich vor Staunen.
A Der Geist beendet die Verwirrung der Sprachen. / Er führt die Völker zur Einheit. —

V Lasset uns beten. — Wir bitten dich, Herr, erfülle an uns, was du in deiner Güte versprochen hast. Der Heilige Geist komme auf uns herab und mache uns für die Welt zu Zeugen des Evangeliums und zu Werkzeugen der Liebe Jesu Christi, der in der Einheit des Heiligen Geistes mit dir lebt und herrscht in Ewigkeit. A Amen.

4 Eucharistie

V Ihr seid ein heiliges Volk, das von Gott auf dem Weg durch die Zeit genährt wird in der heiligen Eucharistie.
A Danket dem Herrn, denn er ist gut; / seine Gnade währt durch alle Zeit.

L Jesus sagt: Das Brot, das Gott gibt, kommt vom Himmel, um der Welt das Leben zu geben.
A Herr, gib uns immerdar dieses Brot.
L Ich bin das lebendige Brot, das vom Himmel gekommen ist. Wer von diesem Brot ißt, wird leben in Ewigkeit.
A Wenn wir das Fleisch des Menschensohnes nicht essen / und sein Blut nicht trinken, / haben wir das Leben nicht in uns.
L Wer mein Fleisch ißt und mein Blut trinkt, der bleibt in mir und ich in ihm.
A Gelobt und gepriesen sei ohne End / Jesus im allerheiligsten Sakrament. —

V Lasset uns beten. — Gütiger Gott, du stärkst deine Kirche mit dem Brot vom Himmel. Mach durch dieses Sakrament deine Gläubigen immer mehr zu dem, was sie durch deine Berufung sind: ein auserwähltes Geschlecht, eine königliche Priesterschaft, ein heiliger Stamm, ein Volk, das dir gehört. Durch Christus, unsern Herrn. A Amen.

Buße (786)

5

V Ihr seid ein heiliges Volk, dem der Herr die Schuld vergibt, wenn es sich in der Buße zu ihm bekehrt.
A Danket dem Herrn, denn er ist gut; / seine Gnade währt durch alle Zeit.

L Ich will zu meinem Vater gehn und zu ihm sagen: Vater, ich habe gegen dich gesündigt.
A Vater, ich habe gegen dich gesündigt. / Ich bin nicht mehr wert, dein Sohn zu heißen.
L Empfangt den Heiligen Geist. Allen, denen ihr die Sünden erlaßt, sind sie erlassen; allen, denen ihr sie nicht erlaßt, sind sie nicht erlassen.
A Im Namen Jesu wird Vergebung verkündet bei allen Völkern.
L Vergebt einander, wie der Herr euch vergeben hat.
A Vergib uns unsere Schuld, / wie auch wir vergeben unsern Schuldigern. —

V Lasset uns beten. — Barmherziger Gott, sei deinem Volk gnädig und verzeih ihm seine Schuld. In deiner Güte erlaß uns die Strafe, die wir für unsere Sünden verdienen. Das gewähre uns durch Christus, unsern Herrn. A Amen.

Krankensalbung

6

V Ihr seid ein heiliges Volk, in dem die Kranken die besondere Güte Gottes erfahren.
A Danket dem Herrn, denn er ist gut; / seine Gnade währt durch alle Zeit.

L Ist einer von euch krank, dann rufe er die Ältesten der Gemeinde zu sich. Sie sollen für ihn beten und ihn im Namen des Herrn mit Öl salben.
A Gut bist du, Herr, / und Gutes teilst du aus.
L Das gläubige Gebet wird den Kranken retten, und der Herr wird ihn aufrichten.
A Ich suchte den Herrn, und er hat mich erhört; / all meinen Ängsten hat er mich entrissen.

(786) L Wenn der Kranke Sünden begangen hat, werden sie ihm vergeben.
A Nahe ist der Herr den zerbrochenen Herzen, / er hilft denen auf, die zerknirscht sind. —

V Lasset uns beten. — Allmächtiger, ewiger Gott, du bist das Heil aller Gläubigen. Erhöre unser Gebet für die Kranken. Richte sie auf in deiner Barmherzigkeit und gib ihnen die Gesundheit wieder, damit sie in deiner Gemeinde dir danken. Durch Christus, unsern Herrn. A Amen.

7 Priesterweihe

V Ihr seid ein heiliges Volk, dem der Herr Bischöfe, Priester und Diakone gegeben hat, damit sie seine Gnade ausspenden, das Volk Gottes leiten und lehren und mit ihm die Werke der Liebe tun.
A Danket dem Herrn, denn er ist gut; / seine Gnade währt durch alle Zeit.

L Paulus schreibt an seinen Schüler, den Bischof Timotheus: Entfache die Gnade Gottes wieder, die in dir ist, seit ich dir die Hände aufgelegt habe. Denn Gott hat uns nicht den Geist der Verzagtheit gegeben, sondern den Geist der Kraft, der Liebe und der Besonnenheit.
A Wer euch hört, der hört mich, / und wer euch ablehnt, der lehnt mich ab.

L Paulus schreibt an seinen Schüler, den Bischof Titus: Ich habe dich in Kreta zurückgelassen, damit du in den einzelnen Städten Älteste einsetzt, wie ich dir aufgetragen habe.
A Nicht ihr habt mich erwählt, / sondern ich habe euch erwählt, / und ich habe euch dazu bestimmt, / daß ihr hingeht und Frucht bringt.

L Die Gemeinde von Jerusalem wählte sieben Männer als Diakone. Sie stellten sie vor die Apostel, und diese legten ihnen die Hände auf.
A Die Menschen werden Gott preisen, vom Zeugnis eures Dienstes bewegt.—

V Lasset uns beten. — Gott deines Volkes, wir bitten dich (786)
für unsere Brüder, die du zum Dienst an deiner Kirche als
Diakone, Priester und Bischöfe berufen hast. Bewahre ihnen
die Gaben, die du selbst ihnen geschenkt hast, und laß sie
mit deiner göttlichen Kraft das Amt ausüben, das ihnen
durch deine Gnade zuteil geworden ist. Durch Christus, unsern Herrn. A Amen.

Ehe 8

V Ihr seid ein heiliges Volk, das in der Ehe den Bund
Christi mit der Kirche darstellt.
A Danket dem Herrn, denn er ist gut; / seine Gnade währt
durch alle Zeit.

L Der Mann wird Vater und Mutter verlassen und sich
mit seiner Frau verbinden, und die beiden werden ein
Fleisch. Dies ist ein tiefes Geheimnis. Ich sage das im Hinblick auf Christus und die Kirche.
A O Tiefe des Reichtums, der Weisheit und der Erkenntnis
Gottes.
L Ihr Männer, liebt eure Frauen, wie Christus die Kirche
geliebt und sich für sie hingegeben hat.
A Die Kirche soll vor ihm erscheinen ohne Flecken, Falten
oder andere Fehler: / heilig soll sie sein und makellos.
L Vor allem liebt einander; denn die Liebe hält alles zusammen und macht alles vollkommen.
A Wer in der Liebe bleibt, der bleibt in Gott, / und Gott
bleibt in ihm. —

V Lasset uns beten. — Gott, du Schöpfer des Lebens, im
Anfang hast du Mann und Frau füreinander geschaffen.
Segne und festige die Einheit der Eheleute, damit sie den
Bund Christi mit seiner Kirche immer vollkommener darstellen. Darum bitten wir durch Christus, unsern Herrn.
A Amen.

787 DIE ORTSKIRCHE – DAS BISTUM

1 Aus den Stadtgemeinden der Urkirche entwickelten sich die heutigen Diözesen. Aus diesen Teilkirchen setzt sich die Weltkirche zusammen. Sie werden von Bischöfen geleitet, die Nachfolger der Apostel sind.

L Wir hören Worte aus einem Brief, der im ersten Jahrhundert der Kirche geschrieben wurde. Der Bischof Ignatius von Antiochien an die Kirche von Ephesus: Da die Liebe zu euch mich nicht schweigen läßt, will ich euch zureden, daß ihr einiggeht mit Gottes Sinn. Denn auch Jesus Christus, unser Leben, ist in des Vaters Sinn; und die Bischöfe, die bis in die fernsten Länder eingesetzt sind, sind in Jesu Sinn. Deshalb ist es für euch richtig, mit des Bischofs Sinn übereinzustimmen, was ihr ja auch tut. Denn euer Presbyterium, das seinen Namen mit Recht trägt, ist mit dem Bischof so in Harmonie verbunden wie die Saiten mit der Zither. Deshalb ist in eurer Eintracht und zusammenklingenden Liebe Jesus Christus wie ein Lied. Und Mann für Mann sollt ihr zum Chore werden, der in Einmütigkeit zusammenklingt, Gottes Melodie in Einheit aufnimmt und einstimmig dem Vater durch Jesus Christus lobsingt. Er wird euch hören und aus eurem Tun als Glieder seines Sohnes erkennen. So kann es nur nützen, wenn ihr euch in untadeliger Einheit befindet.

STILLE

V Wir wollen für unser Bistum beten, daß sich in der Kirche von N. immer mehr der Wille Christi verwirklicht.
Herr, unser Gott, wir bitten dich: Steh uns bei,
– daß unser Bischof N. seine Herde nach dem Beispiel Christi leitet.
A Wir bitten dich, erhöre uns.
– daß alle, die mit ihm zusammen die Diözese leiten, erfüllt sind vom Geist der Liebe und der Erkenntnis.
– daß die Priester ihren Dienst in den Gemeinden in Treue und Zuversicht leisten.
– daß alle, die sich im Bistum und in den Gemeinden abmühen, dies frohen Herzens und in Eintracht tun.

— daß viele Menschen sich für den Dienst in der Kirche von N. bereitfinden.
— daß wir den Namen einer christlichen Kirche verdienen.

Gott, unser Vater, in jeder Einzelkirche offenbarst du die eine, heilige, katholische und apostolische Kirche. Erhöre die Bitten deines Volkes: bewahre die Kirche von N. in der Gemeinschaft mit ihrem Bischof, laß sie durch Wort und Sakrament eins sein im Heiligen Geist, hilf ihr, die Gesamtheit deines Volkes auf Erden darzustellen in Glauben und Liebe, und mach sie zum Zeichen und Werkzeug der Gegenwart Christi in der Welt. Dies erbitten wir durch ihn, Christus, unsern Herrn.   A Amen.
V Heilige(r) N. (Diözesanpatron),
A bitte für uns.

PFARRGEMEINDE

2

V Unsere Pfarrgemeinde ist ein kleiner Teil der Diözese und der Weltkirche. Gerade hier soll sich vor den Menschen zeigen, wie die Kirche lebt.

L Aus dem Brief des Bischofs Ignatius von Antiochien an die Kirche von Ephesus. — Seid darauf aus, häufiger zusammenzukommen zur Eucharistie Gottes und zum Lobpreis. Denn wenn ihr häufige Zusammenkünfte haltet, wird die Macht des Bösen vernichtet, und sein Verderben bricht sich an eurer Einigkeit. Und vom Frieden bleibt euch nichts verborgen, wenn ihr auf Jesus Christus ganz ausgerichtet seid in Glauben und Liebe. Sie sind Anfang und Ende des Lebens: der Anfang der Glaube, die Vollendung die Liebe. —

V Wie gut ist es und wie schön, wenn Brüder in Eintracht beisammen sind.
A Wie gut ist es und wie schön, / wenn Brüder in Eintracht beisammen sind.
V Das ist wie köstliches Salböl, mit dem Aaron gesalbt ist zum Priester.
A Das ist wie Tau, der die Erde benetzt / und das Land zum Blühen bringt.

(787) V Denn dort spendet der Herr Segen und Leben in Ewigkeit.
A Wie gut ist es und wie schön, / wenn Brüder in Eintracht beisammen sind. (nach Psalm 133)

L Aus dem Philipperbrief: — Darum, meine lieben Brüder, nach denen ich mich sehne, meine Freude und mein Ehrenkranz, steht fest im Herrn, Geliebte! Ich ermahne Euodia und ich ermahne Syntyche, einmütig zu sein im Herrn. — Freut euch im Herrn zu jeder Zeit! Noch einmal sage ich: Freut euch! Eure Güte werde allen Menschen bekannt. (Phil 4,1–2. 4–5)

V Vater im Himmel, von dir sind wir geliebt und auserwählt. Hilf uns, daß wir uns bekleiden mit aufrichtigem Erbarmen, mit Güte, Demut, Milde, Geduld.
A Hilf uns, einander zu ertragen und zu vergeben, / wie Jesus Christus, dein Sohn, uns vergeben hat.

L Aus dem Brief des Bischofs Ignatius von Antiochien an die Kirche von Ephesus: — Der Baum wird an seiner Frucht erkannt; so werden auch die, die bekennen, daß sie zu Christus gehören, an ihrem Tun erkannt. Denn jetzt kommt es nicht auf Worte an, sondern ob einer in der Kraft des Glaubens lebt, und das bis ans Ende. Besser ist es, zu schweigen und zu sein, als zu reden und nicht zu sein. —

V Herr Jesus Christus, wo zwei oder drei in deinem Namen beisammen sind, da bist du mitten unter ihnen. Hilf dieser deiner Gemeinde, so zu leben, daß die Menschen dich als die Mitte der Kirche erkennen.
A Wir bitten dich für unsere Priester, / daß sie im Eifer nicht erlahmen / und ihr Amt treu verwalten.
V Wir bitten dich für die Helfer in der Gemeinde, daß sie ihren Dienst in Einigkeit und in Freude tun.
A Wir bitten dich für unsere Familien, / daß sie lebendige Zellen deiner Kirche sind.
V Sei mit deiner Güte bei den Kranken und Armen, bei den älteren Menschen, bei den Kindern und Jugendlichen, bei den Eltern und Lehrern.

A Erwecke neuen Glauben in denen, die deiner Gemeinde (787) fernbleiben.
V Laß uns alle in Frieden zusammenleben, untereinander, mit den Christen anderer Kirchen und mit denen, die nicht glauben.
A Hilf allen, die in der bürgerlichen Gemeinde Verantwortung tragen, / daß sie beschließen und tun, was recht ist / und was dem Frieden dient.
V Vergib uns unsere Schuld und hilf uns, das Verkehrte wieder gutzumachen, soweit es in unseren Kräften steht.
A Schenk unsern Verstorbenen deine Vergebung / und führe sie in die Herrlichkeit des Vaters.
V Vater im Himmel, wir bitten dich für unsere Pfarrgemeinde. Nähre sie allzeit durch dein Wort und das Brot des Lebens, begleite sie immerfort mit deinem Schutz, erhalte ihr den Glauben lebendig und unversehrt, heilige unser Leben, schenk uns brüderliche Liebe und wahre Frömmigkeit. Durch Christus, unsern Herrn. A Amen.
V Heilige(r) N. (Pfarrpatron),
A bitte für uns.

MISSIONSGEBET 3

V Herr Jesus Christus, du bist der König der ganzen Welt. Auf dich harren und hoffen die Völker. Du hast alle Menschen mit dem Preis deines kostbaren Blutes erkauft. Schau gütig auf alle Völker, die über die weite Erde zerstreut sind, und gib ihnen Erkenntnis deiner Wahrheit. Gedenke, Herr, der bitteren Schmerzen, die du in deinem Leiden und in der Kreuzigung ausgestanden hast, und erbarme dich unser.
A Die Ernte ist groß, aber es gibt nur wenig Arbeiter. / Wir bitten dich, Herr der Ernte: / schicke Arbeiter für die Ernte.
V Nur ein Teil der Menschheit hat deinen Namen vernommen, o Herr, nur ein Teil betet dich an im Glauben. Gib allen Menschen, daß sie dich erkennen, an dich glauben und dir dienen.

(787) A Denn du bist unser Leben, unser Heil und unsere Auferstehung. / Dich preisen wir mit dem Vater und dem Heiligen Geist in Ewigkeit. Amen. nach John Henry Newman

4 EINHEIT DER CHRISTEN

Ein Glaube

L Jesus spricht: Alle sollen eins sein; wie du, Vater, in mir bist und ich in dir bin, sollen auch sie in uns sein, damit die Welt glaubt, daß du mich gesandt hast. Die Herrlichkeit, die du mir gegeben hast, habe ich ihnen gegeben, damit sie eins sind, wie wir eins sind, ich in ihnen und du in mir. So sollen sie vollkommen eins sein, damit die Welt erkennt, daß du mich gesandt hast und die Meinen ebenso geliebt hast wie mich. — (Joh 17,21–23)

V Herr, wir bekennen, daß menschliche Schwachheit und Schuld deine Kirche gespalten hat. Die Christenheit besteht heute aus vielerlei Kirchen und kleinen Gruppen.
A Erbarme dich unser.
V Deine Botschaft wird auf verschiedene Weise verkündet. Die Unterschiede im Glauben verhindern die Vereinigung.
A Erbarme dich unser.
V Sende der Christenheit den Geist der Erkenntnis. Hilf uns Mißverständnisse und Vorurteile beseitigen. Öffne unser Herz der ganzen Wahrheit.
A Erbarme dich unser.

Eine Hoffnung

L Jesus sagt: Ich bin der gute Hirt; ich kenne die Meinen, und die Meinen kennen mich, wie mich der Vater kennt und ich den Vater kenne; und ich gebe mein Leben für die Schafe. Ich habe noch andere Schafe, die nicht aus diesem Hof sind; auch sie muß ich führen, und sie werden auf meine Stimme hören; dann wird es nur eine Herde geben und einen Hirten. — (Joh 10,14–16)

V Herr, die Kirche soll das Zeichen der Hoffnung unter (787)
den Völkern sein. Du willst sie alle sammeln und zur Einheit führen. Wir sind schuld, daß dieses Zeichen nicht deutlich ist; denn ohne Herde ist zerteilt.
A Erbarme dich unser.
V Mit jeder Taufe wird die Hoffnung der Erde auf die Einheit aller neu begründet. Wir aber bauen zu wenig auf diesem Grund.
A Erbarme dich unser.
V Sende uns den pfingstlichen Geist, damit jeder in seiner Sprache die eine Botschaft hört. Hilf uns, die Tore deines Hofes weit zu öffnen.
A Erbarme dich unser.

Eine Liebe

L Jesus sagt: Wie mich der Vater geliebt hat, so habe auch ich euch geliebt; bleibt in meiner Liebe! Wenn ihr meine Gebote haltet, bleibt ihr in meiner Liebe, wie ich die Gebote meines Vaters gehalten habe und in seiner Liebe bleibe. Dies habe ich zu euch gesagt, damit meine Freude in euch ist, und damit eure Freude vollkommen wird. Das ist mein Gebot: Liebt einander, wie ich euch geliebt habe! —

(Joh 15,9—12)

V Herr, deinem Volk fehlt es an Liebe, die es zusammenhält. Haß und Zwietracht, Unduldsamkeit und Gleichgültigkeit treiben uns auseinander.
A Erbarme dich unser.
V Wir sollen dein Brot an einem Tisch essen. Aber wir können es nicht. So sehen wir, wie sinnwidrig die Spaltung ist.
A Erbarme dich unser.
V Sende den Geist der Liebe in die Herzen deiner Gläubigen, damit wir Schritte tun, die deine Christenheit näher zusammenführen, — damit wir nicht ermüden.
A Erbarme dich unser.

(787) DIASPORA

5   V Nicht die große Zahl macht die Gemeinde stark, sondern die Kraft des Glaubens. Die Kirche lebt auch dort, wo nur kleine Gemeinden sind.

L Schreib dem Engel der Gemeinde von Philadelphia: Dies spricht der Heilige, der Wahrhaftige, der den Schlüssel Davids hat: Ich kenne dein Tun, und ich habe vor dir eine Tür geöffnet, die niemand schließen kann. Du hast nur geringe Kraft, aber du hast dennoch an meinem Wort festgehalten und meinen Namen nicht verleugnet. Du hast mein Wort, das Ausharren fordert, bewahrt; daher werde auch ich dich bewahren vor der Stunde der Prüfung. Ich komme bald. Halte fest, was du hast, damit dir niemand deinen Kranz nimmt! — Jeden, der siegt, werde ich zu einer Säule im Tempel meines Gottes machen. Wer Ohren hat, der höre, was der Geist den Kirchen sagt. — (Offb 3,7–8.10–13)

V An vielen Orten der Erde ist die Zahl der Gläubigen gering. Sie leben als kleine Gruppe mitten unter vielen anderen.
A Fürchte dich nicht, du kleine Herde. / Euer Vater hat beschlossen, euch das Reich zu geben.
V In einigen Ländern stoßen die kleinen christlichen Gemeinden auf die Verachtung und den Spott der Umwelt.
A Fürchte dich nicht, du kleine Herde.
V Immer wieder sind Christen in der Zerstreuung auch Verfolgungen ausgesetzt. Sie werden benachteiligt, in den Kerker geworfen, manche sogar getötet.
A Euer Vater hat beschlossen, euch das Reich zu geben.
V Die Kirche in katholischen Ländern und die Kirche in der Diaspora sollen in lebendigem Austausch stehen. Die Liebesgabe der einen wird aufgewogen durch das Beispiel der Festigkeit und Treue der andern im Glauben.
A Fürchte dich nicht, du kleine Herde. / Euer Vater hat beschlossen, euch das Reich zu geben.   STILLE

V Wir beten für die Kirche in der Zerstreuung. — Herr Jesus Christus, wir bitten dich: mach die kleinen Gemein-

den in allen Ländern zum Sauerteig des Reiches Gottes. (787)
A Gib ihnen einen starken Glauben.
V Laß sie in einer Umwelt, die sie nicht versteht, den Mut behalten.
A Gib ihnen eine feste Hoffnung.
V Laß sie brüderlich mit allen Menschen zusammenleben, wie du uns aufgetragen hast.
A Gib ihnen den Geist der Liebe, der die Herzen verändert.

V Herr, unser Gott, wo zwei oder drei im Namen deines Sohnes versammelt sind, da ist dein Reich mitten in der Welt. Hilf den Gemeinden in der Diaspora, dich in der Einsamkeit, in einer verständnislosen Umwelt und in der Verfolgung zu bekennen, und mach sie zu Boten deiner Liebe. Durch Christus, unsern Herrn. A Amen.

FÜR DIE DIENER DER KIRCHE 6

für den Papst

L Dreimal fragte Jesus den Petrus: Simon, Sohn des Johannes, liebst du mich? Dreimal antwortete Petrus: Ja, Herr, du weißt, daß ich dich liebe. Und Jesus sagte: Weide meine Lämmer, weide meine Schafe.
A Du bist Petrus, / und auf diesen Felsen werde ich meine Kirche bauen.
L Jesus sagte zu Petrus: Simon, Simon, der Satan hat verlangt, daß er euch wie Weizen sieben darf. Ich aber habe für dich gebetet, damit dein Glaube nicht erlischt. Und wenn du wieder zurückgefunden hast, dann stärke deine Brüder.
A Du bist Petrus, / und auf diesen Felsen werde ich meine Kirche bauen.

V Lasset uns beten. — Gott, in deiner Vorsehung hast du Petrus zum Vorsteher der Apostel bestimmt und auf ihn deine Kirche gegründet. Schütze und segne deinen Diener, unsern Papst N., den du zum Nachfolger des heiligen Petrus berufen hast. Gib ihm die Kraft, in deinem Volk der sicht-

(787) bare und sichere Grundstein der Einheit, des Glaubens und der brüderlichen Gemeinschaft zu sein. Durch Christus, unsern Herrn. A Amen.

7 für den Bischof

L Paulus schreibt über das Amt der Apostel und ihrer Nachfolger: Gott war in Christus, als er durch ihn die Welt mit sich versöhnte; und durch uns hat er das Wort der Versöhnung eingesetzt. Wir sind also Gesandte an Christi Statt, und Gott ist es, der durch uns mahnt. Wir bitten an Christi Statt: Laßt euch mit Gott versöhnen. (2 Kor 5,19–20)
A Ihr seid auf das Fundament der Apostel und Propheten gebaut; / der Schlußstein ist Christus selbst.

V Lasset uns beten. — Gott, du Hirt und Lenker aller, die an dich glauben, blicke gnädig auf deinen Diener, unsern Bischof N. Du hast ihn zum Bischof der Kirche von N. berufen. Gib, daß er dem Gottesvolk in Wort und Tat ein Vorbild ist, und laß dereinst den Hirten mit seiner Herde in das ewige Leben gelangen. Durch Christus, unsern Herrn. A Amen.

8 für die Priester

L Petrus schreibt an die Priester: Ihr Ältesten, da ich Ältester bin wie ihr und Zeuge der Leiden Christi, und an der Herrlichkeit, die sich offenbaren wird, teilhaben soll, ermahne ich euch: Weidet die Herde Gottes bei euch, aber nicht, weil ihr dazu gezwungen seid, sondern freiwillig, wie Gott es will. Wenn dann der höchste Hirte erscheint, werdet ihr den nie verwelkenden Kranz der Herrlichkeit empfangen. (1 Petr 5,1–2.4)
A Ich nenne euch nicht mehr Knechte; / ihr seid meine Freunde, / wenn ihr tut, was ich euch auftrage.

V Lasset uns beten. — Herr, unser Gott, du selbst leitest dein Volk durch den Dienst der Priester; gib, daß sie allezeit treu und gehorsam bleiben und durch ihr Leben und ihren Dienst dich in Christus verherrlichen, der mit dir lebt und herrscht in Ewigkeit. A Amen.

für die übrigen Mitarbeiter in der Gemeinde Jesu (787) 9

L Paulus nennt am Ende des Römerbriefes fast vierzig Namen von Helfern in den christlichen Gemeinden. Wir hören aus diesem Kapitel: — Ich empfehle euch unsere Schwester Phöbe, die Dienerin der Gemeinde in Kenchreä: Nehmt sie im Namen des Herrn auf, wie es Heilige tun sollen, und steht ihr in jeder Sache bei, in der sie euch braucht. Grüßt Prisca und Aquila, meine Mitarbeiter in Christus, die für mich ihr eigenes Leben aufs Spiel gesetzt haben. Grüßt Maria, die für euch viele Mühe auf sich genommen hat. Grüßt Urbanus, unseren Mitarbeiter im Herrn, und meinen lieben Stachys. Grüßt die liebe Persis; sie hat für den Herrn viel Mühe auf sich genommen. Grüßt Rufus, der vom Herrn erwählt ist; grüßt seine Mutter, die auch mir zur Mutter geworden ist. Grüßt einander mit dem heiligen Kuß.
(Röm 16)

A Jedem von uns wurde die Gnade verliehen, / wie Christus sie ihm schenkte, / damit auferbaut werde Christi Leib.

L Auch heute ist die Zahl derer groß, die der Gemeinde Jesu neben den Amtsträgern dienen. Sie helfen in der Seelsorge, in der Fürsorge für die Armen und Kranken, bei der Erziehung und Bildung der Kinder, im Gottesdienst der Gemeinde, in den Verbänden und in der Verwaltung.

A Es gibt verschiedene Gnadengaben, aber nur einen Geist. / Es gibt verschiedene Dienste, aber nur einen Herrn.

V Lasset uns beten. — Herr, du hast deine Jünger gelehrt, sich nicht bedienen zu lassen, sondern zu dienen. Mach alle, die sich in den Dienst der Kirche stellen, umsichtig im Handeln, freundlich im Umgang und beharrlich im Gebet. Der du lebst und herrschest in alle Ewigkeit. A Amen.

Zum Thema Kirche eignen sich auch die meisten Abschnitte der Andacht von den Heiligen, Nr. 784, 785, außerdem der Abschnitt „Urbild der Kirche" aus der Marien-Andacht, Nr. 783,9.

788 Dankandacht

V Kommt, laßt uns danken dem Herrn, ihn loben für seine Güte.
A Kommt, laßt uns danken dem Herrn, / ihn loben für seine Güte.
V Ich will dir danken aus ganzem Herzen, dir vor den Engeln singen und spielen. Deinem Namen will ich danken für deine Huld und Treue.
A Kommt, laßt uns danken dem Herrn, / ihn loben für seine Güte.
V Danken sollen dir, Herr, all deine Werke, deine Frommen dich preisen. Sie sollen von der Herrlichkeit deines Königtums sprechen, sollen reden von deiner Macht.
A Kommt, laßt uns danken dem Herrn, / ihn loben für seine Güte.

V Gott, du Urheber alles Guten, was wir sind und haben, kommt von dir. Nimm den Dank entgegen, den wir heute dir weihen, und schenke uns ein freudiges Herz, damit wir mit ganzer Hingabe dir dienen. A Amen.

1 DANK FÜR DIE SCHÖPFUNG

L Gott sah, daß alles, was er gemacht hatte, sehr gut war. Es wurde Abend und es wurde Morgen: der sechste Tag. Vollendet waren Himmel und Erde und alles, was dazu gehört. Am siebten Tag erklärte Gott sein Werk, das er vollbracht hatte, für vollendet, und er ruhte am siebten Tag nach all seinem Werk, das er vollbracht hatte. (Gen 1,31–2,2)

V Wir danken dem Herrn, der allein große Wunder tut, der die Welt geschaffen hat in Weisheit,
A das Heer der Sterne und unsere Sonne.
V Wir danken dem Herrn, der auch unsere Erde gemacht hat,
A Luft und Wasser, Licht und Leben.
V Wir danken dem Herrn, der Pflanzen und Tieren das Leben gab,

A der den Menschen geschaffen nach seinem Bild und Gleichnis. —

L Lobet den Herrn des Alls, der große Dinge tut. Der die Tage unseres Lebens vermehrt hat und an uns handelt nach seinem Erbarmen. Er gebe uns ein fröhliches Herz und gewähre Frieden unserer Zeit bis in Ewigkeit. (Sir 50,22f)

V Wir bitten dich, Herr, um ein dankbares Herz,
A daß wir in der Welt deine Macht und deine Güte erkennen.
V Wir bitten dich, Herr, um ein fröhliches Herz,
A das nicht müde wird, dir zu danken / und von deiner Güte zu sprechen.
V Wir bitten dich, Herr, um ein bereites Herz,
A damit wir in deinem Dienst uns einsetzen für die Schöpfung.
V Wir bitten dich, Herr, um ein demütiges Herz,
A das bereit ist, dir zu dienen / und deinen Auftrag zu erfüllen.

V Wir danken dir, Herr, daß du deine Sonne aufgehen läßt über Böse und Gute und daß du regnen läßt für Gerechte und Ungerechte. Wir danken dir, daß du uns Menschen das tägliche Brot gibst und die Kraft, einander zu vergeben und zu helfen. Führe uns in deinem Erbarmen zu immer stärkerer Einheit, bis deine Schöpfung, von Haß und Streit befreit, vollendet ist in deiner Liebe. Durch Christus, unsern Herrn. A Amen.

DANK FÜR DIE ERLÖSUNG 2

L Gepriesen sei Gott, der Vater unseres Herrn Jesus Christus: Er hat uns mit allem Segen seines Geistes gesegnet durch die Gemeinschaft mit Christus im Himmel. Denn in ihm hat er uns erwählt vor Erschaffung der Welt, damit wir heilig und untadelig vor Gott leben. Er hat uns aus Liebe im voraus dazu bestimmt, durch Jesus Christus seine Söhne zu werden und nach seinem gnädigen Willen zu ihm zu gelangen, zum Lob seiner herrlichen Gnade. (Eph 1,3–6)

(783) V Wir danken dir, Vater, für das Leben und die Erkenntnis, die du uns kundgetan hast durch Jesus, deinen Sohn.
A Dir sei Ehre in Ewigkeit.
V Wir danken dir, Vater, daß du dies den Weisen und Klugen verborgen, den Unmündigen aber geoffenbart hast.
A Dir sei Ehre in Ewigkeit.
V Wir danken dir, Vater, daß du den Plan deiner Liebe in der Fülle der Zeiten verwirklicht und in Christus alles vereint hast.
A Dir sei Ehre in Ewigkeit.
V Ehre sei dem Vater durch den Sohn im Heiligen Geist,
A wie im Anfang, so auch jetzt und alle Zeit / und in Ewigkeit. Amen.

V Herr Jesus Christus, du hast uns mit deinem Blut für Gott gekauft aus allen Stämmen und Sprachen, aus allen Völkern und Nationen, und du hast uns für unsern Gott zu Königen und zu Priestern gemacht.
A Wir danken dir in Ewigkeit.
V Du bist zu uns Menschen gekommen, daß wir das Leben haben und es in Fülle haben.
A Wir danken dir in Ewigkeit.
V Wenn du jede Macht, Gewalt und Kraft vernichtet hast, wirst du die Herrschaft Gott dem Vater übergeben, damit Gott herrsche über alles in allem.
A Wir danken dir in Ewigkeit.
V Ehre sei dem Vater durch den Sohn im Heiligen Geist,
A wie im Anfang, so auch jetzt und alle Zeit / und in Ewigkeit. Amen.

V Wir haben nicht den Geist empfangen, der uns wieder zu Knechten macht, so daß wir uns fürchten müßten, sondern wir haben den Geist empfangen, der uns zu Söhnen macht, den Geist, in dem wir rufen: Abba, Vater!
A Gottes Liebe ist ausgegossen in unsere Herzen / durch den Heiligen Geist.
V Der Geist nimmt sich auch unserer Schwachheit an. Denn wir wissen nicht, worum wir in rechter Weise beten

sollen; der Geist selber tritt jedoch für uns ein mit unaussprechlichem Seufzen. (788)
A Gottes Liebe ist ausgegossen in unsere Herzen / durch den Heiligen Geist.
V Wir haben das Siegel des verheißenen Heiligen Geistes empfangen. Der Geist ist das Pfand dafür, daß wir unser Erbe erhalten werden, die Erlösung, die uns zu Gottes Eigentum macht, zum Lob seiner Herrlichkeit.
A Gottes Liebe ist ausgegossen in unsere Herzen / durch den Heiligen Geist.
V Ehre sei dem Vater durch den Sohn im Heiligen Geist,
A wie im Anfang, so auch jetzt und alle Zeit / und in Ewigkeit. Amen.

V Im übrigen, liebe Brüder, freut euch, laßt euch erneuern und vollenden, laßt euch ermahnen, seid eines Sinnes und lebt in Frieden! Die Gnade unseres Herrn Jesus Christus und die Liebe Gottes und die Gemeinschaft des Heiligen Geistes sei mit euch allen. A Amen.

ERNTEDANK 3

L Mose sagte zu ganz Israel: Höre, Israel! Wenn du in dem Land wohnst, das der Herr, dein Gott, dir als Erbbesitz gibt, dann sollst du von den ersten Erträgen aller Feldfrüchte etwas in einen Korb legen. Dann soll der Priester den Korb aus deiner Hand entgegennehmen und ihn vor den Altar des Herrn, deines Gottes, stellen. Du aber sollst vor dem Herrn, deinem Gott, folgendes Bekenntnis ablegen: Mein Vater war ein heimatloser Aramäer. Der Herr aber führte uns mit starker Hand und hocherhobenem Arm; er brachte uns an diese Stätte und gab uns dieses Land, ein Land, wo Milch und Honig strömen. Und siehe, nun bringe ich hier die ersten Erträge von den Früchten des Landes, das du mir gegeben hast, Herr. —— (Dtn 26,4—5.8—10)

(788) V Gut ist es, unserm Gott zu singen; *
schön ist es, ihn zu loben.
(r) Groß ist unser Herr und gewaltig an Kraft; *
unermeßlich ist seine Weisheit.
(l) Stimmt dem Herrn ein Danklied an; *
spielt unserm Gott auf der Harfe.
(r) Er bedeckt den Himmel mit Wolken, /
spendet der Erde Regen *
und läßt Gras auf den Bergen sprießen.
(l) Er gibt dem Vieh seine Nahrung, *
gibt den jungen Raben, wonach sie schreien.
(r) Er verschafft deinen Grenzen Frieden *
und sättigt dich mit bestem Weizen.
(l) Er hat keine Freude an der Kraft des Pferdes, *
kein Gefallen am schnellen Lauf des Mannes.
A Gefallen hat der Herr an denen, die ihn fürchten und ehren, *
die voll Vertrauen warten auf seine Huld.   nach Psalm 147

V So nimm unseren Dank entgegen, allmächtiger Gott, für die Ernte dieses Jahres. Du hast uns die Erde gegeben, daß wir sie nützen und bebauen; du hast Sonnenschein und Regen gegeben, Wind und Tau. Du hast uns zur Nahrung die Fische im Wasser und die Tiere des Landes bestimmt. Du hast uns Verstand und Einsicht verliehen, daß wir die Gaben der Erde recht nützen können. Wir danken dir für diese treue Sorge und bitten dich: hilf uns, deine Gaben so zu gebrauchen, daß die Erde bewohnbar bleibt als Ort des Lebens; gib, daß wir in brüderlicher Liebe deine Gaben mit den Notleidenden teilen. So bitten wir durch Christus, unsern Herrn. A Amen.

L Brüder, denkt daran: Wer kärglich sät, wird auch kärglich ernten; wer reichlich sät, wird reichlich ernten. Jeder gebe, wie er es sich in seinem Herzen vorgenommen hat, nicht verdrossen und nicht unter Zwang. Einen fröhlichen Geber liebt Gott. Gott, der dem Sämann Samen gibt und Brot als Speise, wird auch euch das Saatgut geben und die

Saat aufgehen lassen; er wird die Früchte eurer Gerechtig- **(788)**
keit wachsen lassen. (2 Kor 9,6—7.10)

V Gott sei uns gnädig und segne uns.
Er lasse über uns sein Angesicht leuchten.
A Das Land gab seinen Ertrag. /
Es segne uns Gott, unser Gott.

JAHRESSCHLUSS 4

V Der Herr krönt das Jahr mit seinem Segen. (Nr. 149,4)
A Der Herr krönt das Jahr mit seinem Segen.
V Vor dem Herrn sind tausend Jahre wie der Tag, der gestern vergangen ist, wie eine Wache in der Nacht. Und doch hat er an uns gedacht und uns geführt und geleitet, er hat uns beschützt und unser Leben bewahrt.

L Des Menschen Tage sind wie Gras, er blüht wie die Blume des Feldes. Fährt der Wind darüber, ist sie dahin; der Ort, wo sie stand, weiß von ihr nichts mehr. Doch die Huld des Herrn währt immer und ewig für alle, die ihn fürchten und ehren; sein Heil erfahren noch Kinder und Enkel; alle, die seinen Bund bewahren, an seine Gebote denken und danach handeln. (Ps 103,15—18)

V Wir danken dem Herrn, der im vergangenen Jahr uns geführt und geleitet hat;
A denn seine Huld währt ewig. —

V Der Herr krönt das Jahr mit seinem Segen.
A Der Herr krönt das Jahr mit seinem Segen.
V Gerade in diesen weihnachtlichen Tagen spüren wir, daß Gott nicht fern von uns ist, weit weg im Himmel thront, sondern daß er sich mit uns Menschen einläßt und sich sorgend und liebend uns zuwendet.

L Christus war wie Gott, hielt aber nicht daran fest, Gott gleich zu sein, sondern entäußerte sich, wurde wie ein Sklave und den Menschen gleich. Sein Leben war das eines Menschen. (Phil 2,6—7)

(788) V Wir danken dem Herrn, der im vergangenen Jahr uns nahe gewesen ist im Herrn Jesus Christus;
A denn seine Huld währt ewig. —

V Der Herr krönt das Jahr mit seinem Segen.
A Der Herr krönt das Jahr mit seinem Segen.
V In Christus hat Gott uns zusammengeführt in der Kirche. In Christus beschenkt er uns durch die Kraft der Sakramente. In Christus befähigt er uns zu gegenseitigem Helfen und Dienen.

L Alle, die gläubig geworden waren, verharrten einmütig im Tempel, brachen in ihren Häusern das Brot und aßen miteinander in Freude und Einfalt der Herzen. Sie waren ein Herz und eine Seele. Reiche Gnade ruhte auf ihnen allen. (Apg 2,44.46; 4,32.33)
V Wir danken dem Herrn, der im vergangenen Jahr auch unsere Gemeinde in seinem Frieden bewahrt hat;
A denn seine Huld währt ewig. —

V Der Herr krönt das Jahr mit seinem Segen.
A Der Herr krönt das Jahr mit seinem Segen.
V Nicht alle Tage des vergangenen Jahres waren hell und gut; es gab für jeden schwere Stunden. Aber auch im Leid ist Gott uns nah; auch das Leid hat seinen Sinn.

L Jetzt freue ich mich in den Leiden, die ich für euch ertrage. Für den Leib Christi, die Kirche, erfülle ich in meinem irdischen Leben das Maß seiner Leiden. Reich und herrlich ist dieses Geheimnis geworden: Christus ist unter euch, er ist die Hoffnung auf Herrlichkeit. (Kol 1,24.27)
V Wir danken dem Herrn, der im vergangenen Jahr auch in Leid und schweren Stunden uns Kraft gegeben hat;
A denn seine Huld währt ewig. —

V Der Herr krönt das Jahr mit seinem Segen.
A Der Herr krönt das Jahr mit seinem Segen.

L Wie tröstlich ist es doch, bester Vater, daß du meinen Kalender für das kommende Jahr schon längst und auf das genaueste gemacht hast. So überlasse ich mich ganz deiner

gütigen Vorsehung und kenne nur eine Sorge, deinen väterlichen Willen zu erkennen und zu erfüllen. (P. Eberschweiler)
V Wir danken dem Herrn, der auch im kommenden Jahr mit uns ist;
A denn seine Huld währt ewig. —

V Du, Herr, bist der allmächtige Gott. In deine Hand ist alles gelegt, und niemand kann deinem Willen widerstehen. Du hast Macht, viel mehr zu tun, als wir erbitten und uns ausdenken. In der Menschwerdung deines Sohnes haben wir deine Güte und Treue erfahren dürfen. Bewahre uns auch im kommenden Jahr deine väterliche Liebe, und wenn diese Erdenjahre zu Ende sind, nimm uns auf in dein ewiges Reich. Darum bitten wir dich durch Christus, unsern Herrn. A Amen.

Bittandacht 789

JESUS HEISST UNS BITTEN 1

L Aus dem Evangelium nach Mattäus. — Jesus spricht: Bittet, dann wird euch gegeben; sucht, dann werdet ihr finden; klopft an, dann wird euch geöffnet. Denn wer bittet, der erhält; wer sucht, der findet; und wer anklopft, dem wird geöffnet. Oder ist einer unter euch, der seinem Sohn einen Stein gibt, wenn er um Brot bittet, oder der ihm eine Schlange gibt, wenn er um einen Fisch bittet? Wenn nun schon ihr, die ihr böse seid, euren Kindern gebt, was gut ist, wieviel mehr wird euer Vater im Himmel denen, die ihn bitten, Gutes geben. (Mt 7,7—11)

V Das Wort des Herrn ermutigt uns zum Bitten, sogar zum Bitten um die alltäglichen Dinge: um Gesundheit, um Glück und Zufriedenheit, um gesicherte Arbeitsplätze, um Erfolg und Erfüllung im Beruf, um alles, was zu unsern diesseitigen Sorgen gehört. Weil Gott über alle Maßen gut ist, dürfen wir sicher sein, daß er bereit ist, uns gute Gaben zu geben. Darauf macht uns Jesu Wort aufmerksam.

(789) A Vater, wir vertrauen dir unsere Sorgen an. / Wir preisen deine Güte und dein Erbarmen. / Wir danken dir, daß dein Sohn Jesus Christus uns die Botschaft von deiner Liebe gebracht hat. —

L Aus dem Evangelium nach Johannes. — Jesus spricht: Amen, Amen, ich sage euch: Was ihr vom Vater erbitten werdet, das wird er euch geben in meinem Namen. Bis jetzt habt ihr noch nichts in meinem Namen erbeten. Bittet, und ihr werdet empfangen, damit eure Freude vollkommen ist. (Joh 16,23–24)

V Jesus selbst macht sich zum Mittler unseres Bittens. Er stellt sich auf unsere Seite und erbittet vom Vater alles, was wir brauchen. So führt er uns zur vollkommenen Freude. Das Gebet im Namen Jesu geht also weit über unsere alltäglichen Sorgen hinaus. Wenn wir im Namen Jesu beten, bitten wir immer um das Heil Gottes für die Menschen, daß seine Herrschaft anbricht in dieser Welt.

A Vater im Himmel, / dich preisen wir mit Jesus Christus, deinem Sohn. / In seinem Namen bitten wir, daß dein Reich zu uns kommt in Herrlichkeit. / Hilf, daß alle Menschen deinen Willen erkennen und ihn befolgen / und so das Heil erlangen. Amen.

2 FRIEDEN IN DER WELT

L Das zweite Vatikanische Konzil sagt: Der Friede besteht nicht darin, daß kein Krieg ist; er läßt sich auch nicht bloß durch das Gleichgewicht entgegengesetzter Kräfte sichern; er entspringt ferner nicht dem Machtgebot eines Starken; er heißt vielmehr mit Recht und eigentlich ein „Werk der Gerechtigkeit".

Das Gemeinwohl des Menschengeschlechtes wird zwar grundlegend vom ewigen Gesetz Gottes bestimmt, in seinen konkreten Anforderungen unterliegt es aber dem ständigen Wechsel der Zeiten; darum ist der Friede niemals endgültiger Besitz, sondern immer wieder neu zu erfüllende Aufgabe. Da zudem der menschliche Wille schwankend und

von der Sünde verwundet ist, verlangt die Sorge um den **(789)**
Frieden, daß jeder dauernd seine Leidenschaften beherrscht
und daß die Verantwortlichen wachsam sind. —

V Herr unser Gott, du hast die Menschen geschaffen, daß
sie die Erde bevölkern und in Frieden auf ihr leben. Wir
bitten dich:
A Schenk uns den Geist der Gerechtigkeit / und Sinn für
das Recht des anderen. / Hilf uns, daß wir Ausgleich suchen,
wo Zwietracht entsteht.
V Gib den Mächtigen Gedanken des Friedens, damit sie
nicht müde werden bei dem Versuch, Konflikte ohne Blutvergießen zu lösen.
A Laß uns und alle Menschen erkennen, was dem Frieden dient, / und gib uns die Kraft, es zu tun.
V Denn du bist ein Gott der Gerechtigkeit und des Friedens. Alle, die Frieden stiften, heißen deine Kinder.
A Dich preisen wir in Ewigkeit. Amen.

L Das zweite Vatikanische Konzil sagt: Dieser Friede kann
auf Erden nicht erreicht werden ohne Sicherheit für das
Wohl der Person und ohne daß die Menschen frei und
vertrauensvoll die Reichtümer ihres Geistes und Herzens
miteinander teilen. Der feste Wille, andere Menschen und
Völker und ihre Würde zu achten, gepaart mit einsatzbereiter und tätiger Brüderlichkeit: das sind unerläßliche Voraussetzungen für den Aufbau des Friedens. So ist der Friede
auch die Frucht der Liebe, die über das hinausgeht, was die
Gerechtigkeit zu leisten vermag. —

V Herr Jesus Christus, du hast zu Petrus gesagt: Steck dein
Schwert in die Scheide, und zu den Jüngern: Ihr aber seid
Brüder. Wir bitten dich:
A Schenk uns den Geist der Liebe, / daß uns das Schicksal
des Mitmenschen nicht gleichgültig ist.
V Gib, daß die Völker einander mehr und mehr verstehen,
daß sie einander helfen im Austausch ihrer Gaben.
A Hilf uns, nicht nur an das eigene Glück zu denken. /
Laß uns nicht vergessen, die Freude mit andern zu teilen.

(789) V Denn du bist unser Friede und unsere Versöhnung. Du liebst uns bis ans Ende.
A Dich preisen wir in Ewigkeit. Amen.

L Das zweite Vatikanische Konzil sagt: Der irdische Friede, der seinen Ursprung in der Liebe zum Nächsten hat, ist aber auch Abbild und Wirkung des Friedens, den Christus gebracht hat und der von Gott dem Vater ausgeht. Dieser menschgewordene Sohn, der Friedensfürst, hat nämlich durch sein Kreuz alle Menschen mit Gott versöhnt und die Einheit aller in einem Volk und in einem Leib wiederhergestellt. Er hat den Haß an seinem eigenen Leib getötet und hat, erhöht in seiner Auferstehung, den Geist der Liebe in die Herzen der Menschen ausgegossen. —

V Gott Heiliger Geist, du wohnst in den Menschen und machst sie bereit für die Ankunft des Herrn. Wir bitten dich:
A Komm, Heiliger Geist, / entzünde in uns das Feuer deiner Liebe, / damit wir von der Sünde frei werden und Frieden stiften.
V Erleuchte die Herzen der Menschen, daß die Hoffnung auf den Frieden Christi, den die Welt nicht geben kann, sie stark mache für die Werke des Friedens in dieser Welt.
A Laß uns nicht mutlos werden, wenn Streit und Krieg auf der Erde mächtig bleiben. / Stärke den Glauben an das kommende Reich, / damit wir Christus nachfolgen, dem König des Friedens.
V Denn in dir ist uns die Güte des Vaters durch den Sohn geschenkt.
A Dich preisen wir in Ewigkeit. Amen.

3 FÜR ALLE, DIE VERANTWORTUNG UND EINFLUSS HABEN

L Auf den ersten Seiten der Bibel lesen wir: Gott segnete die Menschen und sprach zu ihnen: Seid fruchtbar und vermehrt euch, bevölkert die Erde und unterwerft sie euch.

(Gen 1,28)

V Der Schöpfungsauftrag hat den Menschen zum Herrn **(789)** der Erde gemacht. Von Generation zu Generation ging dieser Auftrag weiter. Die Menschen haben immer neue Bereiche der Natur und des Kosmos erforscht und gelernt, die Umwelt zu beherrschen. Der Schöpfungsbericht sagt abschließend: Gott sah, daß alles, was er gemacht hatte, sehr gut war. Hat der Mensch seinen Auftrag erfüllt? —

V Herr, du hast den Menschen vielerlei Einfluß und Herrschaft auf der Erde gegeben. Wir bitten dich für alle, die Verantwortung haben: Daß sie die Lebensordnung der Natur erhalten und nicht kurzsichtig selbst zerstören,
A gib ihnen den Geist der Einsicht und des Maßes.
V Daß sie bereit sind, die Güter der Erde gerecht zu verteilen und den eigenen Wohlstand nicht über das Gemeinwohl zu stellen,
A gib ihnen den Geist der Einsicht und des Maßes.
V Daß Techniker und Wissenschaftler die Lebensbedingungen der Menschheit verbessern und nicht schmälern oder gar zerstören,
A gib ihnen den Geist der Einsicht und des Maßes.

L So lesen wir beim Propheten Ezechiel: Wehe den Hirten Israels, die nur für sich selbst sorgen! Müssen die Hirten nicht für die Herde sorgen! — Die schwachen Tiere stärkt ihr nicht, die kranken heilt ihr nicht, die verletzten verbindet ihr nicht, die verscheuchten holt ihr nicht zurück, die verirrten sucht ihr nicht, und die starken mißhandelt ihr. Und weil sie keinen Hirten hatten, zerstreuten sich meine Schafe und wurden eine Beute der wilden Tiere. Keiner kümmert sich um sie, niemand sucht sie. (Ez 34,2–6)

V Mit dieser Bildrede meint der Prophet die Führer und Verantwortlichen des Volkes. Er zeigt ihnen, daß sie ihre Macht nicht haben, um sie für sich selbst zu gebrauchen. Sie sollen mit der Macht Gutes tun für die Menschen: Schwache kräftigen, Kranke heilen, Versprengten und Verirrten Heimat geben und Starke und Gesunde mitwirken lassen. —

(789) V Herr, wir bitten dich: Präge das Bild des Hirten den Herzen aller Verantwortlichen ein. Gib allen, die Einfluß haben, Mut, damit sie nicht schweigen, wenn Mißstände aufzudecken sind.
A Erleuchte sie, damit sie erkennen, was recht ist, / und alles tun, was den Völkern Frieden bringt.
V Stärke auch unser Selbstvertrauen, damit wir bereit und fähig sind, zum Wohl der Menschen Verantwortung zu übernehmen. Hilf uns, die Sorge um die Zukunft der Menschheit mitzutragen.
A Denn du hast uns Macht gegeben über die Erde. / Dich preisen wir in Ewigkeit. Amen.

4 PLAGEN DER MENSCHHEIT

Krankheit

L Herr, du Gott meines Heils, zu dir schreie ich am Tag und bei Nacht. Denn meine Seele ist gesättigt mit Leid, mein Leben ist dem Totenreich nahe. Mein Auge wird trübe vor Elend. (Ps 88,2.4.10)
V Worte wie Aussatz, Pest, Krebs lassen uns den Schrecken spüren, der die Menschheit immer wieder befällt. Krankheit bedroht das Leben, macht einsam, abhängig und hilflos. —

V Herr des Lebens, höre den Ruf der Kranken:
A Herr, erbarme dich.
V Wir bitten dich:
A Hilf, daß Forscher und Ärzte die Krankheit erfolgreich bekämpfen,
V daß mehr Menschen zur Pflege der Kranken bereit sind,
A daß wir für unsere Gesundheit dankbar sind.

5 Hunger

L Ich sah ein schwarzes Pferd; und der auf ihm saß, hielt eine Waage in der Hand. Und ich hörte Worte: Ein Maß Weizen für einen Denar und drei Maß Gerste für einen Denar. (Offb 6,5–6)

V Die Erde ist fruchtbar, und doch haben die meisten Men- (789)
schen zu wenig zu essen. Täglich verhungern Tausende. —

V Schöpfer der Erde, höre den Ruf der Hungernden:
A Herr, erbarme dich.
V Wir bitten dich:
A Hilf, daß die Menschen die Fruchtbarkeit der Erde besser nutzen und erhalten,
V daß sie die Gaben der Erde gleichmäßiger verteilen und alle satt werden,
A daß wir mit dankbarem Herzen genießen, was die Erde uns schenkt.

Krieg 6

L Dann zog ein anderes Pferd aus, es war feuerrot. Und er, der auf ihm saß, erhielt die Macht, den Frieden von der Erde zu nehmen; die Menschen sollten einander hinschlachten. Und es wurde ihm ein großes Schwert gegeben.
(Offb 6,3–4)

V Wir kennen keine Zeit der Geschichte, die ohne Krieg war. Krieg bedeutet Tote, Verwundete, Gefangene, Verlassene; bedeutet Haß, Zerstörung, Hunger und Armut, Trauer und Angst. —

V Gott des Friedens, höre den Schrei der Opfer des Krieges:
A Herr, erbarme dich.
V Wir bitten dich:
A Hilf, daß die Mächtigen sich um Frieden und Versöhnung bemühen,
V daß die Völker einander helfen, die Wunden des Krieges zu heilen,
A daß wir Kinder des Friedens werden.

Unwissenheit 7

L Da sprach der Herr: Mir sollte es nicht leid sein um Ninive, die große Stadt, in der mehr als hundertzwanzigtausend Menschen leben, die nicht einmal rechts und links unterscheiden können?
(Jona 4,11)

(789) V Unwissenheit ist die Quelle vieler Übel: Armut, Unfreiheit, Aberglaube, Verführung, Irrtum. —

V Vater der Menschen, höre das Rufen der Armen und Unwissenden:
A Herr, erbarme dich.
V Wir bitten dich:
A Hilf, daß alle Kinder Schulen besuchen können,
V daß die Lehrer vermitteln, was wahr und gut ist,
A daß wir selbst bereit sind zu lernen, solange wir leben.

8 Unfreiheit

L Gott ließ den König der Kaldäer gegen sein Volk heranrücken. Dieser tötete ihre jungen Krieger mit dem Schwert und verschonte keinen jungen Mann und keine junge Frau, keinen Greis und Betagten. — Den Rest, den das Schwert verschonte, führte er in die Verbannung nach Babel. Dort mußten sie ihm als Sklaven dienen. (2 Chr 36, 17.20)
V Die Sklaverei ist in allen Ländern abgeschafft. Trotzdem sind die Unterdrückten, Gefangenen, Ausgestoßenen, Vertriebenen nicht zu zählen. —

V Gott der Freiheit, höre den Ruf der Gefangenen:
A Herr, erbarme dich.
V Wir bitten dich:
A Hilf, daß die Macht der Gewalttätigen gebrochen wird,
V daß sich mehr Menschen für die Freiheit der anderen einsetzen,
A daß wir unsere Freiheit in der rechten Weise gebrauchen.

9 Tod

L Dann sah ich ein fahles Pferd; und er, der auf ihm saß, er hieß „der Tod"; und die Welt des Todes zog hinter ihm her. Ihnen wurde Macht gegeben, zu töten durch Schwert, Hunger und Tod. (Offb 6,8)
V Der Tod ist unser Schicksal. Er reißt Menschen mitten aus dem Leben, zerstört Bindungen, Pläne, Hoffnungen. —

V Herr des Lebens, höre den Schrei der Sterbenden:
A Herr, erbarme dich.
V Wir bitten dich:
A Hilf, daß sich die Sterbenden deiner Liebe anvertrauen,
V daß die Verlassenen und Einsamen getröstet werden,
A daß wir die Todesfurcht ertragen, / weil wir auf das Leben bei dir hoffen.

V Unser Vater im Himmel, erlöse uns von allem Bösen und gib Frieden in unsern Tagen; bewahre uns vor Verwirrung und Sünde, damit wir voll Zuversicht das Kommen unseres Erlösers Jesus Christus erwarten.
A Denn dein ist das Reich und die Kraft und die Herrlichkeit in Ewigkeit. Amen.

ZUSAMMENLEBEN DER MENSCHEN

790
1

V Wir beten für das Zusammenleben der Menschen. Wir sind e i n e Menschheit, aber es gibt verschiedene Völker und Rassen.
A Wir tragen alle das gleiche menschliche Antlitz, / aber es gibt verschiedene Gruppen, / es gibt Mehrheiten und Minderheiten, / Einheimische und Fremde.
V Wir bewohnen alle die gleiche Erde, aber es gibt Arme und Reiche, Junge und Alte, Männer und Frauen.
A Wir sind Kinder desselben Vaters, / aber es gibt Christen und Juden, / Moslems und Heiden, / Gläubige und Ungläubige.
L Aus dem Buch Levitikus. — Ich bin der Herr. Wenn sich ein Fremder in eurem Land aufhält, sollt ihr ihn nicht unterdrücken. Er soll bei euch wie ein Einheimischer sein, und du sollst ihn lieben wie dich selbst. (Lev 19,33–34)
V Das Gesetz des Mose mahnt die Mehrheiten, die Besitzenden, die Mächtigen, daß sie den Minderheiten, den Armen, den Fremden, den Ohnmächtigen die gleichen Rechte einräumen und sie nicht unterdrücken. — Wir beten:

(790) A Allmächtiger Gott, gib den Starken Einsicht, daß sie die Schwachen fördern. / Hilf den Völkern und Rassen, daß sie einander achten und freundschaftlich begegnen. / Steh den Unterdrückten bei, damit sie gleiches Recht finden wie die andern. / Dies erbitten wir durch Christus, unsern Herrn.

L Aus dem Propheten Jeremia. — So spricht der Herr zur ganzen Gemeinde der Verbannten, die von Jerusalem nach Babel weggeführt wurden: Baut Häuser und wohnt darin, pflanzt Gärten und eßt ihre Früchte. Bemüht euch um das Wohl der Stadt, in die ich euch weggeführt habe, und betet für sie zum Herrn; denn in ihrem Wohl liegt euer Wohl.

(Jer 29,4.5.7)

V Der Prophet mahnt die Vertriebenen, im fremden Land heimisch zu werden. Minderheiten sollen sich nicht selbst aussperren, kleine Gruppen sich nicht abkapseln. — Wir beten:
A Gott aller Menschen, / hilf denen, die in der Fremde leben, eine neue Heimat zu finden; / erfülle auch die Minderheiten und kleinen Gruppen mit dem Geist der Zusammenarbeit, / damit alle dem Wohl des Ganzen dienen. / Wehre dem Terror und der Gewalttätigkeit, / mit denen Menschen ihre Konflikte untereinander lösen wollen. / Dies erbitten wir durch Christus, unsern Herrn.

L Aus dem Römerbrief. — Vergeltet niemand Böses mit Bösem. Seid allen Menschen gegenüber auf Gutes bedacht. Soweit es euch möglich ist, haltet mit allen Menschen Frieden.

(Röm 12,17—18)

V Das Zusammenleben der Gruppen und Völker kann nur dann besser werden, wenn die einzelnen lernen, miteinander in Frieden zu leben. — Wir beten:
A Gott, unser Vater, / hilf uns, daß wir immer mehr einander achten lernen; / gib uns Kraft zum Frieden in der Familie, am Arbeitsplatz, in der Freizeit. / Laß Männer und Frauen, Junge und Alte, Menschen verschiedener Überzeugung / einander ertragen und einander Gutes tun. / Dies erbitten wir durch Christus, unsern Herrn.

DAS ALLGEMEINE GEBET (790) 2

V Allmächtiger, ewiger Gott; Herr, himmlischer Vater! Sieh an mit den Augen deiner Barmherzigkeit den Jammer der Menschen, ihr Elend und ihre Not. Erbarme dich aller Gläubigen, für die dein Sohn, unser Herr und Heiland Jesus Christus, sich freiwillig in die Hände der Sünder gegeben und sein kostbares Blut am Stamm des Kreuzes vergossen hat.
A Durch diesen Herrn Jesus Christus / wende ab, gütiger Vater, die wohlverdienten Strafen, / gegenwärtige und zukünftige Gefahren, / Aufruhr, Krieg, Teuerung, / Krankheiten und unheilvolle Zeiten.

V Erleuchte und stärke in allem Guten die geistlichen und weltlichen Vorgesetzten, damit sie alles fördern, was deiner Ehre und unserm Heil dient, zum allgemeinen Frieden und zur Wohlfahrt der ganzen Welt.
A Verleihe uns, o Gott des Friedens, / rechte Vereinigung im Glauben ohne alle Spaltung und Trennung. / Bekehre unsere Herzen zur wahren Buße und Besserung des Lebens. / Entzünde in uns das Feuer deiner Liebe. / Gib uns Eifer und Hunger nach aller Gerechtigkeit, / damit wir, deinem Willen gehorsam, im Leben und Sterben dir angenehm und wohlgefällig sind.

V Wir bitten dich, wie du willst, o Gott, daß wir bitten sollen, für unsere Freunde und Feinde, für Gesunde und Kranke, für Betrübte und Bedrängte, für Lebende und Verstorbene.
A Dir, o Gott, sei empfohlen unser Tun und Lassen, / unser Handel und Wandel, / unser Leben und Sterben. / Laß uns hier in deiner Gnade leben / und dort in der Gemeinschaft der Heiligen dich ewig loben und ehren. / Das verleihe uns, Herr, himmlischer Vater, / durch Jesus Christus, deinen lieben Sohn, unsern Herrn und Heiland, / der mit dir und dem Heiligen Geiste als gleicher Gott lebt und herrscht in Ewigkeit. Amen.

(790) VOR EINER REISE

3

L Ich hebe meine Augen auf zu den Bergen: Woher kommt mir Hilfe?
(Ps 121,1)

V Wir stehen vor dem Beginn einer Reise (Fahrt, Ferien, Urlaub). Für eine Weile verlassen wir unser Heim, unsere Gemeinde und nehmen von lieben Menschen Abschied.
Wir vertrauen uns fremden Menschen an, dem Lokführer (Piloten, Schiffskapitän, Busfahrer), dem Reiseleiter, Wander- oder Bergführer. Wir sind angewiesen auf die Umsicht und Gewissenhaftigkeit unzähliger Menschen, die uns unterwegs begegnen werden, zum Beispiel der Autofahrer, der jungen Leute auf Motorrädern und Fahrrädern. — Wir sind abhängig von den Ingenieuren, Technikern und Arbeitern, die die Fahrzeuge entwickeln und bauen und warten und reparieren. — Wir sind angewiesen auf die Zuverlässigkeit der Technik, daß Verkehrsampeln und Bahnschranken funktionieren. Wir sind verwiesen auf unsere eigene Aufmerksamkeit im Verkehr. Wir brauchen unterwegs Menschen, die für unser Essen und Trinken sorgen. Vielleicht muß uns einer den richtigen Weg zeigen.

V So bitten wir dich, Herr, unser Gott: Behüte uns in all den Ungewißheiten unserer bevorstehenden Reise (Fahrt, Ferien).
A Lenke Sinn und Hände aller Menschen, auf die wir angewiesen sind. / Schick uns freundliche und willige Helfer / und hilf uns selbst, freundliche und aufmerksame Gefährten zu sein. / Darum bitten wir dich durch Christus, unsern Herrn. Amen.

Es folgt Psalm 121 Nr. 752

Andacht zum Totengedenken 791

V Gott ist der Herr über Leben und Tod; ihn beten wir an.
A Gott ist der Herr über Leben und Tod; / ihn beten wir an.
V Laßt uns hintreten vor ihn in Gemeinschaft mit allen, die er aus unserer Mitte zu sich gerufen hat.
A Ihn beten wir an.
V Nahe ist uns der Herr. Bedenken wir den Tod: Nur ein Hauch trennt Zeit von Ewigkeit.
A Gott ist der Herr über Leben und Tod; / ihn beten wir an.

MIT CHRISTUS STERBEN 1

L Der Apostel sagt: Trauert nicht wie die andern, die keine Hoffnung haben. — Aber auch uns bedrückt das Todeslos. Sollen wir da nicht trauern? Wir sind Menschen, die Schmerz empfinden. Wir sträuben uns, Leib und Leben preiszugeben. Die Nacht des Todes ist allen dunkel. Die Last des Kreuzes drückt auf Sterbende daheim, in Krankenhäusern, auf den Straßen, in den Katastrophen. Nie verstummt der Schrei: Mein Gott, mein Gott, warum hast du mich verlassen? Christus selbst geht in den Tod; er erleidet ihn.
A Aus der Tiefe rufe ich, Herr, zu dir; /
Herr, höre meine Stimme!

L Immer wieder wird Hoffnung auf Leben und Rettung zuschanden. Noch so drängende Bitten bleiben unerhört. Führt der Weg nach Golgota, sagen wir mit Petrus: Das soll Gott verhüten; das darf nicht geschehen. — Wir haben auf ein Wunder gehofft; wir haben nicht mit dem Unglück, nicht mit der Katastrophe gerechnet. Bitterer Schmerz stößt die Klage aus: Unfaßbar, allzufrüh! — Wann schlägt uns die Stunde? Christus kennt sie. Früh, in seinem jungen, scheinbar unerfüllten Leben geht er seiner Stunde, seinem Tod entgegen.

(791) A Des Menschen Tage sind wie Gras, / er blüht wie die Blume des Feldes. / Fährt der Wind darüber, ist sie dahin.

L Die Tränen der Frau von Nain versiegen nicht. Es weinen Mütter, Väter, Kinder, Freunde über den Tod ihrer Lieben. Mit Marta sprechen sie: Herr, wenn du hier gewesen wärst, dann wäre mein Bruder nicht gestorben. — Menschliche Liebe und Anteilnahme können uns trösten. Aber mehr bedeutet es, wenn Christus uns beim Tode nahe ist. Er sagt: Dein Bruder wird auferstehen.
A Herr, wir glauben, daß du der Sohn Gottes bist.

L Niemand kann mit uns durch den Tod gehen, kein Mensch, auch der liebste nicht. Nur Christus kann es. Ohne ihn wären wir allein in dieser dunklen Stunde. Wie das Menschenleben, so hat er auch den Tod des Menschen ganz in sich aufgenommen. Er kennt den Weg, er weiß, daß er nicht im ewigen Dunkel bleibt. So bleiben wir nicht allein. Sterben wir, so sterben wir mit Christus. Dadurch nimmt er uns auch das schlimmste Bangen: die Angst vor dem Nichts. Christus wird mit uns in der Todesangst sein. Er hilft, daß wir Ja sagen zum Willen des Vaters.
A Vater, nicht mein, sondern dein Wille geschehe.   STILLE

V Herr Jesus Christus, du bist betend in den Tod gegangen. Du hast dein Leiden und Sterben durch das Gebet geheiligt. So bitten auch wir:
Hilf den Sterbenden, zum Vater aufzuschauen und ihm ihr Leben anzuvertrauen.
A Herr, erbarme dich.
V Steh für sie ein beim Vater und laß sie mit dir im Paradies sein.
A Herr, erbarme dich.
V Sei ihnen nah und sei ihre Wegzehr bis zum Ende ihrer Wanderschaft.
A Herr, erbarme dich.
V Hilf den Verlassenen, in gegenseitiger Liebe das zu ergänzen, was sie in den Verstorbenen verloren haben.
A Herr, erbarme dich.

V Herr, wir wissen, daß du bei den Sterbenden bist. Du (791)
bist denen nah, die dich lieben; du gehst mit denen in den
Tod, die an dich glauben. Gib ihnen die ewige Freude.
Leuchte ihnen als ewiges Licht und laß sie ruhen im Frieden.
A Amen.

MIT CHRISTUS AUFERSTEHN 2

L Wir sind nicht für den Tod geschaffen. Unser Gott ist
ein Gott der Lebenden. Seinen Sohn ließ er nicht im Totenreich. Seinen Heiligen ließ er nicht schauen die Verwesung.
Über allen christlichen Gräbern leuchtet die österliche Sonne
der Hoffnung: Wir werden auferstehn. Christus ist der
Erstgeborene, der Ersterstandene von den Toten. — Was
sucht ihr den Lebenden bei den Toten? Er ist auferstanden.
Er ist nicht hier.
A Sind wir mit Christus gestorben, / so glauben wir,
daß wir auch mit ihm leben werden.

L Ohne Christus steigt niemand empor. Ich bin die Auferstehung, sagt er; die Stunde kommt, und jetzt ist sie da,
in der die Toten die Stimme des Gottessohnes hören. —
Ich bin das Leben. Wer an mich glaubt, wird leben, auch
wenn er stirbt. Und jeder, der lebt und an mich glaubt, wird
in Ewigkeit nicht sterben.
A Herr, ich glaube: du bist der Messias, / der Sohn des
lebendigen Gottes.

L Christus führt uns empor. Denn er hat uns erkauft und
zu seinem Eigentum gemacht. Bei der Taufe sind wir in
seinen Tod hineingezogen und mit ihm begraben worden.
Und wenn sein Tod auch unser Tod ist, so wird seine Auferstehung auch unsere Auferstehung sein.
A Wir sind Miterben Christi. / Er ist der Erstgeborene von
den Toten.

L Der Weg aus dem Tod ins Leben ist freigemacht. Im
Augenblick des Todes ist das Leben geboren. Christus hat
den Tod überwunden. Die Bande des Todes sind zerrissen,

(791) die Ketten gesprengt. Der Tod hat keine Macht mehr, sein Opfer zu halten. Der Tod ist tot, das Leben lebt.
A Tod, wo ist dein Sieg? / Tod, wo ist dein Stachel? / Gott sei Dank, weil er uns den Sieg geschenkt hat durch unsern Herrn Jesus Christus. STILLE

V Gott und Vater, du hast uns das Vertrauen ins Herz gesenkt, daß wir zu dir kommen dürfen mit unsern Bitten. Wende uns dein Ohr zu:
Gib unsern Verstorbenen Anteil an der Auferstehung deines Sohnes.
A Wir bitten dich, erhöre uns.
V Reinige sie durch sein Blut von aller Schuld und Sünde.
A Wir bitten dich, erhöre uns.
V Laß sie bestehen im Gericht des Menschensohns.
A Wir bitten dich, erhöre uns.
V Führe sie bald zu deiner beseligenden Anschauung.
A Wir bitten dich, erhöre uns.
V Stärke unsern österlichen Glauben und bewahre die Sterbenden vor dem Dunkel des Zweifels und des Unglaubens. Durch Christus, unsern Herrn. A Amen.

3 MIT CHRISTUS LEBEN BEIM VATER

L Das im Tod aufbrechende Leben ist ein Geheimnis. Erst in der Vollendung dürfen wir schauen, wie Gott ist. Von diesem Leben können wir jetzt nur in Bildern reden.
A Kein Auge hat gesehen und kein Ohr gehört, / in keines Menschen Sinn ist es gekommen, / wie Großes Gott denen bereitet hat, die ihn lieben.

L Christus bereitet uns die ewige Heimat beim Vater. Er sagt: Im Hause meines Vaters sind viele Wohnungen. Ich gehe hin, euch einen Platz zu bereiten. Er spricht das erlösende Wort Kommt her, die ihr von meinem Vater gesegnet seid, nehmt das Reich in Besitz, das am Anfang der Welt für euch geschaffen worden ist.
A Wir danken dir, Vater. / Du hast uns der Macht der

Finsternis entrissen / und in das Reich deines geliebten **(791)**
Sohnes aufgenommen.

L Dies ist das kostbare Erbe, das uns Christus hinterlassen hat. Wir werden mit ihm beim Vater sein. — Vater, ich will, daß alle, die du mir gegeben hast, dort bei mir sind, wo ich bin; sie sollen meine Herrlichkeit schauen, die du mir gegeben hast vor Beginn der Welt.
A Dein Reich komme; / denn dein ist das Reich und die Kraft und die Herrlichkeit in Ewigkeit.

L Christus führt uns zur Ruhe in Gott. Kommt alle zu mir, die ihr euch plagt und unter Lasten stöhnt. Ich werde euch Ruhe verschaffen. — Die Seelen der Gerechten sind in Gottes Hand; sie haben nie mehr Qualen zu erdulden, sie sind im Frieden.
A Du hast uns für dich geschaffen, / und unruhig ist unser Herz, bis es ruht in dir.

L Es ist die Stunde, da wir Sünder heimkehren zum barmherzigen Vater. Er sprach von Anfang an: Ich will dich nie verlassen, nie vergessen. Trotz unsrer Sünde gibt er uns nie auf. Er hat uns gesucht und zurückgekauft. — Heute müssen wir ein Fest feiern. Dein Bruder war tot und lebt wieder; er war verloren und wurde wieder gefunden.
A Was ist der Mensch, daß du an ihn denkst, / des Menschen Kind, daß du dich seiner annimmst? / Du hast ihn mit Herrlichkeit und Ehre gekrönt.

L Die Unreinen dürfen nicht vor Gott stehen. Darum reinigt er den, der sich ihm zuwendet, und ergänzt, was ihm fehlt. Sollen wir also betrübt sein? Sollen wir uns nicht trösten dürfen, daß unsere Angehörigen, daß die Verstorbenen eingehen dürfen in die Liebe Gottes? Sie haben ihr Ziel erreicht, das einzige Ziel, das der Mensch wirklich hat. Darum sollen wir nicht trauern und klagen, als wären sie verloren. Der Tod, in den wir uns ergeben in Christi Namen, wird uns retten und vereinen für immer. — Trennung, Trauer und Klage wird in Zukunft nicht mehr sein. Gott wird jede Träne abwischen.

(791) A Der auf dem Thron saß, sprach: Neu mache ich alles. / Alles ist Licht in Gott. / In ihm werden wir uns wiedersehen und einander wiederfinden. STILLE

V Wir danken dir, ewiger Gott. Du läßt uns Wohltaten empfangen durch Menschen, die du in unser Leben führst. Viele von ihnen hast du heimgeholt zu dir.
A Wir danken dir für alle Menschen, die uns nahestanden, / die uns lieb waren im Leben.
V Wir danken dir für die Gemeinschaft, die uns mit ihnen verband, für den Frieden, den sie brachten, für alles Gute, das sie uns schenkten.
A Sind sie uns auch durch den Tod entrissen, / so freuen wir uns im Glauben, daß sie aufgenommen sind bei dir.
V Wir bitten dich: Nichts möge verloren sein von dem, was in ihrem Leben gut war. Nimm ihr Leben an, erfüllt von Freude und Leid, Größe und Schwachheit.
A Herr, gib ihnen die ewige Ruhe.
V Schenk unsern lieben Eltern, Geschwistern, Verwandten, Mitarbeitern, Freunden und Wohltätern die Vollendung bei dir. Vergilt ihnen das Gute, das sie getan haben.
A Herr, laß ihnen leuchten das ewige Licht.
V Nimm unser Gebet an für die Priester, die in Christi Auftrag für uns wirkten. Laß sie ausruhen von ihren Mühen.
A Herr, gib ihnen die ewige Freude.
V Allen, die dich im Glauben bekannt haben, schenk den Lohn des Glaubens. Jenen, die der Erlösung noch am fernsten sind, komm mit deinem Erbarmen zu Hilfe.
A Herr, nimm sie auf in deinen Frieden.
V Die Opfer des Krieges, der Not und der Verfolgung führe in deine Ruhe und in deinen Frieden.
A Herr, gib ihnen das ewige Leben.
V Herr über Leben und Tod, dir, dem dreieinigen Gott, sei Ehre und Dank jetzt und in Ewigkeit. A Amen.

Diözesananhang für das Bistum Aachen

Diözesangebete

Weihe des Bistums Aachen an die Himmelskönigin 801

V Heilige Mutter Maria, du bist mit Leib und Seele in den Himmel aufgenommen. Wir ehren dich in herzlicher Liebe und Zuneigung. Du bist erwählt, Mutter Gottes zu sein.
A Du hast Christus geboren, den Erlöser der Welt, der uns alle Gnade spendet.
V Du bist die Mutter der Kirche. Mit der Kirche auf dem ganzen Erdenrund ehren wir deinen Namen. Dir sind für alle Zeit die Stadt und das Bistum Aachen geweiht.
A Dir vertrauen wir uns an. Breite über uns den Mantel deiner schützenden Liebe aus.
V Königin des Himmels wirst du genannt. Wache mit königlicher Güte und Sorge über unser Bistum.
A Erhalte es im Glauben der Kirche und in der Treue zur Botschaft deines Sohnes Jesus Christus.
V Du bist die Zuflucht der Sünder. Laß uns Gnade und Barmherzigkeit finden im Gericht, zu dem dein Sohn wiederkommen wird am Ende der Zeiten.
A Du bist die Trösterin der Betrübten. Stehe allen bei, die dich in der Not und Sorge des irdischen Lebens anrufen.
V Wache mit deiner sorgenden Liebe über Feld und Flur, über Fabriken und Betriebe, über alle, die sich mühen um das tägliche Brot und um ein menschenwürdiges Dasein für alle.
A Wir empfehlen dir unser Vaterland und alle, die für die öffentlichen Aufgaben verantwortlich sind.
V Jungfräuliche Mutter, zeige der Jugend unseres Bistums den Weg eines gläubigen Lebens, das aufbaut auf Gottes Wort.
A Mutter des Guten Rates, beschütze unsere Familien und erbitte ihnen den Geist der Treue und der Liebe, der Eintracht und des Friedens.
V Nimm Anteil an den Sorgen unseres Bischofs und am Wirken aller Priester und Helfer, die in unserem Bistum tätig sind.

(801) A Gedenke der Gesunden und der Kranken, der Gefährdeten und Verlassenen, der Eifrigen und der gleichgültig Gewordenen. Führe alle mit starker Mutterhand in die beglückende Gemeinschaft des dreieinigen Gottes. Amen.

Gebet zu den heimatlichen Heiligen

2 L Schwestern und Brüder, ihr seid nicht mehr Fremde ohne Bürgerrecht, sondern Mitbürger der Heiligen und Hausgenossen Gottes. Ihr seid auf das Fundament der Apostel und Propheten gebaut; der Schlußstein ist Christus selbst.
V Herr, unser Gott, du hast Männer und Frauen bestellt, die das Land, in dem wir wohnen, deinem Reich erworben und zu einem christlichen Land gemacht haben. Du hast sie uns zu Vorbildern und Beschützern gegeben, damit wir den Weg weitergehn, den sie unsern Vorfahren und uns geebnet haben.
A Höre uns, die wir zu dir rufen, und nimm dich der Anliegen an, die wir dir vortragen.
V Göttlicher Erlöser, Stätten der Wallfahrt und gläubiger Verehrung, der Erinnerung an deine Mutter Maria und an die Heiligen, die deinem Reich dienten, sind unserem Land zu Quellen des Glaubens und der Lebenstreue geworden.
A Lob sei dir, Christus.
V Du hast **Maria,** deine Mutter, mit Leib und Seele in die Herrlichkeit des Vaters aufgenommen. Du hast sie mit Ehre gekrönt und uns als unsere Mutter gegeben.
A Wir stellen uns unter ihren mütterlichen Schutz. Erhöre uns, die wir auf ihre Fürsprache vertrauen.
V Die heilige Mutter **Anna** wird in unserem Bistum verehrt. Sie war die Mutter der Jungfrau Maria, die den Erlöser gebar.
A Heilige Mutter Anna, schütze unsere Familien.
V **Laurentius,** der Apostel helfender Liebe, ist vielen Gemeinden Patron.
A Heiliger Laurentius, stärke unsere Liebe zur Hilfe in aller Not.
V **Kornelius,** der Papst, und **Dionysius,** der Bischof, haben im Martertod ihren Glauben bezeugt.

A Stärkt uns im Glauben zwischen Irrtum und Widerspruch, damit wir hinfinden zum Licht der ewigen Wahrheit.

V Papst **Leo** gab unserem Dom die Weihe. **Vitus** und **Leopardus** opferten ihr Leben, der eine als jugendlicher Held, viel verehrt als Helfer in großer Not; der andere, der aus weiter Ferne sein Grab in unserem Dom gefunden hat.

A Macht uns stark gegen alles, was uns bedroht, damit wir als treue Knechte erfunden werden wie ihr.

V Die heiligen **Martin, Severin** und **Willibrord** kamen in unser Land als Boten des Glaubens. **Petrus Canisius** gab ihm Bestand in verwirrender, undurchsichtiger Zeit.

V Die heiligen Bischöfe **Lambert** und **Hubert** waren Baumeister der Kirche in unseren Landen. Grundfesten bauten sie, die bis heute nicht wanken. **Benedikt von Aniane** brachte den Segen betender und büßender Mönche. Heilige waren sie, die noch leuchten in unsere Zeit hinein.

A Helft uns mit dem, was wir ererbt haben, weiter zu bauen und die Not unserer Zeit zu meistern.

V Der heilige **Arnold** war ein Freund der Armen in der Zeit des Großen Kaisers Karl; **Hermann Josef** durchzog das Land und war Helfer in geistiger und materieller Not.

A Bittet für uns, daß unsere Augen die Not sehn; daß unsere Hände die Kraft finden zu helfen; daß wir Zeugen der Liebe Gottes sind.

V Heilige Frauen mit einem Herzen für die Not der Armen und die Schmerzen der Kranken durchzogen unser Land. **Irmgard** *von Süchteln,* **Franziska** *von Aachen* und **Maria Theresia** *Wüllenweber* lebten in unserem Land. Ihr Herz brannte im Verlangen, aller Not zu begegnen.

A Laßt die opferbereite Liebe nicht erlöschen in unserem Land. Macht uns zu Zeugen jener Liebe, die der Vater in seinem Sohn zu uns gesandt hat.

V Laßt uns beten. Himmlischer Vater, im Leben der Heiligen hast du uns den Weg christlicher Lebensgestaltung gewiesen. Erfülle uns mit jenem Geist, der die Heiligen stark machte zum Zeugnis für dein Wort, damit wir zu ihrer Gemeinschaft hinfinden. Durch Christus, unsern Herrn.

A Amen.

Texte aus dem Meßbuch zu den Sonntagen und Hochfesten des Jahres

802

1 Gloria

P Ehre sei Gott in der Höhe
A und Friede auf Erden den Menschen seiner Gnade.
P Wir loben dich,
A wir preisen dich,
P wir beten dich an,
A wir rühmen dich und danken dir,
denn groß ist deine Herrlichkeit:
P Herr und Gott, König des Himmels,
Gott und Vater, Herrscher über das All,
A Herr, eingeborener Sohn, Jesus Christus.
P Herr und Gott, Lamm Gottes, Sohn des Vaters,
A du nimmst hinweg die Sünde der Welt:
erbarme dich unser;
P du nimmst hinweg die Sünde der Welt:
nimm an unser Gebet;
A du sitzest zur Rechten des Vaters:
erbarme dich unser.
P Denn du allein bist der Heilige,
A du allein der Herr,
P du allein der Höchste:
Jesus Christus,
P + A mit dem Heiligen Geist,
zur Ehre Gottes des Vaters.
Amen.

Credo

P Wir glauben an den einen Gott, den Vater, den Allmächtigen,
A der alles geschaffen hat, Himmel und Erde, die sichtbare und die unsichtbare Welt.
P Und an den einen Herrn Jesus Christus, Gottes eingeborenen Sohn, aus dem Vater geboren vor aller Zeit:
A Gott von Gott, Licht vom Licht, wahrer Gott vom wahren Gott,
P gezeugt, nicht geschaffen, eines Wesens mit dem Vater, durch ihn ist alles geschaffen.
A Für uns Menschen und zu unserm Heil ist er vom Himmel gekommen, hat Fleisch angenommen durch den Heiligen Geist von der Jungfrau Maria und ist Mensch geworden.
P Er wurde für uns gekreuzigt unter Pontius Pilatus, hat gelitten und ist begraben worden, ist am dritten Tage auferstanden nach der Schrift und aufgefahren in den Himmel.
A Er sitzt zur Rechten des Vaters und wird wiederkommen in Herrlichkeit, zu richten die Lebenden und die Toten; seiner Herrschaft wird kein Ende sein.
P Wir glauben an den Heiligen Geist, der Herr ist und lebendig macht, der aus dem Vater und dem Sohn hervorgeht,
A der mit dem Vater und dem Sohn angebetet und verherrlicht wird, der gesprochen hat durch die Propheten,
P und die eine, heilige, katholische und apostolische Kirche.
A Wir bekennen die eine Taufe zur Vergebung der Sünden.
P Wir erwarten die Auferstehung der Toten
P + A und das Leben der kommenden Welt. Amen.

Die Nummern 803 bis 825 entfallen ab der Auflage 1986.
Dafür sind ab Seite 1023 die Nummern 001—054 neu aufgenommen.

Die mit K gekennzeichneten Gesänge sind für Kindergottesdienste gedacht.

Gesänge im Kirchenjahr

Der Advent

827

1. O Gott im höchsten Himmelsthron, send doch herab dein lieben Sohn, uns arme Menschen zu erlösen, zu machen heilig, fromm und recht durch seine Lehr uns arme Knecht, entreiß uns der Gewalt des Bösen!

2. Von unsern Vätern hörten wir, / daß ihnen Zusag kam von dir / durch Adam und durch die Propheten, / zu senden deinen Sohn zuletzt, / daß er uns löse vom Gesetz / und bring uns Heil aus allen Nöten.

3. Dieweil es nun ein lange Zeit / und alle Welt im Elend schreit, / so wollst du dich doch jetzt erbarmen / und senden uns den Heiland Christ, / danach uns groß Verlangen ist, / schick ihn herab zu Trost uns Armen.

T: Andernach 1608   M: Psalmen Ulenbergs 1582 (bei Ps. 47)

Advent

828

1. „Tauet, Himmel, den Gerechten; Wolken, regnet ihn herab!" rief das Volk in bangen Nächten, dem Gott die Verheißung gab: einst den Mittler selbst zu sehen und zum Himmel einzugehen; denn verschlossen war das Tor, bis der Heiland trat hervor. Denn verschlossen war das Tor, bis der Heiland trat hervor.

2. Voll Erbarmen hört das Flehen / Gott auf hohem Himmelsthron. / Alles Fleisch soll nunmehr sehen / Gottes Heil durch Gottes Sohn. / Schnell flog Gottes Engel nieder, / brachte diese Antwort wieder: |: „Sieh, ich bin des Herren Magd, / mir gescheh, wie du gesagt!" :|

3. Und in unsres Fleisches Hülle / kommt zur Welt des Vaters Sohn, / Leben, Licht und Gnadenfülle / bringt er uns vom Himmelsthron. / Erde, jauchze auf in Wonne / bei dem Strahl der neuen Sonne! |: Bald erfüllet ist die Zeit, / macht ihm euer Herz bereit! :|

T: Michael Denis 1774   M: Norbert Hauner, Landshut 1777

829

1. Herr, sen-de, den du sen-den willst, durch den du al-len Jam-mer stillst, der uns be-freit mit star-ker Hand und füh-ret ins ge-lob-te Land!

2. O Weisheit aus des Höchsten Mund, / die du umspannst des Weltalls Rund / und alles lenkst mit Kraft und Rat, / komm, lehr uns deiner Klugheit Pfad!

3. O Adonai, starker Gott, / du gabst dem Moses dein Gebot / auf Sinai im Wetterdräun, / streck aus den Arm, uns zu befrein!

4. O Wurzel Jesse, fest von Stand, / ein Zeichen allem Volk und Land, / dir beugt sich Fürst und König groß, / komm bald, komm bald und kauf uns los!

5. O Schlüssel Davids, Zepter du, / der alles schließt frei auf und zu, / führ uns aus der Gefangenschaft, / errett uns aus des Todes Haft!

6. O Sonne der Gerechtigkeit / des ewgen Lichtes Herrlichkeit, / geh auf, o Sonn, und leucht herab / in Finsternis und Sündengrab!

7. O König, dessen harrt die Welt, / du Eckstein, der sie eint und hält, / zum Menschen komm, o Herrscher mild, / und rett, o Gott, dein Ebenbild!

8. O Gott-mit-uns, Emmanuel, / du Fürst des Hauses Israel, / o Sehnsucht aller Völker du, / komm, führ uns deinem Frieden zu!

T: Heinrich Bone 1847 (Die sieben O-Antiphonen)
M: Herold, Choralmelodien, 1808

Advent

830

1. Ihr lieben Christen, freut euch nun, bald wird erscheinen Gottes Sohn, der unser Bruder worden ist, das ist der Herre Jesus Christ.

2. Du treuer Heiland Jesu Christ, / dieweil die Zeit erfüllet ist, / die uns verkündet Daniel, / so komm, lieber Immanuel.

3. Ach, lieber Herr, eil zum Gericht. / Laß sehn dein herrlich Angesicht, / das Wesen der Dreifaltigkeit. / Das helf uns Gott in Ewigkeit.

T: Erasmus Alber (um 1500–1553)   M: Nikolaus Herman 1560

831

1. Komm, der Völker Heiland du, Sohn der Jungfrau eil herzu, daß vor solcher Herrlichkeit staune Erd und Himmel weit.

2. Durch des Heilgen Geistes Wehn / will er in die Welt eingehn; / in der reinsten Jungfrau Schoß / wird ein Kind der Schöpfer groß.

3. Schon erglänzt die Krippe klar, / Nacht uns neues Licht gebar. / Alles Dunkle bleibe fern! / Gläubig schaun wir dich, den Herrn.

4. Gott dem Vater auf dem Thron, / Christ dem Herrn, der Jungfrau Sohn, / Gott dem Geist sei Lob geweiht / jetzt und in der Ewigkeit!

T: Neufassung von Petronia Steiner 1945
M: Nach „Veni redemptor gentium", Leisentrit 1567

832

1. Singt auf, lobt Gott, schweig niemand still, weil Gottes Sohn Mensch werden will! In unser schwaches Fleisch und Blut sich kleiden will das höchste Gut.

2. Ein Kindlein, das Gott-mit-uns heißt, / verheißen hat der Heilge Geist, / wie alles offenbar und kund / durch Isaiä wahren Mund.

3. Geboren werden soll der Welt, / so hat es der Prophet vermeldt, / ein Kind von einer Jungfrau rein, / Emmanuel soll sein Name sein!

T: Nach Friedrich v. Spee, Köln (Brachel) 1623   M: Erfurt 1630

833

1. O komm, o komm, Emmanuel, nach dir sehnt sich dein Israel! In Sünd und Elend weinen wir und flehn und flehn hinauf zu dir. Freu dich, freu dich, o Israel, bald kommt, bald kommt Emmanuel!

2. O komm, du wahres Licht der Welt, / das unsre Finsternis erhellt! / Geh auf, o Sonn, mit deiner Pracht, / vertreib den Nebel und die Nacht! / Freu dich ...

3. O komm, ersehntes Himmelskind, / und rett uns von dem Fluch der Sünd! / Wir seufzen all in schwerer Schuld, / o bring uns deines Vaters Huld! / Freu dich ...

4. O komm, Erlöser, Gottes Sohn, / und bring uns Gnad von seinem Thron! / Mit Davids Schlüssel niedersteig, / schließ auf, schließ auf das Himmelreich! / Freu dich ...

5. O komm, o komm, Gott Zebaot, / mach frei dein Volk von aller Not! / Mit Jesses neuem Herrscherstab / treib weit von uns die Feinde ab! / Freu dich ...

T: Nach „Veni, veni Emmanuel" M: Christian Felix Ackens, Aachen 1841

834

835

2. "Jungfrau, du sollst ein Kindlein empfangen, / danach tragen Himmel und Erde Verlangen; / du sollst deines Herren Mutter sein."

3. "Engel, sag an, wie soll das geschehen? / Es kann deine Worte mein Herz nicht verstehen, / da ich mich als Jungfrau Gott geweiht."

4. "Sieh, Gottes Geist wird über dich kommen, / wie Tau aus der Höhe kommt über die Blumen; / so will Gott von dir geboren sein."

5. Maria hört des Höchsten Begehren, / sprach gläubig: "Ich bin nur die Magd meines Herren, / mir möge geschehn nach deinem Wort!"

6. Lasset uns danken, preisen und loben / den gütigen Herren im Himmel da droben, / daß er uns erlöst vom ewgen Tod!

T und M: Paderborn 1617 u. Köln 1617

836

Tau - et, Him - mel, den Ge - rech - ten, Wol - ken reg - net ihn her - ab.

Die weihnachtliche Festzeit

837

1. En - gel auf den Fel - dern sin - gen, / und im Wi - der - hall er - klin - gen stim - men an ein himm - lisch Lied, / auch die Ber - ge jauch - zend mit: Glo - ri - a in ex - cel - sis De - o, De - o.

2. Sagt mir, Hirten, wem die Freude, / wem das Lied der Engel gilt! / Kommt ein König, daß die Weite / so von Jubel ist erfüllt? / Gloria ...

3. Laßt nach Betlehem uns ziehen, / das ihn birgt im armen Stall, / laßt uns betend vor ihm knien, / singen ihm mit Freudenschall: / Gloria ...

4. Hirten, nun verlaßt die Herden, / stimmt ins Lob der Engel ein, / daß die Lüfte tönend werden / von dem Klange der Schalmein: / Gloria ...

Volkslied aus Frankreich, Textübertragung: Maria Luise Thurmair

838
K

1. Uns wird erzählt von Jesus Christ, uns wird erzählt von Jesus Christ, daß er als Mensch geboren ist. daß er als Mensch geboren ist. Christ ist geboren! Christ ist geboren! Darüber freun wir uns!

2. |: Uns wird erzählt von Jesus Christ, :|
|: daß er ganz arm geworden ist. :|

3. |: Uns wird erzählt von Jesus Christ, :|
|: daß er uns Bruder worden ist. :|

4. |: Uns wird erzählt von Jesus Christ, :|
|: daß er die Tür zum Vater ist. :|

5. |: Uns wird erzählt von Jesus Christ, :|
|: daß er die Liebe Gottes ist. :|

Singordnung: In 2 Gruppen (I/II) oder Vorsänger/Alle
T und M: Kurt Rommel

839

Ein Licht erstrahlt uns heute, denn geboren ist der Herr.

840 K

2. Kommt nun alle, nehmt ein paar Geschenke mit: Flöten und Schalmein beflügeln unsern Schritt. Singt und spielt im Stalle, neigt euch gläubig alle vor dem Kind, vor dem Kind.

Volkslied aus Polen
Textübertragung: L. Holzmeister

841

Win - ter, wohl zu der hal - ben Nacht.

2. Das Röslein, das ich meine, / davon Isaias sagt: / Maria ist's, die Reine, / die uns das Blümlein bracht. / Aus Gottes ewgem Rat / hat sie ein Kind geboren / und blieb doch reine Magd.

3. Das Blümelein so kleine, / das duftet uns so süß, / mit seinem hellen Scheine / vertreibt's die Finsternis. / Wahr Mensch und wahrer Gott, / hilft uns aus allem Leide, / rettet von Sünd und Tod.

T und M: Nach Speirisches Gsb., Köln 1599, rhythmisch vereinfacht

842

1. Nun sei uns will-kom-men, Her-re Christ, der du un-ser al-ler Her-re bist! Will-kom-men uns auf Er-den, du lie-ber Hei-land! Zieh ein in uns-re Her-zen in al - le Land.

2. Nun ist uns ge-bo-ren un-ser Trost, der mit sei-nem Kreuz die Höll ein-stößt.

Eh-re sei Gott!

T: Aachener Schöffenlied 11./12. Jh.
M: „Het Paradys", Antwerpen (1621) 1638

843

1. Menschen, die ihr wart verloren, / lebet auf, erfreuet euch! / Heut ist Gottes Sohn geboren, / heut ward er den Menschen gleich. / Laßt uns vor ihm niederfallen, / ihm soll Preis und Dank erschallen: / „Ehre sei Gott, Ehre sei Gott, Ehre sei Gott in der Höhe!"

2. Welche Wunder, reich an Segen, / stellt euch dies Geheimnis dar! / Seht, der kann sich selbst nicht regen, / durch den alles ist und war. / Laßt uns ...

3. Menschen liebt, o liebt ihn wieder / und vergeßt der Liebe nie! / Singt mit Andacht Dankeslieder / und vertraut, er höret sie! / Laßt uns ...

T und M: Christoph Bernhard Verspoell, Münster 1810

844

1. Men-schen, die ihr wart ver-lo-ren, le-bet auf, er-freu-et euch!
Heut ist Got-tes Sohn ge-bo-ren, heut ward er den Men-schen gleich.
Laßt uns vor ihm nie-der-fal-len, ihm soll Preis und Dank er-schal-len:
„Eh-re sei Gott, Eh-re sei Gott, Eh-re sei Gott in der Hö-he!"

Aachener Weise 19. Jh.   T: wie Nr. 843

845

1. Ihr Hir-ten, er-wacht! Er-hellt ist die Nacht.
Wie strahlts aus der Fer-ne, Es naht sich, es naht sich die leuch-ten-de Pracht.
wie schwin-den die Ster-ne! Der Herr ist zu-ge-gen mit himm-li-scher Macht.

Weihnachtliche Festzeit

2. „O fürchtet euch nicht / vor göttlichem Licht!" / So tröstet in Freude / auf Betlehems Weide / ein Engel des Herren die Hirten im Feld, / ein Bote des Friedens der sündigen Welt.

3. „Nicht länger verweilt, / nach Betlehem eilt! / Da lieget im Stalle / das Heil für euch alle, / ein Kindlein, geboren in Armut und Not, / um siegreich zu wenden die Sünd und den Tod."

4. Die Hirten geschwind / hineilen zum Kind. / Froh singen die Chöre / der himmlischen Heere. / Im Stalle die Hirten dem Kinde sich nahn, / erkennen die Gottheit und beten es an.

5. Ihr Sünder, erwacht / zur heiligen Nacht! / Beim Kind ist zu finden / Vergebung der Sünden: / Drum kommt und bekennet voll Reue die Schuld, / es bringt euch den Frieden und göttliche Huld!

T: Heinrich Bone 1847 nach Salzburg 1783   M: Köln (Stein) 1852

846

1. Lobt Gott, ihr Christen allzugleich, auf seinem höchsten Thron, der heut aufschließt sein Himmelreich und schenkt uns seinen Sohn, und schenkt uns seinen Sohn!

2. Er äußert sich all seiner Gewalt, / wird niedrig und gering; / nimmt an sich eines Knechts Gestalt, |: der Schöpfer aller Ding. :|

3. Heut schließt er wieder auf die Tür / zum schönen Paradeis. / Der Kerub steht nicht mehr dafür: |: Gott sei Lob, Ehr und Preis! :|

T: Nach Nikolaus Herman 1554 M: Fassung Johann Sebastian Bach

847

1. Heiligste Nacht! Finsternis weichet, es strahlet hienieden lieblich und prächtig vom Himmel ein Licht; Kommet, ihr Christen, o kommet geschwind! Eilt mit nach Davids Stadt!

Engel erscheinen, verkünden den Frieden, Frieden den Menschen; wer freuet sich nicht? Seht da die Hirten, wie eilig sie sind! Den Gott verheißen hat, liegt dort als Kind.

2. Göttliches Kind! / Göttliches Kind! / Du der gottseligen Väter Verlangen, / Zweig, der dem Stamme des Jesse entsprießt, / laß dich mit inniger Liebe umfangen, / sei uns mit herzlicher Demut gegrüßt! / Göttlicher Heiland, der Christenheit Haupt! / Du gibst uns wieder, was Adam geraubt, / schenkest uns deine Huld, / sie tilgt die Sündenschuld |: jedem, der glaubt. :|

T und M: Christoph Bernhard Verspoell, Münster 1810 nach Salzburg 1783

848

1. Es führt drei König Gottes Hand / mit einem Stern aus Morgenland / zum Christkind durch Jerusalem / zur Davidsstadt, nach Betlehem. / Gott, führ auch uns zu diesem Kind / und mach aus uns sein Hofgesind!

2. Aus Morgenland in aller Eil / sie reisten weit, viel hundert Meil. / Sie zogen hin zu Land und See, / bergauf, bergab, durch Reif und Schnee. / Zu dir, o Gott, die Pilgerfahrt / uns dünke nie zu schwer und hart!

3. Sie kehrten bei Herodes ein, / am Himmel schwand des Sternes Schein; / doch wie zum Kind sie eilig gehn, / den Stern sie auch von neuem sehn. / Gott, laß das Licht der Gnad uns schaun, / auf deine Führung fest vertraun!

4. Und überm Haus, wo's Kindlein war, / stand still der Stern so wunderbar; / da knien sie und weihn dem Kind / Gold, Weihrauch, Myrrh zum Angebind. / Gott, nimm von uns als Opfergut / Herz, Leib und Seele, Ehr und Blut!

5. Durch Weihrauch stellten fromm sie dar, / daß dieses Kind Gott selber war; / die Myrrh auf seine Menschheit wies, / das Gold die Königswürde pries. / O Gott, halt uns bei dieser Lehr, / dem Irrtum und dem Abfall wehr!

T: Nach Friedrich v. Spee, Köln (Brachel) 1623   M: Köln 1880

849

1. Wort des Vaters, Licht der Heiden,
heute bist du unter Freuden
Heil und Trost der ganzen Welt,
in dem Tempel dargestellt.
Klein, auf deiner Mutter Armen, ziehst du
in den Tempel ein, und du läßt dich
voll Erbarmen zum Erlösungsopfer weihn.

2. „Nun", ruft Simeon voll Freuden, / „nun will ich in Frieden gehn; / das verheißne Licht der Heiden, / unser Heil hab ich gesehn!" / Freudig tritt, vom Geist geführet, / Anna in der Frommen Kreis, / und von Gottes Huld gerühret, / stimmt sie ein in Dank und Preis.

3. Fröhlich wollen wir dich preisen, / aller Menschheit Heil und Licht, / mit den beiden frommen Greisen / harren dein mit Zuversicht. / Laß in deinem Licht uns wandeln, / stets die Nacht der Sünde scheun, / nur nach deinem Vorbild handeln, / einst im ewgen Licht uns freun!

T: Sursum Corda, Paderborn, 1874 (Str. 1 Neufassung)   M: Herold 1808

Die Fastenzeit

3. Jesu, Jesu! / Der du fälschlich, ungehöret, / todesschuldig wirst erkläret, / erbarme ...

4. Jesu, Jesu! / Der du blutend, voller Wunden, / an der Säule stehst gebunden, / erbarme ...

5. Jesu, Jesu! / Der du trägst zum bittern Hohne / Purpur, Rohr und Dornenkrone, / erbarme ...

6. Jesu, Jesu! / Der du, Mördern gleich entehret, / mit dem Kreuze bist beschweret, / erbarme ...

7. Jesu, Jesu! / Der du, bis zum Tod entkräftet, / grausam bist ans Kreuz geheftet, / erbarme ...

8. Jesu, Jesu! / Der du frei für uns dein Leben / hast zum Opfer hingegeben, / erbarme ...

9. Jesu, Jesu! / Gotteslamm, nimm weg die Sünden, / laß uns büßend Gnade finden! / Erbarme ...

T: Bone 1847 nach dem ält. a. d. Mitte d. 18. Jh.
M: Düsseldorf 1759, Köln (Stein) 1852

Zweitfassung für Vorsänger aus Oremus 71:

851

V 2. Je - su, Je - su! Der du dei - nes Va - ters Wil - len für uns ster - bend willst er - fül - len.

M: Vor 1705

852

1. Dich liebt, o Gott, mein gan - zes Herz, und ist mir dies der größ - te Schmerz, daß ich er - zürnt dich, höch - stes Gut; ach, wasch mein Herz in dei - nem Blut!

2. Daß ich gesündigt, ist mir leid: / zu bessern mich, bin ich bereit. / Verzeih, o Gott, mein Herr, verzeih / und wahre Buße mir verleih!

3. O Gott, schließ mir dein Herz nicht zu! / Bei dir allein ist wahre Ruh. / Laß nie mich von der Gnade dein, / von deiner Lieb geschieden sein!

4. Nimm hin mein Herz, Herr Jesu Christ; / dein Herz für mich durchstoßen ist; / ich bitt durchs Blut des Herzens dein, / mach mein und aller Herzen rein!

5. O Gott, mein Ziel, dein will ich sein, / mit Leib und Seel auf ewig dein! / Tu nur mit mir zu jeder Zeit, / Herr, wie du willst, ich bin bereit!

T: Geistl. Psälterlein, Köln 1637, Friedrich v. Spee
M: Nach Geistl. Psalter, Köln 1638

853

1. „Heb die Augen, dein Gemüte, Sünder, zu dem Berge hin; schau die Qualen, schau die Güte, schau, ob ich dein Heiland bin!" Also ruft vom Kreuzesstamme dir dein Jesus sterbend zu. Drum die Sünde nun verdamme, suche bei ihm Heil und Ruh!

2. Schließ an meinem letzten Ende / mich in deine Wunden ein; / laß, o Herr, in deine Hände / meinen Geist empfohlen sein! / Laß mich selig dann verscheiden / und zu deinem Vater gehn, / laß nach überstandenem Leiden / mich zu deiner Rechten stehn!

T: Nach Heinrich Lindenborn, Tochter Sion 1741
M: Nach Tochter Sion 1741

854

1. Gott, vor deinem Angesichte / liegt die arme Büßerschar; / sie bekennt mit Reu und Schmerzen / ihre Sünden am Altar. / Dein Gebot hab ich verachtet, / diente nur der Lust der Welt; / ach, ich habe Gott verlassen / und den Weg des Heils verfehlt.

2. Dich, den allerbesten Vater, / der mich unaussprechlich liebt, / Jesum Christum, den Erlöser, / hab ich oft und tief betrübt. / Gott, du kennst mich großen Sünder, / ich bekenne meine Schuld, / bin nicht wert, dein Kind zu heißen, / und doch hast du noch Geduld.

T: Landshut 1777, Franz Seraph v. Kohlbrenner   M: Salzburg 1781

Fastenzeit

855

1. Er-barm dich, Herr, ich bitte dich, aus meiner Not errette mich! Ach, schwer liegt auf mir deine Hand, all meine Schuld ist dir bekannt.

2. Erbarm dich, Herr, und zeig Geduld, / laß mich vertrauen deiner Huld! / Ein reines Herz erschaff in mir, / daß würdig sei mein Dienst vor dir!

3. Laß deinen Willen mich verstehn, / den rechten Weg mit Freude gehn! / Hilf meiner Schwachheit, hilf mir auf, / führ du zum Ziel des Lebens Lauf!

T: Georg Thurmair (geb. 1909)   M: Friedrich Samuel Rothenberg 1964

856

1. Beim letzten Abendmahle, die Nacht vor seinem Tod, nahm Jesus dort im Saale, Gott dankend, Wein und Brot.

2. „Nehmt", sprach er, „trinket, esset, / das ist mein Fleisch, mein Blut, / damit ihr nie vergesset, / was meine Liebe tut!"

3. Dann ging er hin, zu sterben, / aus liebevollem Sinn, / gab, Heil uns zu erwerben, / sich selbst zum Opfer hin.

4. O laßt uns ihm ein Leben, / von jeder Sünde rein, / ein Herz, ihm ganz ergeben, / zum Dankesopfer weihn!

T: Christoph v. Schmid, Dillingen 1807 (mit Benutzung eines älteren Textes)
M: Jena (Melchior Vulpius) 1609

857

1. Hör, Schöpfer mild, den Bittgesang! Wir rufen vierzig Tage lang in dieser heilgen Fastenzeit dich an, zu Buß und Reu bereit.

2. Du schaust bis in des Herzens Grund; / wie schwach wir sind, das ist dir kund. / Voll Reue kommen wir zurück; / voll Huld, vergebend auf uns blick!

3. Von uns gar Böses ist geschehn, / verschon uns nun, da wirs gestehn! / Zum Preis des heilgen Namens dein / gieß deine Kraft uns Schwachen ein!

4. Glückselige Dreifaltigkeit, / ganz eins in deiner Wesenheit, / gib Gnade, daß die Fastenzeit / den Deinen gute Frucht verleiht!

T: „Audi benigne conditór"; dt. v. Jos. Solzbacher 1949
M: Nach einem gregor. Hymnus

858 K

1.–6. Jesus zieht in Jerusalem ein, hosianna! 1. Alle Leute fangen auf der Straße an zu schrein: Hosianna, hosianna, hosianna in der Höh', Hosianna, hosianna, hosianna in der Höh'!

2. Jesus zieht ... Seht, er kommt geritten, auf dem Esel sitzt der Herr. / Hosianna ...

3. Jesus zieht ... Kommt und legt ihm Zweige von den Bäumen auf den Weg! / Hosianna ...

4. Jesus zieht ... Kommt und breitet Kleider auf der Straße vor ihm aus! / Hosianna ...

5. Jesus zieht ... Alle Leute rufen laut und loben Gott, den Herrn: / Hosianna ...

6. Jesus zieht ... Kommt und laßt uns bitten – statt das „Kreuzige" zu schrein: |: Komm, Herr Jesu, komm, Herr Jesu, komm, Herr Jesu, auch zu uns! :|

„Hosianna" auch gruppenweise im Wechsel singen (I/II)

T und M: Gottfried Neubert

1. Singt dem König Freudenpsalmen, / Völker, ebnet seine Bahn: / Salem, streu ihm deine Palmen, / sieh, dein König naht heran! / Dieser ist von Davids Samen / Gottes Sohn von Ewigkeit, / der da kommt in Gottes Namen, / er sei hochgebenedeit!

2. David sah im Geist entzücket / den Messias schon von fern, / der die ganze Welt beglücket, / den Gesalbten, unsern Herrn. / Tochter Sion, streu ihm Palmen, / breite deine Kleider aus, / sing ihm Lieder, sing ihm Psalmen, / heut beglücket er dein Haus!

3. Sieh, Jerusalem, den König, / voller Sanftmut kommt er an! / Völker, seid ihm untertänig, / er hat allen wohlgetan! / Den die Himmel hoch verehren, / dem der Chor der Engel singt, / dessen Ruhm sollt ihr vermehren, / da er euch den Frieden bringt!

4. Geister, die im Himmel wohnen, / preist den großen König heut; / und ihr Völker aller Zonen, / singt, er sei gebenedeit! / Singt: Hosanna in den Höhen, / hoch gepriesen Gottes Sohn! / Mögen Welten einst vergehen, / ewig fest besteht sein Thron.

T: Nach Salzburg 1783   M: Um 1740

860. Die Kinder der Hebräer trugen Ölzweige in den Händen, sie zogen dem Herrn entgegen und riefen: Hosanna in der Höhe!

861. 1. O du hochheilig Kreuze, daran mein Herr gehangen in Schmerz und Todesbangen, in Schmerz und Todesbangen!

2. Wer kann genug dich loben, / da du all Gut umschlossen, |: das je uns zugeflossen! :|

3. Du bist die sichre Leiter, / darauf man steigt zum Leben, |: das Gott will ewig geben. :|

4. Du bist die starke Brücke, / darüber alle Frommen |: wohl durch die Fluten kommen. :|

5. Du bist das Siegeszeichen, / davor der Feind erschricket, |: wenn er es nur anblicket. :|

6. Du bist der Stab der Pilger, / daran wir sicher wallen, |: nicht wanken und nicht fallen. :|

7. Du bist des Himmels Schlüssel, / du schließest auf das Leben, |: das uns durch dich gegeben. :|

8. Zeig deine Kraft und Stärke, / beschütz uns all zusammen |: durch deinen heilgen Namen. :|

9. Damit wir, Gottes Kinder, / in Frieden mögen sterben |: als seines Reiches Erben.:|

T: Konstanz 1600 M: Erfurt 1630

862

1. Des Königs Banner wallt empor, hell strahlt das heil'ge Kreuz hervor, daran den Tod das Leben litt und Leben durch den Tod erstritt.

2. Sein Herz durchbohrt der Lanzenstich, / ein Quell des Heils eröffnet sich. / Seht, Blut und Wasser fließt herab, / das wäscht all unsre Makel ab.

3. Erfüllt ist nun, was David sang, / davon sein treues Lied erklang, / als er den Völkern Kunde gab: / Es herrschet Gott vom Holz herab.

4. O Baum, wie schön ist deine Zier! / Des Königs Purpur prangt an dir; / dein auserwählter, edler Stamm / berührt das hehre Gotteslamm.

5. O selger Baum, von Gott geweiht, / du trägst den Preis der Ewigkeit, / du wägst der Erde Lösegeld, / entziehst den Raub der Unterwelt.

6. O Kreuz, du einzger Trost im Leid, / Gruß dir in dieser Leidenszeit! / Vermehr den Frommen Gottes Gnad / und tilg der Sünder Missetat.

7. O Quell des Heils, Dreifaltigkeit, / dich lobt und preist die Christenheit; / des Kreuzes Sieg verleihest du, / schenk uns des Kreuzes Lohn hinzu!

T und M: Nach d. Hymnus „Vexilla regis"

Die Osterzeit

863

Christ ist erstanden von der Marter alle! Des solln wir alle froh sein, Christ soll unser Trost sein. Kyrieleis!

Wär er nicht erstanden, so wär die Welt vergangen. Seit daß er erstanden ist, so freut sich alles, was da ist. Kyrieleis! Halleluja, halleluja, halleluja! Des solln wir alle froh sein, Christ soll unser Trost sein. Kyrieleis!

T: 13. Jh. M: Nach einer Münchner Handschrift 15. Jh.

864 K

A Freut euch, freut euch! Ostern ist da!

V Christus ist auferstanden,
freut euch in allen Landen!

Ch Freut euch in allen Landen,
Christus ist auferstanden!

T und M: Christa Linke

von vorn bis ⌢

865

1. Freu dich, erlöste Christenheit, freu dich und singe! Der Heiland ist erstanden heut. Halleluja! Sing fröhlich: Halleluja!

2. Drei Tage nur hielt ihn das Grab, / freu dich und singe! / Er warf des Todes Fesseln ab. / Halleluja! / Sing fröhlich: Halleluja!

3. Lebt Christus, was bist du betrübt? / Freu dich und singe! / Du weißt, daß er dich herzlich liebt. / Halleluja! / Sing fröhlich: Halleluja!

4. Durch ihn bist du mit Gott versöhnt, / freu dich und singe! / Durch ihn mit Gottes Huld gekrönt. / Halleluja! / Sing fröhlich: Halleluja!

T: 1.-2. Str. Mainz 1787, E.X. Turin; 3.-4. Str. Trier 1846 M: Limburg 1838

866

1. Er-schal-le laut, Tri-umph-ge-sang! Tri-umph, der Hei-land ist er-stan-den! Be-sie-get liegt der Tod in Ban-den, den sei-ne Got-tes-macht be-zwang: Das Heil der Welt ist wirk-lich da! Hal-le-lu-ja!

2. Uns schreckt nun nicht des Todes Nacht, / vor der die Väter einst erbebet: / denn der am Kreuze starb, er lebet / und hat das Leben uns gebracht, / und Todesfurcht ist nicht mehr da. / Halleluja!

T: Krefeld 1831   M: Tochter Sion 1741

867

1. Nun singt dem Herrn ein neu-es Lied! In al-ler Welt ist Freud und Fried. Es freu sich, was sich freu-en kann, denn Wun-der hat der Herr ge-tan!

2. Verklärt ist alles Leid der Welt, / die Gräber sind vom Glanz erhellt, / der Tod hat keinen Stachel mehr, / gebunden liegt das Höllenheer.

3. Geendet ist nun Kampf und Krieg, / errungen ist Triumph und Sieg. / Der Herr besiegte Grab und Tod, / erhob die Fahn im Morgenrot.

4. Er trat hervor wie Sonnenschein, / der strahlt in alle Welt hinein, / verriegelt ist der Hölle Macht, / geöffnet alle Himmelspracht.

5. Das Kreuz ist unsre Siegesfahn, / mit ihm gehn wir die Himmelsbahn, / mit unserm Jesus sterben wir, / mit unserm Jesus leben wir!

T: Heinrich Bone (Cantate 1847)
M: Nach Leisentrit 1567 „Das ist der Tag"

868

1. Christus ist auferstanden, Freud ist in allen Landen. Nun laßt uns fröhlich singen und halleluja klingen, in cymbalis, in cymbalis bene sonantibus, in cymbalis bene sonantibus.

2. Gott sind wir all versöhnet, / herrlich sein Gnad uns krönet. / Nun laßt uns ...

T und M: Mainz 1628

1. Das Grab ist leer, der Held erwacht, der Heiland ist erstanden; da sieht man seiner Gottheit Macht, sie macht den Tod zuschanden. Ihm kann kein Siegel, Grab noch Stein, kein Felsen widerstehn; schließt ihn der Unglaub selber ein, er wird ihn siegreich sehn, er wird ihn siegreich sehn, Halleluja, halleluja, halleluja!

2. Wo ist dein Sieg, o bitter Tod? / Du selber mußt erbeben; / der mit dir rang, ist unser Gott, / Herr über Tod und Leben. Verbürgt ist nun die Göttlichkeit / von Jesu Werk und Wort, und Jesus ist im letzten Streit |: für uns ein sichrer Hort. :| Halleluja, halleluja, halleluja!

3. Dir danken nun, Herr Jesu Christ, / die Völker aller Zungen, / daß du vom Tod erstanden bist, / das Heil uns hast errungen. / Herr, bleib bei uns, wenns Abend wird, / daß wir nicht irregehn! / So wird die Herde wie der Hirt |: einst glorreich auferstehn. :| Halleluja, halleluja, halleluja!

T: Str. 1 Franz Seraph v. Kohlbrenner, Landshut 1777
M: Norbert Hauner, Landshut 1777

870

1. Wahrer Gott, wir glauben dir, du bist mit Gottheit und Menschheit hier; du, der den Satan und Tod überwand, der im Triumph aus dem Grabe erstand; Preis dir, du Sieger auf Golgota, Sieger wie keiner! Halleluja!

2. Jesu, dir jauchzt alles zu: / Herr, über Leben und Tod bist du; / in deinem Blute gereinigt von Schuld, / freun wir uns wieder der göttlichen Huld; / gib, daß wir stets deine Wege gehn, / glorreich wie du aus dem Grabe erstehn!

T und M: Christoph Bernhard Verspoell, Münster 1810

Osterzeit

871

1. Ist das der Leib, Herr Jesu Christ, der tot im Grab gelegen ist? Kommt, kommt, ihr Christen, jung und alt, schaut die verklärte Leibsgestalt! Halleluja, halleluja!

2. Der Leib ist klar, klar wie Kristall, / Rubinen gleich die Wunden all; / die Seel durchstrahlt ihn licht und rein / wie tausendfacher Sonnenschein. / Halleluja, halleluja!

3. Der Leib empfindet nimmer Leid, / bleibt unverletzt in Ewigkeit, / gleichwie so viele tausend Jahr / die Sonne leuchtet eben klar. / Halleluja, halleluja!

4. O Christe, wahres Osterlamm, / geschlachtet an dem Kreuzesstamm, / du bringst für uns auf dem Altar / von neuem dich zum Opfer dar. / Halleluja, halleluja!

5. O Opfer rein, von höchstem Wert, / du hast der Hölle Sieg zerstört, / vernichtet auch des Todes Macht, / das Leben uns zurückgebracht. / Halleluja, halleluja!

6. Kommt zu des Lammes Ostermahl, / geschmückt mit weißen Kleidern all, / Christo, dem Herrn, singt Lob und Ehr, / der uns geführt durchs Rote Meer! / Halleluja, halleluja!

7. Gelobt seist du, Herr Jesu Christ, / der du vom Tod erstanden bist; / dem Vater auch sei Lob geweiht / und dir, o Geist, in Ewigkeit! / Halleluja, halleluja!

T: Nach Friedr. v. Spee 1623; Str. 4-7 nach „Ad coenam Agni"
M: Köln (Brachel) 1623

872 Singet und jubelt: halleluja, halleluja.

873

1. Seele, dein Heiland ist frei von den Banden, / glorreich und herrlich vom Tode erstanden; / freue dich, Seele, die Hölle erbebt: / Jesus, dein Heiland, ist Sieger und lebt!

2. Freue dich, Seele, die Hölle erlieget, / Sünde und Satan und Tod sind besieget! / Der im Triumphe vom Grab sich erhebt: / Jesus, dein Heiland, ist Sieger und lebt!

3. Fasse dich, Seele, sei tapfer im Streite, / Jesus ist mit dir und kämpft dir zur Seite! / Zage nicht, wenn auch der Tod dich umschwebt: / Jesus, dein Heiland, ist Sieger und lebt!

4. Hast du dann standhaft mit Jesus gestritten, / hast du den Tod wie dein Heiland gelitten, / glaube, daß Jesus vom Grabe dich hebt: / Jesus, dein Heiland, ist Sieger und lebt!

T: Ignaz Anton Adam Felner 1783   M: Sraßburg 1755

Osterzeit

874

Christ fuhr gen Himmel. Was sandt er uns hernieder? Er sandte uns den Heilgen Geist zum Trost der ganzen Christenheit. Kyrieleis!

Christ fuhr mit Schallen von seinen Jüngern allen. Er segnet sie mit seiner Hand und benedeiet alle Land. Kyrieleis!

Halleluja, halleluja, halleluja! Des solln wir alle froh sein, Christ soll unser Trost sein. Kyrieleis!

T: Dem „Christ ist erstanden" im 16. Jh. nachgebildet
M: Wie „Christ ist erstanden"

T: Elisabeth Gräfin Vitzthum M: A. Stingl

876

1. Christus fährt auf mit Freudenschall zum Vater durch die Himmel all. Auf Erden ist sein Werk vollbracht, die Himmelspfort ist aufgemacht. Halleluja!

2. Im Himmel, unserm Vaterland, / sitzt er zu Gottes rechter Hand. / Sein Herrlichkeit und Majestät / weit über alles Denken geht. / Halleluja!

3. Dort will er unser Mittler sein, / des soll sich alle Welt erfreun! / Dann wird der Tag erst freudenreich, / wann wir ihn sehn im Himmelreich. / Halleluja!

T: Nach Georg Voglers Catechismus 1625   M: Nordstern 1671

877

Singet dem Herrn und preist seinen Namen, halleluja, halleluja.

Pfingsten – Heiliger Geist

878

1. Komm, o Geist der Heiligkeit, aus des Himmels Herrlichkeit, sende deines Lichtes Strahl! Komm, der Armen Vater du, komm, der Herzen Licht und Ruh, mit der Gaben Siebenzahl!

2. Tröster in Verlassenheit, / Labsal voll der Lieblichkeit, / komm, o guter Seelenfreund! / In Ermüdung schenke Ruh, / in der Glut hauch Kühlung zu, / tröste den, der trostlos weint!

3. O du Licht der Seligkeit, / mach dir unser Herz bereit, / dring in unsre Seelen ein! / Ohne dein belebend Wehn / nichts im Menschen kann bestehn, / nichts kann schuldlos in ihm sein.

4. Wasche, was beflecket ist, / heile, was verwundet ist, / tränke, was da dürre steht; / beuge, was verhärtet ist, / wärme, was erkaltet ist, / lenke, was da irre geht!

5. Schenke deiner Gläubgen Schar, / die auf dich hofft immerdar, / deiner Gaben Siebenzahl! / Gib Verdienst der Frömmigkeit, / gib im Heil Beharrlichkeit / und des Himmels Freudenmahl!

T: Heinrich Bone (Cantate 1847) nach „Veni Sancte Spiritus"
M: Nach der Choralweise, Köln (Stein) 1852

Pfingsten · Heiliger Geist

879

1. Send deinen Geist, Herr Jesu Christ, der unser Trost und Anwalt ist, dein Werk hier zu vollenden, daß er uns lehre deine Lehr und unser Herz zu dir bekehr und trage auf den Händen!

2. Dein Geist entflammt des Glaubens Licht, / wo dein Geist weilet, lischt es nicht, / bleibt allzeit unbezwungen; / er sorget, daß es scheint und lacht / durch jede Finsternis der Nacht / und alle Dämmerungen.

3. Dein Geist ist treu und voll Geduld, / voll Mitleid stets und stets voll Huld, / will nie sich von uns wenden; / will in uns wohnen fort und fort, / zu aller Frist, an jedem Ort, / bis wir in ihm vollenden.

T: Friedr. Hüttemann 1939
M: Weltlich, der Lindenschmied-Ton aus dem Ende des 15. Jh.

880

1. Wir bitten, Herr um deinen Geist, daß du uns deine Kraft verleihst! Daß wir das Alte neu verstehen

und uns in Gottes Nähe sehen.
Wir bitten, Herr, um deinen Geist!

2. Wir bitten, Herr, um deinen Geist, / daß du uns deine Kraft verleihst! / Wir wollen nicht nur Fragen nennen, / wir möchten auch die Antwort kennen. / Wir bitten, Herr, um deinen Geist.

3. Wir bitten, Herr, um deinen Geist, / daß du uns deine Kraft verleihst! / Auch wenn wir fürchten zu versagen, / so laß uns doch die Antwort wagen. / Wir bitten, Herr, um deinen Geist.

T: D. Trautwein   M: H. R. Siemoneit 1964

881

1. Nun bitten wir den Heiligen Geist um den rechten Glauben allermeist, daß er uns behüte an unserm Ende, wann wir heimfahrn aus diesem Elende. Kyrieleis!

2. Erleuchte uns, o ewiges Licht; / hilf, daß alles, was durch uns geschieht, / Gott sei wohlgefällig durch Jesum Christum, / der uns macht heilig durch sein Priestertum! / Kyrieleis!

3. O höchster Tröster und wahrer Gott, / steh uns treulich bei in aller Not, / mach rein unser Leben, schenk uns dein Gnade, / laß uns nicht weichen von dem rechten Pfade! / Kyrieleis!

4. Dein heilge Lieb und Allgütigkeit / mache gnädig unser Herz bereit, / daß wir unsern Nächsten recht christlich lieben / und stets bleiben in deinem heilgen Frieden! / Kyrieleis!

T: 1. Str. aus dem 13. Jh.; Str. 2-4 Martin Luther
M: Hier nach Vehe 1537

Lob und Dank

882
1. Herr, gro-ßer Gott, dich lo-ben wir, be-ken-nen dich und dan-ken dir; die gan-ze Schöp-fung prei-set dich, die Him-mel, Erd und Mee-re; vor dei-nem Thro-ne beu-gen sich der En-gel sel-ge Chö-re, Erz-en-gel, Kräf-te, Se-ra-fim und Thro-nen,

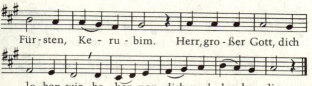

Für-sten, Ke-ru-bim. Herr, gro-ßer Gott, dich lo-ben wir, be-ken-nen dich und dan-ken dir.

2. Laut tönen alle Himmel weit / vom Lobe deiner Herrlichkeit: / Die Märtyrer in großer Zahl, / Apostel und Propheten, / sie stehn im hohen Himmelssaal, / dich preisend anzubeten; / der Auserwählten ganze Schar / lobt deinen Namen immerdar. / Herr ...

3. Die Kirche auf dem Erdenrund / preist dich, o Gott, zu jeder Stund; / den Vater voll der Herrlichkeit; / den Sohn von gleichem Wesen, / erzeugt von ihm in Ewigkeit, / der kam, uns zu erlösen; / den Tröster auch, den Heilgen Geist, / der Frieden bringt und Gnad erweist. / Herr ...

4. Es stieg des ewgen Vaters Sohn / zu uns herab von seinem Thron; / der Jungfrau Schoß verschmäht er nicht, / vom Tod uns zu befreien; / er wollt uns Leben, Heil und Licht / in seinem Reich verleihen; / zur Rechten Gottes sitzt er nun, / wird richten einst der Menschen Tun. / Herr ...

5. Nimm gnädig, Herr, in deine Hut, / die du erlöst mit deinem Blut; / den Auserwählten zähl uns bei, / das Heil sei uns beschieden! / O Herr, dein Erbteil benedei, / gib deinem Volk den Frieden; / regier und führ es in der Zeit, / erheb es bis in Ewigkeit! / Herr ...

6. Dein Name sei gebenedeit / von Ewigkeit zu Ewigkeit; / bewahr uns, Herr, vor Missetat / in diesen unsern Tagen, / wollst deine Lieb und deine Gnad / uns nimmermehr versagen! / Du, Herr, bist meine Zuversicht: / Zuschanden werd ich ewig nicht. / Herr ...

T: Nach dem Te Deum Franz Seraph v. Kohlbrenner, Landshut 1777
M: Köln 1841; nach Norbert Hauner, Landshut 1777

Lob und Dank

883

1. O Hei-lig-ste Drei-fal-tig-keit, gib dei-ner lie-ben Chri-sten-heit, daß all-zeit sie be-ken-ne dich als ei-nen Gott drei-fal-tig-lich!

2. Dein Wesen, Herr, o Gott, dein Licht / begreift ein Mensch auf Erden nicht; / die Sonn in ihrer Herrlichkeit / ist Gleichnis deiner Wesenheit.

3. O großer Gott, o ewges Licht, / wir können dich anschauen nicht; / was wir auf Erden nicht verstehn, / gib, daß wir das im Himmel sehn!

T: Friedr. v. Spee 1623   M: Ulenberg Psalmen 1582

884

Singt dem Herrn der Herr-lich-keit, Gott dem Va-ter auf dem Thro-ne, sei-nem ein-ge-bor-nen Soh-ne samt dem Geist der Hei-lig-keit! Sei-ner Weis-heit, Huld und Macht sei ein ew-ges Lob ge-bracht!

T: Trier 1846   M: Johann Baptist Weigl 1817

885

Laßt uns er-he-ben Herz und Stimm, den gro-ßen Gott zu lo-ben Der Preis-ge-sang der Herr-lich-keit durch-strö-me Erd und Him-mel weit! Singt: Hei-lig, hei-lig, hei-lig!

mit Ke-ru-bim, mit Se-ra-fim, mit al-len Mäch-ten dro-ben! Gott Ze-ba-ot, der gro-ße Gott, der star-ke Gott, der ew-ge Gott, Gott, un-ser Gott, ist hei-lig!

T: Heinrich Bone (Cantate 1851)   M: Ulenbergs Psalmen 1852, Ps. 81

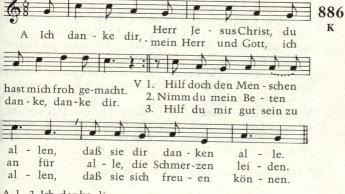

886 K

A Ich dan-ke dir, Herr Je-sus Christ, du mein Herr und Gott, ich hast mich froh ge-macht, dan-ke, dan-ke dir.

V 1. Hilf doch den Men-schen al-len, daß sie dir dan-ken al-le.
2. Nimm du mein Be-ten an für al-le, die Schmer-zen lei-den.
3. Hilf du mir gut sein zu al-len, daß sie sich freu-en kön-nen.

A 1.-3. Ich danke dir, ...

T und M: Erna Woll

Lob und Dank

887 K

V/A Alles, was Odem hat, lobe den Herrn! V 1. Alle Vöglein, die da singen, alle Häslein, die da springen, A sollen Gott im Himmel droben, den wir lieben, immer loben.

V 2. Alle Bienen, die da summen, / alle Käfer, die da brummen, A sollen Gott im Himmel droben, / den wir lieben, immer loben. V Alles, was Odem hat, lobe den Herrn! A Alles, was Odem hat, lobe den Herrn!

V 3. Alle Wasser, die da fließen, / alle Blumen, die da sprießen, A sollen Gott im Himmel droben, / den wir lieben, immer loben.

V 4. Alle Spinnlein, die da weben, / alle Wolken, die da schweben, A sollen Gott im Himmel droben, / den wir lieben, immer loben. V Alles, was Odem hat, lobe den Herrn! A Alles, was Odem hat, lobe den Herrn!

V 5. Sonne, Mond und alle Sterne, / die uns leuchten aus der Ferne, A sollen Gott im Himmel droben, / den wir lieben, immer loben.

V 6. Alle Kinder dieser Erden / sollen Gotteskinder werden, A sollen Gott im Himmel droben, / den wir lieben, immer loben. V Alles, was Odem hat, lobe den Herrn! A Alles, was Odem hat, lobe den Herrn!

T: Unbekannter Verfasser   M: Heinrich Rohr (geb. 1902)

888 K

A 1.-4. Herr, un-ser Herr! Wie herr-lich ist dein Na-me in der Welt!
Wie groß du bist, dich preist des Him-mels Zelt.

V 1. Die Kin-der soll'n dein Lob-preis sein, die Klein-sten vor dir sin-gen: drum soll aus mei-nem Her-zen rein ein Lied zu dir er-klin-gen.
2. Des Him-mels Höh'n hast du ge-baut, der Ster-nen Bahn ge-lenkt; der Mond und was mein Au-ge schaut, von dir ist's mir ge-schenkt.
3. Die En-gel soll'n mir na-he sein, mein Haus die gan-ze Welt! Die Tie-re dar-in, groß und klein, hast du für mich be-stellt.
4. Dank jauchzt zu dir dein klei-nes Kind, denn al-les gabst du hin: Fisch, Vög-lein, Och-se, Schaf und Rind, da-mit ich glück-lich bin.

T: Elisabeth Gräfin Vitzthum, „Kinderpsalmen" M: A. Stingl

Lob und Dank

889

Dein Gnad, dein Macht und Herr-lich-keit,
Du, gro-ßer Gott, hast uns er-hört,

o Herr, uns al - le hoch er-freut.
durch dei-ne Gü - te reich be-schert.

Von gan-zem Her-zen dan-ken wir hier-

für, o Gott und Va-ter, dir. Ge-lobt sei, Herr, dein

Güt und Macht, die uns so gnä-dig-lich be-dacht!

T: Nach Harpffen Davids 1659 in den Cantica spiritualia, Augsburg 1844/47
M: Nach Harpffen Davids, Augsburg 1659, Ps. 24

890
K

1. Lob, mei-ne See - le, lo - be den Herrn!

Mon-de und Stern, Son-ne und Wind, Blu-me und

Kind, Er-de und Meer schuf Gott der Herr.

Lob, mei-ne See - le, lo - be den Herrn!

2. Dank, meine Seele, danke dem Herrn! / Gott ist nicht fern. / Der dich erschuf, hört deinen Ruf. / Gnade und Heil wird dir zuteil. / Dank, meine Seele, danke dem Herrn!

T: Margarete Fries   M: Friedrich Zipp

1. Lo-bet froh un-sern Herrn, stim-met an ein neu-es Lied, denn er hat uns ge-macht, mit sei-nem Geist be-lebt. Lo-bet froh un-sern Herrn.
2. Dan-ket froh un-serm Herrn, der vom Tod uns hat er-löst durch den Sohn Jesus Christ, der auf-er-stan-den ist. Dan-ket froh un-sern Herrn.
3. Prei-set froh un-sern Herrn, der uns all ge-hei-ligt hat durch den Hei-li-gen Geist, den er uns hat ge-sandt. Prei-set froh un-serm Herrn.
4. Eh-re sei Gott, dem Va-ter, Eh-re sei dem Sohn und dem Hei-li-gen Geist jetzt und in E-wig-keit. Eh-re sei Gott, dem Herrn.

Hal-le-lu-ja.

T und M: A. Stingl

Lob und Dank

892

1. Ein Dank-lied sei dem Herrn für alle seine Gnade; er waltet nah und fern, kennt alle unsre Pfade, ganz ohne Maß ist seine Huld und allbarmherzige Geduld.

2. O sei zu seinem Lob / nicht träge, meine Seele, / und wie er dich erhob, / zu seinem Lob erzähle; |: drum sei am Tage wie zur Nacht / sein Name von dir groß gemacht! :|

3. Er ist's, auf dessen Ruf / wir in dies Leben kamen, / und was er rief und schuf, / er kennt und nennt mit Namen; |: auf unserm Haupt ein jedes Haar, / er hat's gezählt, er nimmt sein wahr. :|

T: Guido Maria Dreves 1886   M: Josef v. Wöß (1863–1943)

893

1. Herr, sei gepriesen immerfort,
   getröstet durch dein heilig Wort,
   daß gnädig du uns heimgesucht:
   gespeist mit dieses Opfers Frucht!

2. O bleib bei uns, Herr Jesu Christ, / bis einstens wir dein Antlitz sehn; / und hilf, daß wir zu jeder Frist / in deiner Gnade sicher stehn! / Laß deines Lichtes klaren Schein / so hell und kräftig in uns sein, / daß aller Welt es leuchten mag!

T: Maria Luise Thurmair 1943
M: Vehes Gsb. 1537 „Gelobt sei Gott, unser Herr" (Neufassung)

894 K

A 1.-3. In des Himmels Höhen ...

T und M: A. Stingl

Lob und Dank · Vertrauen und Bitte

895

1
K

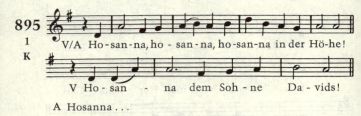

V/A Hosanna, hosanna, hosanna in der Höhe!
V Hosanna dem Sohne Davids!
A Hosanna ...

V Hoch - ge - lobt sei, der da kommt im Namen des Herrn!
A Hosanna ...

V Du König deines Volkes, hosanna in der Höhe!
A Hosanna ...

M: Heinrich Rohr

2

Lasset uns singen halleluja, Gott sei gelobt, halleluja.

Vertrauen und Bitte

896

1. O ewger Gott, wir bitten dich, gib Frieden unsern Tagen, laß leben uns einmütiglich, befreit von Angst und Plagen! Denn Herr, es ist kein andrer Gott, der für uns streitet in der Not, als du, o Gott, alleine.

2. O gütger Gott, wir bitten dich, / gib Frieden unserm Leben! / Verleih uns Hilfe gnädiglich, / dem Feind zu widerstreben; / denn niemand ist in dieser Welt, / der Sieg verleiht und Fried erhält, / als du, o Gott, alleine!

3. O gnädger Gott, wir bitten dich, / du wollest doch nicht rächen, / daß wir so oft und freventlich / mit dir den Frieden brechen! / Sieh, wir bekennen unsre Schuld: / O schenk uns deine Gnad und Huld, / du, unser Gott alleine!

4. O starker Gott, wir bitten dich, / laß uns in Frieden sterben, / bewahr uns alle väterlich / vor ewigem Verderben! / Dorthin, wo ewger Friede ist, / wollst führen uns durch Jesum Christ, / du, unser Gott, alleine!

T und M: Vehes Gesangbüchlein 1537

Vertrauen und Bitte

V 1. O Gott, streck aus dein milde Hand und benedeie Leut und Land; ach, halte nach der Güte dein die wohlverdienten Strafen ein! A Erbarm dich unser, heilger Gott! Unsterblicher, o starker Gott!

2. Ach segne, Herr, mit deiner Hand / die lieben Früchte auf dem Land, / wend ab Frost, Hagel, Donnerschlag / und alles, was uns schaden mag! / Erbarm dich ...

3. O Herr, zu deines Namens Ehr / halt ab von uns der Feinde Wehr, / damit in Fried und Einigkeit / dir dienen mög all Christenheit! / Erbarm dich ...

4. Erleucht, o Gott, mit deinem Geist / die Herrn und Großen allermeist; / dem rechten Glauben Sieg verleih, / daß nirgend Trug und Spaltung sei! / Erbarm dich ...

5. Gott, deines Reiches Herrlichkeit / erstrahle in der Dunkelheit; / den Heidenvölkern nah und fern / laß aufgehn deiner Wahrheit Stern! / Erbarm dich ...

6. Vergiß, o Gott, in deiner Gnad / all unser Sünd und Missetat, / womit wir alle, groß und klein, / erzürnten oft die Güte dein! / Erbarm dich ...

7. Schau, Vater, von dem hohen Thron / ins Antlitz deinem lieben Sohn; / er zeigt sein rosenfarbnes Blut, / das komm, o Vater, uns zugut! / Erbarm dich ...

8. Auch bitten wir, Herr, insgemein / durch deines Sohnes Mutter rein / und durch das ganze himmlisch Heer: / wollst uns verlassen nimmermehr! / Erbarm dich ...

9. Dir sei Lob, Glorie, Ehr und Preis / auf Erd, im Himmel gleicherweis, / o heiligste Dreifaltigkeit, / von nun an bis in Ewigkeit! / Erbarm dich ...

T: Heinrich Bone (1847) nach dem alten Text Trier 1653, Münster 1677
M: Leipzig (Valentin Schumann) 1539 „Vater unser im Himmelreich"

898

Zu dir, o Gott, erheben wir die Seele mit Vertrauen. Dein Volk erfreuet sich in dir, wollst gnädig niederschauen!

Laß leuchten, Herr, dein Angesicht, erfüll mit deiner Gnade Licht die Diener deines Thrones!

Mach unser Herz von Sünden rein, damit wir würdig treten ein zum Opfer deines Sohnes!

T: Heinrich Bone (Cantate 1851)
M: Nach Ulenbergs Psalmen 1582, Ps. 42, Neufassung aus „Kirchenlied" 1938

1. Mein Hirt ist Gott der Herr, er will mich immer weiden, darum ich nimmermehr kann Not und Mangel leiden; er wird auf grüner Au, so wie ich ihm vertrau, mir Rast und Nahrung geben und wird mich immerdar an Wassern still und klar erfrischen und beleben.

2. Er wird die Seele mein / mit seiner Kraft erquicken, / wird durch den Namen sein / auf rechte Bahn mich schicken; / und wenn aus blinder Wahl / ich auch im finstern Tal / weitab mich sollt verlieren, / so fürcht ich dennoch nicht; / ich weiß mit Zuversicht: / du, Herr, du wirst mich führen.

3. Du wirst zur rechten Zeit / den Hirtenstab erheben, / der allzeit ist bereit, / dem Herzen Trost zu geben. / Dazu ist wunderbar / ein Tisch mir immerdar / von dir, o Herr, bereitet, / der mir die Kräfte schenkt, / wann mich der Feind bedrängt, / und mich zum Siege leitet.

4. Du hast mein Haupt getränkt, / gesalbt mit Freudenöle, / den Kelch mir eingeschenkt, / hoch voll zur Lust der Seele. / Herr, deine Gütigkeit / wird durch des Lebens Zeit / mich immer treu begleiten, / daß ich im Hause dein / fest möge wohnhaft sein / zu ewiglichen Zeiten.

T und M: Ulenbergs Psalmen 1582, Ps. 22

900

1. Zu Gott er-hebt sich mei-ne Seel und tut auf ihn ver-trau-en.
Wenn ich nur ihn zum Schirm er-wähl, mag dann vor nichts mir grau-en.
Drum schau ich all-zeit nur auf ihn, er wird in all Ge-fah-ren, wenn ich auch ganz ver-las-sen bin, mich gnä-dig-lich be-wah-ren.

2. Herr, deinen Weg wollst zeigen mir, / mir deine Wahrheit geben! / O Herr, mein Heil, mein höchste Zier, / auf dich stell ich mein Leben. / Mein Festung bist du, starker Gott, / die kann kein Feind bezwingen, / dahin kann ich in höchster Not / in sichre Hut mich bringen.

T: Nach Psalm 25   M: Ulenbergs Psalmen 1582 (dort bei Ps. 20)

Vertrauen und Bitte

901

1. Wie mein Gott will, bin ich bereit, er ist mir lieb vor allen. Kein Freud noch Leid mich von ihm scheidt, kein Trübsal, Angst und Schmerzen. Solls sein, so seis! Mein Gott, der weiß, daß ich ihn lieb von Herzen.

Auf dieser Welt mich nichts erfreut, als ihm nur zu gefallen.

2. Wie mein Gott will, es mir gefällt / in allen meinen Sachen. / Ich hab ihm alles heimgestellt, / er kanns zum besten machen. / Es ist umsunst, kein Witz noch Kunst / hilft wider Gottes Willen. / Solls sein, so seis! Er doch wohl weiß, / sein Willen zu erfüllen.

3. Wie mein Gott will! Bis in den Tod / soll mich von ihm nichts scheiden. / Gern will ich Trübsal, Angst und Not / um seinetwillen leiden. / Allein ich bitt, daß er mich nit / dort laß zuschanden werden. / Solls sein, so seis! Ins Paradeis / fahr ich von dieser Erden.

4. Solls sein, so seis! Wie mein Gott will, / sein Wille ist der beste! / Er hat mir schon gesetzt ein Ziel, / daran halt ich mich feste. / In Freud und Leid, zu aller Zeit / helf ich sein Werk vollbringen. / Solls sein, so seis, Lob, Ehr und Preis / will ich ihm ewig singen.

T und M: „Solls sein, so seis, wie mein Gott will" nach München 1637

1. O mein Christ, laß Gott nur walten, bete seine Vorsicht an!
Lieb-reich wird er dich erhalten, er, der nichts als lieben kann.
Wer auf ihn sich ganz verläßt, dessen Glück steht felsenfest.

2. Gott weiß alles wohl zu lenken, / sein ist Weisheit und Verstand. / Warum sollten wir uns kränken? / Sind wir nicht in seiner Hand? / Er ist Vater, der uns liebt, / wenn er nimmt und wenn er gibt.

3. Führt er uns auch rauhe Wege, / schickt er uns auch Leiden her, / treffen uns gleich harte Schläge, / wir verzagen nimmermehr; / duldend denken wir daran: / was Gott tut, ist wohlgetan.

4. Gott weiß alles, was uns fehlet, / kennet jedes Kreuz und Leid; / er, der jede Träne zählet, / ist zu trösten stets bereit; / unerwartet sendet er / Hilfe uns vom Himmel her.

5. Alle Arbeit und Beschwerden, / alle Leiden dieser Zeit, / wenn sie Gott geweihet werden, / führen uns zur Seligkeit. / Wohlgetan ist, was er tut: / baut auf ihn, habt frohen Mut.

T: Augsburg 1800, nach Landshut 1777: Franz Seraph v. Kohlbrenner, hier wie Köln 1841
M: Johann Friedrich Doles 1780

VI Der Herr ist mein Hirt, ich leide keine Not.

Meßgesänge

Sechste Choralmesse

904

V/AKý - ri - e e - lé - i - son.

V/A Chri - ste e - lé - i - son.

V/A Ký - ri - e e - lé - i - son.

Wenn man jeden Ruf dreimal singt, werden beide Wiederholungen von A gesungen; der 9. Ruf lautet dann:

A Ký - ri - e e - lé - i - son.

905

V/A Ký - ri - e e - lé - i - son.

V/A Chri - ste e - lé - i - son.

V/A Ký - ri - e e - lé - i - son.

Wenn man jeden Ruf dreimal singt, werden beide Wiederholungen von A gesungen; der 9. Ruf lautet dann:

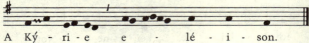

A Ký - ri - e e - lé - i - son.

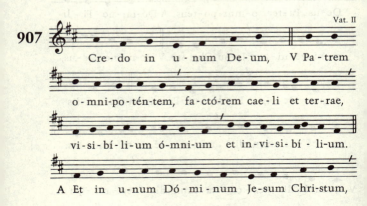

venit in nómine Dómini.
Hosánna in excélsis.

Vat. Cant. ad lib. II

909

Agnus Dei, * qui tollis peccáta mundi: miserére nobis.

Agnus Dei, * qui tollis peccáta mundi: miserére nobis.

Agnus Dei, * qui tollis peccáta mundi: dona nobis pacem.

910

V 1. Kyrie eleison! Du Heiland der Barmherzigkeit! A Erbarme dich unser!

V 2. Christe eleison! / Du König aller Herrlichkeit!
A Erbarme dich unser!
V 3. Kyrie eleison! / Du Sieger über Tod und Zeit!
A Erbarme dich unser!

T: Neufassung M: A. G. Stein 1853

911 K

V/A Gloria wolln wir dir singen, wolln wir dir singen.

V 1. Wir loben dich, wir preisen dich, wir beten dich an.
2. Wir grüßen dich, wir danken dir, wir jubeln dir zu.
3. Herr, unser Gott, du Gottes Sohn, erbarme dich unser.

A 1.-3. Gloria ...

T: Willi Fährmann
M: Karl Fegers

Meßgesänge

912

Laßt uns Gott dem Herrn lob-sin-gen!
Hoch-er-freut laßt uns heut Ehr und Dank ihm brin-gen. Heil ward uns in Chri-sti Na-men.
Dar-um preist Sohn und Geist mit dem Va-ter! A-men.

T: Petronia Steiner 1944   M: Johann Georg Ebeling 1666

913

1. Wir glau-ben Gott im höch-sten Thron; wir glau-ben Chri-stus, Got-tes Sohn, aus Gott ge-bo-ren vor der Zeit, all-mäch-tig, all-ge-be-ne-deit;

2. wir glauben Gott den Heilgen Geist, / den Tröster, der uns unterweist, / der fährt, wohin er will und mag, / und stark macht, was daniederlag:

3. Den Vater, dessen Wink und Ruf / das Licht aus Finsternissen schuf; / den Sohn, der annimmt unsre Not, / litt unser Kreuz, starb unsern Tod,

4. der niederfuhr und auferstand, / erhöht zu Gottes rechter Hand, / und kommt am Tag, vorherbestimmt, / da alle Welt ihr Urteil nimmt;

5. den Geist, der heilig insgemein / läßt Christen Christi Kirche sein, / bis wir, von Sünd und Fehl befreit, / ihn selber schaun in Ewigkeit.

T: Rudolf Alexander Schröder
M: Vor 1643 („Herr Jesus Christ, dich zu uns wend")

914

Ich glaube, Herr, daß du es bist, durch den wir sind und leben.
Ich glaube auch, daß Jesus Christ für uns sich hingegeben.
Ich glaube an den Heil'gen Geist, der uns im Guten unterweist und uns zum Heile führet.

T: Bonn (Bierbaum) 1830   M: Ferdinand Wacker, Paderborn 1874

915

Wir bitten dich, erhöre uns, erhöre uns, o Herr, Herr, erhöre uns.

M: Hubert Leiwering

916

1. Du hast, o Herr, dein Leben,
für uns da-hin-ge-ge-ben
dein heil-ges Fleisch und Blut
als un-ser höch-stes Gut.
So nimm auch uns-re Ga-ben, die selbst du uns ver-liehn, nimm al-les, was wir ha-ben, zum Op-fer gnä-dig hin!

2. Bereite Herz und Hände, / daß würdig wir begehn / das Opfer ohne Ende, / das Gott sich ausersehn! / Send uns den Geist hernieder, / zu wandeln Brot und Wein, / daß du der Erde wieder / mögst Heil und Mittler sein!

T: Str. 1 Köln 1880, Str. 2 Petronia Steiner 1945
M: Melchior Teschner 1613

917

Nimm, o Va-ter, was wir spen-den
Al-les kam aus dei-nen Hän-den,
und mit Freu-den brin-gen dar! Heil-ger
dei-ne Gü-te mit uns war.

Geist, all-mächt-ger Gott, komm und seg-ne Wein und Brot, heil-ge du die Frucht der Er-de, daß sie Chri-sti Op-fer wer-de!

T: Friedrich Hüttemann 1939 M: Herold, Choralmelodien, 1808

918

1. Nun brin-gen wir die Ga-ben, das Brot und auch den Wein: was wir be-rei-tet ha-ben, wird bald das Op-fer sein. Er-he-bet das Ge-müt, be-greift, was nun ge-schieht: der Tod des Herrn sich un-ter uns voll-zieht!

2. Was wir an Gaben bringen, / will auch ein Zeichen sein, / daß wir vor allen Dingen / uns selbst dir, Vater, weihn. / So laß uns vor dir stehn, / mit deinem Sohn eingehn in seinen Tod und in sein Auferstehn!

T: Maria Luise Thurmair 1943
M: Nach Ulenbergs Psalmen 1582, Ps. 138

919

Alles ist unser, das Brot und der Wein, was uns stärkt, was uns freut, was uns hält, uns befreit, Geringes und Großes, unser Herz und die Welt, alles ist unser. Wir danken dir, Herr.

Wir aber sind Christi, wie das Brot und der Wein. Was wir lieben, was wir meiden, was wir schaffen, was wir leiden, Geringes und Großes, unser Herz und die Welt, wir aber sind Christi, ihm dienen wir, Herr.

T: Christine Heuser   M: Peter Janssens

920

1. Herr, was im Alten Bunde Melchisedek geweiht, / das halten wir zur Stunde als Gabe auch bereit. Laß deines Priesters Worte uns wandeln Brot und Wein und Christi Tod die Pforte des Lebens für uns sein!

2. O Herr, mit diesen Gaben / wir bringen am Altar / uns selbst, und was wir haben, / zu Christi Opfer dar. / Nimm unser Tun und Streben, / Gedanken, Herz und Sinn, / nimm unser ganzes Leben, / o Gott, nimm alles hin!

T: Friedrich Hüttemann 1939   M: Nach Nordstern 1671

921 K

Heilig bist du, Gott unser Herr, Vater der ganzen Welt.
Himmel und Erd' sind ganz erfüllt von deiner Herrlichkeit.
Die Engelscharen singen dein Lob in alle Ewigkeit.

T und M: A. Stingl

Meßgesänge

922

V Heilig, heilig, A heilig bist du, Herr der Heere. V Alle Lande sind deiner Ehre voll. A Hosanna in der Höhe! V Hochgelobt sei, der da kommt im Namen des Herrn. A Hosanna in der Höhe!

M: Handschr. Choralbuch Steinau 1726, hier nach J. S. Bachs Choralsatz

923

A Heilig, heilig, heilig ist der Herr, Gott Zebaot, der Herr, Gott Zebaot! V Himmel und Erde sind voll von deiner Herrlichkeit! A Hosanna in der

T: Das „Sanctus" der hl. Messe   M: Trier 1845

924

T: Das Agnus Dei des Ordo missae
M: Vinzenz Goller Kloster-Neuburger Chormesse 1934

Meßgesänge · Fronleichnam

925

O du Lamm Gottes, unschuldig, am
Stamm des Kreuzes geschlachtet,
allzeit erfunden geduldig,
wiewohl du warest verachtet;
all Sünd hast du getragen,
sonst müßten wir verzagen.

1. u. 2. Erbarm dich unser, o Jesu!
3. Gib uns den Frieden, o Jesu!

T: Nicolaus Decius (Hovesch) † 1541
M: 16. Jh., hier nach David Gregor Corner 1625

926

Nun segne, Herr, uns allzumal
mit deiner Vaterhand,
und leit uns durch dies Erdental
zum ew'gen Heimatland!
Führ uns zum Berg der Herrlichkeit,
zu deiner

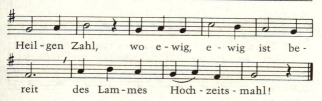

T: Heinrich Bone 1851   M: Köln 1880

Fronleichnam

927

1. Wahrer Leib sei uns gegrüßet, den Maria uns gebar; Blut und Wasser aus dir fließen, da dein Herz durchstochen war. O gütger Jesu, o Jesu, du Sohn Gottes und der Jungfrau Maria!
2. der am Kreuz für uns gebüßet, das Versöhnungsopfer war! Gib uns, daß wir dich genießen in der letzten Todsgefahr! o milder Jesu, o Jesu, du Sohn Gottes und der Jungfrau Maria!

T: Bone 1847 nach dem „Ave verum" (14. Jh.)
M: Köln 1880, mit Anklängen an die Weise zu „Ave verum" aus dem 15. Jh.

Fronleichnam

928

2. Genitori Genitoque / laus et jubilatio, / salus, honor, virtus quoque / sit et benedictio: / procedenti ab utroque / compar sit laudatio. / Amen.

P Panem de caelo praestitisti eis. (Halleluja.)

A Omne delectamentum in se habentem. (Halleluja.)

Gebet wie bei Nr. 542

T: Hymnus „Pange Lingua", Str. 5 u. 6   M: Kaspar Ett (1788–1847)

929

2. Jesu, unser Trost und Leben, / wahrhaft gegenwärtig hier, / woll uns deinen Segen geben! / Tief gebeuget rufen wir: / „Heilig, heilig, heilig bist du, / ewig Lob und Dank sei dir!"

T: Nach Ernst Xaver Turin, Mainz 1787
M: Supplementum Kyriale, Luxemburg 1768

930

V 1. Deinem Heiland, deinem Lehrer, deinem Hirten und Ernährer, Sion, stimm ein Loblied an! A Mit Kerubim, mit Serafim loben wir dich, Jesu!

Preis nach Kräften seine Würde, da kein Lobspruch, keine Zierde seiner Größe gleichen kann.

2. Dieses Brot sollst du erheben, / welches lebt und gibt das Leben, / das man heut den Christen weist; / dieses Brot, mit dem im Saale / Christus bei dem Abendmahle / die zwölf Jünger selbst gespeist! / Mit Kerubim . . .

3. Unser Lob soll laut erschallen / und das Herz in Freuden wallen, / denn der Tag hat sich genaht, / da der Herr zum Tisch der Gnaden / uns zum erstenmal geladen / und dies Brot geopfert hat! / Mit Kerubim . . .

4. Neuer König, neues Leben, / neu Gesetz ist uns gegeben, / neues Lamm und Ostermahl; / und der Wahrheit muß das Zeichen, / Altes vor dem Neuen weichen; / Nacht vertreibt des Lichtes Strahl. / Mit Kerubim . . .

5. Was von Jesus dort geschehen, / sollen wir wie er begehen, / um zu feiern seinen Tod. / Uns zum Heile, ihm zur Ehre / weihen wir nach seiner Lehre / nun zum Opfer Wein und Brot. / Mit Kerubim ...

6. Guter Hirt, du wahre Speise, / Jesu, stärk uns auf der Reise / bis in deines Vaters Reich! / Nähr uns hier im Jammertale, / ruf uns dort zum Hochzeitsmahle, / mach uns deinen Heilgen gleich! / Mit Kerubim ...

T: Franz Xaver Riedel 1773 nach „Lauda Sion" Thomas v. Aquin (13. Jh.)
M: Geistl. Psalter (Köln) 1638; Fassung: Rheinfelsisches Gsb., Augsburg 1666

931

1. Deinem Heiland, deinem Lehrer, deinem Hirten und Ernährer, Sion, stimm ein Loblied an! Preis nach Kräften seine Würde, da kein Lobspruch, keine Zierde seiner Größe gleichen kann, seiner Größe gleichen kann!

Text wie beim vorigen Liede, aber ohne den Zusatz „Mit Kerubim"

M: Nach Landshut 1777

932

1. O höchstes Gut, o Heil der Welt, lobt das ganze Himmelszelt, auch der weite Erdenkreis singt deiner Allmacht Lob und Preis: Sei hochgelobt in Ewigkeit, o Sakrament der Seligkeit!

2. Du Lamm, zum Opfer auserwählt, / am Kreuzesstamm mit uns vermählt, / dir folgt geschmückt die Hochzeitsschar / und bringt entzückt dir Blumen dar. / Sei ...

3. Herr, öffne deine milde Hand / und segne uns und Stadt und Land: / nimm uns, o Herr, in deine Hut, / die du erkauft mit deinem Blut. / Sei ...

T: Nach Guido Maria Görres 1845   M: Kaspar Aiblinger 1845

933

VIII Christus ist uns erschienen; kommt, lasset uns anbeten.

Fronleichnam · Christus

934

1. Das sollt ihr, Jesu Jünger, nie vergessen: wir sind, die wir von einem Brote essen, aus einem Kelche trinken, alle Brüder und Jesu Glieder.

2. Wenn wir wie Brüder beieinander wohnen, / die Müden stärken und die Schwachen schonen, / dann werden wir den letzten heilgen Willen / des Herrn erfüllen.

3. Ach, deine Liebe muß uns dazu dringen! / Du wolltest, Herr, dies große Werk vollbringen, / daß unter einem Hirten eine Herde / aus allen werde.

T: Johann Andreas Cramer 1750
M: Johann Crüger 1640

935

1. O heilge Seelenspeise auf dieser Pilgerreise, o Manna, Himmelsbrot! Wollst unsern Hunger stillen, mit Gnaden uns erfüllen, uns retten von dem ewgen Tod!

2. Du hast für uns dein Leben, / o Jesu, hingeg[eben], / und gibst dein Fleisch und Blut / zur Speise und zum [Tranke;] / wer preist mit würdgem Danke / dies unschätz[bare] Gut?

3. „Kommt alle, die auf Erden / von Not bedränget w[erdet,] so spricht dein eigner Mund. / „Ich will euch wiede[r geben] mit meinem Blut das Leben. / Dies ist der neue, ewge [Bund."]

4. Mit Glauben und Vertrauen / wir dich verdec[kt an]schauen / in deiner Niedrigkeit. / Ach, laß es, Herr, g[esche]hen, / daß wir im Himmel sehen / dich einst in deiner [Herr]lichkeit!

T: Nach dem dreistrophigen „O esca viatorum" (Sirenes Partheniae Her[born] 1649), Str. 3 M.-Gladbach 1833
M: Volkslied „Innsbruck, ich muß dich lassen" 15. Jh.

Christus

936

1. Ge - lobt sei Jesus Christus in alle Ewigkeit,
   der für uns Mensch geworden aus lauter Gütigkeit
   und dreiunddreißig Jahr im Fleisch gehorsam war!
   Gelobt sei Jesus Christus in alle Ewigkeit!

Christus

1. [Gelobt] sei Jesus Christus in alle Ewigkeit, / der alle hat [erlöst] von Satans Dienstbarkeit, / durch seinen bittern Tod / [half] aus aller Not! / Gelobt sei Jesus Christus in alle [Ewigkeit]!

2. Gelobt sei Jesus Christus in alle Ewigkeit; / er hat den [Geist] gesendet, den Geist der Heiligkeit, / der uns gereinigt [hat] / von Adams Sündenfall! / Gelobt sei Jesus Christus in alle Ewigkeit!

4. Gelobt sei Jesus Christus in alle Ewigkeit, / der als der gute Hirte uns nährt zur rechten Zeit! / Er schützet Leut und Land / vor Pest und Krieg und Brand. / Gelobt sei Jesus Christus in alle Ewigkeit!

5. Gelobt sei Jesus Christus in alle Ewigkeit, / der allen, die ihn lieben, verklärt das Erdenleid / durch Gnad und Himmelsfreud; / drum singt in Dankbarkeit: / Gelobt sei Jesus Christus in alle Ewigkeit!

T und M: Nach Hildesheim 1736

937

1. Schönster Herr Jesu, Herrscher aller Herren, Gottes und Mariä Sohn, dich will ich lieben, dich will ich ehren, meiner Seele Freud und Kron!

2. Alle die Schönheit Himmels und der Erden / ist gefaßt in dir allein; / keiner soll immer lieber mir werden / als du, liebster Jesu mein!

3. Schön ist das Mondlicht, schöner ist die Sonne, / schön der Sterne große Zahl; / Jesus ist feiner, Jesus ist reiner / als die Engel allzumal.

4. Schön sind die Blumen, schöner sind die Menschen / in der frischen Jugendzeit; / sie müssen sterben, müssen verderben: / Jesus bleibt in Ewigkeit.

5. Liebster Herr Jesu, du bist gegenwärtig / im hochheilgen Sakrament. / Jesu, dich bitt ich, sei du mir gnädig / jetzt und auch am letzten End!

T: Friedrich v. Spee, hier nach einer Handschrift Münster 1662
M: Nach dem Gsb. Münster 1677

938

1. O heiligster der Namen all, die Menschenzungen nennen!
O du, der Himmel Widerhall, dem tausend Herzen brennen!
Dir neigen unsre Herzen sich; vor dir, o Name, ewiglich der Engel Schar sich beuget.

2. O Name, der die Hölle schreckt, / vor dem die Himmel schweigen, / durch den die Toten auferweckt / aus ihren Gräbern steigen; / der von dem Himmel ward gebracht / und durch den Engel kundgemacht: / O Name, sei gepriesen.

3. Messias, Jesus, einger Sohn / des Vaters aller Wesen, / zum König auf des Ewgen Thron, / eh Licht ward, auserlesen; / voll Gottesweisheit, Licht aus Licht, / voll Kraft, die mächtig zu uns spricht, / voll Gnad und Gottesliebe!

T: 1. u. 3. Str. Johann Kaspar Lavater 1780, 2. Str. Trier 1846
M: Nach „Seraphisch Lustgart", Köln 1635

939

1. Wie schön leucht uns der Morgenstern, voll Gnad und Wahrheit von dem Herrn uns prächtig aufgegangen! Lieblich, freundlich, schön und prächtig, groß und mächtig, reich an Gaben, hoch und wunderbar erhaben!

Du Jesses Blüte, Davids Sohn, mein Heiland auf dem Himmelsthron, du hast mein Herz umfangen!

2. Du helle Perle, werte Kron, / du Gottes und Mariä Sohn, / mein König hochgeboren! / Du Rosenblüte, Lilienreis, / o Himmelsblume, rot und weiß, / aus tausend auserkoren! / Stille, fülle / mein Gemüte, ewge Güte; all mein Sehnen / ruft nach dir mit Freudentränen!

3. Von dir kommt her ein Freudenschein, / so oft die milden Augen dein / ins Herz mir freundlich blicken; / o Jesu, du mein höchstes Gut, / dein Wort, dein Geist, dein Fleisch und Blut / mich innerlich erquicken. / Nimm mich freundlich / mit Erbarmen in die Arme deiner Gnaden, / der du mich zu dir geladen!

4. Nun greifet in die Saiten frei / und laßt die süße Melodei / ganz freudenreich erschallen, / daß ich mit meinem Herrn und Christ, / der meiner Seele Leben ist, / in steter Lieb mög wallen! / Singet, klinget, / jubilieret, triumphieret, dankt dem Herren, / dankt dem König aller Ehren!

5. Wie bin ich doch so herzlich froh, / daß Jesus ist das A und O, / der Anfang und das Ende! / Er wird mich einst zu seinem Preis / aufnehmen in das Paradeis, / mir reichen seine Hände. / Hallet, schallet, / Jubellieder, ewig wieder, wenn zum Lohne / Jesus reicht die Freudenkrone.

T und M: Philipp Nicolai, Frankfurt 1599

940

1. Herz Jesu, Gottes Opferbrand, der uns're Lieb entfachte! O Herz, in Nacht zu uns gesandt, als Schuld den Tod uns brachte! Wir stachen dich mit Spott und Wut, du tauftest uns mit deinem Blut. Nun müssen wir dich lieben.

2. Wer liebt, der kehrt zu dir nach Haus / und ist der Nacht entrissen. / Er sendet neu mit dir sich aus / als Licht zu Finsternissen. / Du bist die Sonne, wir der Schein, / wir können ohne dich nicht sein / und ohne dich nicht lieben.

3. Herz Jesu, Trost der ganzen Welt, / mach unser Herz zu deinem! / Nimm unsre Herzen ungezählt / und mache sie zu einem! / Laß uns den Haß, das bittre Leid / fortlieben aus der dunklen Zeit: / Laß uns dein Reich erscheinen!

T: Franz Johannes Weinrich 1929   M: Adolf Lohmann 1935

941

Laßt preisen uns den Quell der Güte,
der aus dem Herzen Gottes fließt!
Von ihm genährt, die schönste Blüte,
die Liebe zu den Nächsten, sprießt.
Dreieiner, laß uns Hilfe werden, daß diese
Liebe uns erfreu! Dann wird dein Friede sein auf
Erden, dann wird die ganze Schöpfung neu.

T: Friedrich Hüttemann 1939
M: Nach dem Geistl. Psalter (Köln) 1638 (Neufassung)

942

Von deiner Liebe, Herr,
will ich allezeit singen!

943

Christus ist Sieger, Christus ist
König, Christus ist Weltenherr!

1. Dich, König, loben wir, dich ehrn wir für und für! Dir, o Jesu, wolln wir geben Ruhm, Preis, Dank und Herrlichkeit hier durch unser ganzes Leben und danach in Ewigkeit.

2. Du thronst dem Vater gleich / und hältst mit ihm das Reich. / Alles ist dir übergeben / von dem lieben Vater dein, / du wirst über Tod und Leben / der alleinge Richter sein.

3. O großer Herr und Gott, / erbarm dich unsrer Not! / Schau, du König aller Zeiten, / wie dein Volk bedränget ist, / wie wir täglich müssen streiten / mit des Feindes Macht und List!

4. Dich ehrn die Serafim, / dich ehrn die Kerubim. / Herr, dir jubeln alle Chöre: / Heilig, heilig, heilig ist, / dessen Herrlichkeit und Ehre / unvergleichlich, Jesus Christ!

5. All deiner Heilgen Schar / lobpreist dich immerdar. / Ihre Namen stehn geschrieben / in dem Buch der Ewigkeit, / weil sie sind beständig blieben / dir zu Ehren in der Zeit.

T: Angelus Silesius 1657   M: Georg Joseph 1657

1. Es ragt ein hehrer Königsthron, von Gottesmacht gegründet, darauf des ewgen Vaters Sohn sein Wort den Zeiten kündet. Er herrscht im neuen Gottesreich als wahrer Gott und Mensch zugleich. Herr Jesus, König aller Welt, führ alle in dein Königszelt!

2. Nicht durch des Schwertes Machtgebot / hast du die Welt bezwungen, / du hast durch Kreuz und Opfertod / die Krone dir errungen; / dein Reich ist nicht von irdscher Art, / die Seelen sind um dich geschart. / Herr Jesus ...

3. O König, dem die Welt sich weiht, / wir alle sind dein eigen. / Vor deinem Thron soll Menschenstreit / und Völkerfehde schweigen! / Dein Wort allein bringt Recht und Licht, / dein Urteil ist das Weltgericht. / Herr Jesus ...

T: Michael Schnitzler († 1948)   M: Carl Cohen 1926

1. Macht weit die Pforten in der Welt! Ein König ists, der Einzug hält, umglänzt von Gnad und Wahrheit. Wer von der Sünde sich gewandt, wer auf vom Todesschlafe stand, der siehet seine Klarheit. Seht ihn weithin herrlich schreiten, Licht verbreiten; Nacht zerstreut er, Leben, Fried und Wonne beut er!

2. Es jauchzt um ihn die frohe Schar, / die lang in schweren Fesseln war; / er hat sie freigegeben. / Blind waren sie und sehen nun, / lahm waren sie und gehen nun, / tot waren sie und leben. / Köstlich, tröstlich allen Kranken, / ohne Wanken, ohne Schranken / walten seine Heilsgedanken.

3. Noch liegt vor ihm so tief und schwer / der Sünden ungeheures Heer, / das tausend Völker drücket. / Um Rache schreit es auf zu Gott, / doch Jesus lebt und hat die Not / der Sünder angeblicket, / betet, rettet, heilt und segnet / und begegnet seinen Armen / als ein Heiland voll Erbarmen.

4. Längst ist in seinem ewgen Rat / für sie zu seinem Reich der Pfad / gezeichnet und gebahnet. / Ohnmächtig droht der Feinde Hohn; / schnell steht in Herrlichkeit sein Thron, / wo niemand es geahnet. / Selig, selig, wer da trauet, / bis er schauet, wer sich mühet, / bis sein Gott vorüberziehet!

5. Die ihr von Christi Hause seid, / kommt, schließet nun mit Freudigkeit / den Bund in seinem Namen! / Laßt uns auf seine Hände schaun, / an seinem Reiche mutig baun! / Sein Wort ist Ja und Amen. / Flehet, gehet, Himmelserben / anzuwerben! Harret, ringet! / Jesus ist es, der euch dinget.

T: Albert Knapp (1798–1864)
M: Adolf Lohmann, 1938

947 1. Dein Tag, Herr Christ, wirft seinen Schein / in unsre Welt schon hell herein, / daß all ihr Licht erblindet. / Dann wird dein Reich mit Macht da sein, / und heimholst du die Kirche dein, / wie du es angekündigt. / Traut auf, baut auf sein Versprechen! / Nichts kanns brechen. Ja und Amen. / Bald kommt er in Gottes Namen.

2. Sein erstes Kommen war verhüllt. / Es kam in unserm Menschenbild / der Herr der Ewigkeiten. / Beim zweiten Kommen wird erfüllt / der Himmel und das Erdgefild / mit seinen Herrlichkeiten. / Preiset! Weiset ab die Sorgen, / bald wirds Morgen, kommt die Wende: / Selig, wer beharrt ans Ende!

3. Es seufzet auch die Kreatur, / die unsrer Sünden Fluch erfuhr, / mit uns auf dieser Erden. / Doch all ihr Weh sind Wehen nur, / draus eine neue Kreatur / Gott läßt geboren werden. / Wieder Frieden ist in diesem Paradiese allen Wesen: / Allesamt will Gott erlösen.

4. Bis dahin gilts nun festzustehn; / denn keiner kann dem Kampf entgehn, / der seinem Herrn will leben. / Nur wer von ihm als treu ersehn, / nur den wird er zuletzt erhöhn / und ihm die Krone geben. / Steht denn! Fleht denn, daß er eile, / nicht verweile, all ihr Frommen: / Laß dein Reich, Herr, zu uns kommen!

T: E. Walter
M: Macht weit die Pforten (Nr. 946)

948

1. Ach bleib bei uns, Herr Jesu Christ, weil es nun Abend worden ist; dein göttlich Wort, das helle Licht, laß ja bei uns verlöschen nicht.

2. Beweis dein Macht, Herr Jesu Christ, / der du Herr aller Herren bist, / beschirm dein arme Christenheit, / daß sie dich lob in Ewigkeit.

3. Gott Heilger Geist, du Tröster wert, / gib deinem Volk ein' Sinn auf Erd; / steh bei uns in der letzten Not, / leit uns ins Leben aus dem Tod.

T: 1. Str. Nicolaus Selnecker (†1592), 2. u. 3. Str. Martin Luther (1483–1546)
M: Wittenberg 1543

949

I Beim Schall der Posaunen wird kommen der Herr mit großer Macht und Herrlichkeit. Kyrieleison.

Maria

950

V Alma A Redemptoris Mater,
quae pervia caeli porta manes,
et stella maris, succure cadenti,
surgere qui curat populo:
Tu quae genuisti, natura mirante,
tuum sanctum Genitorem:
Virgo prius ac posterius,
Gabrielis ab ore sumens illud
Ave, peccatorum miserere.

Deutsche Fassung; Maria, Mutter unsres Herrn, Nr. 577

951

Deutsche Fassung: Maria, Himmelskönigin, Nr. 579

952

953

Sagt an, wer ist doch diese, die auf am Himmel geht,
die überm Paradiese als Morgenröte steht?
Sie kommt hervor von ferne, es schmückt sie Mond und Sterne,
die Braut von Nazaret.

2. Sie ist die reinste Rose, / ganz schön und auserwählt, / die Magd, die makellose, / die sich der Herr vermählt. / O eilet, sie zu schauen, / die schönste aller Frauen, / die Freude aller Welt!

3. Sie ist der Himmelsheere, / der Engel Königin, / der Heilgen Lust und Ehre, / der Menschen Trösterin, / die Zuflucht aller Sünder, / die Hilfe ihrer Kinder, / die beste Mittlerin.

T: Nach Johann Khuen 1638, Fassung Guido Maria Dreves 1885
M: Johann Khuen 1638, hier wie bei Dreves 1885 aus dem Gsb. St. Gallen 1705

954

Maria, Maienkönigin, dich will der Mai begrüßen;
o segne ihn mit holdem Sinn und uns zu deinen Füßen!

Ma-ri-a, dir be-feh-len wir, was grünt und blüht auf Er-den. O laß es ei-ne Him-mels-zier in Got-tes Gar-ten wer-den!

T: Nach Guido Maria Görres 1842   M: Kaspar Aiblinger 1845

955

1. Ein Se-gen hat er-gos-sen sich ü-ber Da-vids Haus; die Blu-me ist ent-spros-sen, das Mor-gen-rot bricht aus.

2. Die Zeit will sich enthüllen, / die lang im Dunkel lag; / das Wort will sich erfüllen, / das Gott zur Schlange sprach.

3. Er sprach: „Aus allen Nöten / wird einst mein Volk erlöst; / ein Weib wird dich zertreten, / dem du mit List nachgehst."

4. Maria ist empfangen / von jeder Makel rein; / von der Propheten sangen, / die laßt uns benedein!

5. Laßt uns den Herren loben / für so viel Gütigkeit, / mit allen Engeln droben / jetzt und in Ewigkeit!

T: Heinrich Bone, Str. 1–4 Cantate 1847, Str. 5 Köln (Stein 1852)
M: Nach dem Anfang einer Volksweise, Melodienbuch zu Bones Cantate 1852

956

1. O Jungfrau ohne Makel, o schöne Himmelsblum, der Gottheit Tabernakel, der Gnade Heiligtum! Du bist die Sonn mit Strahlen, der Mond mit stillem Schein, in deinem Glanz sich malen des Himmels Lichter rein.

2. O Jungfrau, auserkoren / aus königlichem Blut, / ganz unbefleckt geboren, / ganz sündenrein und gut! / Auf deine Fürbitt bauen / wir Sünder allgemein; / auf dich wir fest vertrauen, / mach uns von Schulden rein!

3. Hilf, daß wir nicht in Sünden / unselig sterben hin; / bei dir ist Hilf zu finden, / o treue Mittlerin! / Hilf, daß uns Gott verzeihe / die Sünd und Missetat, / ein selges End verleihe / nach seiner großen Gnad!

4. Du wollest dich erbarmen / der ganzen Christenheit / und sie mit starken Armen / beschützen jederzeit; / die Obrigkeit regiere, / dem Volk gib Sicherheit, / mit Gnad und Tugend ziere / all, die dein Sohn befreit!

T: Heinrich Bone, Cantate 1847, nach dem alten Text von 1671
M: Düsseldorf 1836

957

1. Maria, breit den Mantel aus, mach Schirm und Schild für uns daraus; laß uns darunter sicher stehn, bis alle Stürm vorübergehn! Patronin voller Güte, uns allezeit behüte!

2. Dein Mantel ist sehr weit und breit, / er deckt die ganze Christenheit, / er deckt die weite, breite Welt, / ist aller Zuflucht und Gezelt. / Patronin voller Güte ...

3. Maria, hilf der Christenheit, / zeig deine Hilf uns allezeit; / mit deiner Gnade bei uns bleib, / bewahre uns an Seel und Leib! / Patronin voller Güte ...

4. Wann alle Feind zusammenstehn, / wann alle grimmig auf uns gehn, / bleib du bei uns, sei du uns Schutz, / so bieten wir den Feinden Trutz! / Patronin voller Güte ...

5. Dein Sohn dir alles gern gewährt, / was deine Lieb für uns begehrt; / so bitt, daß er uns hier verschon / und droben voller Huld belohn! / Patronin voller Güte ...

6. O Mutter der Barmherzigkeit, / der Gnad und aller Gütigkeit, / komm uns zu Hilf zu aller Zeit, / hilf uns in alle Ewigkeit! / Patronin voller Güte ...

T: Nach „Unser Lieben Frau Schutzmantel", Innsbruck 1640
M: Josef Mohr, Psälterlein 1891

958

1. Mein Zuflucht alleine, Maria, die reine, von Herzen ich meine zu rufen an: daß sie mich regiere, mit Gnaden mich ziere, ganz treulich mich führe auf rechtem Plan.

2. Ach, Krone der Frauen, mit höchstem Vertrauen / bitt, wollest anschauen die Seele mein: / Errett mich Elenden aus feindlichen Händen, / tu niemals abwenden die Augen dein!

3. Recht alle dich nennen, mit Lippen bekennen, / von Herzen erkennen der Menschen Heil. / Drum darf ich es wagen, die Sorgen und Plagen / dir, Jungfrau, zu klagen. Hilf mir in Eil!

4. In stetigem Leiden, ohn einige Freuden / die Stunden hinscheiden ohn Maß und Zahl. / Wann dein ich gedenke, all Trübsal versenke; / was immer mich kränke, entschwindet all.

5. All Sinn und Gemüte, all Fleisch und Geblüte, / o Mutter der Güte, dir anvertrau. / Wann endlich muß sterben, laß Gnad mich erwerben, / den Himmel zu erben, hilfreiche Frau!

T: Nach einer Handschrift vor 1673
M: Melodien zum Gsb. Münster 1677

959

V Hoch erhebt meine Seele den Herrn.

960

1. A - ve Ma - ri - a, Kai - se - rin, du bist zu Aa - chen ein Hel - fe - rin; zu dir wallt froh manch frem - der Gast: Gnad dem, den du ge - füh - ret hast!

2. Ave Maria, Kaiserin, / sei unsrer Stadt Beschützerin; / des großen Kaisers heilig Pfand / bewahr in unsres Bischofs Hand.

3. Ave Maria, Kaiserin, / sei du wie je auch fürderhin / dem deutschen Volk die Liebe Frau, / auf daß es stetig dir vertrau.

4. Ave Maria, Kaiserin, / beschirm mit gütig holdem Sinn / die schwer bedrängte Christenheit / in ihrem heilgen Gottesstreit.

T: Nach einer Vorlage a. d. 15. Jh.   M: Theodor Bernhard Rehmann 1932

Engel und Heilige

961

1. Du, mein Schutz-geist, Got-tes En - gel, wei - che, wei - che nicht von mir, lei - te mich durchs Tal der Män - gel bis hin - auf, hin - auf zu dir!

2. Laß mich stets auf dieser Erde / deiner Führung würdig sein, / daß ich immer besser werde / und mein Herz stets bleibe rein!

3. Sei zum Kampf an meiner Seite, / wenn mir die Versuchung winkt; / steh mir bei im letzten Streite, / wenn mein müdes Leben sinkt.

4. Sei in dieser Welt voll Mängel / stets mein Freund, mein Führer hier! / Du, mein Schutzgeist, Gottes Engel, / weiche, weiche nicht von mir!

T: Gottlob Wilhelm Burmann 1783
M: Weltlich aus d. 17. Jh.; hier wie Köln 1837

962

1. Ge - lobt sei Gott im ho - hen Thron, ge - lobt durch die zwölf Bo - ten, ge - wal - tig
   durch die das Wort von sei - nem Sohn, der auf - stand von den To - ten,

ward hin-aus-ge-sandt, daß je-des Volk und al-les Land sein Heil in Gna-den schau-e.

2. In alle Welt ihr Rufen drang / von Christ, dem Herrn und Gotte. / Kein Marter sie zum Schweigen zwang, / sie trotzten Schmach und Spotte / und tranken aus dem Kelch der Not. / Aus ihrem Blut und ihrem Tod / ist Christi Reich erstanden.

3. Ob ihrer Treu und großen Macht / frohlocken wir in Freuden. / Durch sie hat Gottes Gnad vollbracht / des Reiches Herrlichkeiten. / Als Fürsten thronen sie im Licht / und schauen Gottes Angesicht, / die seine Freunde heißen.

T: M. L. Thurmair 1940   M: Erhard Quack 1940

963

1. Ihr Freun-de Got-tes all-zu-gleich,
   ver-herr-licht hoch im Him-mel-reich,
   er-fleht am Thro-ne al-le-zeit
   uns Gna-de und Barm-her-zig-keit.
   Helft uns in die-sem Er-den-tal, daß
   wir durch Got-tes Gnad und Wahl zum
   Him-mel kom-men all-zu-mal!

2. Vor allem du, o Königin, / Maria, milde Herrscherin, / ihr Engelchöre voller Macht, / die ihr habt treulich unser acht: / Helft uns ...

3. Ihr Patriarchen hochgeborn / und ihr Propheten auserkorn, / der Herr hat euch das Reich bereit; / führt uns zur ewgen Seligkeit: / Helft uns ...

4. Apostel Christi, hoch gestellt, / zu leuchten durch die ganze Welt, / ihr Heilgen, die dem höchsten Gut / ihr alles schenktet, selbst das Blut: / Helft uns ...

5. O Schar der Jungfraun, licht und rein, / die ihr geweiht dem Herrn allein, / ihr heilgen Frauen tugendreich, / ihr Freunde Gottes allzugleich: / Helft uns ...

6. Wir bitten euch durch Christi Blut, / die ihr nun weilt beim höchsten Gut, / tragt vor die Not der Christenheit / der heiligsten Dreifaltigkeit! / Helft uns ...

T: Friedrich v. Spee, Köln (Brachel) 1623
M: Innsbruck 1588, Köln (Quentel) 1599

964

1. Heil-ger Josef, hör uns flehen, nimm das Lob, das wir dir weihn, du, den Gott hat aus-er-se-hen, Näh-rer sei-nes Sohns zu sein! Heil-ger Josef, Schutz-pa-tron, bitt bei dei-nem Pfle-ge-sohn für uns all an sei-nem Thron!

2. Jesum, aller Menschen Segen, / und die Mutter, deine Braut, / sie zu schützen, sie zu pflegen, / hat der Herr dir anvertraut. / Heilger ...

T: Christoph Bernhard Verspoell, Münster 1810   M: Köln (Stein) 1852

965

1. Zu dir schick ich mein Gebet, das um deine Hilfe fleht, heilige(r) heilige(r) Deine Fürbitt ruf ich an; hilf, daß ich dir folgen kann, heilige(r) heilige(r)

2. Bitte, daß mein Glaube steh / fest und froh in Kampf und Weh, / heilige(r) ... / daß mein Herz auf Gott vertrau, / fest auf seine Hilfe bau, / heilige(r) ...

3. Bitte, daß der Hoffnung Licht / mir geb frohe Zuversicht, / heilige(r) ... / Sei du mir ein heller Stern, / der mir leuchtet nah und fern, / heilige(r) ...

4. Bitte, daß der Liebe Glut / mich verbind dem höchsten Gut, / heilige(r) ... / In Versuchung steh mir bei, / halte mich von Sünden frei, / heilige(r) ...

5. Segne Frucht und Ackerland, / schütz vor Wasserflut und Brand, / heilige(r) ... / Halte fern der Teurung Not, / Krankheit, Krieg und bösen Tod, / heilige(r) ...

T: Str. 1–3 Heinrich Bone 1847/51, Str. 4–5 Köln 1880
M: Ehrenbreitstein (Weber) 1827 (aber älter)

Engel und Heilige

966
967

1. Urbs Aquensis, urbs regalis, regni sedes principalis, prima regum curia. Regi regum pange laudes, quae de magni regis gaudes Caroli praesentia.

1. Aachen, Kaiserstadt, du hehre; alter Städte Kron und Ehre; Königshof voll Glanz und Ruhm! Sing dem Himmelskönig Lieder. Festesfreude füllet wieder Karls des Großen Heiligtum.

2. Iste coetus psallat laetus, / psallat chorus hic sonorus, / vocali concordia. / At dum manus operatur, / bonum quod cor meditatur, / dulcis est psalmodia.

2. Feierklänge, Festgesänge / aus der frohbewegten Menge / einet volle Harmonie. / Hand und Herz zu Gott erhoben, / ihn zu preisen, ihn zu loben, / tönet süße Melodie.

3. Hac in die, die festa, / magni regis magna gesta, / recolat Ecclesia, / reges terrae et omnes populi, / omnes simul plaudant et singuli, / celebri laetitia.

3. Und des Königs Ruhmestaten, / seines Lebens reichste Saaten / rühmet heute Festgesang. / Fürsten ihr und Völker alle, / lobet ihn mit Jubelschalle, / jauchzet froh im Wettgesang!

4. Hic est magnus imperator, / boni fructus bonus sator, / et prudens agricola, / infideles hic convertit, / fana, deos hic evertit / et confringit idola.

4. Wohl zog nie ein Landmann weiser / gute Frucht wie dieser Kaiser / aus dem Acker wüst und wild, / da er Heidenvolk bekehrte, / Heidentempel rings zerstörte / und zerbrach der Götzen Bild.

5. Hic superbos domat reges, / hic regnare sacras leges / facit cum justitia. / Quam tuetur eo fine / ut et justus sed nec sine / sit misericordia.

5. Stolze Fürstenwillkür zwingend / und für heilge Lehren ringend / hat er Christus Sieg verschafft. / Allzeit strengen Rechtes Pfleger / und Erbarmens milder Heger / übt er seines Amtes Kraft.

6. Stella maris, o Maria, / mundi salus, vitae via, / alma nostra Domina. / Vacillantum rege gressus / et ad regem des accessus / in perenni gloria.

6. O Maria, Stern der Meere, / Heil der Welt, die Wege lehre / sichern Schrittes uns zu gehn. / Zu dem Himmel hilf uns schreiten, / bis im Licht der Ewigkeiten / wir vor unserm König stehn.

7. Christe splendor Dei patris/incorruptae fili matris/ gentem tuam adjuva. / Per hunc sanctum, cuius festa / celebramus, nobis praesta / sempiterna gaudia.

7. Christus, Gottes Sohn, geboren / von der Jungfrau auserkoren, / sei zu helfen uns bereit. / Höre deines Heilgen Flehen, / dessen Festtag wir begehen, / schenk uns ewge Seligkeit.

T: 12. Jh., deutsch 19. Jh.   M: Peter Baur um 1850

Engel und Heilige

Allerheiligenlitanei

968

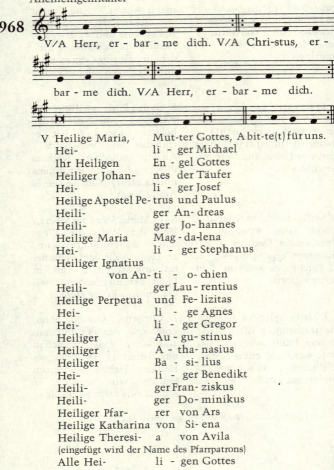

V Heilige Maria,	Mut-ter Gottes, A bit-te(t) für uns.
Hei-	li - ger Michael
Ihr Heiligen	En - gel Gottes
Heiliger Johan-	nes der Täufer
Hei-	li - ger Josef
Heilige Apostel Pe-	trus und Paulus
Heili-	ger An- dreas
Heili-	ger Jo- hannes
Heilige Maria	Mag - da-lena
Hei-	li - ger Stephanus
Heiliger Ignatius	
von An-	ti - o-chien
Heili-	ger Lau- rentius
Heilige Perpetua	und Fe- lizitas
Hei-	li - ge Agnes
Hei-	li - ger Gregor
Heiliger	Au - gu-stinus
Heiliger	A - tha-nasius
Heiliger	Ba - si-lius
Hei-	li - ger Benedikt
Heili-	ger Fran- ziskus
Heili-	ger Do- minikus
Heiliger Pfar-	rer von Ars
Heilige Katharina	von Si- ena
Heilige Theresi-	a von Avila
(eingefügt wird der Name des Pfarrpatrons)	
Alle Hei-	li - gen Gottes

Leben aus dem Glauben

970

1. Fest soll mein Tauf-bund im-mer stehn,
   ich will die Kir-che hö-ren.
   Dank sei dem Herrn, der mich aus Gnad
   in sei-ne Kirch be-ru-fen hat,
   nie will ich von ihr wei-chen!

   Sie soll mich all-zeit gläu-big sehn
   und folg-sam ih-ren Leh-ren.

2. O Seligkeit, getauft zu sein, / in Christus neu geboren; / von Adams Schuld bin ich befreit, / erlöst ist, was verloren. / Wer kann ermessen, welche Gnad / mir Gott, der Herr, erwiesen hat? / Mein Leben soll es danken.

3. O Seligkeit, getauft zu sein, / in Christus eingesenket! / Am Leben der Dreieinigkeit / ward Anteil mir geschenket. / Ich bin der Kirche Christi Glied. / Ein Wunder ist's, wie das geschieht. / Ich bete an und glaube.

4. An Jesu Christi Priestertum / hab ich nun teil in Gnaden. / Zum Opferdienst, zum Gotteslob / hat er mich eingeladen. / Ich bin gesalbt zum heilgen Streit, / bin Christi Königreich geweiht. / Ihm will ich leben, sterben.

T: Str. 1 Christoph Bernhard Verspoell, Münster 1810; Str. 2 G. Thurmair; Str. 3 und 4 Joh. Pinsk
M: nach Joseph Bierbaum, Bonn 1826 oder: „Nun freue dich", Nr. 222

971

Im Namen Gottes fang ich an,
mir helfe Gott, der helfen kann,
so Gott mir hilft, wird alles leicht,
wo Gott nicht hilft, wird nichts erreicht!
Drum ist das Beste, was ich kann:
Im Namen Gottes fang ich an. A - men.

T: Volksgut   M: Gottfried Neubert

972

1. Alles meinem Gott zu Ehren, in der Arbeit, in der Ruh! Gottes Lob und Ehr zu mehren, ich verlang und alles tu. Meinem Gott allein will geben Leib und Seel, mein ganzes Leben, |: gib, o Jesu, Gnad dazu! :|

2. Dich all Kreaturen loben, Vater, Sohn und Heilgen Geist. Engel, Heilge, hoch erhoben, die ihr Gott im Himmel preist, daß auch wir in diesem Leben Gott allein die Ehre geben, |: eure Hilfe uns erweist. :|

T: 1. Str. Duderstadt 1724   2. Str. Düsseldorf 1759
M: „Alles meinem Gott zu Ehren". Nr. 615

V Du, Herr, ... A gib uns ...

V 2. Deinen Atem gabst du uns jetzt schon als Unterpfand, A gib uns allen deinen Geist, V denn als Kinder deines Vaters sind wir anerkannt, A gib uns allen deinen Geist.

V Du, Herr, ... A gib uns ...

V 3. Nähr die Kirche, alle Glieder, stets mit deiner Kraft, A gib uns allen deinen Geist, V stärk uns täglich immer wieder in der Jüngerschaft, A gib uns allen deinen Geist.

V Du, Herr, ... A gib uns ...

V 4. Von den Mächten dieser Weltzeit sind wir hart bedrängt, A gib uns allen deinen Geist, V doch im Glauben hast du uns schon Gottes Kraft geschenkt, A gib uns allen deinen Geist.

T: Arbeitsgruppe Leo Schuhen   M: Nach dem Negro Spiritual „It's me, o Lord"

974

1. Gib uns Frieden jeden Tag. Laß uns nicht allein, denn du hast uns fest versprochen, stets bei uns zu sein. Denn nur du, unser Gott, denn nur du, unser Gott, hast die Menschen in der Hand. Laß uns nicht allein.

2. Gib uns Freiheit jeden Tag. / Laß uns nicht allein. / Laß für Frieden uns und Freiheit, immer tätig sein. / Denn durch dich, unsern Gott, / denn durch dich, unsern Gott, / sind wir frei in jedem Land. / Laß uns nicht allein.

3. Gib uns Freude jeden Tag. / Laß uns nicht allein. / Für die kleinsten Freundlichkeiten laß uns dankbar sein. / Denn nur du, unser Gott, / denn nur du, unser Gott / hast uns alle in der Hand. / Laß uns nicht allein.

T: Rüdiger Lüders und Kurt Rommel   M: Rüdiger Lüders

975

Wende das Böse, tue das Gute, suche den Frieden und jage ihm nach. Wende das Böse, tue das Gute, suche den Frieden und jage ihm nach.

Als Verse sollen gesprochene aktuelle Texte dienen.

T: Nach Ps. 34,13   M: Peter Janssens

976

1. Herr, wir hören auf dein Wort, das du uns gegeben hast, und in dem du wie ein Gast bei uns weilest immerfort.

2. Laß dein Wort uns allezeit / treu in Herz und Sinnen stehn / und mit uns durchs Leben gehn / bis zur lichten Ewigkeit.

T: M. L. Thurmair 1959   M: H. Schubert 1960

977

1.-4. Laß uns in deinem Namen, Herr, die nötigen Schritte tun.
Gib uns den Mut,
1. voll Glauben, Herr, heute und morgen zu handeln.
2. voll Liebe, Herr, heute die Wahrheit zu leben.
3. voll Hoffnung, Herr, heute von vorn zu beginnen.
4. voll Glauben, Herr, mit dir zu Menschen zu werden.

T und M: Kurt Rommel

978 K

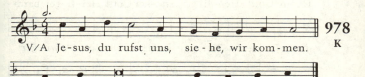

V/A Jesus, du rufst uns, siehe, wir kommen.

V 1. Wir kommen, um mit dir zu feiern.

A Jesus, du rufst uns, siehe, wir kommen.

V 2. Wir kommen, um dein Wort zu hören.

V 3. Wir kommen, um dein heiliges Brot zu essen.

V 4. Wir wollen von Herzen gut sein und Gott danken.

T: Ein Arbeitskreis   M: H. Rohr

Tod und Vollendung

979

1. Mitten in dem Leben sind wir vom Tod umfangen. Wer ist's, der uns Hilfe bringt, daß wir Gnad erlangen? Das bist du, Herr, alleine. Uns reuet unsre Missetat, die dich, Herr, erzürnet hat. Heiliger Herre Gott! Heiliger, starker Gott! Heiliger, barmherziger Heiland! Du ewiger Gott! Laß uns nicht versinken in des bittern Todes Not! Kyrie eleison!

2. Mitten in dem bittern Tod / dein Gericht uns schrecket. / Wer ist's, der in solcher Not / Hilfe uns erwecket? / Das bist du, Herr, alleine, / der uns aus großer Gütigkeit / Trost ver-

leiht zu aller Zeit. / Heiliger Herre Gott! / Heiliger, starker Gott! / Heiliger, barmherziger Heiland! / Du ewiger Gott! / Laß uns nicht verzagen, / so die Sünd tut nagen! / Kyrie eleison!

3. Mitten in des Feindes Hand / will die Furcht uns treiben. / Wer hilft, daß wir halten stand, / daß wir sicher bleiben? / Das bist du, Christ, alleine, / denn du bist uns der gute Hirt, / der uns wohl bewahren wird. / Heiliger Herre Gott, / Heiliger, starker Gott! / Heiliger, barmherziger Heiland! / Du ewiger Gott! / Laß uns friedlich sterben / und dein Reich uns erben! / Kyrie eleison!

T: Str. 1 nach der Antiphon Media in vita sumus, 11.–12. Jh., Str. 2–3 nach Vehe 1537
M: Vorreformatorisch, Wittenberg 1524, hier nach Vehe 1537

980

1. Herr, gib Frieden dieser Seele, / nimm sie auf zum ewgen Licht: / gib Erbarmen ihr und zähle, / Vater ihre Mängel nicht!

2. Gib ihr, was dein Sohn erworben / durch sein schweres Kreuz und Leid, / durch den Tod, den er gestorben: / Gnade für Gerechtigkeit!

3. Wasche, Herr, in deinem Blute / sie von allen Flecken rein; / dein Verdienst komm ihr zugute, / Jesu, laß sie bei dir sein!

T: Heinrich Bone, Cantate 1847   M: Albert Gereon Stein 1852

Psalmtöne

981

Gemeindegesänge

982

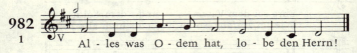
1. Alles was Odem hat, lobe den Herrn!

2. Aus der Tiefe rufe ich, Herr, zu dir.

3. Christus ward für uns gehorsam bis in den Tod, bis in den Tod am Kreuze.

4. Der Name des Herrn sei gepriesen jetzt und in Ewigkeit.

5. Dir, o Gott, sei Lob und Preis! Schenke, wie dein Wort verheißt,

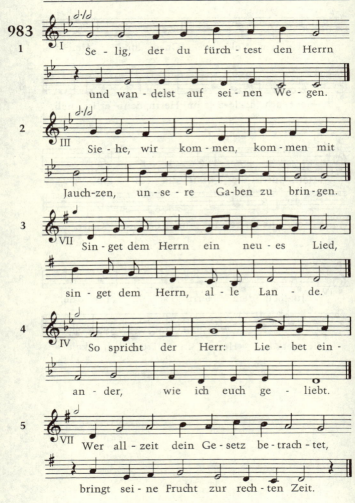

Gesänge im Kirchenjahr (Ergänzung)

Der Advent

1. A-dam und E-va, das sind wir, und das Pa-ra-dies ist hier. Ky-ri-e e-lei-son, Ky-ri-e e-lei-son!

2. Wenn ihr Augen habt, dann seht, / wie der Baum inmitten steht. / Christe eleison, / Christe eleison!
3. Wenn ihr Ohren habt, dann hört, / wie die Schlange uns betört. / Kyrie eleison, / Kyrie eleison!

T: Wilhelm Willms
M: Hans-Jörg Böckeler

„Paradies" erinnert uns daran, daß wir wie Adam und Eva von der Sünde bedroht sind.

2. Der Herr wird nicht fragen: / Was hast du gewußt, / was hast du Gescheites gelernt? / Seine Frage wird lauten: / Was hast du bedacht, wem hast du genützt / um meinetwillen? Kv

3. Der Herr wird nicht fragen: / Was hast du beherrscht, / was hast du dir unterworfen? / Seine Frage wird lauten: / Wem hast du gedient, wen hast du umarmt / um meinetwillen? Kv

4. Der Herr wird nicht fragen: / Was hast du bereist, / was hast du dir leisten können? / Seine Frage wird lauten: / Was hast du gewagt, wen hast du befreit / um meinetwillen? Kv

5. Der Herr wird nicht fragen: / Was hast du gespeist, / was hast du Gutes getrunken? / Seine Frage wird lauten: / Was hast du geteilt, wen hast du genährt / um meinetwillen? Kv

6. Der Herr wird nicht fragen: / Was hast du geglänzt, / was hast du Schönes getragen? / Seine Frage wird lauten: / Was hast du bewirkt, wen hast du gewärmt / um meinetwillen? Kv

7. Der Herr wird nicht fragen: / Was hast du gesagt, / was hast du alles versprochen? / Seine Frage wird lauten: / Was hast du getan, wen hast du geliebt / um meinetwillen? Kv

T: Alois Albrecht
M: Ludger Edelkötter

Der Glaube muß sich im Handeln bewähren (vgl. Mt 25). Das Lied weist auf das Endgericht hin. Deshalb eignet es sich auch für die letzten Wochen im Jahreskreis.

Die weihnachtliche Festzeit

003

1. Freu dich, Erd und Sternen-zelt, Hal-le-lu-ja!
Got-tes Sohn kam in die Welt, Hal-le-lu-ja!
Uns zum Heil er-ko-ren, ward er heut ge-bo-ren, ward er heut ge-bo-ren.

2. Seht, der schönsten Rose Flor, Halleluja! / sprießt aus Jesses Zweig hervor, Halleluja! / Uns zum Heil erkoren ...

3. Tröstung Gottes labt die Welt, Halleluja! / Freu dich, Erd und Himmelszelt, Halleluja! / Uns zum Heil erkoren ...

4. Ehr sei Gott im höchsten Thron! Halleluja! / Der uns schenkt sein lieben Sohn, Halleluja! / Uns zum Heil erkoren ...

T und M: aus Böhmen, Leitmeritzer Gesangbuch 1844,
4. Str.: Neufassung

004 1. O du fröhliche, / o du selige, / gnadenbringende Weihnachtszeit. / Welt ging verloren, / Christ ist geboren: / Freue, freue dich, / o Christenheit!

2. O du fröhliche, / o du selige, / gnadenbringende Weihnachtszeit. / Christ ist erschienen, / uns zu versühnen. / Freue, freue dich, / o Christenheit.

3. O du fröhliche, / o du selige, / gnadenbringende Weihnachtszeit. / Himmlische Heere / jauchzen dir Ehre. / Freue, freue dich, / o Christenheit.

T: Johannes Daniel Falk 1819
M: Sizilianische Volksweise

005

1. Stern über Betlehem, zeig uns den Weg, führ uns zur Krippe hin, zeig, wo sie steht, leuchte du uns voran, bis wir dort sind, Stern über Betlehem, führ uns zum Kind!

2. Stern über Betlehem, nun bleibst du stehn / und läßt uns alle das Wunder hier sehn, / das da geschehen, was niemand gedacht, / Stern über Betlehem, in dieser Nacht.

3. Stern über Betlehem, wir sind am Ziel, / denn dieser arme Stall birgt doch so viel. / Du hast uns hergeführt, wir danken dir, / Stern über Betlehem, wir bleiben hier!

4. Stern über Betlehem, kehrn wir zurück, / steht noch dein heller Schein in unserm Blick, / und was uns froh gemacht, teilen wir aus, / Stern über Betlehem, schein auch zu Haus.

T und M: Alfred Hans Zoller

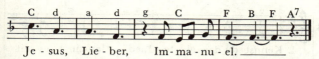

Je-sus, Lie-ber, Im-ma-nu-el.

2. Schwarz scheint die Sonne von Babylon, / Flüchtende heben die Hände, und Nebel fällt / in meine Welt, in deine Welt, in unsere Welt. / Lieber, ich sing dir ...

3. Endliche Stunde: Jerusalem, / Ehre und Frieden auf Erden! Herrlichkeit fällt / in meine Welt, in deine Welt, in unsere Welt. / Lieber, ich sing dir ...

T: Klaus Berg
M: Oskar Gottlieb Blarr

Die Fastenzeit

Blei-bet hier und wa-chet mit mir! Wa-chet und be-tet, wa-chet und be-tet!

„Gesang aus Taizé"
Musik: J. Berthier

2. Oft steht die Welt in Brand, / und Blut färbt das Wasser rot, / steht doch ein Kreuz in jedem Land, / überall herrscht der Tod. / Haß, der kein Ende nimmt, / und Völker, die sich entzwein. / Gott, der uns doch zum Glück bestimmt, / läßt er uns denn allein?

3. Jesus von Nazareth, / er lebte in Zuversicht, / weil er der Liebe und dem Licht / Kraft wiedergeben wollt. / Er zeigte uns den Weg / der Liebe und Menschlichkeit. / Wollen wir diesen Weg nun gehn, / selbstlos und hilfsbereit?

T: Gesto Bergen   * Hauptstimme (Melodie)
M: alte jüdische Weise

Fastenzeit — Osterzeit

009

V 1. Aus der Tiefe meiner Sehnsucht rufe ich zu dir, auch wenn ich satt bin, bin ich hungrig, still du meinen Hunger!

A Herr, erbarme dich, nimm dich meiner Sehnsucht an, damit sie Früchte trägt, den Tag besteht und blühen kann.

V 2. Aus der Tiefe meiner Sehnsucht rufe ich zu dir, / auch wenn ich rede, bin ich sprachlos, / gib du mir die Stimme! A Herr, erbarme dich ...

T: Hans-Jürgen Netz
M: Peter Janssens

Die Osterzeit

2. Alle Menschen auf der Welt / fangen an zu teilen. / Alle Wunden, nah und fern, / fangen an zu heilen. / Menschen teilen — / Wunden heilen. / Knospen blühen — / Nächte glühen.

3. Alle Augen springen auf, / fangen an zu sehen. / Alle Lahmen stehen auf, / fangen an zu gehen. / Augen sehen — / Lahme gehen. / Menschen teilen — / Wunden heilen. / Knospen blühen — / Nächte glühen.

Osterzeit — Pfingsten

4. Alle Stummen hier und da / fangen an zu grüßen. / Alle Mauern, tot und hart, / werden weich und fließen. / Stumme grüßen — / Mauern fließen. / Augen sehen — / Lahme gehen. / Menschen teilen — / Wunden heilen. / Knospen blühen — / Nächte glühen.

5. Alle Knospen springen auf, fangen an zu blühen.

T: Wilhelm Willms
M: Ludger Edelkötter

Das Lied verwendet Motive, die im Alten und Neuen Testament als Kennzeichen der angebrochenen Gottesherrschaft genannt werden (vgl. Jes 11; 35; 60; Mt 11,5; Lk 7,22; 10,27).

011

1. Liebe ist nicht nur ein Wort, Liebe, das sind Worte und Taten. Als Zeichen der Liebe ist Jesus geboren, als Zeichen der Liebe für diese Welt.

2. Freiheit ist nicht nur ein Wort, / Freiheit, das sind Worte und Taten. / Als Zeichen der Freiheit ist Jesus gestorben, / als Zeichen der Freiheit für diese Welt.

3. Hoffnung ist nicht nur ein Wort, / Hoffnung, das sind Worte und Taten. / Als Zeichen der Hoffnung ist Jesus lebendig, / als Zeichen der Hoffnung für diese Welt.

T: Eckart Bücken   M: Gerd Geerken

Pfingsten — Heiliger Geist

T: Josef Metternich Team   M: Peter Janssens

2. Wenn ein Lichtblick uns wieder Mut macht, / neue Hoffnung das Leben hell macht, / unser Himmel nach allem Bangen / nicht mehr länger ist grau verhangen, / dann gehen wir ...

3. Wenn der Himmel sein helles Licht schenkt, / unsre Schritte auf guten Weg lenkt, / uns herausholt aus allen Zwängen / und den Nöten, die uns bedrängen, / dann gehen wir ...

4. Wenn der Himmel in unser Herz dringt, / unser Leben ein neues Lied singt, / wenn wir hoffen, wo alle zagen, / Gottes Zuspruch uns weitersagen, / dann gehen wir ...

5. Denn der Himmel, zu dem wir streben, / fängt schon hier an in unserm Leben, / wenn die Strahlen, die uns erreichten, / uns durchdringen und andern leuchten. / Dann gehen wir ...

T: W. Offele 1981 nach einer Anregung von Wolfgang Poeplau
M: Hans Florenz 1979

Lob und Dank

014

Lobsingt, ihr Völker alle, lobsingt und preist den Herrn!
(Psalmtext)

„Gesang aus Taizé"
Musik: J. Berthier

2. Kreaturen / auf den Fluren / huldigt ihm mit Jubelruf! / Ihr im Meere, / preist die Ehre / dessen, der aus Nichts euch schuf! / Was auf Erden ist und lebet, / was in hohen Lüften schwebet, lob ihn; er haucht ja allein / Leben ein!

3. Jauchzt und singet, / daß es klinget, / laut ein allgemeines Lied! / Wesen alle, / singt zum Schalle / dieses Liedes jubelnd mit! / Singt ein Danklied eurem Meister, / preist ihn laut, ihr Himmelsgeister, / was er schuf, was er gebaut, / preist ihn laut!

T: Johannes von Geissel, Köln 1835
M: Gesangbuch Tochter Sion 1741

V 3. Sucht neu-e Wor-te, das Wort zu ver-kün-den,

neu-e Ge-dan-ken, es aus-zu-den-ken, da-mit

al-le Men-schen die Bot-schaft hörn._____ Kv

V 4. Laßt Gott groß sein und be-tet ihn an.

Er ist mehr als Wort und Ge-dan-ke.

Sagt es al-len: er ist der Herr._____ Kv

T: Hans Bernhard Meyer
M: Peter Janssens

Lob und Dank — Vertrauen und Bitte

017
1. Lobt froh den Herrn, ihr jugendlichen Chöre! Er höret gern ein Lied zu seiner Ehre. Lobt froh den Herrn! Lobt froh den Herrn!

2. Es schallt empor zu deinem Heiligtume / aus unserm Chor ein Lied zu deinem Ruhme. / Du, der sich Kinder auserkor!

3. Vom Preise voll laß unser Herz dir singen! / Das Loblied soll zu deinem Throne dringen, / das Lob, das unsrer Seel entquoll.

4. Einst kommt die Zeit, wo wir auf tausend Weisen, / o Seligkeit, dich, unsern Vater preisen, / von Ewigkeit zu Ewigkeit.

T: Georg Geßner um 1800
M: H.G. Nägeli 1867

Gesänge

Vertrauen und Bitte

018

A Gottes Liebe ist wie die Sonne, sie ist immer und überall da.

V 1. Streck dich ihr entgegen, nimm sie in dich auf. ——— Kv
V 2. Sie kann dich verändern, macht das Leben neu. ——— Kv
V 3. Mag auch manche Wolke zwischen dir und Gottes Liebe stehn: ——— Kv
V 4. Gib die Liebe weiter auch an den, der dich nicht lieben will. ——— Kv

T und M: Frankfurt/Main 1970

uns am A-bend und am Mor-gen und ganz ge-wiß an je-dem neu-en Tag.

2. Noch will das Alte unsre Herzen quälen, / noch drückt uns böser Tage schwere Last. / Ach, Herr, gib unsern aufgescheuchten Seelen / das Heil, für das du uns bereitet hast. Kv

3. Und reichst du uns den schweren Kelch, den bittern / des Leids, gefüllt bis an den höchsten Rand, / so nehmen wir ihn dankbar ohne Zittern / aus deiner guten und geliebten Hand. Kv

4. Doch willst du uns noch einmal Freude schenken / an dieser Welt und ihrer Sonne Glanz, / dann wolln wir des Vergangenen gedenken, / und dann gehört dir unser Leben ganz. Kv

5. Laß warm und still die Kerzen heute flammen, / die du in unsre Dunkelheit gebracht. / Führ, wenn es sein kann, wieder uns zusammen. / Wir wissen es, dein Licht scheint in der Nacht. Kv

6. Wenn sich die Stille nun tief um uns breitet, / so laß uns hören jenen vollen Klang / der Welt, die unsichtbar sich um uns weitet, / all deiner Kinder hohen Lobgesang. Kv

T: Dietrich Bonhoeffer
M: Siegfried Fietz

T: Wolfgang Poeplau
M: Ludger Edelkötter

Meßgesänge

V 1. Wir hören und sehen, wir gehen und stehen, wir tanzen und springen, wir sprechen und singen: Kv
V 2. Wir spielen und wühlen, wir tasten und fühlen, wir rennen und toben, wir lachen und loben. Kv

T: Willi Fährmann
M: Karl Fegers

Kanon

1. Kyrie, Kyrie eleison.
2. Kyrie, Kyrie eleison.
3. Kyrie, Kyrie eleison.

Mündlich überliefert

T: Liturgie
M: Peter Janssens

V 1. Dein Wort, Herr, ist wie Regen, Regen auf dürres Land. Dein Wort, Herr, wird bewegen, was tot und dürre stand. Kv

2. Dein Wort, Herr, spendet Leben, / Leben in Not und Tod. / Dein Wort, Herr, wird uns geben / Atem und Licht und Brot. Kv

3. Dein Wort, Herr, ist der Friede, / Friede statt Krieg und Streit. / Dein Wort, Herr, ist die Liebe / in unsrer harten Zeit. Kv

T: Willi Fährmann   M: Karl Fegers

V/A Wir glauben an den großen, dreieinigen Gott.

V 1. An Gott, den guten Vater: aus seiner Hand die Welt und auch die Menschen alle, die Stern am Himmelszelt. Kv

Meßgesänge 1050

2. An Jesus, Gottes Sohn: der kam in unsre Welt, / erlöst die Menschen alle, für uns ans Kreuz gestellt. Kv

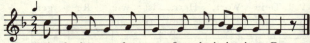

Wir glauben an den gro - ßen, drei - ei - nigen Gott.

3. An Gott, den Heilgen Geist: der die zerrissne Welt / und auch uns Menschen alle mit Gott zusammen hält. Kv

T: Willi Fährmann
M: Karl Fegers

026 K

V/A Got - tes gu - te Ga - ben, al - len Men - schen zu - ge - dacht; Got - tes gu - te Ga - ben, was ha - ben wir da - mit ge - macht.

V 1. Äh - ren auf den Fel - dern für das täg - lich Brot; doch vie - le Menschen hun - gern, lei - den bittre Not. Kv

2. Trauben an den Reben, Wein zum Fröhlichsein; / doch viele Menschen dürsten einsam und allein. Kv

3. Bringen wir die Gaben, bringen Wein und Brot; / Herr, öffne unsre Augen für des Nächsten Not. Kv

T: Willi Fährmann 1972
M: Heino Schubert 1972

Meßgesänge — Christus 1052

Hoch-ge-lobt sei, der da kommt im Na-men des Herrn. Ho-san-na in der Hö-he. Ho-san-na in der Hö-he. Ho-san-na, ho-san-na dir in der Hö-he.

T: Liturgie M: Winfried Offele 1981

028

V Chri-stus, Got-tes-lamm, A der du hin-weg-nimmst die Sün-den der Welt, er-

T: Liturgie
M: Peter Janssens

Christus

Kanon

029

Veränderte Textfassung, Originaltext: F. K. Barth / P. Horst
M: Peter Janssens

2. Wenn wir das Blut des Lebens teilen wie den Wein, /
wenn man erkennt: In uns wird Gott lebendig sein: Kv
3. Wenn wir den Weg des Herrn bereiten irgendwann, /
daß man uns folgend Gottes Spuren folgen kann: Kv

4. Wenn erst durch unsern Aufschrei Freiheit sichtbar wird, / wenn Gott es ist, der uns in unserm Handeln führt: Kv

5. Wenn wir die Liebe leben, die den Tod bezwingt, / glauben an Gottes Reich, das neues Leben bringt: Kv

6. Wenn wir in unsern Liedern loben Jesus Christ, / der für uns Menschen starb und auferstanden ist: Kv

T: Rozier / Hans Florenz
M: Wackenheim
S: Hans Florenz

031

Kanon

Wo zwei o-der drei in mei-nem Na-men ver-sam-melt sind, da bin ich mit-ten un-ter ih-nen. Wo zwei o-der drei in mei-nem Na-men ver-sam-melt sind, da bin ich mit-ten un-ter ih-nen.

T: Math 18,20
M: Jesus Bruderschaft, Gnadenthal

Maria

1. Wun-der-schön präch-ti-ge, ho-he und mäch-ti-ge, lieb-reich hold-se-li-ge himm-li-sche Frau,
du Got-tes Die-ne-rin, du uns-re Kö-ni-gin, von Gott Ge-krön-te auf uns nie-der-schau!
Hö-re uns fle-hen, die wir hier ste-hen: Du bist die Näch-ste am himm-li-schen Thron, Mut-ter du, bit-te für uns dei-nen Sohn!

2. Sonnenumglänzete, Sternenbekränzete, Leuchte und Trost auf der nächtlichen Fahrt! / Vor der verderblichen Makel der Sterblichen hat dich die Allmacht des Vaters

bewahrt. / Selige Pforte warst du dem Worte, / als es vom Throne der ewigen Macht / Gnade und Rettung den Menschen gebracht.

3. Schuldlos Geborene, einzig Erkorene, du Gottes Tochter und Mutter und Braut, / die aus der Reinen Schar reinste wie keine war, die selbst der Herr sich zum Tempel gebaut! / Du Makellose, himmlische Rose, / Krone der Erde, der Himmlischen Zier, / Himmel und Erde, sie huldigen dir!

T: seit 1772, Str. 1 nach Laurentius von Schnüffis 1692
M: nach Einsiedeln 1773

033

1. Maria durch ein Dornwald ging, Kyrie eleison, Maria durch ein Dornwald ging, der hat in sieben Jahrn kein Laub getragen. Jesus und Maria.

2. Was trug Maria unter ihrem Herzen? / Kyrie eleison. / Ein kleines Kindlein ohne Schmerzen, / das trug Maria unter ihrem Herzen. / Jesus und Maria.

3. Da haben die Dornen Rosen getragen, / Kyrie eleison, / als das Kindlein durch den Wald getragen, / da haben die Dornen Rosen getragen. / Jesus und Maria.

T: nach Harthausen, Geistliche Volkslieder 1850
M: vom Eichsfeld

1. Nun sind wir alle frohgemut,
so will es Gott gefallen.
Die Seelen singen uns im Blut;
nun soll ein Lob erschallen.
Wir grüßen dich in deinem Haus,
du Mutter aller Gnaden.
Nun breite deine Hände aus,
dann wird kein Feind uns schaden.

2. Es lobt das Licht und das Gestein / gar herrlich dich mit Schweigen. / Der Sonne Glanz, des Mondes Schein / will deine Wunder zeigen. / Wir aber kommen aus der

Zeit / ganz arm in deine Helle / und tragen Sünde, tragen Leid / zu deiner Gnadenquelle.

3. Wir zünden froh die Kerzen an, / daß sie sich still verbrennen, / und lösen diesen dunklen Bann, / daß wir dein Bild erkennen. / Du Mutter und du Königin, / der alles hingegeben, / das Ende und der Anbeginn, / die Liebe und das Leben.

4. Laß deine Lichter hell und gut / an allen Straßen brennen! / Gib allen Herzen rechten Mut, / daß sie ihr Ziel erkennen! / Und führe uns in aller Zeit / mit deinen guten Händen, / um Gottes große Herrlichkeit / in Demut zu vollenden!

T: Georg Thurmair 1935
M: Adolf Lohmann 1936

Leben aus dem Glauben

V 1. Ich lobe meinen Gott, der aus der Tiefe mich holt, — damit ich lebe. Ich lobe meinen Gott, der mir die Fesseln löst, — damit ich frei bin.

Leben aus dem Glauben

2. Ich lobe meinen Gott, der mir den neuen Weg weist, / damit ich handle. / Ich lobe meinen Gott, der mir mein Schweigen bricht, / damit ich rede. Ehre sei ...

3. Ich lobe meinen Gott, der meine Tränen trocknet, / daß ich lache. / Ich lobe meinen Gott, der meine Angst vertreibt, / damit ich atme. Ehre sei ...

T: Hans-Jürgen Netz 1976
M: Christoph Lehmann 1976

2. Wort, das das Schweigen bricht, / Trank, der die Brände löscht, / Lied, das die Welt umkreist, / das die Welt umkreist. / Regen, der die Wüsten tränkt, / Kind, das die Großen lenkt, / Lied, das die Welt umkreist, / das die Welt umkreist.

3. Kraft, die die Lahmen stützt, / Hand, die die Schwachen schützt, / Lied, das die Welt umkreist, / das die Welt umkreist. / Brot, das sich selbst verteilt, / Hilfe, die zu Hilfe eilt, / Lied, das die Welt umkreist, / das die Welt umkreist.

T: Wilhelm Willms
M: Peter Janssens

Das Lied schildert in vielen Bildern, wie Gott den Menschen nahe ist und erfahrbar werden kann.

037

O Herr, mach mich zu ei-nem Werk-zeug deines Frie-dens, daß ich Lie-be ü-be, wo man sich haßt, daß ich ver-zei-he, wo man sich be-lei-digt, daß ich ver-bin-de, da wo Streit ist,

T: Franz von Assisi
M: Rolf Schweizer

Von vorn bis „Ende"

2. Kleiner Funke Hoffnung, / mir umsonst geschenkt: / werde ich dich nähren, / daß du überspringst, / daß du wirst zur Flamme, / die uns leuchten kann. / Feuer schlägt in allen, allen, / die im Finstern sind.

3. Kleine Münze Hoffnung, / mir umsonst geschenkt: / werde ich dich teilen, / daß du Zinsen trägst, / daß du wirst zur Gabe, / die uns leben läßt, / Reichtum selbst für alle, alle, / die in Armut sind.

4. Kleine Träne Hoffnung, / mir umsonst geschenkt: / werde ich dich weinen, / daß dich jeder sieht, / daß du

wirst zur Trauer, / die uns handeln macht, / leiden läßt mit allen, allen, / die in Nöten sind.

5. Kleines Sandkorn Hoffnung, / mir umsonst geschenkt: / werde ich dich streuen, / daß du manchmal bremst, / daß du wirst zum Grunde, / der uns halten läßt. / Neues wird mit allen, allen, / die in Zwängen sind.

T: Alois Albrecht
M: Ludger Edelkötter

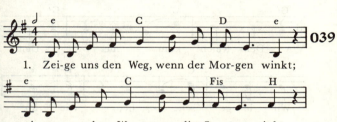

039

1. Zei-ge uns den Weg, wenn der Mor-gen winkt;

zei-ge uns den Weg, wenn die Son-ne sinkt.

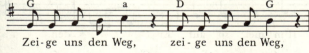

Zei-ge uns den Weg, zei-ge uns den Weg,

zei-ge uns den Weg, der zum Ziel uns bringt.

2. Zeige uns den Weg, wenn uns nichts bedrückt; / zeige uns den Weg, wenn uns manches glückt. / Zeige uns den Weg ...

3. Zeige uns den Weg, wenn wir ratlos sind; / zeige uns den Weg, wenn uns nichts gelingt. / Zeige uns den Weg ...

4. Zeige uns den Weg hier in dieser Zeit; / zeige uns den Weg in die Ewigkeit. / Zeige uns den Weg ...

T und M: Richard Strauß-König

T: Liturgie
M: Peter Janssens

2. Wenn das Leid jedes Armen uns Christus zeigt, / und die Not, die wir lindern, zur Freude wird, / dann hat Gott ...

3. Wenn die Hand, die wir halten, uns selber hält, / und das Kleid, das wir schenken, auch uns bedeckt, / dann hat Gott ...

4. Wenn der Trost, den wir geben, uns weiter trägt, / und der Schmerz, den wir teilen, zur Hoffnung wird, / dann hat Gott ...

5. Wenn das Leid, das wir tragen, den Weg uns weist, / und der Tod, den wir sterben, vom Leben singt, / dann hat Gott ...

T: C.P. März
M: Kurt Grahl

Das Lied entstand in der DDR zum Fest der heiligen Elisabeth. In der Anfangszeile wird auf das „Brotwunder" angespielt, als Elisabeth in ihrer Schürze Brot für die Armen aus der Burg trug. Als sie auf Vorhaltungen ihres Mannes die Schürze öffnete, waren lauter Rosen darin.

Kirche

Kanon

042

T: Wilhelm Willms
M: Peter Janssens

T: Alois Albrecht
M: Peter Janssens

1. Gehet nicht auf in den Sorgen dieser Welt. / Suchet zuerst Gottes Herrschaft. / Und alles andre wird euch dazugeschenkt. / Halleluja, Halleluja.
2. Ihr seid das Volk, das der Herr sich ausersehn, / seid eines Sinnes und Geistes. / Ihr seid getauft durch den Geist zu einem Leib. / Halleluja, Halleluja.
3. Ihr seid das Licht in der Dunkelheit der Welt, / ihr seid das Salz für die Erde. / Denen, die suchen, macht hell den schweren Weg. / Halleluja, Halleluja.
4. Liebet einander, wie euch der Herr geliebt, / er liebte euch bis zum Tode. / Er hat den Tod ein für alle Mal besiegt: / Halleluja, Halleluja.
5. So wie die Körner, auf Feldern weit verstreut, / zu einem Brote geworden, / so führt der Herr die zusammen, die er liebt. / Halleluja, Halleluja.
6. So wie der Morgen nach einer langen Nacht, / so wie ein Quell in der Wüste, / so ist das Wort, das uns dieser Tag gebracht: / Halleluja, Halleluja.
7. Darum, ihr alle in diesem weiten Rund: / Er, der den Taubstummen heilte, / öffnet die Ohren und öffnet euch den Mund: / Halleluja, Halleluja.
8. Ihr seid das Licht, das die dunkle Zeit erhellt, / ihr seid die Hoffnung der Erde! / Kehrt um und glaubt und erneuert diese Welt! / Halleluja, Halleluja.

T: Str. 1-5 nach einem französischen Text, Str. 6-8 Winfried Pilz
M: aus England, 19. Jh.

2. Die Mauern sind aus schweren Steinen, / Kerker, die gesprengt, / von den Grenzen, von den Gräbern, / aus der Last der Welt. / Die Tore sind aus reinen Perlen, / Tränen, die gezählt. / Gott wusch sie aus unsern Augen, / daß wir fröhlich sind. / In deinen Toren …

3. Die Brunnen, wie sie überfließen / in den Straßen aus Gold. / Durst und Staub der langen Reise, / wer denkt daran zurück? / Noch klarer als die Sonnenstrahlen ist Gottes Angesicht. / Seine Hütte bei den Menschen / mitten unter uns. / In deinen Toren …

T: Christine Heuser   M: Naomi Shemer-Sapir

Wo die Güte und die Liebe wohnt, da ist Gott.

* Hauptstimme
** Bei zweistimmiger Singweise diese als 2. Stimme nehmen.

„Gesang aus Taizé" Musik: J. Berthier

048

1. Se - lig seid ihr, wenn ihr ein-fach lebt.
2. Se - lig seid ihr, wenn ihr lie-ben lernt.

Se - lig seid ihr, wenn ihr La-sten tragt.
Se - lig seid ihr, wenn ihr Gü - te wagt.

3. Se - lig seid ihr, wenn ihr Lei-den merkt.

Se - lig seid ihr, wenn ihr ehr-lich bleibt.

4. Se - lig seid ihr, wenn ihr Frie-den macht.

Se - lig seid ihr, wenn ihr Un-recht spürt.

T: Friedrich Karl Barth, Peter Horst
M: Peter Janssens

Alternativtext:

5. Selig seid ihr, / wenn ihr Wunden heilt, / Trauer und Trost / miteinander teilt.
6. Selig seid ihr, / wenn ihr Krüge füllt, / Hunger und Durst / füreinander stillt.

7. Selig seid ihr, / wenn ihr Fesseln sprengt, / arglos und gut / voneinander denkt.
8. Selig seid ihr, / wenn ihr Schuld verzeiht, / Stütze und Halt / aneinander seid.

T: Raymund Weber

2. Klagende hören, Trauernde sehn, / aneinander glauben und sich verstehn, / auf unsre Armut läßt Gott sich ein. / So spricht Gott sein Ja ...

3. Planen und bauen, Neuland begehn, / füreinander glauben und sich verstehn, / leben für viele, Brot sein und Wein. / So spricht Gott sein Ja ...

T: Michel Scouarnec
M: Jo Akepsimas
S: Heinz Martin Lonquich

1. Gott baut ein Haus, das lebt, aus lauter bunten Steinen, aus großen und aus kleinen, eins, das lebendig ist.

2. Gott baut ein Haus, das lebt; / wir selber sind die Steine, / sind große und auch kleine, / du, ich und jeder Christ.

3. Gott baut ein Haus, das lebt, / aus ganz, ganz vielen Leuten, / die in verschiednen Zeiten / hörten von Jesus Christ.

4. Gott baut ein Haus, das lebt; / er sucht in allen Ländern, / die Menschen zu verändern, / wie's dafür passend ist.

5. Gott baut ein Haus, das lebt, / er selbst weist dir die Stelle, / in Ecke, Mauer, Schwelle, / da, wo du nötig bist.

6. Gott baut ein Haus, das lebt; / er gibt dir auch das Können, / läßt dir den Auftrag nennen, / damit du nützlich bist.

7. Gott baut ein Haus, das lebt. / Wir kennen seinen Namen / und wissen auch zusammen, / daß es die Kirche ist.

T und M: Waltraud Osterlad

Gemeindegottesdienste ohne Priester

051 Wenn die sonntägliche Meßfeier einer Gemeinde entfallen muß, soll nach Möglichkeit ein Gemeindegottesdienst ohne Priester gefeiert werden. Dabei ist darauf zu achten, daß diese Gottesdienste den Charakter des jeweiligen Sonntags oder Feiertags bewahren durch Übernahme der Lesungen und durch entsprechende Gesänge. Das Stundengebet der Kirche, besonders die Laudes am Morgen oder die Vesper am Abend, oder eine Andacht aus dem „Gotteslob" können zur sonntäglichen Versammlung der Gemeinde ohne Priester dienen. Als Modell kann auch der Wortgottesdienst der Meßfeier des jeweiligen Sonn- oder Feiertages zugrunde gelegt werden.

Auch wenn ein Diakon oder ein Laie die Leitung des Gottesdienstes übernimmt, ist es sinnvoll, die liturgischen Aufgaben möglichst auf mehrere Mitwirkende (Leiter/in, Lektor/in, Kantor/in, Organist/in, Kommunionhelfer/in) zu verteilen.

Findet ein Wortgottesdienst mit Austeilung der hl. Kommunion statt, soll nach Möglichkeit die Beziehung dieser Versammlung zur Meßfeier vom vorausgehenden Sonntag oder zur Eucharistie, die in einer Nachbargemeinde gefeiert wird, sichtbar gemacht werden. Falls sie eingefügt wird, schließt sich die Kommunionfeier jeweils an das Vater unser an. (Die Eucharistie wird dann zunächst auf den Altar gebracht. Nach einem Sakramentslied folgt die Proklamation des Kommunionhelfers/der Kommunionhelferin „Seht, das Lamm Gottes ..." mit der Antwort „Herr, ich bin nicht würdig ...". Nach der Austeilung und einer Zeit stillen Gebets kann ein Danklied folgen. Dann wird der Wortgottesdienst wie sonst abgeschlossen.)

Die folgenden Modelle beziehen sich in erster Linie auf den sonntäglichen Gemeindegottesdienst, der die Meßfeier ersetzt. Erstrebenswert ist natürlich, daß solche Gottesdienste im liturgischen Leben der Gemeinde auch werktags und neben der Eucharistiefeier ihren berechtigten Platz finden.

Damit der Aufbau der Gottesdienstmodelle möglichst klar hervortritt, werden Texte und Gesänge hier nicht abgedruckt. Soweit sie im Stammteil enthalten sind, werden die Nummern angegeben. Die übrigen Texte sind dem Meßbuch oder dem Meßlektionar zu entnehmen.

WORTGOTTESDIENST

052 Zur Eröffnung: „Im Namen des Vaters ..."
Begrüßung und Gesang
Kyrierufe (oder Allgemeines Schuldbekenntnis)
Tagesgebet: aus der Meßfeier vom Tage oder eines der Tagesgebete zur Auswahl oder ein freiformuliertes Gebet
Lesung: aus dem Meßlektionar, vom Tage (vgl. Direktorium)
Antwortgesang: Antwortpsalm oder ein anderer passender Gesang (oder Orgelspiel, Stille)
Ruf vor dem
Evangelium: *Halleluja* (z. B. Nr. 530—532)
Evangelium: aus dem Meßlektionar, vom Tage (vgl. Direktorium); (Einleitung des Lektors: „Lesung aus dem Evangelium nach ...")
Ansprache oder Meditation oder Stille
Glaubensbekenntnis (an Sonntagen und Hochfesten): Nr. 2,5
Fürbitten
Vater unser
(Mitteilungen, Schlußlied)
Segensbitte: z. B.: *Der Herr segne uns, er bewahre uns vor Unheil und führe uns zum ewigen Leben. A: Amen.*
oder: *Es segne und behüte uns der allmächtige und barmherzige Gott, der Vater und der Sohn und der Heilige Geist. A: Amen.*
oder: *Der Herr segne und behüte uns. Er lasse sein Antlitz über uns leuchten und sei uns gnädig. Es segne uns der allmächtige und barmherzige Gott, der Vater und der Sohn und der Heilige Geist. A: Amen.*
(Entsprechend kann man auch einen der anderen „feierlichen Schlußsegen" aus dem Meßbuch verwenden.)
Gruß: *Gelobt sei Jesus Christus! A: In Ewigkeit, Amen.*

LAUDES

Zur Eröffnung:	*„Im Namen des Vaters . . ."* oder Nr. 683	**053**
Begrüßung		
Hymnus:	Nr. 675	
Psalmodie:	Nr. 676—678	
Lesung:	aus dem Meßlektionar, in der Regel das Evangelium	

Ansprache oder Meditation oder Stille
Antwortgesang: z. B. Nr. 679
Benedictus: Nr. 680—681

Fürbitten (wie in Meßfeier und Vesper)
Vater unser
Tagesgebet: aus der Meßfeier vom Tage oder eines der Tagesgebete zur Auswahl oder ein freiformuliertes Gebet
(Mitteilungen, Schlußlied)
Segensbitte (vgl. Nr. 052)

VESPER

Zur Eröffnung:	*„Im Namen des Vaters . . ."* oder Nr. 683	**054**

Begrüßung und Einführung
Hymnus: z. B. Nr. 265
Psalmodie: das „Gotteslob" enthält neun verschiedene Formulare für die Gemeindevesper:

Advent:	Nr. 121—124
Weihnachtszeit:	Nr. 150—154
Fastenzeit:	Nr. 189—192
Osterzeit:	Nr. 234—236
Pfingsten:	Nr. 252—254
Maria:	Nr. 599—601
Engel und Heilige:	Nr. 628—631
Kirchweih:	Nr. 648—650
im Jahreskreis:	Nr. 682—686

Lesung: aus dem Meßlektionar, in der Regel das Evangelium

Ansprache oder Meditation oder Stille
Antwortgesang
Magnificat: Nr. 688—689 (oder Lied Nr. 261)
Fürbitten
Vater unser
Tagesgebet: aus der Meßfeier vom Tage oder eines der Tagesgebete zur Auswahl oder ein freiformuliertes Gebet
(Mitteilungen, Schlußlied)
Segensbitte (vgl. Nr. 052)

Alphabetisches Verzeichnis der Lieder und Gesänge

Ant	= Antiphon
EG, (EG)	= Fassung im Evangelischen Gesangbuch (1993) ganz oder teilweise gleich
G	= nichtliedmäßiger Gesang
greg	= gregorianisch
KL	= Kyrie-Litanei
Kv	= Kehrvers
L	= Lied
ö, (ö)	= mit der ökumenischen Fassung ganz oder teilweise übereinstimmend, Stand 1995
•	= Anhanglied
K	= Lied für Kindergottesdienste

Die Zahl gibt jeweils die Nummer an.

967	• Aachen, Kaiserstadt, du hehre (L)	
948	• Ach, bleib bei uns (L)	
657 ö	Ach wie flüchtig, ach wie nichtig (L)	EG 528
001	• Adam und Eva, das sind wir (KL)	
413	Agnus Dei (I)	
408	Agnus Dei (VIII)	
421	Agnus Dei (X)	
417	Agnus Dei (XVII)	
404	Agnus Dei (XVIII)	
909	• Agnus Dei ad lib. II	
209,2	All ihr Dürstenden, kommt zum Wasser (Kv)	
526,6	All ihr Dürstenden, kommt zum Wasser (Kv)	
281,2 ö	All ihr Werke des Herrn, preiset den Herrn (G)	
666 ö	All Morgen ist ganz frisch und neu (L)	(EG 440)
149,1	Alle Enden der Erde schauen Gottes Heil (Kv)	
010	• Alle Knospen springen auf (L)	
589	Alle Tage sing und sage (L)	
875	• Alle Völker in der Welt (K)	
457 ö	Allein Gott in der Höh sei Ehr (L)	(EG 179)
758,1	Aller Augen warten auf dich (Kv – Ps 145B)	
968	• Allerheiligenlitanei (Kurzform) (G)	
919	• Alles ist unser, das Brot (L)	
552	Alles Leben ist dunkel (L)	
615 ö	Alles meinem Gott zu Ehren (L)	
972	• Alles meinem Gott zu Ehren (Doxologie-Strophe)	
678,1	Alles, was atmet, lobe den Herrn (Kv – Ps 150)	
982,1	• Alles, was Odem hat (Kv)	
887	• Alles was Odem hat (K)	
950	• Alma Redemptoris Mater	
686	Amen, Halleluja (G)	
043	• Andere Lieder wollen wir singen (L)	
701	Angelangt an der Schwelle des Abends (G)	
424,1	Aspérges me, Dómine, hyssópo (Ant)	
624	Auf dein Wort, Herr, laß uns vertrauen (L)	
293 ö	Auf dich allein ich baue (L)	
525	Auf, laßt uns jubeln dem Herrn (Kv)	
232,1	Auferstanden ist der Herr (Kv)	
238	Auferstanden ist der Herr (Kv)	

009	• Aus der Tiefe meiner Sehnsucht (L)	
982,2	• Aus der Tiefe rufe ich (Kv)	
162	Aus der Tiefe unserer Todesangst (KL)	
109	Aus hartem Weh die Menschheit klagt (L)	
669 (ö)	Aus meines Herzens Grunde (L)	(EG 443)
163 (ö)	Aus tiefer Not schrei ich zu dir (L)	
580	„Ave, María, grátia plena" (L)	
835	• Ave, María, grátia plena (L)	
960	• Ave Maria, Kaiserin, du bist (L)	
581	Ave Maria klare (L)	
583	Ave Maria zart (L)	
596	Ave, maris stella (Hymnus)	
951	Ave Regina caelorum	
527,7	Behüte mich, Gott, denn ich vertraue auf dich (Kv)	
021	• Bei dir sind wir gern (K)	
746,1 ö	Beim Herrn ist Barmherzigkeit (Kv – Ps 116A)	
82,1 ö	Beim Herrn ist Barmherzigkeit (Kv – Ps 130)	
191,1 ö	Beim Herrn ist Barmherzigkeit (Kv – Ps 130)	
172,5	Beim Herrn ist die Huld	
537	Beim letzten Abendmahle (L)	
856	• Beim letzten Abendmahle (L)	
949	• Beim Schall der Posaunen wird kommen (Kv)	
160	Bekehre uns, vergib die Sünde (G)	
969	• Bekennen will ich (Kv)	
89,2	Benedíctus (deutsch – Begräbnis)	
681	Benedíctus (deutsch – Laudes)	
119,3	Bereitet den Weg des Herrn (Kv)	
696 ö	Bevor des Tages Licht vergeht (L)	EG 786,5
702 ö	Bevor die Sonne sinkt (L)	
007	• Bleibet hier und wachet mit mir (Chorsatz)	
618 ö	Brich dem Hungrigen dein Brot (L)	EG 418
729,1	Bring dem Höchsten als Opfer dein Lob (Kv – Ps 50)	
747,1	Bring dem Höchsten als Opfer dein Lob (Kv – Ps 116B)	
535,1	Bringet, ihr Völker, herbei (Kv)	
036	• Brot, das die Hoffnung nährt (L)	
228 ö	Christ fuhr gen Himmel (L)	

874	• Christ fuhr gen Himmel (L)	
213 ö	Christ ist erstanden (L)	
863	• Christ ist erstanden (L)	
482 (ö)	Christe, du Lamm Gottes, der du trägst (Braunschweig – L)	
502 ö	Christe, du Lamm Gottes, du trägst (Graz – L)	
584	Christi Mutter stand mit Schmerzen (L)	
662 ö	Christus, der ist mein Leben (L)	EG 516
704	Christus, du bist der helle Tag (L)	
125	Christus, du Sohn des lebendigen Gottes ... Du kommst in die Welt (G)	
679	Christus, du Sohn des lebendigen Gottes ... Du sitzest zur Rechten des Vaters (G)	
675	Christus, du Sonne unsres Heils (L)	
876	• Christus fährt auf mit Freudenschall (L)	
563	Christus gestern, Christus heute (G)	
446	Christus, Gottes Lamm, der du hinwegnimmst (Allerheiligen-Messe)	
442	Christus, Gottes Lamm, der du hinwegnimmst (Mainzer-Dom-Messe)	
028	• Christus, Gotteslamm (Janssens)	
175	Christus, Gotteslamm, Opfer am Kreuzesstamm (KL)	
506	Christus, Herr, erbarme dich (KL)	
358,2	Christus, höre uns (Fürbittruf)	
766,2	Christus, höre uns (Fürbittruf)	
868	• Christus ist auferstanden (L)	
255	Christus ist erhöht zum Vater. Halleluja (G)	
237	Christus ist erstanden. Halleluja (G)	
233,3 ö	Christus ist erstanden. Halleluja (Kv)	
155	Christus ist geboren. Halleluja (G)	
943	• Christus ist Sieger (Kv)	
933	• Christus ist uns erschienen (Kv)	
233,4	Christus ist unser Osterlamm (Kv)	
564,1	Christus Sieger, Christus König (Kv)	
564,1-2	Christus Sieger, Christus König (G)	
214	Christus, Sieger über Schuld und Sünde (KL)	
176,3	Christus war für uns gehorsam bis zum Tod (Kv)	
203,2	Christus war für uns gehorsam bis zum Tod (Kv)	

982,3	• Christus ward für uns gehorsam (Kv)	
907	• Credo (II)	
423	Credo in unum Deum (III)	
187	Da Jesus an dem Kreuz stund (L)	
309	Da pacem, Dómine, in diébus nostris (Ant)	
634 ö	Dank sei dir, Vater, für das ewge Leben (L)	(EG 227)
283 ö	Danket, danket dem Herrn (Kanon)	EG 336
281,1 ö	Danket dem Herrn, denn er ist gut. Halleluja (Kv – Daniel 3)	
284,1	Danket dem Herrn, denn er ist gut. Seine Gnade währt (Kv – Lobpreis)	
688 ö	Danket dem Herrn, er hat uns erhöht (Kv – Magníficat)	
233,1	Danket dem Herrn, er ist gütig. Halleluja (Kv)	
235,1	Danket dem Herrn, er ist gütig. Halleluja (Kv – Ps 118A)	
227 ö	Danket Gott, denn er ist gut (L)	EG 301
16,10	Dankt dem Herrn für seine Gaben (Kanon)	
154	Dankt dem Vater mit Freude (G)	
479	Das Apostolische Glaubensbekenntnis (I – Seuffert)	
447	Das Apostolische Glaubensbekenntnis (II – Schmid)	
448	Das Apostolische Glaubensbekenntnis (III – Schieri)	
544	Das Geheimnis laßt uns künden (L)	
869	• Das Grab ist leer, der Held (L)	
449	Das Große Glaubensbekenntnis (nach Credo III)	
547	Das Heil der Welt, Herr Jesus Christ (L)	
232,4	Das ist der Tag, den der Herr gemacht (Kv)	
236,1	Das ist der Tag, den der Herr gemacht (Kv – Ps 118C)	
220	Das ist der Tag, den Gott gemacht (L)	
271 ö	Das ist ein köstlich Ding, dem Herren danken (L)	(EG 285)
934	• Das sollt ihr, Jesu Jünger, nie (L)	
620	Das Weizenkorn muß sterben (L)	
149,6	Das Wort wurde Fleisch (Kv)	
527,2	Dein Erbarmen, o Herr, will ich in Ewigkeit preisen (Kv)	
889	• Dein Gnad, dein Macht und Herrlichkeit (L)	
263 ö	Dein Lob, Herr, ruft der Himmel aus (L)	

561,2	Dein sind die Himmel, dein ist die Erde (Kv)	
947	• Dein Tag, Herr Christ, wirft (L)	
687	Dein Wort ist Licht und Wahrheit (G)	
508	Dein Wort, o Herr, geleitet uns (Kv)	
629,1	Deine Heiligen krönst du mit Ehre und Herrlichkeit (Kv – Ps 8)	
930	• Deinem Heiland, deinem Lehrer (L) (Augsburger F.)	
931	• Deinem Heiland, deinem Lehrer (L) (Landshuter F.)	
209,1 ö	Dem Herrn will ich singen (Kv)	
680 ö	Dem Herrn will ich singen (Kv – Benedíctus)	
784,2-5	Dem Schöpfer Gott sei Dank gebracht (L)	
261 ö	Den Herren will ich loben (L)	
661	Den Menschen, die aus dieser Zeit (L)	
157 ö	Der du die Zeit in Händen hast (L)	EG 64
536,3	Der Geist des Herrn erfüllet sie (Kv)	
254,1	Der Geist des Herrn erfüllet sie (Kv – Ps 147)	
249	Der Geist des Herrn erfüllt das All (L)	
251	Der Heilige Geist erfüllet das All (Kv)	
567 (ö)	Der Herr bricht ein um Mitternacht (L)	
535,5	Der Herr ernährt uns (Kv)	
626,2	Der Herr gibt ein Beispiel (Kv)	
233,5	Der Herr hat den Tod besiegt. Halleluja (Kv)	
603	Der Herr hat Großes an dir getan (Kv)	
753,1	Der Herr hat Großes an uns getan (Kv – Ps 126)	
256	Der Herr hat Großes an uns getan; wir wollen seine Zeugen sein (Kv)	
233,6	Der Herr hat sein Volk befreit. Halleluja (Kv)	
233,7	Der Herr hat uns befreit; auf ewig besteht (Kv)	
685,1	Der Herr hat uns befreit; auf ewig besteht (Kv – Ps 111)	
528,2	Der Herr hat uns befreit; er schenkt uns ein neues Leben (Kv)	
535,6 ö	Der Herr ist mein Hirt; er führt mich an Wasser (Kv)	
718,1 ö	Der Herr ist mein Hirt, er führt mich an Wasser (Kv – Ps 23)	
527,4	Der Herr ist mein Hirt, ich leide nicht Not (Kv)	
903	• Der Herr ist mein Hirt, ich leide keine Not (Kv)	
487 ö	Der Herr ist mein Licht und mein Heil (Kv)	
719,1 ö	Der Herr ist mein Licht und mein Heil (Kv – Ps 27)	

90,1 ö	Der Herr ist mein Licht und mein Heil (Kv – Nunc dimíttis)
720,1 ö	Der Herr ist nahe allen, die ihn rufen (Kv – Ps 28)
698,1 ö	Der Herr ist nahe allen, die ihn rufen (Kv – Ps 91)
692,1	Der Herr ist unser Friede (Kv – Ps 122)
149,4	Der Herr krönt das Jahr mit seinem Segen (Kv)
731,1	Der Herr krönt das Jahr mit seinem Segen (Kv – Ps 65)
528,6	Der Herr schenkt seinem Volk den Frieden (Kv)
123,1	Der Herr schenkt seinem Volk den Frieden (Kv – Ps 85)
89,1	Der Herr schenkt seinem Volk den Frieden (Kv – Benedíctus)
149,5	Der Herr spricht zu mir: Mein Sohn bist du (Kv)
119,2	Der Herr steht vor der Tür (Kv)
148,2	Der Herr tut Wunder vor den Augen der Völker (Kv)
527,5 ö	Der Herr vergibt die Schuld und rettet unser Leben (Kv)
721,1 ö	Der Herr vergibt die Schuld und rettet unser Leben (Kv – Ps 32)
742,1 ö	Der Herr vergibt die Schuld und rettet unser Leben (Kv – Ps 103)
83,1 ö	Der Herr vergibt die Schuld und rettet unser Leben (Kv – Ps 103 Kurz-Fg)
674	Der Herr wird kommen (Kv – Invitatórium)
117,4	Der Himmel freue sich, die Erde jauchze (Kv)
151,2	Der Himmel freue sich, und ... der Herr ist uns erschienen (Kv – Ps 96)
151,1	Der Himmel freue sich, und ... der Herr ist uns geboren (Kv – Ps 96)
042	• Der Himmel geht über allen auf (Kanon)
485	Der in seinem Wort uns hält (KL)
176,5	Der Kelch, den wir segnen (Kv)
982,4	• Der Name des Herren sei gepriesen (Kv)
862	• Des Königs Banner wallt empor (L)
706	Dich, Gott, loben wir (Te Deum)
944	• Dich, König, loben wir (L)
852	• Dich liebt, o Gott, mein ganzes Herz (L)
274	Dich will ich rühmen, Herr und Gott (L)
548	Die einen fordern Wunder (G)

627,2 ö	Die Freude an Gott, Halleluja (Kv)	
219 ö	Die ganze Welt, Herr Jesu Christ (L)	EG 110
57,2	Die ganze Welt muß sich schuldig bekennen (Kv)	
667 (ö)	Die helle Sonn leucht' jetzt herfür (L)	(EG 437)
713,1	Die Himmel rühmen (Kv – Ps 19A)	
860	• Die Kinder der Hebräer (Kv)	
111 ö	Die Nacht ist vorgedrungen (L)	EG 16
732,1	Die Völker sollen dir danken, o Gott (Kv – Ps 67)	
535,4	Die Weisung Gottes ist gerecht (Kv)	
709,1	Dient dem Herrn in Furcht (Kv – Ps 2)	
626,4 ö	Dies ist mein Gebot: Liebet einander (Kv)	
751,1 ö	Dies ist mein Gebot: Liebet einander (Kv – Ps 119B)	
476	Dir Gott im Himmel Preis und Ehr (L)	
982,5	• Dir, o Gott, sei Lob und Preis (Kv)	
533	Dir Vater Lobpreis werde (L)	
279 ö	Dreifaltiger verborgner Gott (L)	
149,7	Du bist das Licht, die Völker zu erleuchten (Kv)	
712,1	Du führst mich hinaus ins Weite (Kv – Ps 18)	
916	• Du hast, o Herr, dein Leben (L)	
632	Du hast uns erlöst mit deinem Blut (G)	
505 ö	Du hast uns, Herr, gerufen, und darum sind wir hier (L)	EG 168
973	• Du, Herr, gabst uns dein festes Wort (L)	
711,2	Du, Herr, wirst uns behüten (Kv – Ps 12)	
557 (ö)	Du höchstes Licht, du ewger Schein (L)	(EG 441)
553	Du König auf dem Kreuzesthron (L)	
961	• Du mein Schutzgeist, Gottes Engel (L)	
528,1 ö	Du nimmst mich, Herr, bei der Hand (Kv)	
523	Du rufst uns, Herr, trotz unsrer Schuld (KL)	
185	Du schweigst, Herr, da der Richter feige (L)	
192 ö	Durch seine Wunden sind wir geheilt (G)	
204,1	Ecce lignum Crucis (Ant)	
456	Ehre dir, Gott, im heilgen Thron (L)	
499 (ö)	Ehre sei dir, Christe, der du littest Not (L)	
507 ö	Ehre sei Gott im Himmel und auf Erden (G)	
426	Ehre sei Gott in der Höhe (Alban)	
444	Ehre sei Gott in der Höhe (Allerheiligen)	

430	Ehre sei Gott in der Höhe (Florian)	
455	Ehre sei Gott in der Höhe (Kronenberger)	
437	Ehre sei Gott in der Höhe (Paulus)	
892	• Ein Danklied sei dem Herrn (L)	
639	Ein Haus voll Glorie schauet (L)	
146 (ö)	Ein Kind geborn zu Betlehem (L)	
148,1	Ein Kind ist uns geboren, ein Sohn (Kv)	
136 ö	Ein Kind ist uns geboren heut (L)	
46 ö	Ein kleines Kind, du großer Gott (L)	
839	• Ein Licht erstrahlt uns (Kv)	
626,5	Ein neues Gebot gibt uns der Herr (Kv)	
955	Ein Segen hat ergossen (L)	
642	Eine große Stadt ersteht (L)	
837	• Engel auf den Feldern singen (L)	
855	• Erbarm dich, Herr, ich bitte (L)	
164 ö	Erbarme dich, erbarm dich mein (L)	
171,2	Erbarme dich meiner, o Gott (Kv)	
190,1	Erbarme dich meiner, o Gott (Kv – Ps 51)	
015	• Erde singe, daß es klinge (L)	
259 ö	Erfreue dich, Himmel, erfreue dich, Erde (L)	
302	Erhör, o Gott, mein Flehen (L)	
563,2	Erhöre uns, Christus (Fürbittruf)	
866	• Erschalle laut Triumphgesang (L)	
118,2	Erscheine strahlend über den Himmeln (Kv)	
225 ö	Erschienen ist der herrlich Tag (L)	EG 106
848	• Es führt drei König Gottes Hand (L)	
132 (ö)	Es ist ein Ros entsprungen (L)	(EG 30)
133 ö	Es ist ein Ros entsprungen (L)	
841	• Es ist ein Ros entsprungen (L)	
138 (ö)	Es kam ein Engel hell und klar (L)	(EG 24)
114 (ö)	Es kommt ein Schiff, geladen (L)	(EG 8)
945	• Es ragt ein hehrer Königsthron (L)	
186 (ö)	Es sungen drei Engel ein' süßen Gesang (L)	
664,1	Ewige Freude schenke ihnen, Herr (Kv)	
664,2	Ewiges Leben schenke ihnen, o Herr (Kv)	
85,1	Ewiges Leben schenke ihnen, o Herr (Kv – Ps 51)	
970	• Fest soll mein Taufbund (L)	

576	Freu dich, du Himmelskönigin (L)	
003	• Freu dich, Erd und Sternenzelt (L)	
865	• Freu dich, erlöste Christenheit (L)	
117,3	Freuet euch allzeit im Herrn (Kv)	
982,6	• Freut euch allzeit im Herrn (Kv)	
118,5	Freut euch allzeit: wir ziehn dem Herrn entgegen (Kv)	
864	• Freut euch, freut euch, Ostern ist da (Kv)	
631,1	Freut euch und jubelt (G)	
646,1 ö	Freut euch, wir sind Gottes Volk (Kv)	
722,1 ö	Freut euch, wir sind Gottes Volk (Kv – Ps 33)	
741,1 ö	Freut euch, wir sind Gottes Volk (Kv – Ps 100)	
573	Gegrüßet seist du, Königin (L)	
602	Gegrüßet seist du, Maria (G)	
650,1	Geheiligt hat der Herr sein Volk (Kv – Ps 46)	
360,5 ö	Geheimnis des Glaubens: Deinen Tod, o Herr (I)	EG 189
360,6	Geheimnis des Glaubens: Deinen Tod, o Herr (II)	
366,4	Gehet hin in Frieden	
366,5	Gehet hin in Frieden. Halleluja (Osterzeit)	
044	• Gehet nicht auf in den Sorgen dieser Welt (L)	
646,5	Geht in alle Welt, Halleluja (Kv)	
130 ö	Gelobet seist du, Jesu Christ (L)	EG 23
218 ö	Gelobt sei Gott im höchsten Thron (L)	EG 103
962	• Gelobt sei Gott ... durch die zwölf Boten (L)	
610 ö	Gelobt sei Gott in aller Welt (L)	
936	• Gelobt sei Jesus Christus (L)	
560 ö	Gelobt seist du, Herr Jesu Christ (L)	
230 ö	Gen Himmel aufgefahren ist (L)	EG 119
198,2	Gepriesen, der kommt im Namen des Herrn (Kv)	
693,1	Gepriesen sei der Herr (Kv – Ps 113)	
87 ö	Gesät wird in Schwachheit (G)	
974	• Gib uns Frieden jeden Tag (L)	
641 ö	Gleichwie mich mein Vater gesandt hat (G, Kanon)	EG 260
411	Glória in excélsis Deo (I)	
406	Glória in excélsis Deo (VIII)	
906	• Glória in excélsis Deo (XII)	

402	Glória in excélsis Deo (XV)	
911	• Gloria wolln wir dir singen (K)	
605 (ö)	Gott, aller Schöpfung heilger Herr (L)	(EG 142)
050	• Gott baut ein Haus, das lebt (K)	
733,1	Gott, bleib nicht fern von mir (Kv – Ps 71)	
74 ö	Gott, der nach seinem Bilde (L)	
305	Gott der Vater, steh uns bei (L)	
524	Gott des Vaters ewger Sohn (KL)	
116 ö	Gott, heilger Schöpfer aller Stern (L)	EG 3
464 ö	Gott in der Höh sei Preis und Ehr (L)	EG 180.2
489 ö	Gott ist dreifaltig einer (L)	
297 ö	Gott liebt diese Welt (L)	EG 409
308 ö	Gott, mein Gott, warum hast du mich verlassen (L)	EG 381
211	Gott redet, und Quellen springen auf (Kv)	
640	Gott ruft sein Volk zusammen (L)	
613	Gott sei durch euch gepriesen (L)	
494 ö	Gott sei gelobet und gebenedeiet (L)	(EG 214)
529,3	Gott, sei uns gnädig, mache uns frei (Kv)	
232,5	Gott steigt empor, Erde jauchze (Kv)	
172,3	Gott, tilge mein Vergehn (Kv)	
85,2	Gott, tilge mein Vergehn (Kv – Ps 51)	
119,4	Gott, unser Herr, spendet seinen Segen (Kv)	
854	• Gott, vor deinem Angesichte (L)	
290 ö	Gott wohnt in einem Lichte (L)	EG 379
026	• Gottes gute Gaben (K)	
161	Gottes Lamm, Herr Jesu Christ (L)	
018	• Gottes Liebe ist wie die Sonne (L)	
546	Gottheit tief verborgen (L)	
626,1	Groß und gewaltig ist der Herr (Kv)	
757,1	Groß und gewaltig ist der Herr (Kv – Ps 145A)	
257 ö	Großer Gott, wir loben dich (L)	EG 331
586	Gruß dir, Mutter, in Gottes Herrlichkeit (G)	
760,1	Gut ist's, dem Herrn zu danken (Kv – Ps 147)	
728,1	Hängt euer Herz nicht an Reichtum (Kv – Ps 49)	
488	Halleluja (1. Ton)	
530,1	Halleluja (1. Ton)	

531,7	Halleluja (1. Ton)	
509 ö	Halleluja (2. Ton)	
530,2 ö	Halleluja (2. Ton)	
532,3	Halleluja (2. Ton greg)	
530,3	Halleluja (3. Ton)	
530,4	Halleluja (4. Ton)	
530,5	Halleluja (4. Ton)	
532,1	Halleluja (4. Ton)	
532,4	Halleluja (4. Ton greg)	
355,4	Halleluja (5. Ton)	
466	Halleluja (5. Ton)	
530,6	Halleluja (5. Ton)	
531,8	Halleluja (5. Ton)	
536,4	Halleluja (5. Ton)	
748,1	Halleluja (5. Ton – Ps 117)	
532,5	Halleluja (5. Ton greg)	
478	Halleluja (6. Ton)	
500	Halleluja (6. Ton)	
530,8	Halleluja (6. Ton)	
531,1	Halleluja (6. Ton)	
531,2	Halleluja (6. Ton)	
48,2 ö	Halleluja (6. Ton greg)	
530,7 ö	Halleluja (6. Ton greg)	
235,3 ö	Halleluja (6. Ton greg – Ps 118B)	
531,4	Halleluja (7. Ton)	
531,3	Halleluja (7. Ton greg)	
532,2	Halleluja (8. Ton)	
531,5 ö	Halleluja (8. Ton greg)	(EG 181.2)
532,6	Halleluja (8. Ton greg)	
531,6	Halleluja (9. Ton)	
724,1 ö	Halleluja (9. Ton – Ps 36)	
209,4	Halleluja (Osternacht I)	
209,5	Halleluja (Osternacht II)	
532,7	Halleluja (simplex)	
044	• Halleluja – Gehet nicht auf (L)	
221	Halleluja ... Ihr Christen, singet hocherfreut (G)	
853	• Heb die Augen, dein Gemüte (L)	
118,1	Hebet, Tore, eure Häupter (KV)	

119,1	Hebt euch, ihr Tore; unser König kommt (Kv)	
122,1	Hebt euch, ihr Tore; unser König kommt (Kv – Ps 24)	
566 ö	Hebt euer Haupt, ihr Tore all (L)	
964	• Heilger Josef, hör uns flehen (L)	
921	• Heilig bist du, Gott, unser Herr (K)	
922	• Heilig, heilig (Steinau)	
510	Heilig, heilig, heilig. Du bist der Herr der Scharen (G)	
427 ö	Heilig, heilig, heilig Gott (Alban)	
445	Heilig, heilig, heilig Gott (Allerheiligen)	
431	Heilig, heilig, heilig Gott (Florian)	
434 ö	Heilig, heilig, heilig Gott (Leopold)	
027	• Heilig, heilig (Offele)	
438	Heilig, heilig, heilig Gott (Paulus)	
459	Heilig, heilig, heilig Gott (Rohr)	
501	Heilig, heilig, heilig Gott (Rohr)	
497	Heilig, heilig, heilig Gott (Sanctus XVIII)	
441	Heilig, heilig, heilig Herr, du Gott (Mainzer-Dom-Messe)	
491 ö	Heilig, heilig, heilig Herr, Gott der Mächte (Steinau – L)	
923	• Heilig, heilig (Trier)	
481	Heilig, heilig, heilig ist Gott, der Herr der Mächte (L)	
469 ö	Heilig ist Gott in Herrlichkeit (L)	
847	• Heiligste Nacht! Finsternis weichet (L)	
18,8 ö	Herr, bleibe bei uns (Kanon)	EG 483
716,1	Herr, bleibe mir nicht fern (Kv – Ps 22B)	
289 ö	Herr, deine Güte ist unbegrenzt (L)	
301 ö	Herr, deine Güte reicht, so weit der Himmel ist (L)	EG 277
717,1	Herr, deine Treue will ich künden (Kv – Ps 22C)	
725,1	Herr, deine Treue will ich künden (Kv – Ps 40)	
529,7	Herr, deine Werke danken dir (Kv)	
292 ö	Herr, dir ist nichts verborgen (L)	
529,8	Herr, du bist König über alle Welt (Kv)	
727,1	Herr, du bist König über alle Welt (Kv – Ps 47)	
738,1	Herr, du bist König über alle Welt (Kv – Ps 93)	
355,2 ö	Herr, du hast Worte ewigen Lebens (Kv)	
465 ö	Herr, du hast Worte ewigen Lebens (Kv)	
714,1 ö	Herr, du hast Worte ewigen Lebens (Kv – Ps 19B)	

750,1 ö	Herr, du hast Worte ewigen Lebens (Kv – Ps 119A)	
755,1	Herr, du kennst mein Herz (Kv – Ps 139)	
536,1	Herr, du rufst uns zu deinem Mahl (Kv)	
172,4	Herr, du stehst uns bei in aller Not (Kv)	
527,6	Herr, du zogst mich empor (Kv)	
982,7	• Herr, durch die Kraft dieses Opfers (Kv)	
425	Herr, erbarme dich (Alban)	
443	Herr, erbarme dich (Allerheiligen)	
968	• Herr, erbarme dich (Allerheiligen-Litanei)	
475	Herr, erbarme dich (Bisegger)	
451	Herr, erbarme dich (Doppelbauer)	
358,3 ö	Herr, erbarme dich (Fürbittruf)	EG 178.10
023	• Herr, erbarme dich (Janssens, Chorsatz)	
440	Herr, erbarme dich (Mainzer-Dom-Messe)	
436	Herr, erbarme dich (Paulus)	
453	Herr, erbarme dich (Quack)	
463 (ö)	Herr, erbarme dich (Rohr nach Kyrie XVI)	(EG 178.5)
452	Herr, erbarme dich (Schieri)	
429	Herr, erbarme dich unser (Florian)	
433 ö	Herr, erbarme dich unser (Leopold)	
454	Herr, erbarme dich unser (Quack)	
526,5	Herr, erhebe dich; hilf uns (Kv)	
711,1	Herr, erhebe dich; hilf uns (Kv – Ps 12)	
756,1	Herr, erhebe dich; hilf uns (Kv – Ps 142)	
646,4 ö	Herr, führ uns zusammen (Kv)	
980	• Herr, gib Frieden dieser Seele (L)	
020	• Herr, gib uns deinen Frieden (Kanon)	
529,4	Herr, gib uns Frieden, schenk uns dein Heil (Kv)	
521 ö	Herr, gib uns Mut zum Hören (L)	
458	Herr, Gott im Himmel, dir sei Ehre (L)	
882	• Herr, großer Gott, dich loben wir (L)	
172,2	Herr, hilf uns vor dem Bösen (Kv)	
739,1	Herr, hilf uns vor dem Bösen (Kv – Ps 94)	
516 (ö)	Herr Jesu Christ, dich zu uns wend (L)	(EG 155)
495,8 ö	Herr Jesus, auferstanden von den Toten (KL)	
353,6	Herr Jesus Christus, du bist vom Vater gesandt (G)	
511 ö	Herr Jesus! Du bist das Lamm (G)	
495,6	Herr Jesus, du bist unser Friede (KL)	

495,5	Herr Jesus, du Erstgeborner von den Toten (KL)
495,2	Herr Jesus, du König aller Menschen (KL)
495,7	Herr Jesus, du rufst die Menschen, dir zu folgen (KL)
56,1	Herr Jesus, du rufst die Menschen zur Umkehr (KL)
495,4	Herr Jesus, du rufst die Menschen zur Umkehr (KL)
495,3	Herr Jesus, du Sohn des ewigen Vaters (KL)
518	Herr Jesus, König ewiglich (L)
517	Herr Jesus, öffne unsern Mund (L)
495,1	Herr Jesus, Sohn des lebendigen Gottes (KL)
683	Herr, öffne meine Lippen (G)
612	Herr, sei gelobt durch deinen Knecht (L)
893	• Herr, sei gepriesen immerfort (L)
112	Herr, send herab uns deinen Sohn (L)
829	• Herr, sende, den du senden willst (L)
193	Herr, unser Gott, bekehre uns (G)
298	Herr, unser Herr, wie bist du zugegen (L)
888	• Herr, unser Herr! Wie herrlich ist dein Name (K)
710,1	Herr, unser Herrscher, wie gewaltig ist dein Name (Kv – Ps 8)
920	• Herr, was im Alten Bunde Melchisedek (L)
626,3	Herr, wer darf Gast sein in deinem Zelt (Kv)
534	Herr, wir bringen in Brot und Wein (Kv)
976	• Herr, wir hören auf dein Wort (L)
526,4	Herr, wir rufen zu dir: Gib Frieden der Welt (Kv)
940	• Herz, Jesu, Gottes Opferbrand (L)
180 ö	Herzliebster Jesu, was hast du verbrochen (L) (EG 81)
149,3	Heute erstrahlt ein Licht über uns (Kv)
149,2	Heute ist uns der Heiland geboren (Kv)
622 ö	Hilf, Herr meines Lebens (L) EG 419
761,1	Himmel und Erde, lobet den Herrn (Kv – Ps 148)
705 ö	Hinunter ist der Sonne Schein (L) EG 467
959	• Hoch erhebt meine Seele (Kv)
285	Höchster, allmächtiger, guter Herr (G)
857	• Hör, Schöpfer mild, den Bittgesang (L)
529,5	Hört auf die Stimme des Herrn, verschließt ihm nicht das Herz (Kv)
139 ö	Hört, es singt und klingt mit Schalle (L)
196	Hosanna dem Sohne Davids (Kv)

199	Hosanna dem Sohne Davids: Kyrie (KL)
198,1	Hosanna, hosanna, hosanna in der Höhe (Kv)
895	• Hosanna, hosanna, hosanna in der Höhe (K)
287,2	Hungrige überhäuft er mit Gutem (Kv)
86 ö	Ich bin die Auferstehung und das Leben (Kv)
635 ö	Ich bin getauft und Gott geweiht (L)
914	• Ich glaube, Herr, daß du es bist (L)
528,3	Ich gehe meinen Weg vor Gott im Lande der Lebenden (Kv)
479	Ich glaube an Gott (Apostólicum I-Seuffert)
447	Ich glaube an Gott (Apostólicum II-Schmid)
448	Ich glaube an Gott (Apostólicum III-Schieri)
035	• Ich lobe meinen Gott (L)
171,1	Ich ruf dich an, Herr Gott, erhöre mich (Kv)
697,1	Ich ruf dich an, Herr Gott, erhöre mich (Kv – Ps 4 und 134)
141 ö	Ich steh an deiner Krippe hier (L)
621 ö	Ich steh vor dir mit leeren Händen, Herr (L) EG 382
734,1	Ich suche dich, Gott; höre mein Rufen (Kv – Ps 77)
746,2	Ich weiß, daß mein Erlöser lebt (Kv – Ps 116A)
558 (ö)	Ich will dich lieben, meine Stärke (L)
278 ö	Ich will dir danken, Herr, unter den Völkern (L) EG 291
229 ö	Ihr Christen, hoch erfreuet euch (L)
608	Ihr Freunde Gottes allzugleich (L)
963	• Ihr Freunde Gottes allzugleich (L)
120,3	Ihr Himmel, tauet den Gerechten (Kv)
845	• Ihr Hirten, erwacht! Erhellt ist die Nacht (L)
830	• Ihr lieben Christen, freut euch nun (L)
046	• Ihr Mächtigen, ich will nicht singen
651	Ihr seid der Tempel Gottes (G)
646,2	Ihr seid ein heiliges Volk (Kv)
473 ö	Im Frieden dein, o Herre mein (L) EG 222
205,1	Im Kreuz ist Heil (Kv)
176,1	Im Kreuz Jesu Christi finden wir Heil (Kv)
971	• Im Namen Gottes fang ich an (K)
699	In deine Hände leg ich voll Vertrauen meinen Geist (G)

894	• In des Himmels Höhen lobet Gott den Herrn (K)
703	In dieser Nacht sei du mir Schirm und Wacht (L)
142 (ö)	In dulci jubilo (L)
006	• In einer Höhle zu Betlehem (L)
597,1	In Gott, meinem Heiland, jubelt mein Geist (Kv)
303	In Gottes Namen fahren wir (L)
611	In Jubel, Herr, wir dich erheben (L)
597,2	In meinem Gott jubelt mein Herz (Kv)
647,2	Inmitten deiner Kirche, Herr und Gott (Kv)
871	• Ist das der Leib, Herr Jesu Christ (L)
414	Ite, missa est (I)
409	Ite, missa est (VIII)
422	Ite, missa est (IX)
418	Ite, missa est (XVII)
379,2	Ite, missa est (simplex)
379,3	Ite, missa est, allelúia (Osterzeit)
286,2	Jauchzet Gott, alle Lande (Kv)
144 (ö)	Jauchzet, ihr Himmel, frohlocket, ihr Engel, in Chören (L)
029	• Jesus Brot, Jesus Wein (Kanon)
684,1	Jesus Christus, du bist Priester auf ewig (Kv – Ps 110)
522	Jesus Christus, für uns als Mensch geboren (KL)
174 ö	Jesus Christus ist der Herr (G)
694 ö	Jesus Christus ist der Herr (G)
929	• Jesu, du bist hier zugegen (L)
978	• Jesus, du rufst uns, siehe, wir kommen (K)
512	Jesus ist bei uns (Kv)
851	• Jesu, Jesu! Der du deines Vaters (L)
002	• Jetzt ist die Zeit, jetzt ist die Stunde (L)
652	Jesus starb den Tod, den alle Menschen sterben (KL)
858	• Jesus zieht in Jerusalem ein (K)
982,8	• Jubelt dem Herrn, alle Lande, dienet (Kv)
233,2	Jubelt dem Herrn, alle Lande: Halleluja (Kv)
232,6	Jubelt dem Herrn, alle Lande, Halleluja, preist unsern Gott (Kv)
156	Jubelt, ihr Lande, dem Herrn (Kv)
484,1	Jubelt, ihr Lande, dem Herrn (Kv – Ps 98)

008	• Kennst du das alte Lied (L)
038	• Kleines Senfkorn Hoffnung (L)
275 ö	König ist der Herr. Alle Macht hat er (L)
593	Königin im Himmelreich (L)
242 ö	Komm, allgewaltig heilger Hauch (L)
831	• Komm, der Völker Heiland du (L)
108 (ö)	Komm, du Heiland aller Welt (L)
241	Komm, Heilger Geist, der Leben schafft (L)
247 ö	Komm, Heilger Geist, Herre Gott (L) (EG 125)
519 ö	Komm her, freu dich mit uns, tritt ein (L)
244 ö	Komm herab, o Heilger Geist (L)
568	Komm, Herr Jesu, komm, führ die Welt zum Ende (L)
565	Komm, Herr Jesu, komm zur Erde (L)
118,3	Komm, Herr, komm und erlöse uns (Kv)
878	• Komm, o Geist der Heiligkeit (L)
118,4	Komm, o Herr, und bring uns deinen Frieden (Kv)
250 ö	Komm, o Tröster, Heilger Geist (L)
245	Komm, Schöpfer Geist, kehr bei uns ein (L)
840	• Kommt, ach kommt nach Betlehem (K)
270	Kommt herbei, singt dem Herrn (L)
120,2	Kommt, laßt uns danken unserm Herrn (Kv)
471	Kostet und seht, wie gut der Herr (Kv)
723,1	Kostet und seht, wie gut der Herr (Kv – Ps 34)
106	Kündet allen in der Not (L)
529,6	Kündet den Völkern die Herrlichkeit des Herrn (Kv)
740,1	Kündet den Völkern die Herrlichkeit des Herrn (Kv – Ps 96)
120,1 ö	Kündet es den Verzagten: Seid stark (Kv)
410	Kyrie eléison (I)
405	Kyrie eléison (VIII)
419	Kyrie eléison (X)
904	• Kyrie eléison (XII)
401	Kyrie eléison (XVI)
415	Kyrie eléison (XVII)
905	• Kyrie eléison (XVIII)
653	Kyrie eléison (Réquiem)
910	Kyrie eléison, du Heiland der Barmherzigkeit (L)
022	Kyrie, Kyrie eléison (Kanon)

428 ö	Lamm Gottes (Alban)	
498 ö	Lamm Gottes (EGB – nach Agnus Dei XVIII)	
432	Lamm Gottes (Florian)	
435 ö	Lamm Gottes (Leopold)	
439	Lamm Gottes (Paulus)	
492	Lamm Gottes (Quack)	
461	Lamm Gottes (Rohr)	
460	Lamm Gottes (Schieri)	
895,2	• Lasset uns singen, halleluja (Kv)	
535,2	Laß dir gefallen, Herr und Gott (Kv)	
977	• Laß uns in deinem Namen, Herr (L)	
941	• Laßt preisen uns den Quell der Güte (L)	
607	Laßt uns den Engel preisen (L)	
585 ö	Laßt uns erfreuen herzlich sehr (L)	
885	• Laßt uns erheben Herz und Stimm (L)	
912	• Laßt uns Gott dem Herrn lobsingen (L)	
637 ö	Laßt uns loben, freudig loben (L)	
749	Laudáte Dóminum, omnes gentes (Ps 117)	
014	• Laudate omnes gentes (Chorsatz)	
170	Lehre uns, Herr, deinen Willen zu tun (G)	
129	Licht, das uns erschien (KL)	
011	• Liebe ist nicht nur ein Wort (L)	
670 ö	Lieber Gott, ich bin hier; für den Morgen dank ich dir (L)	
520 (ö)	Liebster Jesu, wir sind hier (L)	(EG 161)
562	Lob dir, Christus, König und Erlöser (Kv)	
890	• Lob, meine Seele, lobe den Herrn (K)	
493 ö	Lob sei dem Herrn, Ruhm seinem Namen (L)	
355,5	Lob sei dir Christus (Ruf)	
173,1 ö	Lob sei dir, Herr, König der ewigen Herrlichkeit (Kv)	
258 (ö)	Lobe den Herren, den mächtigen König der Ehren (L)	(EG 316)
742,2	Lobe den Herrn, meine Seele, für alles (Kv – Ps 103)	
759,1	Lobe den Herrn, meine Seele, für alles (Kv – Ps 146)	
545	Lobe Zion, deinen Hirten (L)	
671 (ö)	Lobet den Herren alle, die ihn ehren (L)	(EG 447)
496	Lobet den Herrn, preist seine Huld und Treue (Kv)	
891	• Lobet froh unsern Herrn, stimmet an (K)	

282 ö	Lobet und preiset, ihr Völker, den Herrn (Kanon)	EG 337
158 ö	Lobpreiset all zu dieser Zeit (L)	
231	Lobsinget dem Herrn, der Wunder vollbracht (Kv)	
287,1 ö	Lobsinget Gott, dem Herrn; dankt ihm (Kv)	
017	• Lobt froh den Herrn (L)	
134 (ö)	Lobt Gott, ihr Christen alle gleich (L)	(EG 27)
846	• Lobt Gott, ihr Christen, allzugleich (L)	
119,5	Machet euch auf, steigt empor zur Höhe (Kv)	
107 ö	Macht hoch die Tür, die Tor macht weit (L)	EG 1
946	• Macht weit die Pforten in der Welt (L)	
127	Magníficat (deutsch – 3. Ton)	
689	Magníficat (deutsch – 9. Ton)	
690	Magníficat ánima mea Dóminum (lateinisch – 6. Ton)	
299 ö	Manchmal kennen wir Gottes Willen, manchmal kennen wir nichts (L)	
587	Maria aufgenommen ist (L)	
595	Maria, breit den Mantel aus (L)	
957	• Maria, breit den Mantel aus (L) (Mohr)	
594	Maria, dich lieben ist allzeit mein Sinn (L)	
033	Maria durch ein Dornwald ging (L)	
579	Maria, Himmelskönigin (L)	
954	• Maria, Maienkönigin (L)	
577	Maria, Mutter unsres Herrn (L)	
590	Maria, sei gegrüßt . . . den du empfangen hast (L)	
592	Maria, sei gegrüßt . . . der aus dem Grab erstand (L)	
591	Maria, sei gegrüßt . . . der für uns Blut geschwitzt hat (L)	
578	Meerstern, sei gegrüßet (L)	
264 ö	Mein ganzes Herz erhebet dich (L)	
176,2	Mein Gott, mein Gott, warum hast du mich verlassen (Kv)	
715,1	Mein Gott, mein Gott, warum hast du mich verlassen (Kv – Ps 22A)	
730,1	Mein Herz ist bereit, o Gott (Kv – Ps 57)	
899	• Mein Hirt ist Gott der Herr (L)	
627,1	Mein Leben lobsinge Gott dem Herrn (Kv)	

559 ö	Mein schönste Zier und Kleinod bist (L)	EG 473
958	• Mein Zuflucht alleine, Maria (L)	
528,4	Meine Augen schauen allezeit zum Herrn (Kv)	
209,3	Meine Seele dürstet allezeit nach Gott (Kv)	
726,1	Meine Seele dürstet allezeit nach Gott (Kv – Ps 42/43)	
676,1	Meine Seele dürstet nach dir, mein Gott (Kv – Ps 63)	
754,1	Meine Seele dürstet nach dir, mein Gott (Kv – Ps 137)	
527,3	Meine Seele, preise den Herrn (Kv)	
743,1	Meine Seele, preise den Herrn (Kv – Ps 104A)	
844	• Menschen, die ihr wart verloren (Aachen) (L)	
843	• Menschen, die ihr wart verloren (Münster) (L)	
616 ö	„Mir nach", spricht Christus, unser Held (L)	(EG 385)
113 (ö)	Mit Ernst, o Menschenkinder (L)	(EG 10)
311 ö	Mit lauter Stimme ruf ich zum Herrn (KL)	
535,3	Mit seinen Flügeln schirmt dich Gott (Kv)	
979	• Mitten in dem Leben sind wir (L)	
654 ö	Mitten wir im Leben sind (L)	(EG 518)
668 ö	Morgenglanz der Ewigkeit (L)	(EG 450)
555 ö	Morgenstern der finstern Nacht (L)	
377,2	Mystérium fídei	
617	Nahe wollt der Herr uns sein, nicht in Fernen thronen (L)	
917	• Nimm, o Vater, was wir spenden (L)	
248	Nun bitten wir den Heiligen Geist (L)	
881	• Nun bitten wir den Heiligen Geist (L)	
918	• Nun bringen wir die Gaben, das Brot (L)	
267 (ö)	Nun danket all und bringet Ehr (L)	(EG 322)
266 ö	Nun danket alle Gott (L)	EG 321
222	Nun freue dich, du Christenheit (L)	
226 ö	Nun freut euch hier und überall (L)	
143 ö	Nun freut euch, ihr Christen (L)	
474 ö	Nun jauchzt dem Herren, alle Welt (L)	(EG 288)
119,6	Nun kündet laut den verzagten Herzen (Kv)	
660 ö	Nun lässest du, o Herr (L)	
265 ö	Nun lobet Gott im hohen Thron (L)	
269 ö	Nun saget Dank und lobt den Herren (L)	EG 294
926	• Nun segne, Herr, uns allzumal (L)	

034	• Nun sind wir alle frohgemut (L)	
842	• Nun sei uns willkommen, Herre Christ (L)	
638 ö	Nun singe Lob, du Christenheit (L)	EG 265
867	• Nun singt dem Herrn ein neues Lied (L)	
262 ö	Nun singt ein neues Lied dem Herrn (L)	
90,2	Nunc dimíttis (deutsch 3. Ton – Begräbnis)	
700,3	Nunc dimíttis (deutsch 3. Ton – Komplét)	
871,4	• O Christe, wahres Osterlamm (L) (ab 4. Str.)	
004	• O du fröhliche (L)	
182	O du hochheilig Kreuze (L)	
861	• O du hochheilig Kreuze (L)	
924	• O du Lamm Gottes, das du hinwegnimmst (L)	
925	• O du Lamm Gottes, unschuldig (L)	
206	O du mein Volk, was tat ich dir (L)	
307	O ewger Gott, wir bitten dich (L)	
896	• O ewger Gott, wir bitten dich (L)	
827	• O Gott im höchsten Himmelsthron (L)	
468	O Gott, nimm an die Gaben (L)	
306	O Gott, streck aus dein milde Hand (L)	
897	• O Gott, streck aus, dein milde Hand (L)	
179 (ö)	O Haupt voll Blut und Wunden (L)	
515	O Heiland, Herr der Herrlichkeit (L)	
105 ö	O Heiland, reiß die Himmel auf (L)	(EG 7)
935	• O heilge Seelenspeise (L)	
538	O heilger Leib des Herrn (L)	
883	• O heiligste Dreifaltigkeit (L)	
938	• O heiligster der Namen all (L)	
169 ö	O Herr, aus tiefer Klage (L)	
037	• O Herr, mach mich zu einem Werkzeug deines Friedens (L)	
168 ö	O Herr, nimm unsre Schuld (L)	EG 235
504 ö	O Herr, wir loben und preisen dich (Kv)	
549	O Herz des Königs aller Welt (L)	
181 ö	O hilf, Christe, Gottes Sohn (L)	
575	O Himmelskönigin, frohlocke (G)	
167	O höre, Herr, erhöre mich (L)	
932	• O höchstes Gut, o Heil der Welt (L)	

472 ö	O Jesu, all mein Leben bist du (L)
643 ö	O Jesu Christe, wahres Licht (L) (EG 72)
956	• O Jungfrau ohne Makel (L)
833	• O komm, o komm, Emmanuel (L)
470 ö	O Lamm Gottes unschuldig (L) EG 190.1
208	O Licht der wunderbaren Nacht (L)
550	O lieber Jesu, denk ich dein (L)
582	O Maria, sei gegrüßt (L)
902	• O mein Christ, laß Gott nur walten (L)
166 ö	O Mensch, bewein dein Sünde groß (L)
970,2	• O Seligkeit, getauft zu sein (L)
188	O Traurigkeit, o Herzeleid (L)
659 ö	O Welt, ich muß dich lassen (L)
503	O wunderbare Speise (L)
543	Pange, lingua, gloriósi córporis (Hymnus)
378,1	Pater noster, qui es in caelis
379,1	Pax Dómini sit semper vobiscum
486	Preis und Ehre Gott dem Herren (L)
280 (ö)	Preiset den Herrn, denn er ist gut (G)
477	Preiset den Herrn zu aller Zeit (Kv)
723,2	Preiset den Herrn zu aller Zeit (Kv – Ps 34)
677,1	Preist den dreifaltigen Gott (Kv – Daniel 3)
981	• Psalmtöne 1.–8. Ton
574	Regína caeli, laetáre, allelúia (Ant)
529,1	Richte uns wieder auf, Gott, unser Heil (Kv)
735,1	Richte uns wieder auf, Gott, unser Heil (Kv – Ps 80)
126	Richtet euch auf und erhebt euer Haupt (Kv – Magníficat)
120,4	Roráte, caeli, désuper (Ant)
834	• Roráte, caeli, désuper (Kv)
197 ö	Ruhm und Preis und Ehre sei dir (G)
165	Sag ja zu mir, wenn alles nein sagt (L)
588	Sagt an, wer ist doch diese (L)
953	• Sagt an, wer ist doch diese (L)
542	Sakrament der Liebe Gottes (L)

572		Salve! Maria, Königin, Mutter und Helferin (L)
570		Salve, Regína, mater misericórdiae (Ant)
412		Sanctus, Sanctus (I)
407		Sanctus, Sanctus (VIII)
420		Sanctus, Sanctus (X)
908		• Sanctus, Sanctus (XVI)
416		Sanctus, Sanctus (XVII)
403		Sanctus, Sanctus (XVIII)
609		Sankt Josef, Sproß aus Davids Stamm (L)
551	ö	Schönster Herr Jesu, Herrscher aller Herren (L) (EG 403)
937		• Schönster Herr Jesu (L)
873		• Seele, dein Heiland ist frei von den Banden (L)
636		Segne dieses Kind und hilf uns, ihm zu helfen (L)
16,9		Segne, Vater, diese Gaben (Kanon)
204,2		Seht das Kreuz, an dem der Herr gehangen (G)
526,3		Seht, unser König kommt (Kv)
152,1		Seht, unser König kommt (Kv – Ps 72A)
600,1		Sei gegrüßt, Maria, voll der Gnade (Kv – Ps 85)
571		Sei gegrüßt, o Königin (G)
540		Sei gelobt, Herr Jesu Christ (L)
205,2		Sei uns gegrüßt, du heiliges Kreuz (Kv)
131	ö	Sei uns willkommen, Herre Christ (L)
700,2		Sei unser Heil, Herr, im Wachen (Kv)
700,1		Sei unser Heil, o Herr, derweil wir wachen (Kv)
983,1		• Selig, der du fürchtest (Kv)
598		Selig der Mensch, der trägt den Herrn (Kv)
631,2		Selig, die arm sind vor Gott (G)
649,1		Selig, die bei dir wohnen, Herr (Kv – Ps 84)
048		• Selig seid ihr (L)
879		• Send deinen Geist, Herr Jesu Christ (L)
246		Send uns deines Geistes Kraft (KL)
253,1		Sende uns deinen Geist (Kv – Ps 104C)
045		• Shalom chaverim (Kanon)
147		Sieh, dein Licht will kommen (L)
952		• Siehe, die Jungfrau bringt den Sohn (Kv)
119,7		Siehe, die Jungfrau wird empfangen (Kv)
601,1		Siehe, ich bin die Magd des Herrn (Kv – Ps 57)

124,1	Siehe, kommen wird der Herr (Kv – Jesaja 35)	
983,2	• Siehe, wir kommen, kommen mit Jauchzen (Kv)	
135 (ö)	Singen wir mit Fröhlichkeit (L)	
277 ö	Singet, danket unserm Gott, der die Welt erschuf (L)	
273 ö	Singet dem Herrn ein neues Lied, denn er tut Wunder (L)	EG 287
232,2	Singet dem Herrn ein neues Lied: er ist auferstanden (Kv)	
232,3	Singet dem Herrn ein neues Lied: er ist aufgefahren (Kv)	
526,2	Singet dem Herrn ein neues Lied, singet dem Herrn (Kv)	
983,3	• Singet dem Herrn ein neues Lied (Kv)	
286,1	Singet dem Herrn, ja singet ihm (Kv)	
513 ö	Singet dem Herrn! Singet ihm mit Freuden (Kv)	
527,1	Singet dem Herrn und preiset seinen Namen (Kv)	
877	• Singet dem Herrn und preist seinen Namen (Kv)	
260	Singet Lob unserm Gott (L)	
872	• Singet und jubelt (Kv)	
832	• Singt auf, lobt Gott, schweig niemand still (L)	
272 ö	Singt das Lied der Freude über Gott (L)	EG 305
216 ö	Singt das Lob dem Osterlamme (G)	
016	• Singt dem Herrn, alle Völker und Rassen (L)	
884	• Singt dem Herrn der Herrlichkeit (L)	
268 ö	Singt dem Herrn ein neues Lied (L)	
859	• Singt dem König Freudenpsalmen (L)	
217 ö	Singt, ihr Christen, singt dem Herrn (Kv)	
177	So sehr hat Gott die Welt geliebt (Kv)	
194	So sehr hat Gott die Welt geliebt (Kv)	
647,1	So spricht der Herr: Bleibet in meiner Liebe (Kv)	
561,1	So spricht der Herr: Ich bin der Weg, die Wahrheit und das Leben (Kv)	
983,4	• So spricht der Herr: Liebet einander (Kv)	
300 ö	Solang es Menschen gibt auf Erden (L)	EG 427
644 ö	Sonne der Gerechtigkeit (L)	EG 262
005	• Stern über Betlehem (L)	
145 (ö)	Stille Nacht, heilige Nacht (L)	
625,1	Suchet das Gute, nicht das Böse (Kv)	

137	Tag an Glanz und Freuden groß (L)	
541	Tantum ergo sacraméntum (Hymnus)	
928	• Tantum ergo (K. Ett)	
103	Tau aus Himmelshöhn (KL)	
104	Tauet, Himmel, aus den Höhn (L)	
836	• Tauet, Himmel, den Gerechten (Kv)	
828	• Tauet, Himmel, den Gerechten (L)	
117,1	Tauet, ihr Himmel, von oben (Kv)	
706	Te Deum (deutsch – G)	
376	Te rogámus, audi nos (Fürbittruf)	
645,1	Tu es Petrus (Ant)	
625,2	Ubi cáritas et amor (Ant)	
047	• Ubi caritas et amor (Chorsatz)	
012	• Unser Leben sei ein Fest (L)	
606	Unüberwindlich starker Held, Sankt Michael (L)	
838	• Uns wird erzählt von Jesus Christ (K)	
966	• Urbs Aquensis, urbs regalis (L)	
56,3	Vater, ich habe gesündigt vor dir (Kv)	
203,1	Vater, in deine Hände empfehle ich meinen Geist (Kv)	
040	• Vater unser (Janssens)	
362 ö	Vater unser im Himmel (Messe – I)	EG 186
363	Vater unser im Himmel (Messe – II)	
691 ö	Vater unser im Himmel (Laudes, Vesper)	EG 783.8
850	• Vater von dem höchsten Thron (L)	
176,4	Vater, wenn es möglich ist (Kv)	
240	Veni, creátor Spíritus (Hymnus)	
243	Veni Sancte Spíritus (Sequenz)	
376	Verbum Dómini. Deo grátias (I)	
376	Verbum Dómini. Deo grátias (II)	
376	Verbum Dómini. Laus tibi Christe	
57,6	Vergib uns unsre Schuld (Kv)	
310 ö	Verleih uns Frieden gnädiglich (Kv)	EG 421
172,1	Verschone uns, Herr, und schenk uns neues Leben (Kv)	
745,1 ö	Vertraut auf den Herrn (Kv – Ps 115)	
752,1 ö	Vertraut auf den Herrn (Kv – Ps 121)	
215	Víctimae pascháli laudes (Sequenz)	

424,2	Vidi aquam egrediéntem de templo (Ant)	
556	Völker aller Land, schlaget Hand in Hand (L)	
647,3	Vollende, o Gott, vom Himmel her (Kv)	
224	Vom Tode heut erstanden ist (L)	
942	• Von deiner Liebe, Herr (Kv)	
019	• Von guten Mächten treu und still umgeben (L)	
736,1	Vor dir sind tausend Jahre wie ein Tag (Kv – Ps 90)	
110 ö	„Wachet auf", ruft uns die Stimme (L)	EG 147
870	• Wahrer Gott, wir glauben dir (L)	
927	• Wahrer Leib sei uns gegrüßet (L)	
294 (ö)	Was Gott tut, das ist wohlgetan (L)	(EG 372)
619	Was ihr dem geringsten Menschen tut, das habt ihr ihm getan (L)	
490	Was uns die Erde Gutes spendet (L)	
663 ö	Weder Tod noch Leben trennen uns von Gottes Liebe (G)	
217	Weihet dem Osterlamm (G)	
975	• Wende das Böse, tue das Gute (L)	
041	• Wenn das Brot, das wir teilen (L)	
013	• Wenn der Himmel in unsre Nacht fällt (L)	
658 (ö)	Wenn mein Stündlein vorhanden ist (L)	(EG 522)
030	• Wenn wir das Leben teilen (L)	
514 ö	Wenn wir jetzt weitergehen, dann sind wir nicht allein (L)	EG 168
983,5	• Wer allzeit dein Gesetz (Kv)	
536,2	Wer allzeit lebt in deiner Liebe (Kv)	
183 ö	Wer leben will wie Gott auf dieser Erde (L)	
173,2	Wer nicht von neuem geboren wird (Kv)	
295	Wer nur den lieben Gott läßt walten (L)	
296 (ö)	Wer nur den lieben Gott läßt walten (L)	(EG 369)
291 ö	Wer unterm Schutz des Höchsten steht (L)	
153,1	Werde licht, Jerusalem (Kv – Ps 72B)	
117,2	Werdet wach, erhebet euch (Kv)	
744,1 ö	Wie groß sind deine Werke, Herr (Kv – Ps 104B)	
633	Wie herrlich ist das Reich (Kv)	
901	• Wie mein Gott will, bin ich bereit (L)	
737,1 ö	Wie schön ist es dem Herrn zu danken (Kv – Ps 92)	

939	• Wie schön leucht uns der Morgenstern (L)	
554 ö	Wie schön leuchtet der Morgenstern (L)	
539 ö	Wir alle essen von einem Brot (L)	
358,1	Wir bitten dich, erhöre uns (Fürbittruf)	
762,7	Wir bitten dich, erhöre uns (Fürbittruf-Allerheiligen)	
915	• Wir bitten dich, erhöre uns (Fürbittruf III)	
880	• Wir bitten, Herr, um deinen Geist (L)	
178 ö	Wir danken dir, Herr Jesu Christ (L)	(EG 79)
449	Wir glauben an den einen Gott, den Vater, den Allmächtigen (Das große Glaubensbekenntnis – M nach Credo III)	
467	Wir glauben an den einen Gott, den Vater, der erschuf die Welt (L)	
025	• Wir glauben an den großen, dreieinigen Gott (K)	
450 ö	Wir glauben an Gott Vater, den Schöpfer aller Welt (L)	
913	• Wir glauben Gott im höchsten Thron (alte Weise)	
276 ö	Wir glauben Gott im höchsten Thron (L)	
024	• Wir öffnen die Ohren (K)	
483	Wir rühmen dich, König der Herrlichkeit (L)	
286,3	Wir rühmen uns in Gott den ganzen Tag (Kv)	
115 ö	Wir sagen euch an den lieben Advent (L)	EG 17
184	Wir schlugen ihn (G)	
646,3	Wir sind auf Christus getauft (Kv)	
526,1	Wir sind Gottes Volk und ziehn zum Haus des Vaters (Kv)	
645,2	Wir sind Gottes Volk und ziehn zum Haus des Vaters (Kv)	
655 ö	Wir sind mitten im Leben (L)	
656 ö	Wir sind nur Gast auf Erden (L)	
480	Wir weihn der Erde Gaben (L)	
223 ö	Wir wollen alle fröhlich sein (L)	EG 100
645,3	Wo Güte und Liebe, da wohnet Gott (Kv)	
031	• Wo zwei oder drei in meinem Namen versammelt sind (Kanon)	
708,1	Wohl dem Menschen, der Gottes Wege geht (Kv – Ps 1)	
630,1	Wohl dem Menschen, der Gottes Wege geht (Kv – Ps 112)	
614 (ö)	Wohl denen, die da wandeln (L)	(EG 295)

528,5	Wohl euch, die ihr seht, die ihr hört und versteht (Kv)	
623	Worauf sollen wir hören, sag uns, worauf (L)	
355,1	Wort des lebendigen Gottes. Dank sei Gott (Ruf)	
849	• Wort des Vaters, Licht der Heiden (L)	
032	• Wunderschön prächtige (L)	
039	• Zeige uns den Weg (L)	
304 ö	Zieh an die Macht, du Arm des Herrn (L)	(EG 377)
140 ö	Zu Betlehem geboren (L)	(EG 32)
529,2	Zu dir, Herr, erhebe ich meine Seele (Kv)	
462 ö	Zu dir, o Gott, erheben wir (L)	
898	• Zu dir, o Gott, erheben wir die Seele (L)	
965	• Zu dir schick ich mein Gebet (L)	
900	• Zu Gott erhebt sich meine Seel (L)	
84 ö	Zum Paradies mögen Engel dich geleiten (Kv)	

Quellenverzeichnis

I. Stücke, die bei Verlagen geschützt sind (mit Ausnahme der Kehrverse). Bei den folgenden Namen ist das Wort „Verlag" jeweils zu ergänzen.

Aussaat, Wuppertal: 30,2; 31,2 – Bärenreiter, Kassel: 18,8; 111M; 139T; 157M; 590M – Benziger, Düsseldorf: 7,3; 8,2; 24,5 – Bernward, Hildesheim: 4,2; 4,3; 10,1; 10,3; 11,2; 12,2; 18,4; 22,8; 24,2; 24,4; 28,3; 29,4 – Bischöfl. Ordinariat Eichstätt: 538 – Anton Böhm & Sohn, Augsburg: 560M; 664,1 – Gustav Bosse, Regensburg: 299; 308; 622; 702 – R. Brockhaus, Haan: 9,1; 15,4 – Butzon & Bercker, Kevelaer: 7,5; 11,1; 18,5; 22,7; 23,1; 24,3; 25,3–6; 26,3 – Caritasverband für die Diözese Eichstätt, Eichstätt: 106T; 220T; 241T; 279T; 490T; 538T; 542T; 550T; 553T; 594T; 635T; 640T; 696T; 704T – Carus, Stuttgart: 271M; 273M; 273T,2–4; 276M; 641M - Christophorus, Freiburg i. Br.: 30,4; 35,5; 56,1; 74; 87; 115; 137T; 147; 154; 160T; 161; 164T; 174M; 183T; 192M; 217; 229M; 244T; 248T; 249T; 250T; 259T; 260; 261T; 274T; 275T; 289T; 292T; 298T; 302T; 425–428; 440–442; 444; 446; 448; 452–454; 456T; 458T; 459–461; 463; 467M; 469T; 479; 480T; 481M; 486; 489T; 492; 493; 501; 515T; 517T; 518T; 533; 540; 544T; 545T; 546T; 548; 549M; 552T; 556T; 565; 568; 571; 577T; 590–593T; 607T; 609M; 610–613; 617; 621; 634; 637; 639T; 652; 686; 694M; 764 – (Neues Psalmenbuch) 74; 519; 572 – (Singende Gemeinde) 103; 129; 162; 175; 199; 214; 246; 485; 495; 506; 524 – (Kirchenlied I u. II) 167T; 169; 185; 208T; 262T; 268; 275T; 472T; 483T; 556T; 607T; 615T; 638T; 656; 660T; 784,2–5 (Liedtext) – (50 Ges. f. Kinder) 280; 504; 507; 510; 511 – (111 Kinderlieder) 272; 505; 514 – Coppenrath, Altötting: 451; 766,4 – Don Bosco, München: 66,1–7; 284T; 772; 774; 776; 778; 782; 783,1; 783,6; 784–787; 789,4–9 – Droemer-Knaur, München: 4,5 – Echter, Würzburg: 23,3 – Edition Brockhoff, Laer: 436–439; 443; 445 – Erzbischöfl. Ordinariat, Bamberg: 9,3; 12,1; 12,3; 19,5; 22,9; 25,1; 25,2; 26,2 – Furche, Hamburg: 11,3; 27,1 – Fidula, Boppard: 636; 663 – Matthias Grünewald, Mainz: 18,6 – Gütersloher, Gütersloh: 9,2; 15,3; 18,3 – Haus Altenberg, Düsseldorf: 56,5; 281; 358,3; 522 – Josef Habbel, Regensburg: 8,1; 18,7 – Herder, Freiburg i. Br.: 22,1; 22,3 – Herder, Wien: 7,1; 7,2; 7,4; 26,1; 375,4 – Jugenddienst, Wuppertal: 15,6; 23,2 – Klens, Düsseldorf: 375,3 – Josef Knecht, Frankfurt/M: 2,1 – Kösel, München: 27,2 – KSJ-Bundesstelle, Köln: 30,3 – Lahn, Limburg: 619; 624 – Manesse, Zürich: 3,4 (Übertr. Otto Karrer) – Merseburger, Berlin: 111T; 157T; 290T; 618 – J. Pfeiffer, München: 22,2; 620T; 623T – Schwann, Düsseldorf: 311 – Singende Gemeinde, Wuppertal: 168; 278 – Strube, München: 165T; 277; 297; 300; 301; 521; 539; 644T; 655 – Suhrkamp, Frankfurt/M: 276T – Theologischer V., Zürich: 108T; 242T – Verein z. Hrsg. d. Gsb. d. Evang.-reformierten Kirchen der deutschspr. Schweiz, Zürich: 269T – Verein f. d. Hrsg. d. Kath. Kirchengesangbuches der Schweiz, Zug: 475; 642T – Veritas, Linz/Donau: 429-435.

II. Bei den übrigen geschützten Stücken werden die Rechte von den Autoren wahrgenommen. Folgende Autoren sind bei den Einzel-Stücken nicht genannt: Johann Auer: 59,2 – Rupert Berger: 783,2 u. 7; 788 – Felicitas Betz: 31,4 – Günter Duffrer: 777; 779; 783, Eröffnung u. 3 – Hans Hollerweger: 773,7; 780

— Walter Krawinkel: 59,1; 62 — Anneliese Lissner: 22,4—5; 24,1; 781,5; 783,4 u. 8; 789,3; 790,1 u. 3 — Hans Bernhard Meyer: 59,3; 59,6; 60,5; 61 — Toni Mitterdorfer: 789,1 — Walter Risi: 773,1 — 6; 791 — Helga Rusche: 63; 64 — Claus Schedl: 16,6 — Franz Schmutz: 29,2; 30,1 — Theodor Schnitzler: 10,2; 11,4 — Cordelia Spaemann: 763 — Emil Spath: 27,4 — Vinzenz Stebler: 701 — Klemens Tilmann: 3,1; 6,3—4 — Günther Weber: 65.

III. Quellen der Gemeindeverse: Die Zahl hinter dem Buchstaben Q unter dem Kehrvers entspricht der folgenden Aufstellung. (CV = Christophorus, Freiburg; SG = Singende Gemeinde; NPB = Neues Psalmenbuch)

1 Johannes Aengenvoort; 2 Josef Friedrich Doppelbauer, NPB, CV; 3 Heinrich Freistedt; 4 Hans Peter Haller, NPB, CV; 5 Philipp Harnoncourt; 6 Robert M. Helmschrott; 7 Johann Bapt. Hilber, Coppenrath, Altötting; 8 Bertold Hummel; 9 Hans Bernhard Meyer (T), Peter Janssens (M), Janssens, Telgte; 10 Richard Rudolf Klein, NPB, CV; 11 Gerhard Kronberg; 12 Michael Kuntz; 13 Walther Lipphardt; 14 Karl Marx, NPB, CV; 15 Paul Joseph Metschnabl; 16 Conrad Misch; 17 Erhard Quack, NPB, CV; 18 Walter Röder, CV; 19 Heinrich Rohr, SG, CV; 20 Fritz Schieri, Unidruck, München; 22 Heino Schubert, NPB, CV; 23 Josef Seuffert, Haus Altenberg, Düsseldorf; 24 Rudolf Thomas; 25 Wilhelm Verheggen; 26 Anton Wesely; 27 Erna Woll, NPB, CV; 28 Bruno Zahner, NPB, CV; 29 EGB-Kommission IB; 30 Michael Müller, CV; 31 Bertold Hummel, NPB, CV; 32 Fritz Schieri, SG, CV; 33 Heinrich Rohr, CV; 34 Josef Seuffert, CV; 35 Fritz Schieri, CV; 36 Fünfzig Gesänge für Kinder (M: H. Rohr), CV; 37 Johanna Schell; 38 Gsb. Mainz, CV; 39 Kath. Kirchengsb. d. Schweiz; 40 Heinrich Rohr, Grünewald, Mainz; 41 EGB-Kommission; 42 Heino Schubert, CV; 43 gregorianisch; 44 Graduale simplex; 45 Robert M. Helmschrott, NPB, CV; 46 Erhard Quack, CV; 47 Frankreich um 1610; 48 n. greg. Modell Gsb. Mainz, CV; 49 Gsb. Limburg; 50 aus „Die kirchliche Begräbnisfeier".

Die Texte der Psalmen sind der Einheitsübersetzung entnommen, ebenso die Texte der Schriftlesungen in den Andachten. Die Texte der Ordnung der Meßfeier und der Sakramentenspendung stimmen mit den offiziellen liturgischen Büchern überein.

IV. Quellen des Diözesananhangs: Anton Böhm & Sohn, Augsburg: 892 — Bosse, Regensburg: 974 — Burckhardthaus, Gelnhausen: 880, 977 — Christophorus, Freiburg i. Br.: 831T; 912T; 916T; 918T; 940; 946; 947; 962; 970T — (Neues Psalmenbuch) 860; 969; 982,6 — (Singende Gemeinde) 839; 895,1; 933; 952; 982,3; 982,5; 982,7; 983,2; 983,5 — (Kirchenlied II) 887 — (50 Gesänge) 978 — (Singe Christenheit) 855 — (111 Kinderlieder) 837; 838; 858; 864; 971 — Einhard, Aachen: 877; 949; 959; 981,1; 981,3; 981,5; 981,7; 982,1; 982,4; 982,8; 983,3 — Fidula, Boppard: 840; 890 — Hoppe und Werry, Mülheim: 973 — P. Janssens, Münster: 975 — Kath. Stadtpfarramt St. Ludwig, München: 983,1; 983,4 — Kösel, München: 875T — Lambertus, Freiburg i. Br.: 875M; 888 — Laumannsche V.-, Dülmen: 886; 911 — Orbis Wort und Bild: 891; 894; 921; 976 — © Edition Schwann, Frankfurt 1965: Alles ist unser. Offertorium aus der Liedmesse „Herr, rühre meine Lippen an". Text: Christine Heuser. Musik: Peter Janssens. 919 — Styria, Graz-Wien-Köln: 903; 942 — Suhrkamp, Frankfurt: 913T — Bernhard Bierwisch: 968; 981,2; 981,4; 981,6; 981,8 — Carl Cohen: 945M — Heinrich Freistedt: 836; 872; 895,2; 982 — Vinzenz Goller: 924M — Friedrich Hüttemann: 879T; 917T; 920T; 941T — Hubert Leiwering: 915 — Theodor Bernhard Rehmann: 960M — Michael Schnitzler: 945T — Josef Solzbacher: 875T.

V. Quellen des Diözesananhangs (Ergänzung 1985): Akabus Schallplatten Ulmtal Musikverlags GmbH, Greifenstein: 019M — Bistum Essen: 008T — Bosse-Verlag, Regensburg: 005; 011 — Butzon & Bercker, Kevelaer: 001 — Christophorus, Freiburg i. Br.: 007; 014; 034; 047 — Edition Schwann, Frankfurt: 028 — Editions du Chalet, Frankreich: 030M — Editions Studio SM, Frankreich: 049 — Fidula, Boppard: 039 — Hänssler, Stuttgart: 037 — Haus Altenberg, Düsseldorf: 044T (6.—8. Str.) — Impulse Musikverlag, Drensteinfurt: 002; 010; 020; 038 — P. Janssens Musik Verlag, Telgte: 009M; 012; 016; 023; 029; 036; 040; 042; 043; 048 — Chr. Kaiser Verlag, München: 019T — A. Laumannsche V., Dülmen: 021; 024; 025; 026 — Präsenz-Verlag der Jesus-Bruderschaft Gnadenthal, Hünfelden: 031 — Singende Gemeinde, Wuppertal: 018 — Strube-Verlag, München: 006 — tvd-Verlag, Düsseldorf: 009T; 035 — Hans Florenz: 013M; 030T — Kurt Grahl: 041M — Christine Heuser: 046T — C. P. März: 041T — W. Offele: 013T; 027 — Waltraut Osterlad: 050 — Naomi Shemer-Sapir: 046M — Raymund Weber: 048T (5.—8. Str.).

Maria 566

5. Willst du uns ewig zürnen, *
soll dein Zorn dauern von Geschlecht zu Geschlecht?
    6. Willst du uns nicht wieder beleben, *
    so daß dein Volk sich an dir freuen kann?
7. Erweise uns, Herr, deine Huld, *
und gewähre uns dein Heil! —
    8. Ich will hören, was Gott redet: /
    Frieden verkündet der Herr seinem Volk und seinen Frommen, *
    den Menschen mit redlichem Herzen.
9. Sein Heil ist denen nahe, die ihn fürchten. *
Seine Herrlichkeit wohne in unserm Land!
    10. Es begegnen einander Huld und Treue; *
    Gerechtigkeit und Friede küssen sich.
11. Treue sproßt aus der Erde hervor; *
Gerechtigkeit blickt vom Himmel hernieder.
    12. Auch spendet der Herr dann Segen, *
    und unser Land gibt seinen Ertrag.
13. Gerechtigkeit geht vor ihm her, *
und Heil folgt der Spur seiner Schritte. —
    14. Ehre sei dem Vater und dem Sohn *
    und dem Heiligen Geist,
15. wie im Anfang, so auch jetzt und alle Zeit *
und in Ewigkeit. Amen.
Kehrvers

ZWEITER PSALM

601
1
Sie - he, ich bin die Magd des Herrn;
mir ge - scheh nach dei - nem Wort.

IIIa, IIa. Q12